ÉXITO COMERCIAL

SÉPTIMA EDICIÓN

Prácticas administrativas y contextos culturales

Michael Scott Doyle

University of North Carolina, Charlotte

T. Bruce Fryer

University of South Carolina, Columbia
University of South Carolina, Beaufort

CENGAGE

Australia · Brazil · Mexico · Singapore · United Kingdom · United States

Éxito comercial: Prácticas administrativas y contextos culturales, Séptima edición
Doyle | Fryer

Product Director: Marta Lee-Perriard

Senior Product Team Manager: Heather Bradley Cole

Product Manager: Mark Overstreet

Project Manager: Julia Giannotti

Vendor Content Project Managers: Lupe García Ortiz and Matthew Gervais, Lumina Datamatics, Inc.

Product Assistant: Catherine Bradley

Senior Marketing Manager: Sean Ketchem

Senior Content Project Manager: Aileen Mason

Manufacturing Planner: Fola Orekoya

IP Analyst: Christina Ciaramella

IP Project Manager: Betsy Hathaway

Production Service: Lumina Datamatics, Inc.

Compositor: Lumina Datamatics, Inc.

Art Director: Brenda Carmichael

Text Designer: Carol Maglitta, One Visual Mind

Cover Designer: Lisa Trager

Cover image: Jörg Greuel / Getty Images

For product information and technology assistance, contact us at **Cengage Customer & Sales Support, 1-800-354-9706.**

For permission to use material from this text or product, submit all requests online at **www.cengage.com/permissions.** Further permissions questions can be emailed to **permissionrequest@cengage.com.**

Library of Congress Control Number: 2017950115

ISBN-13: 978-1-337-55497-8

Cengage
20 Channel Center Street
Boston, MA 02210
USA

Cengage is a leading provider of customized learning solutions with employees residing in nearly 40 different countries and sales in more than 125 countries around the world. Find your local representative at **www.cengage.com**.

Cengage products are represented in Canada by Nelson Education, Ltd.

To learn more about Cengage platforms and services, visit **www.cengage.com**.

Purchase any of our products at your local college store or at our preferred online store **www.cengagebrain.com**.

Printed in the United States of America.
Print Number: 01   Print Year: 2017

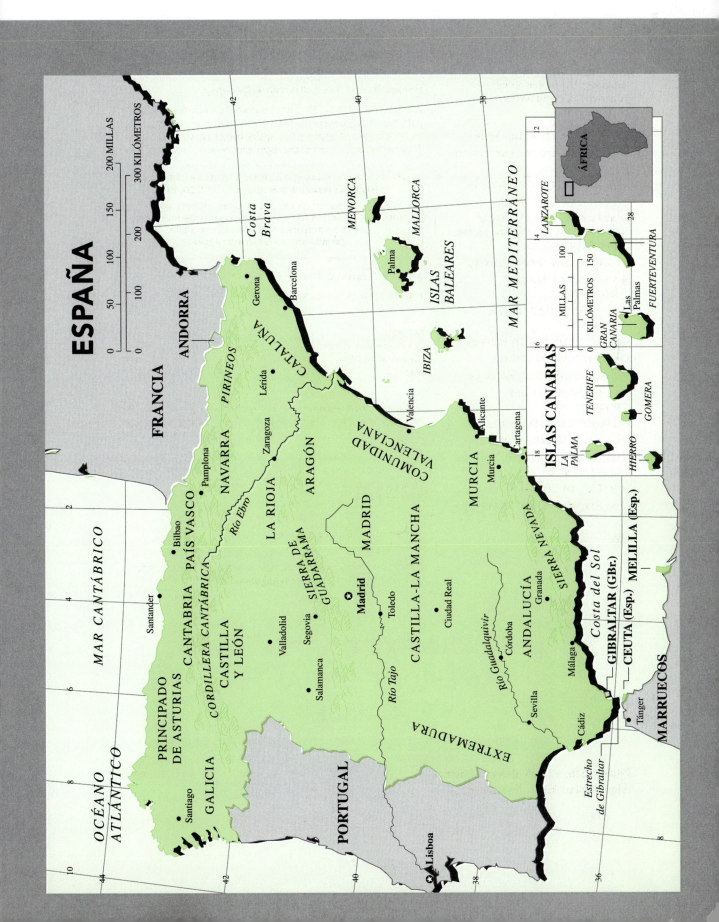

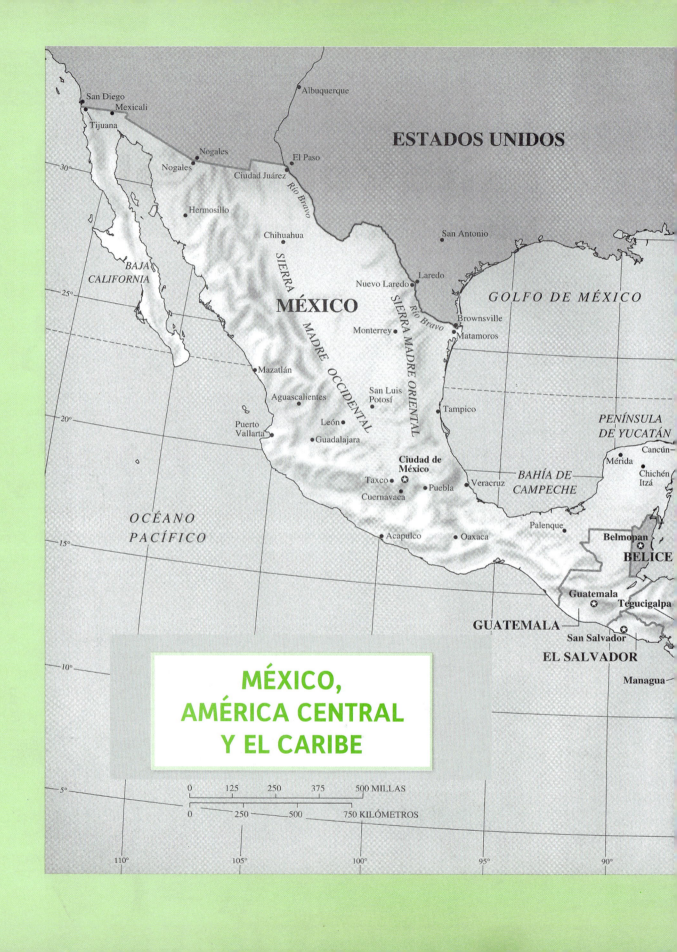

MÉXICO, AMÉRICA CENTRAL Y EL CARIBE

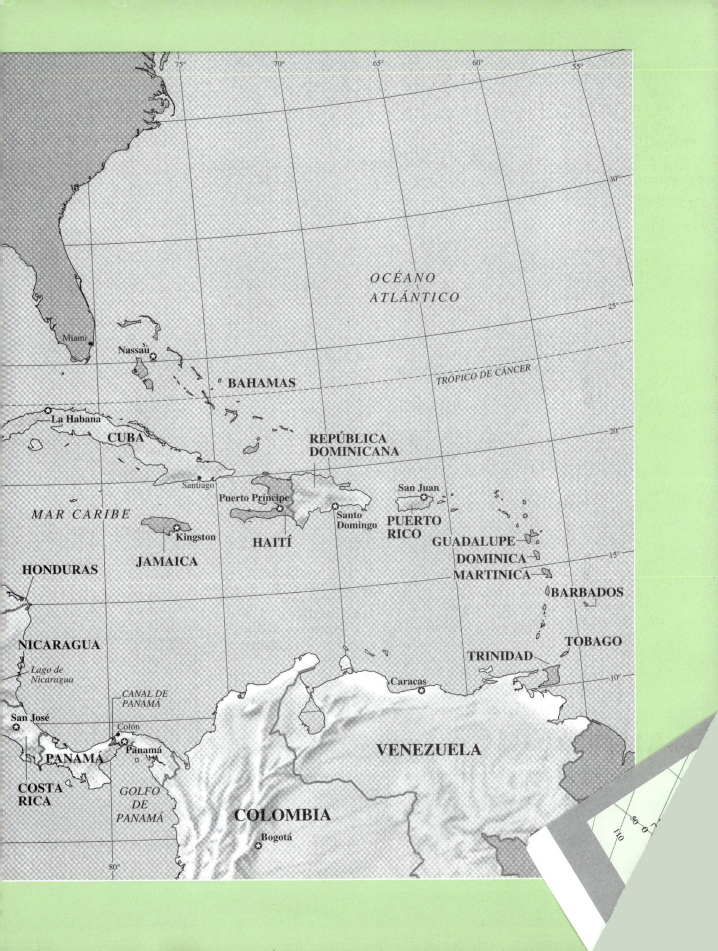

Índice

Índice de tablas informativas sobre países hispanoparlantes, Brasil y los Estados Unidos de América

Índice de tablas comparativas

We are very pleased that the first six editions of *Éxito comercial* (1991, 1996, 2001, 2006, 2011, and 2015) have met an instructional need in Spanish for specific purposes and business language studies at over 485 colleges and universities as well as over 45 companies, banks, agencies, and other language/culture training institutes and schools in nine countries, including the United States, Canada, Spain, Mexico, and Brazil. We are excited about the prospects for the continued—and we hope improved—educational contribution of this seventh edition, which builds on the fundamental design and strengths of the previous editions.

Éxito comercial is designed to give students with advanced-intermediate and advanced levels of proficiency in Spanish a solid foundation in business vocabulary, basic business and cultural concepts, and situational practice that will help prepare them for success in today's Spanish-speaking business world.

In the seventh edition, the socioeconomic data for each of the 21 Spanish-speaking countries (including Puerto Rico), Brazil, and the United States in the **Vista Panorámica** section have been updated. The **Actualidad política y económica** sections have also been updated. Other modifications emphasize critical thinking, problem solving, and practice with the Internet technology used daily in the business world. These skills are increasingly in demand in today's 24/7 e-global economy. The seventh edition is accompanied by online video and audio components.

A groundbreaking feature of the electronic version of this new edition is called **MindTap**, a digital learning tool that uses a pedagogical strategy of embedding the **Preguntas de orientación** within the **Lectura comercial** readings, as comprehension and critical thinking checks and reinforcement. Also embedded are PowerPoint® slides for the **Integridad y ética empresariales** and **Liderazgo** prompts that initiate and prime each chapter around the concept of leadership with integrity, as well as PowerPoint slides that summarize the **Lectura comercial** and **Lectura cultural** content. Also available are PowerPoint slides that summarize the **Vista panorámica** and **Actualidad política y económica** sections for each country presented. These PowerPoint slides can be modified and updated by the user as the basis for practicing oral presentations. The content and activities of the former Premium Website have been moved to **MindTap**, so that learners, while using the e-text, can easily access the **Al teléfono** (listening and speaking activities), the **Comprensión y comunicación** videos, the geographic literacy **GeoReconocimiento** checks, and the online, self-grading quizzes (**Preguntas comerciales** and **Preguntas culturales**). **MindTap** also provides access to additional videos that reinforce both business and cultural content areas in each chapter. **MindTap** is a powerful learning tool that we believe will greatly empower and benefit the learners.

Enhancements to the paper and electronic seventh editions include the following:

- All readings and activities have been closely re-edited to reflect current business culture, practice, and procedure, as well as recent developments in fields such as technology and office equipment, electronic communication, e-commerce, computer-aided design, and manufacturing.

- **Integridad y ética empresariales** boxes continue to highlight and reinforce the crucial importance of business ethics.
- **Liderazgo** boxes once again emphasize and reinforce the crucial importance of ethical leadership and leadership development in business.
- Updated **Lectura comercial**, **Vista panorámica**, **Actualidad política y económica** and **Lectura cultural** sections in every chapter provide cultural contextualization.
- Two new **Minicaso práctico** case studies deal with trade, business, and cultural issues.
- A new **Asimilador cultural** promotes critical thinking, problem solving, and leadership in terms of workplace diversity and inclusion.
- A revised and expanded Spanish to English glossary at the end of the book assists with general reading comprehension.
- The workbook will now be available in a separate plank on **MindTap**. Two new useful forms have been added to the workbook:
  - A detailed presentation form helps students to prepare, practice, and deliver country presentations in class. The country presentation can be given, for example, by an individual or a team of students, or by a student panel.
  - An evaluation form provides students with evaluation guidelines in self-assessing their own presentations or in assessing the presentations made by others.

The business topics reflect the typical curriculum of an American business school. Because of the developmental nature of the text, students with a background in business or international studies will find that the descriptive readings reinforce their knowledge of business theory and principles. Both native speakers of Spanish and English without prior knowledge of business will find the readings informative and useful.

Previous editions of *Éxito comercial* have proven useful for students in the following disciplines:

- Spanish and Latin American Studies majors
- Business and International Business majors planning to interact with a rapidly growing and influential number of Hispanic co-workers, clients, and consumers, both abroad and within the United States
- International Studies or Government majors
- Undergraduate liberal arts majors wishing to expand their awareness of the Spanish language and Hispanic cultures or seeking positions with the growing number of companies and agencies needing to conduct business in Spanish
- Majors in science, engineering, technology, and communications fields, including translation studies and interpreting, who plan to enter the expanding international business world

Éxito comercial has also proven suitable for students pursuing graduate work in Spanish, and has been used as a training manual to help prepare them to design and teach a course in business Spanish.

Whether your goal is to become a global leader, manager, translator, interpreter, or teacher, or to use your Spanish for business, work or other pursuits, *Éxito comercial* seeks to foster and enhance the communicative skills, creativity, leadership with integrity, and cooperation essential to you as a lifelong learner of language and culture. Lead on!

Acknowledgments

Many talented individuals have contributed their expertise and timely constructive feedback to *Éxito comercial*, which now enters its seventh edition. We remain greatly indebted to Martine Edwards, Julia Giannotti, and Aileen Mason at Cengage, as well as Lupe García Ortiz, Matt Gervais, and Kiruthiga Sowndararajan at Lumina Datamatics. We greatly appreciate their enthusiastic support, good ideas, and hard work as *Éxito comercial* enters its 27th year in print. We very much appreciate the expert assistance provided by our copyeditor Coral Getino and by our proofreader María Porciel Crosa, and the reviewers whose feedback was thoughtful and most beneficial in preparing the final manuscript. We continue to thank Nick Riccelli of Riccelli Creative for his earlier production of the video that accompanied the third edition, and Chris Johnson for his earlier production (casts, records, edits) of the audio CD. We thank Media Director Peter Schott and his team, Adam Ableson and Stephanie Berube for the new video components in Chapter 2.

We continue to thank the late Dr. Alvord Branan, and Drs. C. Ben Christensen and Gustavo Segade at San Diego State University; the late Jeffrey Arpan, Randy Folks, the late Fitz Beazley, Mike Shealy, María Mabrey, and Alejandro Bernal at the University of South Carolina; Graciela Tissera at Clemson University; Chris Korth at Western Michigan University; the late Frank W. Medley, Jr.; Luis Acosta at Eastern Michigan University; Brian Toyne and Zaida Martínez at St. Mary's University in Texas; Ben Kedia and the inimitable Felipe Lapuente at the University of Memphis; Roberta Lavine at the University of Maryland; Babet Villena-Álvarez at the University of South Carolina-Beaufort; Jorge Valdivieso, Prof. Emeritus from the American Graduate School of International Management (Thunderbird); María Antonia Cowles, former Language Programs Director at the Lauder Language and Cultural Perspectives Program at the Wharton School of Business of the University of Pennsylvania; Amy Pitts, former director of the Mayor's International Cabinet, Charlotte, NC; and Lynn Sandstedt (Prof. Emeritus from University of Northern Colorado), John Gutiérrez (University of Mississippi), and the American Association of Teachers of Spanish and Portuguese.

We continue to express our sincere gratitude to the Business Spanish students over the decades at the University of North Carolina at Charlotte, the University of South Carolina-Columbia, the University of South Carolina-Beaufort, and Eastern Michigan University for their input. For their useful observations, we also thank the many participants at the annual Faculty Development for International Business (FDIB) Workshops at the University of South Carolina from 1990–2015; the many who participated over the years in the CIBER-Eastern Michigan Annual Conference on Languages and Communication for World Business and the Professions; and the many participants in other workshops we have conducted in forums such as the annual International Business and Foreign Language Workshop for Foreign Language Educators at the University of Memphis (1995–2011) and the Annual Conference of the American Association of Teachers of Spanish and Portuguese.

We are especially grateful to the following seventh edition reviewers for their very useful comments and suggestions, as we strive to improve this project called *Éxito comercial*:

Annie Abbott
University of Illinois, Urbana-Champaign, IL

Carlos Amaya
Eastern Illinois University, IL

Carl Bryant
University of Cincinnati, OH

Héctor Campos
Georgetown University, Washington, DC

Lori Catanzaro
Vanderbilt University, TN

Kellye Church
University of North Texas

Renee Craig-Odders
University of Wisconsin-Stevens Point, WI

Barbara Domcekova
Birmingham-Southern College, AL

Isabel Dulfano
University of Utah

Chad Gasta
Iowa State University

Federico Gómez Uroz
Christian Brothers University, TN

Charlene Grant
Skidmore College, NY

Dennis Harrod
Syracuse University, NY

Pedro Koo
Missouri State University

Marketta Laurila
Tennessee Tech University

Geraldine Lebaudy
University of Pennsylvania

HJ Manzari
W&J College, PA

Christine Poteau
Rowan University, NJ

Esther Poveda
University of Virginia

Rosa Share
University of Ilinois at Chicago, IL

Paula Sprague
University of Virginia

Katica Urbanc
Wagner College, NY

Margarita Vargas
University at Buffalo, NY

Jaime Zambrano
University of Central Arkansas

We continue to extend an extra special thanks to our cultural council for the two previous editions, which comprised both seasoned international business professionals and members of the international academic community, each of whom reviewed updates to the **Actualidad política y económica** feature in each chapter for accuracy and cultural authenticity while in the professional capacity indicated below.

Robert Alter, Economic Officer of the US Embassy in Caracas, Venezuela.

Eduardo Brenes Jiménez, a manager for Western Union's international office in San José, Costa Rica.

María Antonia Cowles, the former Director of Language and Culture Programs at the Lauder Institute of University of Pennsylvania and a native of Brazil.

Lucía F. Epstein, a member of the angel investor group Golden Seeds and works with companies in Boston, MA as well as Quito, Ecuador.

Jorge Errázuriz, an executive with the Honduran telecommunications agency HONDUTEL, based in Tegucigalpa, Honduras.

Edilberto Esquivel Marconi, a financial analyst of the Ministerio de Economía y Finanzas (MEF) based in Panama City, Panamá.

Shaw Gynan, PhD, Professor of Spanish and Linguistics at Western Washington University, specializing in indigenous languages of Paraguay.

Gertrudis Hernández Palacios, a lawyer with a Masters in Dispute Resolution, and a native of Nicaragua.

Tess Kulstad González, PhD, a native of the Dominican Republic and an Adjunct Professor in Anthropology at Fairfield University.

José Mena, a sales executive of Cengage Latin America, based in Guatemala.

Carme Miró Aspa, the information and management consultant for Industry and Shipping, Chamber of Commerce of Barcelona, Spain.

Diego Mora Otegui, MBA in Global Management from Thunderbird University and heads of development for an agribusiness firm in Montevideo, Uruguay.

Ezio Neyra, PhD in Hispanic Studies from Brown University and the coordinator of Brown University's study abroad program in Havana, Cuba; also a published fiction writer.

M'bare N'gom, Chairperson of the Department of World Languages and International studies, Director of the African Studies Program, and Director of the Latin American and Caribbean Studies Program at Morgan State University, Baltimore, Maryland; specialist in the literature of Equatorial Guinea.

Sergio A. Pombo, an Investment Officer with the International Finance Corporation (IFC), the private sector investing arm of the World Bank Group, in Washington, DC, and a native of Colombia.

Wanda Rivera-Rivera, PhD, a native of Puerto Rico, and an Assistant Professor in the College of Liberal Arts, Latin American & Iberian Studies at the University of Massachusetts at Boston.

Janett Rojas, a sales executive of Cengage Latin America from Lima, Perú.

Celso J. Sánchez Inofuentes, a lecturer at Rutgers University and native of Bolivia.

Mercedes Séeligman, an instructor at Universidad Francisco Gavidia, San Salvador, El Salvador.

Graciela Tissera of Argentina, Associate Professor of Spanish, Director of Language and International Health program, and Coordinator of Business Spanish Courses at Clemson University.

Fernando Valenzuela, the president of Cengage Learning Latin America, based in Mexico City, Mexico.

Rosa Zullo, a Consular Agent of Culture in the Chilean Consulate of Boston, MA.

We also thank Daniel Cruse for his invaluable assistance in contacting individuals with the requisite expertise to review the country profiles covered in *Éxito comercial*.

A special acknowledgment goes to Randy Folks and Michael Shealy, each a Director of the Center for International Business Education and Research (CIBER) at the University of South Carolina, and to Ben Kedia, Director of CIBER at the University of Memphis for their support of our ongoing work in Business Language Studies and in Spanish for Business and International Trade.

A special thanks goes to the talented actors who contributed to the *Éxito comercial* video series.

Fifth Edition Cast

Juan Carlos Pinedo (Venezuela)—Sr. Echeverría (Ch. 14) and Sr. Lapuente (Ap. 4)
Juan Pedro Paniagua (Spain)—Sr. Muñoz (Ap. 4)
Juan Felipe Arias (Colombia)—Sr. Matute (Ap. 4)
María Silvina Persino (Argentina)—Sra. Oviedo (Ap. 4)
Ela Quezada (Puerto Rico)—Srta. Montgomery (Ap. 4)
Lina Echeverri (Colombia)—Srta. Valdivieso (Ap. 4) and Sra. Shultz (Ch. 14)
Interviewer (talking head)—Juan Carlos Pinedo and Lina Echeverri

Sixth Edition Cast

Chastelyn Rodriguez—Translator (Ch. 2)
Alba Domenech—Carmen Ortega (Ch. 2)
Codey Gillum—Bruce Hopkins (Ch. 2)

We greatly appreciate the support of family and friends as we have further developed and refined the *Éxito comercial* project over the years.

Any errors of fact or interpretation in this text are attributable solely to the authors.

M.S.D.
T.B.F.

LA ECONOMÍA GLOBAL Y EL MUNDO HISPANO:
Contextos, metas y requisitos

CAPÍTULO
1

© T. Bruce Fryer

Commerce links all mankind in one common brotherhood of mutual dependence and interests.

— JAMES A. GARFIELD

Si los bienes no cruzan las fronteras, lo harán los soldados.

— FRÉDÉRIC BASTIAT

Spanish: Bestow great attention on this and endeavor to acquire an accurate knowledge of it. Our future connections with Spain and Spanish America will render that language a valuable acquisition.

— THOMAS JEFFERSON, 1787

Se ha dicho que el mundo está irremediablemente conectado por el comercio y que el comercio ayuda a mantener la paz entre las naciones. ¿Qué opina usted? ¿Cuándo llegaron los españoles a Santa Elena, Carolina del Sur (Estados Unidos de América/EUA)? ¿Por qué vinieron? ¿Quiénes les hicieron este tributo? ¿En qué fecha? Según el contexto histórico, ¿en qué otros lugares estuvo España?

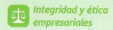
Integridad y ética empresariales

The time is always right to do what is right.

— MARTIN LUTHER KING

Traduzca al español esta frase célebre y comente su validez para el mundo de los negocios u otras profesiones, con algunos ejemplos.

Liderazgo

El pesimista se queja del viento. El optimista espera que cambie. El líder arregla las velas.

— JOHN MAXWELL

¿Qué significa la metáfora del viento y las velas? Explique en otras palabras las diferencias entre el pesimista, el optimista y el líder. Comente con algunos ejemplos la validez de esta cita de liderato para el mundo de los negocios u otras profesiones.

1-1 PREGUNTAS DE ORIENTACIÓN

Cuando lea la sección «Lectura comercial y cultural» y repase el glosario de términos y conceptos fundamentales al final del capítulo, piense en las respuestas a las siguientes preguntas.

1. ¿Qué diferencias hay entre la economía y el comercio? ¿Y entre el significado de las palabras «economizar» y «comerciar»? ¿Qué quieren decir las siguientes frases: «tiene un precio muy económico», «ha sido un verdadero éxito comercial», «hoy no hay comercio»?

2. ¿En qué se diferencian el comercio nacional y el internacional? ¿Cuáles son algunos ejemplos de cada tipo de comercio?

3. ¿Qué son el comercio «verde», el comercio sostenible y la ética empresarial?

4. ¿Cuáles son algunos ejemplos de los siguientes términos: bienes, casa matriz, distribución de recursos, escasez, inflación, mano de obra, materia prima, mercado, trabajo?

5. ¿Qué son la exportación y la importación? Además de importar productos, ¿piensa usted que los países también importan mano de obra y trabajo intelectual? Comente con ejemplos.

6. Las industrias mineras, manufactureras y de construcción se dedican a la producción de bienes tangibles. ¿En qué se diferencian dichas industrias y el sector económico de servicios o de informática? ¿Cuál es la diferencia entre un producto y un servicio? Explique con ejemplos.

7. ¿Qué es el comercio electrónico? ¿Con qué frecuencia usa usted la computadora para hacer las compras? ¿Cuáles son algunas ventajas y desventajas de este tipo de compra? ¿Cómo es el servicio al cliente (*customer service*) electrónico?

8. Dé algunos ejemplos de «prácticas administrativas» o pasantías que usted conozca en el mundo de los negocios. ¿Cuáles son algunas profesiones que exigen un periodo de práctica antes de certificarse o titularse? ¿Lo exige (o lo ha exigido) su propia carrera universitaria? ¿Cuáles son las ventajas de hacer una práctica profesional antes de graduarse o licenciarse? ¿Y los retos de hacer una pasantía?

9. ¿Qué es el liderazgo? ¿Cuáles son cinco atributos clave de un/a líder? ¿Tiene usted los atributos que se requieren para ser buen/a líder? ¿Cuáles son? ¿Cuáles necesita desarrollar más? ¿Tiene un plan para desarrollarlos? Explique.

10. ¿Qué son la integridad y la ética moral? ¿Piensa que la integridad y la ética, en los negocios o en cualquier otra profesión, son importantes? Comente con ejemplos. ¿Qué es la RSE o RSC? ¿Piensa que lo ético es sinónimo de lo legal o no? Explique con algún ejemplo.

11. ¿Cómo se dicen los siguientes números en español: 1/4; 1/3; 1/2; 127; 544; 7,041; 32,983; 636,482; 1,982,149; 682,555,999; 7,777,777,777? ¿Cómo se escriben con palabras? ¿Cómo se dicen los siguientes años en español: 1621, 1995, 2003, 2018? ¿Cómo se escriben?

12. ¿Cómo se escribe el número mil en Colombia, México, Perú, Argentina, España y Costa Rica? ¿Cómo se pueden expresar de otra manera: las 16 horas con 30 minutos, las 22 horas con 50 minutos, las cinco de la tarde y las nueve y media de la noche? ¿Cómo se escriben con números las fechas: 5 de mayo de 2017 en México, 8 de septiembre de 2014 en Bolivia y 9 de agosto de 2018 en los Estados Unidos? ¿Cuántos kilos pesa aproximadamente una máquina de 300 libras? ¿Cuántos kilómetros hay en un viaje de negocios de 500 millas? ¿Cuál es la temperatura media en Asunción o en Buenos Aires durante el mes de diciembre?

13. En el mundo hispano, ¿qué nombre tiene y cuándo se celebra *April Fools' Day*?

14. En la cultura hispana, ¿cuál día de la semana normalmente equivale al día de la mala suerte, que es el viernes 13 en los Estados Unidos?

LECTURA COMERCIAL Y CULTURAL

Los contextos del comercio global

La información presentada en este primer capítulo es importante porque establece el contexto fundamental —macroeconómico, geográfico, demográfico, lingüístico y cultural— de los temas sobre comercio y sobre los países que luego se tratarán a lo largo del texto. Nuestro gran tema es el mundo hispano y el idioma español (el castellano) para los negocios, tanto a nivel nacional como internacional. Al referirnos a lo nacional, se tratará no solo de cada uno de los veinte países hispanohablantes del mundo y de Puerto Rico, estado libre asociado (*Commonwealth*) de los Estados Unidos, sino también de la realidad económica hispana en los Estados Unidos de América (EUA, EE. UU., EE.UU., EEUU o EU), donde la población hispana estadounidense cobra cada día mayor importancia económica y sociopolítica. Además, el marco general de *Éxito comercial: Prácticas administrativas y contextos culturales* se caracterizará a lo largo del libro por consideraciones de liderazgo, integridad y ética empresariales, atributos clave para los líderes, actuales y futuros, en esta época de globalización tan rápida, competitiva y continua que nos ha tocado vivir.

La economía global

La economía global, un fenómeno que sigue en plena marcha, define nuestra época actual. La globalización o mundialización se ve todos los días en el comercio, la telemática (Internet, páginas web y aplicaciones móviles), la producción internacional (ya es difícil hablar de un producto fabricado en un solo país o con componentes manufacturados y ensamblados en un solo país) y la oferta de bienes y servicios a consumidores y a usuarios de todas partes del mundo. Puesto que los vendedores (exportadores), compradores (importadores) e intermediarios comercializan un sinfín de artículos para satisfacer las necesidades y los deseos de los consumidores y usuarios, el transporte o la distribución internacional

bienes *(m)*
goods, assets

cambio de divisas
currency exchange

casa matriz
main office

elaborar
to manufacture

éxito success

gerencia
management

liderazgo / liderato
leadership

mano de obra *(f)*
labor, manpower

mercancía
merchandise, goods

moneda nacional
currency

oferta
offer, sale, supply

pasantía
internship

práctica
practice, internship

Producto Interno Bruto (PIB)
Gross Domestic Product (GDP)

recurso
resource

sucursal *(f)*
branch office

PARA PENSAR

Uno de los aspectos más significantes, y a veces muy controvertido, del comercio internacional es el nivel de pobreza de un país, que aumenta y disminuye según el éxito del país en sí. La pobreza no es una condición que solo existe en los llamados «países pobres», también existe en los países ricos, aunque de manera menos visible. El Banco Interamericano de Desarrollo (BID) trata el tema del desafío que plantea la pobreza en los siguientes dos párrafos.

Para analizar claramente el problema de la pobreza debe, primero, acordarse qué se entiende por pobreza. Según la definición básica, es la falta de acceso o dominio de los requisitos básicos para mantener un nivel de vida aceptable. Esto significa que una persona es pobre si no tiene suficiente comida o carece de acceso a una combinación de servicios básicos de educación, atención de salud, agua potable, sistemas de saneamiento adecuados y un lugar de residencia seguro. Generalmente los economistas usan el ingreso como medida representativa de la pobreza porque brinda los medios para asegurar la atención debida a las demás necesidades básicas. Por tal razón, la mayoría de las estrategias para combatir la pobreza, incluida esta, dedican suma atención a la generación de ingresos como la principal solución del problema.

Desde el punto de vista del ingreso, la estrategia básica de eliminación de la pobreza consiste en ayudar a los pobres a ganar lo necesario para salir de esa situación. Para lograrlo, la economía debe aumentar el número de empleos disponibles y la productividad o el potencial de ingresos de los pobres que acceden a esos empleos. La mayoría de esos empleos se suscitará en el sector privado y corresponde al gobierno elegir las políticas que inclinen al sector privado a crear empleos mejor remunerados para los pobres[1].

1. ¿Cómo define el BID la pobreza?
2. ¿Cuáles son algunos indicadores clave para saber que una persona es pobre? ¿Puede nombrar otros indicadores que no se mencionan en el texto anterior?
3. ¿Por qué los economistas políticos usan el ingreso como medida de la pobreza?
4. Según el pasaje, ¿qué debe producir en mayor número la economía y cuál es el papel del gobierno?
5. ¿Dónde y por qué existe la pobreza en América Latina? ¿Existe en un país «rico» como los EUA, Francia, Alemania o Japón? ¿Se da más entre los inmigrantes? Comente.
6. ¿Piensa Ud. que la pobreza afecta más a ciertos sectores de la población, como las mujeres, los niños o los indígenas? Comente.
7. ¿Se puede hallar una solución para la pobreza mundial? Comente.
8. ¿Qué quiere decir «desarrollo sostenible» y por qué es importante este concepto cuando se habla del persistente problema de la pobreza?
9. ¿Qué responsabilidad tienen las naciones ricas con las naciones pobres?

[1] «Estrategia para reducir la pobreza», Banco Interamericano de Desarrollo (BID), Departamento de Desarrollo Sostenible. Reimpreso con permiso.

de mercaderías (la logística) cobra mayor volumen año tras año. Los recursos naturales y las materias primas de un país se elaboran, transforman o ensamblan en otro país, que luego los comercia con más países. En el mundo de los negocios, la escasez de cualquier recurso, producto o servicio en cierto lugar se resuelve con la disponibilidad o la abundancia del mismo en otra parte. La oferta y demanda determinan los precios de los bienes y mercancías. Es decir, si hay escasez de petróleo, trigo o automóviles, suben los precios de estos productos, porque los consumidores están dispuestos a pagar más para conseguirlos en el gran mercado caracterizado por la competencia, la oferta y la demanda.

Hay un continuo movimiento internacional de mercaderías, servicios, capital, trabajo y trabajadores, como la mano de obra que importan ciertos países para ayudar a sectores nacionales, tales como el agrícola o el manufacturero. Administrar con eficacia las empresas y los recursos humanos representa un desafío más apremiante para los gerentes en la época global, ya que es necesario comunicarse en otros idiomas, lo que implica comprender otras culturas. Las diferentes industrias compiten y se complementan en el mercado mundial, donde las monedas nacionales de los diferentes países (y el cambio de divisas) son factores muy importantes cuando se considera el riesgo de la inflación y la hiperinflación. En definitiva, el comercio nacional o subnacional (regional, estatal o local) opera como parte de la economía global. Es decir, que lo que antes era nacional o local, se ha convertido en una actividad multinacional, transnacional o supranacional, de forma que impera una nueva realidad comercial que se puede caracterizar como «glocal», una combinación de «global» y «local». La casa matriz de una empresa puede tener varias sedes, sucursales y filiales en diferentes partes del mundo. Y en el futuro, siempre se vislumbran adelantos tecnológicos, de infraestructura y de capacidades logísticas, mayor desarrollo del comercio electrónico y rápido crecimiento de la población mundial, que empieza a aumentar por mil millones de personas cada quince años, con aún más retos y oportunidades para los líderes y gerentes de nuestro futuro global. También existen los retos de desarrollar el comercio «verde» (ecológico) y sostenible, y de inculcar la ética empresarial en nuestros líderes. Asegurarse hoy en día del éxito comercial en la economía «glocal» requiere el conocimiento de las prácticas administrativas del mundo de los negocios, así como también de los diferentes contextos lingüísticos y culturales en los cuales se realiza el comercio. El propósito de este proyecto es ayudar a lograr dicha comprensión, con un énfasis en el mundo hispano y el idioma español.

Liderazgo, integridad y ética empresariales: Atributos clave para nuestros futuros líderes

El *Diccionario de la lengua española* define el liderazgo o liderato como la «condición de líder, persona a la que un grupo sigue, reconociéndola como jefe u orientadora»[2]. Algunas frases célebres ayudan a aclarar más el espíritu, las motivaciones y la conducta de los líderes. Aníbal, general y estadista cartaginés, anunció: «Hallaré un camino o me lo abriré». El gran escritor y poeta cubano José Martí, declaró que «Para ir delante de los demás, se necesita ver más que ellos». Benazir Bhutto, la primera mujer que ocupó el cargo de Primer Ministro de Pakistán, sostuvo que «El liderazgo es un compromiso con una idea, un sueño y una visión de lo que puede ser». El padre Theodore Hesburgh, exrector de la Universidad de Notre Dame, planteó que «La verdadera esencia del liderazgo radica en que usted tiene que poseer una visión». Nelson Mandela, el primer presidente de Sudáfrica elegido democráticamente

---

[2] http://www.rae.es, 22ª edición.

mediante sufragio universal, dijo que «Siempre parece imposible hasta que se hace». Otras citas célebres incluyen las siguientes:

La tarea de un líder es llevar a su gente de donde está hasta donde no haya llegado jamás. (Henry Kissinger, exsecretario de Estado de los EUA)

Si tus acciones inspiran a otros a soñar más, aprender más, hacer más y ser mejores, eres un líder. (Jack Welch, exgerente general de *General Electric* y «el manager más exitoso del siglo XX», según la revista *Fortune*)

La innovación es lo que distingue al líder de sus seguidores. (Steve Jobs, cofundador de *Apple*)

Gestión es hacer las cosas bien, liderazgo es hacer lo correcto. / La excelencia de un líder se mide por la capacidad para transformar los problemas en oportunidades. (Peter Drucker, gurú de la gerencia como disciplina)

Un líder es alguien a quien sigues a un lugar al que no irías por ti mismo. (Joel Barker, visionario)

Piensa, cree, sueña y atrévete. (Walt Disney)

Brian Tracy, especialista en la capacitación profesional, concluye que «La integridad es la cualidad más valiosa y respetada del liderazgo». El liderazgo, entonces, se relaciona con los siguientes atributos: ver más que los otros, abrir caminos, comprometerse con una idea, soñar, tener una visión, valorar y facilitar la innovación, entender lo que puede ser, crear oportunidades, realizar, empujar y guiar a otros, inspirar, atreverse, dar el ejemplo, ser seguido, hacer, transformar, demostrar integridad y respeto. En suma, los famosos versos de Antonio Machado, el gran poeta español, nos sirven muy bien en este contexto: «Caminante (líder) no hay camino, se hace camino al andar»[3].

La ética empresarial, ligada con el liderazgo, se puede definir como el conjunto de principios —o el código de integridad— que rige la conducta tanto de una persona como de una empresa. La ética empresarial se basa en un conocimiento moral entre el bien y el mal y se demuestra con decisiones que favorezcan al bien. La *International Trade Association* del Departamento de Comercio de los EUA ha publicado *Ética empresarial: Manual sobre la administración de una empresa comercial responsable*, con el fin de impulsar «los valores básicos de honestidad, confiabilidad, justicia y autodisciplina» y ayudar a las empresas en todas partes del mundo a desarrollar «un clima de excelencia para sus empleados, accionistas y comunidades y contribuir al bienestar económico de sus países»[4]. La ética empresarial se relaciona hoy en día con el concepto de Responsabilidad Social Empresarial (RSE), definida por el Banco Mundial de la siguiente manera: «Hacer negocios basados en principios éticos y apegados a la ley... a favor del equilibrio entre el crecimiento económico, el bienestar social y el aprovechamiento de los recursos naturales y el medio ambiente»[5]. Cabe recordar aquí que lo ético

---

[3] Fuentes: http://www.emprendovenezuela.net/2011/09/16-frases-celebres-sobre-el-liderazgo.html; http://www.emprendovenezuela.net/2012/08/frases-celebres-sobre-el-liderazgo-2da.html; http://www.liderdeproyecto.com/frase/

[4] http://www.ita.doc.gov/goodgovernance/adobe/Bus_Ethics_sp/Business_Ethics_Spa.pdf

[5] http://siteresources.worldbank.org/CGCSRLP/Resources/Que_es_RSE.pdf

no es sinónimo de lo legal. Con respecto a la RSE, también conocida como Responsabilidad Social Corporativa (RSC), «hoy en día las empresas son cada vez más conscientes de la necesidad de incorporar las preocupaciones sociales, laborales, medioambientales y de derechos humanos, como parte de su estrategia de negocio»[6]. En definitiva, lo ideal en el mundo de los negocios sería siempre desarrollar el liderazgo de buen carácter, es decir, un liderazgo tanto individual como empresarial imbuido de integridad. Con este tipo de liderato, pueden ir codo con codo la ética y las ganancias empresariales. Además, la buena reputación de los EUA y de otros países en la economía global competitiva, de hoy y mañana, dependerá en gran medida del ejemplo ético de sus líderes. No se puede apuntar a nada menos como meta compartida mundialmente, ya sea para el mundo de los negocios o para cualquier profesión.

El comercio y los números: Una lingua franca *no tan sencilla*

Los números constituyen la *lingua franca* o idioma universal del comercio y de la economía. Permiten calcular, medir, comparar, informar, planear, asesorar y tomar decisiones con respecto a las diferentes situaciones comerciales y económicas. Pero la representación numérica en el inglés de los EUA puede variar bastante de los modos de presentación usados en el mundo hispano. Se trata de una importante diferencia cultural. Por ejemplo, para indicar la fecha de un envío de mercancía o de un documento comercial, la fecha del día 4 de mayo del año 2015 se escribe en los EUA como 5/4/15 (mes/día/año). En el mundo hispano, se escribe 4/5/15[7], es decir, primero se indica el día y luego el mes.

A veces, la diferencia cultural en la expresión numérica también puede verse en los horarios y la programación. En un viaje de negocios en los EUA, por ejemplo, la hora de salida de un vuelo o un tren se expresaría normalmente en términos de las nueve de la mañana (*9 a.m.*), las tres de la tarde (*3 p.m.*) o las ocho y cuarto de la noche (*8:15 p.m.*). En el mundo hispano, en un aeropuerto o en una estación de trenes (ferrocarril) o de autobuses, suele usarse el horario militar de 24 horas, tal como se hace en España; es decir, las tres de la tarde se anunciarían como las 15 horas y las ocho de la noche serían las 20 horas. De manera semejante, una presentación de negocios programada para las 5:30 de la tarde en los EUA podría expresarse en español como las 17:30, 17h30, 17'30 o 17,30.

También existen notables diferencias al hablar de pesos y medidas. En los EUA, se usa el sistema británico, mientras que en los países hispanos se usa el sistema métrico decimal (europeo). En el sistema métrico decimal, la unidad básica es el número diez y sus múltiplos o partitivos: 10, 100, 1,000 y 10,000, 1/10, 1/100, etc. En los EUA, el peso se expresa en libras y onzas (la computadora pesa solo cinco libras, ese hombre pesa 180 libras), mientras que en los países hispanos se usan gramos y kilogramos (1 gramo = 0.035 onzas y 1 kilogramo = 2.2 libras). Así que la computadora mencionada pesaría 2.3 kilogramos o kilos y

---

[6] http://www.latirajala.org/taxonomy/term/44

[7] También 4-5-15, 4.5.15 o 4-V-15.

el hombre pesaría 82 kilos. En los EUA, el volumen se mide en galones, cuartos y pintas, mientras que en los países hispanos se usa el litro. Y las distancias y los tamaños (longitud, altitud, altura, talla, estatura) se expresan en los EUA en pulgadas, pies, yardas y millas, mientras que en los países hispanos se usan centímetros, metros y kilómetros. Por ejemplo, una distancia de cinco millas se traduciría a 8.1 kilómetros (1 milla = 1.61 kilómetros). Cuando se conduce un coche en España o un carro o auto en Hispanoamérica, en lugar de ver una señal de velocidad máxima de 60 millas por hora, tradicionalmente se vería una de 100 km/h. (Véase el Apéndice 3 para más información sobre las medidas).

La manera en que se expresa la temperatura constituye otro ejemplo. Supongamos que en el mes de enero usted hace un viaje de negocios de Chicago a Buenos Aires. Cuando el avión aterriza, el piloto anuncia una temperatura de 30 °C. Usted se felicita por haber traído un buen abrigo de invierno. Sin embargo, al desembarcar nota inmediatamente que hace mucho calor. ¿Qué ocurre aquí? ¿Se equivocó el piloto? En primer lugar, en el hemisferio norte, el invierno se da en los meses de diciembre, enero y febrero. Por eso, hace frío en estos meses en ciudades como Boston, Minneapolis o Madrid. Sin embargo, en las ciudades del hemisferio sur, como Montevideo, Buenos Aires o Santiago, el invierno tiene lugar en los meses de junio, julio y agosto. En segundo lugar, el piloto anunció la temperatura usando la escala de grados centígrados, de modo que los 30 °C eran 90 °F, ¡un calor agobiante! Hay que recordar que en los EUA se usa el sistema Fahrenheit para las temperaturas, mientras que en los países hispanos se usan los grados Celsius. Por cada nueve grados en la escala Fahrenheit, hay cinco Celsius. La fórmula para hacer la conversión de Fahrenheit a Celsius es: $(°F − 32°) \times 5/9 = °C$, o $(F − 32°) \times 0.56 = °C$. Para hacer la conversión de Celsius a Fahrenheit, la fórmula es: $(°C \times 9/5) + 32° = °F$, o $(°C \times 1.8) + 32° = °F$. Así que las temperaturas medias de México, D.F. (Distrito Federal, la capital) serían 55 °F o 13 °C en enero y 70 °F o 21 °C en julio. En Madrid, en el mes de enero, serían 42 °F o 6 °C y en julio, 80 °F o 27 °C.

El hombre o la mujer de negocios que viaja al exterior también tiene que conocer las diferencias culturales en el uso y el simbolismo de los números, como las que surgen en el calendario. Por ejemplo, el día de la mala suerte en los EUA es el viernes 13 de cualquier mes, pero en los países hispanos suele ser el martes 13 (como dice el refrán «En martes trece, ni te cases ni te embarques»). El *April Fools' Day*, que se celebra en los EUA el primero de abril, se celebra en el mundo hispano como el Día de los Santos Inocentes, el 28 de diciembre. Y, por supuesto, el 4 de julio, que es el Día de la Independencia de los EE. UU., no se celebra como el Día de la Independencia en el mundo hispano. Por ejemplo, en México es el 16 de septiembre; en Ecuador, el 10 de agosto y en Paraguay, el 14 de mayo.

Otra importante diferencia cultural es la expresión de los números grandes como *billón* y *trillón* cuando se habla del Producto Interno Bruto (PIB) o Producto Nacional Bruto (PNB) de los países. En el inglés de los EUA, el número 1,000,000,000 se expresa como *billion*, pero en español normalmente se dice mil millones. En el inglés de los EUA, el número 1,000,000,000,000 se lee como *trillion*, pero en español normalmente se lee como un billón o millón de millones. Así que hablar del PIB de un país —$18.6 billones de dólares para los EUA o $410 mil millones de dólares para Perú en 2016— requiere prestar atención al contexto cultural en el cual se indican los grandes números. Para resumir véase la tabla:

Número	En inglés (EUA)	Normalmente en español
1,000,000 (seis ceros)	*million*	millón (millones)
1,000,000,000 (nueve ceros)	*billion*	mil millones o millar(es) de millón
1,000,000,000,000 (doce ceros)	*trillion*	billón (billones) o millón de millones

Otra cuestión importante en la manera de escribir los números. Tiene que ver con las diferencias entre el uso de la coma y el punto para indicar números grandes (millares, millones, millares de millón, etc.) y decimales. En los EUA, el número mil se escribe 1,000 con una coma, un millón con dos comas (1,000,000) etc., y los decimales y las cifras de dinero con un punto ($1.00, $10.00 o $100.00). En español, según el país, se puede expresar de modo contrario: 1,000 (mil en los EUA) se escribe 1.000 (con punto) y $10.00 (diez dólares en los EUA) se escribe $10,00 (con coma). Algunos países hispanos usan el mismo sistema que los EUA, pero otros no. En general, en América del Norte y en Centroamérica se usa el sistema de los EUA: la coma para indicar millares y el punto para indicar decimales. Al contrario, en España y América del Sur suele usarse el sistema europeo: el punto para indicar millares y la coma para indicar decimales. A continuación, se brinda un resumen del uso en los diferentes países hispanos.

Mil 1,000 (con coma) $10.50 (con punto)	Mil 1.000 (con punto) $10,50 (con coma)
EUA	Argentina
El Salvador	Bolivia
Guatemala	Chile
Honduras	Colombia
México	Costa Rica
Nicaragua	Cuba
Panamá	Ecuador
Perú	España
Puerto Rico	Guinea Ecuatorial
República Dominicana	Paraguay
	Uruguay
	Venezuela

Fuente: Angel Rivera, *CATI Quarterly*, primavera 1995.

*En este libro, se usará el sistema de la primera columna —el sistema de EUA y México— porque México es el país hispanohablante más grande del mundo.

Para concluir con este resumen inicial de los números como *lingua franca* del comercio, es obligatorio poder expresarlos correctamente en español, sean cardinales, ordinales, multiplicativos o partitivos. (Véase el Apéndice 3 para obtener más información y ejemplos).

1-2   ACTIVIDADES

1. Vuelva a las «Preguntas de orientación» que se hicieron al principio del capítulo y a las que acompañan la foto de la primera página y contéstelas con sus compañeros de clase. Use la lectura, sus conocimientos personales y el «Breve vocabulario útil» para verificar las respuestas.

MINDTAP

2. **Prueba de comprensión.** Complete la prueba «Preguntas comerciales» en el MindTap de *Éxito comercial: Prácticas administrativas y contextos culturales*.

1-3   AL TELÉFONO

MINDTAP

1. Lea las siguientes preguntas. Después escuche atentamente la conversación telefónica del Capítulo 1, **Pistas 1 y 2**, en el MindTap de *Éxito comercial: Prácticas administrativas y contextos culturales* y conteste las preguntas. Puesto que la comprensión auditiva es una destreza comunicativa sumamente importante, se recomienda escuchar la conversación varias veces.

   a. ¿Cuál es el proyecto en equipo que tienen que entregar la señorita Estévez y el señor Romero?

   b. ¿Cuáles son los países que les corresponden a los dos representantes?

   c. ¿Cuántos hispanos vivirán en los Estados Unidos en el año 2025?

   d. ¿Cuáles son las tres regiones que tienen poblaciones casi iguales?

   e. ¿Cómo se comparan los PIB y las poblaciones de estas tres regiones?

2. Basando sus comentarios en la conversación telefónica, haga una de las siguientes llamadas telefónicas a otro/a estudiante de la clase. Cada persona debe participar activamente en la conversación. Si necesita ayuda con esta actividad, véase el Apéndice 1, «Protocolo telefónico», págs. 533–537.

   a. Usted es la señorita Ana Estévez Montalbán. Su jefe/a en otra oficina de Inversionestas S.A. en México, D. F. ya está enterado/a de la información que usted consiguió sobre las poblaciones y los PIB en México, el Caribe y los EUA. Llame a su jefe/a para informarle sobre las investigaciones adicionales que hizo el señor Ernesto Romero Palmero en Buenos Aires acerca de América del Sur y Brasil.

   b. Usted es el señor Ernesto Romero Palmero. Su jefe/a en otra oficina de Inversionestas S.A. en Buenos Aires ya está enterado/a de la información que usted consiguió sobre las poblaciones y los PIB en América del Sur y Brasil. Llame a su jefe/a para informarle sobre las investigaciones adicionales que hizo la señorita Ana Estévez Montalbán en el D.F. acerca de México, el Caribe y los EUA.

La geografía del mundo y de los países hispanohablantes

En términos geográficos, el Medio Oriente se considera parte de Asia; México y América Central forman parte de América del Norte, que se extiende desde Canadá

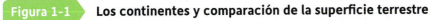

Figura 1-1 **Los continentes y comparación de la superficie terrestre**

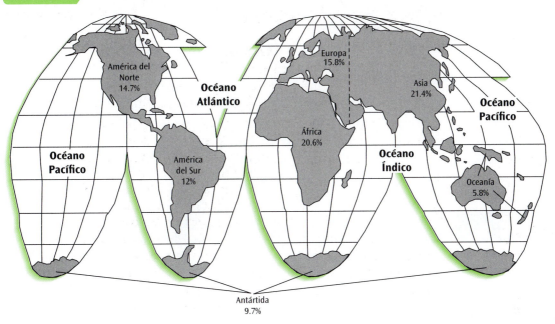

América del Norte 14.7%

Océano Atlántico

Europa 15.8%

Asia 21.4%

Océano Pacífico

África 20.6%

Océano Pacífico

América del Sur 12%

Océano Índico

Oceanía 5.8%

Antártida 9.7%

hasta Panamá; Rusia y las otras repúblicas de la antigua Unión Soviética al oeste de los Urales se consideran como parte de Europa, mientras que al este de los Urales, son parte de Asia. Culturalmente el mundo se divide en otras regiones que no siempre coinciden técnicamente con la identificación geográfica: Norteamérica (o América del Norte), Sudamérica (o América del Sur), Europa Occidental, la antigua Unión Soviética, el norte de África, el sudoeste asiático, el sur de Asia, el sudeste asiático, Asia oriental, África, Australia, Nueva Zelanda y el Pacífico. El término «Hispanoamérica» se refiere a los países hispanohablantes de las Américas, mientras que «Latinoamérica» es un término más amplio que abarca también países como Brasil, cuyo idioma nacional es el portugués. (Se verá más sobre este importante país, «El Coloso del Sur», en el Capítulo 12).

En cuanto a los conocimientos fundamentales, es imprescindible que la persona que estudia español de negocios sepa identificar cada país y cada región hispanohablante en un mapa. Además, debe poder identificar la capital de cada país, el gentilicio (los habitantes) y la moneda nacional. Estos elementos constituyen una especie de abecedario del español para negocios. Nótese que una diferencia cultural es el uso convencional de la letra inicial minúscula para el gentilicio de un país, a diferencia de la letra mayúscula que se usa en inglés: español vs. *Spaniard*, peruano vs. *Peruvian*, etc. La Figura 1-3 presenta la situación geográfica de los países hispanohablantes de las Américas y las regiones en las que se agrupan: el Caribe hispanohablante (las Antillas Mayores o las Grandes Antillas hispanoparlantes), Centroamérica o América Central, la región andina y el Cono Sur. La Figura 1-4 presenta la situación geográfica de España (en Europa) y Guinea Ecuatorial (en África).

Figura 1-2 **Comparación de la superficie terrestre y la población de los continentes**

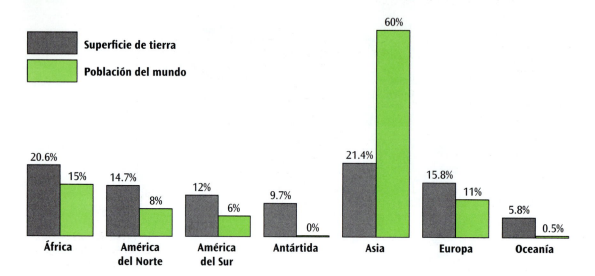

1-4 ACTIVIDADES

Para hacer los siguientes ejercicios, use las Figuras 1-1 a 1-4.

1. ¿Cuáles son los cuatro continentes con el mayor porcentaje de superficie terrestre? ¿Con el mayor porcentaje de la población mundial? ¿Cuál continente tiene un porcentaje de población mundial mayor que el porcentaje de la superficie terrestre que ocupa?

2. ¿Cuáles son los países que constituyen las siguientes regiones hispanoparlantes: las Antillas Mayores, Centroamérica o América Central, la región andina y el Cono Sur?

3. ¿Cuál es el gentilicio de los siguientes países: Guinea Ecuatorial, Uruguay, Chile, México, Puerto Rico, Guatemala, Costa Rica, Nicaragua y Ecuador?

4. ¿Cuál es la capital de los siguientes países: España, Cuba, Costa Rica, Nicaragua, Honduras, Guinea Ecuatorial, Uruguay, República Dominicana, Panamá, Paraguay, Perú, Venezuela y Ecuador? ¿Cuál es la capital de Puerto Rico?

5. ¿Cuál es la moneda de los siguientes países: Panamá, España, Honduras, Costa Rica, Nicaragua, Guinea Ecuatorial, Uruguay, Perú, Paraguay, Venezuela y Ecuador? ¿Cuáles son los siete países que tienen el peso como moneda nacional? ¿Y cuáles son los dos países que han adoptado el dólar estadounidense como moneda nacional?

6. En el mundo de los negocios, ¿piensa que es mejor dividir el mundo en regiones geográficas o culturales? Comente.

Figura 1-3 **Países hispanohablantes de las Américas: Nombre del país, gentilicio, capital y unidad monetaria**

Nicaragua
nicaragüense
Managua
el córdoba oro

Honduras
hondureño(a)
Tegucigalpa
el lempira

El Caribe hispanohablante:
Cuba, Puerto Rico,
República Dominicana

Cuba
cubano(a)
La Habana
el peso

República Dominicana
dominicano(a)
Santo Domingo
el peso

Puerto Rico
puertorriqueño(a) (*inf.* boricua)
San Juan
el dólar EUA

Panamá
panameño(a)
Ciudad de Panamá
el balboa (No hay billetes;
el $EUA tiene curso legal
como papel moneda).

México
mexicano(a)
México, D.F.
el peso

Guatemala
guatemalteco(a)
Ciudad de Guatemala
el quetzal

El Salvador
salvadoreño(a)
San Salvador
el dólar EUA

Costa Rica
costarricense (*inf.* tico[a])
San José
el colón

Colombia
colombiano(a)
Santa Fe de Bogotá
el peso

Ecuador
ecuatoriano(a)
Quito
el dólar EUA

Venezuela
venezolano(a)
Caracas
el bolívar fuerte

Los países andinos:
Bolivia, Colombia,
Ecuador, Perú y
Venezuela

Brasil
brasileño(a)
Brasilia
el real

Bolivia
boliviano(a)
La Paz (administrativo)
y Sucre (judicial)
el boliviano

Perú
peruano(a)
Lima
el nuevo sol

Paraguay
paraguayo(a)
Asunción
el guaraní

Uruguay
uruguayo(a)
Montevideo
el peso

Argentina
argentino(a)
Buenos Aires
el peso

Chile
chileno(a)
Santiago
el peso

Los países
centroamericanos:
Costa Rica, El Salvador,
Guatemala, Honduras,
Nicaragua, Panamá

Los países del
Cono Sur:
Argentina, Brasil, Chile,
Paraguay y Uruguay

© M. S. Doyle

Figura 1-4

España y Guinea Ecuatorial: Gentilicio, capital y unidad monetaria

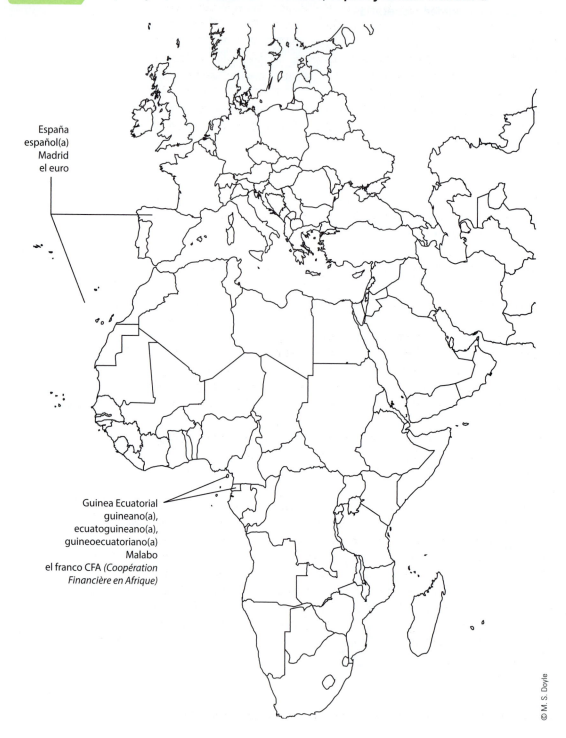

España
español(a)
Madrid
el euro

Guinea Ecuatorial
guineano(a),
ecuatoguineano(a),
guineoecuatoriano(a)
Malabo
el franco CFA (*Coopération
Financière en Afrique*)

© M. S. Doyle

Otros países donde se habla español

La lengua española tiene un impacto enorme en el mundo y su importancia como lengua de negocios seguirá creciendo. Se calcula que en el año 2012 había unos 487 millones de hispanos, inclusive los 50 millones de los EE. UU., y que el español, tercer idioma del mundo en cuanto a hablantes nativos, era la lengua materna de casi el 7% de la población mundial. Cuando se trata del idioma español, rápidamente vienen a la mente países como España, México, Cuba, Colombia, Argentina y los demás países hispanohablantes de América Central y del Sur. Pero la población latina de los Estados Unidos de por sí ya constituiría el segundo país de hispanoparlantes del mundo en 2018.

El idioma y la cultura en los negocios

El español, hablado en tantos países, es verdaderamente una lengua mundial. Sin embargo, según una encuesta en 1998, el estadounidense promedio pensaba que más del 50% del mundo hablaba y vivía en inglés[8]. De hecho, en el año 2016, el inglés, el chino y el español se clasificaron como las tres primeras lenguas usadas en Internet. El 26% de los usuarios de Internet se comunicaban en inglés, la primera lengua de unos 948 millones de usuarios, mientras que el 21% se comunicaban en chino y el 8% se comunicaban en español, es decir, unos 277 millones[9]. El inglés seguirá siendo una importantísima lengua para los negocios, pero otros idiomas como el español continuarán cobrando mayor importancia. La verdad es que no pueden venderse productos y servicios a consumidores en un idioma que no entienden. Tal como afirmó el senador Paul Simon en su libro *The Tongue-Tied American* (1980), la lengua más importante para el comercio es siempre la del cliente. Esto explica por qué hoy en día se ven muchos más anuncios, letreros y páginas web en español en todas partes de los EUA.

Hay notables diferencias entre el español (el castellano) que se habla en un lugar y el que se habla en otro; por ejemplo, entre el español de España, México, Cuba, Puerto Rico, Argentina y el de California o Florida. No solo es diferente el acento o el dejo (la dejación o la pronunciación de «los platos» versus «loj platoj»), sino que también existen diferencias en el vocabulario que se usa, como decir «guajolote» en México en lugar de «pavo». Es decir, no hay una sola lengua española, sino muchísimas variaciones dialectales con su propia autenticidad. También hace falta recordar que en muchos de los países hispanoparlantes se hablan otros idiomas, además del español. Algunos ejemplos son el catalán, el gallego y el euskera (vasco o vascuence) en España; el náhuatl, el maya y el tarahumara en México; el maya en Guatemala; el quechua en Ecuador y Perú (donde el quechua es también una lengua oficial); el guaraní en Paraguay (también lengua oficial del país); el aimara (o aymara) en Perú y Bolivia; el fang y el bubi en Guinea Ecuatorial y el garífuna en Honduras y Panamá.

---

[8] «*Americans Believe That Over Half the World's Population Speaks English [Actually about 20% Do So].*» *The Harris Poll #61:* 4 de noviembre de 1998.

[9] http://www.internetworldstats.com/stats7.htm

Cada idioma reside en una realidad cultural y la refleja; es decir, la cultura es el hogar del idioma y el idioma a su vez refleja y comunica cierta cultura. La gente se comporta según las tradiciones y las normas de su sociedad, o según los conceptos de familia, escuela, religión, ciudad, región o país. Estas costumbres forman la base de todos los aspectos de la vida humana y, por supuesto, de la vida económica y comercial de la región considerada.

Hay numerosos ejemplos y anécdotas acerca de intentos malogrados del mercadeo internacional, por ejemplo, cuando se trata del nombre desafortunado de un producto como un carro o coche. En la década de los sesenta, *Ford* puso en venta el *Mercury Comet Caliente* (que se puede interpretar como *hot* en el sentido de *horny*) y la *Ford Fiera* (*wild beast* o *dragon lady*), en los setenta. También en los sesenta, *General Motors* manufacturó un carro llamado *Nova*, cuyo nombre fácilmente se prestaba a juegos de palabras como «mi *Nova* no va» (no funciona), que se convirtió en una leyenda urbana. Y años más tarde, en 2002, *Nissan* lanzó al mercado su vehículo todoterreno llamado *Moco* (*booger, snot*), con lo cual uno se puede imaginar el humor relacionado con preguntas como «¿Dónde está tu *Moco*?».

Otra anécdota relata que en los años setenta, en la ciudad tradicional de Medellín, Colombia, en el departamento de Antioquia, había una empresa llamada «Éxito», parecida a la compañía estadounidense *Walmart*. Los gerentes de Éxito eran colombianos y conocían bien las prácticas de marketing apropiadas para los clientes antioqueños, gente muy conservadora que solía comerciar solamente con las empresas ya conocidas de esa región. No se fiaban tanto de las empresas dirigidas por forasteros o extranjeros. Cuando se abrió en Medellín una nueva sucursal de la multinacional *Sears, Roebuck & Co.*, los antioqueños bromeaban entre sí que pronto Sears sería un «Éxito». Estos usos de la palabra «éxito» representaban un juego de palabras. Cuando *Sears* no tuvo «éxito», debido a la falta de aceptación de sus prácticas administrativas y comerciales por parte de los lugareños, la empresa que llegó a ocupar el edificio pocos meses después fue un auténtico «Éxito», dirigido por gerentes que habían sabido observar las normas comerciales vigentes de Medellín. ¿Pues quién conocerá mejor el mercado local que la gente que vive y trabaja allí? Por eso, la investigación y la cooperación internacional son tan importantes en el mundo de los negocios actual.

Estos ejemplos demuestran que las compañías que ignoren el idioma y las normas culturales de un mercado particular tendrán dificultades para triunfar allí. También pueden surgir otros problemas como consecuencia de los estereotipos o las reacciones inmediatas basadas en ideas preconcebidas acerca de un grupo o mercado comercial. Para tener éxito en la economía global, se requiere la buena fe y la atención a los detalles; el conocimiento y la apreciación de otras lenguas y culturas; el deseo de aprender continuamente y mucho trabajo y suerte. Pero ya se sabe que la «buena suerte» ocurre cuando coinciden la preparación y la oportunidad. Esta preparación transcultural también figurará de manera importante en la formación ética de nuestros futuros líderes de negocios internacionales.

1-5 ACTIVIDADES

Haga los siguientes ejercicios.

1. Con respecto a los idiomas usados para la comunicación internacional y el comercio, ¿qué ocurrirá lingüísticamente con el uso de Internet?

2. Comente y debata con sus compañeros de clase sobre las diferencias que pueden encontrarse en el idioma español de los diferentes países o lugares. Compartan ejemplos de diferencias dialectales en cuanto a pronunciación, vocabulario y modismos.

3. ¿Qué opina de la frase «la cultura es el hogar del idioma»?

4. ¿Qué es un estereotipo? ¿Cuáles son algunos ejemplos de estereotipos positivos y negativos que usted conoce? ¿Cuál sería un estereotipo del estadounidense? ¿del mexicano? ¿del español? ¿del argentino? ¿del francés? ¿del alemán? ¿del japonés? ¿Le parece que tales generalizaciones tienen fundamento? Explique.

5. ¿Qué es una leyenda urbana? Explique el supuesto problema que encontró *General Motors* con la venta de su carro «*Nova*» en Hispanoamérica. ¿De qué manera este ejemplo de leyenda urbana ilustra un problema lingüístico o cultural? ¿Conoce otras leyendas urbanas parecidas?

6. Explique la dificultad de *Sears* con su sucursal en Medellín. ¿Por qué se convirtió en una anécdota lingüística?

7. ¿Qué opina de la idea de que la preparación transcultural también figurará de manera importante en la formación ética de nuestros futuros líderes de negocios internacionales? Comente.

1-6 CONFIRMANDO LA COMPRENSIÓN

Complete la prueba «Preguntas culturales» en el MindTap de *Éxito comercial: Prácticas administrativas y contextos culturales*.

 MINDTAP

GLOSARIO DE TÉRMINOS Y CONCEPTOS FUNDAMENTALES

administración: *decisiones y acciones tomadas en la dirección de una empresa o de cualquier organización*

agrícola (adjetivo que no cambia de forma): *relacionado con la agricultura*

comercio: *negociación para la compra, venta o cambio (permuta) de bienes con el objetivo de ganar dinero; comunicación y trato de unos pueblos o individuos con otros*

comercio internacional: *el que se realiza con otros países fuera del territorio nacional*

comercio multinacional: *el que tiene operaciones internacionales, pero con una perspectiva global y sin deber lealtad a ningún país*

comercio nacional: *el que se realiza dentro del territorio nacional de un país*

(continúa)

consumidor/a: *persona que compra o que usa bienes y servicios para satisfacer sus necesidades*

cultura: *todo lo que se aprende, comparte y comunica de una generación a otra por medio de los padres, las organizaciones sociales, los gobiernos, las escuelas, la religión y los grupos informales; un sistema de conducta y de costumbres, tradiciones, ideas y creencias aprendidas que caracteriza a los miembros de una sociedad*

dejo: *modo particular de pronunciación o acento particular de determinada región*

demanda: *mercancías y servicios que necesitan o desean los consumidores en un momento y a un precio determinado*

demografía: *estudio científico de las poblaciones según su número, composición (por sexo, grupos etarios, etnicidad, etc.), distribución, desarrollo y otras características*

distribución: *asignación a cada uno de lo que le corresponde; transporte de bienes y servicios*

economía: *administración razonable de los recursos y bienes; el conjunto de actividades respecto a la producción y al consumo de riquezas; se caracteriza por la escasez de bienes y recursos y por la oferta y demanda; en otras palabras, se trata de cómo abastecer y satisfacer las necesidades y los deseos de los consumidores y usuarios*

economía global: *conjunto de relaciones comerciales y económicas de los países del mundo*

ensamblar: *unir o juntar partes de algo (como las piezas de un automóvil o de un mueble)*

escasez *(f):* *falta de una cosa*

filial *(f):* *compañía subsidiaria*

gerencia: *administración o dirección de los negocios*

gerente *(m/f):* *persona que dirige un negocio*

globalización: *integración de la actividad económica y comercial a nivel mundial*

hiperinflación: *tasa de inflación anual mayor al 25%*

industria: *conjunto de operaciones destinadas a transformar materias primas en productos útiles para los consumidores y usuarios; se refiere especialmente a la minería, la manufactura y la construcción*

inflación: *desequilibrio económico caracterizado por la subida general de precios y que proviene de la circulación excesiva de papel moneda*

logística: *conjunto de medios y métodos necesarios para llevar a cabo la organización de una empresa, o de un servicio, especialmente de distribución*

materia prima: *materiales (vegetales, animales, minerales) que se transforman por medio de la elaboración industrial*

mercadería: *cualquier género vendible; artículos que se pueden comprar y vender*

mercado: *lugar público designado para vender, comprar o cambiar mercancías; país (o región) con el cual comercia otro país*

población: *número de personas que constituyen un pueblo o una nación*

Producto Interno Bruto (PIB): *suma de la riqueza nacional producida dentro del territorio nacional (se relaciona con el comercio interior)*

Producto Interno o Nacional Bruto per cápita: *PIB o PNB dividido por el número de habitantes del país*

Producto Nacional Bruto (PNB): *suma de la riqueza total producida por una nación (PIB más las exportaciones e importaciones, comercio interior y exterior)*

sede *(f):* *oficina central*

servicio: *ayuda o atención concedida por una persona u organización; es algo intangible*

sucursal *(f):* *un establecimiento situado en distinto lugar que la oficina central o casa matriz de la cual depende*

supranacional: *empresa que verdaderamente haya superado toda vinculación nacional*

trabajo: *labor humana aplicada a la producción de riqueza*

transnacional: *empresa caracterizada por una administración compartida por representantes de varios países*

usuario/a: *persona que usa algo*

LA EMPRESA

CAPÍTULO 2

© Latitudestock/Getty Images

Una empresa estatal: Edificio de Correos, Barcelona, España.
¿Puede usted dar otros ejemplos de empresas estatales en España
y América Latina y los servicios que ofrecen?

Keep thy shop and thy shop will keep thee.
— PROVERBIO INGLÉS

Opportunity is luck's entrepreneur.
— ANÓNIMO

Lo que mucho vale, mucho cuesta.
— PROVERBIO

Integridad y ética empresarial

We don't have to make a choice between profits and principles.

— JEROEN VAN DER VEER, PRESIDENTE, *ROYAL DUTCH PETROLEUM COMPANY*

Traduzca al español la cita mencionada y comente su validez para el mundo de los negocios, con un buen ejemplo que usted conozca o uno que pueda imaginarse.

Liderazgo

Los líderes no surgen de la nada. Deben ser desarrollados: educados de tal manera que adquieran las cualidades del liderazgo.

— WARREN BENNIS

Traduzca al inglés esta frase célebre del liderato. ¿Está de acuerdo con la noción de que los líderes no nacen de la nada sino que hace falta desarrollarlos? Explique. En su opinión y en orden de importancia, ¿cuáles serían las tres cualidades más importantes para ser un/a buen/a líder? Justifique su elección.

Cuando lea la sección «Lectura comercial», piense en las respuestas a las siguientes preguntas.

1. ¿Qué es una empresa?
2. ¿Cómo se clasifican las empresas?
3. ¿Cuáles son las características de una empresa pública? ¿privada? ¿mixta? Busque en Internet un ejemplo de cada tipo de empresa en algún país hispano (España, Guinea Ecuatorial, México, Costa Rica, etc.).
4. ¿Cuáles son las distintas formas jurídicas de las empresas con fines de lucro? Busque en Internet un ejemplo de una empresa de cada forma jurídica en algún país hispano (España, Guinea Ecuatorial, México, etc.) y explique brevemente por qué la empresa seleccionada es una empresa simple, una sociedad en nombre colectivo, una sociedad en comandita o una sociedad anónima.
5. ¿Qué clases de empresas predominan en el mundo hispano?
6. ¿Quiénes son los dueños de las diferentes empresas privadas y cuáles son sus actividades, obligaciones administrativas y responsabilidades individuales y sociales?
7. ¿Cómo se clasifican las empresas por actividad?
8. ¿A qué actividades económicas se dedica la mayoría de las empresas?
9. ¿Cómo se puede medir el tamaño de una empresa en los EUA y en España?
10. ¿Cómo se constituye una empresa?

LECTURA COMERCIAL

Organización y clasificación de la empresa comercial

En los países capitalistas, entre los cuales figuran todos los países hispanohablantes menos Cuba, la empresa es la organización jurídica y social que dirige la mayor parte de la actividad económica. Reúne los recursos productivos (capital, materias primas, equipo, materiales, trabajadores) bajo la dirección, responsabilidad y control de uno o más empresarios para producir e intercambiar bienes y servicios. Las empresas se clasifican según las siguientes características:

1. función social
2. forma jurídica
3. actividad particular
4. control legal
5. tamaño

Función social

En general, las empresas son públicas (del estado), privadas o mixtas. En los Estados Unidos y en algunos países hispanos (Argentina, Chile, España y México), desde finales de los años ochenta y noventa, han predominado las privadas, mientras que en otros países hispanos han abundado hasta hace poco las estatales. Las empresas públicas suelen ser estatales, benéficas, educativas o religiosas. Reciben sus fondos de fuentes públicas, privadas o estatales, pero generalmente no funcionan con fines de lucro. Usan el dinero recibido para ofrecer servicios al público o para cubrir los costos de sus propias operaciones. En la mayoría de los casos, quedan bajo el control de órganos especiales, como el estado, y tienen ciertos privilegios económicos y legales. Las instituciones más típicas de esta clase son las agencias de gobierno, los ayuntamientos, los correos, las escuelas y universidades, y las iglesias y los templos. Es preciso decir que en los países hispanos hay empresas estatales que sí operan con fines lucrativos, pero remiten sus ingresos a la tesorería nacional, ya sea para realizar obras públicas o para financiar sus propias operaciones. Las más representativas de estas empresas han sido las compañías telefónicas, petroleras, aéreas, ferroviarias, etc. Algunas de estas se han privatizado recientemente en países como México, Chile, España, Colombia, Perú y Argentina por falta de capital y para lograr una administración más eficaz. Otras están en camino a la privatización, pero todavía les hacen falta capital y una gerencia empresarial más especializada y eficiente.

Las empresas comerciales privadas, en cambio, son las que contribuyen a generar y fomentar economías capitalistas. Por lo general, suelen ser:

- privadas por función social,
- productoras, comerciales o de servicios según su actividad económica,
- pequeñas, medianas, grandes o multinacionales según el volumen de operaciones y número de empleados.

En la mayoría de los casos, funcionan con fines de lucro. Su organización social y administrativa puede ser sencilla o compleja, según su tamaño, actividad y número de propietarios, gerentes y empleados. Se constituyen legalmente y tienen responsabilidad social. Es decir, los dueños tienen que responder y satisfacer tanto al público consumidor como a sus acreedores con respecto a la calidad, seguridad y utilidad de los bienes y servicios que producen y venden.

Las empresas mixtas también ofrecen productos y servicios al público, pero son semiprivadas, o sea, están controladas tanto por el gobierno como por una o más empresas particulares. Usan los fondos recibidos de subvenciones gubernamentales, donativos y otras fuentes para vender o proporcionar algún bien material o servicio al público, y a menudo operan con fines de lucro. Suelen figurar entre ellas las compañías de servicios públicos, pero también algunas de comercio y de manufactura como, por ejemplo, la SEAT (Sociedad Española de Automóviles de Turismo), dirigida por el Volkswagenwerk alemán y por el gobierno español. El turismo en España también es un buen ejemplo, puesto que «algunas ciudades españolas

(Gijón, Barcelona y Mérida) han optado por la creación de empresas mixtas que permitan la colaboración público-privada... para promocionar el destino»[1].

Forma jurídica

Las empresas privadas suelen tener dos formas jurídicas: individuales o sociales. La empresa individual, simple o unipersonal, pertenece a un solo empresario individual (un microempresario) que aporta el capital, dirige el negocio y recibe todo el beneficio comercial. Su operación y sus ganancias son generalmente pequeñas y su constitución y disolución, por los pocos requisitos legales exigidos, fáciles de lograr. Sin embargo, a pesar de la libertad que goza, la responsabilidad del propietario es ilimitada. Es decir, el dueño puede perder todo su patrimonio o bienes materiales si fracasa en el negocio o acumula deudas que no logra solventar, puesto que no existe una separación entre el patrimonio empresarial y el personal. Aunque numerosas, estas empresas suelen tener una vida corta, debido a su pequeño tamaño y a la competencia de otras pequeñas empresas y compañías más grandes. Algunos ejemplos de empresas individuales son las barberías, carnicerías, farmacias, florerías, restaurantes, etc.

Las empresas sociales o las sociedades, en cambio, son normalmente propiedad de un mínimo de uno a dos individuos llamados socios. Estos, generalmente con la ayuda de un abogado, se ponen de acuerdo acerca de la división del trabajo, los derechos sociales, las obligaciones empresariales y financieras, los modos de realizar las operaciones y los demás quehaceres de la firma. Su operación e ingresos, por el número de socios y el volumen de actividades, suelen ser más grandes que los de la empresa individual; y su gestión, más compleja. La sociedad también tiene, por el número y la pericia del personal, una capacidad administrativa superior a la de la empresa individual y ofrece más oportunidades salariales y de ascenso a sus empleados.

Existen varias formas jurídicas de sociedades mercantiles. Las más importantes son las de personas: la «Sociedad Colectiva» o «en Nombre Colectivo» (S. en N.C.) y la «Sociedad Comanditaria» o «en Comandita» (S. en C.) y las de capital: la «Sociedad de Responsabilidad Limitada» (S. de R.L.), la más común en España, y la «Sociedad Anónima» (S.A.) o su variante, muy común en México, la «Sociedad Anónima de Capital Variable» (S.A. de C.V.). En las sociedades personalistas, la «persona» del socio determina la asociación mercantil; mientras que en las sociedades de capital, el factor determinante es la cuantía de la «aportación» del socio o inversionista. Los «socios gestores» (también conocidos como «socios activos», «socios colectivos», «socios administradores» o «socios comanditados» cuando se trata de una S. en C.) se distinguen por su responsabilidad ilimitada y solidaria (*joint and unlimited liability*) y por tener a su cargo la administración y las operaciones diarias de la sociedad. Los socios comanditarios o limitados, por su parte, funcionan como suministradores de capital a la comandita, y no de trabajo como los socios gestores;

---

[1] http://static.hosteltur.com/web/uploads/2011/01/feebade1dcb8ebeb.pdf

responden de manera limitada al capital aportado o comprometido; y no intervienen en la administración de la sociedad. En la sociedad anónima, también llamada corporación, los accionistas son los verdaderos propietarios de la compañía, y su responsabilidad se limita a las inversiones directas que han hecho en la empresa. La Tabla 2-1 resume las características de estas sociedades mercantiles. Cabe añadir que también existen otras formas jurídicas como la «Sociedad Civil» (S.C.), usada normalmente por contadores, abogados y consultores, y la «Sociedad Cooperativa», constituida entre productores, vendedores o consumidores, para la utilidad común de los socios. Pero las tres formas jurídicas fundamentales de las empresas son la individual, la colectiva y la anónima, con las variantes que evolucionan con el transcurso del tiempo. Al constituir una empresa, la forma jurídica seleccionada es muy importante porque refleja el tipo de control (total o parcial), la participación administrativa (completa, parcial o ninguna) y el riesgo (la responsabilidad limitada vs. ilimitada) que están dispuestos a asumir los dueños o socios.

En los países de habla hispana, predominan las empresas individuales y las sociedades colectivas. En México y España, por ejemplo, constituyen la gran mayoría de todas las firmas, que también suelen ser familiares. En cuanto a la actividad económica, son industriales, mercantiles o de servicios, y sus directores son generalmente hombres, aunque participan cada año más mujeres en todos los niveles administrativos. Generalmente, las empresas hispanas son bastante tradicionales y conservadoras en sus tratos personales, operaciones y tecnologías, y buscan desarrollar más sus productos, mercados, operación, administración y recursos humanos. Esta realidad está cambiando puesto que muchas empresas crecen, mejoran la calidad de administración, personal, planta y equipo, y ofrecen a la mujer más oportunidades gerenciales. Además, al capitalizarse y al fusionarse, muchas empresas pequeñas y medianas están extendiendo sus operaciones y mercados a los países más desarrollados del mundo como los EUA, Canadá, Alemania, Inglaterra, Francia, Japón, etc. Entre estas empresas, las más conocidas son las de cemento, telecomunicaciones, bebidas alcohólicas, indumentaria (ropa) y alimentos. Tampoco hay que olvidar las numerosas empresas pequeñas y medianas de las comunidades hispanas (y no hispanas) de los EUA, que también están experimentando el mismo desarrollo que en los países hispanohablantes, pero que a menudo perciben ingresos que superan a estos.

Actividad particular

La actividad comercial de una empresa puede ser fabricar productos, comercializar (compraventa) bienes materiales, prestar servicios o ser una combinación de las tres posibilidades. La Tabla 2-2 resume la clasificación de la empresa según su actividad. Tanto en Latinoamérica como en España, predominan las empresas que se dedican a la explotación de materias primas, la construcción, la cultivación y elaboración de comida, la confección de ropa y de zapatos, las telecomunicaciones (los medios telemáticos) y el turismo.

TABLA 2-1 DESCRIPCIÓN Y COMPARACIÓN DE ALGUNAS DE LAS SOCIEDADES MERCANTILES MÁS TÍPICAS

Asunto	Sociedades de personas		Sociedades de capital	
Clasificación	Sociedad Colectiva o en Nombre Colectivo (S. en N.C.)	Sociedad Comanditaria o en Comandita (S. en C.)	Sociedad de Responsabilidad Limitada (S. de R.L.) o Sociedad Limitada (S.L.)	Sociedad Anónima (S.A.) o Sociedad Anónima de Capital Variable (S.A. de C.V.)
Constitución legal	Requiere a menudo un abogado o notario para precisar los artículos de constitución		Requiere los derechos de incorporación y ayuda legal	
Número y clasificación de propietarios	Al menos dos: llamados socios «colectivos» o «activos», que comparten los derechos y las obligaciones empresariales precisados contractualmente	Al menos dos: unos llamados «socios gestores» («socios colectivos» o «socios activos») que dirigen la empresa, y otros, «comanditarios», que aportan capital	Al menos uno; menos de cincuenta socios colectivos o el número fijado por la ley mercantil del país	Al menos uno llamado «accionista»; el número de accionistas puede ascender a miles
Responsabilidad social de propietarios (frente a terceros)	Ilimitada y solidaria con todo su patrimonio	Los socios colectivos responden ilimitada y solidariamente; los comanditarios solo con el capital aportado (limitada)	Limitada al capital aportado por los socios colectivos	Limitada al capital aportado por los accionistas
Gestión (Gerencia)	Colectiva	En manos de socios colectivos	En manos de junta directiva nombrada o elegida por socios colectivos	
Razón social (Nombre oficial y jurídico de la empresa)	Determinada por los socios		Determinada por los socios colectivos	Determinada por los incorporadores
Financiamiento	Capital aportado por todos los socios		Mediante participaciones de cada socio	Mediante venta de acciones o bonos
Distribución de ganancias	Ganancias proporcionadas según el contrato de constitución		Ganancias distribuidas conforme a las participaciones de cada socio	Ganancias distribuidas generalmente mediante dividendos
Ventajas	Mayor disponibilidad de capital y crédito que la empresa individual; interés personal y habilidades particulares de los socios colectivos; facilidad de constituir la empresa e interés en conservar a los empleados capacitados		Máxima disponibilidad de capital; responsabilidad social limitada; facilidad de extender la empresa y de transferir o ceder los derechos de propiedad; tamaño y duración de la empresa	
Desventajas	Responsabilidad ilimitada y solidaria de los socios generales y colectivos o activos; dificultad de administrar, disolver, transferir y ceder los derechos de propietarios; tamaño pequeño y breve duración		Restricciones legales respecto a la monopolización; impuestos bastante altos	
Impuestos	Obligadas a pagar impuestos nacionales, regionales y locales, además de otros como el IVA (impuesto sobre el valor añadido o agregado, value-added tax), muchas empresas reciben exenciones tributarias; el IVA es un impuesto que se impone sobre el trabajo o la mano de obra que interviene en cada proceso o etapa de elaboración o distribución de un producto o servicio.			

TABLA 2-2 CLASIFICACIÓN DE LA EMPRESA POR ACTIVIDAD

Producción	Comercio	Servicios
Industria extractiva: cobre, hierro, plomo, oro, plata, etc.	Mayoristas: compran del productor para vender al minorista o directamente al consumidor	Banca y otros servicios financieros
Industria agropecuaria: cultivación de granos, frutas, etc. y ganadería (ganado mayor: vacas, mulas, caballos; y menor: cabras, ovejas, cerdos)	Minoristas o detallistas: venden directamente al consumidor o al usuario	Públicos: seguridad, transporte, etc.
		Información: periódicos, radio, televisión, Internet
Industria constructora: vivienda y edificios		Enseñanza
Industria transformadora: automóviles, comida, ropa, etc.		Asesoramiento: legal, técnico, etc.
		Asistencia social y servicios médicos
		Hostelería
		Secretariales

Control legal

Las leyes que rigen la actividad económica de un país pertenecen mayormente al derecho mercantil. Este «tiene por objeto regular las relaciones de los particulares como comerciantes y de aquellas personas que sin ser comerciantes ejecutan actos de comercio, además de reglamentar los actos de comercio»[2]. El código mercantil puede variar de región a región y de país a país, y puede complementar los derechos o las leyes civiles que tratan temas tales como la discriminación en el trabajo, los problemas ambientales (por ejemplo, la contaminación del aire y del agua) y la estructuración ilegal de precios. Cuando surgen temas de derecho mercantil internacional, operan las leyes y los reglamentos acordados por los países firmantes en un convenio, pacto o tratado particular. Estos acuerdos abarcan tanto cuestiones de importación y exportación como asuntos financieros, intelectuales (derechos y patentes), industriales y económicos.

Tamaño

El tamaño se refiere al volumen de las operaciones, al total de las ventas o al número de empleados de una empresa. Esta puede ser pequeña, mediana, grande o multinacional. En los EUA, por ejemplo, una empresa se considera pequeña si sus rentas anuales son menores a 150 millones de dólares, mediana si no alcanzan los 500 millones de dólares y grande si exceden los 1,000 millones (*one billion*) de dólares. Por ejemplo, en España, a principios de 2014, según el Instituto Nacional de Estadísticas (INE), había 3,114,361 empresas, de las cuales 3,110,522 (99.8%) eran MIPYMEs (o Micro, Pequeñas y Medianas Empresas) con entre 0 y 249 asalariados[3]:

---

[2] Alejandro Ramírez Valenzuela, *Derecho Civil*, 1981, pág. 29.

[3] http://www.ipyme.org/Publicaciones/Retrato_PYME_2015.pdf

1,670,329 microempresas sin asalariados (53.6%)
1,314,398 microempresas con 1–9 asalariados (42.2%)
107,784 pequeñas empresas con 10–49 asalariados (3.5%)
18,011 empresas medianas con 50–249 asalariados (0.6%)
3,839 grandes empresas de 250 o más asalariados (0.1%)

En España, el porcentaje de MIPYMEs respecto del total de empresas era ligeramente mayor (99.3%) que la media de la Unión Europea (98.8%), donde también predominaban las MIPYMEs. Estas cifras muestran la tremenda importancia de las pequeñas y medianas empresas.

Una empresa llega a ser multinacional no solo al establecer filiales en otros países, sino al concederles un tratamiento igual al que rige en la casa matriz. Algunos ejemplos de compañías multinacionales son *General Electric, Microsoft, Apple* y *Exxon Mobil* en los EUA; Dina, Bimbo y Cémex en México; y Telefónica, S.A. (con unos 260,000 empleados a nivel mundial) y Banco de Santander, en España.

Constitución de la empresa

La información referente a las distintas clases de empresas y a las decisiones que tienen que tomar los futuros administradores y líderes sirve de base para uno de los pasos más importantes cuando se emprende un negocio: la constitución de la empresa. Según los deseos y planes de los dueños y el tipo de compañía que piensan establecer, que refleja el control y la responsabilidad social o personal que desean, este proceso puede variar pero, por lo general, consta de los siguientes pasos y son casi los mismos tanto en España como en los países hispanoparlantes y en los EUA.

1. Nombrar a las personas interesadas en formar la empresa.
2. Determinar la actividad comercial y los objetivos de la empresa.
3. Decidir su forma jurídica.
4. Establecer el número y la clase de propietarios.
5. Seleccionar la razón social (el nombre oficial y jurídico) de la empresa.
6. Fijar la organización de la empresa.
7. Especificar la fuente, forma, cantidad, proporción y distribución del capital aportado y de las ganancias previstas.
8. Detallar los derechos y las obligaciones, tanto de los propietarios como de los empleados.
9. Constituir la compañía legalmente e inscribirla en el Registro Público de Comercio (en España se llama Registro Mercantil) o en un documento oficial semejante; mediante este proceso, se le asigna un número de identidad para los impuestos, llamado en España Código de Identificación Fiscal (*Tax I.D. Number* en los EUA).
10. Disponer del terreno, edificios y equipo, y contratar al personal necesario.
11. Poner en marcha la empresa, planeando todo lo necesario para facilitar la compraventa y para satisfacer a los clientes.

Empresas innovadoras en el periodo 2013–2015

El 28,5% de las empresas españolas de 10 o más asalariados fueron innovadoras en el periodo 2013-2015 teniendo en cuenta tanto las innovaciones tecnológicas (de producto o proceso), como las no tecnológicas (organizativas o de comercialización).

Empresas innovadoras en el periodo 2013–2015 por ramas de actividad

Las ramas de actividad que tuvieron mayor porcentaje de empresas innovadoras en el sector *Industrial* fueron *Industrias del petróleo* (con el 87,5%), *Farmacia* (79,5%) y *Construcción aeronáutica y espacial* (68,4%).

En el sector *Servicios* se destacaron las ramas *de Servicios de Programación, consultoría y otras actividades informáticas* (57,1%); y *Telecomunicaciones* (53,5%).

Figura 2-1[4]

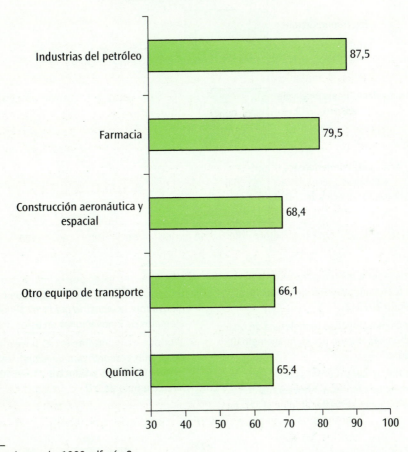

Porcentaje de empresas innovadoras en el periodo 2013–2015 en el sector industrial

[4] http://www.ine.es/prensa/np1009.pdf, pág 2.

Figura 2-2[5]

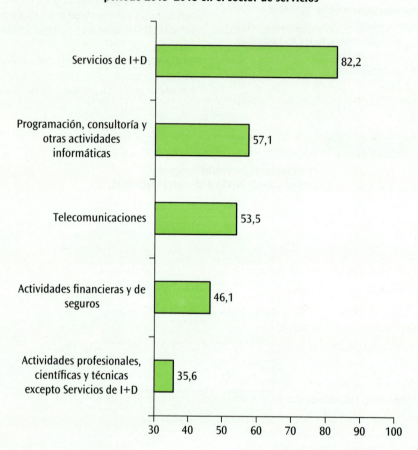

Porcentaje de empresas innovadoras en el periodo 2013–2015 en el sector de servicios

- Servicios de I+D — 82,2
- Programación, consultoría y otras actividades informáticas — 57,1
- Telecomunicaciones — 53,5
- Actividades financieras y de seguros — 46,1
- Actividades profesionales, científicas y técnicas excepto Servicios de I+D — 35,6

Eje horizontal: 30, 40, 50, 60, 70, 80, 90, 100

1. ¿Qué porcentaje de las empresas españolas de diez o más asalariados fueron innovadoras de producto o proceso en el periodo 2013–2015?

2. ¿En qué se diferencia una novedad tecnológica de una novedad no tecnológica? ¿Puede dar algún ejemplo de cada tipo de novedad?

3. En el sector industrial, ¿cuáles fueron las dos ramas con mayor porcentaje de empresas innovadoras tecnológicamente? ¿Cuáles se destacaron en el sector de servicios?

4. ¿Por qué cree usted que la *Industria del petróleo* es un sector tan innovador? ¿Y por qué no tiene que ser innovadora la *Industria química*? ¿Puede dar algunos ejemplos de innovaciones en estos dos sectores?

5. ¿Por qué es importante la I+D (Investigación y Desarrollo, *research and development*) para la innovación de los productos y servicios? Dé un buen ejemplo de I+D.

_____
[5] http://www.ine.es/prensa/np1009.pdf, pág. 4.

2-2 ACTIVIDADES

1. **¿Qué sabe usted de negocios?** Vuelva a las «Preguntas de orientación» que se hicieron al principio del capítulo y a las preguntas que acompañan las fotos y contéstelas en oraciones completas en español.

2. **¿Qué recuerda?** Indique si las siguientes oraciones son **verdaderas** o **falsas** y explique por qué.

   a. La empresa es la organización que dirige la mayor parte de la actividad económica y política en los países capitalistas.

   b. Las empresas estatales obtienen sus fondos mediante las aportaciones de sus socios.

   c. Los socios comanditarios son los administradores de una sociedad anónima.

   d. La responsabilidad social de los socios gestores se limita a la cuantía que aportan.

   e. La empresa individual es la más común, pero la menos especializada y lucrativa.

   f. La distribución de ganancias de la S.A. se realiza normalmente por medio de dividendos.

   g. Las grandes empresas predominan en España y en el mundo hispánico.

   h. Todas las formas jurídicas comerciales implican una responsabilidad ilimitada y solidaria de los socios.

3. **Exploración.** Haga los siguientes ejercicios, usando sus conocimientos y opiniones personales.

   a. ¿Cuáles son las ventajas de las distintas empresas descriptas en este capítulo? Explique.

   b. ¿Qué propietarios tienen mayor responsabilidad social?

   c. De las sociedades mercantiles, ¿cuál le parece la más eficaz en cuanto a la administración y competencia comercial? ¿Por qué?

   d. Si tuviera que formar una empresa en este momento, ¿qué tipo elegiría? ¿Cuál sería la principal actividad y el tamaño? ¿Por qué?

   e. ¿Cómo se relacionan los dichos al principio del capítulo con los temas tratados?

2-3 AL TELÉFONO

1. Lea las siguientes preguntas. Después escuche atentamente la conversación telefónica del Capítulo 2, **Pistas 3 y 4**, en el MindTap de *Éxito comercial: Prácticas administrativas y contextos culturales* y conteste las preguntas. Puesto que la comprensión auditiva es una destreza comunicativa sumamente importante, se recomienda escuchar la conversación varias veces.

   a. ¿Cuál es el tema de esta conversación telefónica?

   b. A su parecer, ¿a qué se debe la diferencia de opinión entre los dos hombres?

c. ¿En qué quedan ambos comerciantes al despedirse? ¿Por qué no hablan más?

d. ¿Qué les recomendaría usted a los dueños como posible solución al problema?

2. Basando sus comentarios en la conversación telefónica del ejercicio anterior, haga la siguiente llamada telefónica a otro/a estudiante de la clase. Cada persona debe participar activamente en la conversación. Si necesita ayuda con esta actividad, véase el Apéndice 1, «Protocolo telefónico», págs. 533–537.

Usted es Juan de la Cava Vinbuenos, dueño de Vinbuenos de Jerez de la Frontera. Llame a su abogada Teresa Valdepeñas y comente con ella las ventajas y las desventajas de poner en práctica una fusión con *Wines, Inc.* para formar una sociedad anónima o una sociedad limitada. Consideren ustedes el posible funcionamiento de la empresa, la responsabilidad y el ambiente de trabajo que desean crear en una nueva empresa.

3. Haga la siguiente llamada telefónica a otro/a estudiante de la clase. Cada persona debe participar activamente en la conversación. Si necesita ayuda con esta actividad, véase el Apéndice 1, «Protocolo telefónico», págs. 533–537.

Usted y un/a amigo/a de habla hispana analizan por teléfono la posibilidad de formar una sociedad mercantil. Usted, como estadounidense, quiere establecer una sociedad anónima, mientras que su compañero/a prefiere la constitución colectiva. Cada uno de ustedes ofrece sus razones desde una perspectiva cultural y comercial diferente.

2-4 NAVEGANDO POR INTERNET

 MINDTAP

Para hacer este ejercicio, visite el MindTap de *Éxito comercial: Prácticas administrativas y contextos culturales.*

2-5 EJERCICIOS DE VOCABULARIO

Si es necesario, consulte la sección «Lectura comercial» o la lista de vocabulario al final del capítulo para completar estos ejercicios.

1. ¡A ver si me acuerdo! Al pensar en la posibilidad de establecer una relación comercial, usted tendrá una conversación con una persona de negocios de un país hispano. Sin embargo, se le olvidan los siguientes términos en español. Como ayuda para recordarlos, le pide a un/a compañero/a que se los traduzca.

a. *corporation*

b. *liability*

c. *owner*

d. *company name*

e. *main office*

f. *small business*

g. *silent partnership*

h. *board of directors*

i. *unlimited and joint liability*

j. *profit*

2. **¿Qué significan?** A usted le interesa la posibilidad de establecer su propia empresa en un país hispanoparlante. Sin embargo, no sabe el significado de ciertos términos que se usan frecuentemente en el comercio. Decide consultarlos con un/a amigo/a. Pida a un/a compañero/a de clase que le explique los siguientes términos y que le dé algunos sinónimos si puede.

   a. sociedad
   b. socio comanditario
   c. socio comanditado
   d. socio gestor

   e. responsabilidad social
   f. razón social
   g. patrimonio
   h. MIPYME

3. **Entrevista profesional.** Usted quiere toda la información posible sobre las empresas hispanas porque quiere formar la suya en España. Por lo tanto, entrevista a un experto en derecho mercantil y le hace las siguientes preguntas. Haga la entrevista con un/a compañero/a de clase. No olviden el protocolo ni las cortesías.

   a. ¿Cómo se clasifican las empresas?
   b. ¿Cuáles son dos tipos principales de sociedad mercantil?
   c. ¿Cómo se diferencian los socios gestores o colectivos de los socios comanditarios o limitados?
   d. ¿Cómo se financian las sociedades de capital?
   e. ¿Cómo consiguen fondos las sociedades anónimas?
   f. ¿Cuáles son algunas de las ventajas y desventajas de la empresa simple?

4. **Traducciones.** Una amiga con la que quiere formar una empresa acaba de empezar a estudiar español y negocios. Ella sabe poco sobre las empresas y el comercio. Para ayudarla, le pide que traduzca las siguientes oraciones que dan información sobre el tema.

   a. *The sole proprietorship has great potential for individual satisfaction and profit, but at the same time, a higher risk of unlimited liability for the owner.*
   b. *Silent partnerships have two types of partners, active and silent, while corporations have shareholders, who are the real owners, and a board of directors.*
   c. *Managing partners have joint and unlimited liability, while silent partners, like shareholders, have only limited liability.*
   d. *The financing and profits of partnerships are based on the owners' capital and the company's profits, while those of capital companies are based on shares, dividends, and interest on bonds.*
   e. *Corporations are characterized by having limited liability stockholders who realize earnings through the receipt of dividends and increases in the value of their stock holdings.*

5. **Prueba de comprensión.** Complete la prueba «Preguntas comerciales» en el MindTap de *Éxito comercial: Prácticas administrativas y contextos culturales*.

 MINDTAP

UNA VISTA PANORÁMICA DE ESPAÑA[6]

Nombre oficial:	Reino de España
Gentilicio:	español/a
Capital:	Madrid, población 6.2 millones (2015)
Sistema de gobierno:	Monarquía parlamentaria
Jefe de Estado:	Rey Felipe VI (2014)
Jefe de Gobierno:	Presidente Mariano Rajoy Brey (2011)
Fiesta nacional:	12 de octubre, Día Nacional (también llamado Día de la Hispanidad y Nuestra Señora del Pilar)

---

[6] Fuentes: *CIA World Factbook* 2017 y *United States Census Bureau (International Programs, International Data Base)* 2016.

ESPAÑA

GEOGRAFÍA Y CLIMA

Área nacional en millas² y kilómetros²	Tamaño (comparado con los EUA)	División administrativa	Otras ciudades principales	Puertos principales	Clima	Tierra cultivable (2012)
194,897 mi² 505,370 km²	Dos veces el tamaño de Oregón	17 comunidades autónomas y 50 provincias (subdivisiones); y dos ciudades (Ceuta y Melilla) y tres islas en la costa de Marruecos	Barcelona, Valencia, Sevilla, Zaragoza, Málaga	Barcelona, Valencia, Bilbao, Cartagena, La Coruña, Gijón, Cádiz, Vigo	Templado y mediterráneo en la costa, verano caluroso en el interior	25%

DEMOGRAFÍA

Año y población en millones			% urbana (2015)	Distribución etaria (2016)		% de analfabetismo (2015)	Grupos étnicos
2016	2017	2025		< 15 años	> 65+		
48.6	49	51.4	80%	15%	18%	2%	Combinación de mediterráneos y nórdicos con grupos distintos como los catalanes, vascos y gallegos

ECONOMÍA Y COMERCIO

Unidad monetaria	Tasa de inflación (2016)	N° de trabajadores (en millones) y tasa de desempleo (2016)		% de población debajo de la línea de pobreza, según informe del país (2012)	PIB en miles de millones $EUA (2016)	PIB per cápita (2016)	Distribución de PIB (2016) y de trabajadores por sector (2011)*			Exportaciones en miles de millones $EUA (2016)	Importaciones en miles de millones $EUA (2016)
							A	I	S		
euro	-0.3%	22.9	19.7%	21%	$1,690	$36,500	3%	22%	75%	$266.3	$287.9
							4%	24%	72%		

* Para distribución del PIB y de los trabajadores (mano de obra): A = Agricultura, I = Industria, S = Servicios (y Gobierno)

Recursos naturales: Carbón, lignito, hierro, uranio, mercurio, pirita de cobre y de hierro, espato flúor, yeso, cinc, plomo, tungsteno, caolín, potasa, energía hidroeléctrica (2007)

Industrias: Textil, calzado, agroalimentaria, procesamiento de alimentos y de bebidas, metales y manufacturas de metal, productos químicos y petroquímicos, construcción de barcos, automóviles, herramientas mecánicas, bienes de consumo, productos electrónicos, turismo (2006)

COMERCIO

Productos de exportación: Camiones y automóviles, maquinaria, fruta, minerales, metales, textiles, ropa, calzado, alimentos, farmacéuticos, medicina (2006)

Mercados: 48.6% Unión Europea (UE) (16% Francia, 11% Alemania, 7% Portugal, 7% Italia, 7% Reino Unido) (2015)

Productos de importación: Maquinaria, equipo de transporte, petróleo, productos químicos, aviones, granos, bienes semiacabados (2006)

Proveedores: 42% UE (14% Alemania, 12% Francia, 7% Italia, 5% Países Bajos, 4% Reino Unido), 7% China, (2015)

Horario general de comercio: De lunes a sábado, desde las nueve de la mañana hasta las dos y luego desde las cuatro o cinco de la tarde hasta las ocho o nueve de la noche.

TRANSPORTE Y COMUNICACIONES

Kilómetros de carreteras y % pavimentadas		Kilómetros de vías férreas (2014)	N° de aeropuertos con pista de aterrizaje pavimentada (2013)	N° de líneas telefónicas (2015)/ teléfonos celulares (móviles en España) en millones (2015)		N° (en millones) y % de usuarios de Internet (2015)	
683,175	100%	16,101	99	19.1	50.9	37.9	79%

IDIOMA Y CULTURA

Idiomas	Religiones	Comidas y bebidas típicas/Modales
74% español o castellano (oficial a nivel nacional), 17% catalán, 7% gallego, 2% vasco (vascuence o euskera)	94% católica romana (nominalmente); 6% otras	Tortilla española, gazpacho, paella, cocido, jamón serrano, queso, bocadillos, churros, carne, pollo, pescado, mariscos, cerveza, vino, sangría, champán o cava, café (a veces «perfumado» con coñac). La comida española no es picante. Al empezar a comer, es común desearles «Buen provecho» a las otras personas que están comiendo. Al terminar de comer, colocar el tenedor y el cuchillo lado a lado sobre el plato. Si no se desea comer más, a veces se cruzan el tenedor y el cuchillo sobre el plato. (Véase la Tabla 14-1, págs. 528–531).

Horario normal del almuerzo y de la cena: Alrededor de la una o las dos de la tarde para el almuerzo; a partir de las diez de la noche para la cena.

Gestos: Es importante mirar a los ojos cuando se conversa con alguien. Los buenos amigos se saludan con unas palmaditas en el hombro o en la espalda o con un abrazo; las mujeres se saludan con un beso en cada mejilla. No mantener las manos en los bolsillos mientras se conversa.

Cortesía: Saludar a cada individuo al llegar a una reunión o comida y despedirse individualmente al marcharse para no menospreciar a nadie o quedar mal. Cuando se visite la casa de alguien para comer o cenar, traer para los anfitriones un detalle como flores, chocolates, un buen vino o una buena botella de whisky. No traer dalias ni crisantemos, pues se asocian con la muerte ya que son flores funerarias que se colocan en la tumba. No regalar 13 flores, pues el número 13 se asocia popularmente con la mala suerte. Reconocer que una invitación a la casa de alguien, si la persona no insiste sinceramente, puede representar un formulismo social en lugar de una auténtica invitación; no aceptar la primera invitación. Si los anfitriones le hacen un regalo, abrirlo en el acto delante de ellos. Al hacer una visita a la casa de alguien, si se llega durante una comida y se le ofrece algo de comer, reconocer que la oferta es un formulismo social (normalmente se agradece la invitación con decir «No, gracias»). Es maleducado bostezar o estirarse durante la comida, andar por la calle comiendo, como lo es masticar chicle en público. Ponerse de pie al saludar o cuando lo presentan a otras personas.

LA ACTUALIDAD POLÍTICA Y ECONÓMICA DE ESPAÑA

España ha sido el más desarrollado de todos los países hispanohablantes y el segundo más poderoso a nivel económico después de México. Debido a una política comercial liberal de incentivos iniciada a partir de los años cincuenta, ha desarrollado una capacidad industrial y financiera casi semejante a la de los países más ricos del mundo. Entre los países hispanohablantes, España tiene el PIB per cápita más alto.

Por otra parte, desde su ingreso en la Comunidad Económica Europea (CEE) en 1986, hoy la Unión Europea (UE), y hasta 2008, España había reestructurado y modernizado su economía para hacerse más competitiva con los otros países líderes de la UE. El gobierno, con el apoyo de los sectores tanto económicos como políticos, había invertido enormes fondos en proyectos de investigación y desarrollo para transformar el sector industrial y había emprendido notables medidas para incrementar la producción de textiles, calzados, aparatos electrodomésticos, acero y construcción naval. En efecto, estas industrias lideraron gran parte de la prosperidad de la cual había gozado España durante el último decenio del siglo XX hasta 2008, cuando una recesión, iniciada en los EE. UU. con las hipotecas *subprime*, llegó principalmente a los países del sur de Europa.

Antes de la crisis, España había sido uno de los principales destinatarios de inversión directa de la Unión Europea. Este factor había contribuido al proceso de reforma y liberalización económica y había supuesto una enorme entrada de capital extranjero y una mejora de la competitividad del nivel tecnológico del país. La inversión directa estadounidense que había empezado en los años cincuenta se intensificó en la década de los setenta, coincidiendo con la transición democrática y las negociaciones de entrada a la Comunidad Económica Europea.

Respecto a la política, los pasos hacia la democracia en España comenzaron después de la muerte de Francisco Franco en 1975, cuando Adolfo Suárez fue nombrado presidente del gobierno en 1976 por el Rey Juan Carlos I, padre del rey actual. Suárez mantuvo el poder hasta 1981, cuando dimitió al ver debilitada la posición política y la cohesión interna de su partido. Felipe González fue elegido presidente del gobierno de España en 1982 y su Partido Socialista Obrero Español (PSOE) mantuvo el control hasta 1996 con la elección de José María Aznar del Partido Popular

(PP) como nuevo presidente del gobierno, cuya política económica conservadora coincidió con el inicio de una década de prosperidad económica en España. Aznar también inició una campaña agresiva contra ETA, el grupo terrorista vasco, puesto que la lucha contra el terrorismo constituyó una base esencial de su política interior. Bajo su liderazgo, España estableció programas de cooperación económica, técnica y cultural con América Latina, reforzó su integración en las instituciones políticas y económicas de la UE y en el año 2000 adoptó el euro como divisa oficial, reemplazando a la peseta.

El 11 de marzo de 2004, tres días antes de las elecciones generales, hubo una serie de graves explosiones en la estación de trenes céntrica madrileña de Atocha que ocasionaron el peor atentado terrorista de Europa. Los culpables fueron una célula de la red terrorista Al Qaeda. Esto alteró el pronóstico electoral y catapultó a la presidencia al líder socialista, José Luis Rodríguez Zapatero, quien fue investido quinto jefe de gobierno español desde la vuelta de la democracia a España en 1976. Mientras seguían los años bursátiles alcistas, Zapatero inició un programa de cambios sociales después de la formación del nuevo gobierno. Además, para acabar con los vestigios de la dictadura de Franco, se retiró del centro de Madrid la última estatua del General, uno entre muchos ejemplos de cómo el país ha consolidado su democracia y ha resuelto consensuadamente algunas secuelas de la Guerra Civil (1936–1939) con la ayuda de la Ley de Memoria Histórica.

En marzo de 2008, el PSOE ganó otra vez las elecciones generales contra el PP, pero los resultados indicaron una consolidación que reforzaba el bipartidismo. La economía española había superado a muchas de las otras economías de la UE a comienzos del siglo XXI y el gobierno aspiraba a la entrada en el grupo G-7 para reemplazar a Canadá. Desgraciadamente, España no logró integrarse en este poderoso grupo económico-político mundial como consecuencia del comienzo de la crisis en el sector inmobiliario en 2008 y la primera de dos crisis económicas en 2009. En realidad, la economía de España entró en la Gran Recesión económica que puso fin a la época alcista española (1996–2008) y que ahora influía en las economías de todo el continente europeo. En este difícil contexto, Mariano Rajoy Brey del PP, fue elegido presidente del gobierno en 2011. Una segunda crisis económica (2011–2013) resultó en un aumento del desempleo, un recorte adicional de gastos en educación y sanidad y la primera huelga general educativa en España. En junio de 2012, el gobierno pidió un rescate financiero de la UE y su prima de riesgo ascendió. Para combatir estas condiciones, Rajoy inició el mayor ajuste económico en la historia reciente española: un alza del IVA, supresión de los bonos navideños a los funcionarios estatales, una reducción del subsidio de desempleo (10%) y un aumento de los impuestos medioambientales. Además, Rajoy aguantó confrontaciones con Artur Mas, presidente de la Generalitat de Cataluña, sobre el desafío soberanista de esa autonomía. También en las elecciones de 2014, ninguno de los dos mayores partidos políticos, ni el PP y ni el PSOE, superaron el 50% de los votos nacionales por primera vez desde el comienzo de la democracia, así señalando una crisis política. En junio del mismo año, el rey Juan Carlos I abdicó y su único hijo varón se convirtió en el rey Felipe VI a la edad de 39 años. Unos escándalos sobre la financiación ilegal del PP involucraron a Rajoy y, aunque España había salido de la segunda crisis económica en 2014, la confianza del pueblo en su gobierno bajó notablemente. En las elecciones de 2015, el PP sufrió la pérdida de votos y escaños. En la elección presidencial de 2016, cuando el Rey emitió el comunicado de que Rajoy era el candidato a ser presidente, él declinó a ofrecerse, anticipando la falta de apoyo en el Congreso. Cuando el PP negó la candidatura de Pedro Sánchez del PSOE dos veces, el Rey tuvo que disolver las cortes para convocar nuevas elecciones. Finalmente, en octubre, después de otra elección presidencial y en un segundo voto del Congreso, Rajoy pudo recibir suficientes votos, pero solamente cuando el PSOE decidió no votar. España se encuentra actualmente en desequilibrio estatal total.

UNA VISTA PANORÁMICA DE GUINEA ECUATORIAL[7]

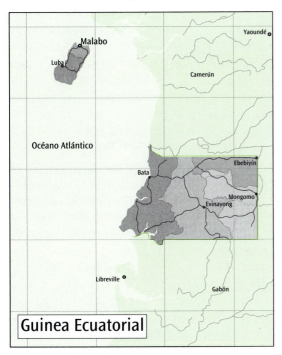
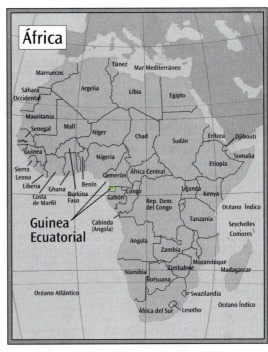

Nombre oficial:	República de Guinea Ecuatorial
Gentilicio:	guineano/a, ecuatoguineano/a, guineoecuatoriano/a
Capital:	Malabo, población 145,000 (2014)
Sistema de gobierno:	República en transición hacia una democracia dominada por el partido principal, el Partido Democrático de Guinea Ecuatorial (PDGE) y múltiples partidos políticos marginales
Sistema jurídico:	Leyes civiles españolas
Jefe de Estado:	Presidente Teodoro Obiang Nguema Mbasogo (1979)
Jefe de Gobierno:	Primer Ministro Francisco Pascual Obama Asue (2016)
Fiesta nacional:	12 de octubre, Día de la Independencia (1968: de España)

---

[7] Fuentes: *CIA World Factbook* 2017 y *United States Census Bureau (International Programs, International Data Base)* 2016.

GUINEA ECUATORIAL

GEOGRAFÍA Y CLIMA

Área nacional en millas² y kilómetros²	Tamaño (comparado con los EUA)	División administrativa	Otras ciudades principales	Puertos principales	Clima	Tierra cultivable
10,831 mi² 28,051 km²	Un poco más pequeño que Maryland	2 regiones y 7 provincias	Malabo (capital), Bata, Evinayong, Ebebiyin, Niefang, Río Benito	Malabo, Bata, Luba	Tropical, siempre lluvioso y húmedo	4.3%

DEMOGRAFÍA

Año y población en millones			% urbana (2015)	Distribución etaria (2016)		% de analfabetismo (2015)	Grupos étnicos
2015	2017	2025		< 15 años	> 65+		
.74	.78	.94	40%	40%	4%	5%	Bubi y fernandinos en la isla de Bioko (15%) y fang (origen bantú) en la parte continental o Río Muni (85%)

ECONOMÍA Y COMERCIO

Unidad monetaria	Tasa de inflación (2016)	N° de trabajadores (en millones) y tasa de desempleo (2011)		% de población debajo de la línea de pobreza, según informe del país (2005)	PIB en miles de millones $EUA (2015)	PIB per cápita (2016)	Distribución de PIB y de trabajadores por sector (2016)*			Exportaciones en miles de millones $EUA (2016)	Importaciones en miles de millones $EUA (2016)
							A	I	S		
Franco CFA (Coopération Financière en Afrique Centrale)	3.1%	.20	22%	DND**	$31.8	38,700	9% DND	72% DND	17% DND	5.1	3.0

* Para distribución del PIB y de los trabajadores (mano de obra): A = Agricultura, I = Industria, S = Servicios (y Gobierno)

** DND = datos no disponibles

Recursos naturales: Petróleo, madera, manganeso, uranio, pequeños depósitos de oro inexplorados. El 78% de los ingresos de exportación provienen del petróleo (2006).

Industrias: Petróleo, pesca, aserraderos, gas natural (2006)

COMERCIO

Productos de exportación: Cacao, café, yuca, almendras, bananas, coco, aceite de palma, hidrocarburos y productos derivados (petróleo y lubricantes), madera (ébano y okume), bienes manufacturados

Mercados: 17% China, 15% Corea del Sur, 9% España, 8% Brasil, 7% Países Bajos, 7% África del Sur, 6% India, 6% Reino Unido; 6% Francia (2015)

Productos de importación: Hidrocarburos y productos derivados (petróleo), comida, bebida, ropa, maquinaria (2006)

Proveedores: 17% Países Bajos, 16% España, 15% China, 9% EUA, 6% Costa de Marfil, 5% Francia (2015)

Horario general de comercio: De lunes a viernes, desde las ocho de la mañana hasta la una y desde las cuatro de la tarde hasta las siete de la noche.

TRANSPORTE Y COMUNICACIONES

Kilómetros de carreteras y % pavimentadas (2000)	Kilómetros de vías férreas (2006)	N° de aeropuertos con pista de aterrizaje pavimentada (2013)	N° de líneas telefónicas (2015)/teléfonos celulares (2015)		N° (en millones) y % de usuarios de Internet (2015)	
2,880 km DND*	0 km	6	11,334	533,000	.16	21%

IDIOMA Y CULTURA

Idiomas	Religiones	Comidas y bebidas típicas/Modales
Español (oficial), francés (oficial), inglés, portugués, «pidgin» (en Bioko), fang, bubi	81% católica romana; 7% protestante y 4% musulmana A menudo se mezclan las prácticas tradicionales africanas con los ritos occidentales.	Carne (de res, cabra, mono y serpiente), pollo, pescado, yuca, cacahuetes, papaya, piña, bananos y plátanos, tope (vino de palmera) y malamba (bebida alcohólica de azúcar de caña). No comer con las manos excepto cuando se ve que lo hacen los anfitriones. La mujer le sirve la comida al invitado y luego come en la cocina con los niños. (Véase la Tabla 14-1, págs. 528–531).

Horario normal del almuerzo y de la cena: Mediodía o la una de la tarde para el almuerzo; entre las ocho y las diez de la noche para la cena

Gestos: Para saludar, la gente se da la mano con un animado apretón. Si se tiene la mano sucia, se puede ofrecer la muñeca o el antebrazo para saludar. Hay un espacio físico reducido entre las personas que conversan; a veces se toca el hombro o el antebrazo de la otra persona al hablar. Para indicar que se acerque alguien, la mano con la palma hacia

* DND: datos no disponibles

abajo, cerrar y arañar con los dedos juntos. Las manos abiertas y juntas como para rezar indican que «Así es la vida» o que no queda más de algo. A menudo, los hombres y los niños pasean tomados de la mano o con los brazos entrelazados, un contacto físico inadmisible entre personas del sexo opuesto.

Cortesía: En las ciudades es importante saludar a alguien con el título de esa persona (señor, señora, doctor/a, ingeniero/a, etc.). Al ir a casa de alguien para comer o cenar, llevar un regalito, como fruta o pan.

LA ACTUALIDAD POLÍTICA Y ECONÓMICA DE GUINEA ECUATORIAL

La República de Guinea Ecuatorial, situada en el golfo de Guinea entre Camerún y Gabón, es el único país africano cuya lengua oficial es el español. A pesar de tener ingresos petroleros suficientes para aumentar el Producto Interior Bruto (PIB) a niveles comparables con los de España o Italia, la corrupción, la mala gestión y la distribución desigual de los recursos generados por el petróleo han mantenido a la mayoría de los ciudadanos en la pobreza absoluta. Tanto desde el punto de vista administrativo como geográfico, el país está formado por dos regiones. La primera es Río Muni, en la parte continental, ubicada entre Camerún y Gabón. El grupo étnico fang es mayoritario en Río Muni y domina la vida política del país desde la independencia. El otro grupo de la región continental es el de los playeros, subdividido en ndowes, bujebas, bapukus, balengues y bengas. La segunda región, insular, está formada por la isla de Bioko, la más grande del país, habitada por los bubi y los fernandinos, y las islas de Annobón (a 360 km de la costa), Corisco, Elobey chico y Elobey grande, Mbanie y Cocotiers. Malabo, la capital de la república, está en la isla de Bioko, situada cerca de las costas de Nigeria y Camerún (33 km) y a unos 260 kilómetros de Río Muni.

Además de las tradiciones de origen bantú, la influencia europea, presente en la instituciones políticas y en la cultura, comenzó en 1471 cuando los exploradores portugueses Fernão do Pó y Lopo Gonçalves llegaron a la isla de Bioko, llamándola Formosa por su belleza. En 1778, en virtud del Tratado de El Pardo, los portugueses cedieron a España la isla de Fernando Poo, las otras islas y los derechos comerciales a lo largo de la costa continental. Empezaban así la presencia e influencia españolas en el golfo de Guinea. En el siglo XIX, las fuerzas navales de Inglaterra mantenían una base militar en la isla de Bioko para combatir el comercio de esclavos en el golfo de Guinea. El parlamento británico había eliminado el comercio de esclavos en sus colonias en 1807 y, bajo el liderazgo de un miembro del parlamento, el evangelista William Wilberforce, aprobó una ley que abolió la esclavitud en 1833. El Tratado de París de 1900 determinó las fronteras definitivas de lo que hoy es la República de Guinea Ecuatorial.

La colonización española, que duró casi dos siglos, dejó una profunda huella hispánica en Guinea Ecuatorial. Se destacan instituciones como la iglesia católica, el sistema político, la arquitectura, el ritmo de la vida diaria (por ejemplo, los horarios para comer) y la lengua oficial del país, el español[8]. El 12 de octubre de

---

[8] T. Bruce Fryer. «Aspectos políticos de Guinea Ecuatorial: Su geografía, historia y rasgos culturales», *Afro-Hispanic Review* 19, 1 (2000): 33–10.

1968, la Guinea Española accedió a la soberanía internacional bajo el nombre de Guinea Ecuatorial. El primer presidente electo, Francisco Macías Nguema, suspendió la Constitución, estableció un sistema de partido único y una de las dictaduras más sangrientas del continente africano. La persecución y opresión de la ciudadanía provocó el exilio de gran parte de la población. En agosto de 1979, Teodoro Obiang Nguema Mbasago, sobrino de Francisco Macías, tomó el poder por medio de un golpe de estado. Teodoro Obiang ha ganado más del 97% de los votos en las elecciones presidenciales en 1982, 1989, 1996, 2002 y 2009 y otra vez en 2011, y ha gobernado con mano de hierro a pesar de la legalización de muchos partidos políticos en 1991. El Partido Democrático de Guinea Ecuatorial (PDGE), partido en el poder, mantiene un control absoluto sobre la vida política en Guinea Ecuatorial.

Durante la época colonial, la peseta española fue la divisa oficial de la Guinea Española. Después de la independencia del territorio en 1968, la moneda pasó a llamarse peseta guineana. A partir de 1975, dentro del proceso político de africanización emprendido por el gobierno de Francisco Macias Nguema, la peseta guineana fue sustituida por el *epkuele*. Para salir del aislamiento internacional político y económico en el que se encontraba, Guinea Ecuatorial se acercó a países como Francia y la entonces Unión Soviética, entre otros. En 1983, Guinea Ecuatorial se unió a la *Union Douanière des États de l'Afrique Centrale* (UDEAC), precursor de la actual Comunidad Económica y Monetaria de África Central (CEMAC) creada en 1994, y se convirtió en miembro del *Banque des États de l'Afrique Centrale* (BEAC), integrado por países como Camerún, Chad, la República del Congo, la República Centroafricana y Gabón. En 1985, el país adoptó el franco CFA (*franc CFA*), la unidad monetaria de los países de la zona *Communauté Économique et Monétaire de l'Afrique Central* (CEMAC) para reemplazar al *epkuele*.

Con el Tratado de Maastricht en 1993 y la adopción del euro como moneda común para muchos países europeos a partir del año 2000, el franco CFA pasó a tener paridad con el euro. Antes del advenimiento del euro, ya había paridad entre el franco francés y el franco CFA; o sea, el franco francés servía de garantía al franco CFA en los mercados internacionales. Aunque Guinea Ecuatorial era uno de los países más pobres de África después de su independencia, el descubrimiento de enormes reservas de petróleo en 1995 en la zona marítima contigua la convirtió en uno de los países con el mayor índice de crecimiento económico de África[9]. Guinea Ecuatorial es el tercer productor de petróleo en el África subsahariana después de Nigeria y Angola[10]. Desgraciadamente ha habido limitadas mejoras en el nivel de vida de la población. Se espera que en el futuro el país pueda comenzar a distribuir los ingresos generados entre todos sus ciudadanos y que trate de resolver las citaciones hechas por las Naciones Unidas y la Secretaría de Estado de los EUA sobre la falta de derechos civiles básicos.

---

[9] http://www.offshore-technology.com/projects/zafiro

[10] http://www.africaranking.com/top-10-oil-producing-countries-africa/

2-6 ACTIVIDADES

¿Qué sabe usted de España y de Guinea Ecuatorial?

1. A usted lo/la han contratado/a como asesor/a transcultural de negocios internacionales. Como tal, necesita informar a sus clientes sobre España y Guinea Ecuatorial, y recomendar un plan de viaje de negocios a cada país. Investigue sobre los datos pertinentes para poder abarcar los temas a continuación.

   a. Describa la geografía de España y de Guinea Ecuatorial, incluidos temas relacionados como las siguientes características: ubicación y tamaño de ambos países, capital y otras ciudades y puertos principales, división administrativa y clima. ¿Cómo se compara el tamaño de España con el de los EUA? ¿Y con el tamaño del estado donde vive usted? ¿Cómo se compara el tamaño de Guinea Ecuatorial con el tamaño de los EUA y con el del estado donde vive usted?

   b. ¿Cuáles son las principales características demográficas y políticas de España y de Guinea Ecuatorial? ¿Quién es el jefe de estado de cada país? ¿Por qué el español es una lengua oficial de Guinea Ecuatorial?

   c. ¿Cuándo se celebra la fiesta nacional de cada país? ¿En qué otras fechas, en cada país, hay fiestas públicas que también podrían afectar el éxito de un viaje de negocios? (Véase la Tabla 10-1, págs. 352–354).

   d. Describa la economía actual de cada país. Incluya datos sobre la moneda nacional, la tasa de inflación, el PIB y el PIB per cápita, el número de trabajadores (mano de obra), la tasa de desempleo, los recursos naturales, las industrias nacionales, los productos que se exportan e importan, los países destino (mercados) y proveedores (fuentes) de estas transacciones internacionales y la balanza de comercio. ¿A cuánto cotiza cada moneda nacional con respecto al dólar estadounidense?

   e. Describa la economía española durante las dos crisis económicas de 2009–2010 y 2011–2013.

   f. ¿Qué es el BEAC y cuáles son sus países miembros y su divisa? Describa la historia de las distintas monedas oficiales ecuatoguineanas.

   g. Describa el impacto económico que ha tenido el desarrollo de la industria petrolera en el PIB per cápita y en los ciudadanos de Guinea Ecuatorial desde 1995.

   h. ¿Qué producto o servicio recomendaría vender en España y/o en Guinea Ecuatorial? ¿Por qué?

   i. ¿Cómo han cambiado algunos de los datos presentados en las secciones de «Vista panorámica» y «La actualidad política y económica» de este texto? Actualícelos para cada país.

   j. Basándose en la «La actualidad política y económica» de cada país, ¿qué realidades, oportunidades y problemas destacaría y qué recomendaciones le daría a su cliente/a?

2. Use Internet u otras fuentes informativas para preparar un plan (con presupuesto e itinerario) para sus clientes, que harán un viaje de negocios a cada país, ya sea por separado o ambos durante el mismo viaje:

   a. Fechas de ida y vuelta
   b. Vuelos: aeropuertos de salida y llegada, líneas aéreas, horario; costos
   c. Transporte interno que se piensa usar en cada país: taxi, autobús, alquiler de carro, metro, tren, otro; costos
   d. Alojamiento y viáticos; costos
   e. La comida típica que van a pedir para la cena la primera noche en cada país
   f. Las formas de cortesía y los gestos que deben recordar, usar o evitar

LECTURA CULTURAL

Personalismo, individualismo y familia

Para participar en la actividad económica y comercial de cualquier país o de una comunidad diferente, hay que comprender, conocer y respetar a los habitantes y su cultura. Hay que tener en cuenta que cada país y sus habitantes tienen sus propias realidades geográficas (topografía, clima, patria chica), demográficas (distribución etaria [grupos de edad], sexo, raza, etnicidad, clase social, profesión), psicográficas (predilecciones, aversiones, ideas, actitudes distintas), así como sus propias costumbres, tradiciones y cualidades personales y culturales. En España y Guinea Ecuatorial, igual que en Hispanoamérica, por ejemplo, se pone mucho énfasis en el plano personal, la familia y el individuo, y esto se ve reflejado en el mundo de los negocios.

Si uno desea establecer una buena relación social, comercial o profesional con una persona hispana, se recomienda que se haga en persona, directamente. Aunque parece mucho más eficiente y rápido usar los medios telemáticos modernos para despachar ciertas transacciones y asuntos, a muchos hispanos les puede parecer demasiado impersonal, y hasta descortés y ofensivo, sustituir el trato humano con la tecnología. Para el hispano en general, es sumamente importante llegar a conocer a la persona con la cual se va a mantener un trato comercial. Quiere saber si una persona es honrada, sincera y digna de confianza. Por ello, no es raro que en las reuniones se pase algún tiempo inicial charlando de temas sociales y personales (familia, deportes, viajes, visitas, gustos, etc.), en vez de ir directamente al grano de los asuntos comerciales, que en los EUA se tratan a menudo como primer tema incluso durante el desayuno o el almuerzo. (A propósito, es mejor no hablar ni bromear sobre política y religión, temas muy delicados y potencialmente controvertidos). Un factor clave es el «personalismo», término que se da a este concepto hispano de la importancia fundamental del individuo y de quién y cómo es.

Muy relacionado con este tema está el de la familia. Para muchos hispanos, la familia sigue siendo la entidad más importante de su mundo y el centro en torno al cual gira gran parte de su vida. Por un lado, define o da identidad a cada miembro, a la vez que procura criarlo y formarlo conforme a ciertos valores y normas socioculturales y éticas. Hace constar que cada individuo es ante todo un miembro de un núcleo familiar que abarca también los parientes lejanos, y en segundo lugar, la persona de carne y hueso que lleva el nombre de la familia, pero que tiene su propio carácter y manera de ser y pensar. Así que cada miembro representa a la familia y, como tal, tradicionalmente le debe a esta una lealtad y un mantenimiento de honor totales. Si se cumple con este acuerdo social de satisfacer las expectativas de la familia, recibirá el apoyo y el respeto de esta y si no, recibirá su oposición y posible rechazo.

Para procurar que cada miembro honrara y fuera fiel a la familia y que saliera hacia adelante, esta tradicionalmente le inculcaba ciertas normas de conducta, valores, ideas y quehaceres, muchos de los cuales se basaban en la tradición católica. Entre la familia y la religión, se aprendía a respetar la autoridad (la figura paterna y también la materna), a ser responsable en sus relaciones y actividades, a ser fiel a quienes le habían apoyado y a aceptar el destino como algo inmutable. A la vez, la familia enseñaba cómo cumplir con las obligaciones caseras, prácticas y cotidianas. Esta enseñanza ayudaba a los hijos a hacerse frente no solo a la vida hogareña sino a la realidad externa, que muchas veces se relaciona con la familia como si fuera una extensión de ella. En general, en el mundo hispano, la familia viene primero y luego el trabajo, mientras que en los EUA, la familia puede ser a menudo una consideración secundaria en una cultura que suele compartimentar cuidadosamente la vida personal y la vida profesional o laboral.

Por otra parte, la familia les sirve a sus miembros de unidad y centro de apoyo. A cambio de la lealtad, el honor y la responsabilidad que le demuestran sus miembros, la familia los ayuda en todo lo que les haga falta. Y en este caso, por familia se entiende la familia en sentido amplio, o sea, parientes (abuelos, tíos, primos, etc.), padrinos, compadres y hasta amigos íntimos. De modo que si un miembro de la familia necesita un trabajo, dinero, alojamiento, comida, compañerismo, consuelo o cualquier ayuda material, social o espiritual, y si hay otro pariente o buen amigo que se lo pueda dar o ayudar a conseguir, se lo hace dentro de lo posible y sin cuestionar y, a menudo, sin esperar ninguna recompensa. No es raro, por ejemplo, que mediante «los enchufes» o «la palanca» se forme una empresa o un gobierno de familiares, amigos y conocidos. El nepotismo, en fin, es para muchos hispanos una forma de vida socialmente natural y necesaria para sobrevivir, aun cuando cause conflictos y problemas. De esta manera, se entiende mejor la pregunta retórica de ¿quién es mejor que un pariente leal y bien conocido para trabajar en equipo? Por supuesto, las actitudes y realidades sobre la familia hoy en día están cambiando, así como las de los papeles tradicionales del hombre y de la mujer.

Además de ser miembros fieles y valorados de familia, los hispanos son también individualistas, pero no solo porque quieren distinguirse de los demás o independizarse completamente de la familia por razones egoístas o económicas. Lo son porque también quieren que se reconozcan y aprecien *su* persona, habilidades, ideas y acciones. Esta actitud individualista, junto a la importancia fundamental de la familia y lo personal, quizás explique en parte por qué muchos hispanos

La familia extendida. ¿Cuántas generaciones ve usted en esta foto? Identifíquelas. ¿Por qué están reunidos estos parientes? ¿Cuál es la figura central? Comente.

optan por la pequeña empresa. Se prefiere un ambiente íntimo y personal donde no rige la competencia impersonal y donde se puede demostrar el mérito propio como individuo que a la vez forma parte del grupo. En resumen, para conocer a los hispanos y estar en su mundo como socio, colega, empleado, compañero o amigo, hay que entender y apreciar su modo de ser, vivir y pensar. Y es mejor hacerlo como individuo y de persona a persona.

2-7 ACTIVIDADES

1. **¿Qué sabe usted de cultura?** Para demostrar sus conocimientos, conteste las preguntas a continuación.
   a. ¿Qué importancia tienen el plano personal, familiar e individual en la vida socioeconómica del mundo hispano?
   b. Con un/a compañero/a, haga una lista de las ventajas y desventajas de trabajar en una empresa familiar. Comenten el tema con otros compañeros de clase.
2. **Prueba de comprensión cultural.** Complete la prueba «Preguntas culturales» en el MindTap de *Éxito comercial: Prácticas administrativas y contextos culturales*.

MINDTAP

3. **Mini-drama cultural.** Con un/a compañero/a, dramatice la siguiente situación y haga el ejercicio a continuación.

Bob Thompson, nativo de Chico, California, y representante de *Wines, Inc.*, está en Barcelona para tratar de comprar Puig y Roig, S. en N.C., una compañía que produce los mejores vinos blancos y cava (vino espumoso) de Cataluña. Bob estudió español en la universidad y lo habla bastante bien, pero nunca ha viajado al extranjero ni conoce España ni a los españoles. Si logra adquirir la empresa española, *Wines, Inc.* será la casa importadora y exportadora más grande de vinos blancos y de cava en los EUA y tendrá más del 30% de la participación del mercado internacional. Bob comenta el tema con el dueño de la empresa española, don Pablo Roig Muntaner.

Bob: Si usted decide ser socio de *Wines*, no solo controlaremos más del 30% del mercado internacional, sino que seremos la compañía de vinos blancos y de cava más grande del mundo.

Don Pablo: No sé... Su compañía es muy grande y tiene sucursales por todas partes del mundo. Nosotros producimos vinos muy buenos y quizás nos convenga más una empresa más selectiva y no tan grande.

Bob: Usted no comprende las ventajas que podemos ofrecerle en términos de tecnología, eficiencia, distribución, ganancias y expansión hacia nuevos mercados. Nosotros hemos logrado mucho éxito por medio de nuestra eficiencia tecnológica e informática. Me parece que esto es más importante que el deseo de mantener el «estatus», sobre todo en un sector tan competitivo como este.

Don Pablo: No lo sé... Además, si vendiera la sociedad, no sé si la familia, mis socios, los empleados y yo podríamos adaptarnos al estilo mercantil de una compañía tan grande como *Wines*. Nos ha ido muy bien hasta ahora y no sé si veo la necesidad de un cambio.

Bob: Bueno, se está perdiendo una gran oportunidad y espero que cambie de opinión.

¿Cuál de estas opciones elegiría para explicar a Bob la actitud de don Pablo? Defienda su respuesta.

a. Don Pablo es muy egoísta y solo venderá su compañía si Bob le asegura el puesto de gerente general.

b. Los catalanes son muy individualistas y no cambian de opinión aunque estén equivocados.

c. Don Pablo quiere mantener el «estatus» de Puig y Roig porque teme que el nuevo ambiente comercial de *Wines* sea demasiado grande e impersonal.

2-8 ACTIVIDADES COMUNICATIVAS

 1. **Situaciones para dramatizar.** Lea las siguientes situaciones y después, represente el papel en español con otro/s estudiante/s, usando una de las siguientes posibilidades como punto de partida. Cada persona debe participar activamente en la dramatización. No olviden el protocolo ni las cortesías.

   a. *You are a U.S. business executive meeting with a Spanish associate from Seville. Both of you have been talking for some time about setting up a business together. You discuss the following:*
   - *the product(s) or service(s) you would like to sell*
   - *the feasibility of selling these items in Spain as well as in the U.S.*

   b. *You and your associate have agreed on the nature of your enterprise. You meet a second time. In this meeting, you will:*
   - *Discuss from different cultural perspectives the pros and cons of the various types of business organizations as described in Table 2-1 on page 24.*
   - *Decide on and outline detailed plans for the type of firm in which both of you would feel comfortable working.*

   Después de representar ambas situaciones, comenten con la clase cómo han influido en sus decisiones los diferentes factores culturales tratados en este capítulo.

2. **Actividad empresarial.** Usted y un/a amigo/a trabajan para Milectrón, S.A., una compañía internacional que produce y vende equipos electrónicos. La empresa quiere extender su mercado al mundo hispano al empezar por España mediante un negocio en participación o una fusión de empresas. Se les ha encargado que investiguen las posibilidades de llevarlo a cabo. Después de reunirse para hablar del tema, ustedes deciden buscar en Internet la siguiente información, que usarán para escribir un breve informe que presentarán a su director/a.

   a. Busquen una compañía española que venda equipo electrónico.
   b. Procuren encontrar la mayor información posible sobre la compañía con respecto a:
   - su razón social
   - su forma jurídica
   - las señas (dirección) de la casa matriz
   - su extensión geográfica (¿dónde tiene operaciones?)
   - su actividad económica (¿qué produce y/o vende?)
   - su estado financiero (si es solvente o no)

- sus directores, número de empleados y/u obreros (¿publica un organigrama?)
- su interés o esfuerzo de extender sus mercados tanto dentro del país como en el extranjero

c. Comenten con sus compañeros de clase los datos que han hallado.

3. **Minicaso práctico.** Lea el caso y conteste las preguntas a continuación.

Juan y José Cortés, hermanos de unos cincuenta años de edad y de origen gallego, son dueños de *Grains Abroad*, una sociedad en comandita estadounidense que cultiva y vende soja, mayormente para la exportación a España. Aunque hace casi veinte años que viven en Kankakee, Illinois, los Cortés todavía no se han acostumbrado del todo a la manera de vivir y pensar de los estadounidenses. Últimamente, el trabajo de cultivo y venta los tiene bastante cansados, y deciden aceptar como socio a un amigo, Tom McDonald, estadounidense de treinta y ocho años y antiguo jefe de ventas de *Grains Abroad*. Tom habla poco español, y aparte de dos semanas en Cancún como turista, no tiene ninguna experiencia en el mundo de los negocios hispánico.

Los tres hombres se reúnen para hablar de su asociación. Durante la reunión, Tom dice que quiere transformar la empresa en una sociedad anónima. La nueva constitución, según Tom, aportará a la firma más beneficios y limitará su responsabilidad social. Al mismo tiempo, extenderá y mejorará las operaciones empresariales y posibilitará la producción de aceite de soja. Piensa que la comercialización de este producto abrirá nuevos mercados nacionales e internacionales y que aumentará las ventas de la compañía.

Los hermanos Cortés responden que no ven muy claro la necesidad de reorganizar la empresa. Sostienen que esta ha funcionado bien en el pasado y que lo importante es conservar la organización actual y buena reputación de la firma. Además, dicen que producir aceite de soja va en contra de su experiencia con el mercado español y que ampliar las operaciones no significa que estas vayan a mejorar. Tom no se deja convencer y opina que los Cortés no planifican muy bien el futuro y que son unos idealistas demasiado conservadores cuyos sentimientos se contraponen al buen sentido común comercial.

a. ¿Qué tipo de empresa es *Grains Abroad*? ¿Qué actividad realiza? ¿En qué mercados vende su producto?

b. ¿Qué clase de sociedad quiere establecer Tom? ¿Por qué? ¿Qué más sugiere hacer?

c. ¿Por qué cree que los hermanos Cortés se oponen a las propuestas de Tom, especialmente a la de producir aceite de soja?

d. ¿Qué conflicto de valores culturales se plantea entre los tres individuos?

¿Cómo resolvería usted el conflicto entre Tom y los hermanos Cortés?

2-9 COMPRENSIÓN Y COMUNICACIÓN

Busque el ejercicio del video en el MindTap de *Éxito comercial: Prácticas administrativas y contextos culturales.*

MINDTAP

Antes de ver. Conteste las siguientes preguntas antes de ver el video.

1. ¿Qué es una sociedad colectiva? ¿Qué tipo de responsabilidad social tienen los socios?

2. ¿Qué es una sociedad en comandita? ¿Cuáles dos tipos de socios hay y cómo funciona la responsabilidad social de cada uno?

Al ver. En el video, el señor Bruce Hopkins y la ingeniera Carmen Ortega hablan acerca de la posible formación de una nueva sociedad. Lea las siguientes preguntas y después mire el video. Luego, vuelva a las preguntas para contestarlas.

1. ¿Qué tipo de sociedad le interesa al señor Hopkins? ¿Le interesa también a la ingeniera Ortega o prefiere ella otra posibilidad?

2. ¿Qué tipo de riesgo prefiere evitar la ingeniera?

3. Si deciden formar una sociedad en comandita, ¿de qué se encargaría el señor Hopkins y cuál sería la función de la Ing. Ortega?

4. ¿Qué recomendación hace la Ing. Ortega al final y cómo reacciona el señor Hopkins? Dé detalles.

Resumen. Resuma objetivamente para un/a compañero/a de clase lo que ha ocurrido en el video. O, para variar, haga un resumen con cambios o falsedades para ver si su compañero/a capta la información errónea y la corrige.

Ud. es el/la intérprete. Siga el guion y haga el papel de intérprete entre el señor Bruce Hopkins y la ingeniera Carmen Ortega. Traduzca oralmente del inglés al español y del español al inglés, **sin mirar el texto**, el diálogo que leerán otros dos estudiantes en voz alta. Ellos harán una pausa después de cada barra para permitir que haga su traducción. Acuérdense todos de usar un tono y ritmo de diálogo natural.

Sr. Hopkins: *I would be interested in the possibility of a joint partnership with you. / As managing partners, you and I could oversee the daily operations. I could handle the English language part, you, the Spanish.*

INTÉRPRETE: _____

Ing. Ortega: Bueno, sería una posibilidad. Pero yo, la verdad, preferiría una sociedad comanditaria. Me interesa la inversión y la rentabilidad está casi asegurada. / Pero prefiero evitar el riesgo de tener una responsabilidad social ilimitada y solidaria. Y con lo ocupada que ando...

INTÉRPRETE: _____

Sr. Hopkins: *Well, that could also work. If we formed a silent partnership, I could be the managing partner and you could be a silent partner. / I know how busy your schedule is. That way you could invest in the business but not get involved in its daily operations. I could handle that.*

INTÉRPRETE: _____

Ing. Ortega: ¿Qué le parece si invitamos a Ramón, Enrique y Jane a participar también? Yo sé que a Jane y a Ramón les interesaría la posibilidad de ser comanditarios. / Enrique, por otra parte, podría ser otro socio gestor con usted, de modo que ustedes dos compartirían la administración de la sociedad.

INTÉRPRETE: _____

Sr. Hopkins: _That's an interesting possibility. Jane and Ramón have mentioned to me that they are looking for a good place to put some of their money to work. / Enrique has good management skills and is fishing for a new job. Have you talked to them about possibly coming on board?_

INTÉRPRETE: _____

Actividad. ¿Cómo es diferente su interpretación de la que se presenta en el video? Vuelva a ver el video para hacer una comparación o una crítica de la traducción oral.

Interpretación consecutiva y simultánea. Vuelva al video y ahora haga una interpretación consecutiva, usando la pausa del video cuando le haga falta. O, para variar, intente hacer una interpretación simultánea, sin pausas. ¡Ojo! Este tipo de ejercicio requiere mucha concentración, memoria y atención a los detalles.

Otro fin. Después de ver el video, imagine lo que podría ocurrir después si no termina en ese momento. ¿Cómo se desarrollará más el tema entre los actores? ¿Qué dirán? Para esta actividad, se puede escribir y entregar un nuevo fin o imaginarse otro fin para representarlo con los compañeros de clase. Al continuar con el guion en español, siga el estilo de diálogo usado anteriormente, empezado con la ingeniera Ortega.

2-10   ANÁLISIS Y COMPARACIÓN

Estudie la Tabla 2-3 y haga los ejercicios a continuación. Use también sus conocimientos y, cuando haga falta, otras fuentes informativas como un diccionario, el _Almanaque mundial_, Internet, etc. Los ejercicios se pueden hacer individualmente, en parejas o en pequeños grupos para comentar los temas en clase.

1. ¿Cuáles de estos 23 países no son repúblicas? Explique.

2. Además de los EUA, ¿qué otro país tiene la frase «Estados Unidos» como parte de su nombre oficial? ¿Cuáles son cinco estados de este otro país? ¿Cuáles son los estados de este otro país que limitan al norte con los EUA? ¿Cuáles son los estados de los EUA que limitan con este país?

3. ¿Cuál es el gentilicio de los siguientes países: Guatemala, Honduras, Costa Rica, los EUA, Guinea Ecuatorial y Nicaragua?

4. ¿Cuáles son las capitales de México, Cuba, Ecuador, Perú, Chile, Argentina, Puerto Rico y España?

5. Entre los países hispanos, ¿cuáles son las cuatro capitales de mayor población? ¿Cuántos habitantes hay en cada una de estas cuatro capitales?

6. Además de la capital, ¿cuáles son otras ciudades principales de México, Puerto Rico, Cuba, Colombia, Argentina, Perú y España? Muestre en un mapa dónde están algunas de estas ciudades.

7. ¿Cuáles son los países cuya moneda nacional es el peso? ¿Cuáles son las monedas nacionales de Panamá, Ecuador, Perú, Nicaragua, Bolivia y Guinea Ecuatorial?

8. ¿Cuáles son los dos países hispanos que han adoptado oficialmente el dólar estadounidense como su moneda nacional? ¿En qué otros países hispanos se usa el dólar estadounidense como dinero común para las transacciones, aunque el dólar no sea oficialmente su moneda nacional?

9. ¿Qué significa la palabra «quetzal»? ¿Cuáles son los significados de la palabra «guaraní» y por qué cree que la moneda nacional de Paraguay se llama así? ¿De dónde viene la palabra «dólar»? Busque su origen en Internet.

10. Compare el valor de los billetes de los siguientes países: Argentina, Chile, España, México y los EUA. ¿A cuánto está el cambio de divisas de las siguientes monedas nacionales con respecto al dólar estadounidense: el peso mexicano, el peso argentino, el euro, el bolívar fuerte, el nuevo sol y el lempira? (Esta página Web le puede ayudar: http://www.xe.com/currency/).

11. **Para resumir:** Con un compañero/a de clase, o en pequeños grupos de tres o cuatro, háganse preguntas sobre el gentilicio, las capitales y las monedas nacionales de los distintos países presentados en la tabla. Ejemplos: ¿Cuál es la capital de Nicaragua? ¿El gentilicio de Ecuador? ¿La moneda nacional del Uruguay? ¡Este ejercicio puede convertirse en una competencia para ver quién obtiene más puntos (respuestas correctas)!

TABLA 2-3 LOS PAÍSES HISPANOPARLANTES, BRASIL Y LOS ESTADOS UNIDOS: NOMBRE OFICIAL, GENTILICIO, CAPITAL Y POBLACIÓN, OTRAS CIUDADES PRINCIPALES, MONEDA NACIONAL Y DENOMINACIÓN EN BILLETES (DB)

País	Nombre oficial	Gentilicio	Capital	Otras ciudades principales	Unidad monetaria y DB
Argentina	República Argentina	argentino(a)	Buenos Aires, población 15,180,000* (2015)	Córdoba, Rosario, Mendoza, Mar del Plata, San Miguel de Tucumán	El peso 2, 5, 10, 20, 50, 100 (2008)
Bolivia	República de Bolivia	boliviano(a)	La Paz (Administración: población 1,816,000) y Sucre (Judicial: población 372,000) (2015)	Santa Cruz de la Sierra, El Alto, Cochabamba, Oruro, Potosí, Tarija	El boliviano 10, 20, 50, 100, 200 (según el BCB)
Chile	República de Chile	chileno(a)	Santiago, población 6,507,000 (2015)	Concepción, Viña del Mar, Valparaíso, Antofagasta, Talcahuano, Temuc	El peso 1,000; 2,000; 5,000; 10,000; 20,000 (2011)
Colombia	República de Colombia	colombiano(a)	Bogotá, población 9,765,000 (2015)	Cali, Medellín, Barranquilla, Cartagena, Cúcuta, Bucaramanga	El peso 500; 1,000; 2,000; 5,000; 10,000; 20,000; 50,000
Costa Rica	República de Costa Rica	costarricense [informal: tico(a)]	San José, población 1,170,000 (2015)	Alajuela, Cartago, Puntarenas, Limón	El colón 1,000; 2,000; 5,000; 10,000; 20,000
Cuba	República de Cuba	cubano(a)	La Habana, población 2,137,000 (2015)	Santiago de Cuba, Camagüey, Holguín, Guantánamo, Santa Clara, Cienfuegos	El peso 1, 3, 5, 10, 20, 50, 100
Ecuador	República del Ecuador	ecuatoriano(a)	Quito, población 1,726,000 (2015)	Guayaquil, Cuenca, Machala, Portoviejo, Manta	El dólar estadounidense 1, 5, 10, 20, 50, 100
El Salvador	República de El Salvador	salvadoreño(a)	San Salvador, población 1,098,000 (2015)	San Miguel, Ahuachapán, Santa Ana, Sonsonate, Mejicanos, Delgado	El dólar estadounidense 1, 5, 10, 20, 50, 100
España	Reino de España	español(a)	Madrid, población 6,200,000 (2015)	Barcelona, Valencia, Sevilla, Zaragoza, Málaga, Bilbao	El euro 5, 10, 20, 50, 100, 200, 500
Guatemala	República de Guatemala	guatemalteco(a)	Ciudad de Guatemala, población 2,918,000 (2015)	Mixo, Villanueva, Quetzaltenango, Escuintla, Totonicapán, Retalhuleu	El quetzal 1/2, 1, 5, 10, 20, 50, 100, 200, 500; 1,000
Guinea Ecuatorial	República de Guinea Ecuatorial	guineano(a) ecuatoguineano(a) guineoecuatoriano(a)	Malabo, población 145,000 (2014)	Bata, Ela Nguema, Campo, Evinayong, Ebebiyin, Mongomo	El franco CFA (Coopération Financière en Afrique) 500; 1,000; 2,000; 5,000; 10,000

* Área metropolitana

(continúa)

TABLA 2-3 *(continuación)*

Honduras	República de Honduras	hondureño(a)	Tegucigalpa, población 1,123,000 (2015)	San Pedro Sula, La Ceiba, Danlí, Tela, El Progreso	El lempira 1, 2, 5, 10, 20, 50, 100, 500
México	Estados Unidos Mexicanos	mexicano(a)	Ciudad de México, población 20,999,000 (2015)	Guadalajara, Monterrey, Puebla, León, Ciudad Juárez, Tijuana, Veracruz, Acapulco, Mérida	El nuevo peso 20, 50, 100, 200, 500; 1,000
Nicaragua	República de Nicaragua	nicaragüense	Managua, población 956,000 (2015)	León, Granada, Matagalpa, Jinotega, Chinandega, Masaya	El córdoba oro 1/2, 1, 5, 10, 20, 25, 50, 100, 500 (según el BCN)
Panamá	República de Panamá	panameño(a)	Ciudad de Panamá, población 1,673,000 (2015)	Colón, David, San Miguelito	El balboa (no hay billetes; el dólar estadounidense tiene curso legal)
Paraguay	República del Paraguay	paraguayo(a)	Asunción, población 2,356,000 (2015)	Pedro Juan Caballero, Encarnación, Ciudad del Este, San Lorenzo	El guaraní 1,000; 5,000; 10,000; 50,000; 100,000 (según el BCP)
Perú	República del Perú	peruano(a)	Lima, población 9,897,000 (2015)	Arequipa, Trujillo, Chiclayo, Cuzco, Callao, Ayacucho, Iquitos, Piura	El nuevo sol 10, 20, 50, 100, 200 (según el BCRP)
Puerto Rico	Estado Libre Asociado de Puerto Rico	puertorriqueño(a) [informal: boricua]	San Juan, población 2,463,000 (2015)	Bayamón, Ponce, Carolina, Caguas, Mayagüez, Arecibo	El dólar estadounidense 1, 2, 5, 10, 20, 50, 100
República Dominicana	República Dominicana	dominicano(a)	Santo Domingo, población 2,945,000 (2015)	Santiago de los Caballeros, La Vega, San Pedro de Macorís	El peso oro 10, 20, 50, 100, 500; 1,000; 2,000 (según el BCRD)
Uruguay	República Oriental del Uruguay	uruguayo(a)	Montevideo, población 1,707,000 (2015)	Salto, Paysandú, Las Piedras, Melo, Rivera, Minas, Tacuarembó	El peso 20, 50, 100, 200, 500; 1,000; 2,000 (según el BCU)
Venezuela	República Bolivariana de Venezuela	venezolano(a)	Caracas, población 2,916,000 (2015)	Maracaibo, Valencia, Maracay, Barquisimeto, Petare, Barcelona	El bolívar fuerte 500; 1,000; 2,000; 5,000; 10,000 (2008)
Brasil	República Federativa do Brasil	brasileño(a)	Brasilia, población 4,155,000 (2015)	São Paulo, Rio de Janeiro, Belo Horizonte, Porto Alegre, Recife	El real 1, 2, 5, 10, 20, 50, 100 (2008)
Estados Unidos (EUA, EE.UU., EE. UU., EEUU, EU)	Estados Unidos de América	norteamericano(a)**, estadounidense	Washington D.C., población 4,955,000 (2015)	Nueva York, Los Ángeles, Chicago, Houston, Filadelfia, San Diego, Detroit, Dallas, Phoenix, San Antonio	El dólar estadounidense 1, 2, 5, 10, 20, 50, 100

Fuentes: *CIA World Factbook* 2017, *United States Census Bureau (International Programs, International Data Base)* 2016, Converter-Currency.com y bancos centrales (BC) indicados
** Término usado generalmente para indicar que la persona es de los EUA, aunque también se puede referir a cualquier persona de América del Norte, es decir, de Canadá o México.

MINDTAP

GeoReconocimiento

Mire los mapas del Capítulo 2 en el MindTap de *Éxito comercial: Prácticas administrativas y contextos culturales* y haga los ejercicios.

Posibilidades profesionales

Hay muchas carreras relacionadas con las empresas internacionales, pero una de las más importantes es la de asesor/a o abogado/a de derecho mercantil. Este puesto es imprescindible en la organización y operación de las empresas, así como para todos los asuntos legales. Para obtener más información, véase el Capítulo 2 de «Posibilidades profesionales» en el MindTap de *Éxito comercial: Prácticas administrativas y contextos culturales.*

VOCABULARIO

Aquí se presentan los principales términos de este capítulo. Al final del libro, hay un glosario más completo.

acción *share, stock*

accionista *(m/f)* *shareholder, stockholder*

acreedor *creditor*

activo *asset*

acuerdo *agreement*

administrador/a *(n)* *manager*

aportación *contribution*

asesoramiento *advising*

beneficio *profit, benefit*

benéfico *charitable*

bien de consumo *(m)* *consumer good*

bolsa *securities exchange, stock market*

bono *bond*

casa matriz *home or main office*

comercialización *marketing, selling*

comerciante *(m/f)* *merchant*

comerciar *to trade, sell, do business*

comercio *business, commerce, trade*

compraventa *buying and selling, sales and purchases*

convenio *agreement*

convenir *(ie)* *to suit, agree*

derecho *right, law*

mercantil *business law*

desempleo *unemployment*

detallista *(m/f)* *retailer*

deuda *debt*

dirección *management*

directivo *(adj)* *managerial*

directivo/a *(n)* *director, board*

divisa *foreign currency*

donativo *(n)* *donation*

empresa *business, company*

  colectiva *partnership*

  del ladrillo *construction company*

  estatal *state-controlled company*

  individual *sole proprietorship*

  mediana *mid-size company*

  mercantil *commercial company*

  mixta *company controlled jointly by government and private enterprise*

  pequeña *small business*

(continúa)

VOCABULARIO *(continuación)*

privada *private company*

productora *manufacturer*

pública *public company*

empresarial *(adj)* *company*

empresario/a *entrepreneur; business owner*

estatal *(adj)* *government-run*

estructuración de precios *pricing*

filial *(f)* *subsidiary, branch*

financiamiento *financing*

financiero *financial*

fondo *fund*

fusión de empresas *merger*

fusionar *to merge*

ganancia *earning, income, profit*

gestión *management*

índice de paro, índice de desempleo *(m)* *unemployment rate*

ingreso *income, revenue*

iniciativa empresarial *entrepreneurship*

inversión *investment*

invertir *(ie)* *to invest*

investigación y desarrollo *research and development*

junta directiva o de directores/consejo directivo *board of directors*

ley *(f)* *law*

arancelaria *customs/tariff law*

mercantil *business law*

mano de obra *(f)* *work force*

materia prima *raw material*

mayorista *(m/f)* *wholesaler*

minorista *(m/f)* *retailer*

MIPYME *(m)* *micro-, small-, and medium-sized companies*

negocio en participación *joint venture*

obligación *liability, debt*

patrimonio *wealth, estate, assets*

pericia *expertise*

perito *expert*

personal *(m)* *personnel*

propietario/a *owner*

proveedor/a *supplier*

razón social *(f)* *company name*

recompensa *compensation*

Registro Público de Comercio *Public Business Register*

renta *income, revenue*

rentable *profitable*

rescate *(m)* *bailout, rescue*

riesgos y beneficios *risk and reward*

socio *partner*

activo o colectivo *active partner*

comanditario *silent partner*

solidario *joint*

solventar *to settle (e.g., a debt)*

sucursal *(f)* *branch, subsidiary*

tasa de cambio *rate of exchange*

tratado *treaty*

usuario *user*

utilidad *profit, benefit*

viáticos *travel allowance, per diem, meals and lodging*

Make sure you're right, then go ahead.
— DAVY CROCKETT

Hire people who are better than you are, then leave them to get on with it.
— DAVID OGILVY

El jefe siempre tiene razón.
— DICHO POPULAR

© Jose Luis Pelaez, Inc./Image Source/Corbis

Una ejecutiva mexicana en una reunión. ¿Piensa que existen más oportunidades para que la mujer sea gerente y líder hoy en día en los EUA y Latinoamérica? ¿A nivel mundial? Comente con ejemplos.

3-1 PREGUNTAS DE ORIENTACIÓN

Cuando lea la sección «Lectura comercial», piense en las respuestas a las siguientes preguntas.

1. ¿Qué es la gerencia?

2. ¿Cuáles son las cuatro responsabilidades principales de un/a gerente y cuáles son los diferentes recursos que debe tener en cuenta al desempeñarlas?

3. ¿Por qué es tan importante la actividad de planificación?

4. ¿Cuáles son cinco habilidades que contribuyen a que un/a gerente sea eficaz?

5. ¿Cuáles son algunas características de un/a buen/a gerente? ¿De un/a buen/a líder? ¿Comparten las mismas características? Comente. Aunque sería idóneo que un individuo fuera buen administrador y líder a la vez, ¿es igual ser buen gerente y ser líder? Comente. (Aquí se puede recurrir a la búsqueda de información en Internet, por ejemplo, bajo el tema Warren Bennis, quien nos dice que «el administrador es una copia, el líder es original; el administrador mantiene, el líder desarrolla; el administrador se concentra en sistemas y en la estructura, el líder se enfoca en la gente».)

6. ¿Cómo explica en parte Sheryl Sandberg, la autora de *Lean In: Women, Work, and the Will to Lead*, que no haya más mujeres en puestos de liderazgo? ¿Qué recomienda para cambiar esta situación?

7. ¿Cómo se diferencia la perspectiva horizontal de la vertical en el concepto de la gerencia que se presenta en este capítulo?

8. ¿Qué es un organigrama? Dé un ejemplo de un organigrama sencillo y luego, de uno más complejo.

9. ¿Qué es y cómo funciona la Administración por Objetivos (APO)?

10. ¿Qué factores especiales existen en la gerencia internacional? Al hablar de modos de comunicación, ¿qué quieren decir alto y bajo contexto?

11. ¿Qué son el «dedazo» y la dedocracia?

12. ¿Cuáles son algunas tendencias de la tradición gerencial hispana en comparación con la estadounidense?

LECTURA COMERCIAL

Requisitos y modelos administrativos estadounidenses e hispanos

Después de constituir la empresa, el propietario, los socios y los administradores (directores, gerentes o gestores) tienen la responsabilidad de planificar, coordinar, dirigir, controlar, evaluar y mejorar las actividades de las empresas, utilizando los diversos recursos humanos, financieros, materiales e informativos que estén a su disposición. El paso inicial, la planificación, trata sobre el futuro que se desea para la empresa, conforme a su misión y objetivos, y sobre cómo lograrlo. El segundo paso

Integridad y ética empresariales

It takes 20 years to build a reputation and five minutes to lose it.

— WARREN BUFFET

Traduzca al español esta frase célebre y comente su validez para el mundo de los negocios u otras profesiones, con un buen ejemplo que usted conozca o uno que pueda imaginarse.

Liderazgo

El liderazgo es la capacidad de transformar la visión en realidad.

— WARREN BENNIS

Traduzca al inglés esta frase célebre del liderato y luego explique qué quiere decir transformar la visión en realidad. Dé un buen ejemplo que usted conozca, o uno que pueda imaginarse, acerca de la validez de esta cita para el mundo de los negocios u otras profesiones. ¿Qué visión tiene usted que le gustaría transformar en una realidad? ¿Por qué?

adiestramiento
training, instruction

**Administración por
Objetivos (APO)**
*Management by
Objectives (MBO)*

capataz *(m/f)*
foreman, foreperson

desempeñar
to perform, carry out

**Dirección por Objetivos
(DPO)**
*Management by
Objectives*

mando
management

meta
goal

organigrama *(m)*
*organizational chart,
flowchart*

presupuesto
budget

sueldo
salary

trámite *(m)*
procedure

consiste en la organización y coordinación de los diferentes recursos materiales y humanos necesarios para realizar el plan. El tercer paso, la dirección, comprende la administración de las actividades que llevarán a cabo el plan. En esta fase, es esencial la calidad del liderazgo, que puede variar entre un estilo autocrático (autoritario, intimidante y explotador) o democrático (consultivo y participativo). Liderar es el arte de lograr que los otros miembros de la organización cooperen para llevar a cabo la visión planteada y el éxito del plan y de la compañía. Como ha afirmado Warren Bennis, es saber transformar la visión en realidad. En los últimos pasos de controlar, evaluar y mejorar, el gerente necesita supervisar, evaluar y modificar (si hace falta) el progreso hacia el cumplimiento del plan y la misión, para así asegurarse de que se cumplan dentro del plazo fijado y de la manera más óptima. Es un proceso dinámico cuyo propósito abarca el mejoramiento continuo de medios operativos y resultados: Planear → organizar (estructurar) → coordinar → implementar → dirigir → controlar (vigilar) → evaluar → modificar → mejorar → repetir el ciclo.

Las habilidades que contribuyen a la eficacia y al éxito del gerente o gestor son: técnicas, interpersonales, conceptuales, diagnósticas y analíticas. Las técnicas se requieren para realizar actividades especializadas. Las interpersonales se refieren a la capacidad de comunicarse y relacionarse con otros y de lograr la cooperación eficaz y eficiente entre individuos. Las conceptuales indican la capacidad de pensamiento abstracto. Las habilidades diagnósticas permiten que el administrador determine, al igual que un médico, el carácter de una situación o condición mediante el examen de sus signos o síntomas, es decir, demostrar la capacidad de recopilar y analizar datos para evaluar problemas de diversa índole. Las habilidades analíticas, en cambio, sirven para identificar los elementos clave de un problema, la relación entre los diversos elementos y decidir cuáles requieren mayor atención en un momento determinado para resolver cierta situación. La habilidad diagnóstica lleva a la comprensión, mientras que la analítica facilita una estrategia sobre cómo resolver un problema. Estas habilidades se desarrollan y se perfeccionan por medio de la capacitación y la experiencia.

Otras características de un buen gerente y líder incluyen la capacidad de motivar a otros, comunicarse clara y convincentemente, tener sentido común y escuchar bien. Con respecto a la importancia de saber escuchar, un perito en el tema del liderazgo, Mike Myatt, columnista de la revista *Forbes*, hace y contesta la siguiente pregunta: «¿Desea mejorar como líder? Deje de hablar y empiece a escuchar»[1]. Un líder también demuestra la capacidad de reconocer y desarrollar talentos, ser justo y equitativo, tener paciencia cuando haga falta y mantener un alto estándar o nivel de expectativas factibles. Se valoran la confianza y la credibilidad, la imaginación y la creatividad, la coherencia en el sentido común y en la conducta, y la aptitud para tomar las mejores decisiones (especialmente en situaciones complejas y difíciles). También se valoran ser trabajador y servir de buen ejemplo; ser honesto

---

[1] *5 Leadership Tips for 2012*, http://www.forbes.com/sites/mikemyatt/2011/12/22/5-leadership-focus-areas-for-2012/. Trad. de M. S. Doyle.

y directo, y a la vez diplomático; poder crear un buen ambiente de trabajo (una cultura empresarial positiva y optimista) y un espíritu de equipo (sinergia), y tener sentido del humor. Y siempre se aprecia a la persona que es auténtica, que respeta a los demás y que puede justificar bien sus decisiones y acciones. En fin, se trata de ciencia y de arte, y de pasión, curiosidad e iniciativa (ser proactivo) para llegar a ser buen líder o administrador. La persona que tiene tal autoridad necesita saber respetar ese poder y no abusar de él, lo cual es destructivo y tiene como consecuencia la pérdida de respeto y confianza de los colegas y empleados. Y un líder nunca deja de aprender. En cuanto a la mujer y el liderazgo, Sheryl Sandberg, la renombrada ejecutiva de *Google* y *Facebook*, afirma en su libro *Lean In: Women, Work, and the Will to Lead* que la mujer necesita aspirar a puestos de liderazgo y que una de las razones por las cuales no ha habido más mujeres líderes es que tradicionalmente menos mujeres han ambicionado tales puestos en comparación con sus colegas masculinos, incluso cuando han presentado la educación y la experiencia como cualificaciones sobresalientes. Afirma Sandberg que ha llegado el momento para que la mujer ambicione, empuje y se incline hacia adelante (*to lean in*) en lugar de retirarse o replegarse (*to pull back*)[2]. El progreso social no se reparte porque sí, es necesario aprovechar y agarrar las oportunidades[3].

La clasificación de la gerencia comercial puede considerarse desde una perspectiva horizontal o vertical. En la horizontal, se hallan los gerentes de alto, medio y bajo **mando**. Es decir, se trata de la jerarquía y los niveles administrativos dentro de una organización o empresa, o sea, las líneas de autoridad. Los de alto mando son los responsables de establecer las **metas** y la estrategia general de la empresa. Es decir, aportan la visión. Los de medio mando son, por lo general, los jefes o directores de departamentos o divisiones, y su principal responsabilidad es poner en marcha los planes y objetivos proporcionados o aprobados por el alto mando. Los de bajo mando, los supervisores y **capataces**, controlan y coordinan directamente las actividades de los demás empleados y trabajadores para realizar las metas propuestas.

Como se ve en la Figura 3-1, participan en la perspectiva vertical los diferentes gerentes de marketing, finanzas, operaciones, personal, administración, investigación y desarrollo y otros gerentes especializados. Estos se caracterizan por su función dentro de la compañía, y no por su nivel administrativo o las líneas de autoridad, y aportan la información necesaria para que la empresa funcione como una unidad bien integrada a todos los niveles verticales de la gerencia. Cabe repetir que la buena comunicación y coordinación son imprescindibles.

En las últimas décadas, más mujeres han cursado la carrera de Administración de Empresas y han logrado asumir puestos administrativos en todos los niveles. Un ejemplo de esta tendencia es el Programa de Entrenamiento en Liderazgo Empresarial, un proyecto patrocinado por la Comisión Interamericana de Mujeres

---

[2] Sheryl Sandberg, *Lean In: Women, Work, and the Will to Lead*. New York: Alfred A. Knopf, 2013, págs. 7 y 22.

[3] Ibíd, pág. 157.

PARA PENSAR

Ejemplos de avisos de empleo para gerentes

Mendoza, Argentina. Gerente/Dirección Gral. Se incorpora para importante proyecto vitivinícola. Será responsable de las estrategias financieras, planificaciones y predicciones. Supervisará las inversiones y recaudaciones de fondos para el negocio. Analizará y evaluará las tendencias del mercado, oportunidades de expansión y proyecciones. Preparará reportes financieros mensuales y anuales. Será responsable del manejo de flujo de fondos. Tendrá a su cargo mejorar el manejo de las finanzas y el sistema de reporte. También implementará procesos de trabajo y aplicará estrategias para la disminución de costo. Supervisará todas las prácticas contables de la empresa, incluyendo los departamentos de contaduría, y preparará presupuestos, reportes financieros, funciones impositivas y auditorías.

Se requiere una persona muy detallista y con iniciativa. También se requiere capacidad de trabajo bajo presión, orientada al trabajo por resultados y en equipo.

Estamos orientados a un profesional, preferentemente Contador Público Nacional o afín. Será valorada la formación de postgrado. Es requisito excluyente de la posición poseer un fluido manejo del idioma inglés y no menos de 7 años de experiencia en empresas multinacionales.

Tipo de puesto: *Full-time* **Sexo:** Indistinto **Salario:** No especificado

---

Ciudad de México, México. Área: Recursos Humanos **Tipo de puesto:** Tiempo completo **Sexo:** Indistinto **Vacantes:** 1 **Salario:** de 9,000 a 12,000 mensual (neto) + prestaciones de ley e incentivos y bonos

Requisitos:

- Edad de 28 a 40 años
- Estado civil indistinto
- Excelente presentación
- Estudios a nivel licenciatura (titulado)
- Dominio absoluto de PC
- Persona de confianza y honorable

- Facilidad de palabra
- Disponibilidad absoluta de horario

Habilidades:

- Experiencia mínima de 3 años a nivel gerencia o jefatura comprobable en reclutamiento, selección e inducción de personal, clima laboral, relaciones laborales
- Acostumbrado al manejo y control de personal
- Seguimiento a proceso de trabajos en las distintas áreas de la empresa

---

Lima, Perú. Área: Gerencia/Dirección Gral. **Tipo de puesto:** *Full-time* **Sexo:** Indistinto **Vacantes:** 1 **Salario:** No especificado

Requisitos:

- Titulado en las carreras de Administración, Contabilidad, Economía o Ingeniería Industrial
- De preferencia con Maestría en Finanzas y/o Administración de Negocios
- Experiencia mínima de 6 años en puestos similares o como Gerente de Administración y Finanzas en empresas de gran envergadura y/o vinculadas al sector agroindustrial (de preferencia)
- Experiencia en procesos de reordenamiento administrativo y financiero-contable
- Experiencia liderando al personal

Competencias laborales requeridas:

- Liderazgo
- Dinamismo y energía
- Toma de decisiones
- Respeto
- Trabajo bajo presión
- Compromiso
- Iniciativa y proactividad
- Flexibilidad y agilidad
- Orden y claridad

Objetivo del puesto: Responsable y representante directo de la empresa en ausencia, o no, del Gerente General (este se encuentra constantemente de viaje). Responsable del correcto funcionamiento de las áreas de Administración, Finanzas, Recursos Humanos, Ventas, Logística, etc. Encargado de tomar decisiones en ausencia del Gerente General o en coordinación con el mismo[4].

1. ¿Cuáles son las tres áreas o tipos de trabajos ofrecidos en los avisos?

2. ¿Qué quiere decir Dirección Gral.? ¿Vitivinícola? ¿Persona muy detallista? ¿Trabajo por resultados? ¿Vacantes? ¿Toma de decisiones? ¿Facilidad de palabra?

3. ¿Qué significa «indistinto» cuando se señala el sexo del postulante? ¿Qué implica esto para el género de ciertos puestos? ¿Puede hallar ejemplos de otros anuncios en español donde no sea indistinto el sexo del postulante?

4. En el anuncio mexicano, ¿a qué se refieren las prestaciones de ley, los incentivos y los bonos?

5. ¿Qué requieren los tres avisos en cuanto a la experiencia previa de trabajo en el campo anunciado y en cuanto a los conocimientos de informática o computadoras?

6. ¿A qué se refiere el tener una «excelente presentación» de parte de los postulantes?

Busque en Internet el anuncio de algún puesto administrativo o ejecutivo en un campo que le interese. (Puede usar un «cazatalentos», «cazacerebros», «bolsa de empleo» o «banco de trabajos» como www.bumeran.com o www.monster.es).

---

[4] Redacción adaptada de www.bumeran.com, consultado en febrero de 2008.

(CIM, un organismo de la OEA[5]) el cual ha tenido «como objetivo principal entrenar a mujeres y hombres en liderazgo empresarial», puesto que «los datos estadísticos indican la necesidad de una mayor participación de la mujer en el mercado de trabajo, especialmente en el ámbito empresarial y en carreras no tradicionales». Este tipo de capacitación se ha diseñado para responder mejor a las nuevas realidades comerciales de la globalización, en la que «el estilo de liderazgo femenino y las capacidades y cualidades de la mujer adquieren un especial valor», especialmente «como actor principal en la promoción del desarrollo sostenible». Dada la creciente importancia de las micro y pequeñas empresas, «donde la presencia de la mujer se hace cada vez más sólida», y que «el número de firmas establecidas por mujeres está creciendo dos veces más que las creadas por hombres», el Programa de Entrenamiento representa una buena inversión en el **adiestramiento** de las mujeres jóvenes «como futuras generadoras de empleo»[6].

Otra manera de representar la estructura administrativa es por medio de un **organigrama**. Este variará según el sector industrial y el tamaño de la empresa. El modelo en la Figura 3-2 ofrece un ejemplo de la estructura administrativa típica de una sociedad anónima (S.A.), empezando por los accionistas (los verdaderos propietarios de la compañía) hasta llegar a los supervisores y representantes del bajo mando.

Uno de los modelos tradicionales más difundidos sobre cómo proceder en la gerencia ha sido la **Administración o Dirección por Objetivos** (APO o DPO; *Management by Objectives, MBO*), también conocida como Administración o

---

[5] Organización de los Estados Americanos

[6] http://www.oas.org/cim/Spanish/Liderazgo.Sumario.Proy.htm, consultado el 17 julio de 2009.

Figura 3-1
Perspectivas horizontales y verticales de la gerencia

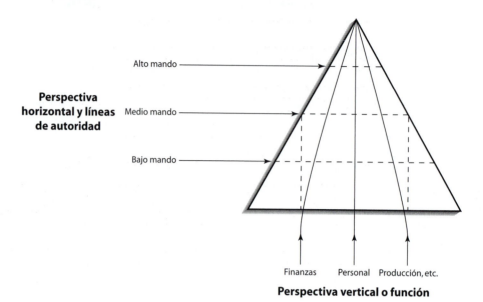

Perspectiva horizontal y líneas de autoridad

Alto mando

Medio mando

Bajo mando

Finanzas   Personal   Producción, etc.

Perspectiva vertical o función

Gestión por Resultados. Según este modelo, se busca una colaboración entre el gerente y el empleado para proponer metas individuales que se determinan de acuerdo con las metas generales de la empresa. Es decir, las metas generales se dividen en metas y responsabilidades asignadas a individuos o a grupos, de modo que coincidan los objetivos del individuo con los de la empresa. Una ventaja de este sistema es que cada empleado tiene una idea clara de qué hay que hacer, dónde, cómo y para cuándo, puesto que ha participado en la identificación de los pasos y las metas. Se evalúa y recompensa al empleado conforme al cumplimiento de la meta acordada.

La gerencia en el campo internacional presenta factores especiales que hay que considerar. Existe una mayor extensión geográfica de operaciones, que puede dificultar la comunicación y el transporte. También hay diferentes idiomas, modos de comunicación, costumbres y leyes, que crean un nuevo contexto de operaciones además de nuevas dimensiones comerciales y políticas. Es importante tener en cuenta que puede haber diferentes estilos y valores gerenciales. Por ejemplo, cuando se habla de modos de comunicación, estos pueden seguir el estilo comunicativo de bajo contexto típico de los EUA (más directo) frente al de más alto contexto en América Latina. El **bajo contexto** se refiere al hecho de que una comunicación se logra principalmente por medio de las palabras enunciadas, mientras que el **alto contexto** tiene que ver más con la situación o circunstancia de la comunicación (dónde, cuándo, con quién, el estatus de la persona con la cual se habla, por ejemplo, cuando un empleado habla con un supervisor o un gerente de alto mando). Si no se tiene

Figura 3-2

Ejemplo de un organigrama de una sociedad anónima (S.A.)

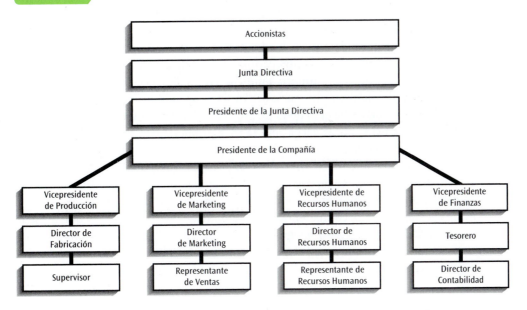

en cuenta el contexto comunicativo, bajo o alto, la comunicación intercultural puede complicarse. Una respuesta de «Sí, yo lo haré», en un bajo contexto comunicativo, significa que efectivamente se cumplirá con el acto de hacer lo que se ha indicado, mientras que, en un alto contexto, puede significar que estas son las palabras que el director o la directora quiere o necesita oír en este momento, aun sabiendo que no se va a hacer.

Tradicionalmente, la gerencia hispana suele tener una estructura más formal que la estadounidense. Si se considera que la gerencia varía entre lo democrático (colaborativo y participativo) y lo autocrático, la tradición hispana ha tendido más hacia un modelo autoritario, que incluye la dedocracia, es decir, la práctica de nombrar personas con un «dedazo» (favoritismo o nepotismo con parientes y buenos amigos), abusando de la autoridad. Claro que esto también ocurre en los EUA. Sin embargo, en los EUA hay una larga tradición democrática nacional, de igualitarismo, reconocida por todos los empleados de cualquier empresa u organización. Para el hispano, en cambio, existe en general una larga tradición política e histórica de jerarquías fijas dirigidas desde arriba: el modelo de autoridad del padre, del gobernador, del presidente, del rey, del caudillo, del general, del dictador, etc. Por ejemplo, es menos probable que un subordinado cuestione, critique o corrija al gerente hispano, quien a su vez espera ser premiado con la lealtad de sus subordinados. Esto, junto con un trato más formal entre los individuos, quizás explique en parte la tendencia hacia la que se puede percibir como una estructura más formal, burocrática y autocrática en el estilo administrativo hispano.

Otras diferencias de estilo se ven en el hecho de que en los EUA se valora mucho el ser una persona práctica y de acción, bien entrenada en la teoría aplicada a las soluciones, mientras que el hispano suele ser más teórico en su orientación. En el mundo hispanohablante, la cultura de delegación de responsabilidades está mucho menos extendida que en los EUA. El estadounidense espera meterse en situaciones caracterizadas por una competición directa, mientras que el hispano suele preferir la armonía e intenta eludir la competencia y la fricción personal. Y el concepto de planificación en los EUA suele ser a más largo plazo. Un buen gerente comprenderá que la manera de proceder en un contexto cultural particular, como el de los EUA, pocas veces será la más propicia para poner en práctica en otro contexto cultural. Un *modus operandi* que ha tenido éxito comercial en Dallas, Atlanta o Chicago no dará siempre el mismo resultado en Madrid, San José, Lima o Montevideo. Pero en cualquier contexto comercial, sea nacional o internacional, es importante recordar que el éxito de una empresa depende, en primera y última instancia, de la competencia y las habilidades de las personas que dirigen sus actividades: los líderes y los gerentes quienes, a su vez, van prestando mayor atención al capital humano y el capital social como piedras angulares del éxito empresarial.

3-2 ACTIVIDADES

1. **¿Qué sabe usted de negocios?** Vuelva a las «Preguntas de orientación» que se hicieron al principio del capítulo y a la que acompaña la foto de la pág. 56, y contéstelas en oraciones completas en español.

2. **¿Qué recuerda?** Indique si las siguientes oraciones son **verdaderas** o **falsas** y explique por qué.

   a. La planificación y la organización son responsabilidades prescindibles para un gerente.

   b. Un plan trata sobre el futuro que se desea y cómo mejor eludirlo.

   c. El liderazgo es en un extremo autocrático y en el otro, dedocrático.

   d. Liderar es más arte que ciencia.

   e. Las habilidades que contribuyen a la eficacia y al éxito de un gerente se perfeccionan solo con la educación.

   f. La capacidad analítica hace posible determinar una estrategia de «qué hacer» frente a un problema.

   g. En principio, la Administración por Objetivos (APO) no cuenta con el empleado como individuo.

3. **Exploración.** Haga los siguientes ejercicios, usando sus conocimientos y opiniones personales.

   a. ¿Cuáles son algunos ejemplos de recursos humanos, financieros, materiales e informativos?

b. ¿Qué podría sucederle a una empresa que no evalúa su producción o los servicios que proporciona? Dé un ejemplo.

c. ¿Qué es más importante, la formación o la experiencia de un gerente? Justifique su respuesta.

d. ¿Cree que la habilidad interpersonal es clave para un gerente? Comente. Dé algunos ejemplos en que la falta de esta habilidad podría llevar a resultados negativos.

e. ¿Cómo sería para usted el/la gerente o jefe/a ideal?

f. ¿Tiene usted dotes de liderazgo y de mando? ¿Cuáles son? Si hiciera un autoanálisis de sus puntos fuertes y débiles (virtudes y defectos) como líder, ¿cuáles serían algunas áreas de mejoramiento? ¿Cómo se podrían mejorar?

g. ¿Cómo se relacionan los dichos del principio del capítulo con los temas tratados?

h. Además de APO, ¿ha oído hablar de otros modelos administrativos como «*Total Quality Management* (*TQM;* Gestión de Calidad Total, GTC, también conocida como Administración de Calidad Total o Administración por Calidad, cuya premisa es que el cliente es el árbitro final que determina la calidad)» o «*Management by Walking Around* (*MBWA;* Administración itinerante)»? Busque información y comente.

3-3 AL TELÉFONO

 MINDTAP

1. Lea las siguientes preguntas. Después escuche atentamente la conversación telefónica del Capítulo 3, **Pistas 5 y 6**, en el MindTap de *Éxito comercial: Prácticas administrativas y contextos culturales* y conteste las preguntas. Puesto que la comprensión auditiva es una destreza comunicativa sumamente importante, se recomienda escuchar la conversación varias veces.

   a. ¿Por qué llama Michael Patrón a Germán Gestor?

   b. ¿Qué le explica el señor Gestor al señor Patrón?

   c. ¿De qué se queja el señor Patrón?

   d. ¿Qué espera el señor Patrón del señor Gestor? ¿Este lo puede hacer?

   e. ¿Qué les recomendaría usted a los señores Patrón y Gestor para solucionar el problema?

2. Basando sus comentarios en la conversación telefónica del ejercicio anterior, haga la siguiente llamada telefónica a otro/a estudiante de la clase. Cada persona debe participar activamente en la conversación. Si necesita ayuda con esta actividad, véase el Apéndice 1, «Protocolo telefónico», págs. 533–537.

   Usted es el señor Germán Gestor, supervisor de la maquiladora Fénix en Reynosa, México. Llame a su colega, Mariana Luz de las Estrellas, que trabaja directamente con la mano de obra en la planta, para hablar de los temas que el señor Patrón, en Houston, no comprende acerca de la importancia de la familia en México en comparación con la que se asigna a las cuotas o a la fama del nombre de la empresa.

3. Haga la siguiente llamada telefónica a otro/a estudiante de la clase. Cada persona debe participar activamente en la conversación. Si necesita ayuda con esta actividad, véase el Apéndice 1, «Protocolo telefónico», págs. 533–537.

   Usted es el/la recepcionista del Departamento de Recursos Humanos. Llame al/a la director/a para decirle que el/la nuevo/a secretario/a ejecutivo/a bilingüe desea concertar una entrevista para aclarar sus responsabilidades. El/La director/a le dirá la fecha y la hora que le convienen.

3-4 NAVEGANDO POR INTERNET

 MINDTAP

Para hacer este ejercicio, visite el MindTap de *Éxito comercial: Prácticas administrativas y contextos culturales.*

3-5 EJERCICIOS DE VOCABULARIO

Si es necesario, consulte la sección «Lectura comercial» o la lista de vocabulario al final del capítulo para completar estos ejercicios.

1. **¡A ver si me acuerdo!** Al pensar en la posibilidad de establecer una relación comercial, usted tendrá una conversación con una persona de negocios de un país hispano. Sin embargo, se le olvidan los siguientes términos en español. Como ayuda para recordarlos, le pide a un/a compañero/a que se los traduzca.

   a. *managerial*
   b. *goal*
   c. *training*
   d. *leadership*
   e. *appointment*
   f. *mid-management*
   g. *foreman*
   h. *MBO*
   i. *organizational chart*
   j. *human resources*

2. **¿Qué significan?** A usted le interesa la posibilidad de aceptar un puesto administrativo que se le ha ofrecido en México. Sin embargo, no sabe explicar en español el significado de ciertos términos que se usan frecuentemente en la administración de empresas. Decide consultarlos con un/a amigo/a. Pida a un/a compañero/a de clase que le explique, en español, los siguientes términos y que le dé algunos sinónimos si puede.

   a. administración
   b. organizar
   c. desempeñar
   d. dedazo
   e. plan
   f. meta
   g. trámite
   h. cumplimiento

3. **Entrevista profesional.** Usted quiere aclarar algunos detalles sobre liderazgo y gerencia porque ha logrado conseguir una entrevista para un puesto directivo en México. Por lo tanto, entrevista a un experto en este campo y le hace las siguientes preguntas. Haga la entrevista con un/a compañero/a de clase. No olviden el protocolo ni las cortesías.

   a. ¿En qué se diferencian el liderazgo y la gerencia?

   b. ¿Cómo funciona la Administración por Objetivos?

   c. ¿A qué se refieren las perspectivas horizontal y vertical en la dirección de una empresa o fábrica?

   d. ¿Cómo sería un organigrama típico de una sociedad anónima?

   e. ¿Qué diferencias puede haber entre el estilo y los valores administrativos en los EUA y México?

4. **Traducciones.** Un/a amigo/a suyo/a que quiere un ascenso para ocupar un puesto administrativo acaba de empezar a estudiar español. Él/Ella sabe poco vocabulario que se usa en el nivel gerencial. Para ayudarlo/la, le pide que traduzca al español las siguientes oraciones que informan sobre ciertos aspectos del tema.

   a. *Managers are responsible for implementing and overseeing the activities of a business.*

   b. *An effective manager strives to create teamwork and good working conditions.*

   c. *A manager attempts to reduce or remove obstacles to the successful performance of his or her employees.*

   d. *It is best to avoid paralysis by analysis.*

   e. *A good manager will recognize that employees and co-workers have personal feelings, attitudes, needs, and aspirations.*

   f. *Management in international business is often more complex because of the cultural and legal dimensions that must be taken into consideration.*

5. **Prueba de comprensión.** Complete la prueba «Preguntas comerciales» en el MindTap de *Éxito comercial: Prácticas administrativas y contextos culturales*.

UNA VISTA PANORÁMICA DE MÉXICO[7]

Nombre oficial:	Estados Unidos Mexicanos
Gentilicio:	mexicano/a
Capital:	Ciudad de México, población 20,999,000 (2015)
Sistema de gobierno:	República federal
Jefe de Estado/Jefe de Gobierno:	Enrique Peña Nieto (2012)
Fiesta nacional:	16 de septiembre, Día de la Independencia (1810: de España)

[7] Fuentes: *CIA World Factbook* 2017 *y United States Census Bureau (International Programs, International Data Base)* 2016.

MÉXICO

GEOGRAFÍA Y CLIMA

Área nacional en millas² y kilómetros²	Tamaño (comparado con los EUA)	División administrativa	Otras ciudades principales	Puertos principales	Clima	Tierra cultivable
761,600 mi² 1,964,375 km²	Casi el triple del tamaño de Texas	El Distrito Federal y 31 estados	Guadalajara, Monterrey, Puebla, León, Veracruz, Tijuana, Ciudad Juárez	Coatzacoalcos, Mazatlán, Veracruz, Tampico	Varía de tropical a desértico	12%

DEMOGRAFÍA

Año y población en millones			% urbana (2015)	Distribución etaria (2016)		% de analfabetismo (2012)	Grupos étnicos (2012)
2015	2017	2025		< 15 años	65 +		
122	125	135	79%	27%	7%	5%	62% mestizo, 28% amerindio, 10% blanco europeo y otro

ECONOMÍA Y COMERCIO

Unidad monetaria	Tasa de inflación (2016)	N° de trabajadores (en millones) y tasa de desempleo (2016)		% de población debajo de la línea de pobreza, según informe del país (2012)	PIB en miles de millones $EUA (2015)	PIB per cápita (2016)	Distribución de PIB (2016) y de trabajadores por sector (2011)*			Exporta-ciones en miles de millones $EUA (2016)	Importa-ciones en miles de millones $EUA (2016)
							A	I	S		
El nuevo peso	2.7%	53.7	4.4%	52%	$2,307	$18,900	4%	33%	63%	$359.3	$372.8
							13%	24%	62%		

* Para distribución del PIB y de los trabajadores (mano de obra): A = Agricultura, I = Industria, S = Servicios (y Gobierno)

Recursos naturales: Petróleo, plata, cobre, oro, cinc, plomo, gas natural, madera

Industrias: Petróleo, alimentos y bebidas, tabaco, productos químicos, hierro, acero, minería, textiles y ropa, vehículos de motor, bienes durables de consumo, turismo

COMERCIO

Productos de exportación: Petróleo crudo y productos de petróleo, café, plata, bienes manufacturados, frutas y verdura

   Mercados: 81% EUA (2016)

Productos de importación: Máquinas para trabajo con metales, productos siderúrgicos, maquinaria agrícola, equipo electrónico, piezas para ensamble de automóviles, aviones y piezas para aviones

   Proveedores: 47% EUA, 18% China, 4% Japón (2015)

Horario general de comercio: De lunes a viernes, desde las nueve de la mañana hasta las seis de la tarde. El horario del almuerzo es normalmente entre el mediodía y las dos de la tarde. En los pueblos, a menudo se cierran las tiendas entre las dos y las cuatro de la tarde.

TRANSPORTE Y COMUNICACIONES

Kilómetros de carreteras y % pavimentadas (2012)		Kilómetros de vías férreas (2014)	N° de aeropuertos con pista de aterrizaje pavimentada (2013)	N° de líneas telefónicas/ teléfonos celulares en millones (2015)		N° (en millones) y % de usuarios de Internet (2015)
377,660	36%	15,389	243	19.9	106.8	70

IDIOMA Y CULTURA

Idiomas	Religiones	Comidas y bebidas típicas/Modales
Español (oficial), más otras 65 lenguas indígenas como náhuatl, maya, zapoteco, tzeltal, tarahumara, etc.	77% católica romana, 5% protestante, ninguna 15%	Tortillas de maíz, frijoles refritos, quesadillas, tacos, tostada, chalupa, flauta, enchilada, chile relleno, tamales, enfrijolada, pozole, chile poblano, birria, mole, huachinango, cerveza, tequila, vino, café. (Véase la Tabla 14-1, págs. 528–533). Apoyar las manos, no los codos, sobre la mesa durante la comida. Los invitados no se marchan inmediatamente después de comer, sino que se quedan un rato para conversar.

Horario normal del almuerzo y de la cena: Alrededor de la una de la tarde para el almuerzo; entre las siete y las ocho de la noche para la cena.

Gestos: Al darse la mano en forma de saludo, usar un apretón firme. En el segundo o tercer encuentro, los hombres a menudo se saludan con un abrazo. Para llamar la atención de alguien en público, se puede hacer un sonido de «ssst, ssst». Se usa el gesto de «*thumbs-up*» (dedo pulgar hacia arriba) para indicar aprobación y éxito. Los artículos, como el dinero que se paga en una tienda, se entregan directamente a una persona, no se tiran o dejan sobre el mostrador o la mesa. Los hombres evitan poner las manos en los bolsillos mientras conversan. Ponerse con los brazos en jarra se puede interpretar como un desafío directo y puede llevar a un encuentro violento. Usar el dedo índice para indicar la altura de una persona, usar la mano con la palma hacia el suelo para indicar el tamaño o la altura de un animal.

Cortesía: El hombre espera hasta que la mujer le ofrezca la mano en forma de saludo antes de darle la mano. La comida que se compra en la calle en un puesto se debe comer allí junto al puesto de comida, no caminando por la calle. Al regalar flores, el folclore mexicano mantiene que el color amarillo simboliza la muerte, las flores rojas hechizan a una persona y las blancas quitan un hechizo. Evitar regalar un cuchillo, pues se puede interpretar como un corte en la relación con esa persona. Cuando se va de visita a una casa para almorzar o cenar, se recomienda llevar a los anfitriones un regalito, tal como flores, chocolates, un buen vino o una buena botella de whisky.

LA ACTUALIDAD POLÍTICA Y ECONÓMICA DE MÉXICO

Después de la Revolución Mexicana de 1910, la Constitución de 1917 y un periodo de caos que terminó en 1929, México fue gobernado casi exclusivamente por un solo partido, el Partido Revolucionario Institucional (PRI). Siguió así hasta que se eligieron dos presidentes del Partido de Acción Nacional (PAN), Vicente Fox Quesada en el año 2000 y Felipe de Jesús Calderón Hinojosa en 2006. En 2012, el PRI volvió a ganar la presidencia gracias a la elección de Enrique Peña Nieto, quien aseguró que su partido había cambiado y que él podría gobernar democrática y transparentemente.

En las últimas tres décadas, el país ha desarrollado una economía de mercado libre basada en modernas prácticas administrativas y comerciales. Una de estas ha sido la privatización de las empresas estatales, especialmente durante el gobierno del presidente Zedillo (1994–2000). En 1982, México contaba con más de 1,000 empresas estatales y para el año 1986, solamente existían 737 empresas paraestatales; número que se redujo a 280 en 1990 y a 213 en 1993. La empresa paraestatal es una institución que, por delegación del Estado, coopera con los fines de este sin formar parte de la Administración Pública. Hacia fines de 1996, el número de empresas paraestatales se había reducido a 185. Esta situación produjo un aumento de competencia en diversos sectores, tal como transporte (aeropuertos, ferrocarriles y puertos marítimos), telecomunicaciones y servicios públicos (electricidad y gas natural). La compañía Pemex, dedicada a la exploración, explotación y venta de petróleo mexicano, sigue siendo estatal aunque su importancia en el PIB y las exportaciones es mucho menor que en la década de los 80. En 1994, un plan de austeridad, respaldado por préstamos de los EUA, ayudó a revalorizar el peso mexicano e impidió un posible colapso económico completo. Para 1997, México logró saldar la deuda contraída con los EUA en 1994, aunque persiste el problema de desigualdad en la renta personal de los mexicanos.

Por otra parte, por ser un país dedicado a las exportaciones, casi todo su comercio depende de convenios mercantiles con más de 50 países. El más importante de estos acuerdos, el Tratado de Libre Comercio de América del Norte (TLCAN, pronunciado «telecán»; en inglés *NAFTA, North American Free Trade Agreement*) entre México, los EUA y Canadá (1994), ha impulsado la actividad económica del país. México ya es la segunda potencia más grande de Latinoamérica después de Brasil y la tercera más grande del hemisferio.

Otro factor clave en el desarrollo de la economía mexicana ha sido la industria maquiladora, iniciada en 1965 en el norte del país (Programa de Industrialización de la Frontera Norte), cuyo concepto se refiere a las «operaciones de manufactura para la elaboración o transformación de mercancías destinadas a la exportación»[8]. El término «maquila» viene de España, donde los propietarios de los molinos cobraban por procesar (transformar) el trigo de los agricultores locales. Los procesos secundarios, industriales o de servicio, se llaman «submaquila». Los primeros dos parques industriales de maquiladoras en Ciudad Juárez, Chihuahua, en 1966 y en Nogales, Sonora, en 1968, se dedicaron a la manufactura de televisores y de plásticos, respectivamente. La maquila, entonces, es típicamente una fábrica de ensamble o ensamblaje generalmente establecida en México por otros países, especialmente los EUA, para aprovechar tanto la mano de obra barata y de buena calidad como las exenciones o los incentivos productivos y fiscales (impositivos). Participan en esta industria algunas de las compañías más grandes del mundo, entre ellas *Siemens, Toyota, General Electric, Samsung, Sony, Mattel, ITT, Hitachi, Bose, Motorola, Fender Guitars* e *IBM*.

Originalmente, la mayoría de las maquiladoras norteamericanas se instalaron a lo largo de la frontera mexicana, puesto que la proximidad geográfica ofrecía claras

© M. S. Doyle

¿Se acuerda de algo parecido en los EUA, «*Buy American*»? ¿Qué opina sobre esta actitud en el comercio?

---

[8] http://www.economía.gob.mx, consultado en marzo de 2004.

ventajas logísticas de transporte. En 1993, un año antes de la ratificación del TLCAN, ya había unas 2,060 maquiladoras en México. Para 2003, ese número había llegado a 2,893 establecimientos activos en diferentes regiones del país; en 1995 el censo señaló 648,263 trabajadores en las maquilas, un número que había subido a 1,063,123 en el año 2003. En 2010, había más de 3,000 maquiladoras a lo largo de los 2,000 kilómetros de la frontera entre México y los EUA; en 2012, había casi 5,100 maquilas, submaquilas y empresas de remanufactura expandidas por todo México. En 2015 el número de establecimientos manufactureros se había mantenido más o menos igual (5,006), lo que probablemente tenía que ver con algunos aspectos nuevos de la Ley de Reforma al Régimen de Maquiladoras (2014) iniciada por el presidente Nieto. Ahora el régimen de maquiladoras pierde la exención del pago del IVA a las importaciones y tiene que pagar el impuesto en el momento de la importación[9].

Con el transcurso del tiempo y la inversión de fondos y recursos, se ha ido transformando esta industria pionera en México, que se ve cada vez más como una industria internacional de alta tecnología que requiere a su vez de expertos en ingeniería y diseño. No obstante, la industria maquiladora empezó a enfrentar una nueva competencia externa representada mayormente por China y otros países orientales, que perjudicaba el mercado laboral mexicano. Recientemente, el alza en los precios de las exportaciones chinas debido a la sobrevaluación de su moneda y las mejoras en la tecnología de los procesos en las maquiladoras de México les ha dado ventajas a las industrias mexicanas. Además, el alza salarial y la baja en la tasa de crecimiento económico en China han empezado a atraer más inversiones extranjeras a México.

Por otro lado, la industria maquiladora siempre ha tenido sus críticos. En los EUA, algunos sectores manufactureros —los textiles, los de muebles, la industria electrónica, etc.— se han visto perjudicados por la fuga de trabajos a México. Los sindicatos estadounidenses se han quejado de esta pérdida o exportación de trabajos y han logrado que esto sea un tema importante en política nacional. Al otro lado de la frontera, en México, ha habido quejas de que las maquiladoras emplean mayormente a mujeres, que ha faltado suficiente transferencia de tecnología y preparación administrativa de los nuevos directores mexicanos y que el salario medio del trabajo ha aumentado muy poco. En ambos países, se ha tratado el tema de la contaminación del medio ambiente por parte de ciertas maquiladoras y los bajos salarios que se pagan. La explotación despiadada e inaceptable de la mujer se ha visto con el femicidio (o feminicidio) documentado en zonas maquiladoras como Ciudad Juárez. Un estudio realizado por el Programa Universitario de Estudios de Género (PUEG) de la UNAM y la Comisión Nacional para Prevenir y Erradicar la Violencia contra las Mujeres (Conavim) indicó que los costos de la violencia contra las mujeres en 2015 en México alcanzaron el 1.4% del PIB nacional o 245 mil millones de pesos[10].

---

[9] https://www2.deloitte.com/content/dam/Deloitte/mx/Documents/tax/BoletinFiscal28_Maquiladoras.pdf

[10] http://aristeguinoticias.com/2702/mexico/violencia-contra-las-mujeres-tambien-cuesta-dinero-245-mil-millones-de-pesos-en-2015/

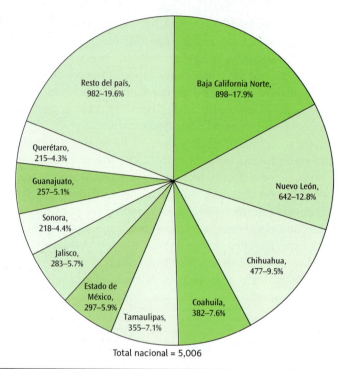

| Figura 3-3 | Número promedio de establecimientos manufactureros en 2015 |

Número promedio de establecimientos manufactureros en 2015

- Resto del país, 982–19.6%
- Baja California Norte, 898–17.9%
- Nuevo León, 642–12.8%
- Chihuahua, 477–9.5%
- Coahuila, 382–7.6%
- Tamaulipas, 355–7.1%
- Estado de México, 297–5.9%
- Jalisco, 283–5.7%
- Sonora, 218–4.4%
- Guanajuato, 257–5.1%
- Querétaro, 215–4.3%

Total nacional = 5,006

Fuente: Datos del Instituto Nacional de Estadística y Geografía (INEGI). Estadística Integral del Programa de la Industria Manufacturera, Maquiladora y de Servicios de Exportación (IMMEX): mayo de 2015, pág. 23. http://boletin-infomail.typepad.com/IMMEX/Immex%20Ene-Feb%202015.pdf

En diciembre de 2012, la violencia del crimen organizado y del narcotráfico en México había causado la muerte de más de 57 mil personas durante el mandato del presidente Felipe Calderón (2006–2012) según un recuento del diario *Milenio*. El gobierno había actualizado esta cifra en enero de 2012 e informado al público que 47,515 personas habían sido asesinadas en esas actividades. El nuevo presidente Peña Nieto ha mantenido al ejército en las calles de las zonas más inseguras y aumentado la capacidad de la Policía Federal para poder reducir la delincuencia, pero sin mucho éxito. Por otra parte, el gobierno mexicano ha acertado cuando dijo que la demanda de droga en los EUA, el dinero (para pagar la droga) y las armas que cruzan la frontera de los EUA a México, son factores clave que contribuyen a la situación. Es decir, que es un problema binacional, cuya solución se halla a lo largo de la frontera, tanto en los EUA como en México, pues la oferta responde a la demanda.

Dos iniciativas que empezaron a principios del mandato de Peña Nieto son el Pacto por México y la reforma educativa. El Pacto por México es un acuerdo político nacional cuyo propósito es ampliar el proceso democrático. Fue firmado a fines de 2012 por los jefes de los partidos políticos del país: el presidente del país, el presidente

Figura 3-4 Personal empleado según la condición de contratación en los establecimientos con Programa IMMEX (diciembre 2015)

Personal empleado según la condición de contratación en los establecimientos con Programa IMMEX (diciembre 2015)

Personal empleado con el Programa IMMEX

En establecimientos manufactureros (2,358,532)

En establecimientos no manufactureros (287,159)

Total: 2,645,691

Personal en establecimientos manufactureros

Contratado por el establecimiento (1,552,151) (273,456)

Subcontratado (427,239) (99,270)

Ambos tipos de contratación (1,979,390) (379,142)

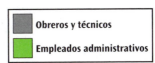

■ Obreros y técnicos

■ Empleados administrativos

Fuente: La Estadística Mensual sobre Establecimientos con Programas IMMEX (Programa para la Industria Manufacturera, Maquiladora y de Servicios de Exportación), 15 de marzo de 2016. http://www.inegi.org.mx/saladeprensa/notasinformativas/2016/est_immex/est_immex2016_03.pdf

del PAN, la presidenta interina del PRI y el presidente del Partido de la Revolución Democrática (PRD). El Pacto tiene como objetivo principal la profundización del proceso de democratización en México en tres áreas: 1) el fortalecimiento del Estado Mexicano, 2) la democratización de la economía y la política con más énfasis en los derechos sociales y 3) la participación fundamental de los ciudadanos en el diseño, la ejecución y la evaluación de políticas públicas.

La reforma educativa también fue aprobada por el Congreso mexicano los primeros días del mandato del nuevo presidente y recibió el apoyo de la mayoría (18) de las legislaturas estatales. Se trata de una reforma a la Constitución que tiene como fin el mejoramiento de la calidad educativa y la recuperación de la rectoría del estado en esta materia. Varios analistas hablan muy positivamente del mérito del plan para el futuro de México y del valor de Peña Nieto al proponerlo. El país todavía no disfruta los posibles beneficios de largo plazo del plan. Sin embargo, a corto plazo ha podido romper varios monopolios de México, estimular el sector petrolero, enfrentar al sindicato de maestros y mejorar las leyes impositivas. Desgraciadamente, la gente no percibe grandes mejoras en su situación personal.

El futuro económico de México, aunque parece relativamente positivo, depende de una notable fragilidad del entorno exterior, es decir, de los problemas económicos y

La gerencia   75

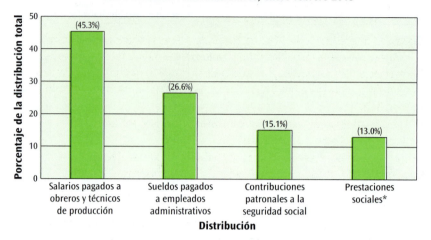

Figura 3-5 **Remuneraciones totales pagadas al personal ocupado en los establecimientos manufactureros, enero-febrero 2015**

Fuente: Estadística Integral del Programa para la Industria Manufacturera, Maquiladora y de Servicios de Exportación (IMMEX): mayo de 2015, pág. 23. http://boletin-infomail.typepad.com/IMMEX/Immex%20Ene-Feb%202015.pdf
*Los dineros adicionales al salario que el empleador debe reconocer al trabajador vinculado mediante contrato de trabajo por sus servicios prestados.

financieros que experimentan los EUA, la UE y China. Los salarios en México siguen relativamente altos para poder competir globalmente en mercados con mano de obra más barata. Desgraciadamente, México no ha creado las nuevas tecnologías, ni los recursos humanos requeridos ni la capacidad necesaria para fabricar productos que puedan competir más con los de los países más avanzados. Basándose en el Foro de Mercados Emergentes, realizado en la Ciudad de Washington en 2011, Marco V. Herrera ofrece siete recomendaciones para mejorar la competitividad de México a largo plazo:

1. la construcción de una economía altamente productiva y fundada en un fuerte desarrollo del capital humano, acceso a energía a precios competitivos, infraestructura avanzada y financiamiento;

2. la reducción de desigualdades económicas entre las clases sociales y la inclusión de más individuos;

3. reformas importantes en el ambiente comercial;

4. creación de un contexto macroeconómico estable con reformas fiscales;

5. avances en el Estado de Derecho, es decir, que no debe haber ningún espacio en la sociedad política sin marcos jurídicos;

6. mejoras en la gobernabilidad y el restablecimiento de la ley y la orden; y

7. la consolidación del estado global de México como una economía emergente importante[11].

---

[11] http://www.elfinanciero.com.mx/opinion/blogs/marco-v-herrera/

3-6 ACTIVIDADES

¿Qué sabe usted de México?

1. A usted lo/la han contratado/a como asesor/a transcultural de negocios internacionales. Como tal, necesita informar a sus clientes sobre México y recomendar un plan de viaje de negocios al país.

    a. Describa usted la geografía de México, incluidos temas relacionados, como las siguientes características: ubicación y tamaño del país, capital y otras ciudades y puertos importantes, división administrativa y clima. Compare el tamaño de México con el de los EUA. Compárelo con el tamaño del estado donde vive usted.

    b. ¿Cuáles son las principales características demográficas y políticas de México? ¿Quién es el presidente actual?

    c. ¿En qué otras fechas hay fiestas públicas que también podrían afectar la programación de un viaje de negocios? (Véase la Tabla 10-1, págs. 352–354).

    d. Describa la economía mexicana. Incluya datos sobre la moneda nacional, la tasa de inflación, el PIB y el PIB per cápita, el número de trabajadores (mano de obra), la tasa de desempleo, los recursos naturales, las industrias nacionales, los productos que se exportan e importan, los países destino (mercados) y proveedores (fuentes) de estas transacciones internacionales y la balanza de comercio. ¿A cuánto se cotiza el peso con respecto al dólar estadounidense?

    e. ¿Qué producto o servicio recomendaría vender en México? ¿Por qué?

    f. Describa la infraestructura de los transportes y las comunicaciones en México. ¿De qué ventajas económicas ha gozado México debido a su geografía (proximidad a mercados como los EUA, etc.)?

    g. ¿Cómo han cambiado algunos de los datos presentados en las secciones de «Vista panorámica» y «La actualidad política y económica» de este texto? Actualícelos.

    h. ¿Qué es una maquiladora? Describa el desarrollo de las maquiladoras y su impacto económico en México. ¿Qué han debatido sus críticos? ¿Cuántas maquiladoras había en 1993? ¿2003? ¿2012? ¿Cuántas personas trabajaban en la industria maquiladora de exportación en 1995, 2003 y 2015?

    i. Describa la competencia que representa China para la industria maquiladora en México. ¿Qué aspectos económicos de China cambiaron recientemente que le daban ventajas a México?

    j. ¿Qué porcentaje del PIB de México costó la violencia contra mujeres en 2015?

    k. Describa el problema que ha tenido México en su lucha contra el narcotráfico. ¿Cómo fue la situación durante el mandato de Felipe Calderón? ¿Qué consecuencias tiene el narcotráfico en las economías tanto locales como nacionales e internacionales? ¿Cómo se relacionan la política y el comercio en una zona fronteriza, un concepto geográfico, como la de los EUA y México?

l. ¿Qué opina usted sobre la migración de los mexicanos que vienen a los EUA en busca de trabajo y una vida con más oportunidades? ¿Hay muchos migrantes que trabajan en su comunidad o estado? ¿En qué sector económico? ¿Cuáles son los retos de la vida migratoria? ¿Los beneficios?

m. ¿Qué aspectos del entorno mexicano deben mejorarse para que el país sea más competitivo globalmente?

n. Basándose en «La actualidad política y económica de México», ¿qué realidades, oportunidades y problemas destacaría y qué recomendaciones le daría su cliente/a?

2. Use Internet u otras fuentes informativas para preparar un plan (con presupuesto e itinerario) para sus clientes, que harán un viaje de negocios a la Ciudad de México y a Veracruz:

a. Fechas de ida y vuelta (el viaje durará cinco días)

b. Vuelos: aeropuertos de salida y llegada, líneas aéreas, horario; costos

c. Transporte interno que se piensa usar en México: taxi, autobús, alquiler de carro, metro, tren, otro; costos

d. Alojamiento y viáticos; costos

e. La comida típica que van a pedir para la cena la primera noche

f. Las formas de cortesía y los gestos que deben recordar, usar o evitar

LECTURA CULTURAL

El estilo directivo hispano: Honor, éxito, comunicación y trato social

La gran variedad social y cultural imposibilita hablar con precisión definitiva sobre todas las diferencias y semejanzas entre el mundo hispano y los EUA en el campo de la gerencia comercial. No obstante, según bastantes investigadores (Ávila, Becker, Carson, Condon, Ferraro, Heusinkveld, Jessup, Kras, Naughton, Uber Grosse), se pueden señalar algunas características que, de acuerdo con la preponderancia de la evidencia, revelan un contraste cultural en el estilo gerencial y la práctica administrativa. Por otra parte, no se recomienda ni inventar ni exagerar las diferencias donde verdaderamente no se destacan, pues en la economía globalizada también hay más y más semejanzas. Cuando se trata de la comprensión transcultural, lo mejor es prestar una atención aguda: observar, escuchar y analizar.

En ambas culturas, la hispana y la estadounidense, es importante el individuo como tal. Para el hispano, el honor y el orgullo son muy valorados como atributos personales. Se prefiere el trato directo y personal. Para el gerente hispano, es muy importante conocer a la persona con la cual se está haciendo el negocio, mientras que para el estadounidense pueden prevalecer más los objetivos y los intereses comerciales. Es decir, para el hispano suele ser más importante la persona que el trabajo, el problema o la tarea, mientras que en los EUA se puede considerar a la persona principalmente como un instrumento para resolver el problema o realizar la tarea. Asimismo, es descortés cortar una conversación o una reunión para acudir a tiempo a otra reunión con otra persona, que se podría interpretar como un mensaje de que «el otro es más importante que usted». El respeto y la cortesía son consideraciones fundamentales.

Además, al hispano puede parecerle que el estadounidense mide demasiado el éxito personal y profesional en términos de ser siempre el «número uno», mientras que para el hispano esta medida suele ser más amplia y su valor no consiste en ser siempre el primero en todo lo que hace, sino en formar parte del grupo, crear un ambiente armónico y quedar bien con los demás. El estilo estadounidense suele ser muy competitivo y muchas veces agresivo: la meta es ganar y la mentalidad es frecuentemente la de «el ganador se lleva todo». En contraste, en las negociaciones, el gerente hispano acostumbra buscar una solución donde ambas partes se beneficien (nosotros «ganamos» y ustedes también) y desea evitar que el otro se aproveche de él. Es muy importante guardar las apariencias y no quedar mal ante otras personas. En este mismo contexto, la mejor regla de conducta es elogiar públicamente y criticar a puerta cerrada, pues la crítica delante de los compañeros de trabajo, que se tomará como una censura personal y una ofensa pública difícil de perdonar, perjudicará el trato comercial y profesional.

El estilo comunicativo del hispano suele ser menos directo que en los EUA. Se valora más el tacto, la diplomacia y la discreción, por lo cual «decir la verdad» es un concepto más relativo que en los EUA, donde «la verdad» se considera como un valor absoluto, trátese de una buena o mala noticia. En los EUA, se espera una respuesta directa y definitiva de «sí» o «no» a una pregunta, mientras que en la cultura hispana una respuesta de «sí» no significa necesariamente «sí, de acuerdo», sino que puede ser sencillamente un modo diplomático de responder con lo que uno piensa que el otro desea o necesita oír en esas circunstancias. Es aconsejable recordar que el estilo comunicativo mexicano suele ser de más alto contexto que el estadounidense (véase alto y bajo contexto, pág. 62). Vale la pena tener esto en cuenta durante las propuestas, las solicitudes de información, las evaluaciones, las negociaciones y otras situaciones comunicativas.

Hay normas de conducta social y profesional para el hispanohablante. El hispano suele ser más formal en sus relaciones profesionales hasta que se haya establecido un trato más familiar, algo parecido a lo que sucede en la cultura sureña de los EUA. Este nivel de confianza muchas veces requiere tiempo. La formalidad se refleja en la lengua con el uso inicial de la forma «usted», equivalente a *Mr.*, *Ms.* o *Mrs.*, especialmente en un primer encuentro entre personas de diferentes edades y rangos jerárquicos (puestos, títulos, etc.) o de diferentes clases sociales. El uso de la forma «usted» indica cierto distanciamiento que refleja respeto hacia el otro. No es tan rápido ni culturalmente aceptable llegar a la familiaridad de tutearse o vosear, como lo es en los EUA, donde *Mr.* o *Miss* se convierten más fácilmente en *Billy* o *Mary*. En el mundo hispano, suele ser más importante usar los títulos formales al dirigirse a alguien por primera vez: licenciado/a (Lic. o Ldo./Lda.) Gómez, doctor/a (Dr. o Dra.) Martínez o ingeniero/a (Ing.) Varela. El tuteo o voseo prematuro puede perjudicar el trato comercial porque puede interpretarse como falta de respeto, arrogancia o simplemente como falta de educación o de buenos modales.

3-7 ACTIVIDADES

1. **¿Qué sabe usted de cultura?** Para demostrar sus conocimientos, conteste las preguntas a continuación.

   a. ¿Cómo describiría el estilo gerencial estadounidense? ¿Variará este estilo en diferentes partes del país o es igual en California, la Ciudad de Nueva York y una ciudad pequeña en el sur del país? ¿Cómo puede variar? Explique.

   b. ¿Piensa que conocer a la persona con que se está haciendo el negocio es importante? ¿O es una consideración secundaria en las relaciones comerciales? Justifique su opinión.

   c. ¿Qué opina del estereotipo estadounidense de medir el éxito en términos de ser el «número uno»? ¿Cómo mide usted su propio éxito? En el futuro, ¿cómo medirá usted su éxito profesional? ¿Qué haría si su propia medida no coincidiera con la de su jefe?

   d. ¿Cuáles son algunas ventajas y desventajas de los diferentes estilos de comunicación, el directo y el indirecto? ¿Cuál prefiere usted y por qué?

   e. ¿Qué opina del trato formal y el trato familiar en el mundo de los negocios? ¿Cuál de los dos es mejor para los negocios y por qué?

   f. ¿Es partidario/a de la gerencia democrática o de la autocrática? Explique. ¿Cuáles son algunas ventajas y desventajas de cada estilo?

2. **Prueba de comprensión cultural.** Complete la prueba «Preguntas culturales» en el MindTap de *Éxito comercial: Prácticas administrativas y contextos culturales*.

3. **Asimilador cultural.** Lea el siguiente texto y conteste las preguntas a continuación.

   J. T. Daniels, un estadounidense de 26 años de edad, está en Guadalajara, México, para concluir los trámites de un contrato con la compañía Álvarez-Gómez, S.A. Tiene consigo todos los papeles que hay que repasar y firmar con el ingeniero Francisco Álvarez Delgado, vicepresidente de la compañía. J. T. habla español bastante bien, debido a sus tres años de estudios universitarios. Es el primer encuentro entre los dos. Cuando J. T. entra en la oficina del vicepresidente, un señor distinguido de unos 55 años, lo saluda con una amplia y amistosa sonrisa, diciéndole:

   —Hola, Paco, J. T. Daniels. Aquí tengo todos los papeles que tienes que firmar.

   Al decir esto, saca de su maletín una carpeta y la coloca sobre el escritorio del Ing. Álvarez. En ese mismo momento, observa en el rostro del Ing. Álvarez una rápida mirada como de sorpresa y de molestia. El Ing. Álvarez le ofrece a J. T. un asiento y le dice:

   —Sí, señor Daniels, gracias por su visita de hoy. Siéntese, por favor ...

   a. ¿Por qué cree que el ingeniero Álvarez se muestra sorprendido y enojado por un momento cuando lo saluda J. T. Daniels?

b. ¿Qué cree que estará pensando el Ing. Álvarez cuando le ofrece un asiento a J. T.?

c. ¿Cuáles cree que serán las próximas palabras que dirá el Ing. Álvarez?

d. ¿Cómo hubiera iniciado usted este primer encuentro con el Ing. Álvarez? ¿Qué recomendaciones le habría dado usted a J. T. para que iniciase su trato con el Ing. Álvarez con más sensibilidad cultural?

SÍNTESIS COMERCIAL Y CULTURAL

3-8 ACTIVIDADES COMUNICATIVAS

1. **Situaciones para dramatizar.** Lea las siguientes situaciones y, después, haga el papel en español con otro/s estudiante/s, usando una de las posibilidades siguientes como punto de partida. Cada persona debe participar activamente en la dramatización. No olviden el protocolo ni las cortesías.

   a. *As a manager, you need to call a meeting to resolve a personnel problem in your division. Tell your secretary to send a memo with the following:*

   - *Date, time, and place of the meeting*
   - *Who is to attend: Mr. Ricardo Ausejo and Ms. Theresa Nash*
   - *The reason for the meeting: to clarify which of these two is in charge of the project they have been assigned*

   b. *You are now meeting with Ricardo Ausejo and Theresa Nash, two of your key employees, who are having difficulties working together. Ricardo Ausejo is the older of the two, a member of Mexico's upper class, with definite ideas of how things should be done. He resents his younger American colleague's new authority. Theresa Nash, on the other hand, thinks that Ausejo is trying to dominate her and limit her possibilities for promotion. The morale of the other workers is being adversely affected by the palpable tension between the two. They are all wondering who is in charge. In your meeting, you should:*

   - *Acknowledge the many years of valuable service provided by the older employee.*
   - *Comment on the new, needed skills that the younger employee brings to the division.*
   - *Resolve the issue of who is in charge of the project that has been brought to a standstill by their differences. Provide them with a rationale for your leadership decision.*

   Después de representar las situaciones, comente con sus compañeros de clase la cuestión de autoridad, considerada desde el punto de vista hispano y estadounidense, y desde la perspectiva del hombre y la mujer.

2. **Actividad gerencial.** Una de las partes más difíciles de cualquier puesto administrativo es la responsabilidad que tiene el/la gerente de hacer una

evaluación negativa a un/a empleado/a valorado/a cuando este/a no haya cumplido con un trabajo o lo haya hecho mal. Otra responsabilidad gerencial muy difícil es tener que despedir a un/a empleado/a. Haga por lo menos una de las siguientes actividades administrativas. Para prepararse, se recomienda que busque más información en línea e intente entrevistar a algún/alguna gerente o especialista en recursos humanos sobre cuál es el mejor modo de proceder.

a. En una reunión con un/a empleado/a valorado/a (compañero/a de clase), haga una evaluación negativa por un trabajo muy mal hecho ayer. Se trataba de un proyecto muy importante para uno de los principales clientes de la empresa. Infórmele que necesitará mejorar su trabajo si desea continuar en esta compañía. Diseñe con él/ella un plan de mejoramiento.

b. Despida a un/a empleado/a valorado/a (compañero/a de clase). (Primero haga una lista de las razones por las que sienta la necesidad de despedir a esta persona).

Luego, comenten con sus otros compañeros de clase las situaciones mencionadas y cómo han actuado. ¿Entrevistaron a algún/alguna gerente o perito para buscar recomendaciones sobre cómo manejarse? Si así es, comparta esta información con la clase. ¿Ha sido difícil hacer una evaluación negativa o despedir a un/a empleado/a valorado/a? Explique.

3. **Minicaso práctico.** Lea el caso y haga los ejercicios a continuación.

La Compañía Fumacartones, Inc., produce unos cigarrillos de la mejor calidad en su fábrica de Tampa. El señor Julio Sánchez Gutiérrez, nativo de Cuba, de 82 años, organizó la compañía como una gran familia bajo su dirección de estilo paternal. Desde los primeros años de su fundación, la empresa ha mantenido su desarrollo y ha aumentado el número de empleados de 45 en 1947 a 78 en el año actual. Entre los 78 empleados, hay 22 gerentes con sus propios títulos (muchos de ellos son parientes), secretarias y otros empleados administrativos.

Debido a los cambios recientes en las actitudes sociales y a las leyes contra el uso de cigarrillos en muchos lugares públicos, la venta de los productos de Fumacartones ha sufrido una baja en los últimos meses. Los sueldos y salarios constituyen el 75% de los costos anuales de Fumacartones. Un asesor independiente estadounidense le ha recomendado a Sánchez Gutiérrez que la manera más fácil de aminorar las pérdidas sería una reducción de personal en todos los niveles, especialmente entre los gerentes y las secretarias. Hacer esto, sin embargo, cambiaría el concepto familiar y paternal que siempre ha existido en la empresa. El viejo presidente está considerando las siguientes soluciones:

• Podría cerrar la fábrica para reestructurar la organización. El vicepresidente, su sobrino Manuel Suriega, podría asumir el puesto de presidente. Sánchez Gutiérrez se «ascendería» a un nuevo puesto puramente honorífico de presidente de la junta directiva, donde ganaría menos, pero aumentaría su control. La reestructuración de gerentes y empleados sería un proceso complicado que podría presentar problemas legales debido a los despidos.

- Podría eliminar algunos beneficios de los empleados: las vacaciones retribuidas de los gerentes, el pago por las horas adicionales de los trabajadores y las dos semanas de vacaciones navideñas (del 24 de diciembre hasta después del Día de Reyes[12]) que reciben todos los empleados. También se podría eliminar el aguinaldo[13].

- Podría aplazar el lanzamiento de una nueva campaña publicitaria para exportar más cigarrillos a nuevos mercados en Centroamérica, el Caribe y Asia. Perder estos mercados, sin embargo, representaría otra considerable pérdida de ingresos.

- Podría cancelar la compra de unas computadoras que se han pedido para las oficinas y la capacitación planificada para aprender a usarlas. Hace 40 años que las secretarias usan el mismo sistema de archivo, que ha causado muchas demoras y problemas con las ventas y los pagos en el pasado. Esta cancelación resultaría en una probable pérdida de clientes.

- Podría cerrar la fábrica y crear otra empresa para vender otro tipo de producto, puesto que el tabaco, aunque muy lucrativo, representa un mercado en declive a largo plazo. Esto sería también un golpe emocional, ya que el tabaco representa lazos afectivos con su herencia cubana.

a. ¿Qué tipo de problema tiene el señor Sánchez Gutiérrez?

b. ¿Cómo refleja la empresa la tradición cultural del señor Sánchez Gutiérrez?

c. Describa los procesos mentales que ha utilizado Sánchez Gutiérrez cuando consideró las diferentes soluciones.

d. ¿Cuáles serían los resultados de cada posible decisión?

e. ¿Cuál sería su decisión si usted fuera el presidente de Fumacartones? ¿Por qué?

f. Haga el papel de Sánchez Gutiérrez y comente sus opciones con otros estudiantes que representarán cada uno de los siguientes grupos.

- Los otros gerentes

- Los obreros con muchas horas adicionales

- Los vendedores que reciben comisiones por el volumen de ventas

- Las secretarias y los empleados administrativos

---

[12] Día de Reyes, el 6 de enero, la Epifanía. Como en Navidad, en algunos países hispanos es una ocasión para intercambiar regalos con los familiares.

[13] El aguinaldo es un regalo que se da en Navidad o en la fiesta de la Epifanía. En el mundo comercial, representa un regalo de la empresa en forma de un pago extra para los empleados durante la Navidad. Es conocido en diversos países hispánicos también como «decimotercero», «bono», «extraordinaria», «prima» o «gratificación navideña».

MINDTAP

Busque el ejercicio del video en el MindTap de *Éxito comercial: Prácticas administrativas y contextos culturales*.

Antes de ver. Conteste las siguientes preguntas antes de ver el video.

1. ¿Qué estilo administrativo prefiere usted en los negocios? Explique.

2. ¿Qué estilo de comunicación recomienda usted como el más eficaz entre los gerentes y los empleados? ¿Por qué?

Al ver. En el video, Thomas Davidson y Raúl García son dos gerentes que conversan sobre cómo organizar la estructura administrativa de una nueva sucursal estadounidense en Tijuana. Lea las siguientes preguntas y después mire el video. Luego, vuelva a las preguntas para contestarlas.

1. Además de los señores Davidson y García, ¿quién participa en esta conversación? ¿Cuál es su función y qué tipo de preparación se requiere para hacer bien este tipo de traducción oral, llamada interpretación? ¿Ha hecho alguna vez este tipo de trabajo? ¿Cómo le fue?

2. ¿Qué tipo de estilo gerencial recomienda Davidson? Comente.

3. Según Davidson, ¿qué ayuda a levantar la moral de los empleados? ¿Está de acuerdo? Comente.

4. ¿Le parece a usted que el señor García está totalmente de acuerdo con lo que dice el señor Davidson? ¿Piensa que seguirá las recomendaciones de Davidson después de la reunión? Explique.

Resumen. Resuma objetivamente para un/a compañero/a de clase lo que ha ocurrido en el video. O, para variar, haga un resumen con cambios o falsedades para ver si su compañero/a capta la información errónea y la corrige.

Ud. es el/la intérprete. Siga el guion y haga el papel de intérprete entre Thomas Davidson y Raúl García. Traduzca oralmente del inglés al español y del español al inglés, **sin mirar el texto**, el diálogo que leerán otros dos estudiantes en voz alta. Ellos harán una pausa después de cada barra para permitir su traducción. Acuérdense todos de usar un tono y ritmo de diálogo natural.

Sr. Davidson: *Our upper level management believes in a democratic management style. / We like all our employees to feel free to provide input on issues that affect them.*

INTÉRPRETE: _____

Sr. García: Sí, comprendo, pero mis colegas no se sienten cómodos cuando participa todo el mundo / en lo que ellos consideran como su responsabilidad.

INTÉRPRETE: _____

Sr. Davidson: *Yes, I don't mean that every employee will be knocking on upper management's door / or that each employee will have an equal say with management when decisions are made. / We have found, though, that employees often provide valuable information that has been overlooked by* *management. / All we're interested in is that employees feel free to express their opinions. / This could be achieved with employee representatives / or through an open line of communication with supervisors. / We think it helps morale.*

INTÉRPRETE: _____

Sr. García: Sí, creo que se podría crear este tipo de ambiente de trabajo. / Estoy de acuerdo en que es necesario que los empleados se sientan como una parte importante de la empresa. / Siempre tienen más interés en lo que hacen si piensan que esto es como una participación de tipo personal. /

Pero hay que tener en cuenta que una empresa, una compañía y sus proyectos necesitan dirección, / y que esa dirección debe provenir de la gerencia. / El éxito depende de los empleados, pero a ellos les hace falta nuestro liderazgo.

INTÉRPRETE: _____

Actividad. ¿Cómo es diferente su interpretación de la que se presenta en el video? Vuelva a ver el video para hacer una comparación o una crítica de la traducción oral.

Interpretación consecutiva y simultánea. Vuelva al video y ahora haga una interpretación consecutiva, usando la pausa del video cuando le haga falta. O, para variar, intente hacer una interpretación simultánea, sin pausas. ¡Ojo! Este tipo de ejercicio requiere mucha concentración, memoria y atención a los detalles.

Otro fin. Después de ver el video, imagine lo que podría ocurrir después si no termina en ese momento. ¿Cómo se desarrollará más el tema entre los actores? ¿Qué dirán? Para esta actividad, se puede escribir y entregar un nuevo fin o imaginarse otro fin para representarlo con compañeros de clase. Al continuar con el guion en español, siga el estilo de diálogo usado anteriormente, empezando con el señor Davidson.

3-10   ANÁLISIS Y COMPARACIÓN

Estudie la Tabla 3-1 y haga los ejercicios a continuación. Use también sus conocimientos y, cuando haga falta, otras fuentes informativas como un diccionario, el *Almanaque mundial*, Internet, etc. Los ejercicios se pueden hacer individualmente, en parejas o en pequeños grupos para comentar los temas en clase.

1. ¿Qué diferencias hay entre el/la jefe/a de Estado y el/la jefe/a de Gobierno de un país? ¿Qué es el/la «presidente/a» de un país? En su opinión, ¿cuáles son algunas de las cualidades que debería tener un presidente? ¿En qué se diferencian las responsabilidades de un presidente, un primer ministro, un rey y un gobernador?

2. ¿Cuáles son algunos de los efectos que puede tener el/la líder de un país sobre la economía y el comercio nacionales?

3. ¿Por qué tiene Puerto Rico un gobernador en lugar de un presidente?

4. ¿Qué posibilidades tiene la mujer hoy en día de ser elegida o nombrada presidenta de un país hispano? ¿De los EUA? Comente.

5. ¿Qué representan las siglas ONU, OEA, y G-8? ¿Qué hacen estas organizaciones?

6. ¿Qué representan las siglas CARICOM, MCCA, TLCAN y UE? ¿Por qué existen? ¿Qué son el Pacto Andino y MERCOSUR?

7. ¿Qué significa OPEP? ¿Cuál de los países hispanos es miembro de la OPEP?

8. ¿Cree que es importante que un país sea miembro de asociaciones y organizaciones internacionales? Explique.

9. Puesto que los líderes de un país cambian con el tiempo, actualice la categoría de jefe de Estado/jefe de Gobierno donde haga falta. Esto se puede hacer individualmente o en pequeños grupos de tres o cuatro para distribuir el trabajo (cinco o seis países por persona).

TABLA 3-1 LOS PAÍSES HISPANOPARLANTES, BRASIL Y LOS ESTADOS UNIDOS: JEFE DE ESTADO, O DE GOBIERNO, MEMBRESÍA EN ORGANIZACIONES REGIONALES Y MUNDIALES

País	Jefe de Estado y de Gobierno	El país es miembro de
Argentina	Presidente Mauricio Macri (2015)	OMC, ONU, OEA, ALADI, MERCOSUR, SELA, UNASUR, G-77, G-20, FMI, SICA (observador regional), BCIE (extrarregional)
Bolivia	Presidente Juan Evo Morales Ayma (2006)	OMC, ONU, OEA, ALADI, CAN, MERCOSUR, UNASUR, SELA, ALBA, OTCA, MNOAL, G-77, FMI
Chile	Presidenta Michelle Bachelet Jera (2013)	OMC, ONU, OEA, APEC, UNASUR, ALADI, SELA, G-77, SICA (observador regional), MERCOSUR (asociado), MNOAL, OCDE, FMI
Colombia	Presidente Juan Manuel Santos Calderón (2010)	OMC, ONU, OEA, ALADI, CAN, UNASUR, SELA, OTCA, G-77, FMI, BCIE (extrarregional), G-3, MERCOSUR (asociado), SICA (observador regional)
Costa Rica	Presidente Luis Guillermo Solís (2014)	OMC, ONU, OEA, MCCA, SELA, G-77, SICA, FMI, BCIE
Cuba	Presidente Raúl Castro Ruz (2008)	OMC, ONU, OEA[13], ALADI, SELA, ALBA, MNOAL, G-77, ACP (no participa)
Ecuador	Presidente Rafael Vicente Correa Delgado (2006)	OMC, ONU, OEA, ALADI, SELA, CAN, UNASUR, ALBA, G-77, FMI, SICA (observador regional), MNOAL, CAFTA-DR, MERCOSUR (asociado), OTCA, OPEP
El Salvador	Presidente Salvador Sánchez Cerén (2014)	OMC, ONU, OEA, MCCA, SICA, SELA, CAFTA, MNOAL (observador), G-77, FMI, BCIE

TABLA 3-1 *(continuación)*

País	Jefe de Estado y de Gobierno	El país es miembro de
España	Jefe de Estado: Rey Felipe VI (2014) Jefe de Gobierno: Mariano Rajoy Brey (2011)	OMC, ONU, OTAN, UE, Consejo de Europa, OSCE, OCDE, BCIE (observador extrarregional), FMI, SICA (observador extrarregional)
Guatemala	Presidente James (Jimmy) Ernesto Morales Cabrera (2016)	OMC, ONU, OEA, MCCA, SELA, G-77, SICA, CAFTA, CAFTA-DR, MNOAL, FMI, BCIE
Guinea Ecuatorial	Presidente y Jefe de Estado: Teodoro Obiang Nguema Mbasogo (1979) Primer Ministro: Francisco Pascual Obama Asue (2016)	ONU, OUA, ACP, BAD, CEMAC, ASECNA, G-77, MNOAL, FMI
Honduras	Presidente Juan Orlando Hernández (2014)	OMC, ONU, OEA, CAFTA, CAFTA-DR, BCIE, MCCA, SELA, G-77, SICA, FMI
México	Presidente Enrique Peña Nieto (2012)	OMC, ONU, OEA, OCDE, APEC, ALADI, TLCAN (TLC), SELA, APEC, G-3, G-20, SICA (observador regional), Consejo de Europa (observador), FMI, BCIE (extrarregional), MNOAL (observador)
Nicaragua	Presidente Daniel Ortega Saavedra (2007)	OMC, ONU, OEA, MCCA, SELA, G-77, IFC, ALBA, ALADI[14], SICA, FMI, BCIE
Panamá	Presidente Juan Carlos Varela Rodríguez (2014)	OMC, ONU, OEA, ALADI, SELA, G-77, FMI, SICA, MNOAL, BCIE (no fundador)
Paraguay	Presidente Horacio Manuel Cartes Jara (2013)	OMC, ONU, OEA, ALADI, MERCOSUR, FMI, MNOAL (observador), SELA, UNASUR, G-77
Perú	Presidente Pedro Pablo Kuczynski (2016)	OMC, ONU, OEA, APEC, CAN, FMI, ALADI, SELA, UNASUR, OTCA, MNOAL, MERCOSUR (asociado), G-77, SICA (observador regional)
Puerto Rico	Jefe de Estado: Presidente Donald J. Trump (2017) Gobernador: Ricardo Rosselló Nevares (2017)	Las relaciones extranjeras e intergubernamentales de Puerto Rico se rigen por la Cláusula de Comercio y la Cláusula Territorial de la Constitución de los Estados Unidos. Por eso, están sujetas a las competencias plenarias del Congreso de los EUA.
República Dominicana	Presidente Danilo Medina Sánchez (2012)	OMC, ONU, OEA, FMI, SELA, CAFTA, CAFTA-DR, MNOAL, LAIA, G-77, SICA, ACP, BCIE (no fundador)
Uruguay	Presidente Tabaré Ramón Vázquez Rosas (2015)	OMC, ONU, OEA, ALADI, MERCOSUR, SELA, G-77, UNASUR, SICA (observador regional), FMI
Venezuela	Presidente Nicolás Maduro Moros (2013)	OMC, ONU, OEA, OPEP, ALADI, SELA, ALBA, MERCOSUR (suspendida), UNASUR, OTCA, MNOAL, G-77, FMI

(continúa)

TABLA 3-1 *(continuación)*

País	Jefe de Estado y de Gobierno	El país es miembro de
Brasil	Presidente Michel Temer (2016)	OMC, ONU, OEA, ALADI, MERCOSUR, UNASUR, SELA, OTCA, G-77, G-20, SICA (observador regional), FMI
Estados Unidos	Presidente Donald J. Trump (2017)	OMC, ONU, OTAN, OEA, OCDE, OSCE, APEC, G-8, TLCAN (TLC), G-20, CADTA, CAFTA-DR, SICA (observador regional), FMI

Fuentes: *CIA World Factbook Almanaque mundial* 2017 y *United States Census Bureau (International Programs, International Data Base)* 2016.

Siglas: *ACP (African, Caribbean and Pacific Group of States);* ALADI (Asociación Latinoamericana de Integración); ALBA (Alianza Bolivariana para los Pueblos de Nuestra América); APEC (Cooperación Económica de Asia-Pacífico, 21 miembros); *ASECNA (Agence pour la sécurité de la navigation aérienne en Afrique et à Madagascar);* BAD (Banco Africano de Desarrollo); BCIE (Banco Centroamericano de Integración Económica); *CAFTA (Central American Free Trade Agreement);* CAFTA-DR (Central American-Dominican Republic Free Trade Agreement); CAN (Comunidad Andina); Caricom (Comunidad del Caribe, 15 países); CEMAC (Comunidad Económica y Monetaria de África Central); CSCE (Conferencia sobre Seguridad y Cooperación en Europa); FMI (Fondo Monetario Internacional); G-3 (Grupo de los Tres: Canadá, los EUA y México); G-8 (Grupo de los Ocho: Alemania, Canadá, los EE.UU., Francia, Italia, Japón, Reino Unido y Rusia); G-20 (Grupo de los 20), G-77 (Grupo de los 77, ya hay 131 miembros); MCCA (Mercado Común Centroamericano: 5 países); MERCOSUR (Mercado Común del Sur: Argentina, Brasil, Uruguay y Venezuela); MNOAL (Movimiento de Países No Alineados); OCDE (Organización para la Cooperación y el Desarrollo Económico, 34 países); OEA (Organización de Estados Americanos, 34 países); OMC (Organización Mundial del Comercio); ONU (Organización de las Naciones Unidas, 185 países); OPEP (Organización de Países Exportadores de Petróleo, 11 países); *OSCE (Organization for Security and Cooperation in Europe);* OTAN (Organización del Tratado del Atlántico del Norte); OTCA (Organización del Tratado de Cooperación Amazónica); OUA (Organización para la Unidad Africana, 54 países); SELA (Sistema Económico Latinoamericano y del Caribe, 27 países); SICA (Sistema de la Integración Centroamericana); TLCAN (TLC: Tratado de Libre Comercio de América del Norte, *NAFTA: North American Free Trade Agreement);* UE (Unión Europea, 28 países: Brexit: Por el momento, el Reino Unido sigue siendo miembro); UNASUR (Unión de Naciones Suramericanas, conocida como "la OTAN suramericana")

[13] El 3 de junio de 2009, los Ministros de Relaciones Exteriores de las Américas adoptaron la resolución AG/RES. 2438 (XXXIX-O/09), la cual resuelve que la Resolución de 1962, mediante la cual se excluyó al Gobierno de Cuba de su participación en el sistema interamericano, queda sin efecto en la Organización de los Estados Americanos (OEA). La resolución de 2009 declara que la participación de la República de Cuba en la OEA será el resultado de un proceso de diálogo iniciado a solicitud del Gobierno de la República de Cuba y de conformidad con las prácticas, los propósitos y principios de la OEA.

[14] También fue aceptada la adhesión de la República de Nicaragua, en la Decimosexta Reunión del Consejo de Ministros (Resolución 75 (XVI)), realizada con fecha 11 de agosto de 2011. Actualmente, Nicaragua avanza en el cumplimiento de las condiciones establecidas para constituirse en país miembro de la Asociación.

 MINDTAP

GeoReconocimiento

Mire los mapas del Capítulo 3 en el MindTap de *Éxito comercial: Prácticas administrativas y contextos culturales* y haga los ejercicios.

Posibilidades profesionales

Con respecto a la gerencia internacional, hay muchos trabajos, en todos los niveles de mando —alto, medio, bajo— y en todos los campos comerciales e industriales (contabilidad, finanzas, producción, marketing, etc.). Para obtener más información al respecto y para hacer una actividad que le ayude a saber más sobre el tema, véase el Capítulo 3 de «Posibilidades profesionales» en el MindTap de *Éxito comercial: Prácticas administrativas y contextos culturales.*

VOCABULARIO

Aquí se presentan los principales términos de este capítulo. Al final del libro, hay un glosario más completo.

administración administration, management

administrador/a manager

aguinaldo Christmas bonus

alto mando upper management

asesor/a consultant, adviser

aviso ad, advertisement, warning, announcement

bajo mando first-line management

bolsa de empleo employment agency

busca search

búsqueda search

capacitación training

cazacerebros *(m/f)* headhunter, recruiter

cazatalentos *(m/f)* headhunter, talent scout

cita appointment

cumplimiento fulfillment, achievement

dedazo selection of family members (nepotism) or personal friends for a position (figuratively by pointing them out with a finger)

dedocracia system of making appointments or selections based on the dedazo

dirección management, board of directors; direction

educación manners, upbringing; schooling, education (in Latin America)

ensamblaje *(m)* assembly

formación education, formation

gerente *(m/f)* manager

gestor/a manager, business representative

líder *(m/f)* leader

liderato leadership

liderazgo leadership

maquiladora assembly plant, in-bond plant

medio mando middle management

obrero/a worker, blue-collar worker, laborer

plazo time period, deadline

postulante *(m/f)* job candidate, applicant

recompensa compensation

salario wages, pay

tutear to use the familiar form of address (tú), deal with someone on a first-name basis

tuteo the familiar form of address, first-name basis

vosear to use the familiar form of address (vos), deal with someone on a first-name basis (Central America and Southern Cone)

voseo the familiar form of address, first-name basis (Central America and Southern Cone)

LA BANCA Y LA CONTABILIDAD

The only way to keep score in business is to add up how much money you make.
— HARRY B. HELMSLEY

Hágase todo decentemente y con orden.
— CORINTIOS

En la casa donde hay dinero, no debe haber más de un cajero.
— PROVERBIO

James Marshall/Corbis Documentary/Getty Images

Transacción con un cajero automático. ¿Qué otros avances tecnológicos o cambios prevé usted para la industria bancaria? Comente.

4-1 PREGUNTAS DE ORIENTACIÓN

Cuando lea la sección «Lectura comercial», piense en las respuestas a las siguientes preguntas.

1. ¿Qué es la banca y cómo se diferencia de un banco?
2. ¿Cuáles son las principales funciones de un banco?
3. ¿Qué tipos de bancos hay y en qué se diferencian?
4. ¿Qué es un banco de desarrollo o de fomento?
5. ¿Qué son la banca ética o cívica, la microfinanciación y el microcrédito? ¿Por qué son importantes?
6. ¿Qué tipos de depósitos bancarios se pueden hacer? Explique.
7. ¿Qué es una cuenta corriente y qué clases de cuentas corrientes hay? Explique.
8. ¿Qué es un cheque y cómo funciona? Explique en su respuesta cómo intervienen el/la girador/a, el/la girado/a, el/la portador/a, el/la endosador/a y el/la endosante.
9. ¿Qué tipos de cheques hay?
10. ¿Qué es un cheque en descubierto?
11. ¿Qué es la contabilidad? ¿La partida doble?
12. ¿Cuáles son los estados contables y financieros más importantes?
13. ¿Qué datos proporcionan el estado de ganancias y pérdidas y el balance general?
14. ¿Cuál es la ecuación fundamental de la contabilidad? ¿Qué información aporta y para quiénes?
15. ¿Qué son las NIIF y las GAAP, y qué tipo de convergencia se busca entre ellas?

Integridad y ética empresariales

Integrity is not a 90 percent thing, not a 95 percent thing, either you have it or you don't.

— PETER SCOTESE, GERENTE GENERAL (JUBILADO) DE SPRING INDUSTRIES

Traduzca al español la cita de arriba y comente su validez para la banca, la contabilidad y otras profesiones, con un buen ejemplo que usted conozca o uno que pueda imaginarse.

Liderazgo

Ejemplo es liderazgo.

— ALBERT SCHWEITZER

Traduzca al inglés esta frase célebre del liderato y luego explique su significado. Dé un buen ejemplo que usted conozca o uno que pueda imaginarse acerca de la validez de esta cita para el mundo de los negocios u otras profesiones.

Custodia y control del dinero

Una vez establecidas la forma jurídica y la estructura administrativa de la empresa comercial, los gerentes utilizan la banca y la contabilidad para conseguir, custodiar y controlar los fondos que necesitan o que tienen, y para vigilar y asegurar su estado y solvencia financieros.

Banco y banca

El **banco** es el establecimiento público y físico (el edificio) de crédito donde se efectúan las operaciones bancarias. La **banca**, en cambio, es el conjunto de bancos y **banqueros** que representan el sistema de las operaciones bancarias. Dentro de este sistema **crediticio** y **fiduciario** (que depende del crédito y de la confianza que merezca), los bancos custodian, prestan, cobran, cambian y transfieren dinero (p. ej., la domiciliación de la nómina), a la vez que giran cheques, títulos de crédito y pago (p. ej., el telepeaje o el cobro electrónico de peaje) y otros instrumentos bancarios (p. ej., **letras de cambio, pagarés**, etc.). También sirven a menudo de instituciones inversionistas en cuanto a la jubilación, las **pensiones** y los seguros. Para hacer todo esto, existen diferentes tipos de bancos, como los privados y estatales, centrales, comerciales, **hipotecarios**, de crédito agrícola e industrial y las **cajas de ahorros**. Algunos de los bancos más grandes del mundo hispano son Santander, BBVA (Banco Bilbao Vizcaya Argentaria), Bancomer, La Caixa, Banco Popular, Banamex, BCI (Banco de Crédito e Inversiones), Itaú Unibanco Holding y Banco de Chile. En Latinoamérica, son muy importantes los **bancos de desarrollo** o **fomento**, o sea, los que ayudan a desarrollar la economía de los países hispanoparlantes, como el Banco Centroamericano de Integración Económica (BCIE), creado en 1960 con la misión multilateral de «promover la integración y el desarrollo de los países fundadores: Guatemala, Honduras, El Salvador, Nicaragua y Costa Rica»[1] o el Banco Interamericano de Desarrollo (BID) (véase «Para pensar», págs. 95–96). También han crecido los **bancos éticos** o **cívicos** (en los que el bien común se suma a los intereses de lucro) y el **microcrédito**, una parte de lo que se conoce como **microfinanciación**, que «se refiere a los servicios de préstamos, ahorros, seguros y transferencia de fondos y otros productos financieros dirigidos a clientes de bajos ingresos»[2]. Una institución de microfinanciación, cuyo propósito es ayudar a erradicar la pobreza al ampliar posibilidades, brinda pequeños créditos a quienes les es difícil acceder a la banca tradicional. Algunos ejemplos son: Compartamos

---

[1] http://www.bcie.org/?cat=1062&title=¿Qué es el BCIE?&lang=es, consultado el 19 de junio de 2017.

[2] http://www.cepal.org/cgi-bin/getProd.asp?xml=/prensa/noticias/comunicados/7/20337/P20337. xml&xsl=/prensa/tpl/p6f.xsl&base=/prensa/tpl/top-bottom.xsl, consultado el 19 de junio de 2017.

Banco, la primera institución financiera de Latinoamérica que hizo una oferta pública inicial (*IPO: Initial Public Offering*) en 2007 para aumentar su capital[3]; Mibanco, cuya finalidad es la de «proveer de capital, capacitación y asistencia técnica a numerosos emprendedores, en su mayoría migrantes asentados en las zonas periféricas de Lima»[4]; y Acción USA, «una organización sin fines de lucro que entrega préstamos de hasta $50,000 y capacitación sobre negocios a microempresarios sin acceso a la banca tradicional de crédito»[5].

En las comunidades hispanas de los EUA, son muy comunes las sucursales de bancos de países de habla española, tales como el Banco Popular de Puerto Rico o el Grupo Santander. Al igual que los demás bancos estadounidenses, los bancos hispanos ofrecen servicios directos y en línea (la banca *online*) de cobranza, cambio, depósitos, retiros, etc., a la vez que prestan dinero a los que desean establecer sus propias empresas o ayudar económicamente a la comunidad hispana. Por supuesto, el trato personal en lengua hispana atrae a muchos clientes hispanoparlantes.

Fundamentales para las actividades bancarias son los depósitos y las cuentas corrientes y de ahorros, adaptados a los requisitos de liquidez y plazo de tiempo preferidos por el **depositante**. Los depósitos **a la demanda** o **a la vista** son los fondos entregados al banco para su custodia o transformación con la opción de que se puedan retirar en el momento que lo desee el cliente, ya sea en persona o con una **tarjeta de débito** o con un *smartphone*. Los depósitos **a plazo fijo**, como los diversos **certificados de depósito**, en cambio, se refieren al dinero depositado por cierto plazo de tiempo y «pueden considerarse como un préstamo que el cliente efectúa a su banco»[6]. Requieren que el depositante no retire los fondos antes de la **fecha de vencimiento** señalada, so pena de perder los intereses **devengados**. Tanto para los depósitos a plazo fijo como para las cuentas que se describen a continuación, hay que completar y firmar los formularios, boletos y tarjetas apropiados.

La **cuenta corriente** se utiliza para pagar las obligaciones comerciales y financieras. Puede ser individual, **conjunta** (**mancomunada**, con una obligación compartida) o a nombre de una empresa. Su principal instrumento o documento de pago es el cheque, que se define como una orden de pago mediante la cual el **cuentacorrentista** o **cuentahabiente** (el **girador** o **librador**) autoriza que el banco (el **girado** o **librado**) pague de la cuenta corriente de ese cliente cierta cantidad de dinero a un beneficiario (el **tenedor** o **portador**). Al **endosarlo** al **dorso**, el tenedor

---

[3] https://www.compartamos.com.mx/wps/portal/compartamos, consultado el 19 de junio de 2017.

[4] https://www.mibanco.com.pe/, consultado el 19 de junio de 2017.

[5] http://us.accion.org/es, consultado el 19 de junio de 2017.

[6] Y. Bernard y J. C. Colli, *Diccionario económico y financiero*, 4ª ed., Trad. José María Suárez, (Madrid: Asociación para el Progreso de la Dirección, 1985), pág. 499.

(**endosante**) puede cobrar el **importe** en un banco o en otro lugar que le proporcione crédito o puede remitirlo a un **tercero** (a otro beneficiario o **endosatario**). Hay varios tipos de cheques:

nominativo: el que se gira a nombre de una persona particular autorizada para cobrarlo (p. ej., «A la orden de Juan Lorca»)

al portador: el que puede ser cobrado por cualquier persona sin más requisito (equivalente a un cheque *made out to cash* en los EUA)

de caja, de administración o **de gerencia:** el que está respaldado por los fondos del banco en lugar de los fondos en una cuenta chequera personal

bancario: el que gira un banco a otro banco

El cheque cuyo importe excede los fondos en una cuenta corriente se llama **cheque sin fondos** o **en descubierto**.

En la **cuenta de ahorros**, se custodia el dinero depositado por personas o empresas a cambio de cierto interés devengado periódicamente, que representa el costo del dinero depositado. Existen varias clases de cuentas de ahorros, con tipos de interés variables, y sus transacciones se realizan mediante formularios impresos como las boletas de depósito o retiro, en lugar de cheques.

Otra función del banco, especialmente del banco mercantil, es la concesión de crédito o de préstamos. El banco les concede fondos a los prestatarios en forma de una línea de crédito a cambio de cierta garantía, **fianza** o **prenda**. Al vencer la fecha de pago acordado, se le devuelve al prestamista (el banco) el dinero prestado, más cierto **rédito de interés** fijado previamente. Este procedimiento, que se presenta a continuación, no varía mucho de país en país, salvo las condiciones particulares de la devolución del dinero prestado, los tipos de interés y ciertas normas legales:

1. La persona o entidad que pide dinero prestado (el **prestatario**) averigua el tipo de crédito que más le conviene y precisa la cantidad y condiciones de pago con el **prestamista** o **prestador**.

2. La misma persona o entidad completa los formularios necesarios, los cuales, por lo general, piden lo siguiente:

    a. Nombre de la persona o razón social (el nombre oficial y jurídico) de la empresa;

    b. Número de la tarjeta (o de la cédula o del carnet) de identidad o de seguro social;

    c. Datos sobre el empleo y sueldo o salario;

    d. Cantidad de crédito o de préstamo;

    e. Rédito de interés, duración, fechas de inicio y de vencimiento, y otras condiciones contractuales fijadas por el acreedor o el prestamista;

    f. La garantía, fianza o prenda ofrecida;

    g. Otros asuntos o requerimientos pertinentes.

3. El prestatario necesita cumplir con las condiciones contractuales.

PARA PENSAR

Metas y prioridades del Banco Interamericano de Desarrollo (BID) en 2015

Creado en 1959, el BID ha sido la principal fuente de financiamiento y pericia multilateral para el desarrollo económico, social e institucional de América Latina y el Caribe. Ha mantenido relaciones con gobiernos, empresas y organizaciones de la sociedad civil. El BID ha prestado recursos financieros y ha otorgado donaciones. Además, ha compartido sus investigaciones y ha ofrecido asesoría y asistencia técnica para mejorar áreas fundamentales como la educación, la reducción de la pobreza y la actividad agropecuaria. El Banco ha procurado, además, asumir un papel protagónico en cuestiones transfronterizas como el comercio internacional, la infraestructura y la energía.

Las principales metas del BID han sido promover el crecimiento económico y la integración regional en América Latina y el Caribe en formas ecológica y socialmente sostenibles para lograr una reducción duradera de la pobreza y una mayor equidad social.

El BID ha tenido las siguientes áreas de acción prioritarias para ayudar a la región a alcanzar mayor progreso económico y social:

- La reducción de la pobreza y la desigualdad social;
  - Abordando las necesidades de los países pequeños y vulnerables;
  - Promoviendo el desarrollo a través del sector privado;
  - Abordando el cambio climático, energía renovable y sostenibilidad ambiental; y
  - Fomentando la cooperación e integración regional.

Las iniciativas prioritarias[7] del BID incluyen:

- Oportunidades para la Mayoría
  - Incrementar la productividad, integrar a las poblaciones de bajos ingresos en la economía formal, crear empleos, contribuir a solucionar las fallas del mercado que alzan los costos para aquellos menos capaces de lidiar con ellos, y proveer bienes y servicios de calidad para las 360 millones de personas de América Latina y el Caribe[8].
- Iniciativa de Energía Sostenible y Cambio Climático
  - Apoyar a la región para que enfrente el desafío urgente de encontrar opciones energéticas viables tanto desde el punto de vista ambiental como económico[9].
- Iniciativa de Agua Potable y Saneamiento
  - Definir líneas estratégicas, un conjunto de metas y productos financieros especiales para apoyar soluciones adaptadas a las necesidades de cada país[10].
- Iniciativa de Educación
  - Asegurar que todos los niños, sin importar su estatus socioeconómico, raza, etnia, sexo o cualquier otra característica, entren a primer grado listos para aprender y ejerciendo las competencias básicas necesarias para aprovechar al máximo su experiencia de la escuela primaria.
  - Aportar conocimiento y experiencia al diseño de políticas con el objetivo de incorporar acciones para reducir la brecha de conocimientos, aprendizajes, habilidades y competencias entre la escuela y el mercado laboral[11].

1. ¿Qué quiere decir «ser una fuente de financiamiento y pericia multilateral»?
2. ¿Quiénes se han incluido en la lista de clientes del BID y en cuáles cuestiones ha asumido el Banco un papel protagónico?

[7] https://www.clubensayos.com/Negocios/Que-Es-El-Banco-Interamericano-De-Desarrollo/1040867.html, consultado el 20 de junio de 2017.

[8] http://www.iadb.org/es/temas/oportunidades-para-la-mayoria/oportunidades-para-la-mayoria,1377.html, consultado el 28 de marzo de 2009.

[9] http://www.iadb.org/es/temas/cambio-climatico/iniciativa-de-energia-sostenible-y-cambio-climatico,1449.html, consultado el 28 de marzo de 2009.

[10] http://www.iadb.org/es/temas/agua-y-saneamiento/iniciativa-de-agua-y-saneamiento,1486.html, consultado el 28 de marzo de 2009.

[11] http://www.iadb.org/es/temas/educacion/desarrollo-infantil-temprano-dit-en-en-america-latina-y-el-caribe,6458.html y http://www.iadb.org/es/temas/educacion/transicion-escuela-trabajo-en-america-latina-y-el-caribe,6460.html, consultado el 28 de marzo de 2009.

3. ¿Cuáles han sido las principales metas del BID y qué quiere decir la frase «formas ecológica y socialmente sostenibles»? Explique la forma gramatical de esta frase.

4. ¿Cuáles han sido las dos áreas de acción prioritarias que se señalan y con qué fin?

5. ¿Qué tipo de integración se buscaba en la iniciativa prioritaria «Oportunidades para la Mayoría»? ¿Por qué se consideraba importante esta integración?

6. Al referirse a la «Iniciativa de Energía Sostenible y Cambio Climático», ¿cuál es el doble punto de vista de la viabilidad energética? Explique. ¿Qué haría usted como líder para ayudar a resolver las necesidades de energía sostenible y para protegernos contra los efectos negativos del cambio climático?

7. En la «Iniciativa de Agua Potable y Saneamiento», ¿a qué se refiere una solución adaptada a las necesidades de un país individual? ¿Puede dar algún ejemplo de tal solución en el área de agua potable y saneamiento? Como líder, ¿qué haría usted para solucionar este problema vital?

8. ¿Cuáles han sido las dos metas primordiales de la «Iniciativa de Educación»? Si usted fuera un/a líder, ¿qué recomendaría y qué haría para realizar estas dos metas?

9. ¿Cómo van evolucionando la misión y las prioridades del BID? Investigue el tema en Internet.

Para contrastar con los propósitos del BID, busque información en Internet sobre los servicios ofrecidos por algún banco comercial en América Central (cuentas, préstamos, etc.).

La contabilidad o contaduría

Los gerentes necesitan mantenerse al tanto de la situación financiera de su empresa. Necesitan informarse acerca de los **ingresos** (aumentos brutos en los **activos** obtenidos por la entrega o la venta de bienes o por la prestación de servicios) y de los **gastos** (disminuciones brutas en los activos causadas por la compra de artículos o de servicios), todo lo cual se relaciona con el **flujo de efectivo** y la solvencia de la firma. Necesitan saber el estado de sus **ganancias** y **pérdidas** para poder tomar decisiones sobre el futuro de la empresa. También necesitan guardar un registro y anotar por escrito todas las transacciones que emprenden en nombre de la firma. Para realizar estos propósitos de información y control, se recurre a la contabilidad.

La **contabilidad** o **contaduría** se define como «el conjunto de conocimientos y funciones que se refieren a la creación, registro, clasificación, proceso, ordenación, interpretación y suministro de información fiable y significativa de una realidad económica para conseguir con ella unos objetivos determinados»[12]. En otras palabras, es una disciplina que sirve para registrar y clasificar el impacto monetario de las transacciones y los eventos comerciales de una empresa. Además, sirve para interpretar los resultados de las transacciones y los eventos para poder informar a los grupos interesados, tales como los propietarios, los gerentes, los accionistas y el gobierno.

Debido a su complejidad, la contabilidad tiene varias ramas —p. ej., general, administrativa (gerencial o de gestión), financiera, de costos, de impuestos, de **presupuestos**, de sistemas y de **auditoría**— y existen varias clases de **contables** o **contadores** profesionales —públicos, titulados, fiscales (de **fisco: erario**, **hacienda** o tesoro público), fiduciarios (relacionados con los testamentos y los herederos o legatarios) o privados. También existen varios principios y sistemas contables, el más

---

[12] Andrés Suárez, *Diccionario económico de la empresa*, (Madrid: Pirámide, 1979).

importante de los cuales es la **partida doble**. Según este sistema de control contable, para cada transacción comercial hay un **deudor**, un **acreedor** y una misma cantidad de dinero que cambia de manos. Cuando hay una transacción, se hace constar en los libros contables al asentarla dos veces y en dos lugares por convención: una vez como **débito** a la izquierda de la página contable y otra vez como **crédito** a la derecha de la página. Un principio fundamental de la partida doble es que los asientos siempre deben igualarse en valor.

Este sistema facilita que los gerentes controlen y entiendan la situación financiera de la empresa. El concepto se ve más claramente en el proceso contable, que consta de tres etapas principales:

1. la recolección de datos referentes a las transacciones comerciales,
2. el registro o asiento de estas en los libros contables,
3. la interpretación de la situación financiera de una empresa por medio de un análisis de los **estados contables** y la presentación del análisis en un informe.

La recolección de los datos consiste en reunir y ordenar todos los documentos comerciales —**facturas, recibos** y **pagarés**— recibidos, prometidos o emitidos por una empresa durante cierto periodo de actividad comercial. Al final de este periodo, se enumeran las cuentas en un **balance**. En términos generales, si el balance de comprobación tiene un **saldo deudor**, es desfavorable para la compañía; si tiene un **saldo acreedor**, hay una situación financiera favorable.

Para poder ver todas las transacciones de la empresa y para comprender cómo afectan su situación financiera, tradicionalmente se registraba cada transacción en los libros contables, primero en el **diario** (p. ej., ¿Qué ocurrió en una cuenta particular aquel día, como en la del pago de la calefacción?) y luego en el **libro mayor** (p. ej., ¿Qué ocurrió con esa cuenta del pago de calefacción, a lo largo de un periodo de tiempo? Véase la Tabla 4-1). Hoy en día se suelen usar diversos programas informáticos para registrar y calcular los balances de esta información. Los productos finales del proceso contable se llaman **estados financieros**. Los más importantes son los siguientes:

- **El balance general**: una lista de los activos, los pasivos y el **patrimonio** (el conjunto de bienes pertenecientes a una persona natural o jurídica) de la entidad económica en un momento dado. También se llama **balance de situación, estado de posición** o **estado de condición financiera** (véase la Tabla 4-2).

- **El estado de ganancias y pérdidas** (o el **estado de resultados**) y el **estado de ganancias** (o **utilidades**) **retenidas**: documentos que relacionan los ingresos y los gastos de una entidad económica durante un periodo de tiempo definido (véase la Tabla 4-3). El estado de ganancias retenidas es el enlace principal entre dos balances generales.

- **El estado de flujo de caja** (o **de fondos** o **de efectivo**): un documento que explica el cambio en el efectivo durante un periodo, debido a las operaciones comerciales como la compraventa y las inversiones. Es decir, este estado explica las fuentes y los usos del dinero (véase la Tabla 4-4).

La relación entre los activos, los pasivos y el patrimonio puede expresarse en una ecuación fundamental llamada la **ecuación contable:**

activos = pasivos + patrimonio (o capital)

El patrimonio tiene dos partes, el **capital pagado o contribuido**, y las ganancias retenidas por la empresa. Es decir:

activos = pasivos + capital pagado + ganancias retenidas

que también se puede expresar de la siguiente manera:

activos = pasivos + capital pagado + ingresos − gastos

El balance general resume la situación financiera de una empresa. Valora y estructura los bienes, **derechos** y **obligaciones** de una empresa, e indica el beneficio obtenido al final de un tiempo específico, llamado **periodo** o **ejercicio** (generalmente tres, seis o doce meses). Para comprender mejor el proceso, los términos más pertinentes se definen de la siguiente manera. Los **activos** representan los bienes y derechos de una empresa e incluyen cuentas como **caja y banco, cuentas por cobrar**, títulos, terrenos, edificios, maquinaria, etc. El **patrimonio** consiste en las aportaciones de dinero (o su equivalencia) a la propia empresa; el patrimonio de los accionistas y las ganancias; y todos los bienes de una entidad económica adquiridos por cualquier título o derecho de posesión. Los **pasivos** representan las obligaciones y deudas de una empresa, como las **cuentas por pagar**, así como las de los acreedores y los proveedores. El **capital** consiste en las aportaciones de dinero (o su equivalente) a la propia empresa e incluye el capital pagado o contribuido (el capital social o el patrimonio de los accionistas) y las ganancias retenidas (los ingresos menos los gastos).

Muchas empresas se sirven también de los **auditores** y la **auditoría** para verificar (auditar) el estado de sus cuentas y utilizan la informática para facilitar las operaciones contables. Aunque las empresas en España y América Latina siguen las Normas Internacionales de Información Financiera (NIIF, IFRS por sus siglas en inglés, *International Financial Reporting Standards*) y en los EUA se siguen los GAAP (*Generally Accepted Accounting Principles*) de este país, todas las empresas e individuos, por ley o por interés propio, se sirven de la contabilidad para conocer, comprender, controlar y mejorar su situación financiera. Como indica Deloitte en su informe titulado *IFRS y US GAAP: Una comparación de bolsillo*, «la *International Accounting Standards Board* (IASB) y la *US Financial Accounting Standards Board* (FASB) han estado trabajando juntas para lograr la convergencia de los estándares internacionales de información financiera y los principios de contabilidad generalmente aceptados en los Estados Unidos»[13]. La diferencia fundamental entre

---

[13] http://www.deloitte.com/assets/DcomPeru/Local%20Assets/Documents/pe_es_IFRS_USGAAP_2008.pdf

las NIIF y las GAAP es que el sistema de los EUA permite muy poca flexibilidad y se basa en unas 17,000 páginas de reglamentos y codificaciones (ejemplos muy restringidos de cómo proceder en casos particulares) mientras que el sistema internacional cuenta con apenas 2,500 páginas de principios o conceptos útiles que se prestan más al juicio y la interpretación profesionales. La convergencia deseada ha sido ya un proyecto de muchos años, lo cual demuestra que no será nada fácil lograrla.

El siguiente caso sirve para ilustrar cómo funcionan varios estados financieros.

La compañía USCAN, S.A. se organizó el primero de abril de 2014 con diez accionistas[14]. USCAN se especializa en la venta de zapatos de mujer. Arrendó espacio en un centro comercial y realizó las siguientes transacciones durante el mes de abril. Véanse las Tablas 4-1, 4-2, 4-3 y 4-4, que reflejan los eventos narrados a continuación.

1. Al incorporarse la compañía, los accionistas invirtieron $120,000 al contado.

2. USCAN, S.A. adquirió $70,000 de inventario, $45,000 de los cuales debían pagarse al contado. El balance se adquirió a crédito y se abrió posteriormente una cuenta corriente con el proveedor. Dicha cuenta debía cancelarse en 30 días.

3. Las ventas fueron $86,000: $25,000 al contado y $61,000 a crédito.

4. El costo del inventario fue $37,000.

5. **Recaudo** o colección de cuentas por cobrar: $15,000.

6. Pago a proveedores: $18,000.

7. El primero de abril se adquirió equipo de almacén por $36,000. Se espera una vida útil de 36 meses, es decir, que solo tendrá un valor por este periodo de tiempo. USCAN hizo un **pago en efectivo** de $12,000 y firmó una **letra por pagar** de $24,000.

8. El primero de abril, USCAN firmó un acuerdo de arrendamiento. Este convenio exigía un pago mensual de $2,000 pagaderos por anticipado cada tres meses. Por esta razón, USCAN pagó $6,000 al contado a principios de abril.

9. El acuerdo de arrendamiento requiere un pago adicional igual al 10% de las ventas. Este pago debe hacerse el último día de cada mes. USCAN hizo el pago a tiempo el 30 de abril.

10. Los sueldos y salarios de los empleados pagados al contado sumaron $35,000.

11. Se asentó el gasto de depreciación para el mes de abril de $1,000 ($36,000/36).

12. Se asentó el gasto de arrendamiento para el mes de abril: $2,000.

[14] Se le agradece al Dr. Fitz Beazley, exdirector de la Facultad de Contabilidad, University of South Carolina, por el ejemplo y la explicación del caso de USCAN, S.A.

TABLA 4-1 ANÁLISIS DE TRANSACCIONES

USCAN, S.A.	Mes de abril de 2014									
	ACTIVO					= PASIVO		+ PATRIMONIO		
Descripción	**Caja**	**CXC**	**INV.**	**PXA**	**E**	**CXP**	**LXP**	**CP**	**GR**	
1. Emisión de acciones	+ 120							+ 120		
2. Compra de inventario	− 45		+ 70			+25				
3. Ventas	+ 25	+ 61							+ 86	
4. Costo de ventas			−37						−37	
5. Cobros	+ 15	−15								
6. Pagos a proveedores	−18					−18				
7. Adquisición de equipo	−12				+ 36		+ 24			
8. Pagos por anticipado	−6			+6						
9. Gasto de arrendamiento	−8.6								−8.6	
10. Salarios	−35								−35	
11. Depreciación					−1				−1	
12. Gasto de arrendamiento					−2				−2	
Saldo, 30 de abril	**+35.4**	**+46**	**+33**	**+4**	**+ 35**	**+7**	**+ 24**	**+ 120**	**+ 2.4**	

Clave para las abreviaturas usadas en la Tabla 4-1

Caja = efectivo

CXC = cuentas por cobrar

INV. = inventario

PXA = pagos por anticipado

E = equipo

CXP = cuentas por pagar

LXP = letras por pagar

CP = capital pagado

GR = ganancias retenidas

TABLA 4-2 BALANCE GENERAL

Compañía USCAN, S.A. 30 de abril de 2014

ACTIVOS	
Efectivo	$35,400
Cuentas por cobrar	$46,000
Inventario	$33,000
Arriendo pagado por anticipado	$4,000
Equipo del almacén (neto)	$35,000
Total de activos	**$153,400**
PASIVOS Y PATRIMONIO	
Pasivos	
Cuentas por pagar	$7,000
Letras por pagar	$24,000
Total de pasivos	$31,000
Patrimonio	
Capital pagado	$120,000
Ganancias retenidas	$2,400
Total de patrimonio	$122,400
Total de pasivos y patrimonio	**$153,400**

TABLA 4-3 ESTADO DE GANANCIAS Y PÉRDIDAS

Compañía USCAN, S.A. para el mes de abril de 2014

Ventas		$86,000	
Gastos			
Costo de ventas	$37,000		
Salarios	$35,000		
Arriendo	$10,600		
Depreciación	$1,000	$83,600	
Utilidad neta		$2,400	

TABLA 4-4 ESTADO DE FLUJO DE CAJA (EFECTIVO)

Compañía USCAN, S.A. para el mes de abril de 2014

Flujo de efectivo para actividades de operaciones comerciales:

Ventas al contado	$25,000
Cobros de los clientes	$15,000
Pagos a los proveedores	($63,000)
Pagos para los gastos	($49,600)
Total	($72,600)

(continúa)

TABLA 4-4 *(continuación)*

Flujo de efectivo para actividades de inversión:	
Adquisición de equipo	($12,000)
Flujo de efectivo para actividades financieras:	
Emisión de acciones	$120,000
Cambio en efectivo	$35,400

4-2 ACTIVIDADES

1. **¿Qué sabe usted de negocios?** Vuelva a las «Preguntas de orientación» que se hicieron al principio del capítulo y a la pregunta que acompaña la foto de la pág. 90 y contéstelas en oraciones completas en español.

2. **¿Qué recuerda?** Indique si las siguientes oraciones son **verdaderas** o **falsas** y explique por qué.
   a. El banco es el girador de un cheque y la persona que lo cobra es el librado.
   b. Solo la persona indicada puede cobrar un cheque al portador o tomador.
   c. La contabilidad sirve para registrar y clasificar las actividades comerciales de una empresa.
   d. El débito y el crédito son asientos que se hacen en los libros contables, de derecha a izquierda, respectivamente.
   e. El balance general, el estado de ganancias y pérdidas y el estado de flujo de caja se preparan solo al final de cada ejercicio anual.
   f. La ecuación fundamental de la contabilidad se puede expresar como:

   $$\text{pasivos} = \text{activos} + \text{patrimonio}$$

3. **Exploración.** Haga los siguientes ejercicios, usando sus conocimientos y opiniones personales.
   a. ¿Qué cuenta/s bancaria/s tiene usted? ¿Para qué la/s usa?
   b. ¿Qué cheques ha girado usted? ¿Con qué propósitos? ¿Cuándo y con qué frecuencia? ¿Usa la banca en línea en lugar de escribir cheques? Comente.
   c. ¿Ha pedido prestado o ha prestado dinero alguna vez? ¿A quién? ¿Por qué? ¿Bajo qué condiciones?
   d. Si usted tuviera que analizar un negocio, ¿qué libros y estados contables necesitaría? ¿Por qué?
   e. ¿Cómo se relacionan los dichos y proverbios que aparecen al principio del capítulo con los temas tratados?

4-3 AL TELÉFONO

1. Lea las siguientes preguntas. Después escuche atentamente la conversación telefónica del Capítulo 4, **Pistas 7 y 8**, en el MindTap de *Éxito comercial: Prácticas administrativas y contextos culturales* y conteste las preguntas. Puesto que la comprensión auditiva es una destreza comunicativa sumamente importante, se recomienda escucharlas varias veces.

    MINDTAP

   a. ¿Por qué llama Tom Cash a Justo Librado?

   b. ¿Por qué no ha solventado el señor Librado la cuenta que tiene con Agromec?

   c. ¿Qué le propone el señor Librado al señor Cash? ¿Ofrece alguna garantía?

   d. ¿Qué pueden hacer los señores Cash y Librado para solucionar el problema de la cuenta morosa?

2. Basando sus comentarios en la conversación telefónica del ejercicio anterior, haga una de las siguientes llamadas telefónicas a otro/a estudiante de la clase. Cada persona debe participar activamente en la conversación. Si necesita ayuda con esta actividad, véase el Apéndice 1, «Protocolo telefónico», págs. 533–537.

   Usted es Justo Librado, gerente guatemalteco de compras para Amerind, y decide llamar a un funcionario del Banco Honesto para solicitar un préstamo a corto plazo para pagar sus deudas. Explique su situación morosa al funcionario de Agromec y defienda su pedido.

3. Haga la siguiente llamada telefónica a otro/a estudiante de la clase. Cada persona debe participar activamente en la conversación. Si necesita ayuda con esta actividad, véase el Apéndice 1, «Protocolo telefónico», págs. 533–537.

   La compañía estadounidense, para cuya sucursal guatemalteca usted va a trabajar por nueve meses, le va a pagar en quetzales. Durante su residencia en Centroamérica, usted quiere ahorrar dinero en un banco, pero no sabe cuál sería más rentable: una cuenta de ahorros o un depósito a plazo fijo. Llame al banco y pida a la persona apropiada que le explique los beneficios de ambos tipos de ahorros. Pregúntele también sobre los trámites que hay que hacer para abrir una cuenta nueva.

4-4 NAVEGANDO POR INTERNET

Para hacer este ejercicio, visite el MindTap de *Éxito comercial: Prácticas administrativas y contextos culturales*.

 MINDTAP

4-5 EJERCICIOS DE VOCABULARIO

Si es necesario, consulte la sección «Lectura comercial» o la lista de vocabulario que aparece al final del capítulo para completar estos ejercicios.

1. **¡A ver si me acuerdo!** El banco comercial estadounidense donde usted trabaja tiene muchos clientes jubilados en Guatemala y Honduras. El alto mando de su banco ha decidido que le hacen falta sucursales en estos países y le ha encargado a usted que se reúna con los directores de los bancos guatemaltecos y hondureños. Sin embargo, se le olvidan los siguientes términos en español. Como ayuda para recordarlos, le pide a un/a compañero/a que se los traduzca.

   a. *accounting*
   b. *double-sided entry*
   c. *cash flow*
   d. *statement of account*
   e. *time deposit*
   f. *drawee*
   g. *balance sheet*
   h. *borrower*
   i. *lender*

2. **¿Qué significan?** A usted le interesan las carreras de banca y contabilidad y quiere trabajar para un banco o una empresa hispanoparlante. Sin embargo, no sabe el significado de ciertos términos que se usan frecuentemente en estos campos. Decide consultarlos con un/a amigo/a. Pida a un/a compañero/a de clase que le explique los siguientes términos y que le dé algunos sinónimos si puede.

   a. cuentacorrentista
   b. ejercicio
   c. patrimonio
   d. en descubierto
   e. fiduciario
   f. girado
   g. domiciliar la nómina
   h. telepeaje

3. **Entrevista profesional.** En un banco de habla española en Los Ángeles, usted se ha presentado como candidato para el puesto de asesor/a financiero/a, que requiere ciertos conocimientos bancarios y contables. El/La director/a del departamento de contabilidad lo/la va a entrevistar y es posible que le haga las siguientes preguntas. Haga la entrevista con un/a compañero/a de clase. No olviden el protocolo ni las cortesías.

   a. ¿Qué funciones bancarias conoce? ¿Cuáles son algunos productos y servicios bancarios que ha usado usted?
   b. ¿Cuáles son los pasos para conceder una línea de crédito o un préstamo?
   c. ¿Qué conocimientos o experiencias contables tiene usted que le puedan ser útiles a nuestra empresa?
   d. ¿Qué cualidades personales y profesionales tiene usted que nos ayuden a atender mejor a nuestra clientela?

4. **Traducciones.** Al banco donde trabaja usted le interesa comunicar a sus clientes hispanos, tanto del extranjero como de los Estados Unidos, información y consejos sobre los servicios que presta y la banca en general. Le piden que traduzca las siguientes oraciones que informan sobre el tema.

a. *Deposit sufficient money into the checking account to cover the full amount of the check drawn.*

b. *Fill out all the information required by the check: the date, the amount in words and numbers, and the name of the bearer and the drawer.*

c. *To cash a check at a bank or other place of business, the bearer must endorse it on the back.*

d. *The bearer can also use the check to pay a third party, an endorsee, who must endorse it again to receive the full amount.*

e. *Banking services include checking and savings accounts, deposits and withdrawals of funds, loans, payment of bills, and insurance and investment products.*

5. **Prueba de comprensión.** Complete la prueba «Preguntas comerciales» en el MindTap de *Éxito comercial: Prácticas administrativas y contextos culturales.*

 MINDTAP

Nombre oficial:	República de Guatemala
Gentilicio:	guatemalteco/a
Capital:	Ciudad de Guatemala, población 2,918,00 (2015)
Sistema de gobierno:	República democrática constitucional
Jefe de Estado/Jefe de Gobierno:	Presidente James (Jimmy) Ernesto Morales Cabrera (2016)
Fiesta nacional:	15 de septiembre, Día de la Independencia (1821: de España)

[15] Fuentes: *CIA World Factbook* 2017 y *United States Census Bureau (International Programs, International Data Base)* 2016.

GUATEMALA

GEOGRAFÍA Y CLIMA

Área nacional en millas² y kilómetros²	Tamaño (comparado con los EUA)	División administrativa	Otras ciudades principales	Puertos principales	Clima	Tierra cultivable
42,042 mi² 108,890 km²	Casi tan grande como Tennessee	22 departamentos	Mixco, Villa-nueva, Quet-zaltenango, Escuintla, Totonicapán	Puerto Barrios, San José	Tropical y cálido en las tierras bajas, templado en la altiplanicie	14%

DEMOGRAFÍA

Año y población en millones				Distribución etaria (2016)			
			% urbana (2010)	< 15 años	65+	% de analfa-betismo (2015)	Grupos étnicos
2015	2017	2025					
14.9	15.5	17.6	52%	35%	4%	18%	59% mestizo, (llamado «ladino» en el país), 41% amerindio

ECONOMÍA Y COMERCIO

Unidad monetaria	Tasa de inflación (2016)	N° de trabajadores (en millones) (2016) y tasa de desempleo (2014)		% de población debajo de la línea de pobreza, según informe del país (2014)	PIB en miles de millones $EUA (2015)	PIB per cápita (2016)	Distribución de PIB (2016) y de trabajadores por sector (2014)*			Exporta-ciones en miles de millones $EUA (2016)	Importa-ciones en miles de millones $EUA (2016)
							A	I	S		
El quetzal	4.3%	4.62	2.9%	59%	$132.3	$7,900	13%	24%	63%	$11.43	$16.8
							31%	14%	54%		

* Para distribución del PIB y de los trabajadores (mano de obra): A = Agricultura, I = Industria, S = Servicios (y Gobierno)

Recursos naturales: Petróleo, níquel, maderas poco comunes, pesca, chicle, energía hidroeléctrica

Industrias: Azúcar, textiles y ropa, muebles, productos químicos, petróleo, metales, caucho (goma), turismo

COMERCIO

Productos de exportación: Café, azúcar, bananos y frutas, cardamomo, vegetales, petróleo, ropa

    Mercados: 35% EUA, 8% El Salvador, 7% Honduras, 5% Nicaragua, 5% Canadá, 4% México, 4% Costa Rica (2015)

Productos de importación: Combustibles, maquinaria y equipo de transporte, abono, granos, electricidad, materiales para la construcción

    Proveedores: 38% EUA, 12% México, 13% China, 5% El Salvador (2015)

Horario general de comercio: De lunes a viernes, desde las ocho de la mañana hasta las seis de la tarde.

TRANSPORTE Y COMUNICACIONES

Kilómetros de carreteras y % pavimentadas (2015)		Kilómetros de vías férreas (2014)	N° de aeropuertos con pista de aterrizaje pavimentada (2013)	N° de líneas telefónicas/ teléfonos celulares en millones (2015)		N° en millones (2015) y % de usuarios de Internet (2015)	
17,332	43%	800	16	1.7	18.1	4.04	27%

IDIOMA Y CULTURA

Idiomas	Religiones	Comidas y bebidas típicas / Modales
Español (oficial), 21 lenguas mayas (akateko, k'iche', kakchikel, kekchi, etc.), xinka y garífuna	Principalmente católica romana; protestante, maya tradicional	Tortillas de maíz, frijoles, arroz, tamales, plátanos fritos, carne, pollo, cerdo, café. Al terminar de comer, se suele decir «Muchas gracias» a lo cual se responde «Buen provecho». (Véase la Tabla 14-1, págs. 528–531).

Horario normal del almuerzo y de la cena: El almuerzo se come normalmente entre el mediodía y las dos de la tarde; la cena, entre las siete y las ocho de la noche.

Gestos: Al darse la mano en forma de saludo, el apretón es bastante más flojo que en otros países hispanos. Para señalar en una dirección, se frunce la boca hacia lo que se desea indicar. Para indicar sorpresa, asombro o apuro, se agita la mano de manera vigorosa lo cual resulta en un chasquido de los dedos. Para llamarle la atención a alguien, se puede hacer un sonido de «tssst, tssst». Para decir «adiós», a veces, especialmente entre los mayores o los del campo, la mano (con la palma hacia el cuerpo de uno) parece como si estuviera abanicándose. Para que se detenga un autobús o taxi, extender la mano hacia afuera con la palma hacia el suelo. Son obscenos los gestos de «*A-okay*» y el higo (un puño con el dedo pulgar colocado entre el dedo índice y el dedo corazón): ambos equivalen a «*to give the finger*».

Cortesía: Cuando se visita la casa de alguien para comer o cenar, se recomienda traer un pequeño regalo para los anfitriones. Al estar de visita en casa de alguien, se saluda a todos los presentes, aun a la gente que uno no conoce. Es descortés rehusar la oferta de un café, té o refresco con una meriendita. Al marcharse de la casa de alguien, se le agradece su hospitalidad y es común invitarlo a su vez a pasar por su casa. Al entrar a un comedor, se saluda a todos adentro con «buenas tardes» o «buenas noches», dependiendo de la hora del día. Al marcharse del comedor, se les desea a todos «buen provecho».

LA ACTUALIDAD POLÍTICA Y ECONÓMICA DE GUATEMALA

Poblada por ladinos (59.4%) e indígenas (40.6%), Guatemala es un país montañoso con clima tropical y cálido en las tierras bajas y templado en el altiplano. La economía depende mucho de la agricultura, que constituye casi un 14% del PIB y emplea un 31% de la mano de obra guatemalteca. Las exportaciones se dividen en dos tipos: productos tradicionales y no tradicionales. En los años más recientes, los productos no tradicionales han aumentado y actualmente representan un mayor porcentaje del total de exportaciones (73.5%) que los productos tradicionales (26.5%). Las exportaciones tradicionales de Guatemala incluyen azúcar, bananos, vegetales y café y las no tradicionales incluyen plomo, insecticidas, productos de madera, ropa, camisetas de algodón, pantalones y pantalonetas producidos en las maquiladoras guatemaltecas. Los EUA es el principal destino de las exportaciones guatemaltecas (33.5%), seguido por Centroamérica (28.5%). En Guatemala, el elemento que representa la mayor cantidad de exportaciones son los artículos de vestuario y, en segundo lugar, se encuentra el café. Guatemala es el tercer país más pobre de Hispanoamérica (después de Honduras y Nicaragua y se considera uno de los diez países más pobres del mundo[16].

Mucha de la pobreza que sufre la población guatemalteca se debe a una larga historia de enormes divisiones políticas, étnicas, sociales y económicas. Después de la Segunda Guerra Mundial, los presidentes iniciaron reformas sociales, que intentaban redistribuir las tierras de los terratenientes y las empresas internacionales, además de crear un sistema de seguro social. Cuando se nacionalizaron las bananeras de la *United Fruit Company* en 1954, el presidente fue derrocado por un golpe de estado apoyado por los EUA, lo cual puso fin a las reformas agrarias. Luego, las tensiones civiles siguieron y, a pesar de las elecciones presidenciales y la reinstitución de un gobierno civil en los años sesenta, se inició una época de control militar en 1970 cuando el nuevo presidente, Carlos Arana Osorio, inició ataques contra los grupos izquierdistas en el campo.

En 1992, la activista Rigoberta Menchú, luchadora por los derechos civiles de los indígenas, las mujeres y los obreros marginados, ganó el Premio Nobel de la Paz, lo cual despertó la conciencia mundial frente a la violencia y la explotación guatemaltecas. En 1996, se firmaron los Acuerdos de Paz, que pusieron fin a una guerra civil que había durado casi 35 años. Aunque todavía ocurren violaciones de los derechos humanos, los convenios pusieron fin a la guerra civil más violenta de Centroamérica.

---

[16] http://www.taringa.net/posts/info/2598431/Los-15-Paises-mas-Pobres-del-Mundo.html, consultado el 20 de junio de 2017.

A partir de la firma de la paz, la economía guatemalteca empezó a crecer, especialmente en las industrias de turismo y de telecomunicaciones. Al privatizar la empresa estatal telefónica GUATEL, se abrió el mercado a más de 20 empresas adicionales. Entre 1997 y 2016, al proliferar el número de usuarios de los servicios móviles, hubo 18.1 millones de teléfonos celulares, a pesar de haber una población de poco más de 15.1 millones de habitantes.

En el año 2016, según el Instituto Guatemalteco de Turismo, el número de turistas que visitaron Guatemala alcanzó solo 2 millones, el mismo nivel del año 2010 a pesar de la recuperación moderada de las economías más influyentes de los EUA y Europa en 2011. Guatemala firmó un Tratado de Libre Comercio con los EUA y Centroamérica en 2006 y luego con la República Dominicana (DR-CAFTA firmado entre 2004 y 2009). Los resultados del impacto económico del DR-CAFTA en 2014 indicaron que las exportaciones de productos agrícolas no tradicionales a los EUA de Guatemala aumentaron un 26.2%. También hubo una diversificación en la cartera de exportaciones, aunque la diversificación tendió hacia un mismo grupo de productos. Guatemala mostró importantes ganancias en las cuotas de participación del mercado norteamericano[17].

Entre los aspectos que han limitado la economía en general y el desarrollo del turismo en Guatemala, se encuentran los altos índices de violencia, y la ineficiencia y corrupción en el sector de la justicia. Un factor que contribuye a la violencia ha sido el terror sembrado por las pandillas pertenecientes al crimen organizado, denominadas «maras» e identificadas por sus ademanes y tatuajes. Estos grupos forman un fenómeno social en algunos países centroamericanos y están causando un grave caos social y económico, que perjudica la estabilidad política y económica de estas frágiles democracias. Además, desde 2008 algunas violentas células de narcotraficantes, como los Zetas del sur de México, empezaron a tener operaciones en Guatemala para poder controlar el transporte de drogas provenientes de Sudamérica. Dirigen secuestros, extorsiones y tráfico de armas y personas, y hay violentas confrontaciones internas debido a serias subdivisiones dentro del grupo. Los presidentes Álvaro Arzú (1996–2000), Alfonso Portillo (2000–2004) y Óscar Berger (2004–2008) tuvieron que emplear el ejército para apoyar a la policía en su combate contra la violencia interna. Bajo el mandato de Álvaro Colom (2008–2012), la seguridad fue su peor fracaso y la situación se hizo aún más violenta[18]. Otto Fernando Pérez Molina (2012–2015) tuvo que renunciar a la presidencia para hacer frente a un juicio por corrupción. El nuevo presidente, Jimmy Morales, un comediante conservador sin mucha historia política, ganó las elecciones en 2015 con el lema «Ni corrupto, ni ladrón». Además de esta falta de confianza en el sistema político, Guatemala tiene que tratar con una reducida base impositiva, poca inversión pública, la empobrecida calidad de vida de la mitad de su población, el alto nivel de violencia, la inseguridad en las cortes y la poca inversión extranjera directa.

---

[17] https://bdigital.zamorano.edu/bitstream/11036/3419/1/AGN-2014-T044.pdf, consultado el 20 de junio de 2017.

[18] http://www.academia.edu/10560220/POLITICA_DE_GOBIERNO_DE_ALVARO_COLOM, consultado el 20 de junio de 2017.

UNA VISTA PANORÁMICA DE HONDURAS[19]

Nombre oficial:	República de Honduras
Gentilicio:	hondureño/a
Capital:	Tegucigalpa, población 1,123,000 (2015)
Sistema de gobierno:	República democrática constitucional
Jefe de Estado/Jefe de Gobierno:	Presidente Juan Orlando Hernández (2014)
Fiesta nacional:	15 de septiembre, Día de la Independencia (1821: de España)

[19] Fuentes: *CIA World Factbook* 2017 y *United States Census Bureau (International Programs, International Data Base)* 2016.

HONDURAS

GEOGRAFÍA Y CLIMA

Área nacional en millas² y kilómetros²	Tamaño (comparado con los EUA)	División administrativa	Otras ciudades principales	Puertos principales	Clima	Tierra cultivable
43,270 mi² 112,090 km²	Un poco más grande que Tennessee	Un distrito capital y 18 departamentos	San Pedro Sula, La Ceiba, Choluteca	Puerto Cortés, La Ceiba	Tropical y cálido en la costa, subtropical en las tierras bajas, templado en la altiplanicie y las montañas	9.1%

DEMOGRAFÍA

Año y población en millones			% urbana (2015)	Distribución etaria (2016)		% de analfabetismo (2015)	Grupos étnicos
2015	2017	2025		<15 años	65+		
8.7	9.0	10.1	55%	34%	4%	11%	90% mestizo, 7% amerindio, 2% africano, 1% blanco europeo

ECONOMÍA Y COMERCIO

Unidad monetaria	Tasa de inflación (2016)	N° de trabajadores (en millones) y tasa de desempleo (2016)		% de población debajo de la línea de pobreza, según informe del país (2010)	PIB en miles de millones $EUA (2015)	PIB per cápita (2016)	Distribución de PIB (2016) y de trabajadores por sector (2005)*			Exporta-ciones en miles de millones $EUA (2016)	Importa-ciones en miles de millones $EUA (2016)
							A	I	S		
El lempira	2.9%	3.6	3.9%	60%	$43.19	$5,300	13%	27%	60%	$8.2	$11.25
							39%	21%	40%		

* Para distribución del PIB y de los trabajadores (mano de obra): A = Agricultura, I = Industria, S = Servicios (y Gobierno)

Recursos naturales: Madera, oro, plata, cobre, plomo, cinc, hierro, antimonio, carbón, pesca, energía hidroeléctrica

Industrias: Azúcar, café, textiles y ropa, productos de madera, cemento, cigarros, productos alimenticios

COMERCIO

Productos de exportación: Café, bananos y frutas, camarón y langosta, aceite de palma, madera

Mercados: 36% EUA, 9% Alemania, 9% El Salvador, 6% Guatemala, 6% Nicaragua, 4% Paises Bajos (2015)

Productos de importación: Combustibles, maquinaria y equipo de transporte, materia prima industrial, productos químicos, productos alimenticios

Proveedores: 35% EUA, 9% Guatemala, 7% México, 5% El Salvador (2015)

Horario general de comercio: De lunes a viernes, desde las ocho de la mañana hasta el mediodía y luego desde la una hasta las cinco de la tarde. Los sábados, desde las ocho hasta el mediodía.

Horario normal del almuerzo y de la cena: Las doce del mediodía para el almuerzo; entre las seis y las siete de la noche para la cena.

TRANSPORTE Y COMUNICACIONES

Kilómetros de carreteras y % pavimentadas (2012)		Kilómetros de vías férreas (2014)	N° de aeropuertos con pista de aterrizaje pavimentada (2013)	N° de líneas telefónicas/teléfonos celulares en millones (2015)		N° (en millones) de usuarios de Internet (2015)
14,742	23%	699	13	0.50	8.0	1.781

IDIOMA Y CULTURA

Idiomas	Religiones	Comidas y bebidas típicas/Modales
Español (oficial), varios idiomas indígenas (miskito, towaka, etc.) y garífuna	97% católica romana, 3% protestante	Tortillas de maíz, frijoles, arroz, nacatamales, tapado, mondongo, topoyivos o charamuscas, bananos, piña, mango, coco, melón y otras frutas, café. No apresurarse durante la comida. Mantener las manos (no los codos) encima de la mesa al comer. La mayoría de la población (los pobres) utiliza la tortilla como utensilio para comer (en vez de tenedor). (Véase la Tabla 14-1, págs. 533–537).

Gestos: Al darse la mano en forma de saludo, el apretón es bastante más flojo que en otros países hispanos. Para señalar hacia una dirección, se frunce la boca hacia lo que se desea indicar. Para indicar sorpresa, asombro o apuro, se agita la mano de manera vigorosa lo cual resulta en un chasquido de los dedos. Para decir adiós, la mano parece como si estuviera abanicándose. Apretar fuertemente juntas las manos indica entusiasmo y aprobación. Tocarse bajo el ojo con el dedo índice es señal de ¡ojo!, tener cuidado. Para indicar que alguien es tacaño, colocar la mano, con la palma boca arriba, bajo el otro codo. Es obsceno el gesto del higo (un puño con el dedo pulgar colocado entre el dedo índice y el dedo corazón), equivale a «*to give the finger*».

Cortesía: Hacer un saludo general al entrar en un cuarto, pero si se trata de una reunión bastante pequeña, saludar individualmente a cada persona al llegar y despedirse de cada una al marcharse. Cuando se visita la casa de alguien para comer o cenar, traer para los anfitriones un detalle como flores (¡pero no blancas porque se asocian con la muerte!), chocolates o algo para la casa. Durante una visita a la casa de alguien, es descortés rehusar los refrescos y la comida ofrecidos por un anfitrión ya que están ofreciendo parte de lo poco que tienen.

LA ACTUALIDAD POLÍTICA Y ECONÓMICA DE HONDURAS

Honduras, igual que Guatemala, es un país montañoso con clima variado y templado en el interior, y tropical y cálido en las costas. Económicamente, con un PNB per cápita de $5,300 en 2016, es el segundo país más pobre de América Central. Sin embargo, con la excepción de la mala economía mundial en 2008 y 2009, su economía había experimentado cuatro años consecutivos de crecimiento entre 2004 y 2007, y desde 2010 hasta 2015 el PIB per cápita subió de $16,730 a $20,900. Debido a la diversificación de productos en las recientes décadas que ha reducido su dependencia de la agricultura, parecido a lo ocurrido en Guatemala, los productos no tradicionales tomaron la delantera y superaron el 50% de las exportaciones. Los no tradicionales más destacados incluyen aceite de palma africana, melones, sandía, camarón cultivado, oro y jabones. El sector industrial, especialmente la industria textil, la manufactura y la elaboración de productos metálicos, se ha beneficiado de más inversiones locales y extranjeras.

En los años ochenta, etapa de gran inseguridad política y económica en América Central, los EUA estableció campamentos de entrenamiento en Honduras para los «Contras» nicaragüenses y para salvadoreños involucrados en actividades antisandinistas. En los años noventa, Honduras empezó a enfrentarse a los problemas económicos que habían plagado el país por años. Redujo el déficit presupuestario y puso en vigor reformas que reestructuraban los sectores financieros, en especial la bolsa y la banca. Se atrajeron a más inversionistas y se lograron avances tecnológicos en el sistema bancario para automatizarlo. Por falta de capital y debido a los altibajos en los ingresos del cultivo del banano, entre otras cosas, el mejoramiento, hasta recientemente, había sido poco. En verdad, a diferencia de los otros países hispanoamericanos, Honduras casi no ha emprendido una política de privatización de sus sectores económicos más importantes, tal como el de las telecomunicaciones, y la mayoría de las empresas siguen en manos del Estado. Por ejemplo, todavía existen las siguientes empresas: Servicio Autónomo Nacional de Acueductos y Alcantarillados (SANA), descentralizado a los municipios; Hondutel, (telecomunicaciones); Honducor (correos); Ferrocarril Nacional de Honduras; Empresa Nacional Portuaria (naves y actividades en los puertos de Puerto Cortés, La Ceiba, Puerto Castilla y San Lorenzo); el Instituto Hondureño de Seguridad Social (hospitales, centros de asistencia); y Empresa Nacional de Energía Eléctrica (69% de la demanda). Hay frecuentes manifestaciones contra la privatización por parte de los sindicatos, comunidades indígenas y profesores, todos preocupados por la posibilidad de perder sus beneficios médicos.

Además, ciertos eventos de fuerza mayor como los huracanes han dañado la infraestructura hondureña y así han disminuido el progreso económico. En cuanto a la política interior, los hondureños, frecuentemente llamados *catrachos* (un apodo percibido positivamente y basado en el apellido del general Florencio Xatruch, quien luchó contra el aventurero norteamericano William Walker en 1857), han elegido libremente a seis presidentes cada cuatro años entre 1982 y 2006. En 2005, Manuel Zelaya Rosales (2006–2009), candidato del Partido Liberal de Honduras (PLH), fue elegido presidente. Bajo su dirección, Honduras se hizo socio de la Alianza Bolivariana para los Pueblos de Nuestra América (ALBA), la iniciativa del expresidente venezolano, Hugo Chávez, con los líderes de Cuba, Bolivia y Nicaragua. ALBA, cuyo énfasis es la lucha contra la pobreza y la exclusión social en base a doctrinas de izquierda, pretende ser la alternativa a la iniciativa norteamericana del Área de Libre Comercio de las Américas (ALCA) y busca frenar la influencia de los EUA en el hemisferio.

En 2009, Roberto Micheletti (2009–2010), apoyado por el Congreso, la Corte Suprema, el Tribunal Electoral, la Fiscalía General, la Iglesia y el Ejército, asumió la presidencia ocupada en ese momento por el presidente Manuel Zelaya quien había sido elegido constitucionalmente. Zelaya fue llevado al exilio en un avión militar a Costa Rica. Ambos hombres se acogieron a la constitucionalidad de los hechos. Los partidarios de Zelaya y la opinión mundial coincidieron en que no era aceptable en el siglo XXI otro golpe de estado militar en una región que había sufrido tantos golpes a lo largo de la historia. Los partidarios de Micheletti mantuvieron que el presidente Zelaya no había actuado conforme a la Constitución del país al pretender modificarla para poder reelegirse, un cambio constitucional como los que recientemente se habían efectuado en otros países (Chávez en Venezuela, Ortega en Nicaragua y Morales en Bolivia).

Pero a fines de noviembre de 2010, cuando se completaron las nuevas elecciones presidenciales y fue elegido Porfirio Lobo, los EUA y el mediador Óscar Arias (presidente costarricense) recomendaron el apoyo al nuevo gobierno de Lobo cuyo mandato acabó en 2014. Económicamente, Honduras firmó el acuerdo de RD-CAFTA en 2005 y en 2015 el 36% de las exportaciones y de las importaciones dependía de los EUA. A partir de principios del siglo XXI, los trabajadores hondureños en el extranjero han enviado anualmente una cantidad creciente de dinero (remesas) a sus familias desde el país donde trabajan. En 2014 según el Instituto Nacional de Estadísticas (INE), más de un 8% de los ingresos gubernamentales en Honduras dependía de las remesas, lo que ayuda a las familias a mantener estabilidad económica (un 40% las recibe) y también permite más inversión personal. Desgraciadamente, la desigualdad económica, la desnutrición, la falta de vivienda adecuada, las enfermedades infantiles y la violencia causada por las maras siguen azotando la sociedad hondureña.

4-6 ACTIVIDADES

¿Qué sabe usted de Guatemala y de Honduras?

1. A usted lo/la han contratado como asesor/a transcultural de negocios internacionales. Como tal, necesita informar a sus clientes sobre Guatemala y Honduras y recomendar un plan de viaje de negocios a cada país. Investigue sobre los datos pertinentes para poder abarcar los temas a continuación.

   a. Describa usted la geografía de Guatemala y de Honduras, incluyendo temas relacionados, como las siguientes características: ubicación y tamaño de ambos países, capital y otras ciudades y puertos importantes, división administrativa y clima. Compare el tamaño de Guatemala con el de los

EUA y con el tamaño del estado donde vive usted. Compare el tamaño de Honduras con el de los EUA y con el del estado donde vive usted.

b. ¿Cuáles son las principales características demográficas y políticas de Guatemala y Honduras? ¿Quién es el jefe de estado de cada país? Comente la importancia de la crisis constitucional con Zelaya y Micheletti en Honduras en 2009. ¿Cómo se resolvió la situación?

c. ¿Cuándo se celebra la fiesta nacional de cada país? ¿En qué otras fechas hay fiestas públicas que también podrían afectar el éxito de un viaje de negocios? (Véase la Tabla 10-1, págs. 352–354).

d. Describa la economía de cada país. Incluya datos sobre la moneda nacional, la tasa de inflación, el PIB y el PIB per cápita, el número de trabajadores (mano de obra), la tasa de desempleo, los recursos naturales, las industrias nacionales, los productos que se exportan e importan, los países destino (mercados) y proveedores (fuentes) de estas transacciones internacionales y la balanza de comercio. ¿A cuánto cotiza cada moneda nacional con respecto al dólar estadounidense?

e. ¿Qué producto o servicio recomendaría vender en Guatemala y en Honduras? ¿Por qué?

f. Compare la infraestructura de los transportes y las comunicaciones en cada país.

g. ¿Cómo han cambiado algunos de los datos presentados en las secciones de «Vista panorámica» y «La actualidad política y económica» de este texto? Actualícelos para cada país.

h. ¿Quién es Rigoberta Menchú? ¿Es controvertido su testimonio? (Busque más información en Internet).

i. ¿Qué impacto han tenido los huracanes en Guatemala y en Honduras? Busque información en Internet. ¿Ha habido problemas con otros desastres naturales en estos dos países?

j. ¿Qué son «las maras» y qué efecto tienen en la sociedad, la economía y el desarrollo democrático de Guatemala y Honduras? Si usted fuera líder en estos dos países, ¿qué haría para controlarlas?

k. Basándose en la «La actualidad política y económica» de cada país, ¿qué realidades, oportunidades y problemas destacaría y qué recomendaciones le daría a su cliente/a?

2. Use Internet u otras fuentes informativas para preparar un plan (con presupuesto e itinerario) para sus clientes, que harán un viaje de negocios a las capitales de Guatemala y Honduras. Busque las verdaderas posibilidades en Internet, por medio de una llamada telefónica, en una agencia de viajes o en el aeropuerto mismo. Comuníquese en español, si es posible.

a. Fechas de ida y vuelta

b. Vuelos: aeropuertos de salida y llegada, líneas aéreas, horario; costos

c. Transporte interno que se piensa usar en cada país: taxi, autobús, alquiler de carro, metro, tren, otro; costos

d. Alojamiento y viáticos; costos

e. La comida típica que van a pedir para la cena la primera noche en cada país

f. Las formas de cortesía y los gestos que deben recordar, usar o evitar

LECTURA CULTURAL

Banca, oportunidad, estabilidad, desarrollo y acceso

Muchísimas personas han podido realizar sus sueños gracias a la banca. La asistencia proporcionada por este sistema crediticio ha facilitado la creación de nuevas empresas, la operación y el mejoramiento de fábricas, la compra de viviendas y automóviles, la educación y hasta los medios para tomarse unas bien merecidas vacaciones. La banca nos ha ofrecido nuevas tecnologías de compraventa y de transferencia, como el **cajero automático** (¡inventado hace más de 50 años!), la tarjeta de débito, la domiciliación de la nómina, el telepeaje y el rápido desarrollo de la banca en línea que se ha ido extendiendo por todas partes, reafirmando el concepto de la economía global inmediata e interactiva. El uso global de los cajeros automáticos, que permiten retirar fondos en la divisa extranjera con el tipo de cambio de ese mismo momento, reemplazó rápidamente a los cheques de viajero tan populares en los años setenta, ochenta y noventa. La banca ha servido para proteger y aumentar los ingresos y los ahorros y para crear o mantener fortunas, lo cual incluye elementos negativos como el **lavado de dinero** (o el **blanqueo de capitales**). Para muchas familias con acceso a los productos y servicios bancarios, los bancos de diversa índole y otras instituciones crediticias relacionadas han representado la oportunidad de mejorar su condición de vida y la de sus hijos.

Ya se ha visto el tema del banco comercial y el de las instituciones de micro-financiación. A continuación se hablará más de otros dos tipos de bancos: los **centrales (nacionales o federales)** y los de **desarrollo** (o **fomento**). Los bancos centrales tienen un papel clave en el sistema bancario nacional de cada país. El banco central de los Estados Unidos es el *Federal Reserve Bank* (Banco de Reserva Federal), creado en 1913 para asegurar un sistema monetario y financiero más estable para el país. Hoy en día, el «Fed» dirige la política monetaria de la nación, supervisa la banca nacional, protege los derechos crediticios de los consumidores y mantiene la estabilidad del sistema financiero, lo cual ha sido muy difícil durante la aguda crisis financiera que ha azotado a los EUA desde finales del año 2008. Los bancos centrales de los países hispanos tienen objetivos semejantes, con un énfasis especial en proteger el valor de la moneda nacional contra tendencias inflacionarias y supervisar la política cambiaria de divisas.

El Banco de Guatemala, por ejemplo, debe «contribuir a la creación y mantenimiento de las condiciones más favorables al desarrollo ordenado de la economía nacional, para lo cual propiciará las condiciones monetarias, cambiarias y crediticias que promuevan la estabilidad en el nivel general de precios»[20]. El Banco Central de Honduras tiene la responsabilidad de «velar por el mantenimiento del

---

[20] www.banguat.gob.gt, consultado el 20 de junio de 2017.

valor interno y externo de la moneda nacional y el buen funcionamiento y estabilidad de los sistemas financiero y de pagos del país»[21]. El Banco Central de Chile tiene la misión de «contribuir al buen funcionamiento de la economía y al bienestar de los chilenos, velando por la estabilidad de la moneda y el normal funcionamiento de los pagos internos y externos» y desea ser reconocido «como una institución autónoma, técnica y de excelencia, por nuestros valores institucionales y por la efectividad con que alcanzamos la estabilidad de precios y el normal funcionamiento del sistema de pagos»[22]. Y el marco legal del Banco Central de Reserva del Perú estipula que «como persona jurídica de derecho público (...) su finalidad es preservar la estabilidad monetaria (...) regular la moneda y el crédito del sistema financiero, administrar las reservas internacionales a su cargo [e] informar exacta y periódicamente al país sobre el estado de las finanzas nacionales»[23].

Los bancos de desarrollo (o de fomento) multilateral y otras organizaciones financieras relacionadas (recuerde el caso del BID, presentado antes en el ejercicio «Para pensar» de la «Lectura comercial») tienen propósitos diferentes a los de los bancos centrales. SELA, el Sistema Económico Latinoamericano y del Caribe, cuenta entre sus objetivos el de «promover un sistema de consulta y coordinación para concertar posiciones y estrategias comunes de América Latina y el Caribe, en materia económica, ante países, grupos de naciones, foros y organismos internacionales» e «impulsar la cooperación y la integración entre países de América Latina y el Caribe»[24]. La CEPAL, Comisión Económica para América Latina, fue creada por las Naciones Unidas «para contribuir al desarrollo económico de América Latina, coordinar las acciones encaminadas a su promoción y reforzar las relaciones económicas de los países entre sí y con las demás naciones del mundo»[25]. Y, como último ejemplo, el CMCA (Consejo Monetario Centroamericano), «integrado por los Presidentes de los cinco Bancos Centrales Centroamericanos y el Gobernador del Banco Central de República Dominicana», tiene como principal objetivo «promover políticas monetarias y financieras que impulsen el proceso de integración monetaria y financiera y la estabilidad macroeconómica regional»[26].

En fin, los diferentes tipos de bancos tienen distintos papeles. En breve, el banco comercial típicamente funciona a nivel microeconómico para ayudar a los individuos y a las empresas con préstamos, cuentas corrientes y de ahorros, diversos productos bancarios de seguros, jubilación, etc. La microfinanciación propone pequeños créditos a quienes carecen de acceso a la banca comercial tradicional. El banco central o nacional se encarga a nivel macroeconómico y macrobancario de la banca nacional, la estabilidad de la moneda nacional y la política cambiaria. El banco de desarrollo o de fomento, también a nivel macroeconómico, se dedica a reducir

---

[21] http://www.bch.hn/mision.php, consultado el 20 de junio de 2017.

[22] http://www.bcentral.cl/acerca/planificacion-estrategica/index.htm, consultado el 20 de junio de 2017.

[23] http://www.bcrp.gob.pe/docs/sobre-el-bcrp/folleto/folleto-institucional-1.pdf, consultado el 20 de junio de 2017.

[24] http://www.sela.org/es/que-es-el-sela/actividades-y-estructura/, consultado el 20 de junio de 2017.

[25] http://www.cepal.org/es/acerca-de-la-cepal, consultado el 20 de junio de 2017.

[26] http://www.secmca.org/PlanE.html, consultado el 20 de junio de 2017.

la pobreza en un país o en una región, a la integración económica y monetaria multilateral y al desarrollo socioeconómico nacional o regional. Este último, en el sentido del desarrollo sostenible o sustentable, es muy importante para aquellos países hispanoamericanos que están en vías de desarrollo.

La verdad es que los productos y servicios de la banca comercial privada tradicionalmente han sido mucho más asequibles para los que viven en un país desarrollado como los EUA o España donde la riqueza nacional está mejor distribuida entre un mayor número de personas. Para lograr el acceso a la banca comercial, primero hace falta reducir la pobreza que, como se ve en la Figura 4-1, es un problema grave y persistente en muchos países hispanos[27]. El Grupo del Banco Mundial (GBM) define la pobreza como «vivir por debajo de un ingreso de un dólar con 25 centavos al día por persona, condición que también abarca la carencia de alimentos, cobijo, salud, educación e influencia acerca de las decisiones que afectan la vida propia»[28]. El informe anual Panorama Social de América Latina 2015 comunicó que «A nivel regional, las tasas de pobreza e indigencia se mantuvieron constantes en 2014 y se estima un aumento para 2015. El comportamiento de los países en 2014 fue heterogéneo: en la mayoría ambos indicadores disminuyeron y en unos pocos aumentaron. Entre 2010 y 2014 la mayoría de países de la región redujo sus niveles de desigualdad en la distribución del ingreso. No obstante, las brechas siguen siendo grandes y la desigualdad se manifiesta en distintas dimensiones más allá del ingreso»[29]. Los menos afortunados —los pobres, las mujeres, los indígenas, los negros y otros discriminados— no han tenido acceso a la banca comercial, la cual ha servido mayormente los intereses de las clases alta y media, especialmente la élite. A causa de la corrupción endémica en muchos países hispanos, tampoco se ha tenido mucha confianza en las instituciones bancarias y oficiales. Por eso, ha llegado a tener gran importancia el concepto de la inversión en el desarrollo sostenible, definido en 1987 por la Comisión de Brundtland como «aquel que satisface las necesidades del presente sin comprometer que las generaciones futuras satisfagan sus propias necesidades»[30]. Se trata de un desarrollo económico, ambiental y social, auténtico, compartido y duradero. La banca en general, al concentrarse más en la reducción de la pobreza y en el desarrollo sostenible, puede ayudar a muchos más hispanoamericanos con el progreso socioeconómico a largo plazo, lo cual sin duda urge a corto plazo.

---

[27] *CIA World Factbook* 2017.

[28] http://web.worldbank.org, http://www.globalissues.org/article/4/poverty around-the-world, consultado el 20 de junio de 2017.

[29] http://www.cepal.org/sites/default/files/presentation/files/220321_ps_2015_ppt.pdf, consultado el 20 de junio de 2017.

[30] http://www.eltiempo.com/archivo/documento/MAM-1577551, consultado el 20 de junio de 2017.

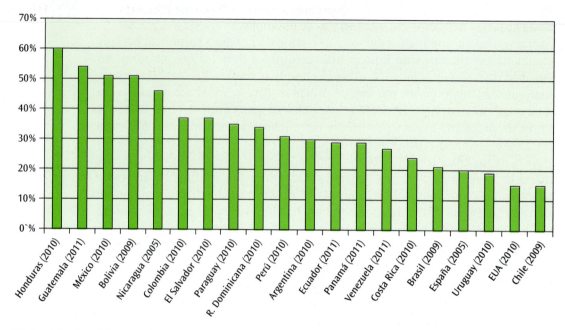

* No hay datos disponibles para Cuba y Guinea Ecuatorial.

4-7 ACTIVIDADES

1. **¿Qué sabe usted de cultura?** Para demostrar sus conocimientos, conteste las preguntas a continuación.

   a. ¿En qué se diferencian los objetivos de un banco comercial, una institución de microfinanciación, un banco central y un banco de desarrollo?

   b. ¿Cómo se llama el banco central de los EUA y cuáles son sus responsabilidades principales?

   c. ¿Cuál es el objetivo principal de muchos de los bancos centrales de Hispanoamérica? ¿Por qué piensa que es así?

   d. ¿Qué son el GBM, el BID, el SELA, la CEPAL y el CMCA? ¿Por qué existen?

   e. ¿Quién se puede servir de la banca comercial privada en Hispanoamérica y quién no? ¿Hay acceso general? Explique.

   f. Use la Figura 4-1 para analizar la pobreza en Latinoamérica. ¿Cuáles son los países hispanos con más del 50% de su población por debajo de la línea de pobreza? ¿Con 20% o menos? ¿Piensa que la pobreza es un problema limitado solo a Latinoamérica? Comente con ejemplos.

   g. Si fuera usted banquero/a, ¿incluiría el «desarrollo sostenible» como una condición de un préstamo o una inversión? Explique y justifique. ¿Por qué piensa que es importante este concepto para el futuro de Hispanoamérica y del mundo? Comente.

2. **Prueba de comprensión cultural.** Complete la prueba «Preguntas culturales» en el MindTap de *Éxito comercial: Prácticas administrativas y contextos culturales.*

MINDTAP

3. **Mini-drama cultural.** Dramatice la siguiente situación y conteste las preguntas.

Roberta O'Neil, estudiante de idiomas y comercio en una universidad estadounidense, está haciendo su práctica profesional con Petroleras Guatemaltecas en Puerto Barrios, cerca del golfo de Honduras en el noroeste del país. Después de una semana en esta ciudad, decide abrir una cuenta corriente y otra de ahorros para llevar a cabo varias transacciones personales y comerciales. Va al Banco Comercial y, al ver que el interior del banco es moderno, piensa que las costumbres bancarias y la atención al cliente son parecidas a las de Filadelfia, su ciudad natal. Pasa a la ventanilla de la primera cajera donde se entabla la siguiente conversación.

Primera cajera: Buenos días, señorita. ¿En qué puedo servirle?

O'Neil: Buenos días. Me llamo Roberta O'Neil y quisiera abrir una cuenta corriente y otra de ahorros.

Primera cajera: Lo siento, señorita. Aquí se sirve solo a quienes ya tienen cuentas. Pase, por favor, a la ventanilla cuatro. (Al decir esto, la cajera frunce la boca hacia la ventanilla cuatro).

O'Neil: Gracias. (Se acerca a la ventanilla cuatro).

Cajero: Buenos días. ¿En qué puedo servirle?

O'Neil: Buenos días. Quisiera abrir una cuenta corriente y otra de ahorros.

Cajero: Usted es estadounidense, ¿verdad?

O'Neil: Sí. Me llamo Roberta O'Neil y soy de Filadelfia.

Cajero: Bienvenida a Guatemala. Espero que le guste nuestro país. Es muy bonito. En cuanto a las cuentas que desea abrir, tiene que pasar a la ventanilla ocho. (Frunce la boca hacia la ventanilla ocho).

O'Neil: (Un poco irritada) Gracias.

Cajera: Buenos días, señorita. ¿En qué puedo servirle?

O'Neil: Quisiera abrir una cuenta corriente y otra de ahorros, pero me parece que es muy difícil hacerlo.

Cajera: No, señorita, es fácil. ¿Tiene el pasaporte y el permiso para trabajar en Guatemala?

O'Neil: Sí, aquí los tengo.

La banca y la contabilidad 121

Cajera:	Gracias. Un momentito, por favor. (Se va y vuelve un rato después).

(Mientras O'Neil espera, llega un señor guatemalteco y se cuela delante de ella, entregándole a la cajera unos papeles. Saluda a la cajera y comienza a charlar con ella amistosamente. La cajera le sigue con interés el hilo de la conversación, preguntándole por la familia, el trabajo, etc.)

O'Neil:	(Nerviosa) Perdone, señor, pero es mi turno, ¿no?
Guatemalteco:	Ah, lo siento, señorita, pero pensé que usted ya había terminado y que me tocaba a mí.
O'Neil:	(Ya irritada) Bueno, todavía no he terminado.
Guatemalteco:	Pues, Amalia (dirigiéndose a la cajera), lo siento, pero tengo que irme a casa. Me espera toda la familia. Adiós, favor de saludar a tu papá. Nos vemos esta noche en casa de Tito y Carmencita.
O'Neil:	(A la misma cajera) ¿Qué le pasa a ese señor? ¡Qué maleducado!
Cajera:	¿Perdón, señorita? (Con una breve mirada de sorpresa). Un poco de paciencia, por favor. Aquí tiene usted los formularios para abrir las cuentas que desea. Favor de completarlos y pasar a la ventanilla dos. (Frunce la boca hacia la ventanilla dos).
O'Neil:	Gracias y adiós. (A sí misma) ¡Qué gente más extraña! Parece que todos tienen un tic nervioso con los labios.

a. ¿Qué tiene que aprender todavía la señorita O'Neil? Defienda su selección.

- Los guatemaltecos son muy agresivos y maleducados.

- Los guatemaltecos no respetan a los extranjeros.

- Los guatemaltecos tienen otros valores y normas culturales de conducta bancarias.

b. ¿Por qué piensa la señorita O'Neil que todos tienen un tic nervioso? En realidad, ¿qué significa este gesto de señalar con la boca fruncida? ¿Ocurre esto en los bancos de los EUA? Comente.

SÍNTESIS COMERCIAL Y CULTURAL

4-8 ACTIVIDADES COMUNICATIVAS

1. **Situaciones para dramatizar.** Lea las siguientes situaciones y, después, haga el papel en español con otro/s estudiante/s, usando una de las posibilidades siguientes como punto de partida. Cada persona debe participar activamente en la dramatización. No olviden el protocolo ni las cortesías.

a. *You are a representative of the Inter-American Development Bank* (Banco Interamericano de Desarrollo) *which was founded to help finance economic development projects in the Americas. The bank has loaned the Guatemalan government several million dollars in notes* (pagarés) *to build needed housing in Quetzaltenango, the second largest city in that country. You are in Guatemala City because the government has not paid the first note, which was due two months ago. You discuss the following with a representative of the Ministry of Finance.*

- *Reasons for the non-payment*
- *Possible solutions to the problem (partial payment, rescheduling the loans, etc.)*

In your discussion you come to realize that each of you has different views on borrowing, lending, and repayment—yours more typically American (insistence on paying on time, etc.) and his/hers more typically Guatemalan (appealing somewhat to the lender's goodwill and understanding). Try to resolve the problem tactfully.

b. *You are an auditor for a U.S. bank on assignment in Tegucigalpa to review the financial books and statements of its Honduran branch. After examining the necessary documents, you discuss the following with the branch's chief accountant.*

- *The need for bank employees to adhere to the parent bank's policies and practices on making the appropriate entries clearly and keeping all journals and ledgers up-to-date.*
- *The practice of giving preferential treatment* (el dedazo/la dedocracia) *for various bank transactions, especially to close friends or relatives.*

During your conversation, you encounter resistance from the Honduran accountant, who defends some of the very customs that you are questioning. Try to come to a mutually satisfactory agreement on procedure.

2. **Actividad empresarial.** Usted y sus compañeros de clase trabajan para USCAN, S.A. Por ser especialistas en contabilidad y por saber español, se les ha asignado que expliquen las transacciones hechas en las Tablas 4 -1 hasta 4 - 4, indicando:

- a qué estado contable pertenece cada una
- por qué se realizaron y con qué resultados
- cuál es el estado financiero de la empresa

Repartan lo asignado de modo que todos colaboren. Luego, comenten sus análisis con sus compañeros de clase.

3. **Minicaso práctico.** Lea el caso y conteste las preguntas a continuación.

Bank of America Corporation es una de las instituciones bancarias y financieras más grandes del mundo. Ofrece una amplísima gama de productos y servicios bancarios e inversionistas tanto como los que se relacionan con la **administración de bienes** y de riesgo. Según su página web, en abril de 2009, en los EUA contaba con más de 6,100 sucursales, unos 18,700 cajeros automáticos y brindaba banca en línea a unos 29 millones de usuarios activos. También prestaba servicios y **asesoría** a más de 59 millones de clientes individuales, pequeñas empresas, gobiernos, sociedades anónimas y otras instituciones, en más de 150 países del mundo. En 2008, el banco había adquirido *Countrywide Financial Corp.* por un valor de cuatro mil millones de dólares. Esta adquisición convirtió a *Bank of America* en el mayor banco hipotecario del país, pero con una enorme cantidad de crédito *subprime*, el cual se caracteriza por un nivel de **riesgo de impago** superior a la media del resto de créditos y por un elevado **apalancamiento**. Luego, en enero de 2009, *Bank of America* concluyó su adquisición de *Merrill Lynch*, una de las mayores **firmas bolsistas** del mundo que se especializa en transacciones financieras, financiamiento corporativo y **banca de negocios (banca de inversión)**, con más de 60,000 empleados en 40 países. Como resultado, *Bank of America* también se había transformado en la **agencia de bolsa (correduría)** más grande del mundo, con una riqueza enorme de **bienes de clientela**.

Cuando *Bank of America* finalizaba su adquisición de *Merrill Lynch* a finales de 2008, la economía nacional de los EUA y del resto del mundo ya se hallaba en plena crisis financiera. Esta crisis global, prevista por muy pocos economistas y aun menos políticos nacionales, había tenido gran parte de su origen en otra crisis crediticia, la hipotecaria, puesto que muchos bancos e instituciones financieras habían realizado demasiados préstamos poco éticos a compradores que carecían de suficientes ingresos, ahorros y **garantías** para pagar los inmuebles que habían comprado. En efecto, con la política nacional de que todo ciudadano tenía derecho a vivienda, el crédito se había hecho demasiado fácil y faltaba la regulación para controlar los excesos, al participar tantos individuos e instituciones en la **burbuja inmobiliaria** y el frenesí de lucro especulativo. A la vez que los precios de los inmuebles experimentaban una subida anormal, los bancos concedían más préstamos hipotecarios a prestatarios incapaces de pagar lo prestado, conocidos como NINJA (*No Income, No Job or Assets*), mientras que se construían más casas y edificios, hasta que el mercado saturado no pudo absorber más la exagerada **oferta inmobiliaria**. Empezaron a caer los precios de las casas, aumentaba el número de compradores en **mora**, subían las tasas de interés, y las instituciones bancarias, financieras e hipotecarias apretaron más el crédito al ver el tsunami de impagos y pérdidas que se aproximaba. Clave en la crisis fue la valoración reasignada por las agencias de calificación crediticia y de valores (*ratings agencies*), que maniobraron para mejorar las clasificaciones de los activos infectados por los valores y préstamos *subprime* porque ya se habían mezclado con los préstamos y valores solventes, de modo que se pudiera justificar artificialmente la subida de la clasificación, por ejemplo, de B a AA, etc.

Para evitar el posible colapso del sistema bancario-financiero nacional, y posiblemente mundial, el gobierno de los Estados Unidos creó TARP (*Troubled Assets Relief Program*), el Programa de Alivio para Activos, a finales de 2008 y empezó a invertir y prestar miles de millones de dólares, dinero de los **contribuyentes**, a las instituciones como *Bank of America*, *AIG*, *Citibank*, etc. Pero persistía el gravísimo problema de los **bienes tóxicos** y la falta de liquidez. (Es interesante que, durante ese mismo periodo, aunque la banca comercial estadounidense había retirado las líneas de liquidez, el Banco Centroamericano de Integración Económica [BCIE, tratado anteriormente] siguió apoyando a sus bancos miembros, mayormente centroamericanos y caribeños, con la creación de una línea de contingencia y otra de liquidez valoradas en 500 millones de dólares). Peor aún, en muy poco tiempo el valor de las cotizaciones de *Bank of America* (BAC) había caído de $43 a $3 por acción, lo cual anuló para muchos la inversión que habían hecho para su jubilación.

Mientras ocurría todo esto, muchos de los grandes bancos e instituciones financieras como *Bank of America* y *Merrill Lynch* estaban pagando grandes **bonificaciones** (miles de millones de dólares) a los mismos directores y empleados que, por motivo de lucro, habían ignorado el riesgo representado por la especulación desbordada. De hecho, a fines de 2008 *Merrill Lynch* se había apresurado para efectuar la distribución de las bonificaciones a sus empleados justo antes de que se formalizara su compra por el *Bank of America*. El gobierno de los EUA (y los de otros países donde sucedía algo parecido), al enterarse de lo que estaba pasando, se opuso fuertemente a la concesión de las bonificaciones, que en muchos casos representaban un cumplimiento contractual con los diferentes individuos. En febrero de 2009, el Congreso de los EUA declaró que impondría un impuesto de hasta el 90% sobre tales bonificaciones para anular las ganancias que la prensa ya pintaba como inmorales e ilícitas. Muchos cuestionaban si esta acción gubernamental era legal o no, pues no existía ninguna ley que prohibiera el pago de las bonificaciones. El gobierno también amenazó que publicaría los nombres de los individuos que aceptaran tales bonificaciones[31].

Conteste las siguientes preguntas:

a. ¿Cuándo realizó el *Bank of America* la adquisición de *Countrywide Financial Corp.*? ¿Cuál fue el resultado para el banco?

b. ¿Cuándo realizó la adquisición de *Merrill Lynch*? ¿Cuál fue el resultado para el banco?

c. ¿Por qué ocurrió la crisis hipotecaria? ¿Qué es una burbuja inmobiliaria? ¿Por qué puede ocurrir este fenómeno anormal? ¿Cómo influyó esta crisis en la subsiguiente crisis crediticia y financiera?

d. ¿Qué quiere decir la sigla TARP, en inglés y en español, y de qué trata? ¿Por qué tomó cartas en el asunto el gobierno de los EUA? ¿Está usted de acuerdo con este tipo de intervención gubernamental en el mercado libre?

e. ¿Qué son las bonificaciones? ¿Por qué amenazó el gobierno de los EUA con invalidar este pago? ¿Es legal este tipo de acción por parte del gobierno? Comente.

f. ¿Tuvo la crisis financiera de los EUA ramificaciones en otros países y regiones del mundo, por ejemplo en Europa, Latinoamérica y Asia? Comente con ejemplos.

g. Considere la situación desde los siguientes puntos de vista y comente sus opciones con otros estudiantes que representarán cada grupo a continuación:

---

[31] http://prensa.bankofamerica.com/index.php?s=43&item=7592, consultado en marzo de 2009.

- El presidente de la Junta Directiva de *Bank of America* en 2009, justificando ante los accionistas las adquisiciones de *Countrywide* y *Merrill Lynch*.

- Dos contribuyentes: uno que no quiere que se use su dinero (los impuestos que ha pagado al gobierno) para rescatar las mismas empresas que habían creado la crisis hipotecaria y financiera, y otro que no ve ninguna otra opción.

- Dos vecinos: uno que opina que hay que ayudar a los que van perdiendo sus casas por la **ejecución hipotecaria** (el **embargo**) y otro que afirma «allá ellos», pues por qué compraron una casa cuando no tenían los medios para pagarla.

- Una persona jubilada que habla con (a) su familia y (b) su asesor financiero, acerca del hecho de que ahora no tiene el dinero suficiente para jubilarse porque el valor de sus acciones (casi todo lo que había invertido y ahorrado para su jubilación) con *Bank of America* ha bajado de $430,000 a $30,000 (de $43 a $3 por acción). ¿Qué soluciones hay?

- Dos banqueros: uno que justifica la bonificación que recibió porque había trabajado mucho y porque tal recompensa figuraba en su contrato y otro que piensa que hay que rechazar la bonificación (la suma es de $2,000,000 por banquero) porque ofende a mucha gente y porque teme por la seguridad de su propia familia si se publica su nombre como beneficiario.

4-9   COMPRENSIÓN Y COMUNICACIÓN

MINDTAP

Busque el ejercicio del video en el MindTap de *Éxito comercial: Prácticas administrativas y contextos culturales*.

Antes de ver. Conteste las siguientes preguntas antes de ver el video.

1. ¿Cómo es su propio banco? ¿Usa usted más la banca en línea o prefiere ir en persona para tratar los asuntos bancarios?

2. ¿Qué servicios y productos bancarios ofrece su banco y cuáles usa usted?

Al ver. En el video, Manuel Ubico Barrios entra a un banco para abrir una cuenta corriente. Lo atiende la señorita Margarita López Peters. Lea las siguientes preguntas y después mire el video. Luego, vuelva a las preguntas para contestarlas.

1. ¿Quiénes son las dos personas que hablan?

2. ¿Cuál es el propósito de la visita del señor Ubico?

3. ¿Por qué prefiere el señor Ubico una cuenta conjunta?

4. ¿Cuánto es el balance mínimo que se requiere para la cuenta corriente y cuál es la consecuencia de no cumplir con este requisito?

5. ¿Cree usted que el cliente volverá para abrir una cuenta en este banco? Comente.

6. ¿Qué otros servicios bancarios pudo haber ofrecido la señorita López?

Resumen. Resuma objetivamente para un/a compañero/a de clase lo que ha ocurrido en el video. O, para variar, haga un resumen con cambios o falsedades para ver si su compañero/a capta la información errónea y la corrige.

Ud. es el/la intérprete. Siga el guion a continuación y haga el papel de intérprete entre Manuel Ubico Barrios y la señorita Margarita López Peters. Traduzca oralmente del inglés al español y del español al inglés, **sin mirar el texto**, el diálogo que leerán otros dos estudiantes en voz alta. Ellos harán una pausa después de cada barra para permitir su traducción. Acuérdense todos de usar un tono y ritmo de diálogo natural.

Srta. López: *Please have a seat. My name is Margaret López and this is ___, who will serve as our interpreter. / How may we help you?*

INTÉRPRETE: _____

Sr. Ubico: Buenos días, señorita López. Me llamo Manuel Ubico Barrios y quisiera abrir una cuenta corriente.

INTÉRPRETE: _____

Srta. López: *Would you like an individual or a joint account?*

INTÉRPRETE: _____

Sr. Ubico: Una cuenta conjunta, por favor, para mi esposa y para mí.

INTÉRPRETE: _____

Srta. López: *Fine. You will have to fill out this form and you and your wife will need to sign this card. / Then you must return everything to me. / How much do you wish to deposit?*

INTÉRPRETE: _____

Sr. Ubico: Dos mil dólares. Señorita, ¿cobra el banco por los cheques?

INTÉRPRETE: _____

Srta. López: *Yes and no. You pay ten cents for each check unless you keep a minimum balance of $250 in your account. / In that case, you pay nothing. / You will also receive 4% interest on your account.*

INTÉRPRETE: _____

Sr. Ubico: Y ¿puedo obtener cheques personalizados?

INTÉRPRETE: _____

Srta. López: *Yes. You can select one of these colors and designs. / By the way, we should also inform you that the bank offers a wide range of services, / from savings accounts and time deposits to various types of investments.*

INTÉRPRETE: _____

Sr. Ubico: Bueno, muchas gracias. Pero, no tengo mucho dinero y tampoco soy buen inversionista. / Con tal que mi señora y yo tengamos lo suficiente para vivir cómodamente, no nos preocupa demasiado el dinero.

INTÉRPRETE: _____

Srta. López: *Very well. If we can be of further help, please let us know.*

INTÉRPRETE: _____

Actividad. ¿Cómo es diferente su interpretación de la que se presenta en el video? Vuelva a ver el video para hacer una comparación o una crítica de la traducción oral.

Interpretación consecutiva y simultánea. Vuelva al video y ahora haga una interpretación consecutiva, usando la pausa del video cuando le haga falta. O para variar, intente hacer una interpretación simultánea, sin pausas. ¡Ojo! Este tipo de ejercicio requiere mucha concentración, memoria y atención a los detalles.

Otro fin. Después de ver el video, imagine lo que podría ocurrir después si no termina en ese momento. ¿Cómo se desarrollará más el tema entre los actores? ¿Qué dirán? Para esta actividad, se puede escribir y entregar un nuevo fin o imaginarse otro fin para representarlo con compañeros de clase. Al continuar con el guion en español, siga el estilo de diálogo usado anteriormente, empezando con el señor Ubico.

4-10 ANÁLISIS Y COMPARACIÓN

Estudie la Tabla 4-5 y haga los ejercicios a continuación. Use también sus conocimientos y, cuando haga falta, otras fuentes informativas como un diccionario, el *Almanaque mundial*, Internet, etc. Los ejercicios se pueden hacer individualmente, en parejas o en pequeños grupos para discutir en clase.

1. ¿Cuáles son los cinco países hispanos más grandes? ¿De qué tamaño es cada uno en términos de millas cuadradas y kilómetros cuadrados? ¿Cuáles son los tres países hispanos más pequeños?

2. En cuanto al tamaño, ¿con qué estado/s de los EUA son comparables Cuba, España, México, Chile, Uruguay, Argentina y Venezuela? Compare los siguientes países con el país o estado donde vive usted: Nicaragua, Colombia, Paraguay y Perú.

3. Compare el tamaño de los siguientes países: España y Argentina, Chile y México, Uruguay y Colombia, Venezuela y Cuba. (Ejemplo: Argentina es 6.8 veces más grande que Paraguay).

4. ¿Cómo se relacionan el tamaño, la geografía y la topografía de un país con la infraestructura de transportes del mismo?

5. Al hablar de la división administrativa de un país, ¿qué diferencias hay entre regiones, provincias, estados, departamentos, municipios, distritos federales y comarcas? ¿Qué quiere decir «comunidad autónoma»? ¿Cuáles son algunas de las comunidades autónomas de España?

6. ¿Qué es un «distrito federal» o «distrito capital»? ¿Cuáles son los países hispanos que tienen tal entidad administrativa?

7. ¿Cuáles son los tres países hispanos de mayor población en el año 2010? ¿Cuáles son los tres de menor población? Haga un gráfico lineal de comparación entre estos seis países.

8. ¿Cuánto aumentará la población de México entre los años 2015 y 2025? ¿Y entre 2010 y 2025? Haga los mismos cálculos para otros dos países hispanos de su elección.

9. Como consultor/a para una empresa multinacional que planea entrar en el mercado hispano, haga una breve presentación de resumen (o comente el tema con sus compañeros de clase) de las proyecciones poblacionales para los países hispanos en su totalidad entre los años 2010 y 2025. ¿Cuánto crecerá este gran mercado hispanohablante? ¿Crecerá de igual manera según los siguientes países principales y regiones: México, España, el Caribe hispanohablante (las Antillas Mayores o las Grandes Antillas), América Central, los países andinos y los países del Cono Sur? Explique.

TABLA 4-5 LOS PAÍSES HISPANOPARLANTES, BRASIL Y LOS ESTADOS UNIDOS: ÁREA NACIONAL (EN MILLAS^2 Y EN KILÓMETROS^2) Y COMPARACIÓN DEL TAMAÑO CON LOS EUA, DIVISIÓN ADMINISTRATIVA, POBLACIÓN NACIONAL EN EL AÑO 2015 Y PROYECCIONES DE CRECIMIENTO POBLACIONAL PARA LOS AÑOS 2017 Y 2025

País	Área nacional en millas^2 y en kilómetros^2 y comparación con los EUA	División administrativa	Población 2015 (en millones de personas)	Población 2017 (en millones de personas)	Población 2025 (en millones de personas)
Argentina	1,068,300 mi^2/2,780,400 km^2 (4 × TX = 4 veces el tamaño de Texas)	Un distrito federal y 23 provincias	43.5	44.3	47.2
Bolivia	424,000 mi^2/1,098,580 km^2 (TX + CA)	9 departamentos	10.8	11.1	12.5
Chile	292,260 m^2/756,102 km^2 (2 × CA)	15 regiones y 53 provincias	17.5	17.8	18.8
Colombia	439,736 mi^2/1,138,910 km^2 (2 × MT)	Un distrito capital y 32 departamentos	46.7	47.7	51.2
Costa Rica	19,730 mi^2/51,100 km^2 (<WV = un poco más pequeño que WV)	7 provincias	4.8	4.9	5.4
Cuba	42,803 mi^2/110,860 km^2 (PA)	15 provincias y un municipio especial	11.2	11.1	10.9
Ecuador	109,483 mi^2/283,560 km^2 (CO)	22 provincias	15.9	16.3	17.9
El Salvador	8,124 mi^2/21,041 km^2 (MA)	14 departamentos	6.2	6.2	6.3
España	194,897 mi^2/505,370 km^2 (2 × OR)	17 comunidades autónomas, 47 provincias y 2 ciudades autónomas	48.6	49	51.4

TABLA 4-5 *(continuación)*

País	Área nacional en millas² y en kilómetros² y comparación con los EUA	División administrativa	Población 2015 (en millones de personas)	Población 2017 (en millones de personas)	Población 2025 (en millones de personas)
Guatemala	42,043 mi²/108,890 km² (TN)	22 departamentos	14.9	15.5	17.6
Guinea Ecuatorial	10,831 mi²/28,051 km² (MD)	2 regiones y 7 provincias	0.7	0.7	0.9
Honduras	43,278 mi²/112,090 km² (TN)	Un distrito capital y 18 departamentos	8.7	9.0	10.1
México	761,606 mi²/1,964,375 km² (3 × TX)	Un distrito federal y 31 estados	122	125	135
Nicaragua	49,998 mi²/130,370 km² (NY)	15 departamentos y 2 regiones autónomas	5.9	6.2	6.5
Panamá	30,193 mi²/75,420 km² (SC)	9 provincias y 5 comarcas (territorios)	3.7	3.8	4.1
Paraguay	157,047 mi²/406,752 km² (CA)	Un distrito capital y otros 17 departamentos	6.8	6.9	7.6
Perú	496,226 mi²/1,285,216 km² (3 × CA)	12 regiones, 24 departamentos y una provincia constitucional	30.4	31.0	33.3
Puerto Rico	3,515 mi²/13,791 km² (2 × RI)	78 municipios	3.6	3.6	3.4
República Dominicana	18,815 mi²/ 48,670 km² (3 × RI)	Un distrito nacional y otras 29 provincias	10.5	10.7	11.7
Uruguay	68,039 mi²/176,215 km² (OK)	19 departamentos	3.3	3.4	3.4
Venezuela	352,145 mi²/912,050 km² (2 × CA)	Un distrito federal (Caracas) 23 estados, una dependencia federal	30.5	31.3	34.2
Brasil	3,286,488 mi²/8,515,770 km² (Un poco más grande que Estados Unidos continental [sin Alaska y Hawái]; el país más grande de América del Sur)	Un distrito federal (Brasilia) y 26 estados	204	207	218
EUA	3,794,083 mi²/9,833,517 km²	El Distrito de Columbia y 50 estados	321.4	327	347

Fuentes: *CIA World Factbook* 2017 y *United States Census Bureau (International Programs, International Data Base)* 2016.

Posibilidades profesionales

La banca y la contabilidad son campos muy importantes en la actividad empresarial global. Proporcionan un sinnúmero de trabajos de distintas clases, tales como los de director/a, consultor/a de banca, cajero/a, etc., contador/a o contable y sus distintas especializaciones (de tributos, de costos, etc.). Para obtener más información al respecto y para una actividad que le ayude a saber más sobre el tema, véase el Capítulo 4 de «Posibilidades profesionales» en el MindTap de *Éxito comercial: Prácticas administrativas y contextos culturales*.

VOCABULARIO

Aquí se presentan los principales términos de este capítulo. Al final del libro, hay un glosario más completo.

a corto (largo, medio) plazo in the short (long, mid-) term

acreedor/a creditor

activo assets

administración de bienes asset management

agencia de bolsa brokerage

de calificación crediticia y de valores ratings agency (Moody's, Standard & Poor's, etc.)

ahorrar to save

ahorros savings

al contado cash

a plazo fijo fixed term

apalancamiento leverage

arriendo rent, lease

asentar (ie) to note, enter

asesoría advising (e.g., financial, investment, etc.)

asiento entry

auditoría auditorship, auditing

balance de comprobación *(m)* trial balance

balance general *(m)* balance sheet

balance de situación balance sheet

banca de inversión investment banking

de negocios investment banking

en línea online banking

banco hipotecario mortgage bank

banquero banker

bienes *(mpl)* assets

de clientela customer assets

tóxicos toxic (risky) assets

blanqueo de capitales money laundering

bonificación bonus (reward, retention, etc.)

burbuja inmobiliaria housing (real estate) bubble

caja cash register

de ahorros savings bank

de seguridad safety deposit box

cajero cashier

automático ATM machine

cancelar to pay off, settle

capital pagado *(m)* owner's equity

(continúa)

VOCABULARIO *(continuación)*

capital social capital stock

certificado de depósito certificate of deposit (CD)

cheque *(m)* check

  al portador check to the bearer

  bancario bank check

  de administración o de caja cashier's check

  en descubierto, sin fondos overdrawn check (NSF: insufficient funds)

  nominativo check to a designated payee

cobrar to cash, charge

conjunto *(adj)* joint (account)

contable *(m/f/adj)* accountant, accounting

  fiscal government accountant

  público titulado certified public accountant

contador/a *(m/f)* accountant, accounting

fiscal government accountant

público titulado certified public accountant

contaduría accounting

contribuyente *(m/f)* taxpayer

correduría brokerage

costo de ventas cost of goods sold

crédito *subprime* subprime credit

cuenta account

  conjunta/mancomunada joint account

  por cobrar account receivable

  por pagar account payable

cuentacorrentista current or checking account holder

cuentahabiente / cuenta habiente current or checking account holder

custodiar to keep, hold, take care of (e.g., a deposit)

debe *(m)* debit

débito debit

depositante *(m/f)* depositor

depósito deposit

  a la demanda / a la vista demand deposit

  a plazo fijo fixed-time deposit

derecho right (to something; ownership rights, accounting)

deudor/a debtor

devengar to yield, earn (interest)

devolución refund, repayment

diario book of original entry, general journal

domiciliar la nómina to have salary paid by direct deposit

efectivo cash

ejecución hipotecaria foreclosure

ejercicio accounting period, fiscal year

embargo hipotecario foreclosure

endosante *(m/f)* endorser

endosar to endorse

endosatario/a endorsee

erario Treasury

estado statement

  contable accounting statement

  de condición financiera balance sheet

  de flujo de caja cash flow statement

  de ganancias retenidas statement of retained earnings

  de ganancias y pérdidas profit and loss statement

  de posición balance sheet

financiero financial statement

factura invoice

fecha de vencimiento maturity date

fianza collateral, guarantee

fiduciario fiduciary, credit-related

firma bolsista brokerage

fisco Treasury

flujo de caja cash flow

de efectivo cash flow

formulario (printed) form

ganancias retenidas retained earnings

ganancias y pérdidas profit and loss

garantía collateral, guarantee

gastos costs, expenses

girado drawee (where the account is held, e.g., a bank)

girador/a drawer of check or draft (account holder)

girar to draw, issue

haber *(m)* credit, assets

hacienda Treasury Department; tax office

impago non-payment; default on payment

importe *(m)* amount, price, cost

ingreso receipt, revenue, income

junta directiva board of directors

lavado de dinero money laundering

letras por pagar bills (of exchange) payable

librado drawee

librador/a drawer

librar to draw or issue

libro mayor ledger

mancomunado *(adj)* joint

mora (en) late, behind in payment (mortgage, rent, etc.)

obligaciones liabilities

oferta inmobiliaria housing supply

pagaré *(m)* promissory note (I.O.U.)

partida doble double-entry, double-sided entry (accounting)

pasivo liabilities

patrimonio wealth, estate capital, net worth

pedir prestado to borrow

portador/a bearer

prenda collateral, guarantee

prestador/a lender

prestamista *(m/f)* lender

préstamo comercial commercial loan

prestatario/a borrower

presupuesto budget

recaudo collection (tax)

recibo receipt

rédito return, yield (interest)

retirar to withdraw (e.g., money from an account)

riesgo de impago risk of default, non-payment

saldo balance of an account

acreedor credit balance

deudor debit balance

de utilidad neta net profit

tarjeta de débito debit card

TARP Programa de Alivio para Activos

telepeaje electronic toll booth payment (with credit card)

tenedor/a holder, bearer

tipo rate (of interest, exchange)

tomar prestado to borrow

viáticos travel allowance, expenses

LOS BIENES RAÍCES Y EL EQUIPO

The best investment on earth is earth.
— LOUIS GLICKMAN

Real estate is the closest thing to the proverbial pot of gold.
— ADA LOUISE HUXTABLE

Generación va y generación viene, mas la tierra siempre permanece.
— PROVERBIO

© M. S. Doyle

Obra de construcción del Nuevo Estadio Nacional donado por China en San José, Costa Rica. Es un ejemplo de la globalización del comercio: tecnología, equipo y obreros chinos, y hormigón proporcionado por Cemex. Busque en Internet más información acerca de esta obra para discutir el tema en clase. ¿Qué opina usted de tal globalización en este sector económico?

5-1 PREGUNTAS DE ORIENTACIÓN

Cuando lea la sección «Lectura comercial», piense en las respuestas a las siguientes preguntas.

1. ¿Qué tipo de inversión representa la adquisición de terreno, de local y de equipo?

2. ¿Qué factores entran en la decisión de dónde establecer una empresa o planta manufacturera?

3. ¿Cuáles son tres funciones de los corredores de bienes raíces? ¿Cómo se llama su remuneración?

4. ¿Qué es un contrato de arrendamiento?

5. ¿Cuáles son las funciones del arrendador y el arrendatario?

6. ¿Cuáles son algunas de las estipulaciones que se incluyen en un contrato de arrendamiento de local de negocios?

7. ¿Qué es un aval y quiénes son el avalista y el avalado?

8. ¿Qué es un contrato de arras? ¿Un contrato de alquiler con opción a compra?

9. ¿Cómo se diferencia el propósito del equipo y de la maquinaria para una empresa, del propósito de su inventario?

10. ¿Qué es la depreciación?

11. ¿Cómo funciona el método lineal para medir la depreciación de una máquina comercial o industrial? Dé un ejemplo, usando números y explíquelo.

12. ¿Qué es la plusvalía y de qué tipo de inversión de capital a largo plazo se trata normalmente?

LECTURA COMERCIAL

Las inversiones de capital a largo y a corto plazo

La adquisición de terreno, de local y de equipo representa una **inversión de capital a largo plazo**. Es decir, se trata de propiedades físicas de larga vida para usarse como inversión o en la producción y la venta de bienes y servicios.

Los **bienes raíces** o **inmuebles** (un inmueble es un edificio para habitar) pueden ser urbanos, municipales, rurales o agrícolas. Una de las decisiones más importantes para un negocio es su **ubicación**. Lerner y Baker explican que en esta decisión hay que tener en cuenta los siguientes factores: el costo de adquisición de la propiedad (**terreno** o solar) y edificios; la proximidad a los mercados; la estabilidad del mercado; y el acceso a los recursos necesarios como la materia prima, la fuerza laboral y la energía que se necesitará para operar el negocio. También es importante considerar la base **imponible** o **impositiva** (el **tributo** o los impuestos que se tendrán que pagar) y las regulaciones locales. Otros factores son la oportunidad de expansión y la disponibilidad de servicios de policía y de bomberos. Para los empleados serán importantes los factores de

BREVE
VOCABULARIO ÚTIL

arrendamiento
lease, rent

arras
deposit, guarantee

aval
guarantee (joint or consignature)

bienes inmuebles *(m)*
real estate

bienes raíces *(m)*
real estate

corredor/a
agent, broker

corretaje *(m)*
commission

equipo
equipment

inmobiliaria
real estate agency

inmobiliario *(adj)*
real estate

local *(m)*
premises, establishment, site

plusvalía
gain in value, appreciation

seguro
insurance

terreno
land, property

vivienda, escuelas, transporte, acceso a los centros de compras y otros elementos relacionados con la calidad de vida y trabajo [1].

Para tramitar la **compraventa** o el **arrendamiento** (también denominado **arriendo**) de un local, se acude generalmente a una agencia de bienes raíces o inmuebles, también llamada **inmobiliaria**. Intervienen en esta transacción los **corredores**, cuya función es reunir a los compradores con los vendedores. Los corredores ayudan con el financiamiento y la consecución de un **préstamo hipotecario**, así como con las **primas de seguros** (contra incendio, robo, etc.) y el **traspaso** del título, por lo cual reciben un **corretaje** o una comisión. El traspaso del título se realiza muchas veces con la ayuda de un abogado, notario o escribano.

En general, después de verificar que la propiedad está en buenas condiciones físicas y que el edificio o edificios servirán para las operaciones del negocio, se hace una oferta. En el caso de que sea aceptada, será necesario hacer un **pago inicial**. Entre los diferentes contratos y documentos afines, figura el «Contrato de opción de compra», con lenguaje semejante al siguiente ejemplo de Puerto Rico:

> El (Los) VENDEDOR(ES) asegura(n) haber recibido del/de los COMPRADOR(ES) la suma de $ _____ como opción de compra por la propiedad antes descrita. Esta cantidad será acreditada al precio total de compraventa. El (Los) VENDEDOR(ES) se compromete(n) a vender la propiedad descrita, en el párrafo ____ de este contrato, al (los) COMPRADOR(ES) por el precio de _____ [2]...

En cuanto a la compra de casa, local y terreno, en los países hispanohablantes es norma requerir un **aval**. Este es un instrumento para prestar garantía del cumplimiento del pago del crédito hipotecario y sus intereses, mediante el cual una

© M. S. Doyle

© M. S. Doyle

Hay una gran desigualdad de distribución de riqueza en América Latina, como se ve en estas fotos. ¿Qué opina usted de tal desigualdad persistente? ¿Ocurre también en los EUA? Comente.

---

[1] Joel J. Lerner y Harold Atherton Baker, *Schaum's Outline of Theory and Problems of Introduction to Business*. New York: McGraw-Hill, 1976, pág. 182.

[2] http://www.srm.gobierno.pr/Pdf/SRM_asp_273ContratoOpcionCompra.pdf

PARA PENSAR

Contrato de arrendamiento

En Valencia, a doce de marzo del año dos mil cinco: REUNIDOS, de una parte, DON JULIÁN GARCÍA, vecino de Valencia[...] el cual comparece en nombre propio, y de otra parte, DOÑA PILAR RAMÍREZ[...] la cual comparece como representante legal de la empresa SERGIO BALLESTER SOCIEDAD ANÓNIMA, con sede en Valencia[...] Todos los comparecientes con plena capacidad legal, y con el carácter que comparecen, libre y espontáneamente

Manifiestan

PRIMERO. Que don Julián García es propietario de un local situado en planta baja, calle Balaguer esquina a calle San Andrés. SEGUNDO. Es del interés del mencionado propietario el arrendar el citado inmueble, y es interés de la entidad SERGIO BALLESTER SOCIEDAD ANÓNIMA el tomarlo en alquiler, por lo cual ambas partes llevan a cabo su interés, y en este acto y por medio del presente documento, DON JULIÁN GARCÍA arrienda la entidad a SERGIO BALLESTER SOCIEDAD ANÓNIMA, que acepta el arrendamiento del local indicado en la anterior manifestación y con base en las siguientes

Estipulaciones

I. La renta convenida por ambas partes, del local objeto del presente contrato, es de CIENTO VEINTE MIL EUROS (120.000) al año, pagaderos a 10.000 euros cada mes, por anticipado, en el domicilio del propietario, del 1 al 5 de cada mes.

II. El plazo de duración de este contrato será de un año a contar desde la fecha del presente contrato, siendo prorrogado tácitamente a voluntad del arrendatario por mensualidades sucesivas.

III. En la renta pactada no se encuentra incluido el costo de ningún servicio ni suministro del local[...] los cuales son de cuenta de la firma arrendataria[...] electricidad, agua, teléfono, gas.

IV. Sobre la renta convenida[...] se repercutirá el IVA que legalmente corresponda, siendo en el presente año el 12 por ciento.

V. En el supuesto de que haya pasado el plazo contractual del primer año, continuará vigente el presente contrato, la renta convenida será variada en más o menos cada DOCE MESES[...]

VI. El arrendatario reconoce que el estado del local está en perfectas condiciones de ocupación, no obstante, se compromete a realizar a sus expensas cuantas reparaciones fueren necesarias introducir para poder destinarlo a su negocio, así como cualquier otra que fuere necesaria en el futuro para mantener el local en buen estado. Se autoriza a la entidad arrendataria para que[...] pueda realizar las reformas que estime necesario introducir para adaptar el local a sus necesidades, siempre y cuando no afecten a la estructura del local ni derechos de terceros, y obteniendo previamente los correspondientes permisos oficiales.

VII. El arrendatario hace entrega en este acto al propietario de DIEZ MIL EUROS, como fianza del presente contrato, y con base en lo previsto en la vigente Ley de Arrendamientos Urbanos, sirviendo el presente documento de formal y eficaz carta de pago. Estando todas las partes conformes, firman seguidamente de conformidad, sujetándose todos ellos a la Jurisdicción de los Tribunales de Valencia para interpretación o cumplimiento del presente contrato[3].

CONFORMES: _____   _____

1. ¿Quién es el propietario del local y qué desea hacer con este lugar?

2. ¿Quiénes son el arrendador (o el arrendante) y el arrendatario en este contrato?

3. ¿Cuál es la renta convenida por ambas partes y cómo se efectuará el pago?

4. ¿Qué es el IVA y cuánto dinero representa en el contrato?

5. Si piensa el arrendatario que hay que hacer ciertos cambios en el local para destinarlo a su negocio, ¿se pueden realizar las reparaciones necesarias? ¿Cuáles serían los trámites y las condiciones para proceder?

---

[3] Muestra de contrato español proporcionada por el Sr. J. Ed Ramsey, Director de Ventas Internacionales de *Taylor Ramsey Corporation* en Lynchburg, Virginia.

6. Busque en Internet otro ejemplo de un contrato de arrendamiento o compraventa que se usa en otro país hispanoparlante, por ejemplo, en El Salvador o en Nicaragua (los países tratados en este capítulo).

Seleccione y compare algunos de los elementos formales y de vocabulario que se usan en los contratos de los diferentes países.

persona (el/la **avalista** o **garante**) se compromete a pagar las cantidades en el caso de que otra (el/la **avalado/a**) no las hiciera efectivas.

También es frecuente el «Contrato de **arras**» (o «Contrato de **paga y señal**» o «**de señal**»), un acuerdo en el que las partes, la Parte Vendedora y la Parte Compradora, pactan la reserva de la venta de un inmueble, entregándose como prueba una cantidad de dinero en concepto de señal o arras. El Contrato de arras sirve para **salvaguardar** los derechos de ambas partes, pues confirma monetariamente un compromiso de compra posterior. Si se desea arrendar un local en lugar de comprarlo, para así evitar tan alto gasto inicial de fondos, se tendrá que firmar un contrato de arrendamiento, cuyo texto será semejante al modelo español presentado en la lectura «Para pensar». Como se verá, este ejemplo de contrato es muy semejante a los de EUA. Las diferencias ocurren en la descripción de los contratantes, la referencia al **IVA** (el **impuesto sobre el valor añadido** o **agregado**) y la referencia a la Ley de Arrendamiento, propia de España. También existe el «Contrato de **alquiler** con opción a compra», por medio del cual el **inquilino** puede recuperar parte del alquiler ya **abonado** si finalmente decide comprar el inmueble. El ejercicio del **derecho de opción** estipulará algo parecido a lo siguiente: «En el momento en que la parte arrendataria decida ejercitar el derecho de opción que se le ha concedido en este documento, deberá notificarlo a la arrendadora en el domicilio de la misma...»[4]. Hay muchos otros contratos relacionados con temas como el **subarriendo** total o parcial (estipulando el **canon** o precio del arrendamiento, la forma de pago, **causales** para terminar el contrato, etc.).

En el «Minicaso práctico» del capítulo anterior (véase págs. 123–125), se explica cómo la burbuja hipotecaria de 2008–2009 en los EUA condujo a la crisis financiera nacional del país, que luego, como otra prueba de la globalización, se extendió rápidamente por el mundo. La crisis estadounidense se debió en gran medida a una «política» nacional de que todo ciudadano tiene el derecho a realizar el «sueño americano», es decir, ser propietario de su propia vivienda. Esta admirable meta política resultó en la irresponsable concesión de préstamos hipotecarios a muchas personas que no tenían la capacidad de costear o pagarlos, por lo cual los bancos hipotecarios empezaron a tener grandes problemas de liquidez, algunos entraron

---

[4] http://blogs.cadenaser.com/ser-consumidor/files/2011/03/Contrato-Arrendamiento-con-opci%C3%B3n-de-compra.pdf

en bancarrota o fueron adquiridos por otros bancos. Después, cuando ocurrió una corrección económica en el sector inmobiliario, se restringió el acceso general al crédito. La llamada Gran Recesión en los EUA en 2008–2009, iniciada por su burbuja hipotecaria, a su vez dificultó el acceso al crédito financiero (los préstamos bancarios e hipotecarios) en Latinoamérica y España, pues tal contagio es una característica de la globalización.

Con la excepción del terreno comercial, todos los **activos** en forma de local y de equipo tienen una vida limitada. Los edificios, el equipo y la maquinaria se desgastan gradualmente a lo largo de los años, a diferencia del inventario y otros artículos y materiales que se compran para revender al público o para ser agotados por el uso y la operación de la empresa a corto plazo. Según la actividad comercial, el mismo elemento puede considerarse como parte del equipo o parte del inventario. Ejemplo de esto sería la compra de varias camionetas. Para un florista o para *UPS* o *Federal Express*, representarían parte del equipo necesario para el reparto de los pedidos de flores, paquetes, etc.; para un concesionario de automóviles, serían parte de su inventario.

El agotamiento de un activo se mide en términos de su **depreciación,** definida por Bernard y Colli como la «disminución de valor de un elemento del activo... debida al desgaste, a la obsolescencia o sencillamente a las variaciones de precio en el mercado del bien en cuestión»[5]. La depreciación es un concepto contable para propósitos imponibles. Aunque hay varios modos de calcularla, el método lineal (véase la Figura 5-1) es el más fácil. Al usar este método (en general para máquinas y equipo que se desgastan de modo uniforme cada año), se calcula la depreciación de la siguiente manera: la **base de depreciación** dividida por la vida útil en años da por resultado el gasto anual de depreciación. La base de depreciación es el costo del

| Figura 5-1 | **Método lineal de depreciación** *(Gráfico de M. S. Doyle)* |

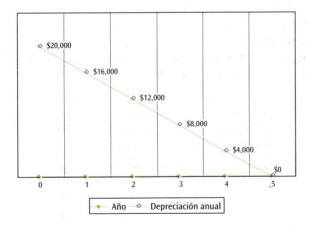

[5] Y. Bernard y J. C. Colli. *Diccionario económico y financiero*. 4ª ed. Trad. José María Suárez. Madrid: Asociación para el Progreso de la Dirección, 1985, pág. 500.

equipo menos su valor de recuperación. Por ejemplo, se compra una máquina por $21,000, con un valor de recuperación de $1,000 después de una **vida útil** de cinco años. Su gasto de depreciación anual sería $4,000 ($20,000 dividido entre cinco años). La depreciación acumulada sería $4,000 para el primer año, $8,000 para el segundo, $12,000 para el tercero, etc., que se podría interpretar también como una tasa anual de depreciación del 20% (100% dividido entre cinco años). En las inversiones de capital a largo plazo, el terreno comercial generalmente no sufre depreciación. Usualmente ocurre lo contrario, es decir, que el terreno experimenta una **plusvalía**, o sea, un aumento de su valor.

5-2 ACTIVIDADES

1. **¿Qué sabe usted de negocios?** Vuelva a las «Preguntas de orientación» que se hicieron al principio del capítulo y a las preguntas que acompañan la foto de la pág. 134 y contéstelas en oraciones completas en español.

2. **¿Qué recuerda?** Indique si las siguientes oraciones son **verdaderas** o **falsas** y explique por qué.
   a. Toda empresa comercial requiere edificio y equipo para realizar sus operaciones.
   b. La cobertura de seguro médico es un factor importante para los empleados en la cuestión de dónde establecer una empresa.
   c. La naturaleza de una compañía o fábrica no es un factor importante en la decisión de dónde debe ubicarse.
   d. Los corredores de bienes inmuebles sirven para reunir a los prestamistas con los banqueros.
   e. El terreno, el local y el equipo son ejemplos de propiedades intangibles.
   f. El terreno comercial tiene una vida limitada, al igual que los edificios y el equipo.
   g. Depreciación y plusvalía son sinónimos.

3. **Exploración.** Haga los siguientes ejercicios, usando sus conocimientos y opiniones personales.
   a. Dé algunos ejemplos en los cuales la naturaleza de una empresa comercial determina la ubicación. Explique por qué.
   b. ¿Qué elementos consideraría usted al decidir si un terreno y un edificio están en buenas condiciones físicas?
   c. ¿Bajo qué circunstancias compraría usted un terreno o un edificio comercial en lugar de arrendarlos?
   d. Dé ejemplos de artículos y materiales que se agotan con el uso comercial a corto plazo.
   e. ¿Qué es la plusvalía de un terreno y por qué ocurre?

f. Describa algunas circunstancias bajo las cuales un terreno podría perder valor (p. ej., la contaminación del agua, etc.).

g. ¿Cómo se relacionan los dichos y proverbios que aparecen al principio del capítulo con los temas tratados?

5-3   AL TELÉFONO

1. Lea las siguientes preguntas. Después escuche atentamente la conversación telefónica del Capítulo 5, **Pistas 9 y 10**, en el MindTap de *Éxito comercial: Prácticas administrativas y contextos culturales* y conteste las preguntas. Puesto que la comprensión auditiva es una destreza comunicativa sumamente importante, se recomienda escuchar las pistas varias veces.

   a. ¿Cuál es el motivo del señor Sage al llamar a la señora Fianza?

   b. ¿Cuál es la posibilidad de que se le firme el contrato de compraventa al señor Sage?

   c. ¿Qué es lo que le preocupa al señor Sage?

   d. ¿Qué responde la señora Fianza respecto a las preguntas del señor Sage?

   e. ¿Cómo puede obtener el señor Sage más información sobre la compra del sitio?

2. Basando sus comentarios en la conversación telefónica del ejercicio anterior, haga la siguiente llamada telefónica a otro/a estudiante de la clase. Cada persona debe participar activamente en la conversación. Si necesita ayuda con esta actividad, véase el Apéndice 1, «Protocolo telefónico», págs. 533–537.

   Usted es el señor Val Sage de Hoteles Exquisitos y habla por teléfono con un/a joven socio/a sobre el problema de viajar a Nicaragua en junio debido a las fiestas religiosas. Él/Ella no ha experimentado las demoras asociadas con los fines de semana largos (llamados **puentes**) y la imposibilidad de hacer negocios bajo estas condiciones. Hablen ustedes de las posibles consecuencias.

3. Haga la siguiente llamada telefónica a otro/a estudiante de la clase. Cada persona deberá participar activamente en la conversación. Si necesita ayuda con esta actividad, véase el Apéndice 1, «Protocolo telefónico», págs. 533–537.

   Usted es el/la propietario/a de un edificio cuyo alquiler no se recibió a primeros del mes, tal como fue convenido. Llame al/a la arrendatario/a y pídale la mensualidad.

5-4   NAVEGANDO POR INTERNET

Para hacer este ejercicio, visite el MindTap de *Éxito comercial: Prácticas administrativas y contextos culturales*.

Si es necesario, consulte la sección «Lectura comercial» o la lista de vocabulario que aparece al final del capítulo para completar estos ejercicios.

1. **¡A ver si me acuerdo!** Pensando en la posibilidad de establecer una relación comercial a largo plazo, usted va a tener una conversación con una persona de negocios de un país hispano. Sin embargo, se le olvidan los siguientes términos en español. Un/a compañero/a lo/la ayuda a recordarlos al pedirle a usted que se los traduzca.

   a. *land*
   b. *to rent*
   c. *downpayment*
   d. *payable*
   e. *insurance*

   f. *tenant*
   g. *equipment*
   h. *inventory*
   i. *real estate*
   j. *mortgage loan*

2. **¿Qué significan?** Existe la posibilidad de que la compañía donde trabaja usted lo/la envíe a Centroamérica por tres meses. Tendrá que conseguir alojamiento. Sin embargo, no sabe qué quieren decir ciertos términos que se usan frecuentemente en el campo de los bienes inmuebles. Usted decide consultarlos con un/a amigo/a. Pida a un/a compañero/a de clase que le explique los siguientes términos y que le dé algunos sinónimos.

   a. arras
   b. avalista
   c. contratante
   d. corredor
   e. arrendar

   f. arrendador
   g. arrendatario
   h. mensualidad
   i. corretaje
   j. subarriendo

3. **Entrevista profesional.** Usted quiere aclarar algunos detalles sobre los bienes raíces y el equipo, que son ejemplos de inversión de capital a largo plazo. Por lo tanto, usted entrevista a un experto en este campo, haciéndole las siguientes preguntas. Haga la entrevista con un/a compañero/a de clase. No olviden el protocolo ni las cortesías.

   a. ¿Qué es la depreciación?
   b. ¿A qué se refiere la vida útil de una máquina?
   c. ¿Qué quiere decir el valor de recuperación de una máquina?
   d. ¿A qué se refiere la plusvalía de un terreno?
   e. ¿Qué significa el concepto de vida limitada de un activo?

4. **Traducciones.** A un/a amigo/a suyo/a le parece buena idea invertir en bienes raíces en Centroamérica. Él/Ella acaba de empezar a estudiar español y sabe poco del vocabulario inmobiliario. Usted lo/la ayuda al pedirle que él/ella traduzca al español las siguientes oraciones que informan sobre ciertos aspectos del tema.

a. *Location is a very important consideration in purchasing or leasing an office building.*

b. *When considering a possible location, proximity to one's customers and suppliers is also an important factor.*

c. *Real estate agents receive a commission for assisting clients in the purchase or lease of land and buildings.*

d. *Instead of buying a building outright, many businesses rent office space in the beginning in order to avoid large cash outlays.*

e. *A broker may also provide an earnest money contract, a rental contract with a purchase option, or a sublet contract.*

f. *Land, unlike buildings and equipment, is not subject to depreciation. It is not considered to have a limited life in terms of commercial usefulness, and many times it actually gains in value.*

5. **Prueba de comprensión.** Complete la prueba «Preguntas comerciales» en el MindTap de *Éxito comercial: Prácticas administrativas y contextos culturales.*

 MINDTAP

UNA VISTA PANORÁMICA DE EL SALVADOR[6]

Nombre oficial:	República de El Salvador
Gentilicio:	salvadoreño/a
Capital:	San Salvador, población 1,098,000 (2015)
Sistema de gobierno:	República
Jefe de Estado/Jefe de Gobierno:	Salvador Sánchez Cerén (2014)
Fiesta nacional:	15 de septiembre, Día de la Independencia (1821: de España)

[6] Fuentes: *CIA World Factbook* 2017 y *United States Census Bureau (International Programs, International Data Base)* 2016.

EL SALVADOR

GEOGRAFÍA Y CLIMA

Área nacional en millas² y kilómetros²	Tamaño (comparado con los EUA)	División administrativa	Otras ciudades principales	Puertos principales	Clima	Tierra cultivable
8,124 mi² 21,041 km²	Casi tan grande como Massachusetts	14 departamentos	San Miguel, Ahuachapán, Santa Ana, Sonsonate	La Unión, Acajutla, La Libertad	Semitropical con estación lluviosa de mayo a octubre	33% (2011)

DEMOGRAFÍA

Año y población en millones			% urbana (2015)	Distribución etaria (2016)		% de analfabetismo (2015)	Grupos étnicos
2016	2020	2025		<15 años	65 +		
6.2	6.2	6.3	67%	27%	7%	12%	86% mestizo, 13% blanco europeo, 0.2% amerindio

ECONOMÍA Y COMERCIO

Unidad monetaria	Tasa de inflación (2016)	N° de trabajadores (en millones) y tasa de desempleo (2016)		% de población debajo de la línea de pobreza, según informe del país (2010)	PIB en miles de millones $EUA (2016)	PIB per cápita (2016)	Distribución de PIB (2016) y de trabajadores por sector (2011)*			Exportaciones en miles de millones $EUA (2016)	Importaciones en miles de millones $EUA (2016)
							A	I	S		
El dólar estadounidense	1.1%	2.8	5.5%	37%	$54.8	$8,500	11%	25%	64%	$4.56	$9.44
							21%	20%	58%		

* Para distribución del PIB y de los trabajadores (mano de obra): A = Agricultura, I = Industria, S = Servicios (y Gobierno).

Recursos naturales: Energía hidroeléctrica y geotérmica, petróleo, tierra cultivable

Industrias: Procesamiento de alimentos y de bebidas, ropa y calzado, textiles, petróleo, productos químicos, abono, muebles, metales ligeros, minerales, jabón, electrónica, centros de llamadas

COMERCIO

Productos de exportación: Maquila, café, azúcar, textiles y ropa, papel y derivados, electricidad, oro, etanol, productos químicos y farmacéuticos, hierro y acero, manufactura ligera, atún

Mercados: 47% EUA, 14% Honduras, 14% Guatemala, 6% Nicaragua, 5% Costa Rica (2015)

Productos de importación: Materia prima, bienes de consumo y de capital, combustibles, alimentos, petróleo, electricidad, maquinaria

Proveedores: 39% EUA, 10% Guatemala, 8% China, 7% México, 6% Honduras (2015)

Horario general de comercio: De lunes a viernes, desde las ocho de la mañana hasta las seis de la tarde. Los sábados y domingos, desde las ocho de la mañana hasta el mediodía. Los domingos, se realizan las llamadas plazas de mercado, donde se compra y vende el ganado (vacuno, porcino y caballar).

TRANSPORTE Y COMUNICACIONES

Kilómetros de carreteras y % pavimentadas (2010)		Kilómetros de vías férreas (2009)	N° de aeropuertos con pista de aterrizaje pavimentada (2013)	N° de líneas telefónicas/ teléfonos celulares en millones (2015)		N° (en millones) y % de usuarios de Internet (2015)	
6,918	47%	12.5	5	0.94	9.3	1.6	27%

IDIOMA Y CULTURA

Idiomas	Religiones	Comidas y bebidas típicas/Modales
Español (oficial), náhuatl y lenca, entre algunos indígenas	57% católica romana, 21% protestante evangélico, 17% ninguna, 2% testigos de Jehová	Frijoles, tortillas, arroz, pupusa, huevos, carne, frutas, café. La comida es menos picante que la de México y otros países hispanos. (Véase la Tabla 14-1, págs. 528–531). Es parte de la costumbre local probar un poco de cada plato servido, dejar un poquito de comida sobre el plato al terminar de comer y agregar sal a las comidas sin haberlas probado. Los hombres se ponen de pie cuando se levanta una mujer de la mesa.

Horario normal del almuerzo y de la cena: Sobre la una de la tarde para el almuerzo; entre las siete y las ocho de la noche para la cena.

Gestos: Se le considera maleducada a la persona que usa demasiados gestos al hablar. No señalar a alguien ni con el dedo ni con el pie.

Cortesía: Saludar a cada individuo al llegar a una reunión o comida y despedirse individualmente al marcharse para no menospreciar a nadie o quedar mal. Cuando se visita la casa de alguien para comer o cenar, traer para los anfitriones un regalito como flores (¡pero no de color blanco porque se asocia con la muerte!) o chocolates. Ponerse de pie al saludar o ser presentado a otras personas.

LA ACTUALIDAD POLÍTICA Y ECONÓMICA DE EL SALVADOR

Los gobiernos de El Salvador, desde la firma de los Acuerdos de Paz de Chapultepec en 1992, se han comprometido a crear una fuerte economía libre y abierta en la región, a pesar de haberse enfrentado con muchos problemas económicos durante la década de la Guerra Civil de los ochenta. Tradicionalmente, el país había dependido de las cosechas agrícolas, en particular del azúcar y del café, aunque la dependencia de este bajó mucho en la década de los noventa cuando el modelo agroexportador desapareció en el país. Esta dependencia agrícola había tenido como resultado una economía nacional controlada en gran parte por las fluctuaciones de precios en el mercado mundial. Las exportaciones de maquilas, las inversiones extranjeras y las remesas recibidas de trabajadores fuera del país aumentaron en esa época.

El Salvador es geográficamente el más pequeño de todos los países centroamericanos y es el único sin costa en el mar Caribe. Ha sido históricamente el más industrializado de América Central. El país aún sigue recuperándose de la Guerra Civil que duró desde 1980 hasta la ratificación de un pacto de paz en 1992. Más de 74,000 personas murieron en el conflicto. Ocurrieron muchas violaciones de los derechos humanos, cometidas tanto por las fuerzas del gobierno como por los insurgentes. Desde el fin de la guerra en El Salvador, los gobiernos elegidos han puesto en marcha varias políticas para poder reducir la violencia y el terrorismo que siguió ocurriendo después de los Acuerdos de Paz. Crearon la nueva Policía Nacional Civil, como una fuerza de seguridad encargada de velar por los derechos de la ciudadanía bajo un concepto no militarizado, un plan para la Defensa de los Derechos Humanos y un Tribunal Supremo Electoral.

El partido político que ganó las elecciones para presidente desde 1989 hasta 2009 fue Alianza Republicana Nacionalista (ARENA). Los ganadores por cada quinquenio fueron Alfredo Félix Cristiani Burkard (1989–1994), Armando Calderón Sol (1994–1999), Francisco Flores Pérez (1999–2004) y Elías Antonio Saca González (2004–2009). Todos apoyaron un liberalismo económico que favoreció la privatización de empresas y el comercio con los EUA. Algunas de las industrias más importantes fueron el procesamiento de alimentos y bebidas, los textiles, la confección y el calzado. Desde 1993, el sector industrial ha incorporado cada año más maquiladoras (plantas de fabricación o de ensamble), transformando la orientación industrial del país de una manufactura nacional en una zona libre de comercio con fines de exportación. Es decir, el cambio fue de lo nacional a lo internacional. El desarrollo de las nuevas maquiladoras resultó en un importante aumento de las exportaciones nacionales y un impacto positivo notable en la economía salvadoreña. En el año 2001 y bajo la administración de Francisco Flores se cambió el colón, la moneda nacional, por el dólar estadounidense, convirtiéndolo así en su divisa oficial. Un fenómeno derivado de la «década perdida» de los ochenta (durante la Guerra Civil) fue la emigración de muchos salvadoreños del campo a la ciudad capital, un movimiento muy común en todos los países latinoamericanos. Además, debido a la falta de trabajo en la capital, muchos salvadoreños emigraron a los EUA y las remesas se convirtieron en la principal fuente de ingresos, sustituyendo a las del sector agropecuario. Recientemente el valor de estas remesas bajó un poco, de $3,787 millones (17% del PIB) en 2008 a $3,522 millones (16.4% del PIB), desde enero a noviembre de 2012. Sin embargo, un fenómeno que no puede obviarse es el crecimiento de centros comerciales y el excesivo consumismo. Esto ha derivado en que las familias que aún viven en pequeños asentamientos, producto de la migración del campo a la ciudad en época de conflicto armado, se desvivan por la adquisición de productos de última generación, ropas de marca, etc. Pero el beneficio no llega a mejoras significativas en cuanto a la calidad de vida o educación. El Salvador fue el primer país en firmar el tratado RD-CAFTA, que se puso en marcha en 2005.

En 2009, fue elegido presidente el periodista Carlos Mauricio Funes, bajo la bandera del Partido Frente Farabundo Martí para la Liberación Nacional (FMLN), el movimiento originalmente fundado por revolucionarios marxistas en 1980. Inmediatamente después de iniciar su mandato, hubo diferencias entre Funes y su vicepresidente, Salvador Sánchez Cerén, y los dirigentes del FMLN sobre la selección de los nuevos miembros del gabinete. Esto creó una inseguridad que existía por todo su mandato porque el FMLN ganó control con la cartera de seguridad, dándole acceso a los recursos de inteligencia estatal.

Aunque el PIB salvadoreño mejoró de 21.4 mil millones en 2010 a 25.1 en 2014, la violencia y los homicidios causados por las pandillas MS13, 18 Sureño y Barrio 18 seguían aumentando hasta que el gobierno decidió entrar en una tregua con ellas en 2012. Debido a la tregua, los asesinatos bajaron rápidamente de 2012 a 2013 a una cifra de 2.500 asesinados cada año. Luego, antes de las elecciones presidenciales de 2014, el FMLN arregló negociaciones y contraprestaciones con las pandillas para cambiar los votos de los pandilleros y sus familias, y le dieron la ventaja a Sánchez Cerén quien ganó la presidencia.

El nuevo presidente empezó una estrategia belicista contra las pandillas para reducir la criminalidad, pero parece que ha tenido un impacto opuesto. El futuro bajo Sánchez Cerén no es prometedor porque la sociedad salvadoreña se caracteriza por la pobreza, la desigualdad y la exclusión. La falta de solidez en las instituciones, un sistema político partidario, una larga historia del uso de la violencia para resolver conflictos personales y políticos, y un pueblo disimulado que tiene miedo de hablar, requieren un régimen de más fortaleza judicial y diálogo transparente, pero ni el gobierno ni la sociedad lo exige.

En 2016 la Corte Suprema declaró inconstitucional la ley de amnistía que ha protegido a soldados, guerrilleros y miembros de los escuadrones de la muerte durante la guerra civil entre 1980 y 1992. Los grupos de derechos humanos, los jueces y los fiscales abrirán pleitos y es probable que el gobierno vaya a ayudar a la defensa. También, hay una crisis de deuda pública que sigue intensificando. Según el Banco de Reserva del país el endeudamiento en 2009 fue $11.174 millones (54.1% del PIB) y ha aumentado cada año hasta llegar a $16.586 millones (64.2% del PIB) en 2016[7]. Las calificaciones de deuda continúan bajando, un hecho que limita las futuras oportunidades de cooperación internacional y financiación externa.

---

[7] http://www.elsalvador.com/articulo/negocios/deuda-del-pais-llego-17175-millones-julio-124355

UNA VISTA PANORÁMICA DE NICARAGUA[8]

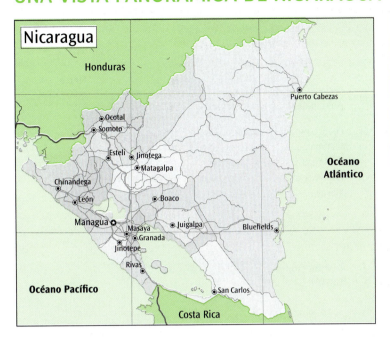

Nombre oficial:	República de Nicaragua
Gentilicio:	nicaragüense
Capital:	Managua, población 956,000 (2015)
Sistema de gobierno:	República
Jefe de Estado/Jefe de Gobierno:	Presidente José Daniel Ortega Saavedra (2016)
Fiesta nacional:	15 de septiembre, Día de la Independencia (1821: de España)

[8] Fuentes: *CIA World Factbook* 2017 y *United States Census Bureau (International Programs, International Data Base)* 2016.

NICARAGUA

GEOGRAFÍA Y CLIMA

Área nacional en millas² y kilómetros²	Tamaño (comparado con los EUA)	División administrativa	Otras ciudades principales	Puertos principales	Clima	Tierra cultivable (2011)
49,998 mi² 130,370 km²	Casi tan grande como el estado de Nueva York	15 departamentos y 2 regiones autónomas	León, Granada, Matagalpa, Jinotega, Chinandega, Masaya	Corinto, Puerto Sandino, San Juan del Sur	Tropical en las tierras bajas, más templado y fresco en la altiplanicie	12.5%

DEMOGRAFÍA

Año y población en millones			% urbana (2015)	Distribución etaria (2016)		% de analfabetismo (2015)	Grupos étnicos
2016	2020	2025		< 15 años	65+		
5.9	6.2	6.5	59%	28%	5%	17%	69% mestizo, 17% blanco europeo, 9% africano, 5% amerindio

ECONOMÍA Y COMERCIO

Unidad monetaria	Tasa de inflación (2016)	N° de trabajadores (en millones) y tasa de desempleo (2016)		% de población debajo de la línea de pobreza, según informe del país (2015)	PIB en miles de millones $EUA (2016)	PIB per cápita (2016)	Distribución de PIB (2016) y de trabajadores por sector (2011)*			Exportaciones en miles de millones $EUA (2016)	Importaciones en miles de millones $EUA (2016)
							A	I	S		
El córdoba oro	4.1%	3.0%	6.0%	30%	$33.5	$5,300	17%	24%	59%	$3.12	$6.04
							28%	19%	53%		

* Para distribución del PIB y de los trabajadores (mano de obra): A = Agricultura, I = Industria, S = Servicios (y Gobierno)

Recursos naturales: Oro, plata, cobre, tungsteno, plomo, cinc, madera, pesca, tierra cultivable, agua dulce, potencial para energía hidroeléctrica y geotérmica

Industrias: Procesamiento de alimentos y de bebidas, productos químicos y de metal, maquinaria, minería, cemento, ladrillo y azulejo, textiles y ropa, refinación y distribución de petróleo, calzado, madera, plásticos

COMERCIO

Productos de exportación: Café, mariscos, carne de res, azúcar, bananas, ajonjolí (sésamo), algodón, tabaco, oro, bienes industriales

Mercados: 57% EUA, 10% México, 5% Venezuela, 4% El Salvador (2015)

Productos de importación: Productos de petróleo, bienes de consumo, alimentos, maquinaria y equipo, materias primas

Proveedores: 20% EUA, 15% México, 11% China, 7% Venezuela, 7% Costa Rica, 6% El Salvador, 6% Guatemala, 5% Antillas Holandesas (2015)

Horario general de comercio: De lunes a viernes, desde las ocho de la mañana hasta las cinco o seis de la tarde. El almuerzo se come normalmente entre el mediodía y las dos de la tarde. Los sábados, desde las ocho de la mañana hasta el mediodía. Los centros comerciales abren de lunes a domingo.

TRANSPORTE Y COMUNICACIONES

Kilómetros de carreteras y % pavimentadas (2014)		Kilómetros de vías férreas (2009)	N° de aeropuertos con pista de aterrizaje pavimentada (2013)	N° de líneas telefónicas/ teléfonos celulares en millones (2015)		N° (en millones) y % de usuarios de Internet (2015)	
23,897	14%	0 km: La línea nacional está inoperante	12	0.35	7.3	1.16	20%

IDIOMA Y CULTURA

Idiomas	Religiones	Comidas y bebidas típicas/Modales
Español (oficial), inglés y varias lenguas indígenas (miskito y sumo) en la costa del Atlántico	59% católica romana, 23% protestante	Tortilla, enchilada, nacatamal, gallo pinto, mondongo, baho, plátano frito, vigorón. (Véase la Tabla 14-1, págs. 528–531). Mantener las manos, no los codos, encima de la mesa durante la comida. Halagar la buena comida servida y practicar el arte de la buena conversación.

Horario normal del almuerzo y de la cena: Cerca de la una de la tarde para el almuerzo; alrededor de las siete de la noche para la cena.

Gestos: Los nicaragüenses usan muchos gestos al hablar. Para indicar algo, se frunce la boca o se señala con la barbilla en esa dirección. Para decir «adiós», la mano parece como si estuviera abanicándose. Tocarse bajo el ojo con el dedo índice es señal de ¡ojo!, tener cuidado. Para indicar que alguien es tacaño, colocar la mano, con la palma boca arriba, bajo el otro codo. Si se quiere pagar por algo, se pueden frotar juntos los dedos índices de las manos (el gesto norteamericano de «*shame on you*»). Es obsceno el gesto del higo (un puño con el dedo pulgar colocado entre el dedo índice y el dedo corazón), equivale a «*to give the finger*».

Cortesía: Saludar individualmente a cada persona al llegar a una reunión o comida y despedirse de cada una al marcharse para no quedar mal con ninguno. Se considera descortés el hablar con una voz exageradamente alta. Cuando se visita la casa de alguien para comer o cenar, traer para los anfitriones un regalito como flores (¡pero no blancas porque se asocian con los funerales!), caramelos o chocolates. Es muy común llevar un buen vino si es una cena o almuerzo elegante.

LA ACTUALIDAD POLÍTICA Y ECONÓMICA DE NICARAGUA

En la actualidad, Nicaragua es un país cuya economía crece constantemente y, con el aumento de la seguridad interna, se considera una nación en desarrollo. Las inversiones extranjeras de China, Rusia y los EUA y la construcción de la infraestructura en la forma del «Gran Canal de Nicaragua» por la empresa china HKND Group son indicaciones del progreso. En comparación, la economía de Nicaragua fue un desastre en la década de los ochenta, debido a los efectos de la revolución sandinista fomentada por el Frente Sandinista de Liberación Nacional (FSLN), fundado en 1962 y así denominado para conmemorar a César Augusto Sandino, el héroe de la resistencia nicaragüense contra la ocupación norteamericana (1927–1933). Desde el comienzo, el FSLN se manifestó contra la dictadura de la familia Somoza, contra la influencia de los EUA y a favor de establecer un régimen socialista. Aunque la lucha contra la dictadura de los Somoza ya había comenzado a finales de los años 50 del siglo pasado, se intensificó en 1978 y la guerra civil subsiguiente dio como resultado una gran escasez de toda clase de bienes y artículos de primera necesidad.

Esta revolución y la instauración del nuevo gobierno de Daniel Ortega Saavedra (1985–1990), radicalmente opuesto a Anastasio Somoza, trajo la implementación de un nuevo modelo económico. En este contexto, se puso en marcha el modelo económico mixto, cuyo objetivo era eliminar las enormes brechas económicas y sociales existentes en el país. Según muchos informes, el nivel de vida en esa época fue incluso más bajo que durante la época de la dictadura de Anastasio Somoza (1967–1974). Durante los años ochenta, la lucha entre sandinistas y «contras» (contrarrevolucionarios), además de las grandes pérdidas de vidas humanas, representó un gasto enorme del 50% del presupuesto nacional. El embargo económico impuesto por los EUA en 1985 agravó la situación y empujó a Nicaragua a buscar más apoyo económico de la antigua URSS. Todo esto se tradujo en un considerable descenso en la producción y renta, una caída irremediable del PIB, años de hiperinflación y una devaluación de la moneda.

En las siguientes elecciones, la elección de Violeta Chamorro (1990–1997) como presidenta de Nicaragua le sorprendió al gobierno sandinista. Su gobierno dio apertura a un modelo económico de libre mercado, así facilitando el auge de la empresa privada y el aumento de las exportaciones. En 1996, Arnoldo Alemán Lacayo (1997–2002) del Partido Liberal Constitucionalista fue elegido presidente. Durante el gobierno de Alemán, hubo un incremento significativo de cooperación internacional. Pero, a pesar de que durante su gobierno el país había implementado nuevas políticas económicas para superar las tendencias negativas de la guerra civil y las malas administraciones económicas que la siguieron, al terminar su mandato en 2002 la economía se hallaba gravemente deteriorada. Este período azotó fuertemente los procesos de institucionalización, democratización y gobernabilidad iniciados en los años noventa. Los sandinistas acusaron a Alemán de hacer reaparecer las viejas divisiones políticas y de destruir el progreso de las reformas agrarias.

En 2002, el descontento con Alemán dentro del Partido Liberal Constitucionalista (PLC) resultó en la selección del vicepresidente, Enrique Bolaños Geyer, como candidato presidencial de la Alianza Liberal y últimamente en su elección. El mandato de Bolaños (2002–2007) quedó distorsionado por el conflicto de intereses entre sus predecesores, Alemán y Ortega. Durante la presidencia de Bolaños, Alemán fue condenado por lavado de dinero y desfalco. Respecto a la política exterior, Bolaños respaldó militarmente a los EUA en Irak, consiguió la adopción del CAFTA (*Central American Free Trade Agreement,* o Tratado de Libre Comercio), y recibió ayuda del Fondo Monetario Internacional (FMI) y del Banco Mundial para reducir la pobreza dentro del país y para absolver la deuda externa.

Daniel Ortega del FSLN, después de haber perdido elecciones presidenciales en 1990, 1996 y 2001, fue reelegido presidente en 2006 con un 38% del voto y otra vez en 2011 con más de un 62%. Su primer acto oficial como presidente en 2007 fue la adhesión de Nicaragua como el cuarto miembro de ALBA (Alianza Bolivariana para los Pueblos de Nuestra América), el proyecto para la integración de países latinoamericanos apoyado por los gobiernos de Cuba, Bolivia y Venezuela. En las elecciones municipales y regionales de 2008 y 2010 y las elecciones presidenciales de 2011, hubo sospecha de fraude electoral. Entre 2009 y 2014 Nicaragua pudo reducir el porcentaje de la pobreza del 42.5% al 29.5% y la pobreza extrema del 14.6% al 8.3%, según la Encuesta de Medición de Nivel de Vida del Instituto Nacional. Sin embargo, la pobreza aún es alta y Nicaragua sigue siendo uno de los países menos desarrollados de América Latina. Al pueblo le falta acceso a los servicios básicos, especialmente en el campo (41.2% de la población).

En noviembre de 2016 Ortega fue reelegido para un tercer período consecutivo con el 72.4% de los votos. Su vicepresidente es su esposa Rosario Murillo. *La Prensa*, el periódico más antiguo de Nicaragua, fundado en 1926 con una línea editorial independiente, publicó un resumen de los diez peores actos y las diez mejores obras de los diez años del gobierno de Ortega[9]. Lo peor según el diario es que se describen como diez años de abusos, destrucción y corrupción. La distribución del ingreso es muy desigual y la mayoría de su fuerza laboral sigue funcionando dentro del sector informal, subiendo del 55% en 2007 al 80% en 2015. Otras quejas incluyen las siguientes: Ortega utiliza a la Policía y al Ejército para reforzar su propia dinastía; un sistema judicial partidario del Presidente; una falta de transparencia en salud y educación; la corrupción de la oficina de Contraloría General; el mal uso de los fondos del Instituto Nicaragüense de Seguridad Social (INSS); el control familiar del sector energético nacional; el retroceso de los derechos humanos, civiles y políticos; y la destrucción del

---

[9] http://www.laprensa.com.ni/2017/01/10/politica/2162961-un-decenio-de-orteguismo-en-nicaragua

http://www.laprensa.com.ni/2017/33301/10/politica/2162961-un-decenio-de-orteguismo-en-nicaragua

sistema electoral. Entre los aspectos positivos *La Prensa* menciona la creación de un sistema de alerta, atención y prevención de desastres naturales y emergencias; el mejoramiento de la red vial y las calles urbanas; las mejoras turísticas y en el centro antiguo de Managua; la atracción de inversión nacional y extranjera; la ampliación del sistema de electricidad; una mayor seguridad pública; la promoción del deporte; y un crecimiento económico moderado. ¿Hasta dónde llegará Nicaragua al final del tercer mandato de Ortega en enero de 2022?

5-6 ACTIVIDADES

¿Qué sabe usted de El Salvador y de Nicaragua?

1. A usted lo/la han contratado como asesor/a transcultural de negocios internacionales. Como tal, necesita informar a sus clientes sobre El Salvador y Nicaragua y recomendar un plan de viaje de negocios a cada país. Investigue sobre los datos pertinentes para desarrollar los temas a continuación.

   a. Describa la geografía de El Salvador y de Nicaragua, incluyendo temas como los siguientes: ubicación y tamaño de ambos países, capital y otras ciudades y puertos importantes, división administrativa y clima. Compare el tamaño de El Salvador con el de los EUA y con el tamaño del estado donde vive usted. Compare el tamaño de Nicaragua con el de los EUA y con el del estado donde vive usted.

   b. ¿Cuáles son las principales características demográficas y políticas de El Salvador y Nicaragua? ¿Quién es el jefe de estado de cada país?

   c. ¿Cuándo se celebra la fiesta nacional de cada país? ¿En qué otras fechas hay fiestas públicas que también podrían afectar el éxito de un viaje de negocios? (Véase la Tabla 10-1, págs. 352–354).

   d. Describa la economía de cada país. Incluya datos sobre la moneda nacional, la tasa de inflación, el PIB y el PIB per cápita, el número de trabajadores (mano de obra), la tasa de desempleo, los recursos naturales, las industrias nacionales, los productos que se exportan e importan, los países destino (mercados) y proveedores (fuentes) de estas transacciones internacionales y la balanza de comercio. ¿A cuánto cotiza cada moneda nacional con respecto al dólar estadounidense?

   e. ¿Qué producto o servicio recomendaría vender en El Salvador y en Nicaragua? ¿Por qué?

   f. Compare la infraestructura de los transportes y las comunicaciones en cada país.

   g. ¿Cómo han cambiado algunos de los datos presentados en las secciones de «Vista panorámica» y «La actualidad política y económica» de este texto? Actualícelos para cada país.

   h. ¿Cuáles fueron los efectos económicos de la guerra civil (1980–1992) en El Salvador?

   i. ¿Quién es Daniel Ortega? Si usted fuera presidente de Nicaragua, ¿qué medidas tomaría como líder para reducir el porcentaje de participantes en la economía informal?

j. ¿Cuáles fueron los efectos económicos del gobierno sandinista y el embargo impuesto por los EUA en Nicaragua?

k. Basándose en «La actualidad política y económica» de cada país, ¿qué realidades, oportunidades y problemas destacaría y qué recomendaciones le daría a su cliente/a?

2. Use Internet u otras fuentes informativas para preparar un plan (con presupuesto e itinerario) para sus clientes, que harán un viaje de negocios a la capital de cada país, en un viaje individual a cada país o a ambas capitales durante un solo viaje.

a. Fechas de ida y vuelta

b. Vuelos: aeropuertos de salida y llegada, líneas aéreas, horarios; costos

c. Transporte interno que se piensa usar en cada país: taxi, autobús, carro de alquiler, metro, tren, otro; costos

d. Alojamiento y viáticos; costos

e. La comida típica que van a pedir para la cena la primera noche en cada país

f. Las formas de cortesía y los gestos que deben recordar, usar o evitar

LECTURA CULTURAL

El campo y la ciudad

Muchos países hispanos tienen economías esencialmente agrícolas que dependen de su clima y tierra fértil para producir cultivos como café, azúcar, bananos, maíz, frijoles, soja, algodón, piñas y flores. Tradicionalmente, el campo ha representado una fuente imprescindible de ingresos, puesto que constituye el fundamento de las exportaciones. Pero muchos trabajadores rurales llevan una durísima vida en el campo, muchas veces en condiciones de latifundio y miseria, el resultado del fracaso de las malogradas reformas agrarias. Estas condiciones han llevado a muchas familias a emigrar hacia los centros urbanos en busca de una vida mejor. Pero al llegar a las ciudades, muchas veces hallan que las condiciones de vida y el desempleo son peores que las que acaban de dejar en las zonas rurales. Mucha gente llega mal preparada para enfrentarse con las dificultades y la dura competencia de la vida urbana. Además, su llegada tiende a agravar la presión ya ejercida por las grandes y crecientes poblaciones urbanas (Figura 5-2) sobre la infraestructura de servicios sociales y los recursos naturales.

Tradicionalmente, la ciudad ha representado la civilización y el progreso en Hispanoamérica. El campo y la naturaleza, en cambio, se han asociado con la miseria, la barbarie y la explotación del trabajador. Esta oposición se ha manifestado como un tema importante en la literatura hispanoamericana —por ejemplo, *Facundo o civilización y barbarie en las pampas argentinas* de Sarmiento (Argentina), *Doña Bárbara* de Gallegos (Venezuela), *La vorágine* de José Eustasio Rivera (Colombia) o *El caballo de oro* de Morgan (Panamá)—, en el esfuerzo de la ciudad por establecer su preeminencia sobre el campo, lo cual simboliza el triunfo de la civilización sobre la barbarie. Este ideal, sin embargo, choca con la realidad histórica y económica de la importancia del campo, puesto que hay

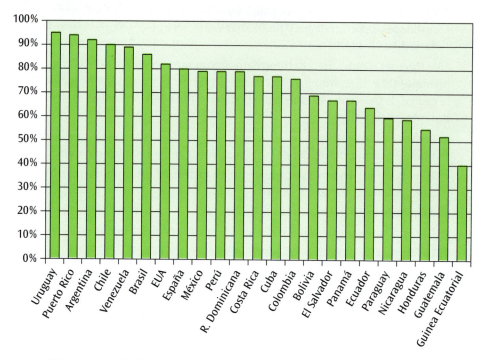

Figura 5-2 **Población urbana en 2015***

Fuente: *CIA World Factbook* 2017.

* Datos de Bolivia de 2010

naciones enteras que deben su subsistencia al sector agropecuario (agricultura y la ganadería). El dilema que representa el eje campo–ciudad hasta ahora no ha encontrado solución, es decir, equilibrio vital y socioeconómico.

En cualquier parte del mundo son importantes para los trabajadores las cuestiones de buena vivienda y de oportunidades educativas, tanto para sus hijos como para ellos mismos. Tal como ocurre en los EUA, quienes viven en los centros urbanos hispanoamericanos muchas veces alquilan un apartamento porque el costo de comprar o construir una casa es prohibitivo. En cuanto a la enseñanza, en los países hispanos, las mejores oportunidades sin duda se hallan en las capitales y las grandes ciudades, donde hay más opciones de escuelas y donde se encuentran las universidades más prestigiosas. No existe el fenómeno, como en los EUA, de las grandes universidades «*land grant*» o de las pequeñas «*liberal arts colleges*», a menudo situadas en pueblos o en zonas rurales lejos de los centros urbanos. Las naciones hispanas requieren en general un promedio de seis a diez años de enseñanza para sus ciudadanos, aunque hay ejemplos, como el de Colombia, donde solo el 28% completa el nivel primario. La enseñanza comprende la escuela primaria, la secundaria y luego los institutos profesionales o escuelas superiores y las universidades. La universidad es un lujo e, igual que en los EUA, representa un medio tradicional para mejorar la vida económica y cultural.

En el futuro, se prevé que continuará la emigración hispanoamericana del campo a las grandes ciudades. Buenos ejemplos son las capitales de México y Perú, donde el continuo crecimiento urbano es representativo de lo que se proyecta para la mayoría de los países hispanos. Como consecuencia, habrá aún más necesidad de educar a esta nueva población urbana para que pueda participar con éxito en un futuro caracterizado por la globalización y los rápidos cambios telemáticos y tecnológicos. Respecto a esto, y en contraste con el estadounidense que lleva muchísimas décadas de una fuerte orientación cultural hacia este futuro, se puede decir también que el hispano suele sentir mayor aprecio por su pasado y sus tradiciones. Un ejemplo de la actitud estadounidense, que ha ido cambiando con una nueva toma de conciencia en los últimos años, ha sido la facilidad con la que se derrumbaban los antiguos edificios para reemplazarlos con nuevas estructuras funcionales, muchas veces de escaso valor estético. En los países hispanos, se solía conservar más los lazos con el pasado histórico, haciendo nuevas construcciones sin derrumbar con tanto afán los bellos logros arquitectónicos de ayer, los cuales son ejemplos o «textos» históricos dignos de preservarse, como Patrimonio de la Humanidad (UNESCO).

5-7 ACTIVIDADES

1. **¿Qué sabe usted de cultura?** Para demostrar sus conocimientos, conteste las preguntas a continuación.

   a. Describa la relación entre el campo y la ciudad en Hispanoamérica. Compárela con la de los EUA u otro país de su elección.

   b. ¿Qué problemas representa la emigración del campo a la ciudad en Hispanoamérica? ¿Existe el mismo fenómeno en los EUA? ¿En otros países? Comente.

   c. Describa el sistema educativo en los países hispanos. En términos generales, ¿en qué se diferencia del sistema estadounidense?

   d. Busque en Internet u otra fuente qué universidades hay en Nicaragua y El Salvador. ¿Quiénes se pueden matricular? ¿Cómo se matriculan?

   e. ¿Qué opina de la educación como camino personal hacia un nivel socioeconómico más alto? ¿Como solución a la pobreza?

   f. ¿Qué cambios tecnológicos piensa usted que habrá en los próximos diez años? ¿Cuáles serán de tipo comercial? ¿De tipo educativo? ¿Qué efecto tendrán en nuestra vida?

   g. ¿Cuál es más importante para usted, el pasado o el futuro? ¿Por qué? ¿Puede el mundo comercial ignorar el pasado al apresurarse para entrar en la nueva década?

2. **Asimilador cultural.** Lea el siguiente texto y conteste las preguntas a continuación.

Carolyn Hunter, una ejecutiva de Atlanta, está en la histórica ciudad colonial de Granada, Nicaragua, a orillas del Lago de Nicaragua (conocido también como el Lago Cocibolca o el Lago Dulce), visitando la nueva sucursal de su compañía, *GlobaFurnish, Inc.*, que se dedica a la fabricación y venta de equipo de oficina. Está hablando con Ramón Casals Ramírez sobre el nuevo edificio de *GlobaFurnish*, situado cerca del antiguo centro de la ciudad. Al pasar por la puerta principal que los lleva a las oficinas del interior, Hunter le comenta a Casals:

—Es muy bonito este edificio, muy pintoresco, pero es una lástima que no hayamos podido derrumbarlo para construir uno más moderno y eficiente, como los de Atlanta. Quizás pudiéramos, por lo menos, quitar las paredes del salón de entrada, para así abrir más el espacio interior, cambiando lo que existe ahora por un vidrio reflector que corriese de lado a lado. Esto representaría mejor la imagen de modernidad que deseamos crear.

Sorprendido, Casals recorre con su vista las paredes del salón en cuestión, cuyo diseño data del siglo XVI. Una de las paredes es de un elegante mármol italiano de color rojizo y blanco, la otra presenta un mural del plano de la ciudad colonial. Aclarándose la garganta, le contesta a Hunter que...

a. ¿Cómo contestará Casals la propuesta de Hunter?

b. ¿Cuáles son los dos puntos de vista que están en conflicto en este encuentro?

c. ¿Cómo contestaría usted los comentarios de Hunter?

d. ¿Piensa que es un error resistir los avances de la modernidad para conservar edificios antiguos, aunque sean ineficientes en su uso del espacio interior y en la conservación de energía? Explique.

SÍNTESIS COMERCIAL Y CULTURAL

5-8   ACTIVIDADES COMUNICATIVAS

1. **Situaciones para dramatizar.** Lea las siguientes situaciones y después haga el papel en español con otro/s estudiante/s, usando las posibilidades siguientes como punto de partida. Cada persona debe participar activamente en la dramatización. No olviden el protocolo ni las cortesías.

a. *You are from Chicago and are meeting with the two other co-owners of your business in San Salvador to discuss whether to purchase or lease three delivery trucks for the heavy office equipment you sell. Ask for their input on the following.*

   • *What type of truck is needed?*

   • *Is it better to buy or rent?*

   • *What amounts of money are involved? Look up actual costs on the Internet.*

b. *While meeting with your co-owners, you also want to discuss two options for a permanent location for the business, one downtown, and the other ten kilometers outside the city of San Salvador. Ask them about the pros and cons of each location. María Jiménez, as you already know, will insist on the downtown location, despite its higher rent and the fact that the building is in worse condition than the new one on the outskirts of the city.*

Después de representar la segunda situación, comente con sus compañeros las diferencias culturales (las hispanas y las estadounidenses) que pueda haber respecto al centro de la ciudad como centro de operaciones comerciales. Al considerar esto, tenga presente la popularidad del fenómeno del suburbio en los EUA.

2. **Actividad empresarial.** Usted es copropietario/a de una nueva tienda de música que ustedes planean abrir en tres meses. Necesitan decidir dónde ubicar la nueva tienda y se han presentado las siguientes posibilidades:

• comprar un terreno y construir una nueva tienda de 800 metros cuadrados de espacio, en las afueras de la ciudad (a unos siete kilómetros del centro), por un costo total de $260,000 EUA

• comprar un edificio recién construido y situado en el centro comercial, área muy concurrida, con 600 metros cuadrados de espacio, por $400,000 EUA

También piensan invertir en el diseño de una nueva página web para la venta electrónica de su música, siguiendo así el rápido desarrollo del comercio electrónico. En una reunión, ustedes comentan las ventajas y las desventajas de cada posibilidad, entre ellas las siguientes:

a. costo

b. número y tipo de clientes

c. facilidad de acceso físico

d. posibilidades de expansión

e. impacto y costo del negocio por Internet (el ecomercio o comercio electrónico) y de la publicidad y las ventas electrónicas vs. medios más tradicionales de publicidad y venta

f. ventajas y desventajas de la ubicación en el centro comercial vs. en las afueras

Luego, después de llegar a un acuerdo acerca de la ubicación de la nueva tienda de música, comenten y comparen su decisión con la de sus otros compañeros de clase.

3. **Minicaso práctico.** Lea el caso y haga los ejercicios a continuación [10].

En junio de 2013, el gobierno sandinista ratificó la propuesta de construir un Gran Canal interoceánico. Tal posibilidad en Nicaragua tiene una larga historia, pues mucho antes que la construcción del Canal de Panamá por Francia y EE.UU., Nicaragua había sido una de las cinco posibilidades para la construcción de un canal que cruzara

---

[10] Traducido y adaptado de Michael S. Doyle «Nicaragua's Grand Canal: A Case Study in Political and Economic Culture», *Global Advances in Business and Communications Conference & Journal*: Vol. 5 (2016): Artículo 5. Para más información, véase http://commons.emich.edu/gabc/vol5/iss1/5.

el istmo centroamericano. Este megaproyecto de 173 millas de largo, en comparación con las 48 millas del Canal de Panamá, enlazaría el puerto de Punta Gorda en la costa caribeña con el de Brito en el Pacífico, cruzando el lago Cocibolca (también conocido como lago de Nicaragua). El proyecto se ha pintado tanto como una quimera como la tierra prometida para Nicaragua. Los derechos de la construcción del Gran Canal se han concesionado al Grupo HKND (*Hong Kong Nicaragua Canal Development Investment Company*), financiado por el misterioso magnate Wang Jing, tildado «El Loco del Canal». Con esto, también se ponen en juego los intereses geoestratégicos de los EE.UU. y China.

Los nicaragüenses que apoyan el Gran Canal son principalmente los partidarios del gobierno sandinista que prevén grandes beneficios, entre ellos los siguientes: la creación de dos modernos puertos marítimos, con una inmensa capacidad de generar grandes ingresos del tránsito de los gigantescos barcos de carga post panamax; un nuevo aeropuerto internacional; una nueva zona de libre comercio; una nueva cementera y planta siderúrgica; el desarrollo turístico de alta gama; y la creación de unos 58,000 puestos de trabajo para el año 2030. Los oponentes han hecho muchas denuncias, entre ellas: la falta de transparencia gubernamental en los procedimientos llevados a cabo bajo un manto de secretismo y permisología; la ausencia de estudios de viabilidad y de costo-beneficio fiables; los riesgos ecológicos para el lago de agua dulce más grande de América Central, en cuanto a la pesca, flora y fauna (algunos científicos y ecologistas advierten que el proyecto resultará

Un pescador en el lago de Cocibolca, Nicaragua.

El volcán Concepción en la isla de Ometepe, en el lago de Cocibolca, Nicaragua. Destino turístico.

Si se construye el Gran Canal de Nicaragua, según la propuesta presentada en el Minicaso práctico, ¿cuáles podrían ser algunos efectos en el ecoturismo de la isla de Ometepe, cuyo hermoso paisaje natural y volcanes atraen a muchos visitantes? ¿Cuáles podrían ser algunos efectos sobre el lago Cocibolca y la pesca?

en un desastre medioambiental); la expropiación de unas 7,000 fincas privadas; y la reubicación forzosa de muchos residentes ancestrales, lo cual ya ha llevado a varias manifestaciones violentas. La Ley del Canal Interoceánico de Nicaragua ha autorizado que HKND se apropie de todo terreno que estime necesario para los propósitos del Canal. La Ley del Canal protege a Wang Jin y HKND con estipulaciones contractuales de una confidencialidad absoluta referente a su construcción. Los oponentes se quejan de la falta de claridad y rendición de cuentas en los procesos seguidos.

El gobierno sandinista ha proyectado que para el año 2018 el Gran Canal de Nicaragua sacará a 403,583 nicaragüenses de la pobreza y que otros 353,935 podrán escapar de las garras de la miseria más extrema. El vicerrector de la Universidad Central de Nicaragua, Francisco López, da voz a la esperanza de que el Gran Canal representa un proceso de desarrollo que ayudará al país a deshacerse de su enemigo principal, la pobreza. Según Enrique Alaniz, director de Investigaciones de la FIDEG, el Gran Canal también representa una oportunidad de reposicionamiento de marca (*rebranding*) para Nicaragua, que le permite salir más del encasillamiento de la guerra civil y la violencia de las décadas de los setenta y ochenta. Por otra parte, Ernesto Cardenal —poeta renombrado, sacerdote católico y líder icónico de la revolución sandinista— ha dicho que el lago Cocibolca, que para los nicaragüenses ha sido una bendición de Dios, se convertirá en una maldición. ¿Tierra prometida o quimera? La respuesta solo se sabrá si algún día se realiza la construcción del Gran Canal interoceánico de Nicaragua.

Conteste las siguientes preguntas.

a. ¿Por qué se pinta el propuesto Gran Canal de Nicaragua o como quimera o tierra prometida para Nicaragua?

b. ¿Es esta la primera vez que se plantea la posibilidad de construir un canal interocéanico en Nicaragua? Explique brevemente.

c. ¿Por qué se refiere a la construcción del canal como un megaproyecto? Busque algunos datos en Internet para comparar el alcance del Gran Canal de Nicaragua con el de su competidor, el Canal de Panamá.

d. ¿De dónde proviene el financiamiento del proyecto? Busque más información en Internet acerca de Wang Jing y el Grupo HKND.

e. ¿Cuáles son los principales intereses geoestratégicos que el Gran Canal pone en juego? ¿Qué opina usted?

f. ¿Quiénes apoyan la construcción del Gran Canal? ¿Cuáles serían ocho beneficios que se prevén?

g. ¿Cuáles son cinco reparos de los oponentes?

h. ¿Qué son el secretismo y la permisología? ¿Por qué son factores importantes en los procedimientos gubernamentales?

i. ¿Cuáles elementos incluiría usted al hacer estudios de viabilidad y de costo-beneficio para el proyecto?

j. Según el vicerrector de la Universidad Central de Nicaragua, ¿cuál es el enemigo principal del país? ¿Cómo ayudaría el Gran Canal a derrotar este enemigo?

k. ¿En qué sentido representa el Gran Canal de Nicaragua una oportunidad de reposicionamiento de marca (*rebranding*) nacional?

l. Junto con sus compañeros de clase, formen dos grupos, los partidarios y los oponentes, para debatir las consideraciones a favor y en contra del Gran Canal. Cada grupo necesitará seleccionar un/a líder.

5-9 COMPRENSIÓN Y COMUNICACIÓN

 MINDTAP

Busque el ejercicio de video en el MindTap de *Éxito comercial: Prácticas administrativas y contextos culturales.*

Antes de ver. Conteste las siguientes preguntas antes de mirar el video.

1. ¿Ha alquilado usted alguna vez un apartamento, una casa o una oficina de negocios? Describa el proceso.

2. De parte del arrendador y el arrendatario, ¿qué factores deben considerarse en un contrato de arrendamiento?

Al ver. En el video, la señora Marta Fromberg discute con el señor Joaquín Villanueva las condiciones de arrendamiento de un local de negocios. Lea las siguientes preguntas y después mire el video. Luego, vuelva a las preguntas para contestarlas.

1. ¿Cuánto es el depósito y cuál es el plazo inicial del arrendamiento?

2. ¿Cuándo se tienen que pagar las mensualidades?

3. ¿Cuáles son los servicios que no se incluyen en el alquiler?

4. ¿Puede hacer la señora Fromberg cualquier arreglo que quiera en la sala de recepción? Explique.

Resumen. Resuma objetivamente para un/a compañero/a de clase lo que ha ocurrido en el video. O, para variar, haga un resumen con cambios o falsedades para ver si su compañero/a capta la información errónea y se la corrige.

Ud. es el/la intérprete. Siga el guion a continuación y haga el papel de intérprete entre la señora Marta Fromberg y el señor Joaquín Villanueva. Traduzca del inglés al español y del español al inglés, **sin mirar el texto**, el diálogo que leerán otros dos estudiantes en voz alta. Ellos harán una pausa después de cada barra para permitir su traducción. Acuérdense todos de usar un tono y ritmo de diálogo natural. Tome un rol de liderazgo al asignar los tres papeles.

Sra. Fromberg: *I want to go over the rent conditions one more time. / When can we move our staff into the building? / How much is the advance deposit and what will the monthly rent be?*

INTÉRPRETE: _____

Sr. Villanueva: Muy bien. El contrato lleva fecha vigente del 5 de marzo del año en curso. / El pago inicial será de $3,000 dólares y la mensualidad será $1,500 dólares, pagaderos entre el primero y el cinco de cada mes.

INTÉRPRETE: _____

Sra. Fromberg: *The initial rent period is for one year. Will it automatically renew itself for the following year? / Also, do I understand correctly that the utilities are included in the rent?*

INTÉRPRETE: _____

Sr. Villanueva: El contrato se vence anualmente. / Para continuar con el arrendamiento, habrá que firmar otro contrato en el último mes del presente contrato, y así sucesivamente. / Respecto a los servicios de agua, luz y gas, estos no se incluyen en el alquiler.

INTÉRPRETE: _____

Sra. Fromberg: *Oh, I see. I misunderstood about the utilities, but that's no problem. / Also, I'd like to do some minor repairs in the reception area.*

INTÉRPRETE: _____

Sr. Villanueva: De acuerdo. Eso está bien mientras se me avise de antemano y mientras no afecten la estructura del local / y se obtengan previamente los correspondientes permisos oficiales.

INTÉRPRETE: _____

Actividad. ¿Cómo es diferente su interpretación de la que se presenta en el video? Vuelva a ver el video para hacer una comparación o una crítica de la traducción oral.

Interpretación consecutiva y simultánea. Vuelva al video y ahora haga una interpretación consecutiva, usando la pausa del video cuando le haga falta. O, para variar, intente hacer una interpretación simultánea, sin pausas. ¡Ojo! Este tipo de ejercicio requiere mucha concentración, memoria y atención a los detalles.

Otro fin. Después de ver el video, imagine lo que podría ocurrir después si no termina en ese momento. ¿Cómo se desarrollará más el tema entre los actores y qué dirán? Para esta actividad, se puede escribir y entregar un nuevo fin o imaginarse otro fin para representarlo con compañeros de clase. Al continuar con el guion en español, siga el estilo de diálogo usado arriba, empezando con la señora Fromberg.

5-10 ANÁLISIS Y COMPARACIÓN

Estudie la Tabla 5-1 y haga los ejercicios que aparecen a continuación. Use también sus conocimientos y, cuando haga falta, otras fuentes informativas como un diccionario, el *Almanaque mundial*, Internet, etc. Los ejercicios se pueden hacer individualmente, en parejas o en pequeños grupos para discutir en clase.

1. ¿Cuáles son los tres países hispanos con el mayor porcentaje de población urbana? ¿Los tres con el menor porcentaje? Haga un gráfico lineal (*line graph*) para comparar el porcentaje de población urbana de estos seis países.

TABLA 5-1 LOS PAÍSES HISPANOPARLANTES, BRASIL Y LOS ESTADOS UNIDOS: POBLACIÓN EN EL AÑO 2015, PORCENTAJE POBLACIÓN URBANA, DISTRIBUCIÓN ETARIA, ANALFABETISMO, NÚMERO DE LÍNEAS TELEFÓNICAS/CELULARES EN MILLONES, NÚMERO (EN MILLONES) Y % DE USUARIOS DE INTERNET

País	Población (est.) (en millones de personas) (2015)	% urbana (2015)	Distribución etaria (2016 est.) % <15 años	% 65+ años	% analfabetismo (año del informe del país)	N° de líneas telefónicas/ celulares en millones (2015)		N° (en millones 2015) y % (2015) de usuarios de Internet	
Argentina	43.5	92%	25%	11%	2% (2015)	10	60.7	30.1	69%
Bolivia	10.8	69%	32%	5%	4% (2015)	0.88	10.2	4.9	45%
Chile	17.5	90%	20%	11%	2% (2015)	3.4	23.2	11.3	64%
Colombia	46.7	76%	25%	7%	5% (2015)	7.1	57.3	26.1	56%
Costa Rica	4.8	77%	23%	8%	2% (2015)	0.86	7.5	2.9	60%
Cuba	11.2	77%	17%	15%	0% (2015)	1.3	3.3	3.4 (uso restringido)	31%
Ecuador	15.9	64%	28%	7%	5% (2015)	2.5	12.9	7.8	49%
El Salvador	6.2	67%	27%	7%	12% (2015)	0.94	9.3	1.6	27%
España	48.6	80%	15%	18%	2% (2015)	19.1	50.9	37.9	79%
Guatemala	14.9	52%	35%	4%	18% (2015)	1.7	18.1	4.04	27%
Guinea Ecuatorial	0.7	40%	40%	4%	5% (2015 est.)	0.011	0.43	0.014	n.d.
Honduras	8.7	55%	34%	4%	11% (2015)	0.50	8.0	1.781	n.d.
México	122	79%	27%	7%	5% (2012)	19.9	106.8	70	n.d.
Nicaragua	5.9	59%	28%	5%	17% (2015)	0.35	7.3	1.16	20%
Panamá	3.7	67%	27%	8%	5% (2015)	0.62	6.9	1.87	51%
Paraguay	6.8	60%	25%	7%	6% (2010)	0.38	7.4	3	44%
Perú	30.4	79%	27%	7%	5% (2015)	2.9	34.2	12.5	41%
Puerto Rico	3.6	94%	17%	18%	7% (2015)	0.81	3.2	2.9	80%
República Dominicana	10.5	79%	27%	7%	8% (2015)	1.3	8.8	5.4	52%
Uruguay	3.3	95%	20%	14%	1% (2015)	1.1	5.5	2.2	65%
Venezuela	30.5	89%	28%	6%	4% (2015)	7.8	29.1	18.1	62%
Brasil	204	86%	23%	8%	7% (2015)	43.7	257.8	121	59%
EUA	321.4	82%	19%	15%	1% (2003)	122	382	240	75%

Fuentes: *CIA World Factbook* 2017 y *U.S. Bureau of the Census, (International Programs, International Data Base)* 2016.

2. En su opinión, ¿qué efectos tiene la urbanización sobre el comercio?

3. ¿Qué quiere decir la frase «distribución etaria»? ¿Cuáles son los cuatro países hispanos con el mayor porcentaje de habitantes de menos de 15 años de edad? ¿Cuáles son los cuatro países hispanos con el mayor porcentaje de habitantes de más de 65 años de edad? ¿Cuál es el promedio de edad del Caribe hispano? ¿De América Central? ¿La región andina? ¿Los países del Cono Sur?

4. ¿Qué quiere decir «analfabetismo» y cómo se determina? ¿Cuáles son los dos países hispanos con el mayor porcentaje de analfabetismo? ¿Y los dos países hispanos que tienen el menor porcentaje de analfabetismo? Actualice estos datos. ¿Cuáles son algunos efectos que puede tener el porcentaje de analfabetismo de un país sobre los medios comunicativos (prensa, carteleras de carretera, radio, televisión, fax, Internet, etc.), que se usan para el comercio y los anuncios?

5. ¿Para qué tipos de actividades comerciales se usa el teléfono? ¿Ha hecho usted alguna vez alguna compra por teléfono? Explique. ¿Qué opina usted del uso del contestador automático y el correo auditivo para los negocios? ¿Facilitan o complican el comercio? Explique.

6. ¿Cómo se explica que haya muchos más teléfonos celulares o móviles que líneas telefónicas fijas?

7. ¿Piensa usted que es más útil la radio o la televisión para el comercio? Explique.

8. ¿Cuáles son los tres países con el mayor porcentaje de uso de Internet? ¿Y los tres con el menor uso? Haga un gráfico lineal para comparar el uso de Internet en estos seis países.

9. Compare el uso de Internet en las siguientes regiones: el Caribe hispanohablante, Centroamérica, la región andina y el Cono Sur.

10. ¿Cuáles han sido algunos cambios o avances recientes en la telemática? ¿Cómo se usa Internet para anunciar, vender o comprar algo? ¿Ha hecho usted alguna vez una compra electrónica internacional? Si así es, describa el proceso y su experiencia. En comparación con la compra en persona, ¿piensa usted que es más fácil, más difícil, mejor o peor usar el comercio electrónico para la compraventa de mercadería? ¿Qué riesgos hay?

VOCABULARIO

Aquí se presentan los principales términos de este capítulo. Al final del libro, hay un glosario más completo.

abonar to pay

agotamiento depletion

agotar to deplete

alquilar to rent

alquiler *(m)* rent

arras *(fpl)* earnest money; pledge, deposit, security

arrendador/a lessor

arrendante *(m/f)* lessor

arrendar to lease, rent

(continúa)

VOCABULARIO *(continuación)*

arrendatario/a lessee, tenant

aval *(m)* reference; guarantee

avalado/a guarantee, person for whom the guarantee is issued

avalista *(m/f)* guarantor

bienes inmuebles *(m)* real estate

canon *(m)* price, charge, fee

causal causation, causal reason

cobertura coverage

contratante *(m/f)* party entering into a contract

contrato contract

  de arras earnest money contract

  de paga y señal earnest money contract

  de señal earnest money contract

corretaje *(m)* commission (for agent or broker)

depreciación lineal straight-line depreciation

derecho de opción rent-to-own option

desgastar(se) to wear out, deplete

desgaste *(m)* deterioration, depletion

fianza down payment, deposit

imponible tax-related

impositivo tax-related

inmobiliaria real estate agency

inmueble *(m)* real estate; a building

inquilino/a tenant

inventario inventory

IVA (impuesto sobre el valor añadido o agregado) value-added tax (VAT)

mensualidad monthly payment, rent

método lineal straight-line method (depreciation)

pagadero payable

pago payment

  inicial down payment

  por anticipado down payment, payment in advance

parte *(f)* party in a negotiation or contract

  compradora buyer (real estate)

  vendedora seller (real estate)

planta baja ground floor (at street level)

plazo term (period of time)

  a corto plazo (in the) short term

  a largo plazo (in the) long term

plusvalía appreciation, gain in value

préstamo hipotecario mortgage loan

prima premium (insurance)

prorrogado postponed, deferred (e.g., payment, rent)

proveedor/a supplier

recuperación salvage (in reference to "salvage value")

renuevo renewal (e.g., of lease or rental contract)

reparación repair

reparto delivery

revender to resell

salvaguardar to safeguard, protect

sede *(f)* home office

servicio (de electricidad, gas, agua) utilities

subarrendar to sublet

suministro supply

terceros third parties

traslado move (residence or job)

traspaso transfer (of title to property)

ubicación location

ubicarse to be located

valor de recuperación *(m)* salvage value

vecino/a resident, inhabitant; neighbor

vencer to fall due, mature, be payable (on a certain date)

vigente *(adj)* effective, in effect, in force

vivienda housing

LA OFICINA

Blue Images/Getty Images

Una oficina moderna. Describa lo que ve usted en esta foto. ¿Qué es la ofimática y qué usos comerciales tienen las máquinas de oficina representadas?

Technology means the systematic application of scientific or other organized knowledge to practical tasks.

— JOHN KENNETH
   GALBRAITH

In the software industry, change is the norm.

— BILL GATES

Más vale resbalar con el pie que con la lengua.

— PROVERBIO

6-1 PREGUNTAS DE ORIENTACIÓN

Cuando lea la sección «Lectura comercial», piense en las respuestas a las siguientes preguntas.

1. ¿Cómo es la oficina de la Figura 6-1, pág. 170?

2. ¿Por qué es importante el concepto de «renovarse o morir» en el contexto comercial?

3. ¿Cuál es una de las metas primordiales de la oficina en las actividades y operaciones diarias de una empresa? ¿Cuál es uno de los propósitos principales del diseño de una oficina y el uso del espacio?

4. ¿Cuáles son algunos efectos que han tenido los avances tecnológicos en el ambiente de trabajo y las operaciones de la oficina? ¿Son siempre positivos? Comente.

5. ¿Qué es la ofimática?

6. ¿Qué diferentes tipos de computadora hay y cuáles son sus ventajas y desventajas?

7. ¿Qué componentes tiene una computadora y cuáles son algunos de sus accesorios y periféricos más útiles? Explique la utilidad de los accesorios que más resaltaría usted.

8. ¿Cómo se distingue la comunicación telefónica oral de la correspondencia tradicional escrita? Indique por lo menos tres diferencias importantes. ¿Qué son y cómo funcionan el correo auditivo, la identificación de origen, el reenvío de llamadas y el texteo o mensaje de texto?

9. Además de la computadora y el teléfono, ¿qué otras máquinas y aparatos se usan hoy en día en la oficina moderna? En su opinión, ¿cuáles son imprescindibles? ¿Por qué?

10. ¿Qué son *Facebook*, *Twitter* y el *blogging*? ¿Cómo funcionan? ¿Qué usos comerciales tienen (p. ej., la creación de comunidades virtuales, campañas publicitarias, ofertas, relaciones públicas, etc.)? Comente. ¿Qué otros usos comerciales podrían tener en el futuro cercano?

11. ¿Qué es un/a cibernauta? ¿Un/a teletrabajador/a? ¿Qué opina usted de la ubicuidad de la telemática y otras tecnologías en nuestro mundo? ¿Nos domina la tecnología? ¿Es posible que nos llegue a dominar? Comente. En cuanto a la interacción cara a cara, todavía esencial para los negocios, ¿nos ayuda o nos perjudica la tecnología? ¿Qué efectos tiene la telemática en el protocolo de las comunicaciones y en el personalismo? En fin, ¿facilita o dificulta el comercio? Comente.

LECTURA COMERCIAL

Sistemas y equipo de la oficina moderna

Una empresa multinacional publicó el siguiente anuncio en una revista comercial española:

> Imagine un mundo sin fronteras. Imagine una oficina sin problemas, donde máquinas y personas colaboren en perfecta armonía. Donde el futuro sea realidad.

Si se compara este concepto de la oficina moderna con la imagen que se presenta en la Figura 6-1, uno se da cuenta de las enormes innovaciones que se han dado en el diseño, la organización y el equipo de la oficina moderna.

Los sistemas y equipos de trabajo que se usaban en muchas oficinas hace apenas quince o veinte años, ya no cumplen con las necesidades actuales. La empresa que no se prepare para la variedad y la rapidez de los cambios tecnológicos, comunicativos y telemáticos, y su efecto en la estructura y en los valores sociales y la práctica del comercio del siglo XXI, se dirige hacia un fracaso casi seguro porque no podrá mantenerse competitiva. Con respecto al panorama comercial del futuro, las opciones son, más que nunca, «renovarse o morir».

Una meta primordial de la oficina es proveer el lugar físico y el ambiente necesarios para poder planear y realizar la administración óptima de una organización o empresa así como de sus funciones operativas. Clave en el diseño de una oficina es el uso del espacio para impulsar y mejorar la productividad. Hay que desarrollar y mantener al día la capacidad de recibir y procesar información; es decir, de seleccionar la más valiosa, y **clasificar**, **guardar**, adaptar, transformar y compartirla, siempre con el propósito de poder tomar la mejor decisión comercial y operativa posible. Los datos que se comparten pueden ser en forma de texto, **cifras** (números), **gráficos** o imágenes, y la comunicación puede ser escrita, oral, visual o una combinación de los tres medios. La transmisión también puede hacerse en tiempo real, en vivo y en directo, o sea, de *online streaming*. La comunicación de una empresa se puede dar entre los empleados mismos (la interna) o entre la compañía y sus clientes u otras personas o entidades interesadas (la externa). Por eso, es vital considerar no solo el equipo y los sistemas de comunicación imprescindibles, sino también los aspectos psicológicos y sociológicos que afectan a quienes se comunican por medio de la **telefonía inteligente** (el *smartphone*) y la **telemática**, definida como la «aplicación de las técnicas de la telecomunicación y de la informática a la transmisión a larga distancia de información **computarizada**»[1].

Consideremos primero las máquinas, los **dispositivos** de la **tecnología de información** (TI) y los sistemas de telecomunicación. Estos siguen aumentando la cantidad y la velocidad de información y datos que las empresas pueden generar, usar y compartir. La **analítica** (también conocida como el **análisis informático** o **digital**, o la

---

[1] http://lema.rae.es/drae/?valtelemática

analítica
analytics

archivar
to file

computador/a
computer

computarizado/a
computerized

dispositivo
device

guardar
to save

informática
information technology

medios (de comunicación) sociales
social media

ofimática
office automation

ordenador (Es.)
computer

red de comunicación *(f)*
communications network

red social *(f)*
social network

tecnología de información
information technology

teleconmutador/a
telecommuter

telemática
data transmission

Figura 6-1   **La oficina de antaño**

ciencia del análisis: *analytics*) facilita la comprensión estadística de los **patrones** que se pueden identificar dentro de grandes y complejas cantidades de datos acumulados, con el propósito de ayudar a las empresas y organizaciones a predecir y mejorar su desempeño y rendimiento. En este contexto, la **analítica Web**, es decir, la capacidad de medir y comprender la información y los datos digitales relevantes para una empresa, organización, mercado, sector económico o de consumo, sirve para reducir la incertidumbre y optimizar las probabilidades del éxito en la toma de decisiones y para atraer a más público a la página web y, por ende, al producto y al servicio[2]. La compatibilidad entre las diferentes redes telemáticas y analíticas sigue facilitando e impulsando el desarrollo de la comunicación en tiempo real entre las **estaciones** (o los **puestos) de trabajo**, tanto dentro de la empresa misma como entre estas estaciones y otros lugares geográficos que participan en diversas comunidades virtuales a nivel mundial. No es ninguna exageración decir que el *smartphone* ya es en sí una estación de trabajo móvil, es decir, todo un ecosistema digital.

    La **computadora** o el **computador** (el **ordenador,** en España) ha tenido una enorme influencia en el mundo comercial. Ha facilitado el procesamiento

---

[2] Véase, por ejemplo, «Analítica Web. Videoentrevista con Gemma Muñoz», fundadora de MindYourAnalytics, en http://www.youtube.com/watch?v=WxxAyqm2eo8

digital de enormes cantidades de información y ha permitido guardarla (su **almacenamiento** o **alojamiento**) en menos espacio físico. Esto ha posibilitado que la empresa se sirva de la **ofimática** (la automatización electrónica de las comunicaciones y procesos administrativos en las oficinas) y la **automática** (los robots humanoides de vanguardia que se están desarrollando) para dedicarse a otros asuntos creativos y productivos. Por supuesto, antes de comprar cualquier sistema de computación o de cómputo, hay que considerar el precio del **equipo**, su instalación y mantenimiento, los objetivos, los problemas que puedan resultar de una conversión parcial o total a un nuevo sistema, con arquitectura **inalámbrica** o **satelital** conectada e integrada. También es un factor el costo de adiestrar a los empleados por medio de cursillos de formación presencial o en línea, como el *webinar* (seminario web) o la videoconferencia. Las **computadoras de mesa** o **de sobremesa** solían tener más memoria y velocidad que las **microcomputadoras** (**microordenadores**, en España) o las **computadoras portátiles** o *laptop*, **tabletas** (y portátiles que en el acto se pueden convertir en tabletas) o *smartphones*, cada año más ultraligeros y ultradelgados. Las diversas posibilidades portátiles de hoy brindan una gran flexibilidad de lugar de trabajo.

Lo más importante es conseguir y configurar el sistema operativo y el *software* (programa) que se necesitan, o sea, el conjunto o soporte lógico para el procesamiento de textos, datos, imágenes y voz. Este se usa con el *hardware*, o sea, el equipo físico, que puede tener accesorios y **periféricos** (*peripherals*) como los siguientes: el **teclado**; el *mouse* o **ratón** (que puede ser **inalámbrico** u óptico, o que puede ser un *mouse* con láser que permite mayor precisión gráfica); el lápiz electrónico, que permite hacer dibujos digitales muy precisos; las **tarjetas madre**, de video (o vídeo, en España), de sonido, de red y de TV; las **bocinas** o **parlantes**; el **quemador** de CD y DVD; y la **cámara digital**. En fin, se puede configurar la computadora «a medida» de las necesidades del usuario, con conectividad **sin fisuras**, acceso a **servidores** y la **nube** (computación o informática en un entorno de virtualización), la **protección de virus** (el **antivirus**) y de «*firewall*» o **cortafuegos** (**pared cortafuegos** o **contrafuegos**), para realizar funciones tales como el **procesamiento** de datos y textos, la **hoja de cálculo**, la **esquematización**, el **correo electrónico** (el **correo-e**, *E-mail*, *email* o *mail*) y el **subir** (**cargar**) o **bajar** (**descargar**) documentos e información. Al **entrar** la información, se proyecta sobre una **pantalla** o un monitor (que puede ser de **panel plano**, **táctil** o tridimensional: **3D**) de muy alta definición que permite repasar, modificar, corregir o combinar la información en el acto. Se puede reproducir una copia exacta de cualquier documento y almacenarla en un disco por medio de un **escáner**. Se pueden guardar grandes cantidades de información al **quemar un CD** o usar un **disco zip** o un USB (*Universal Serial Bus* o Bus Universal en Serie, en castellano), conocido también como **memoria portátil** o **disco** o **unidad** *flash*, usando el formato pdf, jpeg o TIFF, por ejemplo. La **salida** o **impresión** de información se consigue por medio de una **impresora** de tipo láser, **de chorro** o de **inyección de tinta** (la cual requiere **cartuchos** o **cintas**). Si se necesitan más copias, se utiliza una **fotocopiadora** que puede combinar una serie de pasos: separación, ordenación (agrupación) y engrapamiento. Otro desarrollo tecnológico ha sido la **reprografía** que permite enviar documentos, dibujos u otros materiales por medio del fax o facsímil. Para mayor eficiencia, se puede usar una **impresora multifunción** o todo en uno que combina la capacidad de imprimir, fotocopiar, escanear y mandar un fax (o faxear en algunos países).

Otros dispositivos han incluido el **control remoto** o **mando a distancia**, el **organizador** (de calendario), el *pocket PC* o PC de bolsillo, las **baterías** (o **pilas**) **removibles y recargables** de larga duración, la televisión satelital o por cable y la **telefonía móvil** (España) o **celular** (las Américas). Esta telefonía permite usar aplicaciones o programas como Skype y WhatsApp para comunicarse con personas de cualquier parte del mundo por medio de llamadas, videoconferencias y mensajería instantánea y multimedia. Entre los nuevos dispositivos de punta, tenemos los **teclados deslizables** y muchísimas aplicaciones o app (*apps*) de microcomputadora con **pantalla táctil.** Además, el **correo auditivo (correo de voz, correo vocal** o **correo de mensajes hablados**), la **identificación de llamadas (o de abonado llamante** o **de origen**), la **remarcación (o rellamada automática**), la transferencia o el **reenvío de llamadas** y el **discado activado por voz** han posibilitado más flexibilidad en la comunicación oral. Los usuarios de móviles o celulares, conectados por **auriculares** y un *beeper* (**bíper, localizador, ubicador** o **buscapersonas**) han ganado rápidamente terreno frente el uso tradicional de las **líneas telefónicas fijas**. Hoy en día, el *smartphone* se usa tanto para el **texteo (textear)** o mandar mensajes de texto como para hablar. El *blogging* (blogueo, bloguear), *microblogging* y la **colaboración masiva** o *crowd-sourcing* en línea ya forman parte de nuestro entorno *online*. A la vez, se ha visto una hipercreación de nuevas **redes** o **sitios sociales**, comerciales y profesionales como *Facebook, LinkedIn, MySpace, Tuenti, Pinterest, Badoo, Instagram, Twitter* (un micro chat multitudinario basado en hacer «tuit» o tuitear), etc., lo que facilita que las empresas añadan un toque personal al realizar su publicidad, ventas y análisis de consumidores y mercados a nivel masivo. Los consumidores escuchan y aprenden activamente los unos de los otros y de sus «amigos» en la red social, un fenómeno que está transformando el mundo de la publicidad y la compraventa, puesto que la red social sirve muy efectivamente para atraer tanto a los nuevos consumidores como para conservar y **recompensar** a los consumidores habituales de un producto o servicio.

Las empresas se enfrentan continuamente con el reto de renovar el equipo que va quedando desfasado por el rápido desarrollo digital, inalámbrico y satelital. El ciclo de vida útil de los dispositivos digitales, desde su lanzamiento inicial al mercado hasta su decadencia y obsolescencia, se acorta cada vez más. En su propio proceso de globalización, Internet sigue ganando **adeptos** en todas partes del mundo. La computadora ya ha creado el mercado y, según *Internet World Stats*[3], en marzo del año 2017, Internet ya contaba con 3,731,973,423 usuarios (50% de la población mundial de 7,519 mil millones), un aumento del 934% desde 2000, con la distribución ilustrada en la Figura 6-2.

Entre los países líderes del mundo por número de usuarios, China se clasifica en primer lugar con 731 millones; la India, en segundo lugar con 462 millones; los EUA, en tercer lugar con 287 millones; Brasil es el país número cuatro con 139 millones; y México, el décimo con 70. Los primeros veinte países líderes representan un 74% de los usuarios mundiales de Internet. Las lenguas principales de Internet en 2017 eran el inglés, el chino, el español, el árabe, el portugués y el japonés.

---

[3] http://www.internetworldstats.com/stats.htm consultado el 28 de junio de 2017.

Figura 6-2 **Distribución mundial de usuarios de Internet en millones de personas y porcentaje en 2017[4]**

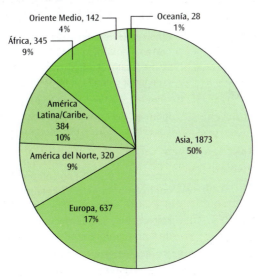

La revolución digital y la creación de la «**tienda virtual**» siguen eliminando y creando compañías y puestos de trabajo al llegar a todos los sectores de la economía mundial. Se ha puesto de relieve la necesidad y la permanencia de la palabra «cambio» en la vida cotidiana de casi todo el mundo, y el estrés de vivir en una economía mundial electrónica y satelital de 24 por 7 (de 24 horas al día, siete días por semana), es decir, «una economía de sol a sol» que nunca duerme. La nueva era de la **banda ancha** facilitará la confluencia de voz, datos e imágenes en un solo medio de comunicación integrado, y una nueva generación de «**cibernautas**» (personas que navegan por **ciberespacios**) e «**internautas**» está creando una cultura global virtual, móvil y de tiempo real en la que la telefonía desempeñará un papel clave en la arquitectura del nuevo hogar-empresa-universo de control a distancia y alcance inmediato por medio de cada vez más avanzados motores de búsqueda.

El número de participantes en el comercio electrónico y satelital se ha expandido radicalmente, reemplazando el intermediario y los medios de distribución tradicionales. El/La vendedor/a o exportador/a en línea ya puede generar e imprimir etiquetas, facturas comerciales y la documentación transportista o aduanera necesaria. Todo esto exige que el/la vendedor/a siempre **guarde** o haga *back-up* (una **copia de reserva** o **de seguridad**) de la información valiosa en sus **archivos**, su servidor y su **disco duro externo**. Mediante la **página web**, los proveedores, clientes, socios y empleados tienen acceso a las funciones de un negocio cuando y donde quiera que estén. Solamente tienen que **hacer clic** (o **cliquear**) u **oprimir** (**pulsar, apretar, presionar**) un botón.

---

[4] Datos de http://www.internetworldstats.com, consultado el 27 de junio de 2017.

PARA PENSAR

El empleador puede tener preocupaciones legítimas en lo que respecta a la posible utilización del correo electrónico por parte de sus empleados y ejecutivos para divulgar informaciones confidenciales o secretos comerciales a los competidores. De la misma forma, son legítimas las preocupaciones sobre los mensajes electrónicos que llegan a las terminales de los trabajadores con anexos enormes que contienen bromas, juegos, fotos, pornografía, etc., que sobrecargan la red y pueden derrumbar el sistema o retardar la llegada y el envío de mensajes importantes y esperados, además de traer virus. Por otro lado, son igualmente legítimas las preocupaciones de los empleados en cuanto a la protección de los mensajes y de sus vidas privadas. Estos intereses pueden ser conciliados con una política empresarial de directivas claras respecto a la utilización de Internet y del correo electrónico por parte de los empleados.

1. ¿Qué preocupaciones legítimas tienen los empleadores respecto al uso del correo electrónico por parte de sus empleados?

2. Por otra parte, ¿qué preocupaciones legítimas tienen los empleados respecto a este tema?

3. Según la lectura, ¿cómo se pueden conciliar los intereses de los empleadores (el control de trabajo durante las horas laborales) y de los empleados (la libertad y privacidad) en cuanto al uso de Internet y del correo electrónico? Si usted fuera el/la empleador/a, ¿qué directivas claras propondría como su política empresarial respecto a la utilización de Internet y del correo electrónico por parte de los empleados? ¿Cómo se aseguraría usted de que sus empleados estén cumpliendo con la política empresarial?

4. ¿Piensa usted que muchos empleados abusan de Internet, del correo electrónico, de los juegos, *Facebook*, *Twitter*, etc., durante sus horas de trabajo? ¿Es verdaderamente un problema que afecta la productividad? ¿O es que los *babyboomers* (nacidos entre 1946 y 1964) no comprenden y desean controlar a sus jóvenes colegas de la «Generación Y» (los «milénicos», nacidos a partir de 1981)? ¿En qué se parecen y se diferencian los empleados y gerentes de ambos grupos etarios? Comente.

5. ¿Piensa usted que los empleadores tienen o deben tener el derecho de espiar los e-mails y otras actividades en Internet de sus empleados? Explique.

6. Haga un debate con sus compañeros de clase acerca del tema de quién es el/la dueño/a de toda la información que se genera, almacena y recupera en el trabajo, es decir, durante las horas laborales cuando se está usando el equipo de la empresa u organización.

La nueva realidad digital viene acompañada de una mayor necesidad de avanzadas medidas de seguridad. Por ejemplo, el móvil o celular con cámara ya se prohíbe en muchas multinacionales, a causa del riesgo de espionaje comercial, y es normal el uso de «contraseñas generadas al azar que expiran en minutos». También se usan «dispositivos biométricos como lectores de huellas digitales o escáneres de retina [...] para acceder a sistemas críticos, e incluso a los computadores personales y las memorias portátiles»[5]. La **piratería** o el **pirateo** (el *hacking*) son amenazas continuas, tanto para las empresas como para los gobiernos y los individuos, así como lo son la **usurpación** o el **robo de identidad**.

Con mayor frecuencia las comunicaciones y otras funciones comerciales se realizan fuera de la oficina tradicional, por ejemplo, en lugares clave como los hoteles y los aeropuertos o en casa, en un parque, en un carro, un tren o un avión.

---

[5] Greg Brown, «Grandes ideas: Diez ideas tecnológicas que se deben tomar ya», *Latin Trade*, enero de 2005, vol. 13, N° 1.

Las **reuniones en línea**, el móvil con pantalla táctil y los mensajes instantáneos quizás lleguen a reemplazar la cita cara a cara o el viaje de negocios, tan importantes tradicionalmente para los negocios en Latinoamérica, aunque lo más probable es que sirvan de contacto complementario para los encuentros de persona a persona. En los casos en que no sea posible comunicarse telefónicamente con un cliente, existe **el/la contestador/a telefónico/a** para mandar y recibir información oral. Hay un creciente número de **teleconmutadores**, **teletrabajadores** o **trabajadores a distancia**, es decir, de empleados cuyo único contacto con la oficina central es por medio del teléfono o la computadora. Con un sinfín de información a su alcance inmediato, el cibernauta requiere una capacidad crítica para determinar cuál es la más valiosa, puesto que la red también está saturada de información errónea, sospechosa o de mala calidad.

A pesar de tantos avances tecnológicos en las últimas décadas (hay que recordar que Google y la capacidad de «googlear» se crearon en 1994), la oficina moderna aún necesita muebles muy parecidos a los que se usaban antes de la revolución digital y satelital. Existen todavía el escritorio, el pupitre para la computadora (y a veces para la **máquina de escribir**, que casi queda relegada al museo), las sillas (fijas y **giratorias**), los **sillones** o **butacas** (la **sillería** con formas **ergonométricas** para evitar la fatiga, con el propósito de impulsar aún más la productividad), los **estantes** para los libros o manuales y los archivos con **carpetas**. Los efectos que se guardan sobre el escritorio o dentro de sus cajones siguen pareciéndose a los de antaño. (Véase la Figura 6-3).

Tampoco han cambiado ciertos aspectos de la comunicación oral y escrita dentro de la oficina. Todavía existe la comunicación oral sumergida, es decir, el chisme y los rumores que circulan en las reuniones y en los pasillos, en las charlas informales por teléfono y por correo electrónico. ¡Tanto las paredes como la ofimática oyen! En la comunicación escrita, aún se usan el **memorando**, el **tablón** o **tablero de anuncios**, las cartas y otros documentos tradicionales y rutinarios. Además, todavía existe la posibilidad de una mala comunicación, ya sea escrita u oral, por las razones siguientes:

- La interpretación errónea que se le dé a una comunicación a causa del significado de una palabra o símbolo;
- La diferencia entre niveles operativos, por ejemplo, entre la gerencia y los empleados o la mano de obra;
- La falta de una comunicación clara entre diferentes departamentos;
- La diferencia en el uso de la jerga profesional;
- La diferencia en la formación cultural o intelectual de los individuos y la existencia de los estereotipos, particularmente en los contextos internacionales y transculturales;
- La competencia y la falta de confianza entre los empleados;
- La interpretación errónea de la **kinésica** o **cinésica** y la **proxémica:** los gestos, las expresiones faciales, las posturas del cuerpo y la distancia física o relación espacial entre las personas que se hablan;
- La interpretación errónea del paralenguaje comunicado por la voz humana: el tono, el suspiro, el gruñido, etc.

Figura 6-3

Con los mensajes electrónicos, hay que andar con mucho tino para que una palabra, frase o comunicación no sea malinterpretada. Y hace falta recordar que un mensaje electrónico, para bien o para mal, está disponible en el ciberespacio para siempre.

6-2   ACTIVIDADES

1. **¿Qué sabe usted de negocios?** Vuelva a las «Preguntas de orientación» que se hicieron al principio del capítulo y a las preguntas que acompañan la foto de la pág. 168 y contéstelas en oraciones completas en español.

2. **¿Qué recuerda?** Indique si las siguientes oraciones son **verdaderas** o **falsas** y explique por qué.

   a. La oficina actual es muy semejante a la oficina de hace veinte años.

   b. La manera de almacenar la información no ha cambiado mucho.

   c. El/La secretario/a transforma información cuando entra en la computadora una carta dictada.

d. El uso de la informática ha aumentado la cantidad de papeleo en la oficina.

e. La telefonía celular es el avance tecnológico que ha tenido mayor efecto en la oficina moderna.

f. La selección del *hardware* es más importante que la del *software* en un sistema para el procesamiento de información.

g. La función de una contraseña electrónica es compartir información secreta y de tipo personal.

h. No es posible perjudicar un acuerdo comercial por una mirada poco apropiada o un suspiro inoportuno.

3. **Exploración.** Responda las siguientes preguntas usando sus conocimientos y opiniones personales.

a. ¿Qué diferencias hay entre la comunicación interna y la externa de una empresa? ¿Qué importancia tiene cada una?

b. ¿Piensa usted que los avances tecnológicos han tenido un efecto positivo en la oficina? Explique.

c. ¿Qué máquinas considera usted imprescindibles en una oficina moderna? ¿Por qué? Visite la página web de una empresa en un país hispano que vende equipo de oficina y prepare una lista de los cinco productos que usted compraría para su propia oficina. Incluya una justificación y los verdaderos precios. Limite su presupuesto a $4,500 EUA. Si la empresa visitada tiene un formulario de pedido electrónico, puede imprimir y usarlo para este ejercicio (¡pero sin hacer la compra de verdad!).

d. ¿Cuáles pueden ser algunos efectos negativos del chisme en el ambiente de la oficina? ¿Efectos positivos? ¿Se debe eliminar o reducir el chisme en el trabajo? Explique. ¿Cómo se lo podría eliminar o reducir?

e. ¿Cuáles son algunas ventajas y desventajas de esta era de la «tienda virtual» y los teleconmutadores? ¿Tiene usted preocupaciones en cuanto al futuro digital y satelital? ¿Cuáles son?

f. ¿Cómo se relacionan los dichos que aparecen al principio del capítulo con los temas tratados?

6-3 AL TELÉFONO

1. Lea las siguientes preguntas. Después escuche atentamente la conversación telefónica del Capítulo 6, **Pistas 11 y 12**, en el MindTap de *Éxito comercial: Prácticas administrativas y contextos culturales* y conteste las preguntas. Puesto que la comprensión auditiva es una destreza comunicativa sumamente importante, se recomienda escuchar la conversación varias veces.

 MINDTAP

a. ¿Por qué llama la señora Bermúdez al señor Sánchez?

b. ¿Cuáles son las quejas específicas que tiene la señora Bermúdez?

c. ¿Cómo justifica el señor Sánchez las funciones de las computadoras?

d. ¿Qué les va a sugerir la señora Bermúdez a sus operarios?

e. ¿Qué ofrece hacer el señor Sánchez para calmar las inquietudes de sus clientes?

2. Basando sus comentarios en la conversación telefónica del ejercicio anterior, haga la siguiente llamada telefónica a otro/a estudiante de la clase. Cada persona debe participar activamente en la conversación. Si necesita ayuda con esta actividad, véase el Apéndice 1, «Protocolo telefónico», págs. 533–537.

Usted es el señor Raúl Sánchez Álvarez, de Instalaciones Perfectas. El lunes siguiente, vuelve a llamar a María Angélica Bermúdez con el propósito de fijar una fecha para ofrecerles un cursillo a sus trabajadoras que usan las computadoras recientemente instaladas. Durante la conversación, ella le revela los resultados de sus propios intentos de sugerirles a las operadoras que tengan paciencia con sus nuevas computadoras.

3. Haga la siguiente llamada telefónica a otro/a estudiante de la clase. Cada persona debe participar activamente en la conversación. Si necesita ayuda con esta actividad, véase el Apéndice 1, «Protocolo telefónico», págs. 533–537.

Usted es el gerente de una oficina en la cual un sistema de computadoras recién instalado no ha funcionado muy bien. Llame a la persona que lo instaló y explique las complicaciones que hay (por ejemplo, que no aparece nada en el monitor, no funciona la impresora láser, etc.).

6-4   NAVEGANDO POR INTERNET

 MINDTAP

Para hacer este ejercicio, visite el MindTap de *Éxito comercial: Prácticas administrativas y contextos culturales*.

6-5   EJERCICIOS DE VOCABULARIO

Si es necesario, consulte la sección «Lectura comercial» o la lista de vocabulario al final del capítulo para completar estos ejercicios.

1. **¡A ver si me acuerdo!** Pensando en la posibilidad de establecer una relación comercial, usted va a tener una conversación con una persona de negocios de un país hispano. Sin embargo, se le olvidan a usted los siguientes términos en español. Un/a compañero/a lo/la ayuda a recordarlos al pedir que usted se los traduzca.

a. *telecommuter*   e. *photocopier*   i. *wireless*
b. *password*   f. *caller I.D.*   j. *identity theft*
c. *voice mail*   g. *spreadsheet*
d. *device*   h. *call forwarding*

2. **¿Qué significan?** A usted le interesa la posibilidad de trabajar en una oficina en un país hispanohablante. Sin embargo, no sabe qué significan ciertos términos

que se usan frecuentemente en el comercio. Usted decide consultarlos con un/a amigo/a. Pídale a un/a compañero/a de clase que le explique los siguientes términos y que le dé algunos sinónimos si puede.

a. cibernauta

b. telemática

c. ofimática

d. chisme

e. configurar

f. texteo

g. pila recargable

h. memoria portátil

3. **Entrevista profesional.** Usted quiere saber lo más posible sobre las oficinas de negocios porque quiere amueblar la suya en Panamá. Por lo tanto, usted entrevista a un experto en la organización de oficinas, haciéndole las siguientes preguntas. Haga la entrevista con un/a compañero/a de clase. No olviden el protocolo ni las cortesías.

a. ¿Para qué funciones comerciales se usan la computadora y la telefonía en una oficina?

b. ¿Qué impacto ha tenido el uso de la telemática en los negocios?

c. ¿Existe un protocolo para el uso del correo electrónico? Explique.

d. Dé algunos ejemplos de la jerga en la industria informática.

e. ¿Qué es una página web personal y cómo se establece?

f. ¿Qué quiere decir tecnología de punta, inalámbrica y sin fisuras?

4. **Traducciones.** Un/a amigo/a suyo/a, con el/la cual usted quiere planear la oficina de la casa matriz de una empresa, acaba de empezar a estudiar español y negocios. Él/Ella sabe poco sobre organización de oficinas. Usted lo/la ayuda al pedirle que él/ella traduzca las siguientes oraciones que informan sobre el tema.

a. *Advances in technology make it possible to conduct business more effectively and efficiently.*

b. *In the modern business office, people must work well together in person and in virtual communities.*

c. *Some employees are afraid at first to use cutting-edge, high-tech equipment, and can be intimidated by all the new accessories and peripherals.*

d. *Data processing and word processing are two fundamental business functions performed using computers.*

e. *The creation of business web pages on the Internet has expanded e-commerce activity enormously via the power of digital online footprints for products and services.*

f. *A business needs to know how to surf the Internet in order to keep abreast of worldwide developments that may affect its decisions. A client is never more than a click away.*

5. **Prueba de comprensión.** Tome la prueba «Preguntas comerciales» en el MindTap de *Éxito comercial: Prácticas administrativas y contextos culturales.*

 MINDTAP

UNA VISTA PANORÁMICA DE COSTA RICA[6]

Nombre oficial:	República de Costa Rica
Gentilicio:	costarricense (tico/a, informalmente)
Capital:	San José, población 1,170,000 (2015)
Sistema de gobierno:	República democrática
Jefe de Estado/Jefe de Gobierno:	Presidente Luis Guillermo Solís Rivera (2014)
Fiesta nacional:	15 de septiembre, Día de la Independencia (1821: de España)

[6] Fuentes: *CIA World Factbook* 2017 y *United States Census Bureau (International Programs, International Data Base)* 2016.

COSTA RICA

GEOGRAFÍA Y CLIMA

Área nacional en millas² y kilómetros²	Tamaño (comparado con los EUA)	División administrativa	Otras ciudades principales	Puertos principales	Clima	Tierra cultivable
19,730 mi² 51,100 km²	Casi tan grande como West Virginia	7 provincias	Alajuela, Puntarenas, Limón, Cartago	Limón, Puntarenas, Golfito	Tropical y subtropical en las costas, templado en la meseta. Estación de lluvias de mayo a noviembre	5% (2011)

DEMOGRAFÍA

Año y población en millones			% urbana (2015)	Distribución etaria (2016)		% de analfabetismo (2015)	Grupos étnicos
2015	2017	2025		<15 años	65+		
4.8	4.9	5.4	77%	23%	8%	2.2%	93% blanco europeo y mestizo, 1% africano, 1% amerindio

ECONOMÍA Y COMERCIO

Unidad monetaria	Tasa de inflación (2016)	N° de trabajadores (en millones) y tasa de desempleo (2016)		% de población debajo de la línea de pobreza, según informe del país (2011)	PIB en miles de millones $EUA (2015)	PIB per cápita (2016)	Distribución de PIB (2016) y de trabajadores por sector (2006)*			Exportaciones en miles de millones $EUA (2016)	Importaciones en millones $EUA (2016)
							A	I	S		
El colón	0.3%	2.3	9.3%	25%	$79.3	$16,100	5%	19%	76%	$9.82	$14.76
							14%	22%	64%		

* Para distribución del PIB y de los trabajadores (mano de obra): A = Agricultura, I = Industria, S = Servicios (y Gobierno).

Recursos naturales: Energía hidroeléctrica

Industrias: Procesamiento de alimentos, textiles y ropa, materiales para construcción, abono, productos de plástico, microprocesadores

COMERCIO

Productos de exportación: Productos manufacturados, café, melones, bananos, tabaco, pescado, vestidos, azúcar, carne, piña, flores recortadas y plantas de ornato, componentes electrónicos, equipo médico, productos farmacéuticos, caucho, follajes, llantas, vidrio y fibras

Mercados: 34% EUA, 6% China, 5% México, 4% Nicaragua, 4% Países Bajos, 4% Guatemala (2015)

Productos de importación: Bienes de consumo, petróleo y derivados, alimentos, abono, materias primas, materiales industriales, equipo de capital, materiales para construcción

Proveedores: 45% EUA, 10% China, 7% México (2015)

Horario general de comercio: De lunes a viernes, desde las ocho de la mañana hasta las seis de la tarde. El almuerzo se come normalmente entre el mediodía y las dos de la tarde.

TRANSPORTE Y COMUNICACIONES

Kilómetros de carreteras y % pavimentadas (2010)		Kilómetros de vías férreas (2014)	N° de aeropuertos con pista de aterrizaje pavimentada (2013)	N° de líneas telefónicas/ teléfonos celulares en millones (2015)		N° (en millones) y % de usuarios de Internet (2015)	
39,018	26%	278 (la línea férrea es casi inoperante).	47	.86	7.5	2.9	60%

IDIOMA Y CULTURA

Idiomas	Religiones	Comidas y bebidas típicas/Modales
Español (oficial); en el litoral caribeño (cerca de Puerto Limón) se habla inglés de Jamaica	76% católica romana, 14% protestante evangélica	Olla de carne, tamales, lengua en salsa, mondongo, empanadas, arroz con pollo, gallos, gallo pinto, casado, café. Al comer, no se ponen los codos sobre la mesa. (Véase la Tabla 14-1, págs. 528–531).

Horario normal del almuerzo y de la cena: Sobre la una de la tarde para el almuerzo; sobre las siete de la noche para la cena.

Gestos: Entre amigos y conocidos, no se usa tanto el abrazo como en otros países hispanos. Para decir que no a algo, se mueve el dedo índice de lado a lado con la palma de la mano hacia afuera. Para expresar sorpresa o asombro, los ticos a veces agitan la mano de manera vigorosa de tal modo que se hace un chasquido con los dedos. Un puño con el dedo pulgar colocado entre el dedo índice y el dedo corazón (el gesto de «*fig*») equivale al gesto de «*to give the finger*» en los EUA.

Cortesía: Cuando se visita la casa de alguien para comer o cenar, llevar un detalle como flores, un buen vino o una planta ornamental. Se prefiere que se anuncie una visita de antemano (llamar o avisar antes de ir a la casa de alguien).

LA ACTUALIDAD POLÍTICA Y ECONÓMICA DE COSTA RICA

Históricamente, la realidad sociopolítica de Costa Rica ha reflejado una notable orientación pacífica en comparación con sus países vecinos. Después de las contenciosas elecciones de 1948, José Figueres Ferrer, tres veces presidente (1948–1949, 1953–1958, 1970–1974), ejerció en ese cargo durante un año y medio y realizó un acto muy importante en la historia de Costa Rica y América Central: la abolición del ejército nacional costarricense. Figueres organizó a un importante grupo de costarricenses y encabezó un movimiento revolucionario denominado la Liberación Nacional, que cambió el futuro de Costa Rica para que fuese una nación democrática basada en el desarrollo social, la equidad y la solidaridad. Al final de la Revolución, Figueres inició nuevas medidas liberales como la nacionalización bancaria, el fin de la crisis de energía eléctrica que sufría el país, la nacionalización de la producción y distribución de la hidroelectricidad y la creación de una Asamblea Nacional Constituyente que aprobó una nueva Constitución. También, autorizó el voto femenino y revocó las leyes que discriminaban a los ciudadanos negros.

En 1983, el presidente Luis Alberto Monge Álvarez (1982–1986) proclamó la neutralidad perpetua, activa y no armada de Costa Rica frente a los conflictos bélicos que afectaban a otros estados centroamericanos en esa época de guerras civiles. También, en 1987 el presidente Óscar Arias Sánchez (1986–1990, 2006–2010) ganó el Premio Nobel de la Paz por sus esfuerzos en la pacificación de Centroamérica. Además de la larga tradición democrática y de liderazgo progresista, en el país ha habido más oportunidades educativas, una clase media estable y creciente y una mayor prosperidad nacional, que ha brindado a bastantes costarricenses la oportunidad de mejorar su condición socioeconómica. Estos factores han permitido que hasta recientemente en Costa Rica se haya logrado un alto nivel de vida comparado con los otros países de la región. Desgraciadamente, según CEPAL, entre 2010 y 2014, los años de la presidencia de Laura Chinchilla, Costa Rica fue uno de los pocos países latinoamericanos en el cual la pobreza y la indigencia aumentaron[7]. Además, el desempleo creció y, aunque el PIB per cápita y las inversiones extranjeras se alzaron[8], la desigualdad de ingresos entre los adinerados y los marginados seguía ensanchándose. Esta brecha también existía entre los años 1990 y 2008[9]. La inestabilidad sociopolítica ha sido poco común en el área, aunque recientemente ha habido ciertas tendencias débiles debido a más violencia en las ciudades. En una sola generación se ha duplicado

---

[7] http://www.cepal.org/sites/default/files/presentation/files/220321_ps_2015_ppt.pdf

[8] http://www.elfinancierocr.com/economia-y-politica/laura_chinchilla-desempeno-indicadores_0_490151026.html

[9] *Global Inequality: Beyond the Bottom Billion- A Rapid Review of Income Distribution in 141 Countries.* ©United Nations Children's Fund (UNICEF). Nueva York, abril de 2011.

el PIB per cápita del país y en 2016 ocupa el segundo lugar en América Central tras Panamá.

En la década entre 2001 y 2011, las exportaciones costarricenses se triplicaron, pero sus exportaciones dependen mucho de los EUA y, durante los años 2010 a 2015, estas bajaron en una tasa anualizada del −7.8%, de $18.9 mil millones a $12.6[10]. Los principales recursos económicos de Costa Rica son su tierra fértil, una población bien educada (solo hay 2.2% [2015] de analfabetismo), una situación geográfica que facilita el acceso a los mercados de América del Norte, América del Sur, Europa y Asia, y su belleza natural que atrae a muchos turistas, especialmente en plan de ecoturismo. Costa Rica es un país muy diversificado con exportaciones en el sector agrícola, en el de manufacturas y en el campo de servicios. Hay muchas fábricas estadounidenses en Costa Rica y últimamente el país ha atraído inversiones en el sector de la alta tecnología. De hecho, desde 2000 hasta 2014 el número de empresas de servicios de alta tecnología aumentó de 6 a 142[11]. Un reto importante para Costa Rica es la continuación del desarrollo de la infraestructura logística. Cualquier insuficiencia en el movimiento de mercancías puede resultar en costos logísticos elevados que afectan negativamente su competitividad en el mercado internacional.

Respecto de la política, al final de la presidencia de Abel Pacheco (2002–2006), bajo un ambiente contra la corrupción asociada con los presidentes Rafael Ángel Calderón (1990–1994) y Miguel Ángel Rodríguez (1998–2002) del Partido de Unidad Social Cristiana (PUSC), el expresidente Óscar Arias Sánchez del Partido Liberación Nacional (PLN) ganó la elección presidencial. Bajo Arias, después de muchas demoras por parte del congreso costarricense, el Acuerdo de Libre Comercio entre Centroamérica, los Estados Unidos y la República Dominicana (RD-CAFTA) se puso en marcha el primero de enero de 2009.

Laura Chinchilla Miranda (2010–2014), experta en las áreas de justicia, policía y seguridad ciudadana y vicepresidenta bajo Arias, ganó las elecciones presidenciales como candidata del PLN y se convirtió en la primera mujer presidenta de la historia del país. La elección en 2014 de Luis Guillermo Solís, del Partido Acción Ciudadana (PAC), señaló el fin del bipartidismo costarricense. Solís heredó problemas fiscales, un sistema político conflictivo y violencia aumentada en un país considerado pacífico. Por ser profesor universitario, al nuevo presidente le falta mucha experiencia política para poder reducir la decepción del pueblo con sus gobernantes o tampoco para controlar un Estado cuyo progreso está limitado por muchos impedimentos causados por la dependencia de una nómina pública exagerada. en el empleo estatal exagerado. Las divisiones entre los partidos políticos y nuevos grupos como los cristianos evangélicos complican el caso aún más.

---

[10] Alexander Simoes, *The Observatory of Economic Complexity (OEC)*, http://atlas.media.mit.edu/es/profile/country/cri/

[11] http://internacional.elpais.com/internacional/2016/05/09/actualidad/1462749420_668019.html, consultado el 28 de junio de 2017.

UNA VISTA PANORÁMICA DE PANAMÁ[12]

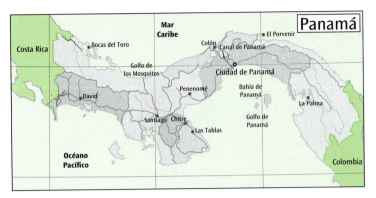

Nombre oficial:	República de Panamá
Gentilicio:	panameño/a
Capital:	Ciudad de Panamá, población 1,673,000 (2015)
Sistema de gobierno:	Democracia constitucional
Jefe de Estado/Jefe de Gobierno:	Presidente Juan Carlos Varela Rodríguez (2014)
Fiesta nacional:	3 de noviembre, Día de la Independencia (1903: la separación nacional de Panamá de Colombia)

[12] Fuentes: *CIA World Factbook* 2017 y *United States Census Bureau (International Programs, International Data Base)* 2016.

PANAMÁ

GEOGRAFÍA Y CLIMA

Área nacional en millas² y kilómetros²	Tamaño (comparado con los EUA)	División administrativa	Otras ciudades principales	Puertos principales	Clima	Tierra cultivable
30,193 mi² 75,420 km²	Casi tan grande como Carolina del Sur	9 provincias y 2 comarcas (territorios)	Colón, David	Balboa, Cristóbal, Coco Solo, Vacamonte	Tropical, cálido, húmedo, nublado; estación de lluvias de mayo a enero	7% (2011)

DEMOGRAFÍA

Año y población en millones			% urbana (2015)	Distribución etaria (2016)		% de analfabetismo (2015)	Grupos étnicos
2015	2017	2025		< 15 años	65+		
3.7	3.8	4.1	67%	27%	8%	5%	65% mestizo, 23% zambo (amerindio y afroantillano), 7% blanco europeo, 6% amerindio

ECONOMÍA Y COMERCIO

Unidad monetaria	Tasa de inflación (2016)	N° de trabajadores (en millones) y tasa de desempleo (2016)		% de población debajo de la línea de pobreza, según informe del país (2012)	PIB en miles de millones $EUA (2015)	PIB per cápita (2016)	Distribución de PIB (2016) y de trabajadores por sector (2009)*			Exportaciones en miles de millones $EUA (2016)	Importaciones en miles de millones $EUA (2016)
							A	I	S		
El balboa y el dólar estadounidense	1.0%	1.61	4.5%	26%	$93.1	$22,800	3%	14%	83%	$15.19	$22.08
							17%	19%	64%		

* Para distribución del PIB y de los trabajadores (mano de obra): A = Agricultura, I = Industria, S = Servicios (y Gobierno).

Recursos naturales: Cobre, oro, caoba y bosques, camarones, energía hidroeléctrica

Industrias: Construcción, refinación y productos de petróleo, cemento, azúcar, procesamiento de alimentos y bebidas, metalistería (trabajo en metales), productos químicos, papel y productos de papel, imprenta, minería, ropa, muebles, turismo

Productos de exportación: Plátanos y bananos, camarones y productos de pescado, azúcar, ropa, café, productos de petróleo

Mercados: 20% EUA, 13% Alemania, 8% Costa Rica, 6% China, 4% Países Bajos (2015)

Productos de importación: Equipo industrial, petróleo crudo, maquinaria, equipo de transporte, combustibles, productos alimenticios, bienes de consumo, bienes de capital, productos químicos

Proveedores: 26% EUA, 10% China, 5% México (2015)

TRANSPORTE Y COMUNICACIONES

Kilómetros de carreteras y % pavimentadas (2010)		Kilómetros de vías férreas (2014)	N° de aeropuertos con pista de aterrizaje pavimentada (2013)	N° de líneas telefónicas/teléfonos celulares en millones (2015)		N° (en millones) y % de usuarios de Internet en 2015	
15,137	42%	77	57	.620	6.9	1.87	51%

IDIOMA Y CULTURA

Idiomas	Religiones	Comidas y bebidas típicas/Modales
Español (oficial), 14% de la población habla inglés como idioma nativo y muchos son bilingües; garífuna y varios idiomas indígenas como el chibcha y el chocoe	85% católica romana, 15% protestante evangélica	Arroz con pollo, frijoles, maíz, plátanos, carne, pescado, sancocho, bollo, guacho, guisado, verduras y frutas, chicha. Comer toda la comida servida y halagar a los anfitriones por la buena comida servida. (Véase la Tabla 14-1, págs. 528–531).

COMERCIO

Horario general de comercio: De lunes a viernes, desde las siete de la mañana hasta las cuatro de la tarde. El almuerzo se come normalmente a mediodía. Los sábados, desde las siete de la mañana hasta las seis de la tarde.

Horario normal del almuerzo y de la cena: Mediodía para el almuerzo; entre las cinco y las seis de la tarde en gran parte del país o entre las seis y las siete en las ciudades para la cena.

Gestos: Mantener un buen contacto visual al hablar con otro. Se frunce la boca en una dirección para señalar algo o para indicar que ya es hora de marcharse. Se encogen los hombros con las palmas de las manos hacia arriba para preguntar «¿Qué pasa?». Para decir que no, mover el dedo índice de lado a lado con la palma de la mano hacia afuera. Para indicar que se vuelve pronto, dibujar un círculo o dos en el aire cerca de la cabeza. Se frunce la nariz para indicar que no se entiende algo.

Cortesía: Saludar individualmente a cada persona al llegar a una reunión o comida y despedirse de cada una al marcharse para no quedar mal con ninguna. Mantener buen contacto visual con la otra persona durante una conversación. Según las normas tradicionales, no se lleva ningún regalo a los anfitriones cuando se va a su casa para comer o cenar, sino que es más común invitarlos luego a su casa para comer. Pero una botella de vino o licor se está acostumbrando más y más como parte de cortesía al ser invitado. Están bien las visitas no anunciadas de antemano, y hasta se aprecian.

LA ACTUALIDAD POLÍTICA Y ECONÓMICA DE PANAMÁ

La economía de Panamá está basada principalmente en los servicios financieros, turísticos y logísticos, debido a su privilegiada posición geográfica, en donde el dólar estadounidense viene a jugar un papel importante al establecerse como moneda de uso legal desde 1904. En ese año, el balboa reemplazó al peso colombiano después de la separación panameña de Colombia. Desde aquel entonces, el valor de su divisa oficial, el balboa, ha mantenido una paridad (1:1) con el dólar estadounidense y ambas monedas se usan legalmente en todo el territorio nacional. Circulan solamente billetes de USD (EUA) desde 1941. Respecto a su producción económica actual en general, se exporta la mayor parte de sus cosechas agrícolas y casi toda su producción manufacturera satisface la demanda interna. Panamá depende sobre todo de una mezcla de servicios financieros, turísticos y de transporte logístico que dan soporte al comercio mundial. Estos servicios giran alrededor del área del Canal de Panamá cuyos puertos ofrecen transporte de contenedores, zonas francas de comercio internacional, ferrocarril, oleoducto y el más grande núcleo aéreo de servicios disponibles a pasajeros con destino a todas partes de Hispanoamérica. Además, Panamá cuenta con una línea paralela de transmisión eléctrica y de telecomunicaciones que actualmente está interconectada con Centroamérica a través del anillo de la amistad que une a Costa Rica y Panamá con la red eléctrica regional SIEPAC (Sistema de Interconexión Eléctrica de los Países de América Central) y próximamente lo estará también con Colombia a través de la Interconexión eléctrica Colombia–Panamá. Estos avances tecnológicos permitirán la conectividad energética y telecomunicativa en las Américas, que además, con el centro financiero más grande, robusto y pujante de Latinoamérica, fortalece las excelentes relaciones en los mercados globales que se entrelazan entre sí. Estos servicios representan más o menos un 70% del PIB de Panamá. El turismo está aumentando rápidamente debido a la disposición de los servicios relacionados con este sector económico.

La economía de Panamá siempre ha estado relacionada al canal cuya construcción terminó en agosto de 1914 cuando lo cruzó el barco *Ancón*. Su posición geográficamente estratégica une América del Sur con el resto de las Américas continentales y sirve de enlace entre los océanos Atlántico y Pacífico. En el canal, se usa un sistema de esclusas con puertas de entrada y salida que funcionan como elevadores de agua. Las esclusas utilizan la gravedad para que los buques suban y bajen desde un océano a otro, atravesando uno de los lagos más grandes del mundo, el Lago Gatún. En 2006, Panamá aprobó en un referéndum la construcción del tercer juego de esclusas para ampliar la capacidad del canal y mejorar el servicio que actualmente se brinda a toda la comunidad internacional. En junio de 2016 se estrenó esta gran obra de ingeniería que permite el paso a barcos tres veces más grandes. Aunque las demoras y los sobrecostes imprevistos causaron conflictos, la expansión del canal representa la mayor construcción mundial del siglo XXI.

Desde la construcción del canal iniciada por los franceses y finalmente dirigida por un cuerpo de ingenieros de los EUA, el gobierno estadounidense mantuvo estricto control de la Zona del Canal de Panamá hasta las últimas horas de 1999, de acuerdo con los tratados Torrijos–Carter. La transferencia del control del canal a Panamá culminó en una ceremonia presidida por la primera mujer presidenta Mireya Moscoso (1999–2004) y el ex presidente de los EUA, Jimmy Carter, quien había firmado el tratado inicial en 1977 con el General de División Omar Torrijos Herrera, un carismático líder militar panameño que murió en un misterioso accidente de aviación en 1981. El Canal de Panamá seguirá siendo clave para la actividad económica del país con aportes al tesoro nacional que superan los mil millones de balboas por año, la recuperación del consumo, el descenso del desempleo a un 4.5%, así como la inversión privada en las zonas de libre comercio y la inversión pública en infraestructura.

Durante la segunda mitad de los ochenta, una serie de problemas políticos causados por las actividades irregulares del General Manuel Antonio Noriega, un exagente de la CIA, provocó sanciones económicas contra el gobierno panameño por parte de los EUA. Después, hubo una rápida salida de depósitos bancarios, una enorme pérdida de capital además de un deterioro socioeconómico generalizado. Como el gobierno de Panamá no emite su propio papel moneda, el balboa tenía solamente un valor nominal. En 1989, Guillermo Endara Galimani, de la selección de los oponentes al régimen de Noriega en la clase media, fue elegido presidente constitucional de la República de Panamá, pero después de las elecciones, los batallones de la dignidad (un grupo armado y organizado al servicio de Noriega) lo atacaron y obligaron su hospitalización. Como consecuencia, en diciembre de 1989 las tropas norteamericanas invadieron Panamá (en la operación "Causa Justa"), capturaron al General Noriega, lo transportaron y finalmente lo encarcelaron en los EUA. Luego de que el gobierno estadounidense condenara a Noriega por tráfico de drogas y lo recluyera en una prisión de Miami, Endara Galimani (1989–1994) fue instalado como presidente. Su instalación y luego la elección de Ernesto Pérez Balladares (1994–1999) representaron los primeros presidentes elegidos democráticamente en Panamá.

En las elecciones de mayo de 2004, Martín Torrijos Espino (2005–2009), Secretario General del Partido Revolucionario Democrático (PRD) e hijo del extinto General de División, Omar Torrijos Herrera, el hombre fuerte de Panamá en la década de los setenta, fue elegido presidente de la República. Torrijos Espino pudo lograr avances económicos notables en cuestiones de desempleo y beneficios para los ciudadanos marginados y también introdujo el plan para aumentar la capacidad del canal de Panamá gracias a la aprobación en referéndum de la construcción del tercer juego de esclusas. En 2009, Ricardo Martinelli, líder del partido Cambio Democrático (CD) y candidato de la Alianza por el Cambio, formó una coalición con el Partido Panameñista y su líder, Juan Carlos Varela Rodríguez. Martinelli era un empresario conservador multimillonario y dueño de una de las cadenas de supermercados más grandes de Panamá. Ayudado por el acuerdo político, Martinelli fue elegido presidente y Varela, vicepresidente. Luego, las diferencias entre los dos hombres causaron un rompimiento

¿Por qué se considera que el general y expresidente Omar Torrijos es el «panameño del siglo XX»? ¿Qué soberanía rescató? Busque más información en Internet.

del acuerdo y Varela tuvo que renunciar su puesto. Su Partido Panameñista se convirtió en el partido opositor y en 2014 Varela fue elegido presidente. Poco después, el nuevo presidente inició una serie de investigaciones relacionadas a sobrecostos durante el gobierno de Martinelli con el voto unánime de la Corte Suprema de Justicia. Mientras tanto, Martinelli había salido del país para Miami.

Panamá tiene enormes posibilidades de crecimiento en el próximo futuro y muchas ventajas en comparación con otros países en el hemisferio. Ha habido grandes inversiones de capital en la infraestructura y en la construcción inmobiliaria, especialmente en Ciudad de Panamá con sus rascacielos y empresas de servicios. Para conseguir mejor sus metas, el gobierno del presidente Varela y sus sucesores necesitan confrontar los siguientes problemas según el diario *The Panamá Observer*: 1) la desigualdad social reflejada en las regiones rurales que quedan fuera del alcance de los servicios básicos; 2) la violencia iniciada por el crimen organizado e indicada por el gran número de homicidios, especialmente en Ciudad de Panamá; 3) la sanidad para que se pueda ofrecer medicamentos y servicios a todo el pueblo; 4) una reducción de la deuda pública que casi dobló durante la presidencia de Martinelli; y 5) una transparencia política iniciada por los representantes elegidos[13].

6-6 ACTIVIDADES

¿Qué sabe usted de Costa Rica y Panamá?

1. A usted lo/la han contratado como asesor/a transcultural de negocios internacionales. Como tal, necesita informar a sus clientes sobre Costa Rica y Panamá y recomendar un plan de viaje de negocios a cada país. Investigue los datos pertinentes para desarrollar los temas a continuación.

   a. Describa la geografía de Costa Rica y Panamá, incluyendo temas como los siguientes: ubicación y tamaño de ambos países, capital y otras ciudades y puertos principales, división administrativa y clima. Compare el tamaño de Costa Rica con el de los EUA. Compárelo con el tamaño del estado donde vive usted. Compare el tamaño de Panamá con el de los EUA y con el del estado donde vive usted.

   b. ¿Cuáles son las principales características demográficas y políticas de Costa Rica y Panamá? ¿Quién es el jefe de estado de cada país? ¿Cuál es el estilo de liderazgo de los dos líderes?

---

[13] http://thepanamaobserver.com/economia-y-politic/5-problemas-futuro-gobierno/, consultado el 28 de junio de 2017.

c. ¿Cuándo se celebra la fiesta nacional de cada país? ¿Qué fiestas públicas podrían afectar un viaje de negocios a esos países? (Véase la Tabla 10-1, págs. 352–354).

d. Describa la economía de cada país. Incluya datos sobre la moneda nacional, la tasa de inflación, el PIB y el PIB per cápita, el número de trabajadores (mano de obra), la tasa de desempleo, los recursos naturales, las industrias nacionales, los productos que se exportan e importan, los países destino (mercados) y proveedores (fuentes) de estas transacciones internacionales y la balanza de comercio. ¿A qué factor(es) se debe la diferencia del PIB y del PIB per cápita de los dos países? ¿A cuánto cotiza cada moneda nacional con respecto al dólar estadounidense?

e. ¿Qué producto o servicio recomendaría vender en Costa Rica y en Panamá? ¿Por qué?

f. Compare la infraestructura de los transportes y las comunicaciones en Costa Rica y Panamá. Originalmente, se consideró la posibilidad de construir un canal a través de Nicaragua en vez de Panamá. ¿Por qué decidieron construirlo en Panamá? Busque la respuesta en un libro de consulta o en Internet.

g. ¿Cómo han cambiado los datos presentados en las secciones de «Vista panorámica» y «La actualidad política y económica» de este texto? Actualícelos para cada país.

h. ¿Qué influencia ha tenido en el comercio el traslado del control del canal de los EUA a Panamá al final del siglo pasado?

i. ¿Qué trámites son necesarios en Panamá para establecer una sociedad anónima con actividades fuera del país? Busque la información en Internet.

j. ¿Qué indican las leyes acerca del registro de naves bajo la bandera de Panamá, los requisitos sobre el tonelaje para pasar inspección, los requisitos para obtener una patente de navegación y las tasas de registro?

k. Basándose en «La actualidad política y económica» de cada país, ¿qué realidades, oportunidades y problemas destacaría y qué recomendaciones le daría a su cliente/a?

2. Use Internet u otras fuentes informativas para preparar un plan (con presupuesto e itinerario) para sus clientes, que harán un viaje de negocios a cada país individualmente o a ambos durante el mismo viaje. Busque las posibilidades en Internet, por medio de una llamada telefónica, en una agencia de viajes o en el aeropuerto. Comuníquese en español, si es posible.

   a. Fechas de ida y vuelta
   b. Vuelos: aeropuertos de salida y llegada, líneas aéreas, horario; costos
   c. Transporte interno que se piensa usar en cada país: taxi, autobús, carro de alquiler, metro, tren, otro; costos
   d. Alojamiento y viáticos; costos
   e. La comida típica que van a pedir para la cena la primera noche en cada país
   f. Las formas de cortesía y los gestos que deben recordar, usar o evitar

LECTURA CULTURAL

El hombre, la mujer y el empleo

Los resultados de las investigaciones de las Naciones Unidas publicados en el Informe de 2012 sobre los Objetivos de Desarrollo del Milenio (Informe ODM 2012) señalan que las mujeres van aumentando paulatinamente su representación en «el acceso a la educación, al trabajo, a la tenencia de bienes y en su participación en los gobiernos» del mundo[14]. Según el informe, las mujeres ocupan el 19.7% de los escaños, lo que representa casi un 75% de subida desde 1995 y un aumento del 44% desde el año 2000. Aunque los niveles más altos se encuentran en los países desarrollados, especialmente en las naciones nórdicas, entre las regiones en desarrollo, América Latina y el Caribe siguen ocupando el primer puesto, con un promedio del 23%. Se destaca Nicaragua en América Latina, por ser el país con el mayor progreso en 2011. En otro documento de 2007, la CEPAL indicó que la participación de la mujer en el empleo fue el fenómeno más importante en América Latina y el Caribe del siglo XX[15]. A pesar de estas observaciones, todavía existen enormes desigualdades entre el papel del hombre comparado con el de la mujer, especialmente en el empleo. En realidad, según la CEPAL hay que aclarar la diferencia entre el concepto de «trabajo» y «empleo», el trabajo siendo un lugar más amplio que incluye tanto las actividades remuneradas que se realizan en el contexto mercantil como aquellas no remuneradas que tienen lugar fuera del mercado. Todavía, el principal lugar de empleo para las mujeres de Latinoamérica y el Caribe es el trabajo doméstico o casero.

Hace 25 años, se iniciaron cambios enormes para las mujeres en todas partes de Hispanoamérica que complicaron el desarrollo económico y comercial de la región. Entre estas circunstancias, se incluyen las siguientes:

- la urbanización de la población, que desplazó la fuerza laboral del sector agropecuario hacia los sectores industriales, y en especial hacia los de servicios; por consiguiente, los servicios llegaron a ser y siguen siendo los sectores económicos de mayor crecimiento;

- la enorme entrada de mujeres a la fuerza laboral en la década de los ochenta, complicada aún más en los noventa por la privatización de empresas cuyas políticas y prácticas de contratación eran desiguales para los hombres y las mujeres; y

- la creciente tendencia hacia una mayor participación de la mujer en la economía informal, que no ofrece beneficios sociales ni protección legal.

Demasiadas mujeres están empleadas en lugares invisibles. Se encuentran en el trabajo a destajo a domicilio, en pequeñas empresas familiares o en el servicio doméstico. Son empleos que no ofrecen ninguna permanencia y son de peor calidad

---

[14] http://www.un.org/es/millenniumgoals/pdf/mdg_2012_foreword_overview.pdf, consultado el 28 de junio de 2017.

[15] CEPAL, «El aporte a las mujeres a la igualdad en América Latina y el Caribe», http://siteresources.worldbank.org/INTDEVCOMMSPANISH/Documentation/23007004/DC2011-0012(S)WDR2012Overview_NoEmbargo_version.pdf, consultado el 28 de junio de 2017.

que otros muchos trabajos. Frecuentemente se ofrecen los empleos con poca o ninguna remuneración sin acceso a la seguridad social o a los sindicatos. La mujer no trabaja bajo normas internacionales ni del trabajo ni de los derechos humanos.

En muchos casos, tanto en los EUA como en los países hispanos, la desigualdad de oportunidades laborales se debió a las actitudes preconcebidas sobre el papel tradicional de la mujer. A pesar de la existencia de movimientos feministas en Europa y América del Norte desde hace más de cien años, el hombre y la mujer tradicionalmente tenían una formación y roles diferentes en el mundo hispano. Especialmente en las clases más bajas, la mujer muchas veces se criaba en un ambiente religioso en el cual tenía gran importancia el marianismo, el culto de veneración hacia la Virgen María. En ese contexto, a la mujer no solo se le instruía a ser sumisa al hombre en todos los asuntos morales y espirituales, sino también en las responsabilidades de ser madre. Esos valores se ponían en práctica con las tareas para la mujer tanto en casa como en la oficina o en la fábrica, lo cual creó obstáculos para el progreso de la mujer fuera del hogar. Buena parte de la discriminación que enfrentaba la mujer se basaba en los papeles tradicionales preconcebidos, que supuestamente justificaban los salarios o sueldos más bajos, ya que se los consideraba como complementarios de los del hombre para el mantenimiento de la familia.

En cambio, las mujeres hispanoamericanas de las clases altas podían ocupar altos puestos como las mujeres norteamericanas, gracias al servicio doméstico que asumía parte de las responsabilidades caseras, como la limpieza y la cocina en esa época. A pesar de las crecientes oportunidades, muy pocas mujeres ocupaban puestos ejecutivos en empresas latinoamericanas. Estas no tenían reglas contra la discriminación sexual para elevar a un mayor número de mujeres a cargos de responsabilidad y liderazgo. Algunos problemas que la mujer hispanoamericana necesitaba superar en el trabajo eran los siguientes: el despido por maternidad (se ha dado el caso de empresas que han exigido un certificado de esterilización o una prueba de embarazo negativa como condición de empleo); menos puestos ejecutivos a las jóvenes de la clase media o baja; la falta de capacitación profesional; el trato condescendiente en el trabajo (muchas veces en las maquiladoras, las mujeres poco educadas desconocen sus derechos legales); la falta de equidad en los sueldos y salarios; la falta de exención de trabajo por maternidad; la falta de guarderías infantiles cerca de la empresa o en ella; y el «techo de cristal» o una superficie superior invisible en la carrera laboral de las mujeres que es difícil de traspasar y que impide el ascenso[16]. Desgraciadamente, en muchos casos con relación a la mujer, todavía hay dificultades, especialmente en el trabajo. Por ejemplo, en Argentina, aunque ha habido avances, el ámbito laboral sigue siendo difícil para las mujeres. En mayo de 2012, el sueldo promedio bruto de los hombres era de $6,766 y el de las mujeres, $5,514, una diferencia de casi 20%. En comparación, hay muchas más mujeres en el sector servicios, mientras que los hombres predominan en la industria[17].

---

[16] http://www.eclac.cl/publicaciones/xml/9/29399/ElaporteMujeresConsenso.pdf, https://todosobretrabajo. wordpress.com/2014/05/19/teoria-del-techo-de-cristal/

[17] http://www.clarin.com/sociedad/trabajo-lugar-discrimina-mujer_0_797320285.html, consultado el 28 de junio de 2017.

Hombres y mujeres trabajando en la Tabacalera de García en La Romana, República Dominicana. La fábrica produce cigarros de alta calidad que se exportan mundialmente. ¿Qué opina usted del impacto de las mujeres en el mundo laboral? ¿Hay igualdad de derechos laborales y salarios entre los hombres y las mujeres? Comente.

El hombre, en cambio, ha tenido tradicionalmente otra formación social, basada en el concepto del machismo. Por un lado, ha aprendido a ser generoso, digno, honrado y caballeroso. Por otro, ha adoptado una actitud de superioridad hacia las mujeres y se ha dedicado a probar y a manifestar la virilidad, reflejada en el famoso personaje literario Don Juan. Esta actitud machista ha influido mucho en las relaciones entre los hombres y las mujeres y explica en gran parte por qué les es muy problemático a bastantes hombres hispanos aceptar a la mujer como jefa, gerente o ejecutiva. La igualdad entre el hombre y la mujer en el lugar de trabajo no ha sido la norma hasta hoy en día, ni en los países hispanos ni en los Estados Unidos. La tradición de desigualdad se conserva más entre las clases sociales bajas y en las regiones rurales que en las grandes ciudades, donde hay más mujeres bien educadas y capacitadas que antes. Con la entrada de más mujeres capacitadas al campo del comercio, la decisión de escoger al «mejor hombre» para cierto trabajo o puesto administrativo se está convirtiendo en la búsqueda de la «mejor persona».

Aunque el «enchufe» o la «palanca» siguen siendo importantes, poco a poco el amiguismo (*good old boy's club*) de antaño se está debilitando para brindarles más oportunidades y justicia a las mujeres. Con estos cambios, se ve que la vida profesional en la oficina también está modificando las estrategias, las convenciones, las reglas de conducta, los tabúes, los códigos de vestirse y los criterios del habla aceptables en el pasado. En el panorama del futuro, se esperan importantes cambios al considerar elementos como los siguientes: las cualidades positivas exigidas y aprendidas desde joven, como la firmeza, el espíritu emprendedor competitivo y la capacidad de asumir el mando con autoridad y fuerza; la fuerza física y la capacidad intelectual; la preparación y la inteligencia emocional y psicológica; la independencia y la capacidad de cooperación (de trabajar en equipo); y la asignación de responsabilidades dentro de una empresa.

6-7   ACTIVIDADES

1. **¿Qué sabe usted de cultura?** Para demostrar sus conocimientos, conteste las preguntas a continuación.

   a. ¿Qué factores contribuyeron al desarrollo económico de Hispanoamérica en los años ochenta?

   b. ¿Qué acontecimientos reflejan posibles dificultades para la mano de obra en Hispanoamérica?

c. ¿Qué es el marianismo? ¿El machismo? ¿Qué efectos han tenido o pueden tener en la oficina, la tienda o la fábrica donde uno trabaja?

d. ¿Hay igualdad de oportunidades para hombres y mujeres en el mundo de los negocios en los países hispanos? ¿En los Estados Unidos? ¿Y en otros países (Inglaterra, Francia, Alemania, etc.), u otras regiones del mundo (Asia, África)? Comente.

e. Describa su propia formación académica y familiar. ¿Lo/a han preparado para hacerse gerente de un negocio? ¿Para trabajar de manera productiva y sin conflictos con personas del sexo opuesto? Explique. ¿Está bien preparado/a para ser líder? Comente.

2. **Prueba de comprensión cultural.** Tome la prueba «Preguntas culturales» en el MindTap de *Éxito comercial: Prácticas administrativas y contextos culturales.*

 MINDTAP

3. **Asimilador cultural.** Lea el siguiente texto y conteste las preguntas a continuación.

María Isabel Salazar, titulada de la universidad con una especialización en Administración y Finanzas, es la nueva directora del Departamento de Ventas en la empresa DeKorado, que vende muebles para la sala de estar, el comedor y la recámara. Ella ha decidido que hacen falta algunos cambios en las estrategias de sus vendedores.

En la primera reunión con los tres vendedores, Salazar analiza con ellos sus expectativas. Uno de ellos, Lope Cárdenas de Santiago, uno de los primeros empleados de la empresa, se sienta en la silla inmediatamente delante de ella y la mira con interés de arriba a abajo, mientras escucha sus palabras. Cárdenas, además de haber tenido muy mal día hasta el momento, está resentido porque aunque es un empleado con más años de servicio que la nueva directora, no ha sido ascendido al puesto que ocupa ella.

—Es importante que lleguen ustedes puntualmente al trabajo y que atiendan inmediatamente a los clientes que pasen por la tienda. Me han informado que en el pasado, no ha sido así. Hay que mejorar este aspecto de nuestro servicio al cliente, ¿no les parece? Así que, empezando mañana...

Los otros dos vendedores con menos experiencia y años de servicio no dicen nada, pero Cárdenas empieza a contestar con sorna burlona la pregunta retórica hecha por la nueva ejecutiva:

—Bueno, señorita...

a. ¿Qué diferencias puede haber entre las perspectivas de Salazar y las de este vendedor?

b. ¿Qué le va a decir Cárdenas a su nueva jefa? ¿A qué factores se puede atribuir la sorna burlona en su respuesta?

c. ¿Por qué se callan los otros vendedores durante la conversación entre Cárdenas y la nueva jefa?

d. ¿Qué opina usted del estilo gerencial de la nueva ejecutiva en su trato inicial con sus empleados? ¿Cómo habría iniciado usted este primer encuentro?

6-8 ACTIVIDADES COMUNICATIVAS

 1. **Situaciones para dramatizar.** Lea las siguientes situaciones y, después, haga el papel en español con otro/s estudiante/s, usando las posibilidades siguientes como punto de partida. Cada persona debe participar activamente en la dramatización. No olviden el protocolo ni las cortesías.

   a. *You have been assigned to an office in Alajuela, Costa Rica. Tell the person in charge what new furniture and office supplies you need by the end of the day: an ergonomic swivel chair, a desk lamp, pencils, pens, paper clips, etc. The person in charge informs you that some of these items may be difficult to find on such short notice. Convince him/her that you need them immediately in order to do your work.*

   b. *You are a sales representative for a computer firm and want to sell your newest system and products to a manager who is leery about upgrading what he/she currently uses, which is about eight years old. Explain the advantages of your system for the following:*

   - *analytics (consumer tendencies, etc.)*

   - *creation of a state-of-the-art Web page*

   - *development of a digital presence in social media*

   - *configuration of the new office machines into a seamless, integrated system*

   Después de representar estas situaciones, discuta con sus compañeros de clase el tipo de equipo de oficina que se necesita, según los objetivos de diferentes clases de empresa (producción, contabilidad, finanzas, administración de personal, seguros o naviera).

 2. **Actividad empresarial.** Ustedes trabajan para una empresa multinacional que vende mucho en México, Centroamérica y los países andinos del norte de Sudamérica (Venezuela, Colombia, Ecuador). La gerente general de la empresa ha decidido instalar una oficina en Centroamérica para coordinar mejor las actividades comerciales de la empresa y para capacitar a los vendedores. Les pide recomendaciones sobre la decisión que ella tendrá que tomar entre San José o la Ciudad de Panamá. Es importante investigar y luego comparar los siguientes factores:

   a. los costos de arrendar espacio para ubicar la oficina en las dos ciudades

   b. la disponibilidad de vuelos internacionales entre los países mencionados

   c. el número de personas bilingües bien educadas y con amplia experiencia en empresas internacionales

   d. restricciones o impuestos sobre la importación de la tecnología necesaria para permitir las funciones necesarias de oficina.

   Después de hacer las investigaciones, recopilen todos los datos en un informe escrito con listas o tablas que indiquen la información indispensable para hacer un breve análisis del caso. Luego, presenten el informe oralmente sin leerlo.

3. **Minicaso práctico.** Lea el caso y haga los ejercicios a continuación.

Es el año 1988. Faye Bornwell, nueva gerente de la empresa *B & B Shipyards* y directora de las sucursales fuera de Norfolk, Virginia, donde se ubica la casa matriz, acaba de llegar a Colón. La Junta Directiva la ha mandado a Panamá para mejorar la eficiencia del personal de la oficina y de la fábrica y para tomar las decisiones necesarias para enfrentar la crisis provocada por las sanciones estadounidenses impuestas al país.

Al llegar, Bornwell se da cuenta inmediatamente de la informalidad y la falta de disciplina que han llegado a caracterizar el ambiente de trabajo en la sucursal. Varios empleados, sin saber quién es ella, le echan piropos («Las estrellas se están bajando a la tierra», «Quien fuera bizco para verte dos veces»), las recepcionistas no están en su lugar y hay un grupo de empleados al lado de la cafetería riéndose y chismeando sobre las posibles huelgas contra el gobierno y la escasez de dólares en la economía.

Enfadada, Bornwell pregunta por el señor Daniel Costa, el director de personal, y uno de los hombres que le había echado un piropo le contesta: «A sus órdenes». Bornwell se presenta y le pide una reunión inmediata en su oficina, donde empieza a preguntar sobre la situación que acaba de encontrar al llegar a la sucursal.

—Perdón, señorita, pero no sabíamos quién era usted...

Después de escuchar sus excusas, Bornwell le explica que ha decidido que hace falta ofrecer incentivos especiales para que los empleados tomen en serio sus recomendaciones de cómo comportarse en el trabajo: llegar a tiempo, fijar un horario para los descansos, no chismear, no echarles piropos a las mujeres, etc. Mientras la escucha atentamente el señor Costa, entra su colega Ruiz Carola Hoyos, el director de finanzas.

—Perdón, señorita Bornwell, me acabo de enterar de su llegada. Ruiz Carola Hoyos, para servirle.

El director de finanzas tiene contactos dentro de la industria bancaria en Panamá, que le han avisado sobre la posible vuelta de millones de dólares a los bancos de la nación y de un posible cambio en las exenciones tributarias para las multinacionales como *B & B Shipyards*. Él sabe la gran importancia de esta información, pero no le dice nada a la nueva gerente.

Conteste las siguientes preguntas.

a. ¿Por qué ha ido Bornwell a Colón?

b. Describa su llegada a la sucursal. ¿Ocurren situaciones parecidas —la informalidad, los piropos, los chismes— en los EUA? ¿Conoce usted algún caso? Comente. ¿Continúa hoy en día tal uso de piropos en América Latina? Comente. ¿Ocurre también en los EUA y en otros países? Comente. ¿Es aceptable o inaceptable el piropo para el lugar de trabajo? Explique.

c. ¿Qué quiere decir el lema: «Trabajo para vivir, no vivo para trabajar»? ¿Cómo se aplica a la situación en la oficina de Colón?

d. ¿Qué efecto tiene el uso del papel moneda en dólares en las calles de Panamá? ¿Qué impacto tuvieron las sanciones estadounidenses en la economía de Panamá hace varios años?

e. ¿Por qué no habla de los datos económicos más recientes el director de finanzas? ¿Cómo resultará la comunicación entre Bornwell y Ruiz Carola Hoyos?

6-9 COMPRENSIÓN Y COMUNICACIÓN

Busque el ejercicio de video en el MindTap de *Éxito comercial: Prácticas administrativas y contextos culturales*.

Antes de ver. Conteste las siguientes preguntas antes de ver el video.

1. ¿Piensa usted que el diseño de la oficina de trabajo puede ayudar a impulsar la productividad? Comente con ejemplos.

2. ¿Cómo diseñaría usted su propia oficina de negocios? ¿Cómo serían los muebles y qué máquinas y equipo tendría? ¿Por qué?

Al ver. En el video, la señora Amy Cortés de Rivas, nativa de Luisiana y esposa de un gerente panameño, hace una visita a la oficina de su marido. Al entrar al edificio, habla con el conserje, Juan Cruz Escudero, sobre de los cambios que se han hecho en la oficina de su esposo durante los últimos seis meses en Panamá. Lea las siguientes preguntas y después mire el video. Luego, vuelva a las preguntas para contestarlas.

1. ¿Qué es lo que se ha hecho en la oficina del marido de la señora Cortés de Rivas?

2. ¿Cuáles han sido algunos de los beneficios de la nueva iluminación?

3. ¿Cómo se relacionan los contratos y otros documentos con la frase «ojos de águila»?

4. ¿Cuál es la relación entre la señora Cortés de Rivas y el señor Cruz? ¿Cómo se explica que ella lo llame Juan (el tuteo) pero que luego lo trate también de «usted»?

Resumen. Resuma objetivamente para un/a compañero/a de clase lo que ha ocurrido en el video. O, para variar, haga un resumen con cambios o falsedades para ver si su compañero/a capta la información errónea y se la corrige.

Ud. es el/la intérprete. Siga el guion a continuación y haga el papel de intérprete entre la señora Amy Cortés de Rivas y Juan Cruz Escudero. Traduzca del inglés al español y del español al inglés, **sin mirar el texto**, el diálogo que leerán otros dos estudiantes en voz alta. Ellos harán una pausa después de cada barra para permitir su traducción. Acuérdense todos de usar un tono y ritmo de diálogo natural.

Sra. Cortés: *My husband tells me that morale has really improved in the office since the changes were made last March.*

INTÉRPRETE: _____

Sr. Cruz: Pues, sí, señora, me parece que así es. Todos parecen estar de mejor humor cuando llegan al trabajo. / Ya era hora de que se renovara un poco la oficina, ¿no le parece?

INTÉRPRETE: _____

Sra. Cortés: *Well, Juan, it certainly looks a lot nicer. My husband's really pleased with the new lighting. / He says it helps the secretaries when they type or work with the adding machines. / I think it also helps him to read the contracts and balance sheets. You know, his eyes aren't what they used to be.*

INTÉRPRETE: _____

Sr. Cruz: Sí, y el nuevo aire acondicionado les encantó a todos el verano pasado que hizo tanto calor. / También dicen que las nuevas computadoras han reducido mucho el papeleo que había antes. ¡Si viera lo rápidas que son esas máquinas!

INTÉRPRETE: _____

Sra. Cortés: *I know, I've heard all about it. It seems like the office staff is happier, too, because of the new paint job and the addition of a salad bar in the cafeteria. / That was my idea. Have you eaten there yet?*

INTÉRPRETE: _____

Sr. Cruz: No, todavía no, pero ya lo haré, señora. Dicen que las ensaladas son muy buenas.

INTÉRPRETE: _____

Actividad. ¿Cómo es diferente su interpretación de la que se presenta en el video? Vuelva a ver el video para hacer una comparación o una crítica de la traducción oral.

Interpretación consecutiva y simultánea. Vuelva al video y ahora haga una interpretación consecutiva, usando la pausa del video cuando le haga falta. O, para variar, intente hacer una interpretación simultánea, sin pausas. ¡Ojo! Este tipo de ejercicio requiere mucha concentración, memoria y atención a los detalles.

Otro fin. Después de ver el video, imagine lo que podría ocurrir después si no termina en ese momento. ¿Cómo se desarrollará más el tema entre los actores y qué dirán? Para esta actividad, se puede escribir y entregar un nuevo fin o imaginarse otro fin para representarlo con compañeros de clase. Al continuar con el guion en español, siga el estilo de diálogo usado arriba, empezando con la señora Cortés.

6-10 ANÁLISIS Y COMPARACIÓN

Estudie la Tabla 6-1 y haga los ejercicios que aparecen a continuación. Use también sus conocimientos y, cuando haga falta, otras fuentes informativas como el diccionario, un *Almanaque mundial*, Internet, etc. Los ejercicios se pueden hacer individualmente, en parejas o en pequeños grupos para discutir en clase.

1. ¿Qué es un idioma? ¿Un dialecto? ¿Un dejo? ¿Una lengua indígena?

2. Además del español, ¿qué otros idiomas se hablan en los países «hispanos»? ¿Qué implicaciones tiene esto para el comercio, las ventas y los anuncios en dichos países «hispanoparlantes»?

3. Según la tabla, ¿cuántos idiomas se hablan en México? ¿En Colombia? ¿En Ecuador? ¿En Guatemala? ¿Cuántos idiomas indígenas se hablan en total en estos cuatro países? ¿Se hablan idiomas indígenas en los EUA? Explique.

4. ¿Qué quiere decir la frase «idioma oficial»? ¿Cuáles son los países hispanos que tienen otro idioma oficial, además del español o castellano? Explique. ¿Piensa usted que el idioma oficial de los EUA deba ser solamente el inglés? Explique.

5. ¿Qué es el *Spanglish* y dónde se habla en los EUA? ¿Qué es el portuñol y dónde se habla? ¿Qué es el garífuna y dónde se habla? ¿Quiénes fueron los garífunas? Busque la información en un libro de consulta o en Internet.

6. Al hablar de raza y etnicidad, ¿qué quiere decir mestizo? ¿amerindio? ¿afrolatino o afrohispano? ¿mulato? ¿zambo? ¿Existen el racismo y la discriminación racial en los países hispanoamericanos y en España? Busque información en un texto de consulta o en Internet para comentar este tema.

7. ¿Cuáles son los principales grupos étnicos de México, Colombia, Ecuador, Cuba y Guatemala? ¿Cuáles son los grupos étnicos de España? ¿De Guinea Ecuatorial?

8. Una empresa lo/a ha contratado como consultor/a de marketing en Hispanoamérica. Haga un breve resumen de los principales grupos étnicos que hallará la empresa al comerciar regionalmente con México, los países centroamericanos, los caribeños, los andinos y los del Cono Sur.

9. ¿Cuál es la religión predominante en los países hispanos? ¿Por qué piensa usted que es así? ¿Qué otras religiones se practican en los países hispanos? ¿Cuáles son algunas de las influencias que puede tener la religión sobre el comercio de una nación? ¿La religión tiene influencia en la vida diaria, la política y el comercio de los EUA? Comente estos temas con sus compañeros de clase.

TABLA 6-1 LOS PAÍSES HISPANOPARLANTES, BRASIL Y LOS ESTADOS UNIDOS; IDIOMAS ADEMÁS DEL ESPAÑOL (ADEMÁS DEL PORTUGUÉS BRASILEÑO Y DEL INGLÉS ESTADOUNIDENSE), GRUPOS ÉTNICOS Y RELIGIONES

País	Idiomas (Nota: El español es el idioma oficial de todos estos países menos los EUA y Brasil)	Grupos étnicos: blanco europeo (BE), mestizo (ME), indígena/amerindio (I/A), afrolatino (AL), mulato (MU)						Religión		
		BE	ME	I/A	AL	MU	otro	católica romana	protestante	otra*
Argentina	inglés, italiano, alemán, francés, idiomas indígenas (mapuche, quechua)	97%	3%					92%	2%	6%
Bolivia	quechua (oficial), aimara (oficial), guaraní	5%	20%	68%				79%	16%	
Chile	mapuche, quechua, aimara, alemán, inglés, francés	90%		9%				70%	15%	15%
Colombia	más de 60 lenguas indígenas (chibcha, guajiro, etc.)	20%	64%	1%	4%	10%	3%	90%	10%	
Costa Rica	en el litoral caribeño inglés de Jamaica	93%		1%	1%		2%	76%	14%	10%
Cuba	inglés	64%	27%		9%			85%**		15%
Ecuador	quechua, shuar, otras lenguas indígenas	6%	72%	14%	7%			74%	26%	
El Salvador	náhuatl y lenca	13%	86%	0.2%				57%	21%	22%
España	catalán (17%), gallego (7%), vasco (euskera) (2%)	Combinación de mediterráneos y nórdicos; grupos distintos como los catalanes, vascos y gallegos						94%	6%	
Guatemala	21 lenguas mayas (akateko, k'iche', kakchikel, kekchi, etc.), xinka y garífuna	59%		41%				76%	22%	maya tradicional 2%

(continúa)

TABLA 6-1 *(continuación)*

País	Idiomas (Nota: El español es el idioma oficial de todos estos países menos los EUA y Brasil)	Grupos étnicos: blanco europeo (BE), mestizo (ME), indígena/amerindio (I/A), afrolatino (AL), mulato (MU)						Religión		
		BE	ME	I/A	AL	MU	otro	católica romana	protestante	otra*
Honduras	varios idiomas indígenas (miskito, towaka, etc.), garífuna	1%	90%	7%	2%			97%	3%	
México	unas 65 lenguas indígenas: náhuatl, maya, zapoteco, tzeltal, tarahumara, etc.	10%	62%	28%				77%	5%	15%
Nicaragua	inglés, miskito, sumo	17%	69%	5%	9%			59%	23%	18%
Panamá	inglés, garífuna, chibcha, chocoe	7%	65%	23% zambo (amerindio y afroantillano), 6% amerindio				85%	15%	
Paraguay	guaraní (oficial con el español)	15%	95%				5%	90%	7%	3%
Perú	quechua y aimara (oficial con el español), y otras lenguas indígenas	15%	37%	45%			3%	81% (2007)	13%	6%
Puerto Rico	inglés (oficial con el español)	76%	3%		12%		9%	85%	15%	
República Dominicana	inglés	16%			11%	73%		95%	5%	
Uruguay	portuñol o fronterizo (mezcla del portugués y el español)	88%	8%		4%			47%	11%	42%

(continúa)

TABLA 6-1 *(continuación)*

País	Idiomas (Nota: El español es el idioma oficial de todos estos países menos los EUA y Brasil)	Grupos étnicos: blanco europeo (BE), mestizo (ME), indígena/amerindio (I/A), afrolatino (AL), mulato (MU)						Religión		
		BE	ME	I/A	AL	MU	otro	católica romana	protestante	otra*
Venezuela	numerosos idiomas indígenas (arauaco, caribe, guajiro, etc.)	21%	67%	2%	10%			96%	2%	2%
Brasil	español, inglés, francés, alemán, italiano, japonés	48%			8%	43%	1%	65%	22%	13%
EUA	español, chino, lenguas indígenas norteamericanas	72%		1%	13% (afro-americano)		6% total (4% asiático)[†]	21%	47%	32%

*La categoría «otra» incluye a los practicantes de otras religiones y a los no practicantes.

**85% católica romana antes de Fidel Castro.

[†]El 15% de la población total de EUA es de origen hispano.

Fuente: *CIA World Factbook* 2016

GeoReconocimiento

Mire los mapas del Capítulo 6 en el MindTap de *Éxito comercial: Prácticas administrativas y contextos culturales* y haga los ejercicios.

Posibilidades profesionales

La oficina propiamente dicha es quizás la que proporciona la mayoría de los trabajos empresariales, tanto a nivel internacional como nacional. Además de los puestos secretariales, figuran, entre otros, los de especialistas de comunicaciones, de informática o tecnología, de administración, así como también los directores de relaciones públicas y, si hace falta, de asuntos gubernamentales. Para obtener más información al respecto y para una actividad que le ayude a saber más sobre el tema, véase el Capítulo 6 de «Posibilidades profesionales» en el MindTap de *Éxito comercial: Prácticas administrativas y contextos culturales.*

VOCABULARIO

Aquí se presentan los principales términos de este capítulo. Al final del libro, hay un glosario más completo.

adepto/a follower, supporter

aduanero *(adj)* customs

agrupación collating

almacenar to store (memory in computer)

alojamiento storage (memory in computer)

archivo file, filing cabinet

auricular *(m)* telephone receiver, earphone

bajar to download

banda ancha broadband

batería battery

   recargable rechargeable battery

   removible removable battery

buscador search engine

buscapersonas *(m)* beeper, pager

buzón de voz voice mailbox

cafetera coffee machine, coffeemaker

calculadora calculator

capacitar to train

cargar to upload

carpeta file folder

cartucho cartridge

celular *(m)* cell phone (Latin America)

cibernauta *(m/f)* frequent Internet (cyberspace) user

cifra number, digit, code

cinta ribbon (typewriter, printer)

clic *(m)* click

cliquear to click

comercio electrónico e-commerce

cometer piratería to hack

computador/a computer

   de sobremesa desktop computer

   portátil laptop computer

configurar to set up, configure (e.g., a device or program)

contestador automático answering machine

contrafuego firewall

contraseña password

(continúa)

VOCABULARIO *(continuación)*

control remoto *(m)* remote control

copia de reserva back-up copy

copiadora copier, photocopy machine

correo mail

    auditivo voice mail

    de mensajes hablados voice mail

    de voz voice mail

    electrónico electronic mail, e-mail

    vocal voice mail

cortafuegos *(m/sing)* firewall

descargar to download

discado activado por voz voice-activated dialing

disco disk

    compacto compact disc, CD

    duro hard drive

    duro externo external hard drive

    flash flash drive, thumb drive

    zip zip drive

dispositivo device, mechanism

efectos de escritorio desk set, stationery

engrapador stapler

en línea online (computer/Internet)

enseres *(m, pl)* tools, equipment, furniture and fittings

entrada input

entrar to input (computer)

equipo equipment, team

escáner scanner

esquematización diagramming, diagram

estante *(m)* bookshelf

etiqueta tag, label

fax (facsímil) *(m)* fax, facsimile machine

fotocopiadora photocopier, copy machine

goma elástica rubber band

gráfico *(n/adj)* graph, graphic

grapa staple

guardar to save (a computer file, voice message, etc.)

hacer clic to click

hackear to hack

hoja de cálculo spreadsheet

identificación I.D.

    de abonado llamante caller I.D.

    de llamadas caller I.D.

    de origen caller I.D.

imprenta printing job (output)

impresora printer

    de chorro o de inyección de tinta ink-jet printer

    láser laser printer

inalámbrico wireless

informática computer science

internauta *(m/f)* Internet user (internaut, as in astronaut)

liga rubber band

línea telefónica fija ground line phone, landline

localizador beeper, pager

mandar un mensaje de texto to text, send a text message

mando a distancia remote control

memoria portátil flash drive, thumb drive

mensaje instantáneo instant message (messaging)

monitor monitor

motor de búsqueda search engine

móvil *(m)* cell phone (Spain)

navegar to surf the Internet

negocios por Internet e-business

oprimir to click, press (a computer mouse, button)

ordenación collating

ordenador computer (Spain)

(continúa)

VOCABULARIO *(continuación)*

organizador organizer (daily, weekly, monthly)

página web web page

panel plano flat (panel) screen

pantalla screen, monitor

   de panel plano flat screen

   táctil touch screen

paralenguaje *(m)* paralanguage (gestures, tone of voice, posture)

pared wall

   contrafuegos/cortafuego(s) *(m)* firewall

parlante *(m)* speaker, loudspeaker

pila battery

pirata *(m/f)* **informático/a** hacker

piratear to hack into (computer)

pirateo hacking (computer)

portátil portable

presilla paper clip

procesamiento processing

   de datos data processing

   de textos (de palabras) word processing

puesto de trabajo work station

quemador de CD CD burner

ratón *(m)* (computer) mouse

recompensar to reward (e.g., customer loyalty)

recuperar to retrieve (data)

recuperación de datos data retrieval

reenvío de llamadas call forwarding

registrar to record

rellamada automática redial, redialing

remarcación redial, redialing

reprografía reprography, photocopying

respaldar to back up (copy)

reunión en línea online meeting

robo de identidad identity theft

salida output

separación sort, sorting

servidor server (computer)

silla giratoria swivel chair

sillería chairs (industry, product)

sillón armchair

sin fisuras seamless

sitio web site

sobre *(m)* envelope

subir to upload

tablero de anuncios bulletin board

tableta tablet (computer)

tarjeta card

   de red network card

   de sonido sound card

   de TV TV card

   de video video card (computer)

   madre mother board

teclado keyboard

   deslizable slide keyboard

tecnología technology

   de información (TI) information technology (IT)

   de punta cutting-edge technology

telemática telematics, information technology

teletrabajador/a telecommuter

teleconmutador/a telecommuter

textear to text, send a text message

texteo text message

trabajador/a a distancia telecommuter

transferencia call forwarding

transmisión en tiempo real/en vivo y en directo online streaming

tuitear to tweet on Twitter

ubicador beeper, pager

ultradelgado ultrathin

ultraligero ultralight

unidad *flash* flash drive, thumb drive

usurpación de identidad identity theft

LOS RECURSOS HUMANOS Y LAS RELACIONES LABORALES

Reunión de una directora de recursos humanos (RR. HH.) con colegas y empleados. ¿Cuáles son algunos de los posibles temas para tal reunión?

No es un hombre más que otro, si no hace más que otro.
— MIGUEL DE CERVANTES SAAVEDRA

A business that makes nothing but money is a poor kind of business.
— HENRY FORD

El presente siempre triunfa frente al ausente.
— PROVERBIO

© Chris Ryan/Getty Images RF

Integridad y ética empresarial

Las prácticas de recursos humanos se están especializando cada vez más para asegurar un equilibrio donde se encuentren personas a la vez competentes y honradas e íntegras.

— MARTA ELVIRA, PROFESORA EN EL INSTITUTO DE ESTUDIOS SUPERIORES DE LA EMPRESA (IESE) Y AUTORA DE *BEST HUMAN RESOURCE MANAGEMENT PRACTICES IN LATIN AMERICA*

Traduzca al inglés la cita de arriba y luego comente en español su validez para el mundo de los negocios, con un buen ejemplo que usted conozca o uno que pueda imaginarse. ¿Qué tipo de equilibrio se busca? ¿Es difícil conseguirlo? Comente.

Liderazgo

Cuando se haya completado el trabajo de los mejores líderes, la gente dirá: «Lo hemos hecho nosotros».

— LAO-TSÉ

¿Qué quiere decir esta frase célebre de liderato? Traduzca al inglés y luego comente en español su validez para el mundo de los negocios u otras profesiones, con un buen ejemplo que usted conozca o uno que pueda imaginarse.

7-1 PREGUNTAS DE ORIENTACIÓN

Cuando lea la sección «Lectura comercial», piense en las respuestas a las siguientes preguntas.

1. ¿Qué responsabilidades importantes tiene el/la director/a de recursos humanos (RR. HH.) de una empresa al contratar a un nuevo empleado?

2. ¿Qué es el capital humano?

3. ¿Qué es un cazacerebros o cazatalentos?

4. ¿Por qué es importante planificar la sucesión del liderato en una empresa u organización?

5. ¿Cuáles son cinco modelos para el currículum vitae u hoja de vida hoy en día? ¿Cuáles son sus ventajas y desventajas comparativas?

6. ¿Cómo puede ser culturalmente diferente el contenido del currículum vitae español o hispanoamericano de los modelos usados en los EUA?

7. ¿Por qué exageran o falsifican los aspirantes la información presentada en su currículum vitae? ¿Qué tipo de información se suele exagerar o falsificar? ¿Conoce usted algún caso de exageración o falsificación? Comente. Si usted fuera el/la director/a de personal de una empresa, ¿cómo se cercioraría de la veracidad de la información en una hoja de vida? ¿Qué haría si descubriera que uno/a de los/las candidatos/as más fuertes había falsificado algunos datos importantes en su currículum vitae?

8. ¿Por qué es importante planificar la sucesión del liderato en una empresa u organización?

9. ¿Cuáles son cinco formas de remuneración? ¿Cuáles son algunos factores que se consideran para determinar la remuneración de un empleado?

10. ¿En qué se diferencian la teoría del mercado y la del nivel de vida en la determinación de la recompensa?

11. ¿Por qué existen los sindicatos laborales? ¿Cuáles son algunos de sus objetivos principales? ¿Cómo consideran legalmente Venezuela, Uruguay y México el tema del sindicato laboral? ¿Es igual en los EUA? Comente.

12. ¿Cuáles son las ventajas y las desventajas de un convenio colectivo para los trabajadores?

13. ¿Cuáles son algunas estrategias de los sindicatos en las negociaciones?

14. ¿Qué métodos emplean los gerentes para tratar con los sindicatos?

15. ¿Por qué algunas empresas resisten o rechazan la creación y la existencia de un sindicato laboral? ¿Piensa usted que la formación de sindicatos debería ser un derecho de los trabajadores? Explique. ¿Qué tipo de huelga laboral apoyaría usted y por qué? ¿Hay situaciones en las cuales también apoyaría la contratación de rompehuelgas? Comente.

16. ¿Por qué se contrataba a expatriados en puestos internacionales en el pasado? ¿Por qué ha cambiado esta práctica más recientemente? ¿Cuál es el resultado de combinar expatriados y lugar eños en las operaciones internacionales actuales?

LECTURA COMERCIAL

Contratación, remuneración y negociación laboral

Después de organizar la oficina y los sistemas de comunicación, el/la gerente o director/a de recursos humanos (RR. HH.) de una empresa necesita identificar, contratar y retener a las personas mejor calificadas para los distintos cargos de la compañía u organización con el fin de que contribuyan eficaz y eficientemente al éxito de la misma. Colabora con otros gerentes de la empresa para:

1. evaluar las necesidades presentes y futuras de la firma con respecto al **capital humano** (los conocimientos y capacidades de los trabajadores) que esta requiere, precisando las descripciones y responsabilidades de cada **vacante** o puesto disponible con el propósito de contratar al empleado **idóneo**.

2. **reclutar** y contratar a personas competentes, utilizando los diferentes medios publicitarios y sociales y posiblemente los servicios de **cazatalentos** y **cazacerebros**. Hay que considerar una descripción precisa del empleo, las cualidades requeridas para el trabajo que se hará y los procedimientos para solicitar el empleo y, quizás, alguna información más: **sueldo** o **salario**, **prestaciones sociales** y otros posibles beneficios, datos sobre la comunidad, etc.

3. revisar toda **solicitud** (que incluye normalmente una **carta introductoria**, **de motivación** o **de presentación**), todo **currículum vitae** e **historial** (u **hoja de vida** en Hispanoamérica) y las cartas de referencia, seleccionando y entrevistando a los **solicitantes** más **aptos**.

4. contratar a los mejores candidatos, informarles acerca de los objetivos, la organización y la operación de la empresa (es decir, el organigrama, la **plantilla**, la cultura y el clima organizacionales), además de explicarles el horario y las relaciones laborales, la remuneración, el método de evaluación y los **aumentos**, las prestaciones y los beneficios, las posibilidades de desarrollo profesional y de **ascenso**, y otros temas como las vacaciones retribuidas, cuyos requisitos legales y duración varían de país en país, por ejemplo:

   - Chile, 15 **días hábiles**[1]
   - México, días de vacaciones según la *Ley Federal del Trabajo*: año 1: 6 días, año 2: 8 días, año 3: 10 días, año 4: 12 días, de 5 a 9 años: 14 días, de 10 a

[1] http://www.laborum.cl/orientacion/articulo/644.html, consultado el 2 de abril de 2017.

BREVE VOCABULARIO ÚTIL

adiestramiento
training

árbitro/a
arbiter

aspirante *(m/f)*
candidate (for a position)

cabildero/a
lobbyist

cargo
job, post

cierre *(m)*
shutdown

ciudadano/a de un tercer país
third-country national

contratar
to hire

currículum (vitae) *(m)*
résumé

esquirol/a
strikebreaker, scab

expediente personal *(m)*
résumé

historial personal *(m)*
résumé

hoja de vida
résumé

huelga
strike

huelguista *(m/f)*
striker

rompehuelgas *(m)*
strikebreaker

sindicato
union

solicitante *(m/f)*
applicant

solicitud
application (job)

14 años: 16 días, de 15 a 19 años: 18 días, de 20 a 24 años: 20 días, de 25 a 29 años: 22 días. más 8 días festivos no laborales[2]

- Costa Rica, dos semanas de vacaciones por cada cincuenta semanas laborales continuas[3]
- Argentina, 14 días en los primeros cinco años de trabajo, 21 días por 5–10 años de trabajo, 28 por 10–20 años y 35 días después de haber trabajado 20 años[4]
- España, 22 días laborables más 14 días festivos, un total de 36 días[5]
- EUA, aunque no hay ningún requisito legal a nivel federal, la norma es ofrecer diez días laborables por año.

5. ayudar con la **capacitación** o el **adiestramiento** del nuevo personal con respecto a las tareas y las responsabilidades con las que debe cumplir.

6. participar en la evaluación de los empleados con respecto a la realización de su trabajo y sus posibilidades de mejoramiento y ascenso, lo cual abarca evaluar y formar líderes como una parte imprescindible de la planificación para el futuro, es decir, ir planificando la sucesión del liderato para el día de mañana y por ende el liderazgo del cambio organizacional.

De parte del solicitante, el currículum vitae es un documento que presenta y promociona al/a la **postulante**, «vendiendo» su capacidad (preparación: educación y experiencia) para el puesto. Puede seguir un modelo tradicional cronológico o temático (funcional), o una combinación de ambos formatos escritos (la cual es muy común, se incluyen dos ejemplos de hoja de vida en el Capítulo 7 del *Cuaderno*), o se puede considerar un nuevo formato *online* como el **currículum social** (valiéndose de una red social de moda, p. ej., *Pinterest,* para presentar **tablones de imágenes** ordenados por temáticas o intereses), un **videocurrículum** (imagen, sonido, texto y movimiento) o un **currículum infográfico** (una imagen gráfica más textos cortos que constituyen una narrativa biográfica). Es muy importante que los estudiantes y recién titulados presenten de manera profesional y convincente las experiencias y aptitudes que aportarán a un puesto. Por ejemplo, la experiencia típica de haber hecho presentaciones orales en clase se puede traducir para enfatizar la destreza comunicativa oral, expuesta de la siguiente manera: «Combiné elementos visuales y auditivos para crear diapositivas con un rico contenido temático que refuerza la oratoria dinámica»[6]. También hay que reconocer que el currículum español (europeo) o hispanoamericano puede tener un formato culturalmente distinto de los modelos de los EUA. Por ejemplo, se incluye típicamente información

---

[2] https://ahm3dblog.wordpress.com/2013/01/04/las-vacaciones-en-la-ley-federal-del-trabajo-por-nicolas-rombiola/, consultado el 2 de abril de 2017.

[3] http://www.navaslaw.com/es/wp-content/uploads/2014/10/LAS-VACACIONES-DE-ACUERDO-CON-LA-LEY-LABORAL-COSTARRICENSE.pdf, consultado el 2 de abril de 2017.

[4] http://www.elsalario.com.ar/main/trabajo-decente/vacaciones, consultado el 2 de abril de 2017.

[5] http://www.abc.es/20120809/economia/abci-espana-paises-dias-vacaciones-201208081843.html, consultado el 10 de julio de 2017.

[6] Annie Abbott y Darcy Lear, «Marketing Business Languages: Teaching Students to Value and Promote Their Coursework», *Global Business Languages* 15 (2010): pág. 9.

que se excluye en los EUA, como la edad de la persona, el estado civil y una foto. Hay muchos ejemplos de ambos en Internet. Ojo: con la creciente competencia para conseguir los mejores puestos, se ve un aumento en la exageración y la falsificación de los títulos, honores, cargos, trabajos realizados, datos biográficos, educación, etc., que incluyen los **aspirantes**. Los directores de RR. HH. necesitan controlar este tipo de fraude, que representa una infracción con graves consecuencias y deshonra pública para el/la candidato/a. Para obtener más información acerca del proceso de la solicitud de empleo, véase el Apéndice 4, «La entrevista de trabajo», págs. 553–558.

Uno de los aspectos más importantes para el administrador de RR. HH. es determinar, con la ayuda del supervisor inmediato del nuevo empleado, el salario o el sueldo que se le va a ofrecer a este. Para determinar la **remuneración** estratégica, hace falta considerar varios factores, entre los que se destacan:

- el estado financiero de la empresa,
- el tipo de empleo o trabajo,
- las habilidades requeridas para realizar el trabajo,
- la demanda de habilidades, talentos o conocimientos especiales del empleado,
- la experiencia del empleado,
- el salario o sueldo general de la región donde se ubica la empresa,
- el costo de vida en la región o comunidad.

Tradicionalmente el **salario** se destina a los trabajos manuales, de taller o de **jornaleros** y se determina por hora o por día (la **jornada** y el **jornal**), mientras que el **sueldo** se establece por semana, por mes o por año puesto que representa una remuneración regular asignada por el **desempeño** de un cargo o servicio profesional (suele aplicarse a los trabajos intelectuales y de administración, de supervisión o de oficina). En cuanto al salario, se puede hablar de **salario mínimo** (el que establece la ley como retribución mínima para cualquier trabajador), **salario base** (la retribución fijada por unidad de tiempo o de obra), **salario real** (el poder adquisitivo o de compra) y **salario social** (el que concede el Estado a personas sin ingresos para atender a sus necesidades primarias). En la práctica, muchas veces se usan indistintamente los términos sueldo y salario. Ambas formas de **remuneración** representan un pago a cambio de un trabajo y de algo producido o rendido, sea este un bien o un servicio.

Además del sueldo y del salario, existen otras formas de recompensa o remuneración. Hay el **trabajo a destajo** que se paga por cada unidad de trabajo, es decir, se basa en la cantidad producida (p. ej., 15 artículos o piezas por hora versus 25 por hora). La **comisión** representa una cantidad específica de dinero o un porcentaje del precio por cada unidad vendida. Se limita generalmente a las ventas y no se refiere a la producción. Otra forma de pago es la **prima** por trabajo fuera de turno que remunera más por el turno de noche (**turno nocturno**) con sus horas menos atractivas y de rutina irregular. En España, por ejemplo, el trabajo nocturno se realiza típicamente entre las diez de la noche y las seis de la mañana, «la jornada de trabajo de los trabajadores nocturnos no podrá exceder de ocho horas diarias promedio, en un periodo de referencia de quince días [dos semanas]» y «dichos trabajadores no podrán realizar horas extraordinarias»[7]. En Perú, «en los centros de trabajo en que las labores se organicen por turnos que comprenden jornadas en horario nocturno, estos deberán, en lo posible, ser rotativos»[8]. Otras formas de compensación incluyen las **cargas sociales**, que son los beneficios mayores como los **seguros** de salud, vida y **jubilación**, y los seguros contra accidentes, las **opciones sobre acciones** o de compra de acciones (*stock-options*) y los **aguinaldos** o **bonificaciones** navideñas.

La teoría del mercado y la del nivel de vida representan dos puntos de vista distintos acerca de los sueldos y salarios. Según la primera, la recompensa se establece por medio de convenios colectivos entre los trabajadores y la gerencia. Los trabajadores o empleados (los **oferentes**) venden su mano de obra o trabajo y representan la **oferta**, mientras que la empresa u organización (los compradores) representa la demanda de la mano de obra. En la segunda, la remuneración debe

PARA PENSAR

Artículo 20: Dirección y control de la actividad laboral. (Redacción vigente España, 22/2/13)

1. El trabajador estará obligado a realizar el trabajo convenido bajo la dirección del empresario o persona a quien este delegue.

2. En el cumplimiento de la obligación de trabajar asumida en el contrato, el trabajador debe al empresario la diligencia y la colaboración en el trabajo que marquen las disposiciones legales, los convenios colectivos y las órdenes o instrucciones adoptadas por aquel en el ejercicio regular de sus facultades de dirección y, en su defecto, por los usos y costumbres. En cualquier caso, el trabajador y el empresario se someterán en sus prestaciones recíprocas a las exigencias de la buena fe.

3. El empresario podrá adoptar las medidas que estime más oportunas de vigilancia y control para verificar el cumplimiento por el trabajador de sus obligaciones y deberes laborales, guardando en su adopción y aplicación la consideración debida a su dignidad humana y teniendo en cuenta la capacidad real de los trabajadores disminuidos (*handicapped*), en su caso.

4. El empresario podrá verificar el estado de enfermedad o accidente del trabajador que sea alegado por este para justificar sus faltas de asistencia al trabajo, mediante reconocimiento a cargo de personal médico. La negativa del trabajador a dichos reconocimientos podrá determinar la suspensión de los derechos económicos que pudieran existir a cargo del empresario por dichas situaciones[9].

1. ¿A qué está obligado el trabajador?

2. En su cumplimiento de su obligación, ¿qué le debe el trabajador al empresario?

3. ¿Qué quiere decir la frase «exigencias de la buena fe»?

4. ¿Qué «consideración debida» tiene que guardar el empresario al verificar que el trabajador cumpla sus obligaciones y deberes laborales? ¿Qué es un trabajador disminuido?

5. Cuando el trabajador se ausenta del trabajo, ¿qué puede hacer el empresario para averiguar las causas? ¿Piensa usted que se necesita controlar la actividad laboral? ¿O es algo que pueden hacer los trabajadores mismos? Comente.

---

[9] http://www.canaltrabajo.com/articulo-20-direccion-y-control-de-la-actividad-laboral, consultado el 31 de marzo de 2017.

---

[7] http://leyes.org.es/art-36-del-real-decreto-legislativo-1-1995/, consultado el 31 de marzo de 2017.

[8] http://www.mintra.gob.pe/contenidos/legislacion/dispositivos_legales/ley_27671.htm, consultado el 31 de marzo de 2017.

asegurar que los trabajadores tengan una calidad de vida aceptable, satisfaciendo tanto las primeras necesidades como las oportunidades de educación, desarrollo personal y profesional, ahorro, y recreo y descanso, es decir, una conciliación del trabajo con la vida personal. En el caso de Latinoamérica, «la región se ha caracterizado por una constante preocupación por el empleo digno»[10].

Sea cual fuere la teoría del pago, la remuneración estratégica debe cumplir con ciertos objetivos. En primer lugar, debe atraer a la empresa a trabajadores bien calificados. Debe satisfacer a los empleados lo suficiente para que sigan con el trabajo, de modo que se controlen las interrupciones y los costos provocados por la **rotación** o la **fluctuación** y **renovación del personal** (*employee turnover*). Debe ajustarse según la dificultad del trabajo y la habilidad requerida para realizarlo. Finalmente, debe aumentar la cantidad o mejorar la calidad de los productos elaborados o de los servicios proporcionados. En este último caso, se pueden ofrecer incentivos o beneficios adicionales (**sobresueldos**, **bonificaciones** o **aguinaldos** navideños) por el trabajo bien hecho.

Tradicionalmente se han considerado los asuntos laborales como una función administrativa que facilita el éxito de las estrategias de producción, marketing y finanzas de la empresa. En algunas empresas, no hay **sindicato** y el empleado tiene que negociar directamente con su jefe o jefa la remuneración y los beneficios. En las empresas con sindicato donde se imponen límites formales y legales al poder y a la autoridad administrativos, el sindicato interviene en los asuntos laborales y negocia los contratos a nombre de los trabajadores. Definido como una «asociación de trabajadores constituida para la defensa y promoción de intereses profesionales, económicos o sociales de sus miembros»[11], la función del sindicato es proteger los derechos e intereses de los trabajadores. Las negociaciones previas a un convenio laboral pueden ser largas y complicadas. El resultado ideal es un contrato que favorezca tanto a la compañía como a los trabajadores. En España y Latinoamérica, abundan los sindicatos laborales. Según el *Reglamento de la Ley Orgánica del Trabajo* de Venezuela, «la organización **sindical** constituye un derecho inviolable de los trabajadores y **patronos**»[12]. En Uruguay, el Artículo 1º de la Ley Nº 17.940, Libertad Sindical, sintoniza con la Declaración sociolaboral del MERCOSUR al declarar que «es absolutamente nula cualquier discriminación tendiente a menoscabar la libertad sindical de los trabajadores en relación con su empleo o con el acceso al mismo»[13]. Y en México, «El trabajo digno o decente también incluye el respeto **irrestricto** a los derechos colectivos de los trabajadores, tales como la libertad de asociación, autonomía, el derecho de huelga y de contratación colectiva [...] Los trabajadores y los patrones

---

[10] «La cara de los recursos humanos en América Latina», *Recursos Humanos*, http://www.wharton. universia.net/index.cfm?fa=viewArticle&ID=1637, consultado el 31 de marzo de 2017.

[11] https://www.meneame.net/c/11320392, consultado el 31 de marzo de 2017.

[12] Título VII, Derecho colectivo del trabajo, Capítulo I, Artículo 397, https://www.clubensayos.com/ Acontecimientos-Sociales/EL-DERECHO-COLECTIVO-DEL-TRABAJO/313523.html, consultado el 31 de marzo de 2017.

[13] http://supumontevideo.blogspot.com/2010/12/fueros-sindicales-ley-n-17940.html, consultado el 31 de marzo de 2017.

tienen el derecho de constituir sindicatos [...] A nadie se puede obligar a formar parte de un sindicato o a no formar parte de él»[14].

Cuando la gerencia y el sindicato no pueden resolver sus diferencias, a veces recurren a tácticas agresivas para lograr sus metas. Por ejemplo, el sindicato puede utilizar la **huelga** o el **paro laboral**, a fin de paralizar las operaciones de la empresa. En las huelgas de larga duración, los trabajadores recurren a veces a la **demora** que detiene la producción u obstaculiza la entrega de los servicios o al **sabotaje** para dañar la producción. También, el **boicot** puede convencer al público de que no comercie con ciertas empresas.

Los gerentes, por otra parte, utilizan el **cierre** o la **huelga patronal**, que deja a los obreros sin trabajo. También pueden contratar a empleados llamados **esquiroles** (o **rompehuelgas** o **carneros**) o procurar conseguir un **mandato judicial** que ponga fin a la huelga. La **lista negra** es ilegal, pero se han dado casos en los que la gerencia la usa para disuadir a los obreros de afiliarse con los sindicatos. Además, tanto los sindicatos como la gerencia empresarial emplean a **cabilderos** (miembros de un grupo de presión política) para **cabildear** (gestionar con actividad y maña) y así convencer al gobierno para que favorezca su causa.

Actualmente están cambiando las actitudes hacia la gestión de RR. HH. Estos cambios son el resultado de la creciente importancia de las compañías de alta tecnología que estiman el valor añadido de las habilidades especializadas como **activos capitales**. Además, muchas empresas han adoptado políticas y prácticas de las empresas japonesas, que consideran a los empleados como participantes directos en la creación y el desarrollo de estrategias para la producción de alta calidad y la reducción de costos. Las empresas a la **vanguardia de la tecnología** utilizan mucho más que antes los recursos intelectuales de sus empleados, no solamente sus esfuerzos físicos. Otro cambio, debido a la globalización y la madurez de la empresa multinacional, es su dependencia de la información y de la dirección de personas que conocen las operaciones administrativas en diferentes regiones del mundo. En otras palabras, las habilidades transculturales, cierta perspicacia y sensibilidad hoy tienen más importancia que antes, aún dentro de las fronteras nacionales de cualquier país con mucha diversidad demográfica. La diversidad en sí se reconoce como un elemento positivo del capital humano. En México, por ejemplo, la *Ley Federal del Trabajo* manifiesta que, a favor de la diversidad, «No podrán establecerse condiciones que impliquen discriminación entre los trabajadores por motivo de origen étnico o nacional, género, edad, discapacidad, condición social, condiciones de salud, religión, condición migratoria, opiniones, preferencias sexuales, estado civil o cualquier otro que atente contra la dignidad humana»[15].

---

[14] Artículos 2°, 357 y 358 de la Ley Federal del Trabajo, http://mexico.justia.com/federales/leyes/ley-federal-del-trabajo/titulo-septimo/capitulo-ii/, consultado el 31 de marzo de 2017.

[15] Título Primero, Principios Generales, Artículo 3°, http://recursoshumanosantecedentesyevolucion.blogspot.com/2016/06/422-aspectos-legales.html, consultado el 31 de marzo de 2017.

En el pasado, cuando había escasez de gerentes con conocimientos técnicos o preparación adecuada en las prácticas de la empresa misma, muchas compañías contrataban a expatriados para trabajar en los países extranjeros. Los expatriados son (1) nativos del país de la casa matriz que trabajan en una **sucursal** extranjera de la misma, (2) ciudadanos de terceros países contratados en las sucursales o (3) nacionales extranjeros empleados en el país de la casa matriz. En cualquier caso, es preciso que las empresas que piensen mandar a expatriados a trabajar en el extranjero utilicen instrumentos de valoración para determinar las características de la personalidad de estos empleados. Algunas evaluaciones útiles son la *Minnesota Multiphasic Temperament Survey*, la *Allport-Vernon Study of Values* o la evaluación utilizada por los Cuerpos de Paz. Puede ser problemático contratar a un/a expatriado/a, debido a las diferencias culturales y económicas entre los países, por lo cual hay que medir los beneficios, en comparación con las desventajas. El/La expatriado/a puede conocer mejor la cultura y la política interna de la empresa para la cual trabaja, pero por otra parte le puede faltar un conocimiento de la cultura del país al que se le asigna. En cambio, la contratación de un/a **lugareño/a** asegura este tipo de comprensión cultural, pero puede presentar problemas de comunicación y comprensión respecto a las políticas formales e informales de la casa matriz en el extranjero, lo que siempre constituye un aspecto muy importante de la comunicación transcultural.

Actualmente, la mayor parte de los gerentes en la casa matriz o en las sucursales extranjeras son lugareños. Solamente se emplean expatriados si hay una verdadera escasez de lugareños cualificados. Entre las situaciones que pueden producir un resultado negativo, están la de vivienda inaceptable, la falta de oportunidades escolares para los hijos u oportunidades profesionales para un/a esposo/a y la necesidad de permanecer cerca de padres ancianos. Aparte de esto, los lugareños entienden mejor las condiciones de trabajo del país, y es posible que los trabajadores tengan mejor estado de ánimo bajo gerentes que se perciban como ciudadanos auténticos. Adicionalmente, al regresar a trabajar en su país de origen, el/la expatriado/a frecuentemente encuentra que ha perdido oportunidades de ascenso durante su ausencia («el presente siempre triunfa frente al ausente») y también puede experimentar un difícil periodo de reajuste cultural.

De todos modos, la interacción de nativos y expatriados ha formado una nueva cultura empresarial, ni local ni extranjera, sino caracterizada por mayor diversidad del capital humano. La antigua consideración de las sucursales como apéndices ha cambiado mucho, y la nueva empresa globalmente integrada ya tiene otros requerimientos en el campo de RR. HH.

7-2 ACTIVIDADES

1. **¿Qué sabe usted de negocios?** Vuelva a las «Preguntas de orientación» que se hicieron al principio del capítulo y a la pregunta que acompaña la foto de la pág. 207 y contéstelas en oraciones completas en español.

2. **¿Qué recuerda usted?** Indique si las siguientes oraciones son **verdaderas** o **falsas** y explique por qué.

a. Como norma, el sueldo se determina por hora o por día.

b. La entrevista personal es el único factor que considera el/la director/a de RR. HH. al contratar a alguien que solicita un puesto.

c. Cualquier sistema de remuneración estratégica debe atraer a la empresa a trabajadores más o menos preparados.

d. Los sindicatos laborales tratan de negociar contratos para salarios, horas y condiciones de trabajo y prestaciones.

e. Hacer una lista negra es una estrategia laboral legal de parte de la gestión.

f. El/La cabildero/a es la persona que se encarga de organizar las funciones sociales de los sindicatos.

3. **Exploración.** Haga los siguientes ejercicios usando sus conocimientos y opiniones personales.

a. ¿Qué tipos de trabajo reciben un salario? ¿Un sueldo? ¿Cómo se determinan las diferencias?

b. Dé un ejemplo del pago a destajo. ¿Cómo se puede controlar la calidad en este tipo de trabajo?

c. Se dice que el sueldo y los beneficios adicionales son los costos que más afectan las ganancias de una empresa. ¿Cómo se pueden justificar estos costos?

d. ¿Cuáles son las causas principales de las huelgas y de otras disputas entre la gerencia y los empleados?

e. ¿Se puede justificar el uso de esquiroles en caso de una huelga? Comente.

f. ¿Cuáles son las características necesarias para asumir un cargo en una empresa en otro país? ¿Es usted suficientemente flexible para hacerlo con éxito? Comente.

g. ¿Cómo se relacionan los dichos al principio del capítulo con los temas tratados?

7-3 AL TELÉFONO

 MINDTAP

1. Lea las siguientes preguntas. Después escuche atentamente la conversación telefónica del Capítulo 7, **Pistas 13 y 14**, en el MindTap de *Éxito comercial: Prácticas administrativas y contextos culturales* y conteste las preguntas. Puesto que la comprensión auditiva es una destreza comunicativa sumamente importante, se recomienda escuchar la conversación varias veces.

a. ¿Por qué llama la señora Maldonado de Miami al señor González de la Vega en Caracas?

b. ¿Por qué no rechazó el gerente general en Caracas las preguntas del señor González?

c. ¿Cuáles son los temas que no se permiten abordar en las entrevistas en los Estados Unidos?

d. ¿Qué otros medios sugirió la señora Maldonado para reemplazar las preguntas eliminadas?

2. Basando sus comentarios en la conversación telefónica del ejercicio anterior, haga la siguiente llamada telefónica a otro/a estudiante de la clase. Cada persona debe participar activamente en la conversación. Si necesita ayuda con esta actividad, véase el Apéndice 1, «Protocolo telefónico», págs. 533–537.

Usted es el señor González de la Vega, el Director de recursos humanos de una sucursal de Petroproductos en Caracas. Después de hablar por teléfono con la señora Maldonado, usted llama a su gerente general también en Caracas. Trate de explicarle las reglas que atañen a las preguntas que no se permiten hacer en las entrevistas en los Estados Unidos sobre la edad, el estado civil y la nacionalidad de los candidatos. Cuando él/ella no comprenda esto, explíquele el asunto de derechos civiles en este país.

3. Haga la siguiente llamada telefónica a otro/a estudiante de la clase. Cada persona debe participar activamente en la conversación. Si necesita ayuda con esta actividad, véase el Apéndice 1, «Protocolo telefónico», págs. 533–537.

Usted es gerente de un departamento de recursos humanos de una multinacional en Caracas. Hable con el/la jefe/a del sindicato, una persona tenaz, sobre los beneficios y comente con él/ella la posibilidad de conseguir los beneficios adicionales que se han pedido.

7-4 NAVEGANDO POR INTERNET

Para hacer este ejercicio, visite el MindTap de *Éxito comercial: Prácticas administrativas y contextos culturales.*

 MINDTAP

7-5 EJERCICIOS DE VOCABULARIO

Si es necesario, consulte la sección «Lectura comercial» o la lista de vocabulario al final del capítulo para completar estos ejercicios.

1. **¡A ver si me acuerdo!** Pensando en la posibilidad de establecer una relación comercial, usted va a tener una conversación con una persona de negocios de un país hispano. Sin embargo, se le olvidan a usted los siguientes términos en español. Un/a compañero/a lo/la ayuda a recordarlos al pedir que usted se los traduzca.

a. *interview*

b. *to hire*

c. *to fire*

d. *wage*

e. *salary*

f. *promotion*

g. *expatriate*

h. *résumé*

i. *lobbyist*

j. *strikebreaker*

2. **¿Qué significan?** A usted le interesa la posibilidad de trabajar en una oficina de recursos humanos en un país hispanoparlante. Sin embargo, no sabe qué

significan ciertos términos que se usan frecuentemente en el comercio. Usted decide consultarlos con un/a amigo/a. Pídale a un/a compañero/a de clase que le explique los siguientes términos y que le dé algunos sinónimos.

a. postulante
b. plantilla
c. lugareño
d. jornal
e. piquete laboral
f. la vanguardia de la tecnología
g. lista negra
h. huelguista
i. cabildero
j. vacante

3. **Entrevista profesional.** Usted quiere saber lo más posible sobre la gestión de una oficina de RR. HH. en países hispánicos porque ha conseguido una entrevista para un puesto en Venezuela. Por lo tanto, usted piensa practicar la entrevista con un experto en este campo. Utilice la información y las preguntas del Apéndice 4, «La entrevista de trabajo» (págs. 553–558) para prepararse. No se olvide de planear algunas preguntas para hacérselas al/a la entrevistador/a. Si es posible, haga una grabación digital o de video para hacer un análisis de la entrevista.

4. **Traducciones.** Un/a amigo/a suyo/a que está inscrito/a en un programa de maestría en gestión de recursos humanos acaba de empezar a estudiar español. Él/Ella sabe poco vocabulario necesario para desempeñarse eficazmente en ese contexto. Usted lo/la ayuda al pedirle que él/ella traduzca las siguientes oraciones.

a. *The hiring of employees requires detailed planning by the personnel manager.*
b. *Salary level is typically based on a balance between supply and demand, level of education, experience, special qualifications, and local cost of living.*
c. *The wages of manual laborers or shop employees are sometimes greater than the salaries of managers.*
d. *After retirement, it is sometimes difficult for workers to obtain health, accident, and life insurance benefits.*
e. *Cross-cultural awareness and sensibility of both managers and employees have become increasingly important as companies strive to create and nurture a more diversified workplace.*

 MINDTAP

5. **Prueba de comprensión.** Complete la prueba «Preguntas comerciales» en el MindTap de *Éxito comercial: Prácticas administrativas y contextos culturales.*

UNA VISTA PANORÁMICA DE VENEZUELA[16]

Nombre oficial:	República Bolivariana de Venezuela
Gentilicio:	venezolano/a
Capital:	Caracas, población 2,916,000 (2015)
Sistema de gobierno:	República federal
Jefe de Estado/Jefe de Gobierno:	Nicolás Maduro Moros (2013)
Fiesta nacional:	5 de julio, Firma del Acta de la Independencia (1811: de España)

[16] Fuentes: *CIA World Factbook* 2017 y *United States Census Bureau (International Programs, International Data Base)* 2016.

VENEZUELA

GEOGRAFÍA Y CLIMA

Área nacional en millas² y kilómetros²	Tamaño (comparado con los EUA)	División administrativa	Otras ciudades principales	Puertos principales	Clima	Tierra cultivable
352,144 mi² 912,050 km²	El doble de California	1 distrito federal, 23 estados, 1 dependencia federal	Maracaibo, Valencia, Barquisimeto, Maracay	Maracaibo, La Guaira, Valencia, Puerto Cabello	Tropical, cálido, húmedo; más templado en la altiplanicie	3%

DEMOGRAFÍA

Año y población en millones			% urbana (2015)	Distribución etaria (2016)		% de analfabetismo (2015)	Grupos étnicos
2015	2017	2025		<15 años	65+		
30.5	31.3	34.2	89%	28%	6.8%	4%	21% blanco europeo, 67% mestizo (herencia española, italiana, portuguesa, árabe y alemana), 10% africano, 2% amerindio

ECONOMÍA Y COMERCIO

Unidad monetaria	Tasa de inflación (2016)	N° de trabajadores (en millones) y tasa de desempleo (2016)		% de población debajo de la línea de pobreza, según informe del país (2013)	PIB en miles de millones $EUA (2016)	PIB per cápita (2016)	Distribución de PIB (2016) y de trabajadores por sector (2011)*			Exportaciones en miles de millones $EUA (2016)	Importaciones en miles de millones $EUA (2016)
							A	I	S		
El bolívar	546%	14.2	10.5%	32%	$468.6	$15,100	4%	36%	60%	$28.1	$27.1
							7%	22%	71%		

* Para distribución del PIB y de los trabajadores (mano de obra): A = Agricultura, I = Industria, S = Servicios (y Gobierno)

Recursos naturales: Petróleo, gas natural, carbón, hierro, oro, bauxita, otros minerales, energía hidroeléctrica, diamantes, productos agrícolas

Industrias: Petróleo, petroquímicos, cemento, abono, vehículos y piezas de repuesto, telecomunicaciones, minería de hierro, materiales para construcción, procesamiento de alimentos y bebidas, textiles, calzado, químicos, plásticos, acero, aluminio, ensamblaje de vehículos de motor

COMERCIO

Productos de exportación: Petróleo, hierro, café, bauxita, aluminio, acero, productos químicos, productos agrícolas, cacao, alcoholes acíclicos y derivados halogenados, sulfonados y nitrosados, cigarrillos, plásticos

   Mercados: 27% EUA, 14% India, 12% China, 6% Cuba (2015)

Productos de importación: Materia prima, productos agropecuarios, maquinaria, equipo de transporte, bienes manufacturados, materiales para construcción, equipo médico, productos químicos, medicamentos, productos alimenticios, productos del petróleo, farmacéuticos, productos de hierro y acero

   Proveedores: 18.4% EUA, 15% China, 10% Brasil, 6% Colombia, 4% México (2015)

Horario general de comercio: De lunes a viernes, desde las ocho de la mañana hasta las seis de la tarde.

TRANSPORTE Y COMUNICACIONES

Kilómetros de carreteras (2014)	Kilómetros de vías férreas (2014)	N° de aeropuertos con pista de aterrizaje pavimentada (2013)	N° de líneas telefónicas/teléfonos celulares en millones (2015)		N° (en millones) y % de usuarios de Internet (2015)	
96,180%	447	127	7.8	29.1	18.1	62%

IDIOMA Y CULTURA

Idiomas	Religiones	Comidas y bebidas típicas/Modales
Español (oficial), numerosos idiomas indígenas (arahuaco, caribe, guajibo, etc.)	96% católica romana, 2% protestante	Mondongo, pabellón criollo, cazuela de mariscos, caraotas negras, hervido, arepa, hallaca, punta trasera, parrillada, lechosa, jugo natural, batido de fruta, raspaíto (pronunciación venezolana de «raspadito»), cafecito. Cuando se termina de comer, se colocan el tenedor y el cuchillo uno al lado del otro en el centro del plato. (Véase la Tabla 14–1, págs. 528–531).

Horario normal del almuerzo y de la cena: Sobre la una de la tarde para el almuerzo; entre las siete y las ocho de la noche para la cena.

Gestos: Para indicar que se quiere pagar por algo o para pedir el precio, se frotan el dedo pulgar y el dedo índice con la palma de la mano hacia arriba. Se considera descortés el señalar algo con el dedo índice (gesto típico en los EUA); se señala algo con la mano entera. Pasar entre dos personas que conversan se considera maleducado; si se tiene que hacer, uno se disculpa diciendo «Con permiso». No sentarse en una silla de manera repantingada. No poner o descansar los pies sobre los muebles.

Cortesía: Se saluda con un firme apretón de manos. Cuando se va a la casa de alguien para cenar o para una fiesta, se aprecian las flores, especialmente las orquídeas (la flor nacional), los chocolates o una buena botella de vino. Las mujeres de negocios no les dan regalos a los hombres.

LA ACTUALIDAD POLÍTICA Y ECONÓMICA DE VENEZUELA

Aunque Venezuela es uno de los mayores productores y exportadores de petróleo del mundo y en 1976 fue uno de los fundadores de la Organización de Países Exportadores de Petróleo (OPEP), su participación relativa a los otros productores dentro del mercado petrolero mundial ha descendido persistentemente desde los años sesenta. Ha pasado de ser el primer exportador petrolero del mundo al décimo lugar en 2015. Su economía está basada en el petróleo desde los años treinta, y en 1974 el gobierno nacionalizó la industria en Petróleos de Venezuela, S.A. (PDVSA). Aunque los precios mundiales del petróleo establecieron nuevas marcas desde mediados de la primera década del siglo XX (con la excepción de la crisis de 2008–2009), hubo un estancamiento en la producción de petróleo crudo en Venezuela. Esta disminución tiene mucho que ver con la falta de inversión de los fondos de PDVSA en el mantenimiento de su infraestructura y en la nueva producción y también con la desviación del dinero de PDVSA hacia los programas públicos sociales por parte del gobierno del presidente anterior, Hugo Chávez Frías (1998–2013) y su sucesor Nicolás Maduro Moros (2013) durante la expansión de su agenda socialista. Además, el precio del petróleo en el mercado mundial cayó de $113.75/ barril en abril de 2012 a $31.05 en febrero de 2016.

En la década de los noventa, al igual que en otros países hispanoamericanos, el gobierno venezolano comenzó a desempeñar un papel menos importante en la economía nacional, debido a la privatización. En 1991, un consorcio internacional compró casi la mitad de la compañía telefónica estatal y Venezuela trató de diversificar su industria y de reducir su dependencia del petróleo. Carlos Andrés Pérez (1974–1979, 1989–1993), quien sucedió a Jaime Lusinchi (1984–1989) como presidente, intentó resolver la crisis financiera y la depresión económica del país por la suspensión de los pagos de la deuda externa en 1990. A la vez, impuso un cargo adicional de derechos *ad valorem* sobre las importaciones. Quería desarrollar la economía nacional mediante la fusión de empresas y una reducción de los gastos gubernamentales. Estas medidas no se realizaron sin la oposición de los grupos afectados. También, mientras Pérez negociaba con el Fondo Monetario Internacional (FMI), el Banco Mundial y el Banco Interamericano de Desarrollo (BID) para conseguir nuevos fondos, hubo manifestaciones violentas contra los programas de austeridad y las dificultades financieras. Esta violencia fue causada por las subyacentes dificultades políticas, sociales y económicas que habían seguido intensificándose en Venezuela desde el primer auge petrolero de los años 1970. Entre las dificultades que ocurrieron a finales de la década de los 80, se dio el llamado *Caracazo* y los dos fallidos intentos de golpe fomentados por el coronel Hugo Chávez, el futuro presidente, y sus partidarios en 1992. Bajo estas condiciones, las crisis financieras de 1994–1995 y una recesión en 1998 en Venezuela llevaron a la elección de Chávez, quien ganó la presidencia con el apoyo del pueblo marginado que buscaba mejorar su nivel de vida. Chávez promovió un referéndum en julio de 1999 que creó una Asamblea Constituyente para redactar una nueva Constitución venezolana. La Constitución fue ratificada posteriormente por otro referéndum ese mismo año. Esa Constitución de 1999 originalmente extendió el mandato presidencial de cinco a seis años, con la posibilidad de una reelección por un solo periodo adicional. Ese límite presidencial de dos mandatos consecutivos fue eliminado posteriormente por otro referéndum constitucional en 2009.

Las políticas de Chávez originalmente causaron grandes y violentas huelgas de protesta por parte de sus opositores. Adicionalmente, su constante apoyo de los gobiernos de Cuba, Irán y Rusia preocupó al gobierno de los EUA. En 2002, el valor del bolívar cayó un 25% contra el dólar y el presidente tuvo que renunciar a la presidencia por dos días, después de los cuales fracasó el gobierno interino, permitiendo que Chávez retomara la presidencia. En 2006, el presidente canceló la participación de su país en el Pacto Andino e inició membresía (ahora suspendida) en el Mercado Común del Sur (MERCOSUR). Finalmente en julio de 2012 la consiguió, contra protestas de Paraguay, un miembro del MERCOSUR, entre otros países. La influencia de Chávez en los asuntos políticos de las Américas se expandió con la fundación en 2005 de la Alianza Boliviariana para los Pueblos de Nuestra América (ALBA) que Chávez y Fidel Castro ofrecieron como una alternativa socialista al capitalismo del Área de Libre Comercio de las Américas (ALCA). A principios de 2008, Chávez introdujo una nueva divisa, el bolívar fuerte, el bolívar divido entre mil (un corte de tres ceros), para reducir la inflación en Venezuela.

Las divisiones políticas en Venezuela se intensificaron bajo el control de Chávez y los conflictos siguen hasta hoy. En 2007, se formó el Partido Socialista de Venezuela Unido (PSUV), dirigido por el Movimiento Quinta República (MVR) chavista. La Mesa de Unidad Democrática (MUD) se formó en enero de 2008, dirigida por los partidos de la oposición, Acción Democrática (AD) y el Comité de Organización Política Electoral Independiente (COPEI). Posteriormente, la MUD incorporó una serie de partidos, entre ellos el Primero Justicia de Henrique Capriles, candidato presidencial de la oposición contra Chávez en octubre de 2012 y contra Maduro en abril de 2013.

En marzo de 2013, poco después de su reelección presidencial en 2012, Chávez falleció de un cáncer que el mandatario había divulgado públicamente en julio de 2011. Su vicepresidente, Nicolás Maduro fue nombrado presidente interino y luego ganó las nuevas elecciones presidenciales en abril de 2013, con el propósito de completar los años 2013–2019 del mandato presidencial de Chávez. Desgraciadamente, el control de los poderes gubernamentales bajo el chavismo de Maduro ha sido cada vez más autoritario y la polarización política peor que antes. La nacionalización de grandes empresas se ha ampliado y un Sistema Cambiario Alternativo de Divisas permite tres tipos de cambio oficiales: dos para diferentes tipos de importaciones y uno para un venezolano cualquiera. El control de precios limita la inversón y la producción del sector privado, mientras que la dependencia excesiva de la industria petrolera reduce los ingresos nacionales. Las mayores preocupaciones actuales incluyen una escasez de bienes de consumo y medicamentos, la hambruna, una milicia cada vez más politizada y un alto nivel de crimen violento desenfrenado. Últimamente, la amenaza por parte del Tribunal Supremo de Justicia controlado por Maduro pone en riesgo las competencias de la Asamblea Nacional venezolana controlada por sus opositores y supone una crisis institucional de una gravedad extrema. El chavismo ha dejado en Venezuela, país de grandes recursos naturales y humanos, una serie de problemas relacionados con la evolución de la democracia dentro de su propio país.

7-6 ACTIVIDADES

¿Qué sabe usted de Venezuela?

1. A usted lo/la han contratado como asesor/a transcultural de negocios internacionales. Como tal, necesita informar a sus clientes sobre Venezuela y recomendar un plan de viaje de negocios al país. Investigue los datos pertinentes para desarrollar los temas a continuación.

   a. Describa la geografía de Venezuela, incluyendo temas como los siguientes: ubicación y tamaño del país, capital y otras ciudades y puertos importantes, división administrativa y clima. Compare el tamaño de Venezuela con el de los EUA. Compárelo con el tamaño del estado donde vive usted.

   b. ¿Cuáles son las principales características demográficas y políticas de Venezuela? ¿Quién es el jefe de estado?

   c. ¿Cuándo se celebra la fiesta nacional de Venezuela? ¿Qué otras fiestas públicas podrían afectar el éxito de un viaje de negocios? (Véase la Tabla 10-1, págs. 352–354).

   d. Describa la economía venezolana. Incluya datos sobre la moneda nacional, la tasa de inflación, el PIB y el PIB per cápita, el número de trabajadores (mano de obra), la tasa de desempleo, los recursos naturales, las industrias nacionales, los productos que se exportan e importan, los países destino (mercados) y proveedores (fuentes) de estas transacciones internacionales y la balanza de comercio (compare la del libro con la balanza comercial actual). ¿A cuánto cotiza la moneda nacional venezolana respecto al dólar estadounidense?

   e. ¿Qué producto o servicio recomendaría vender en Venezuela? ¿Por qué?

   f. Describa la infraestructura de los transportes y las comunicaciones venezolana. ¿De qué ventajas económicas ha gozado Venezuela debido a su geografía (puertos, proximidad a mercados como los EUA, etc.)?

   g. ¿Cómo han cambiado algunos de los datos presentados en las secciones de «Vista panorámica» y «La actualidad política y económica» de este texto? Actualícelos.

   h. Comente sobre la actualidad socioeconómica y política venezolana. ¿Cuáles han sido los efectos del liderazgo gubernamental del presidente Chávez (el «chavismo») en las Américas?

2. Usted tiene que hacer un viaje de negocios a Venezuela con su jefe/a para renegociar los términos de un acuerdo sobre los usos de sus refinerías de petróleo crudo. Use Internet u otras fuentes informativas para preparar un plan (con presupuesto e itinerario) para este viaje de negocios. Busque las posibilidades en Internet, por medio de una llamada telefónica, en una agencia de viajes o en el aeropuerto mismo. Comuníquese en español, si es posible. Comente los siguientes temas con un/a compañero/a.

   a. Fechas de ida y vuelta (el viaje durará cinco días)

   b. Vuelos: aeropuertos de salida y llegada, líneas aéreas, horario; costos

c. Transporte interno que se piensa usar: taxi, autobús, carro de alquiler, metro, tren, otro; costos

d. Alojamiento y viáticos; costos

e. La comida típica que van a pedir para la cena la primera noche

f. Las formas de cortesía y los gestos que deben recordar, usar o evitar

g. El precio actual del barril de petróleo y su impacto en el acuerdo

h. Los posibles efectos sobre la economía de los EUA a largo plazo y cómo van a contribuir al cierre del contrato

LECTURA CULTURAL

Actitudes y parámetros ante el trabajo

Desde la época colonial, debido a la influencia de la ética de trabajo protestante en su cultura, la mayoría de los estadounidenses le han dado mucha importancia y valor a este aspecto de la vida: la templanza y el trabajo duro (como una bendición y no un castigo de Dios). Piensan que la persona trabajadora y diligente no es solo productiva sino que también merece cierta consideración y respeto y que está haciendo algo valioso por lo cual recibirá un reconocimiento monetario y social. También tiene importancia cultural en los EUA el competir y tener éxito en lo que se hace. Anima a que una persona pugne por ser laboriosa para recibir aún más reconocimiento por su éxito. El resultado ha sido cierto estereotipo de que muchos estadounidenses son adictos al trabajo («trabajoadictos») y que el trabajo es un fin en sí mismo. Aun el sistema educativo refleja esta supuesta obsesión laboral, ya que existen muchas escuelas técnicas, vocacionales y académicas que preparan a los estadounidenses para tener éxito en el mundo del trabajo. Por otra parte, aunque muchos estadounidenses eligen carreras profesionales por su categoría social y remunerativa, también se respetan los oficios y trabajos mecánicos, en gran parte por el afán cultural por lo práctico y los resultados «concretos» del trabajo.

Hasta cierto punto, los hispanos han tenido otro concepto histórico y cultural del trabajo. Como descendientes de una sociedad española inicial y altamente aristocrática cuyos valores inculcaron desde el principio cierto menosprecio por el trabajo, en especial por el comercio, las artes mecánicas y el trabajo manual, los hispanos no han tenido tan larga tradición de valorar el trabajo manual. Desde la época colonial, oficios como los de carpintero o contable carecían de prestigio. Este estigma prevaleció por siglos e infundió entre los mismos empleados y obreros cierto desdén por el trabajo. Los nobles adoptaron y diseminaron esta actitud antilaboral ante las nuevas formas de vida capitalista y burguesa con su énfasis en el desarrollo de las artes mecánicas y las profesiones porque temían perder su riqueza y poder.

Solo con la industrialización de los países hispánicos ha empezado a cambiar esta actitud. Este cambio ha sido parcial y lento, pero continuo. Todavía persisten rasgos de los antiguos valores aristocráticos, como lo demuestran los bajos sueldos de los obreros y la persistente falta de empleados bien capacitados para los distintos puestos técnicos, profesionales y administrativos. Esta situación antilaboral también se debe en parte al sistema educativo de estos países, pues no ha proporcionado una preparación técnica ni profesional adecuada para la nueva realidad socioeconómica y política hispánica. Tampoco ha cambiado lo suficiente la pedagogía basada en la teoría y la memorización por otra fundada en la creatividad, la aplicación y la práctica, es decir, la solución de problemas específicos. Algunos gobiernos han establecido programas para mejorar las condiciones instructivas y laborales, sobre todo en los países menos industrializados, pero hasta ahora no han dado los resultados esperados. Los obreros y empleados han trabajado duro pero no han empezado a recibir, hasta muy recientemente, suficiente reconocimiento monetario o social, y muchas veces solo lo han recibido mediante los movimientos sindicalistas y las huelgas, a menudo violentas. La verdad es que ha habido mucha explotación del trabajador en Latinoamérica y mucha discriminación contra la mujer, los indígenas y los afrolatinos. El documento *Pobreza infantil en pueblos indígenas y afrodescendientes de América Latina*, de la Comisión Económica para América Latina y el Caribe (CEPAL) en 2012, señala que los afrodescendientes e indígenas «comparten una situación cargada de inequidades, que se evidencia en la secular pobreza y marginación social a la que han sido relegados, como fruto de los sistemas de estratificación social basados en pirámides étnico-raciales constituidas en épocas coloniales, que situaron a estos grupos en una posición de subordinación estructural, que se consolida en el siglo XIX con la conformación de los estados-nación, y cuyas trazas se hacen sentir hasta el día de hoy»[17].

Otra área de preocupación ha sido el trabajo infantil en Latinoamérica, a pesar de los esfuerzos de grupos como la Unidad para la Erradicación de las Peores Formas de Trabajo Infantil (de la *Human Rights Watch*, HRW). Por ejemplo, la HRW informó en 2004 que hasta un tercio de los trabajadores de las plantaciones de azúcar en El Salvador eran menores de 18 años, muchos de los cuales habían empezado a trabajar en los campos cuando tenían entre 8 y 13 años[18]. En 2015 la Organización Internacional del Trabajo estimaba que del total de niños que se encuentran en el trabajo infantil (140,700 niños, niñas y adolescentes) cerca de 2 de cada 3 está expuesto a algún tipo de riesgo para su salud[19]. En 2005, El Salvador creó el Comité Nacional para la Erradicación de las Peores Formas del Trabajo Infantil, prestando mayor atención y apoyo a sectores como la pesca, caña de azúcar, explotación sexual comercial y vertederos de basura[20]. En 2009, el Ministerio de Educación de El Salvador publicó la buena noticia de que el trabajo de menores en las plantaciones de azúcar había caído un 70 por ciento entre 2003 y 2008[21].

La realidad laboral de Venezuela, el país tratado anteriormente en este capítulo, ofrece un ejemplo de los parámetros del trabajo en Hispanoamérica, aunque no de manera representativa debido a la influencia del carácter socialista del gobierno

---

[17] http://www.eclac.org/publicaciones/xml/9/47289/pobrezainfantil_web.pdf, consultado el 3 de abril de 2017.

[18] https://www.hrw.org/news/2004/06/09/el-salvador-child-labor-sugar-plantations, consultado el 21 de mayo de 2017.

[19] Magnitud y características del trabajo infantil en El Salvador 2015: Resultados del módulo sobre trabajo infantil de la Encuesta de Hogares de Propósitos Múltiples (EHPM) de 2015. http://www.ilo.org/ipec/Informationresources/WCMS_IPEC_PUB_28595/lang--es/index.htm, consultado el 21 de mayo de 2017.

[20] http://trabajoinfantil.mtps.gob.sv/default.asp?id=6&mnu=6, consultado el 12 de junio de 2009.

[21] http://www.hrw.org/news/2009/09/16/child-labor-sugarcane-plantations-el-salvador-drops-70, consultado el 3 de marzo de 2013.

anterior de Chávez. El movimiento sindical siempre ha sido fuerte en Venezuela. En el sector industrial, el porcentaje de los afiliados a gremios es mucho más alto que en otros sectores. En el pasado, ha habido progreso para algunos grupos previamente marginados por la ley. Por ejemplo, en 1994 el Congreso estableció un régimen jurídico aplicable a las personas discapacitadas. El objetivo de esta ley ha sido el desenvolvimiento normal en la sociedad y la realización personal de estos individuos. Los beneficios han incluido la constitución de un Consejo Nacional para la integración social y profesional de las personas discapacitadas, la eliminación de la discriminación en cuanto a su admisión a instituciones de educación o centros de capacitación, el derecho al trabajo sin limitaciones, el acceso al transporte y las comunicaciones y a los servicios e instalaciones públicas.

Además, las investigaciones publicadas en la *Revista sobre Relaciones Industriales* de la Universidad Católica Andrés Bello en 2004 tratan una serie de temas que muestran preocupación y progreso en este campo[22]. Entre ellos están:

- la síntesis de la evolución del derecho social venezolano,
- la participación de la mujer en la fuerza de trabajo: el caso de Venezuela,
- hacia un nuevo modelo de contratación colectiva en Venezuela,
- seguridad social de los trabajadores migrantes en el área del Pacto Andino,
- la mujer en el sindicalismo venezolano.

A través de los años, los trabajadores han logrado beneficios adicionales como los siguientes:

- vacaciones y días feriados que incluyen los domingos y nueve días legales de fiestas nacionales (en 2012, la jornada laboral semanal se redujo de 44 a 40 horas),
- participación en los beneficios (como el 10% de las ganancias anuales, que se distribuyen en forma de gratificación navideña),
- un impuesto para la formación técnica en el que se paga el 2% de la nómina anual para su financiación,
- un seguro social y beneficios de jubilación,
- alojamiento gratuito o a precios reducidos para los trabajadores,
- transporte a un precio mensual razonable para los que ganan un salario mensual mínimo,
- una cafetería que ofrece almuerzos subvencionados si hay más de diez trabajadores,
- textos y becas escolares, servicios de medicina, seguro colectivo, programas deportivos o de recreo.

También existe la indemnización por despido por edad (las personas mayores) y el auxilio de cesantía.

---

[22] http://biblioteca2.ucab.edu.ve/anexos/biblioteca/marc/texto/Relacionesind40.pdf, consultado el 1º de abril de 2017.

En la edición de la *Gaceta Oficial de la República Bolivariana de Venezuela* del 28 de abril de 2006, se publicaron los cambios planeados en la Reforma Parcial del Reglamento de la Ley Orgánica del Trabajo. En el Artículo 44, se insertó «un nuevo artículo, relativo al salario para el cálculo de las vacaciones y el bono vacacional»: «el pago de las vacaciones y del bono vacacional deberá realizarse con base en el salario normal devengado por el trabajador o trabajadora en el mes laboral inmediatamente anterior al día en que disfrute efectivamente del derecho a la vacación. En caso de salario por unidad de obra, por pieza, a destajo o a comisión, será el promedio del salario devengado durante el año inmediatamente anterior a la fecha en que disfrute efectivamente del derecho a la vacación»[23]. Por último, los extranjeros que trabajan en Venezuela necesitan una visa y tarjeta de identidad emitidas por una oficina consular venezolana. Cada empresa tiene que mantener un mínimo de un 75% de ciudadanos venezolanos como empleados.

7-7 ACTIVIDADES

1. **¿Qué sabe usted de cultura?** Para demostrar sus conocimientos, conteste las preguntas a continuación.

   a. ¿Cómo describiría usted la actitud estadounidense hacia el trabajo?

   b. Describa la influencia que tuvo la época colonial en la actitud de los hispanoamericanos hacia el trabajo.

   c. ¿Qué impacto tienen los sistemas de enseñanza en el trabajo en los Estados Unidos e Hispanoamérica? Dé ejemplos.

   d. ¿Cómo ha sido la situación socioeconómica de los afrolatinos y los niños en América Latina y el Caribe? ¿Está cambiando? Comente.

   e. ¿Cómo es la semana laboral en Venezuela? ¿Es igual en Perú, Colombia, Paraguay, Costa Rica y los EUA? Busque las respuestas en Internet.

   f. ¿Qué beneficios adicionales se ofrecen a los trabajadores venezolanos?

   g. ¿Qué efecto habrá tenido la ley del 75% de empleados de nacionalidad venezolana en la contratación de gerentes para cualquier multinacional ubicada en Caracas?

⋮ MINDTAP

2. **Prueba de comprensión cultural.** Complete la prueba «Preguntas culturales» en el MindTap de *Éxito comercial: Prácticas administrativas y contextos culturales.*

3. **Asimilador cultural.** Lea el siguiente texto y después haga los ejercicios que aparecen a continuación.

   Como se ha indicado antes en este capítulo (pág. 214), en México la *Ley Federal del Trabajo* manifiesta que, a favor de la diversidad, «No podrán establecerse condiciones que impliquen discriminación entre los trabajadores por motivo de origen étnico o nacional, género, edad, discapacidad, condición social, condiciones de salud, religión,

---

[23] http://www.scribd.com/doc/3897185/Reforma-Parcial-del-Reglamento-de-la-Ley-Organica-del-Trabajo

condición migratoria, opiniones, preferencias sexuales, estado civil o cualquier otro que atente contra la dignidad humana».

Una función clave de RR.HH. es la gestión de la diversidad e inclusión de los empleados, lo que conlleva una política de no discriminación en la empresa u organización. Se valora la diversidad de los trabajadores por ser una fuente de creatividad, innovación y soluciones que surgen de las diversas experiencias y perspectivas. Es importante reconocer los conceptos y las contribuciones vengan de donde vengan, y valorar a las personas y a los colegas de trabajo en sí y por sus valiosas aportaciones.

En una reunión de un equipo a cargo de las entrevistas, tres personas evalúan con la directora de RR.HH. a un candidato para un puesto administrativo. El joven aspirante, Antonio Martínez de Rivera, presenta credenciales sobresalientes: títulos de pre y posgrado de dos universidades de primera categoría; ocho años de experiencia en el área de especialización que la organización ha señalado como una prioridad en su anuncio; una hoja de vida que demuestra éxito tras éxito al asumir mayores responsabilidades en la empresa donde trabaja desde hace seis años, lo que comprueba su capacidad de crecimiento continuo; y referencias que lo elogian por su excelente desempeño, creatividad, capacidad de trabajar en equipo y un futuro profesional muy prometedor. En un momento durante la entrevista, cuando se le preguntó acerca de su disponibilidad para poder empezar su nuevo trabajo dentro de un par de semanas, en caso de que se hiciera la oferta, Antonio había contestado que le parecía posible pero que primero lo tendría que consultar con su pareja Rick Ballester, pues implicaba una mudanza casi inmediata de larga distancia para los dos. Ahora, en la reunión evaluativa, Mario Quintanilla, uno de los miembros más veteranos del equipo de entrevistadores, opina inesperadamente que quizás sea mejor ofrecer el puesto a otro candidato que habían calificado unánimemente en segundo lugar, con una marca de 6.5 frente a la marca de 10 que todos otorgaron a Antonio, en una escala del uno al diez. Mario Quintanilla dice que ahora no sabe si verdaderamente les conviene ofrecer el puesto a Antonio Martínez, pues parece que en realidad no es tan idóneo como se pensaba ni aceptará la oferta, y hay que tener en cuenta lo que dijo acerca de consultar la mudanza con su pareja gay. La directora de RR.HH. le pregunta en qué se basa este repentino cambio de opinión, si la evaluación general de la candidatura de Antonio Martínez había sido tan superior. Los otros dos miembros del equipo de las entrevistas también le piden una justificación, pues tampoco comprenden su cambio de parecer, dado que antes de que surgiera el tema de la mudanza con su pareja, el mismo Mario había apoyado con gran entusiasmo la candidatura de Antonio Martínez de Rivera.

a. ¿Cómo contestará Mario Quintanilla la pregunta de la directora de RR.HH.?

b. ¿Por qué piensa usted que Mario Quintanilla ha cambiado de parecer? ¿Tiene que ver con alguna carencia de educación y experiencia de parte de Antonio Martínez, una falta de creatividad o alguna referencia negativa? ¿Lo complica todo el tema de la mudanza? ¿O habrá posiblemente otra razón? ¿Es posible que se trate de un caso de discriminación? Comente.

c. En cuanto a la gestión de la diversidad e inclusión, ¿cómo lideraría usted si fuera el/la director/a de RR.HH. en esta situación?

SÍNTESIS COMERCIAL Y CULTURAL

7-8 ACTIVIDADES COMUNICATIVAS

 1. **Situaciones para dramatizar.** Lea las siguientes situaciones y después haga el papel en español con otro/s estudiante/s, usando las posibilidades siguientes como punto de partida. Cada persona debe participar activamente en la dramatización. No olviden el protocolo ni las cortesías.

a. *You and several colleagues work for a manufacturer and you are meeting to discuss the following topics: an improvement in working conditions, wage and salary increases, premiums for working the night shift and on weekends, more paid vacation than simply one week per year, and better benefits. Split into two groups: one will represent the interests of the workers union (which is threatening to go on strike) and lodge a series of complaints on its behalf, the other will represent the factory's management. One student will play the role of a mediator who tries to identify common ground for posible satisfactory outcomes. Hold the meeting to discuss the grievances and situation, as if the outcomes will determine the survival of the company itself as well as the rights of the workers to better working conditions and an improved quality of life.*

b. *You are a department supervisor who is meeting with an employee who has been doing a poor job at work. During your meeting, you discuss the following with your employee: the improvements needed in the quality of the work being done, the specific changes you require, and the consequences of not doing a better job, as you expect. Treat this as a real life encounter, and use any experience you may have had with such a situation.*

 2. **Actividad de RR. HH.** Usted está solicitando un puesto de trabajo que verdaderamente le interesa. Sabe que necesita practicar y pulir su técnica para tener éxito en la entrevista. Repase bien el Apéndice 4, «La entrevista de trabajo», así como el video N.° 15, «La entrevista de trabajo», en el MindTap de *Éxito comercial: Prácticas administrativas y contextos culturales*. Luego, ensaye sus respuestas a las preguntas hechas en la última pista del video N.° 15. Se recomienda grabarlas digitalmente (oral o visualmente o ambos modos) para luego hacerse una autoevaluación con el fin de perfeccionar su técnica.

3. **Minicaso práctico.** Lea el caso y haga los ejercicios a continuación.

Patrick Cisneros, un joven de 22 años, nacido en Chicago, acaba de graduarse de una universidad estadounidense, donde se ha titulado en administración de empresas y en español. Patrick, hijo de Enrique Cisneros y Mary Ellen Jones, ambos profesionales, es un hispano norteamericano de tercera generación y como «*heritage learner*» (estudiante de origen hispano) ha cursado clases de español para hispanohablantes, aprendiendo de nuevo la lengua. Es muy talentoso y por haberse graduado con sobresaliente (*summa cum laude*), la confianza que tiene en sus aptitudes a veces roza la arrogancia.

Patrick o Pat, como prefiere que lo llamen, ha conseguido su primera entrevista de trabajo con Alicia Wilson, la gerenta de administración de personal para *MarketSpecs*, una agencia de publicidad y marketing que busca un nuevo empleado bilingüe. La entrevista se ha concertado para las 9:00 de la mañana. La noche anterior, Pat ha aceptado celebrar su graduación con parientes y amigos, de modo que no se acuesta hasta las tres de la madrugada. Su despertador no suena a las 6:30, pues con todo el festejo se le había olvidado programarlo, por lo cual no se despierta hasta las 7:45. Se levanta apresuradamente, ansioso, y se viste rápidamente para conducir a la entrevista. Rumbo a *MarketSpecs,* se encuentra en un atasco, pues es la hora pico, y derrama media taza de café en su camisa y corbata al tener que frenar súbitamente. Luego, al llegar a *MarketSpecs,* le cuesta trabajo hallar un sitio para aparcar. Llega corriendo a la oficina de la señora Wilson a las 9:15 y se presenta sin aliento al secretario, en español:

—*Hi*. Uy, espere, que necesito recobrar el aliento... Me llamo Pat y estoy aquí para mi *interviú* con Alicia.

El secretario, un hombre de 45 años de edad, observa enseguida que anda mal peinado, no lleva parte de la camisa metida dentro de los pantalones, tiene una gran mancha de café en su corbata mal puesta y no lleva cinturón. Con esto, el secretario piensa para sí mismo, «Ay, estos jóvenes milénicos, ¿cuándo aprenderán?» y le contesta:

—Buenos días, señor Cisneros. Sí, se suponía que la entrevista empezara a las nueve. La señora Wilson anda muy atareada hoy. Un momento, por favor. Veré si todavía lo puede ver.

Después de medio minuto, sale de su despacho la señora Wilson. Ha estado mirando algunas fotos inapropiadas (Pat con una gran sonrisa y una jarra de cerveza en cada mano, etc.) de la fiesta de anoche, publicadas ya por Pat en *Facebook*. La señora Wilson lo saluda secamente:

—Buenos días. Señor Cisneros, ¿verdad? Soy Alicia Wilson. Lo siento, pero tendremos que abreviar nuestra entrevista, pues tenía otra reunión programada para las 9:30. Pase a mi oficina, por favor.

Al entrar en la oficina, Pat se acomoda inmediatamente en una silla giratoria delante del escritorio de la señora Wilson, sirviéndose a la vez de unos chocolates que ve en un platillo. La señora Wilson le sigue y da la vuelta al escritorio para sentarse. Enseguida, Pat le agradece la entrevista y le pregunta en espanglés, pues quiere demostrar su soltura en ambas lenguas, de qué se trata, exactamente, el puesto que solicita, cuánto paga, qué beneficios ofrece, cuántos días de vacación hay y si le ofrecerán el uso de un carro. Fastidiada, la señora Wilson lo escucha, mientras que Pat sigue platicando y masticando sus chocolates.

Conteste las siguientes preguntas.

a. ¿Cómo se ha preparado Patrick Cisneros para su entrevista con Alicia Wilson en *MarketSpecs*? Analice su preparación o falta de tal.

b. ¿Qué estará pensando el secretario de Alicia Wilson al ver a Pat Cisneros por primera vez? ¿Qué quiere decir el secretario cuando piensa para sí mismo: «Ay, estos jóvenes milénicos, ¿cuándo aprenderán?» ¿Qué prejuicios generacionales revelan estas palabras? ¿Hay validez para tales prejuicios? ¿Es cierto que Pat representa la nueva informalidad de toda una generación? Comente. ¿Cómo hubiera sido su propia reacción? ¿Es verdad que las primeras impresiones valen mucho? Comente.

c. ¿Por qué le saluda tan secamente Alicia Wilson? ¿Qué estará pensando ella del encuentro con Pat, especialmente a la luz de las fotos festivas que ha visto en *Facebook*?

d. ¿Qué pudo haber hecho Pat allí mismo para compensar los daños ya provocados por la mala impresión inicial que ha creado?

e. ¿Cuál será el resultado de esta entrevista de trabajo?

f. Si usted hubiera sido su amigo/a y mentor/a, ¿cuáles habrían sido algunas de sus recomendaciones clave para que Patrick Cisneros tuviera una entrevista exitosa? ¿Qué le recomendaría acerca de su uso de *Facebook*?

7-9 COMPRENSIÓN Y COMUNICACIÓN

 MINDTAP

Busque el ejercicio de video en el MindTap de *Éxito comercial: Prácticas administrativas y contextos culturales*.

Antes de ver. Conteste las siguientes preguntas antes de mirar el video.

1. ¿Qué temas discute típicamente el liderazgo sindical con la gerencia?

2. ¿Qué puede ocurrir cuando marchan mal las negociaciones laborales?

Al ver. En el video, la señorita Ana María Salas, nueva directora de recursos humanos de una empresa estadounidense situada en Maracaibo, habla con el señor Ricardo

Martínez, jefe del sindicato que representa a los obreros de la firma. Discuten la semana laboral de los trabajadores. Lea las siguientes preguntas y después mire el video. Luego, vuelva a las preguntas para contestarlas.

1. ¿Quiénes tienen que trabajar normalmente 44 horas semanalmente y quiénes 40 horas?
2. ¿Cuál es el premio por el trabajo de sobretiempo?
3. ¿Cuáles son las dos metas de la gerencia de la empresa?
4. ¿Cuáles son algunas de las tácticas empleadas por la compañía para evitar las huelgas entre los trabajadores?

Resumen. Resuma objetivamente para un/a compañero/a de clase lo que ha ocurrido en el video. O, para variar, haga un resumen con cambios o falsedades para ver si su compañero/a capta la información errónea y se la corrige.

Ud. es el/la intérprete. Siga el guion a continuación y haga el papel de intérprete entre la señorita Ana María Salas y el señor Ricardo Martínez. Traduzca del inglés al español y del español al inglés, **sin mirar el texto**, el diálogo que leerán otros dos estudiantes en voz alta. Ellos harán una pausa después de cada barra para permitir su traducción. Acuérdense todos de usar un tono y ritmo de diálogo natural.

Srta. Salas: *As you know, the maximum work week for salaried employees is 44 hours, or 40 hours at night. / For manual laborers it is 40 hours, or 36 hours at night, all with a minimum 25% premium for overtime.*

INTÉRPRETE: _____

Sr. Martínez: Sí, señorita, bien sabemos lo que permite la ley. / Pero queremos negociar un contrato con una prima más grande para los que trabajan las horas extras.

INTÉRPRETE: _____

Srta. Salas: *I don't know if that can be done. / We're trying to find ways to keep costs down while, at the same time, increasing production. / I'll take it to management to see if it's negotiable.*

INTÉRPRETE: _____

Sr. Martínez: Bueno, nos damos cuenta de las dificultades que hemos tenido con la aprobación de nuestras propuestas. / Además, sabemos que ustedes han utilizado ciertos métodos para rechazarlas, como el cierre patronal del agosto pasado y el uso de esquiroles para forzarnos a volver a trabajar antes de terminar nuestras negociaciones. / También nos hemos enterado de una lista negra que se usó contra los trabajadores que buscaron empleo en otros lugares.

INTÉRPRETE: _____

Srta. Salas: *Well, Sr. Martínez, as you well know, those activities are illegal here and we deny the use of such tactics. / Your strike activities are also illegal. Perhaps we should look for some satisfactory form of conciliation. / If that isn't possible, we will certainly submit to the decision of an arbiter after the* *process of arbitration is complete. / In the end, it's only a question of what's best in order to increase the productivity of our workers.*

INTÉRPRETE: _____

Sr. Martínez: Bueno, nosotros también nos preocupamos por el bienestar de nuestros socios.

INTÉRPRETE: _____

Actividad. ¿Cómo es diferente su interpretación de la que se presenta en el video? Vuelva a ver el video para hacer una comparación o una crítica de la traducción oral.

Interpretación consecutiva y simultánea. Vuelva al video y ahora haga una interpretación consecutiva, usando la pausa del video cuando le haga falta. O, para variar, intente hacer una interpretación simultánea, sin pausas. ¡Ojo! Este tipo de ejercicio requiere mucha concentración, memoria y atención a los detalles.

Otro fin. Después de ver el video, imagine lo que podría ocurrir después si no termina en ese momento. ¿Cómo se desarrollará más el tema entre los actores y qué dirán? Para esta actividad, se puede escribir y entregar un nuevo fin o imaginarse otro fin para representarlo con compañeros de clase. Al continuar con el guion en español, siga el estilo de diálogo usado arriba, empezando con la señorita Salas.

7-10   ANÁLISIS Y COMPARACIÓN

Estudie la Tabla 7-1 y haga los ejercicios que aparecen a continuación. Use también sus conocimientos y, cuando haga falta, otras fuentes informativas como Internet o libros de consulta. Los ejercicios se pueden hacer individualmente, en parejas o en pequeños grupos para discutir en clase.

1. Usted ha sido contratado/a como especialista transcultural para preparar a un/a gerente (un/a compañero/a de clase) para un viaje de negocios que este/a hará a Hispanoamérica en tres días. Explíquele cómo funcionan el saludo y la despedida en los países hispanos y ensaye con esta persona las diferentes formas de saludo y despedida.

2. Haga los gestos para comunicar a alguien que se acerque y luego que se vaya.

3. ¿Qué quiere decir el gesto de «bigote para arriba»? Hágalo.

4. Un/a compañero/a de clase le pregunta dónde están ciertas cosas (un bolígrafo, un libro, una persona, etc.) y usted le contesta con diferentes gestos para indicar «allí» o «allá».

5. Con un/a compañero/a de clase, túrnense para practicar los gestos que correspondan a las siguientes situaciones:

   a. Usted quiere que él/ella lo/la llame por teléfono.
   b. Él/Ella le está pidiendo demasiado dinero para comprar la computadora usada que le quiere vender.
   c. Él/Ella es tacaño/a porque no quiere ayudar a pagar la cuenta del almuerzo.

d. Usted no puede oír lo que le quiere decir su compañero/a de clase.

e. Usted volverá enseguida para continuar la conversación con él/ella.

f. A usted se le ha olvidado la cita que tenían después de la clase.

g. Su compañero/a de clase debería tener cuidado con «esa persona».

h. Hay que guardar silencio porque está hablando el/la jefe/a.

i. Hay que caminar para llegar a la biblioteca.

j. Usted tiene mucha sed.

k. Usted quiere un solo lápiz, dos hojas de papel y tres minutos para hacer su trabajo.

l. Usted quiere pagarle al camarero la cuenta del café que ustedes acaban de tomar.

6. ¿Qué quieren decir las frases «tiene mucha cara» y «plantar cara»? Haga los gestos que comunican estos dos mensajes.

© M. S. Doyle*

¿Qué quieren decir estos gestos?

* Se le agradece profundamente al Dr. José Manuel Batista, profesor de español de la University of North Carolina en Charlotte, su permiso para tomarle y usar estas fotos.

7. ¿Qué gestos hay que evitar?

8. ¿Cuáles son algunos de los gestos típicos de los EUA? ¿Qué gestos usa usted al hablar? ¿Piensa que hay muchas diferencias entre las distintas culturas con respecto al uso de los gestos? Comente. ¿Conoce usted otros gestos que no se han incluido en la tabla o gestos que se usan en otras culturas, por ejemplo, en Alemania, Francia, Italia, Japón, etc.?

TABLA 7–1 GESTOS (Y ALGUNOS SONIDOS) TÍPICOS DE LOS PAÍSES HISPANOPARLANTES

Gesto	Descripción
Saludo. (¡Hola!)	En la mayoría de los países, los hombres se dan la mano con un apretón firme. En algunos países (Colombia, Guatemala, Honduras, El Salvador), el apretón de manos es bastante más flojo. El hombre saluda a la mujer con un ligero apretón de manos cuando esta le ofrece la suya. A veces, si se tiene la mano sucia, la persona ofrece la muñeca, el antebrazo o el codo en lugar de la mano. Los buenos amigos a menudo se saludan con un abrazo y una palmadita en el hombro o en la espalda. Las amigas se saludan con un beso en la mejilla (no un verdadero beso sino un besito al aire y un pequeño abrazo). El hombre también puede saludar a una amiga con un besito en la mejilla y un pequeño abrazo. Al llegar a una reunión o comida, se saluda a cada individuo. Para saludar desde más lejos, se mueve la mano varias veces, extendida y en posición vertical, de izquierda a derecha.
Acérquese. (¡Ven acá!)	Se extiende la mano con la palma boca arriba y se abren y cierran rápidamente los dedos con la excepción del pulgar. En algunos países, se hace el mismo gesto pero con la palma boca abajo. También en algunos países (México, España, Guatemala), se hace un sonido de «psst-psst», «tsst-tsst» o «ch-ch» (en Uruguay) para llamar la atención de alguien, como la de un camarero en un restaurante. En Uruguay, también chasquean los dedos.
¡Váyase/vete!	Con la palma de la mano hacia el suelo, se hace un rápido movimiento de los dedos hacia afuera.
Está allí/allá.	Se extienden el brazo y el dedo índice para señalar algo. En El Salvador, no se señala a una persona con el dedo sino con la mano entera. En algunos países, se fruncen los labios en la dirección de algo para señalarlo o se indica una dirección alzando un poco la barbilla «it's up the road» o bajándola «down the road».
Aprobación.	En muchos países, se hace el gesto de «thumbs up» (hacer un puño con el dedo pulgar levantado hacia arriba). Una palmadita en el hombro o en la espalda de otro también significa aprobación. En Honduras, se aprietan las manos juntas.
¡Todo va bien!	Se apiñan los dedos y se llevan a los labios, donde se besan las yemas. En algunos países, como Uruguay, se hace el gesto de «bigote para arriba», es decir, se hace una letra V con el dedo índice y el pulgar y se pone esta V sobre el labio superior de la boca.
Desaprobación.	Se chasca la lengua o se frunce la boca y se ponen los ojos en blanco.
Estoy pensando.	Se toca la sien con el dedo índice.
¡Qué tonto/loco!	Se toca la sien con el dedo índice, a veces dándose unos golpecitos o haciendo un pequeño movimiento giratorio con el dedo.
Te llamo. / Llámame por teléfono.	Se coloca la mano cerca de la oreja y, con los dedos pulgar y meñique extendidos, se reproducen el auricular y el acto de hablar por teléfono.

(continúa)

TABLA 7–1 *(continuación)*

Gesto	Descripción
Vuelvo enseguida.	Con la mano delante del pecho u hombro, se dibujan dos o tres círculos rápidos en el aire con el dedo índice.
¿Qué pasa? / No entiendo.	Se encogen los hombros con las manos medio extendidas y las palmas boca arriba. En algunos países (Puerto Rico y la República Dominicana), se frunce la nariz.
Estoy así, así. / Más o menos.	Con la mano extendida y abierta, la palma hacia abajo, se hace un movimiento oscilante de lado a lado.
Contar (cero, uno, dos, tres, cuatro, cinco).	Para cero, se forma un círculo con el pulgar y el índice (es el gesto norteamericano de «*A-okay*»). Para el número uno, se levanta el índice; para indicar dos, se levantan y separan el dedo índice y el medio; para tres, el índice, medio y anular; cuatro, todos los dedos menos el pulgar; cinco, todos los dedos. A veces se empieza a contar el número uno con el dedo pulgar, seguido por el pulgar y el índice para indicar dos; el pulgar, el índice y el medio para tres; etc.
Es así de alto/bajo.	Se levanta el brazo con la mano en una posición horizontal para indicar alguien o algo alto; para indicar alguien o algo de poca altura, se usa el mismo gesto pero con el brazo hacia el suelo. En México, se usa el dedo índice para una persona, la mano entera para un animal u objeto. En Colombia, se pone la mano en posición vertical (de costado) cuando se trata del tamaño de una persona.
Así es la vida.	Se encoge uno de hombros con los brazos medio extendidos y las manos boca arriba. En Guinea Ecuatorial, se juntan las manos en forma de rezar.
No. (¡No!)	Con la palma de la mano hacia afuera (hacia la otra persona), se oscila la mano de lado a lado. Para mayor énfasis, usar el dedo índice.
Se me olvidó.	Se lleva la palma de la mano a la frente, dándose un golpecito con ella a la vez que abre la boca. También se puede echar la cabeza hacia atrás rápidamente con un chasquido de lengua.
¡Qué sorpresa!	En algunos países (Guatemala, Honduras, Costa Rica), se agita la mano vigorosamente para hacer un chasquido con los dedos extendidos.
Cuesta mucho. / Tiene mucho dinero. / ¿Cuánto cuesta?	Se rozan el dedo índice y el pulgar uno contra el otro sin separarlos.
Tengo sed.	Con la mano se hace un gesto de coger un vaso y beber algo. También, en España se puede llevar la mano a la boca entreabierta, con el dedo pulgar y el meñique extendidos en forma de porrón.
No lo sé.	Con la palma de la mano hacia el cuerpo, se roza uno la barbilla con las uñas. Otro gesto sería el darse un toquecito en la barbilla con la punta del dedo índice. Otro sería negar con el movimiento de la cabeza de lado a lado al hacer una mueca y encogerse de hombros, mostrando las palmas de las manos en posición vertical y próximas al cuerpo (el gesto norteamericano «*Not me!*»).
No me importa.	Con la palma de la mano hacia el cuerpo, se roza uno la barbilla con las uñas.
No oigo lo que dice.	Se pone la mano detrás de la oreja como si fuera un pabellón auditivo.
¡Qué tacaño/a es!	Con la palma boca arriba, se pone la mano debajo del otro codo y se dan algunos golpecitos.
¡Ojo! / ¡Ten cuidado!	Se toca uno bajo el ojo con el dedo índice.

(continúa)

TABLA 7–1 *(continuación)*

Gesto	Descripción
Sospecha. / ¡Me huele mal!	Se apoya el dedo índice en un lado de la nariz y se dan unos golpecitos suaves con el dedo.
Está borracho/a.	Con los dedos pulgar y meñique extendidos, se pasa el pulgar varias veces por la punta de la nariz.
Págueme/págame.	Se hace un movimiento hacia el cuerpo con el antebrazo y la palma de la mano de costado.
Insinuación sexual	Hacerle un guiño a alguien se puede interpretar como una insinuación.
Quiero hablar con usted. / Habla mucho.	Se juntan las yemas de los dedos y se abren y cierran como el pico de una gallina. Para indicar que alguien ha hablado demasiado, se mantienen los labios cerrados y se forma con el dedo índice una espiral que parece salir como humo de la boca.
No hable. / ¡Silencio!	Con los dedos índice y pulgar juntos, se pasan a lo largo de los labios en imitación de cerrar una cremallera.
Hay mucha gente aquí. / El lugar está lleno o de bote en bote.	Se apiñan y separan los dedos de una mano o de las dos.
Está lleno el taxi. / Ya no queda más de algo.	Se extiende la mano, con la palma hacia afuera, y se oscila de lado a lado. Se parece al gesto del saludo a distancia y al gesto de «No».
Hay que caminar (ir a pie).	Con el dedo índice y el dedo corazón, se imita en el aire o sobre una superficie el movimiento de las piernas al andar.
Un poco. / Queda poco.	Se ponen el dedo índice y el pulgar en posición horizontal y paralelos.
Hay visitante en la casa.	A veces, como en el Paraguay, el visitante se bate las manos para anunciar su llegada o presencia.
La cuenta, por favor.	Con el brazo levantado en el aire para que lo vea el camarero, se reproduce el gesto de firmar algo (como la cuenta).
¡Tiene/s mucha cara!	Se dan unas palmaditas en la mejilla o con el dorso de la mano se dan unos golpecitos en la mejilla.
Plantar cara. / Se busca camorra.	Se pone de pie con los brazos en jarras («*hands on the hips*» para indicar «*bring it on!*»). También se puede hacer el gesto norteamericano de «Ven acá» (la palma de la mano boca arriba y los dedos que se abren y cierran hacia el cuerpo de uno).
«¡Vete al infierno!» y otros gestos obscenos afines	Hacer el gesto del higo, un puño con el dedo pulgar extendido entre el dedo índice y el dedo corazón. (Nota: ¡En Brasil este mismo gesto indica buena suerte!) Hacer el gesto norteamericano de «A-okay» (formar un círculo con el dedo índice y el pulgar), aunque en España es una expresión positiva que comunica que «Me salió muy bien» o «Lo conseguí». En algunos países, se hace un puño y se golpea la palma de la otra mano con la culata del puño. En México, un gesto obsceno es el de formar una letra V con el dedo índice y el dedo medio, y luego colocar la V sobre la punta de la nariz con la palma abierta hacia la cara de uno mismo. Otro gesto obsceno, bastante universal, es el puño con el dedo corazón extendido («*to give the finger*»).
Ya es hora de terminar esto.	Un bostezo puede señalar que ha llegado o pasado la hora para terminar una reunión o una actividad. En Panamá, se frunce la boca para comunicar lo mismo.

(continúa)

TABLA 7–1 *(continuación)*

Gesto	Descripción
¡Deja de hablar ya! / ¡Corta el rollo!	Con los dedos índice y medio extendidos, se imita la acción de cortar algo con tijeras, abriendo y cerrando estos dos dedos.
¡Qué tozudo/a (terco/a, tenaz, obstinado/a) es/eres!	Con un puño, se golpea sobre una superficie (como la de una mesa), o bien puede ser sobre nuestra propia cabeza o sobre la de la persona a la cual se refiere (suavemente).
Se corta esta relación entre nosotros.	En algunos países (Argentina, Bolivia, México), regalarle a alguien un cuchillo se puede interpretar como un corte de relaciones con esa persona.
Despedida. (¡Adiós!)	Lo mismo que para el saludo. En la mayoría de los países, al despedirse los hombres se dan un apretón de mano firme. En algunos países (Colombia, Guatemala, Honduras, El Salvador), el apretón de manos es bastante más flojo. El hombre se despide de la mujer con un ligero apretón de manos cuando esta le ofrece la suya. Los buenos amigos a menudo se despiden con un abrazo y una palmadita en el hombro o en la espalda. Las amigas se despiden con un besito en la mejilla y un pequeño abrazo. El hombre también puede despedirse de una amiga con un besito en la mejilla y un pequeño abrazo. Al marcharse de una reunión o comida, uno se despide de cada individuo. Para despedirse desde más lejos, se mueve la mano varias veces, extendida y en posición vertical, de izquierda a derecha.

Fuentes: Axtell, Roger E. *Gestures: the Do's and Taboos of Body Language Around the World.* Wiley, 1991; *CultureGrams: the Americas.* Provo, Utah: Proquest, 2009; Gelabert, María José, y Emma Martinell Gifre. *Diccionario de gestos con sus giros más usuales.* Edelsa, 1990; Morrison, Terri, and Wayne A. Conaway. *Kiss, Bow, or Shake Hands: The Bestselling Guide to Doing Business in More than 60 Countries.* Adams Media, 2006.

MINDTAP

Posibilidades profesionales

En cuanto al campo de recursos humanos y las relaciones laborales, hay toda una serie de trabajos empresariales y sindicales tales como los de gerente de producción o de compraventa, director/a de control de calidad, negociante de convenios colectivos, etc. Para obtener más información al respecto y para una actividad que le ayude a saber más sobre el tema, véase «Posibilidades profesionales» en el MindTap de *Éxito comercial: Prácticas administrativas y contextos culturales.*

VOCABULARIO

Aquí se presentan los principales términos de este capítulo. Al final del libro, hay un glosario más completo.

adiestramiento training

ascenso promotion

aguinaldo Christmas (or end-of-year) bonus

aspirante *(m/f)* applicant, candidate

aumento pay raise

auxilio de cesantía severance pay

beneficio benefit

bonificación bonus

capacitación training

carga social social contribution, benefit

carta letter

(continúa)

VOCABULARIO *(continuación)*

de motivación cover letter

de presentación cover letter

introductoria cover letter

cazacerebros *(m/f)* headhunter, recruiter

cazatalentos *(m/f)* talent-seeker, recruiter

cierre patronal *(m)* company shutdown

convenio agreement

currículum vitae (cv) *(m)* résumé

derecho *ad valorem* **sobre importaciones** value-added tax on imports

despedir (i) to fire, dismiss

día hábil business day

entrevista interview

estado civil marital status

expatriado/a expatriate

expediente personal *(m)* résumé

horas extras o adicionales overtime

huelga patronal lockout

indemnización indemnity, pay, compensation

por despido severance pay

jornada (laboral / de trabajo) working day

jornal *(m)* day's wages

jornalero/a day worker

jubilación retirement

local *(m/f)* local, national employee, locale

lugareño/a local (resident)

mandato/a judicial injunction

mediador/a mediator

nacional *(m/f)* citizen of country in question

de terceros países *(m/f)* third-country national

nivel de vida *(m)* standard of living

oferente *(m/f)* offeror, offerer, issuer

paro laboral strike

partidario supporter

patrono employer

personal *(m)* personnel

piquete laboral *(m)* picket

plantilla staff

postulante *(m/f)* applicant, candidate

prestación social social assistance benefit (e.g., social security, etc.)

prima bonus, premium

por trabajo fuera de turno shift premium

reclutar to recruit

remuneración remuneration, payment

renovación (de trabajadores o del personal) worker or employee turnover

revisar to review

rotación (de trabajadores o personal) worker or employee turnover

sabotaje *(m)* sabotage

salario wage (hourly), salary

seguro insurance

contra accidente accident insurance

de salud health insurance

de vida life insurance

sindical *(adj)* union

sindicalista *(m/f)* union representative

sobresueldo bonus

solicitante *(m/f)* applicant

solicitar to apply for

solicitud *(f)* application

sueldo salary (weekly or monthly)

taller *(m)* shop, workshop

tablón de imágenes image board (in social media)

trabajo a destajo piecework, production by units

turno shift

de día day shift

de noche night shift

diurno day shift

nocturno night shift, graveyard shift

vacante *(f)* job opening, vacancy

valoración assessment

liz finlayson / Alamy Stock Photo

En un restaurante. ¿Qué servicios ofrece un restaurante a sus clientes? Cuando usted come en un restaurante, ¿cómo distingue un servicio normal de uno sobresaliente por parte de los camareros?

Good merchandise, even hidden, soon finds buyers.
— TITO MACCIO PLAUTO

Long-range planning does not deal with future decisions, but with the future of present decisions.
— PETER F. DRUCKER

El que siembra vientos recoge tempestades.
— PROVERBIO

Integridad y ética empresarial

Nuestro mensaje es sencillo: si quiere comprar Café de Colombia, lo más importante es que la remuneración al productor sea consistente con los precios del mercado en un trato comercial equitativo, transparente y justo[1].

— FEDERACIÓN NACIONAL DE CAFETEROS DE COLOMBIA

Traduzca al inglés la cita de arriba y luego comente en español el significado y la validez de esta cita para el mundo de los negocios en general. Dé un buen ejemplo que usted conozca o uno que pueda imaginarse de lo que pudiera suceder si no se sigue este mensaje.

Liderazgo

El liderazgo es el arte de conseguir que alguien haga algo que tú quieres porque él quiere hacerlo.

— DWIGHT D. EISENHOWER

Explique en sus propias palabras el significado de esta frase célebre de liderato y luego tradúzcala al inglés. Comente su validez para el mundo de los negocios u otras profesiones, con un buen ejemplo que usted conozca o uno que pueda imaginarse.

8-1 PREGUNTAS DE ORIENTACIÓN

Cuando lea la sección «Lectura comercial», piense en las respuestas a las siguientes preguntas.

1. ¿Cuáles son cinco preguntas fundamentales que tienen que contestar los gerentes de una fábrica o empresa acerca de la posible elaboración de un producto o la oferta de un servicio?

2. ¿Cuál es la diferencia fundamental entre un servicio y un producto? ¿Es un producto la preparación de un informe financiero? Explique brevemente.

3. ¿Cuándo y con qué rapidez aumentó el sector de servicios en la economía norteamericana?

4. ¿A qué se deben la frecuencia de las tareas especializadas de la producción en las fábricas y la gran diversidad de las funciones en el sector de servicios?

5. ¿Se asocian los sindicatos más con el sector manufacturero o con el sector de servicios? ¿Qué impacto ha tenido este factor en la sindicalización en los EUA recientemente?

6. ¿Cómo ha influido la globalización en los sectores manufactureros de los EUA y de los países emergentes?

7. ¿Qué tipos de servicio hay y cómo se pueden clasificar?

8. ¿Qué es un análisis de costo-beneficio y por qué se realiza?

9. ¿Cuáles son los dos tipos de productos o bienes tangibles y las clasificaciones de cada uno?

10. ¿Cuáles son los nuevos factores que han ganado importancia en la elaboración de la producción industrial además del factor original, el aumento de producción?

11. ¿Cuáles son las tres clasificaciones del proceso de fabricación y las subclasificaciones de cada una?

12. ¿Cuáles son los cuatro pasos de operación que generalmente adoptan los gerentes de producción para controlar el proceso?

13. ¿Cuáles son las cuatro actividades administrativas que emplean los gerentes manufactureros para mejorar el proceso?

14. Explique el proverbio africano citado por Thomas Friedman en su importantísimo libro *La tierra es plana*. ¿Qué opina usted?

15. En el contexto de los negocios, la producción de bienes y la oferta de servicios, ¿qué quiere decir la siguiente cita de Michael Hammer: «Cuando los recuerdos exceden los sueños, es que el fin está cerca»?

16. ¿Qué significan CAD y CAM (en español) y por qué son tan importantes en la actualidad? Véase «Para pensar» en la pág. 251.

---

[1] https://www.federaciondecafeteros.org/clientes/es/sostenibilidad_en_accion/131NegociosEquitativos/, consultado el 28 de mayo de 2017.

LECTURA COMERCIAL

Bienes y servicios

Además de los asuntos referentes a recursos humanos, tratados en el capítulo anterior, el alto mando de una empresa tiene otras responsabilidades administrativas para alcanzar mejor sus fines de lucro. Entre estas figuran la producción de bienes y la oferta de servicios. Al iniciar estas actividades, los gerentes tienen que contestar algunas preguntas fundamentales: ¿Qué bienes van a producir y qué servicios van a ofrecer? ¿Cuántos? ¿Cómo van a producirlos y cómo van a ofrecerlos? ¿Para quién? ¿Cuándo? ¿Dónde? ¿Cómo van a controlar el proceso manufacturero y la calidad del producto o servicio?

Con respecto a la primera pregunta, los gerentes procuran producir u ofrecer todo lo que le haga falta al ser humano, o sea, todo lo necesario para sobrevivir y progresar. En otras palabras, producen bienes y servicios que necesitan o desean los consumidores, para así satisfacer la demanda en un mercado.

Comparación de bienes y servicios

Los bienes y servicios se distinguen en que la producción de bienes materiales resulta en algo tangible, mientras que la prestación de servicios es intangible. Por ejemplo, la instalación de un pozo de petróleo o una lavadora es un servicio, mientras que el pozo, el petróleo y la lavadora son productos. A menudo, los bienes y los servicios se combinan, como en una compañía que fabrica y repara aparatos electrodomésticos.

En el sector manufacturero, la minería de carbón se hizo prominente en los EUA durante el siglo XIX. Muchas industrias como esta crecieron, ayudadas por los avances tecnológicos producidos en Gran Bretaña, tanto como otras industrias manufactureras ya existentes en la nación con la invención de la máquina de vapor y la construcción de ferrocarriles. Antes de la Revolución Industrial, los EUA había sido una sociedad agrícola, pero como la tecnología promovió el transporte y creó formas más fáciles de fabricar productos, las industrias manufactureras atrajeron capital (inversiones) y mano de obra, sobre todo en las grandes ciudades del norte de los EUA. La manufactura fue el sector de la industria dominante durante gran parte del siglo XX.

Aunque los trabajos de la industria de servicios habían existido durante siglos, la importancia del sector de servicios es más reciente. A partir de mediados de los años ochenta, el número total de puestos de trabajo en los EUA en el sector de servicios, tales como atención médica, educación, alimentación y hospitalidad, alcanzó el mismo número de empleos que la producción de bienes en EUA. Para 1999, la industria de servicios empleó aproximadamente el doble de trabajadores y para 2009 llegó a casi un 80% de todos los trabajos.

Los trabajos de manufactura claramente se refieren a la fabricación o la producción de bienes materiales. Estos puestos incluyen el trabajo mecánico y artesano, la elaboración de productos químicos y farmacéuticos, el procesamiento de alimentos y sistemas electrónicos y la ingeniería, entre otros. La producción puede ocurrir en las fábricas en la producción en masa, un factor importante en el desarrollo de la industria manufacturera. En este proceso, frecuentemente se incorporaba la línea de montaje que exigía tareas especializadas para producir artículos lo más rápido posible.

Los puestos en la industria de servicios, por el contrario, tienen funciones mucho más amplias. La industria de servicios, según la define el Ministerio de Trabajo de los EUA, incluye a trabajadores muy variados, no solamente los ya mencionados empleados de la salud, los educadores, los empleados de restaurantes, sino también las personas que trabajan en peluquerías e incluso artistas, como músicos y actores. Básicamente, los empleos del sector de servicios se refieren al trabajo con las cosas (como la reparación de autos, por ejemplo) o al trabajo directamente con personas.

Históricamente, ha habido más sindicatos asociados con el sector manufacturero que con el de servicios. Durante la década de 1970, más del 29% de la fuerza laboral de los EUA pertenecía a un sindicato; en 1983, se redujo al 20%; en la década de 2000, esa cifra bajó al 13% y en 2012, cayó aún más hasta el 11.3%[2]. Otro punto de contraste es que mientras la economía de los EUA se ha orientado más a los servicios, se ha producido menos sindicalización. También, un elemento curioso es la resistencia del sector de servicios a las crisis económicas. Mientras que la industria manufacturera se contrae durante una recesión, según la Oficina de Estadísticas Laborales, algunas áreas de servicios, como los trabajos médicos y de educación, son anticíclicas, es decir, el número de puestos de trabajo durante una recesión aumenta, debido a la mayor demanda por estos servicios creada por la crisis misma. Por ejemplo, un alto índice de desempleo empuja a mucha gente sin trabajo a regresar a estudiar en las universidades o institutos tecnológicos para ser más elegible para un empleo.

Otra tendencia que distingue los sectores de manufactura y servicios incluye la globalización, o el aumento del comercio entre las naciones, en la cual el sector manufacturero de los EUA ha bajado en términos del porcentaje de puestos de trabajo. Las economías emergentes, como Brasil, Rusia, India y China (los países BRIC), que están más abiertas al comercio y la inversión, han observado aumentos en sus sectores industriales debido al número de trabajos que se trasladan fuera de los EUA en busca de costos de producción y mano de obra más baratos. Aunque las industrias de servicios de los EUA no son resistentes a la misma pérdida de empleos, una tendencia más preocupante para los representantes políticos es el movimiento fuera del país de los trabajos muy bien remunerados, mayormente los empleos manufactureros sindicalizados, que resulta en un aumento de los empleos de servicios con salarios más bajos, especialmente los de alimentos, servicios personales y la industria hotelera.

Si la globalización sigue aumentando, los empleos en la manufactura seguirán trasladándose desde los EUA a otros países. Para evitar que la nación se convierta en un país de bajos salarios, los EUA tendrá que desarrollar más trabajos de servicios que paguen más y que requieran cualificaciones más altas, como la asistencia básica

---

[2] Jason Reeher, «Service Industry vs. Manufacturing Industry». http://www.ehow.com/about_5419144_service-industry-vs-manufacturing-industry.html, consultado el 27 de julio de 2017.

a la salud. Estos trabajos son necesarios para servir a la segunda generación más grande, los *babyboomers* nacidos entre 1946 y 1964, que envejece y naturalmente, necesitará más servicios médicos. Además, los programas de empleo, ya sea por parte del gobierno o de las asociaciones público-privadas, continuarán ayudando a los trabajadores desplazados del sector industrial al sector de servicios.

Servicios

En todos los países, se ofrecen o se venden diariamente miles de servicios diferentes. Estos pueden ser profesionales (financieros, técnicos, legales, médicos), semiprofesionales (reparaciones de automóviles o aparatos electrodomésticos), laborales (construcción, limpieza, jardinería), especiales (servicios de hostelería, viajes, recreo) o pueden ser de oficina (secretaría) o públicos (servicios de gobierno, seguridad, transporte). Se clasifican según los usos y modos de realización. Los usos pueden ser industriales o de consumo. Son industriales cuando se relacionan con la producción (el mantenimiento y la reparación de las máquinas de una fábrica) y son de consumo cuando satisfacen alguna necesidad personal (la redacción de un testamento o la venta de alimentos, ropa, computadoras, automóviles, etc.).

En cuanto a su modo de realización, los servicios pueden ser humanos o mecánicos, o una combinación de los dos. Son humanos cuando los emprende una persona, como el contable que prepara las declaraciones de impuestos. Son mecánicos cuando los hace una máquina o aparato, por ejemplo, una lavadora o escalera automática. Frecuentemente, el servicio es una combinación de los dos modos de ejecución: el contador que usa una computadora y una calculadora para preparar documentos contables. La calidad y la eficacia de cada servicio dependen de la habilidad de la persona o de la fiabilidad de la máquina que lo ejecuta.

Por supuesto, decidir cuáles servicios se van a proporcionar requiere un estudio de viabilidad que consiste en un **análisis de costos y beneficios**, así como un estudio de mercado. Los análisis de costos y beneficios indican el punto donde los ingresos empiezan a superar los costos y gastos. Este análisis no solo ayuda a precisar la rentabilidad de la empresa, sino que aporta información para mejorar la eficiencia de sus operaciones. Los estudios de mercado hacen lo mismo al proveer datos acerca de la conducta de los consumidores o usuarios en cuanto al uso y la compra. Describen las actitudes, necesidades, motivos e idiosincrasias de cierto grupo de consumidores y procuran explicar por qué se valen de unos servicios y no de otros. También analizan las condiciones económicas, sociopolíticas y tecnológicas en las cuales la empresa lleva a cabo sus actividades e informan acerca del tipo, calidad, precio, presentación y distribución de los servicios que se ofrecen, analizando el posible éxito en los mercados señalados.

En los EUA y casi todos los países hispanohablantes —salvo Nicaragua, Bolivia y posiblemente Guinea Ecuatorial— predominan los servicios respecto al número de personas empleadas en este sector. En cuanto al porcentaje del PIB representado por el sector de los servicios, solamente Puerto Rico y Guinea Ecuatorial registran menos del 50%. Por haber subcontratado en el extranjero la mayor parte de su sector manufacturero, los EUA lleva la delantera en una de las dos categorías de servicios

Figura 8-1

Servicios como porcentaje del PIB en 2016
Fuente: *CIA World Factbook*, 2016.

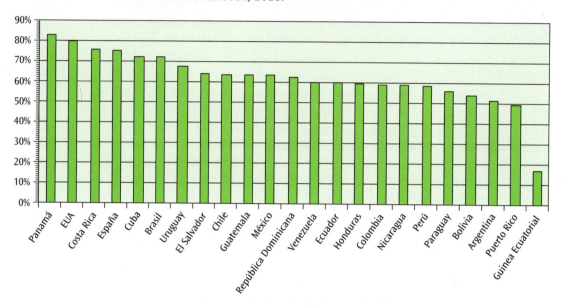

Figura 8-2

Servicios como porcentaje del PIB y de trabajadores nacionales según datos en 2016*
Fuente: *CIA World Factbook*, 2016.

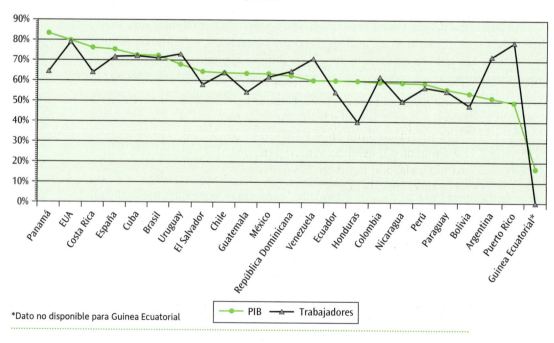

*Dato no disponible para Guinea Ecuatorial

con un 79%. Solo Panamá produce un porcentaje más alto de su PIB en servicios (83%). (Véanse las Figuras 8-1 y 8-2). En realidad, en la actualidad, los EUA vende menos productos, lo que influye negativamente en su balanza comercial.

Entre las áreas de servicios más importantes figuran: hostelería y turismo, carreras profesionales, administración de empresas, administración pública (gobierno) y construcción. A menudo, estas son las que tienen más posibilidades de trabajo así como los mejores pagos. También indican la orientación económica del país. El turismo, por ejemplo, es una de las industrias más grandes del mundo. Antes de la recesión mundial en 2008–2009, un artículo en la revista *Time* estimó que el turismo proveía empleo a un 7.6% de los trabajadores mundiales y que generaba un 9.4% de los ingresos globales[3]. A pesar de la recesión y la crisis global en 2008 y 2009 que influyeron negativamente en los fondos disponibles para viajar, según las investigaciones de la Organización Mundial del Turismo (OMT) de las Naciones Unidas, el turismo por todas partes del mundo respondió de una manera positiva y más rápidamente que otras industrias. En 2015 las llegadas de turistas en todo el mundo fueron 1,186 millones, un aumento de casi un 5% respecto de 2014[4]. Fue el sexto año seguido de crecimiento[5].

Selección de la oferta: Bienes o servicios

Para determinar cuáles bienes y servicios se ofrecerán, hay que tener en cuenta los siguientes factores:

- estudio de mercado
- estado financiero empresarial
- gestión productora

Estudio de mercado. El estudio de mercado precisa detalles acerca de los bienes y servicios que se venden y los datos acerca de los compradores y su conducta consumidora. Se basa en la información que proporcionan los gerentes de contabilidad y de marketing, se analiza el estado de ganancias y pérdidas y se informa sobre la segmentación, las encuestas y los sondeos de mercado. Estas actividades se describirán más detalladamente en el Capítulo 9. Después de examinar esta información, el alto mando o la gerencia general tiene una idea preliminar de cuáles bienes o servicios van a elaborar o prestar. Les queda averiguar el estado financiero de la empresa así como el costo-beneficio de la producción.

Estado financiero empresarial. Antes de iniciar la producción u oferta de bienes y servicios, los gerentes tienen que decidir si cierta actividad es factible y rentable. Es necesario averiguar si hay suficiente capital, personal y medios productivos disponibles

---

[3] William Lee Adams, «Tourism: The Vacation Recession», *Time Magazine*, 29 de junio de 2009, http://content.time.com/time/magazine/article/0,9171,1905529,00.html consultado el 31 de mayo de 2017.

[4] Organización Mundial del Turismo, *Panorama OMT del turismo internacional: Edición 2016*, http://www.e-unwto.org/doi/pdf/10.18111/9789284418152, consultado el 31 de mayo de 2016.

[5] Ibíd.

para realizar la producción o la prestación de servicios, y hace falta analizar el costo-beneficio del bien o servicio que se piensa producir u ofrecer. En otras palabras, tienen que estudiar la información que proporcionan los contadores: balance general, estado de ganancias y pérdidas, y el estado de flujo efectivo. Si determinan que hay suficientes fondos y que será rentable cierta producción u oferta de servicios, entonces pueden tomar la decisión preliminar de emprenderla.

Gestión productora. En cuanto se reciban del alto mando las recomendaciones necesarias, los gerentes de producción las estudian y analizan para realizar mejor la producción. Es una labor compleja e intensa que requiere la atención, pericia y cooperación de todos los directores. Consta de las siguientes tareas:

1. Determinar, con base en la información proporcionada por la gerencia general o alta gerencia, si se pueden producir o no los bienes y servicios recomendados con los medios y fondos disponibles y asignados.

Luego, si se pueden producir:

2. Seleccionar y administrar los modos y medios de producción.

3. Elaborar y controlar los bienes y servicios:
   - Especificar los productos de fabricación, teniendo en cuenta el tiempo que durará el producto después de su manufactura (la obsolescencia técnica o planificada).
   - Seleccionar y administrar los materiales de producción.
   - Elaborar y controlar los bienes producidos.

Bienes

Los productos son bienes tangibles de dos tipos: de consumo e industriales. Bienes de consumo son aquellos que se venden al público general. Pueden ser artículos de primera necesidad (comida, bebida, ropa), bienes secundarios (aparatos electrodomésticos, muebles) o bienes especiales o de lujo (joyería fina, automóviles de lujo). Hay que tener en cuenta que lo que representa un lujo puede variar según la cultura o contexto, que con el tiempo algunos lujos se convierten en necesidades o que durante una recesión algunas necesidades se convierten en lujos. Los bienes industriales, en cambio, son aquellos que se usan para elaborar productos. Pueden ser **materias primas** (hierro, cobre, plomo), **bienes semiacabados** (las piezas de una máquina o de un auto), **bienes acabados** (tornillos, martillos), **bienes duraderos** o de capital o de equipo (fábricas, computadoras) o **bienes de abastecimiento** (aceite para máquinas, papel para periódicos). Ambos tipos de productos se elaboran bajo la dirección de los gerentes de manufactura.

Las empresas hispanoamericanas no suelen establecer maquiladoras u otras fábricas de producción de costos reducidos fuera de sus fronteras debido a la disponibilidad de mano de obra barata dentro de sus países. En México, por ejemplo, en las maquiladoras se ensamblan tantos bienes que no solo se exportan al exterior sino que se están creando nuevos centros industriales para el consumo nacional. Todas estas operaciones producen cierta prosperidad económica, pero también representan problemas para la industria nacional tradicional, como la falta de tecnología y de peritos, la escasez de capital y de modos de producción modernos y el aumento de la competencia encarnizada. También producen una serie de dificultades socioeconómicas tales como la falta de seguros médicos y sociales, salarios muy bajos, migración del campo a las ciudades y a los centros de maquila, explotación de la mujer y altas tasas de desempleo. Algunos gobiernos y empresas, tanto hispanos como extranjeros, mediante subsidios o préstamos, han procurado cambiar esta realidad negativa, al menos en el sector industrial. Han instalado nueva maquinaria, han proporcionado capacitación, han privatizado empresas que pudieran competir en el mercado internacional y han concedido beneficios laborales adicionales.

Elaboración y control de los bienes producidos. La **elaboración** de bienes materiales consiste en los procesos de fabricación y de control. La manufactura moderna depende más que nunca de la tecnología y la máquina herramienta, que «ha jugado un papel fundamental en el desarrollo tecnológico del mundo hasta el punto que no es una exageración decir que la tasa del desarrollo de máquinas herramientas gobierna directamente la tasa del desarrollo industrial»[6]. Al principio, «el factor predominante que condicionó todo automatismo fue el aumento de productividad. Posteriormente, debido a las nuevas necesidades de la industria aparecieron otros factores no menos importantes como la precisión, la rapidez y la flexibilidad» (Escalona)[7]. Actualmente, los programas CAD (*Computer Aided Design*, el Diseño Asistido por Computadora), CAM (*Computer Aided Manufacturing*, la Manufactura Asistida por Computadora) y CIM (*Computer Integrated Manufacturing*, la Manufactura Integrada por Computadora o el Sistema de Fabricación Automatizada) se usan cada día más con el control digital y los robots.

El proceso de fabricación se clasifica según su naturaleza, duración o carácter. El proceso, por naturaleza, puede ser:

- **extractivo:** la extracción de minerales y otras sustancias del agua o de la tierra,
- **analítico:** la descomposición o conversión de materiales básicos en otros finales, como el petróleo bruto en gasolina o la tela en ropa,
- **sintético:** una combinación de elementos químicos o físicos para elaborar productos como rayón o automóviles.

Cuando se utiliza la línea de **montaje** en relación con la producción en masa, se llama **proceso de ensamble** o **de ensamblaje**.

La **producción por duración**, en cambio, tiene dos formas: continua o intermitente. En la primera, la producción es constante, mientras que en la segunda, se realiza en diversos periodos de corta duración. La **producción por carácter** también

---

[6] Iván Escalona Moreno, «Diseño y manufactura asistidos por computadora», http://www.gestiopolis.com/recursos/documentos/fulldocs/ger1/macives.htm, consultado el 31 de mayo de 2017.

[7] *Ibíd.*

es de dos clases: estándar (p. ej., carros, televisores y computadoras) u ordenada (un producto que requiere un diseño o una adaptación especial). En la primera, se elabora de modo continuo toda clase de bienes para el público. En la segunda, solo se producen ciertos tipos de bienes, en lotes pequeños, para clientes particulares. Las firmas hispanas han tendido a valerse más de la producción intermitente y ordenada y, en los EUA, se ha utilizado más la producción continua y estándar.

Mientras que los gerentes de producción eligen el sistema de elaboración más adecuado, los de inspección inician el control de fabricación. Coordinan y supervisan la mano de obra, el equipo y los materiales y vigilan los distintos procesos de producción. Se sirven de dos formas para lograr sus fines: el control de órdenes y el control de flujo. Se utiliza el control de órdenes para pedidos individuales y el de flujo para la producción continua y la venta futura.

En cualquier sistema, los gerentes generalmente adoptan los siguientes pasos de operación:

- **planificación:** analizar los pedidos y la disponibilidad de materiales y equipo, y precisar los procesos y el tiempo para llevarlos a cabo,
- **secuencia:** determinar la vía y el orden de fabricación,
- **programación:** fijar los horarios de producción,
- **ejecución del trabajo:** comprobar la realización de cada etapa anterior, con la mayor eficacia posible.

Al mismo tiempo que realizan la producción, los gerentes manufactureros también emprenden las siguientes actividades administrativas:

- **mezcla de productos:** determinar los diversos productos que se van a elaborar y los recursos y procedimientos que se utilizarán,
- **mantenimiento del equipo:** decidir los métodos preventivos o reparativos para conservar el buen estado del equipo,
- **control de calidad, inspección y garantía de calidad:** establecer las normas de producción. Si estas no se siguen, o si se vende un producto defectuoso que causa daños o perjuicios, se corre el riesgo costoso de tener que indemnizar (responsabilidad del productor) a la persona o entidad perjudicada,
- **mejoramiento de trabajo:** realizar mejoras físicas y tecnológicas para facilitar los procesos de fabricación, el ambiente laboral y el control de producción.

La nueva realidad de bienes y servicios

En su importante libro *La tierra es plana: Breve historia del mundo globalizado del siglo XXI* (*The World Is Flat,* trad. de Inés Belaustegui), el autor Thomas Friedman explica cómo la nueva realidad —lo normal nuevo— de la producción y la oferta de bienes y servicios tiene que aprovecharse de y competir en un mundo súbitamente aplanado por la tecnología, la **subcontratación,** el traslado de las fábricas y la **cadena de suministros.**

Cita un proverbio africano para caracterizar la nueva economía global que funciona de sol a sol sin jamás parar:

«Cada mañana en África se despierta una gacela.

Sabe que tiene que correr más rápido que el león más veloz si no quiere que la mate.

Cada mañana se despierta un león.

Sabe que tiene que ganar a la gacela más lenta si no quiere morirse de hambre.

Da igual que seas león o gacela.

Cuando salga el sol, más te vale empezar a correr»[8].

El informe *World Economic Forum Global Competitiveness Report* ha indicado que los diez países más competitivos siguen siendo los más tradicionales, entre ellos Suiza, Singapur, EUA, Países Bajos y Alemania[9]. No obstante, con la llegada

PARA PENSAR

CAD/CAM [son el] proceso en el cual se utilizan los ordenadores o computadoras para mejorar la fabricación, desarrollo y diseño de los productos. Estos pueden fabricarse más rápido, con mayor precisión o a menor precio, con la aplicación adecuada de tecnología informática.

Los sistemas de Diseño Asistido por Ordenador [...] pueden utilizarse para generar modelos con muchas, si no todas, de las características de un determinado producto. Estas características podrían ser el tamaño, el contorno y la forma de cada componente, almacenados como dibujos bi y tridimensionales. Una vez que estos datos dimensionales han sido introducidos y almacenados en el sistema informático, el diseñador puede manipularlos o modificar las ideas del diseño con mayor facilidad para avanzar en el desarrollo del producto. Además, pueden compartirse e integrarse las ideas combinadas de varios diseñadores, ya que es posible mover los datos dentro de redes informáticas, con lo que los diseñadores e ingenieros situados en lugares distantes entre sí pueden trabajar como un equipo. Los sistemas CAD también permiten simular el funcionamiento de un producto. Hacen posible verificar si un circuito electrónico propuesto funcionará tal y

como está previsto, si un puente será capaz de soportar las cargas pronosticadas sin peligro e incluso si una salsa de tomate fluirá adecuadamente desde un envase de nuevo diseño. Cuando los sistemas CAD se conectan a equipos de fabricación también controlados por ordenador, conforman un sistema integrado CAD/CAM[10].

1. ¿Qué son el CAD y la CAM, y qué ventajas ofrecen en la fabricación de productos?
2. ¿De qué pueden generar modelos y en qué formas pueden almacenarlos?
3. ¿Cómo facilitan CAD/CAM el trabajo en equipo de los diseñadores e ingenieros?
4. ¿Qué es la simulación del funcionamiento de un producto? ¿Cuáles son los ejemplos de simulación que se dan en esta breve lectura? ¿Conoce otros?
5. ¿Le parece que los CAD/CAM son necesarios para la manufactura de bienes? ¿Qué efectos tienen sobre el empleo/desempleo y la capacitación de empleados y trabajadores?

_____

[10] Escalona Moreno, «Diseño y manufactura asistidos por computadora», http://www.gestiopolis.com/recursos/documentos/fulldocs/ger1/macives.htm, consultado el 31 de mayo de 2017.

_____

[8] Friedman, Thomas. *La tierra es plana*, trad. Inés Belaustegui. Madrid: Ediciones Martínez Roca, S.A., 2006, págs. 125 y 467.

[9] World Economic Forum, «The Global Competitiveness Report 2015-2016», http://reports.weforum.org/global-competitiveness-report-2015-2016/competitiveness-rankings/

económica de BRIC (Brasil, Rusia, India y China) hace falta ser atento, rápido, ágil e innovador, pues los leones tradicionales del comercio fácilmente se pueden convertir en gacelas, y las gacelas en nuevos leones. Para cualquier empresa u operación, tal como afirma Michael Hammer, «cuando los recuerdos exceden los sueños, es que el fin está cerca»[11].

8-2 ACTIVIDADES

1. **¿Qué sabe usted de negocios?** Vuelva a las «Preguntas de orientación» y a la pregunta que acompaña la foto al principio del capítulo y contéstelas en oraciones completas en español.

2. **¿Qué recuerda?** Indique si las siguientes oraciones son **verdaderas** o **falsas** y explique por qué.

   a. La preparación de un informe es un producto.

   b. La reparación de automóviles es un ejemplo de un servicio profesional y la venta de seguros es un servicio semiprofesional.

   c. Los análisis de costos y beneficios y los estudios de mercado solo sirven para tomar decisiones respecto a la elaboración de productos.

   d. La fabricación y el control son los dos procesos necesarios en la elaboración de bienes materiales.

   e. Hoy en día la precisión, la rapidez y la flexibilidad son menos importantes en la elaboración de productos que el aumento de productividad.

   f. En el proceso extractivo, los materiales son ensamblados frecuentemente a gran escala, como sucede con la fabricación de automóviles.

   g. La mezcla de productos es una actividad administrativa en la cual se determinan los diversos productos que se van a elaborar y los recursos y procedimientos que se utilizarán.

   h. La subcontratación es la contratación de una empresa a otra para que esta realice parte del trabajo que la primera ha contratado directamente.

3. **Exploración.** Haga los siguientes ejercicios usando sus conocimientos y opiniones personales.

   a. Casi todos los países hispanos tienen más del 50% de su PIB o el número de trabajadores en economías de servicios. Si pudiera establecer su propia empresa, ¿qué servicio le proporcionaría usted al mundo hispano? ¿Por qué?

   b. ¿Piensa que es esencial hacer un análisis de costos y beneficios de un producto o servicio antes de fabricarlo o ponerlo en venta? Explique.

   c. En su opinión, ¿por qué ha habido más sindicatos asociados con el sector manufacturero que con el de servicios?

   d. Si usted tuviera que elaborar un producto, ¿qué pasos administrativos seguiría?

   e. ¿Por qué es necesario controlar el proceso manufacturero?

   f. ¿Es más fácil dirigir una empresa de servicios o una de producción? Explique.

   g. ¿Cómo se relacionan los dichos que aparecen al principio del capítulo con los temas tratados?

---

[11] Thomas Friedman, *La tierra es plana*, trad. Inés Belaustegui. Madrid: Ediciones Martínez Roca, S.A., 2006), págs. 125 y 467.

8-3 AL TELÉFONO

1. Lea las siguientes preguntas. Después escuche atentamente la conversación telefónica del Capítulo 8, **Pistas 15 y 16**, en línea en el MindTap de *Éxito comercial: Prácticas administrativas y contextos culturales* y conteste las preguntas. Puesto que la comprensión auditiva es una destreza comunicativa sumamente importante, se recomienda escuchar el audio varias veces.

   a. ¿Por qué llama Goods a Colombia?

   b. ¿Qué problemas quiere tratar Goods específicamente?

   c. ¿Qué responde el gerente de producción colombiano?

   d. ¿Qué diferencias culturales parecen dificultar un mayor entendimiento entre los dos hombres?

2. Basando sus comentarios en la conversación telefónica del ejercicio anterior, haga la siguiente llamada telefónica a otro/a estudiante de la clase. Cada persona debe participar activamente en la conversación. Si necesita ayuda con esta actividad, véase el Apéndice 1, «Protocolo telefónico», págs. 533–537.

   Usted es el señor Barry Goods, vicepresidente de la empresa Ecuacol Tejidos en Atlanta, Georgia. Para responder a las preocupaciones del señor Platero Herrero, el gerente de su planta en Barranquilla, Colombia, llame usted al/a la presidente/a de Ecuacol y explique por qué se necesita enviar a Colombia a un/a técnico/a de habla hispana que sepa utilizar las nuevas máquinas computarizadas para enseñarle al personal en las fábricas a usarlas. Luego, comenten las desventajas culturales de los horarios que se consideran excesivos e injustos y que insisten en una jornada variable que a veces abarca siete días.

3. Haga la siguiente llamada telefónica a otro/a estudiante de la clase. Cada persona debe participar activamente en la conversación. Si necesita ayuda con esta actividad, véase el Apéndice 1, «Protocolo telefónico», págs. 533–537.

   Usted es jefe/a de control de producción de una compañía estado-unidense de ropa que tiene una fábrica de tejidos en Quito. Se acaba de informar de una huelga que han declarado las obreras de esta plaza. Ellas se quejan no solo de los bajos salarios sino también de los modos de producción obsoletos y peligrosos. Especialmente se quejan del uso de las antiguas máquinas de coser averiadas que han ocasionado lesiones a varias mujeres. Llame al/a la supervisor/a de la fábrica ecuatoriana y comente con él/ella cómo se pueden solucionar estos problemas, para poner fin a la huelga.

8-4 NAVEGANDO POR INTERNET

Para hacer este ejercicio, visite el MindTap de *Éxito comercial: Prácticas administrativas y contextos culturales.*

8-5 EJERCICIOS DE VOCABULARIO

Si es necesario, consulte la sección «Lectura comercial» o la lista de vocabulario al final del capítulo para completar estos ejercicios.

1. **¡A ver si me acuerdo!** Usted está preparándose para entrevistar en español al gerente de compras de Inducom, S.A., una compañía industrial hispana recién instalada en su país. Sin embargo, se le olvidan a usted los siguientes términos en español. Un/a compañero/a lo/la ayuda a recordarlos al pedir a usted que se los traduzca.

   a. *consumer goods*
   b. *routing*
   c. *CAM*
   d. *scheduling*
   e. *cost-benefit analysis*
   f. *mass*
   g. *product mix*
   h. *noncyclical*
   i. *assembly line*
   j. *supply-chaining*

2. **¿Qué significan?** Usted es gerente de compras de la empresa multinacional Ecuacaf, S.C., que produce café y otros alimentos y bebidas en Colombia y Ecuador para la exportación. Se le ha asignado un/a nuevo/a ayudante a quien usted tiene que adiestrar en la operación de su departamento. Lo primero que quiere determinar es si su colega conoce las distintas clases de bienes y frases afines. Pídale a un/a compañero/a de clase que le explique los siguientes términos y que le dé algunos sinónimos si puede.

   a. materias primas
   b. bienes semiacabados
   c. bienes acabados
   d. bienes duraderos
   e. bienes de abastecimiento
   f. automatismo
   g. control digital
   h. subcontratación
   i. garantía de calidad
   j. elaboración
   k. proceso extractivo
   l. proceso analítico

3. **Entrevista profesional.** Usted se presenta para una entrevista de trabajo con el/la gerente de producción de una compañía industrial quien le hace las siguientes preguntas para averiguar sus conocimientos del ámbito. Haga la entrevista con otro/a compañero/a de clase. No se olviden del protocolo ni de las cortesías.

   a. ¿En qué categorías se dividen los bienes y servicios?
   b. ¿Cómo se sabe si un producto es rentable?
   c. ¿Cuáles son las etapas de gestión productora?
   d. ¿Cuáles son los pasos de control del proceso de producción?
   e. ¿Qué actividades administrativas se emplean para mejorar el proceso de producción?

4. **Traducciones.** Usted quiere repasar los elementos y las etapas de la producción como parte de un plan de fundación de su propia fábrica. También quiere mejorar su expresión escrita en español. Opta por traducir las siguientes oraciones porque le ayudan a lograr ambos objetivos.

   a. *Some governments and companies have managed to install new equipment, provide proper training, and grant additional worker benefits.*

   b. *As part of their cost-benefit analyses, managers need to study the information provided by accountants such as cash flow and profit and loss statements.*

   c. *Several types of materials can be used in the manufacturing process: raw materials, unfinished goods, finished goods, and capital goods and supplies.*

   d. *Other important managerial activities include quality control, inspection, and quality assurance.*

   e. *Production itself is governed by planning, routing, scheduling, and performance control as well as by the specific processes of quality control and equipment maintenance.*

5. **Prueba de comprensión.** Complete la prueba «Preguntas comerciales» en el MindTap de *Éxito comercial: Prácticas administrativas y contextos culturales.*

 MINDTAP

UNA VISTA PANORÁMICA DE COLOMBIA[12]

Nombre oficial:	República de Colombia
Gentilicio:	colombiano/a
Capital:	Bogotá (Santa Fe de Bogotá), población 9,765,000 (2015)
Sistema de gobierno:	República
Jefe de Estado/Jefe de Gobierno:	Presidente Juan Manuel Santos Calderón (2010)
Fiesta nacional:	20 de julio, Día de la Independencia (1810: de España)

[12] Fuentes: *CIA World Factbook* 2017 y *United States Census Bureau (International Programs, International Data Base)* 2016.

COLOMBIA

GEOGRAFÍA Y CLIMA

Área nacional en millas² y kilómetros²	Tamaño (comparado con los EUA)	División administrativa	Otras ciudades principales	Puertos principales	Clima	Tierra cultivable
439,736 m² 1,138,910 km²	Casi el triple de Montana	Un distrito capital y 32 departamentos	Medellín, Cali, Barranquilla, Cartagena	Barranquilla, Cartagena, Buenaventura	Tropical en la costa y las llanuras del este, más templado en la altiplanicie	1.4%

DEMOGRAFÍA

Año y población en millones			% urbana (2015)	Distribución etaria (2016)		% de analfabetismo (2015)	Grupos étnicos
2015	2017	2025		<15 años	65+		
46.7	47.7	51.2	76%	24.6%	7.2%	5%	84% mestizo y blanco europeo, 10% afrocolombiano (incluye mulato, raizal y palenquero), 4% africano, 1% amerindio

ECONOMÍA Y COMERCIO

Unidad monetaria	Tasa de inflación (2016)	N° de trabajadores (en millones) y tasa de desempleo (2016)	% de población debajo de la línea de pobreza, según informe del país (2015)	PIB en miles de millones $EUA (2016)	PIB per cápita (2016)	Distribución de PIB y de trabajadores por sector* (2016)			Exportaciones en miles de millones $EUA (2016)	Importaciones en miles de millones $EUA (2016)
						A	I	S		
El peso	7.8%	24.4 9.5%	28%	$690	$14,200	7%	34%	59%	$33.6	$47.2
						17%	21%	62%		

*Para distribución del PIB y de los trabajadores (mano de obra): A = Agricultura, I = Industria, S = Servicios (y Gobierno).

Recursos naturales: Carbón, petróleo, gas natural, hierro, níquel, oro, plata, cobre, platino, esmeraldas, energía hidroeléctrica

Industrias: Textiles, procesamiento de alimentos, petróleo, confección (ropa) y calzado, bebida, productos químicos, cemento, oro, carbón, esmeraldas, maquinaria, papel, productos de madera, farmacéuticos, equipo eléctrico

COMERCIO

Productos de exportación: Petróleo y derivados, café, carbón, ferroníquel, esmeraldas, oro, bananas, flores recortadas, productos químicos y farmacéuticos, textiles y confecciones, azúcar, contenedores de papel de cartón, cemento, plásticos de resina y manufacturados, alimentos, tabaco

Mercados: 28% EUA, 7% Panamá, 5% China, 4% España, 4% Ecuador (2015)

Productos de importación: Equipo industrial y de transporte, maquinaria, alimentos, metales, productos químicos, vehículos de motor, combustibles, productos de papel, bienes de consumo, electricidad

Proveedores: 29% EUA, 19% China, 7% México, 4% Alemania (2015)

Horario general de comercio: De lunes a viernes, desde las ocho de la mañana hasta las seis de la tarde. El almuerzo se come normalmente entre el mediodía y las dos de la tarde.

TRANSPORTE Y COMUNICACIONES

Kilómetros de carreteras (2015)	Kilómetros de vías férreas (2015)	N° de aeropuertos con pista de aterrizaje pavimentada (2013)	N° de líneas telefónicas/teléfonos celulares en millones (2015)		N° en millones y % de usuarios de Internet (2015)	
204,855	2,141	121	7.1	57.3	26.1	56%

IDIOMA Y CULTURA

Idiomas	Religiones	Comidas y bebidas típicas / Modales
Español (oficial) y más de 60 lenguas indígenas (chibcha, guajibo, etc.)	90% católica romana	Arroz con pollo, frijoles con chicharrón, piquete, cuchuco, peto, arepa, sancocho, tamales, empanadas, changua, buñuelos, arroz de coco, café, aguardiente. No comer demasiado, pues da la impresión de que los anfitriones no le han dado suficiente de comer. (Véase la Tabla 14-1, págs. 528–531).

Horario normal del almuerzo y de la cena: Mediodía para el almuerzo; entre las siete y las ocho de la noche para la cena.

Gestos: Mantener el buen contacto visual al hablar con otra persona. Se considera maleducado interrumpir a otra persona cuando habla y dar un paso atrás para distanciarse de alguien al hablar. Bostezar en público indica aburrimiento o que uno tiene hambre. Para señalar la altura de un animal, se usa la mano con la palma hacia el suelo; pero para señalar la altura de una persona, se cambia la mano a una posición vertical o de costado. Poner una mano, con la palma abierta, bajo el otro codo indica que alguien es tacaño.

Cortesía: Durante el saludo, darse la mano sin apretar mucho. Cuando se visita la casa de alguien para almorzar o cenar, los anfitriones no esperan recibir ningún regalito, aunque se aprecian las flores, los chocolates y los pastelitos como señal de aprecio y de agradecimiento. Es descortés comer en público sin primero invitar a los presentes a probar un poco de su comida también. No hacer un regalo de azucenas o caléndulas porque son para los funerales.

LA ACTUALIDAD POLÍTICA Y ECONÓMICA DE COLOMBIA

Colombia es el único país del continente sudamericano que tiene fronteras con dos océanos: el Atlántico (allí denominado el Mar Caribe) y el Pacífico, y limita con cinco países: Brasil, Venezuela, Panamá, Ecuador y Perú. Tiene tres zonas geográficas fértiles: la costa al oeste, la zona andina en el centro y una llanura selvática en el sureste. Su clima es tropical en las costas y la llanura (Cartagena, Barranquilla y Santa Marta), primaveral y lluvioso en las montañas y el valle (Cali y Medellín) y templado en la altiplanicie (Bogotá y Boyacá). Por estar situada geográficamente en el ecuador, la temperatura y por ende los productos agrícolas de Colombia cambian según la altitud y la región en que se encuentren. Se cosecha una gran variedad de cultivos, pero se destaca el famoso café colombiano, reemplazado hoy en día por el petróleo como el principal producto de exportación legal de Colombia. La cocaína es la principal exportación ilícita, y el país es el mayor proveedor mundial del producto con un 66% de la producción total. Colombia es un país rico en recursos naturales como el oro, pero también se extrae plata, platino, cobre, níquel, gas natural y carbón. La mina de carbón del Cerrejón, en La Guajira, es la mina de carbón a cielo abierto más grande de Latinoamérica y el país produce más esmeraldas que cualquier otro país del mundo.

En 2012, después de un lento proceso empezado durante el mandato de Álvaro Uribe (2002–2010), Colombia firmó un Tratado de Libre Comercio (TLC) con los EUA. Este acuerdo y otros factores como la expansión del mercado chino y el crecimiento de nuevas exportaciones como el petróleo parecían producir inicialmente un impacto positivo en la economía colombiana. Desgraciadamente, la caída del precio mundial del petróleo, la reducción del mercado chino y problemas jurídicos con empresas mineras norteamericanas bajo el TLC y con otras empresas extranjeras sobre nuevas leyes medioambientales en Colombia han creado obstáculos a una competencia internacional favorable para Colombia.

A lo largo de su historia, los colombianos han soportado un conflicto social que ha durado más de 70 años y que ha resultado en miles de muertos, torturados, ciudadanos desplazados y emigrantes. Esta lucha empezó con las guerras civiles entre conservadores y liberales, denominada «La Violencia» (1946–1956), y persistió después entre el gobierno federal y varios grupos revolucionarios de izquierda como el M-19 (Movimiento 19 de Abril, activo desde 1970 hasta 1991), las FARC (Fuerzas Armadas Revolucionarias de Colombia, activas desde 1964 hasta el presente) y el ELN (Ejército de Liberación Nacional, activo desde 1964 hasta el presente). La inestabilidad de las instituciones ha permitido que el narcotráfico pueda penetrar en ellas e intervenir en las decisiones que controlan varias regiones nacionales. Estas prácticas violan los derechos civiles y amenazan el sistema democrático. También han causado la corrupción de oficiales y funcionarios estatales. Esta situación aumentó la inestabilidad y la violencia, lo que les permitió a los carteles del narcotráfico controlar sectores del país.

Durante los años setenta y ochenta, varios presidentes colombianos lucharon contra estos grupos en vano. En la década de los noventa, ayudadas por el ejército y la policía y pagadas por los terratenientes, se crearon varias organizaciones paramilitares derechistas como las Autodefensas Unidas de Colombia (AUC), que combatían contra las guerillas de las FARC y el ELN. Los presidentes colombianos César Gaviria Trujillo (1990–1994), Ernesto Samper (1994–1998) y Andrés Pastrana Arango (1998–2002) intentaron controlar la situación, pero sin mucho éxito, en gran parte debido a la insaciable demanda de cocaína en los EUA y Europa, que a la vez crecía en Asia y África. Pastrana puso en práctica el Plan Colombia, un esfuerzo serio contra la producción de drogas que recibió un apoyo de los EUA de $1.3 mil millones. Cuando el ejército recibió más libertades en su trato con los grupos rebeldes, aumentaron los casos de violación de los derechos humanos por parte de los militares. Como consecuencia, se intensificaron los índices de secuestros y el número de asesinatos cometidos por las guerrillas revolucionarias, las organizaciones paramilitares, los traficantes de drogas y los criminales.

En 2002, Álvaro Uribe Vélez llegó a la presidencia. Uribe pudo pactar un acuerdo de paz que causó una gran desmovilización de las AUC y la entrega de las armas de miles miembros de las FARC, del ELN y de otros grupos guerrilleros. Después de un cambio en la Constitución, Uribe fue reelegido en 2006 y luego las fuerzas de las FARC fueron vencidas en las zonas urbanas, aunque seguían controlando las zonas rurales en el sur y el este del país. Entre 2002 y 2007, Colombia experimentó un acelerado desarrollo ayudado por las mejoras en el tema de la seguridad nacional, el alza en los precios de sus mercancías y las políticas económicas y sociales del presidente. Las inversiones extranjeras en la economía colombiana alcanzaron el nivel más alto de diez mil millones de dólares en 2008, pero el impacto de la recesión global y la demora en el Congreso de los EUA para aprobar el Acuerdo de Promoción Comercial entre los Estados Unidos y Colombia (*Colombia Trade Promotion Agreement* o *CTPA*) causaron un retroceso en el desarrollo económico.

En 2010, Juan Manuel Santos Calderón, un político, periodista y economista, fue nombrado presidente. Sus esfuerzos por mejorar la imagen de Colombia en el extranjero han sido muy positivos. También inició un diálogo con las FARC y con el ELN para acabar con la persistente guerra civil.

En octubre de 2016 Santos negoció un acuerdo con las FARC que luego fue rechazado por menos del uno por ciento de los votos en un plebiscito nacional. En noviembre, para evitar otro voto controvertido del pueblo, el presidente envió un segundo contrato directamente al Congreso que lo ratificó. Las negociaciones con las FARC sobre las leyes de indulto y la dejación de armas siguen su curso. En febrero de 2017 se reanudó el diálogo entre el gobierno y el ELN en Ecuador después de la liberación de un excongresista secuestrado por los revolucionarios y el indulto de dos guerrilleros. Aunque la posibilidad de tener un ambiente más pacífico en el campo ofrecería oportunidades adicionales de inversión en Colombia, una reforma tributaria amenaza posibles inversiones extranjeras en el país. El futuro del clima económico colombiano no se despeja.

UNA VISTA PANORÁMICA DE ECUADOR[13]

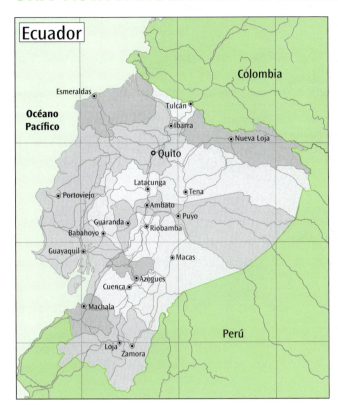

Nombre oficial:	República del Ecuador
Gentilicio:	ecuatoriano/a
Capital:	Quito, población 1,726,000 (2015)
Sistema de gobierno:	República
Jefe de Estado/Jefe de Gobierno:	Presidente Lenín Moreno Garcés (2017)
Fiesta nacional:	10 de agosto, Día de la Independencia (de Quito de España en 1809). Ecuador logró su independencia de España en 1822.

[13] Fuentes: *CIA World Factbook* 2017 y *United States Census Bureau (International Programs, International Data Base)* 2016.

ECUADOR

GEOGRAFÍA Y CLIMA

Área nacional en millas^2 y kilómetros^2	Tamaño (comparado con los EUA)	División administrativa	Otras ciudades principales	Puertos principales	Clima	Tierra cultivable
109,483 m^2 283,560 km^2	El tamaño de Colorado	22 provincias	Guayaquil, Cuenca, Machala, Portoviejo, Manta	Guayaquil, Manta, Esmeraldas, Puerto Bolívar	Tropical en la costa y en la selva amazónica, templado en los valles de las montañas	4.7%

DEMOGRAFÍA

Año y población en millones			% urbana (2015)	Distribución etaria (2016)		% de analfabetismo (2015)	Grupos étnicos
2015	2017	2025		<15 años	65+		
15.9	16.3	17.9	64%	28%	7%	5%	72% mestizo, 7% montubio, 7% amerindio, 6% blanco europeo, 4% afroecuatoriano, 2% mulato, 1% negro

ECONOMÍA Y COMERCIO

Unidad monetaria	Tasa de inflación (2016)	N° de trabajadores (en millones) y tasa de desempleo (2016)		% de población debajo de la línea de pobreza, según informe del país (2013)	PIB en miles de millones $EUA (2016)	PIB per cápita (2016)	Distribución de PIB (2016) y de trabajadores por sector (2012)*			Exportaciones en miles de millones $EUA (2016)	Importaciones en miles de millones $EUA (2016)
							A	I	S		
El dólar estadounidense	2.1%	4.8	5.5%	26%	$182.4	$11,000	6%	34%	60%	$16.77	$17.74
							28%	18%	54%		

*Para distribución del PIB y de los trabajadores (mano de obra): A = Agricultura, I = Industria, S = Servicios (y Gobierno).

Recursos naturales: Petróleo, pesca y mariscos (esp. el camarón), madera, oro, piedra caliza, energía hidroeléctrica

Industrias: Extracción de petróleo, procesamiento de alimentos, textiles, pesca, productos de madera, de papel y de metal, productos químicos y farmacéuticos, plásticos

COMERCIO

Productos de exportación: Petróleo, maquinaria y equipo de transporte, bananos, camarones, flores recortadas, pescado, café, cacao, madera, cáñamo

Mercados: 40% EUA, 6% Chile, 5% Perú, 4% Vietnám, 4% Colombia (2015)

Productos de importación: Equipo de transporte, bienes de consumo, vehículos de motor, maquinaria, productos químicos, productos de petróleo, materias primas, materiales industriales, combustibles y lubricantes, bienes de consumo no durables

Proveedores: 27.1% EUA, 15% China, 8% Colombia, 5% Panamá (2015)

Horario general de comercio: De lunes a viernes, desde las ocho de la mañana hasta las seis de la tarde. Los sábados, desde las ocho de la mañana hasta las doce y media de la tarde.

TRANSPORTE Y COMUNICACIONES

Kilómetros de carreteras y % pavimentadas (2007)		Kilómetros de vías férreas (2014)	N° de aeropuertos con pista de aterrizaje pavimentada (2013)	N° de líneas telefónicas/teléfonos celulares en millones (2015)		N° en millones y % de usuarios de Internet (2015)	
43,670	15%	965	104	2.5	12.9	7.8	49%

IDIOMA Y CULTURA

Idiomas	Religión	Comidas y bebidas típicas / Modales
Español, quechua y shuar (oficiales), otros idiomas indígenas	74% católica romana, 10% evangélica	Arroz con pollo, locro, llapingachos, fritada, ceviche, empanadas, arroz con menestra, caldo de bola y cuy. Practicar el arte de la buena conversación durante la comida. Se come toda la comida servida, no se dejan restos en el plato. (Véase la Tabla 14-1, págs. 528–531).

Horario normal del almuerzo y de la cena: Sobre la una de la tarde para el almuerzo; entre las siete y las ocho de la noche para la cena.

Gestos: Se frunce la boca en una dirección para señalar algo allí. Se indica una dirección al mover la barbilla hacia arriba (*up the road*) o hacia abajo (*down the road*). Para indicar que se vuelve pronto, con el dedo índice dibujar en el aire cerca de la cabeza uno o dos círculos. La mano extendida delante del cuerpo y movida de lado a lado indica que ya no queda más de algo (pescado, papas, tomates, etc.) o que el autobús o el taxi está lleno y que no se cabe. No bostezar, gritar, chiflar o silbar en público. No señalar con el dedo índice para llamar la atención de alguien.

Cortesía: Saludar a cada individuo al llegar a una reunión o comida y despedirse individualmente al marcharse para no menospreciar a nadie o quedar mal. Cuando se visita la casa de alguien para almorzar o cenar, llevar para los anfitriones un regalito como flores, chocolates o pastelitos. Se aceptan las visitas no anunciadas de antemano. Al visitar la casa de alguien, si se llega durante el almuerzo o la cena se le ofrecerá algo de comer y es descortés negarse a probar un poco de lo ofrecido.

LA ACTUALIDAD POLÍTICA Y ECONÓMICA DE ECUADOR

Si bien Ecuador tiene mucho en común con Colombia, se diferencia de aquel en varios aspectos. Ambos se dividen en tres regiones o zonas climáticas casi idénticas y producen cultivos y minerales suficientes para satisfacer las necesidades de sus ciudadanos. Históricamente en la época precolonial, el sur de Colombia y todo Ecuador formaron parte del imperio incaico. Ecuador, con una población más indígena que la colombiana, dependió de una economía que hasta los años sesenta era principalmente agrícola.

Pero durante los últimos 25 años del siglo XX, muchos trabajadores rurales que vivían en la pobreza del campo emigraron hacia los centros urbanos de Quito y Guayaquil en busca de una vida mejor. Allí muchas veces encontraron condiciones tan difíciles o peores que las que habían dejado en las zonas rurales. En Ecuador, como en muchos países, hay dos tipos de pobreza: una pobreza estructural que se basa en las zonas rurales, y especialmente en las comunidades indígenas y afroecuatorianas; y una pobreza que se relaciona con las crisis económicas más comunes en las zonas urbanas. Durante la crisis financiera en Ecuador a finales de los años 90, el número de pobres en las áreas urbanas superó por primera vez al de las áreas rurales, si bien el porcentaje de la pobreza quedó más alto en las zonas rurales. Esta pobreza urbana fue el resultado de los flujos migratorios del campo a la ciudad y del deterioro de las condiciones de vida en las ciudades con la bajada en el valor de los salarios, más desempleo y subempleo y el colapso del sistema bancario y financiero en Ecuador en 1998.

En 2004, el Banco Mundial estimó que la tasa de pobreza en todo el país llegó al 45% y en 2005 que el 87% de los indígenas ecuatorianos vivían en la pobreza, con el 56% en la extrema pobreza[14]. Desde la elección de Rafael Correa Delgado en 2006, según el Instituto Nacional de Estadísticas y Censos (INEC) de Ecuador, la pobreza nacional bajó del 37.6% en diciembre de 2006 a un 25.3% en 2014: en las zonas rurales, bajó del 60.6% al 45.0%, y en las zonas urbanas, del 25.9% al 15.3%[15]. Entre 2006 y 2014, la pobreza en Ecuador se redujo del 38,3% al 25,8%[16].

En 1972, el nuevo gobierno militar empezó en Ecuador la explotación y exploración del petróleo. Durante esa década, el petróleo llegó a ser la exportación más importante del país. Más tarde, esta dependencia causó muchas fluctuaciones en la economía nacional, como la de 1998. A la vez, una rápida serie de cambios políticos causaron una penetrante inestabilidad nacional. En 1996, Abdalá Bucaram Ortiz («El Loco»), presidente por seis meses, fue derrocado por contratiempos administrativos y éticos. Su vicepresidenta, Rosalía Arteaga Serrano, lo reemplazó por cuatro días en 1997 pero no tuvo respaldo; Fabián Alarcón, presidente del Congreso, asumió el cargo temporalmente por ocho meses entre 1997 y 1998 mientras llamaba a elecciones. Finalmente, en 1998 Jamil Mahuad (1998–2000) fue elegido y pudo gobernar 29 meses.

---

[14] http://www.ruralpovertyportal.org/country/home/tags/ecuador, consultado el 31 de mayo de 2017.

[15] http://www.inec.gob.ec/estadisticas/index.php?option=com_remository&Itemid=&func=startdown&id=1509&lang=es&TB_iframe=true&height=250&width=800, consultado el 31 de mayo de 2017.

[16] http://www.elcomercio.com/actualidad/pobreza-ecuador-desigualdad-inec.html, consultado el 31 de mayo de 2017.

Rosen Pavillion, Quito, Ecuador. Las flores son una exportación importante de Ecuador, Colombia y Costa Rica a los EUA y a otros países. ¿Qué sector económico representa este producto (p. ej., pesca, minería, tecnología, etc.) y qué tipo de mercado hay para las flores en los EUA y en el mundo? Busque información en Internet.

Otros factores en las complicaciones de esa época fueron la crisis económica asiática, los daños causados por las variaciones climáticas relacionadas con el Niño, el peso de los intereses de la enorme deuda externa y la crisis de la industria bancaria similar a la que acaban de sufrir los EUA y la UE entre 2008 y 2012. La crisis política producida por la quiebra de muchos bancos generó el cierre del sistema bancario para evitar un pànico bancario contra ellos. Dejó a miles de personas sin sus ahorros y en 2000 condujo a que el gobierno de Mahuad tomara la decisión de introducir la dolarización y el uso del dólar de los EUA como moneda nacional. Fue su intento estabilizar la economía y controlar la devaluación del sucre (la divisa nacional anterior) y una inflación fuera de control. Doce días después, Mahaud fue derrocado por un golpe de estado planeado por militares y apoyado por un sector empresarial y organizaciones indígenas.

Gustavo Noboa Bejarano (2000–2003), vicepresidente bajo Mahuad, lo reemplazó. El gobierno de Noboa procuró firmar acuerdos con varias instituciones financieras, notablemente con el Fondo Monetario Internacional (FMI), y trató de poner en vigor reformas estructurales y fiscales para solventar la crisis y cambiar la coyuntura negativa del país. Hasta el cambio de la divisa del sucre al dólar, todo había sido en balde. Los ahorristas que perdieron sus ahorros provocaron manifestaciones populares, pero se solventaron al crear un fondo de garantías y hacer un programa para la restitución de ahorros de los bancos quebrados. Se creó un fondo de garantías como el que existe en los EUA y muchos otros países.

Lucio Gutiérrez Borbúa (2003–2005) ganó las siguientes elecciones presidenciales con el apoyo de la históricamente marginada población indígena, cuyas manifestaciones por mejores condiciones laborales y más participación en la economía causaron una huelga nacional a fines de 2002. En 2005, bajo las presiones de las grandes alzas en los precios de combustibles, transporte terrestre y electricidad, y la información divulgada sobre él, Gutiérrez tuvo que renunciar a la presidencia. Su vicepresidente, Alfredo Palacio, asumió el cargo y se calmó el país.

Esta historia reciente de muchos cambios presidenciales no es nada nuevo en el Ecuador, pues entre 1830 y 1948 el país tuvo 62 presidentes y dictadores.

Rafael Correa Delgado, el presidente electo en 2005, es un economista de Guayaquil y tiene un doctorado por la Universidad de Illinois. Como profesor académico, fue crítico de las políticas neoliberales de los presidentes anteriores. Obviamente, había sido un candidato de la izquierda por sus visitas preelectorales con los presidentes latinoamericanos con gobiernos más socialistas. También, afirmó que su gobierno tendría fuertes lazos con Venezuela, Bolivia y Cuba sin renovación con los EUA del acuerdo sobre la Base Militar de Manta, cedida en 1999 y por diez años a la Fuerza Aérea de los EUA para usar en varias actividades militares, incluidas las que se dirigían contra el narcotráfico. En un referéndum ese mismo año, una gran mayoría de los ecuatorianos votaron por una Asamblea Constitucional para reformar la Constitución y las instituciones estatales. La Asamblea despidió al Congreso y dejó el poder en las manos del Presidente Correa.

El primer mandato de Correa debía haber concluido el 15 de enero de 2011, pero la nueva Constitución aprobada por la Asamblea Nacional adelantó todas las elecciones importantes del país, y por eso su segundo mandato se inició el 10 de agosto de 2009, el mismo día del bicentenario del Primer Grito de Independencia en Ecuador. El gobierno de Rafael Correa es conocido como la Revolución Ciudadana debido a sus reformas basadas en una forma de socialismo en la política, economía, sociedad y educación, desde el comienzo de su mandato en 2007. Sus diez años presidenciales representan la época más estable desde el inicio de la democracia en Ecuador en 1948. Han sido diez años de popularidad presidencial debido a la personalidad de Correa, la prosperidad traída por el petróleo, la reducción de la pobreza (32% entre 2006 y 2014), el aumento del porcentaje de estudiantes que acuden al sistema

© M. S. Doyle

Parque Nacional de las Islas Galápagos, el mundialmente famoso archipiélago y Patrimonio de la Humanidad de Ecuador. Busque en Internet información acerca de la importancia turística e histórica de estas islas. ¿Dónde están ubicadas? ¿Quién fue Darwin? ¿Qué son especies endémicas, iguanas terrestres y marinas, cormoranes, pingüinos y tortugas gigantes (llamados galápagos)? ¿Quién fue *Lonesome George*?

público de escuelas (del 22% al 80%) con matriculación gratuita y alimentación escolar y la ampliación de inversiones en la salud pública y centros médicos. Desde 2008 hasta 2014, según las estadísticas del FMI, el PIB de Ecuador mejoró en un promedio de 4.6%. Es importante resaltar que sigue desarrollándose el turismo a lugares únicos como las islas Galápagos, la provincia ecuatoriana donde el célebre Charles Darwin fundamentó su teoría de la evolución basada en la selección natural de las especies. A fines de 2015, Ecuador ocupaba el primer puesto entre los mejores destinos para los que pensaban jubilarse[17].

Sin embargo, la caída del precio de petróleo y la apreciación del dólar en 2014 eliminaron cualquier mejoramiento económico (0%) en 2015 y esto creó una crisis económica en 2016 cuando bajó el PIB (-4.5%). A diferencia de la crisis que ocurrió en 2009, el país quedó sin ahorros en 2015 y con un ambiente externo mucho más complicado. En 2008, Ecuador pudo amortiguar el choque con cuatro fondos petroleros en reserva y el precio del crudo local alcanzó un récord histórico de $117.4 por barril, lo cual indicó casi una década de precios en constante alza. Luego en 2009 la crisis internacional se acabó y comenzó un nuevo boom petrolero.

En 2017, a pesar de que su partido, Alianza País (AP), había presionado para que hubiera cambios constitucionales que permitieran la reelección indefinida, Correa decidió no participar como candidato presidencial. Por eso, él apoyó a Lenín Moreno, su vicepresidente durante dos elecciones (2006 y 2009) y Enviado Especial de la ONU para personas discapacitadas. En la segunda vuelta en abril de 2017, el binomio del movimiento AP, integrado por Moreno y Jorge Glas, obtuvo más de 5 millones de votos (51.16%) y el binomio de la alianza de dos movimientos, CREO (Creando Oportunidades) y SUMA (Sociedad Unida Más Acción), integrado por Guillermo Lasso y Andrés Páez, alcanzó 4.9 millones de votos (48.84%). Así Moreno ganó una elección muy controvertida y tendrá que tratar con un pueblo extremadamente polarizado y las repercusiones de diez años de las políticas de Rafael Correa.

8-6 ACTIVIDADES

¿Qué sabe usted de Colombia y Ecuador?

1. A usted lo/la han contratado como asesor/a transcultural de negocios internacionales. Como tal, necesita informar a sus clientes sobre Colombia y Ecuador y recomendar un plan de viaje de negocios a cada país. Investigue los datos necesarios para poder desarrollar los temas a continuación.

    a. Describa la geografía de Colombia y Ecuador, incluyendo los siguientes temas: ubicación y tamaño de ambos países, capital y otras ciudades y puertos principales, división administrativa y clima. Compare el tamaño de Colombia con el de los EUA. Compárelo con el tamaño del estado donde vive usted. Compare el tamaño de Ecuador con el de los EUA y con el del estado donde vive usted.

---

[17] http://www.elcomercio.com/tendencias/ecuador-primerpuesto-destinos-retirados-reconocimiento.html

b. ¿Cuáles son las principales características demográficas y políticas de Colombia y Ecuador? ¿Quién es el jefe de estado de cada país? Compare las políticas sociales y económicas y los estilos de liderazgo de estos dos presidentes.

c. ¿Cuándo se celebra la fiesta nacional de cada país? ¿Qué otras fiestas públicas podrían afectar el éxito de un viaje de negocios? (Véase la Tabla 10-1, págs. 352–354).

d. Describa la economía de cada país. Incluya datos sobre la moneda nacional, la tasa de inflación, el PIB y el PIB per cápita, el número de trabajadores (mano de obra), la tasa de desempleo, los recursos naturales, las industrias nacionales, los productos que se exportan e importan, los países destino (mercados) y proveedores (fuentes) de estas transacciones internacionales y la balanza de comercio. ¿A cuánto se cotiza cada moneda nacional respecto del dólar estadounidense?

e. ¿Qué producto o servicio recomendaría vender en Colombia y Ecuador? ¿Por qué?

f. Compare la infraestructura de los transportes y las comunicaciones de cada país.

g. ¿Cómo han cambiado los datos presentados en las secciones de «Vista panorámica» y «La actualidad política y económica» de este texto? Actualícelos para cada país.

h. Basándose en «La actualidad política y económica» de cada país, ¿qué realidades, oportunidades y problemas destacaría y qué recomendaciones le daría a su cliente/a?

2. Use Internet u otras fuentes informativas para preparar un plan (con presupuesto e itinerario) para sus clientes, que harán un viaje de negocios a Bogotá, Medellín, Quito y Cuenca. Busque las posibilidades en Internet, por teléfono, en una agencia de viajes o en el aeropuerto mismo. Comuníquese en español, siempre que sea posible.

a. Fechas de ida y vuelta

b. Vuelos: aeropuertos de salida y llegada, líneas aéreas, horario; costos

c. Transporte interno que se piensa usar en cada país: taxi, autobús, carro de alquiler, metro, tren, otro; costos

d. Alojamiento y viáticos; costos

e. La comida típica que van a pedir para la cena la primera noche en cada país

f. Las formas de cortesía y los gestos que deben recordar, usar o evitar

LECTURA CULTURAL

Las perspectivas de las nuevas generaciones hacia el tiempo y la tecnología

La cultura se aprende como parte de la experiencia social y, en los últimos 25 años, lo que más ha evolucionado en el mundo de los negocios internacionales han sido las tecnologías de comunicación e información. Cada individuo o cada generación incorpora una serie de creencias, valores y costumbres que contribuyen a su cultura a través del aprendizaje formal, informal y técnico. Los elementos de la cultura se transmiten principalmente por medio de cuatro instituciones: la familia, la iglesia (o templo de cualquier religión), la escuela y una cuarta institución, los medios de comunicación, cuyo papel en la transmisión de la cultura e información ha aumentado gracias a los rápidos y constantes avances tecnológicos en la comunicación y la telemática. Por esto, es preciso destacar las nuevas perspectivas por las cuales las nuevas generaciones forman sus creencias, valores y costumbres sobre los conceptos del tiempo y la tecnología.

Históricamente en los EUA, debido al alto nivel de desarrollo industrial y al énfasis en la planificación organizada y consecutiva, a los estadounidenses les han obsesionado el tiempo (como se ve en los proverbios *Time is money*; *The early bird catches the worm*; *Time lost is never regained*; *A stitch in time saves nine*) y la tecnología. Han tenido una fama tradicional de adherirse a todos los horarios, sean de trabajo o de diversión, y se han esforzado por ser puntuales para demostrar responsabilidad y eficiencia, especialmente en el mundo de los negocios. Se refiere a esta generación, nacida antes de la Segunda Guerra Mundial en 1945, como los *tradicionalistas*. En 2017, tenían más de 72 años y la mayoría ya se ha jubilado o está en los últimos años de su carrera. La generación de tradicionalistas suele ser disciplinada, conservadora, predecible y demuestra respeto por la ley. Prefiere mantener la vida ordenada sin muchos cambios y prefiere un estilo de liderazgo firme y directo. Esta generación suele tener un gran respeto por la ética laboral. En cuanto a su percepción del tiempo, muchos tradicionalistas estadounidenses se afanan en respetar los plazos fijados para cumplir con las obligaciones y se empeñan en prepararse para poder controlar situaciones imprevistas. Su orientación temporal es hacia el presente y el futuro; creen que con el tiempo y mediante sus propios esfuerzos, pueden controlar los sucesos de su vida. Esta actitud cultural también se ve en su interés por las estadísticas y la tecnología tradicional, y su fe en las mismas. Confían en que podrán alcanzar todas sus metas futuras si dedican el tiempo, la energía y los recursos a la investigación y desarrollo científicos, tecnológicos y económicos. Como señala la historia, estas características han impulsado la creación de muchos avances tecnológicos en los EUA.

Una de las mayores diferencias entre las generaciones es la adopción de las nuevas tecnologías de comunicación, la globalización (la desaparición virtual de la distancia entre los comunicadores) y la flexibilidad en cuanto al lugar de origen del mensaje. Actualmente, en el lugar de trabajo se combinan los *tradicionalistas* con estas percepciones comunes de cuatro generaciones adicionales:

1. la generación de los *babyboomers* (de 53 a 71 años de edad y nacidos entre 1946 y 1964 durante la gran expansión económica norteamericana), la segunda más cuantiosa a nivel mundial, que se caracteriza por ser optimista, leal y ambiciosa. Le importan el estatus laboral y una buena posición social y es la más adinerada en la historia del mundo. Trata de no envejecer para poder seguir trabajando toda la vida, lo que ya se ha hecho un requerimiento económico para muchos, así que se esfuerza por aprender las nuevas habilidades tecnológicas de los milénicos.

2. la *Generación X* (de 37 a 52 años y nacidos entre 1965 y 1980), que incluye a los hijos de los *boomers* que solían trabajar muchas horas y que habían extendido la frecuencia del divorcio. Esta generación es independiente y prefiere no sujetarse

a un horario fijo. Es eficiente, completa sus tareas rápidamente y funciona mejor en un lugar de trabajo flexible. En muchos casos, la frustración de esta generación, la menos numerosa a nivel mundial, es que le será más difícil alcanzar el nivel económico de sus padres y también el nivel tecnológico de la *Generación Y*. En otros casos, muchos de la *Generación X* están superando a sus padres respecto a ingresos, todo un esfuerzo debido a costos de vida mucho más elevados: la vivienda, los alimentos, la educación para sí mismos y para sus hijos.

La *Generación X* es la primera que ha utilizado herramientas informáticas en sus estudios y la última en usar las tradicionales. Pone en práctica las nuevas formas de socialización por medio de la tecnología, pero prefiere a los amigos tangibles en vez de los virtuales. Es más cínica y escéptica ante las contradicciones de lo que piensan, dicen y hacen sus padres. Es capaz y autosuficiente sin tanto interés en carreras de toda la vida, ni en la lealtad hacia una sola empresa (una actitud que muchas veces responde a la falta de lealtad de bastantes empresas hacia sus empleados), ni en los símbolos de estatus.

3. la *Generación Y* o los *milénicos* (de 20 a 37 años y nacidos entre 1980 y 1997), la más numerosa globalmente, tiene la capacidad de efectuar multitareas y crear redes sociales. Exige la flexibilidad en el lugar de trabajo. Según Rocío Samayoa, «La nueva tecnología de los medios de comunicación ha generado cambios sociales y culturales... (N)os pone en contacto con la gente del mundo facilitando el conocimiento de los pueblos e impulsando los intercambios comerciales y culturales entre naciones»[18].

4. la *Generación 9/11* o *Generación Z* (nacida después de 1997 en un mundo completamente digitalizado), presentada en un artículo titulado «*The New Greatest Generation*»[19]. Esta generación está hiperconectada y se enfrenta con el desafío de poder conectar eficazmente las realidades en línea y fuera de línea.

Cualquier director/a de RR. HH. tiene que saber integrar las actitudes y habilidades de la diversidad generacional para el bienestar del lugar de trabajo. Durante décadas, el éxito en la carrera se asociaba con trepar y escalar puestos en la jerarquía de la empresa. Los triunfos se medían en términos del nivel de responsabilidad, el título y el sueldo. Se realizaban ascensos y aumentos de pago como recompensa por el tiempo dedicado y el trabajo duro en un solo departamento empresarial y, frecuentemente, en una misma compañía. Este ha sido el ambiente que creó la generación de tradicionalistas y en el que ha vivido la generación *babyboomer*.

Históricamente, en muchas partes del mundo hispano, los empresarios de la generación nacida antes de la Segunda Guerra Mundial habían tenido, hasta hace

[18] Rocío Samayoa, «Juventud y Medios de Comunicación Social», 18 de marzo de 2015, https://prezi.com/kqpfp_t_s9yp/juventud-y-medios-de-comunicacion-social/, consultado el 31 de mayo de 2017.

[19] Josh Sanburn, «Millennials: The Next Greatest Generation?», *Time Magazine*, 9 de mayo de 2013, http://nation.time.com/2013/05/09/millennials-the-next-greatest-generation/, consultado el 31 de mayo de 2017.

poco, actitudes y conceptos distintos de los estadounidenses, lo cual no quiere decir necesariamente ni que mejores ni peores, sino diferentes. Con respecto al tiempo, tradicionalmente no se había dado tanta importancia ni a la puntualidad ni al futuro, ni a los horarios. Muchos trabajadores se habían criado de una manera tradicional en sociedades principalmente agrícolas en las cuales habían predominado los ritmos lentos y cíclicos de la siembra y cosecha. Labraban día tras día y de sol a sol, y si no acababan cierta faena, la dejaban para el día siguiente. No se obsesionaban tanto por la hora ni vivían controlados por el reloj, como ocurría en las sociedades más industrializadas. De manera que si había cosas que se tenían que hacer o asuntos que despachar, a menos que fueran urgentes o personales, muchas personas no se apresuraban ni a comenzarlos ni a concluirlos. Los acabarían otro día o en otro momento, cuando pudieran o cuando desearan. También, la iglesia católica tradicional, que ejercía un papel tan importante en esa época en Hispanoamérica, había comunicado en gran parte un mensaje de fatalismo y resignación, de que «se hará si Dios quiere», una frase que también reflejaba que la voluntad del ser humano (con toda su ciencia y tecnología) podía tener sus límites.

En cuanto a la tecnología, a través de los años, no todos los países hispanoamericanos habían tenido la capacidad o la oportunidad de emprender suficientes proyectos científicos ni de investigación. Según un informe argentino, América Latina y el Caribe constituían regiones con el menor nivel de desarrollo científico y tecnológico del mundo[20]. En su conjunto, estos países invertían menos que Canadá en investigación y desarrollo (I+D), aunque lo sobrepasaban en la cantidad de recursos humanos disponibles. En muchos casos los países más desarrollados no estaban dispuestos a proveer capacitación tecnológica a los países en desarrollo para proteger su ventaja competitiva y mantener la dependencia. Quizás por estos motivos, los países hispanoamericanos carecían de suficientes científicos y técnicos. En realidad, la falta de peritos era una de las razones por las cuales los países hispanoamericanos no se habían industrializado o posindustrializado tanto como las otras naciones occidentales y habían tenido que recurrir a técnicos extranjeros y tecnología importada. Pero todo esto está cambiando al acelerarse los efectos de la nueva tecnología comunicativa. En varios países latinoamericanos como Brasil, México y Argentina, y especialmente en las grandes capitales y ciudades donde ya abunda más la tecnología comunicativa, las nuevas generaciones hispanoamericanas ya están funcionando a la vanguardia.

En realidad, a partir de los años treinta del siglo pasado, Hispanoamérica experimentó una creciente industrialización a nivel local y regional. En la década de los cincuenta, aun bajo los influjos de la industrialización, los países se dieron cuenta de que no se habían resuelto demasiados problemas estructurales en la región, como la pobreza, la marginalidad y el analfabetismo. Esta realidad llevó a algunos sectores de la izquierda hispanoamericana a radicalizar sus discursos y estrategias de solución. En este contexto, la situación de Hispanoamérica se polarizó.

---

[20] Albornoz, Mario. *Situación de la ciencia y la tecnología en las Américas*. Centro de Estudios sobre Ciencia, Desarrollo y Educación Superior. Buenos Aires, octubre de 2002, http://www.portal.oas.org/LinkClick.aspx?fileticket=zpH3fOQKKKI%3D&tabid=586 También, Carlos Aparicio, «La I+D en America Latina: Una situación lamentable», *BBC Mundo*, http://www.portal.oas.org/LinkClick.aspx?fileticket=zpH3fOQKKKI%3D&tabid=586, consultados el 31 de mayo de 2017.

En los años sesenta, la relación entre los EUA y América Latina fue dirigida por la Alianza para el Progreso (1961–1970), una estrategia estimulada por el presidente norteamericano Kennedy (1961–1963). Se brindó apoyo económico y técnico a los países hispanoamericanos con el objetivo de generar nuevos esfuerzos para superar los principales problemas relacionados con la pobreza y la marginalidad. Se crearon zonas de cooperación económica, como el Tratado de Managua (1960) que integró a Guatemala, El Salvador, Honduras, Nicaragua y Costa Rica, y el Pacto Andino (1969) que integró a países con frontera en la Cordillera de los Andes. En muchos países hispanoamericanos este proceso de industrialización se llevó a cabo bajo el concepto del *estado benefactor* o el *welfare state*, que subrayaba la participación estatal en el impulso económico asociado con la industrialización. Fue el mecanismo tradicional de colocación del dinero del *estado benefactor*. En muchos países hispanoamericanos, dirigidos por la misma generación de tradicionalistas, se pensaba que esto llevaría al desarrollo económico. Desgraciadamente, en demasiados casos los fondos subvencionados jamás llegaron a la gente marginada.

En las últimas décadas del siglo XX, muchos jóvenes hispanoamericanos emigraron de sus países para estudiar en programas más orientados hacia las ciencias, la administración de empresas y la tecnología de punta en las mejores universidades de los países más desarrollados en Norteamérica o Europa. Después, muchos regresaron a sus países de origen para tomar puestos de máxima responsabilidad e importancia en el sector privado o público. Por eso, especialmente en los países hispanos más industrializados, se están adoptando nuevas actitudes y costumbres, y se están tomando nuevas medidas en cuanto a los horarios y la tecnología. Argentina, Colombia, Chile, España, México, Panamá y Costa Rica, especialmente, están siguiendo a los países más desarrollados del mundo. Con respecto a la hora, se han impuesto nuevas prácticas en el horario laboral, la siesta y la puntualidad. Por ejemplo, en 1999 se aprobó en México una ley que eliminó la hora de la siesta para los empleados gubernamentales, les permitía solo una hora para el almuerzo y no les autorizaba trabajar después de las seis de la tarde. Ecuador, por su parte, lanzó en 2003 la «Campaña Nacional por la Puntualidad», como un esfuerzo cívico para crear una nueva cultura nacional que se caracterizará por «empezar a tiempo y terminar a tiempo»[21]. Y es que la impuntualidad ecuatoriana llevaba un precio nacional enorme, equivalente a unos 2,500 millones de dólares anuales, o sea, casi un 10% del PIB. Marcelo Fernández, director de la Universidad Internacional de Ecuador, había calculado que con el dinero perdido anualmente por los atrasos, el país podría pagar la deuda externa de cinco años o construir 95,000 aulas escolares[22].

Entonces, ¿qué debe hacer un extranjero que visita un país hispano en plan de negocios? En primer lugar, en el nuevo contexto comunicativo global, seguramente habrá comunicaciones preliminares entre los empresarios de las compañías antes de realizar cualquier viaje internacional. Al llegar, es siempre aconsejable acudir puntualmente a las citas comerciales en la espera de que las reuniones empiecen

---

[21] «Se inicia campaña de puntualidad», http://lahora.com.ec/index.php/noticias/show/1000187986/-1/Se_inicia_campa%C3%B1a_de_puntualidad.html#.WS-om8vrs5s, consultado el 31 de mayo de 2017.

[22] www.elrondador.com/noticias, consultado el 1° de octubre de 2003.

a la hora indicada, aunque es probable que comiencen 15 o 30 minutos tarde. En las regiones menos industrializadas, especialmente en zonas rurales y pequeños pueblos tanto en los EUA como en Hispanoamérica, todavía se conservan los antiguos conceptos y costumbres tradicionales, de modo que quien visite estos lugares tiene que ser aún más flexible en cuanto a la puntualidad. El tiempo tiene mucho valor tanto en los países hispanos como en los EUA, pero se notarán diferencias en la manera de usar el tiempo. Pero sin duda, la rapidez, la eficiencia y la puntualidad ganan cada vez más prioridad en el mundo de los negocios globales.

COMPARACIÓN GENERAL DE CONCEPTOS TRADICIONALES DEL TIEMPO

EUA	Mundo hispano
Imperativo categórico.	Concepto más relativo y fluido.
Considerado como objeto de gran valor.	La persona vale más que el horario.
Fecha límite/plazo de entrega absoluto.	Fecha límite/plazo de entrega generalmente más flexible.
«Ahora» significa en este mismo momento.	«Ahora» o «ahorita» puede significar que se hará en un momento («luego» o «al tiro» en Chile) o cuando se pueda (en un rato o ratito).
Cultura de reuniones muy ajustadas.	Programación de menos reuniones al día.
Puntualidad significa «a la hora en punto».	Puntualidad más fluida y relativa, a menudo con una «paciencia» de 15–30 minutos, lo cual señala que empezar a tiempo es igual que empezar un ratito después de la hora programada.
«Mañana» significa no el día de hoy, sino verdaderamente el de mañana.	«Mañana» puede significar sencillamente que «no en este momento» sino más tarde o en otro momento.
La cena de las 8:00 empieza a las 8:00.	La cena de las 8:00 puede empezar después de las 8:00 (media hora o una hora más tarde).
Las fiestas o reuniones sociales se programan para empezar y terminar a cierta hora, p. ej., de 8:00 a 10:00 p.m.	Las fiestas o reuniones sociales normalmente empezarán después de las 8:00 (media hora o una hora más tarde) y no se indica a modo de aguafiestas que los invitados se tienen que marchar a una hora señalada («Lo hemos pasado bien, ahora los echamos de casa»). Las fiestas suelen terminar cuando terminan, una prueba más de que las personas y los eventos importan más que el reloj.

En Hispanoamérica, la importancia de conocerse bien y de establecer un alto nivel de confianza entre los negociantes sigue siendo un elemento cultural muy importante. El llegar a fiarse de alguien es un proceso que requiere tiempo y buena voluntad, pero es la clave para no crear barreras ni dificultar las relaciones comerciales. Un/a representante de una empresa que intente ir directamente al grano en las negociaciones comerciales encontrará más dificultades para triunfar en el mundo hispano que la persona que logre establecer fuertes enlaces personales a través del tiempo. La paciencia, al igual que la rapidez, también puede valer oro en los negocios.

8-7 ACTIVIDADES

1. **¿Qué sabe usted de cultura?** Para demostrar sus conocimientos, conteste las preguntas a continuación.

   a. ¿Cuáles son las generaciones nacidas después de la Segunda Guerra Mundial hasta fines del siglo XX y cuáles son sus características? ¿Conoce usted a personas de estas generaciones? ¿Está de acuerdo con las descripciones de las generaciones?

   b. Compare las actitudes tradicionales estadounidenses e hispanas con respecto al tiempo y a la tecnología, refiriéndose en especial a los distintos orígenes y sus características más notables. ¿Es verdad que existen notables diferencias? ¿Existen también semejanzas? Explique con ejemplos.

   c. ¿Qué factores han impedido un mayor desarrollo industrial tecnológico en los países hispanos?

   d. Con respecto a la hora de la siesta, ¿qué tipo de ley se aprobó en México en 1999?

   e. ¿Por qué se lanzó en Ecuador la «Campaña Nacional por la Puntualidad»? ¿Ha tenido éxito esta campaña? Busque más información en Internet.

   f. Describa el impacto de los recientes desarrollos tecnológicos en la distribución de información y cultura en el mundo comercial global.

Figura 8-3   **Actitudes hacia el tiempo**

Al examinar las dos reacciones hacia un tren que se ha perdido y considerar las ubicaciones geográfico-culturales indicadas, ¿qué ocurre con la idea de una generalización estereotípica? Comente.

2. **Prueba de comprensión cultural.** Complete la prueba «Preguntas culturales» en el MindTap de *Éxito comercial: Prácticas administrativas y contextos culturales.*

3. **Minidrama cultural.** Dramaticen lo siguiente y contesten las preguntas.

La señorita Paula Taylor, gerente de producción de una compañía de ropa estadounidense, acaba de llegar a Guayaquil. Está allí para visitar la fábrica de tejidos que pertenece a su firma, para evaluar el proceso de fabricación y descubrir por qué el proceso no rinde ni la calidad ni la cantidad previstas por la casa matriz. Taylor tiene una cita a las once de la mañana con el gerente ecuatoriano de la fábrica y acude puntualmente. Su anfitrión, el licenciado Osvaldo Lara, no llega hasta las once y cuarto y no explica su demora. Además, Lara le hace un gesto dibujando rápidamente dos círculos en el aire con el dedo índice y desaparece por otros cinco minutos. Taylor se siente ofendida por esta falta de puntualidad. Cuando por fin se presenta el licenciado Lara, Taylor quiere ir al grano del asunto, pero el licenciado Lara prefiere dedicar un ratito a las cortesías sociales para romper el hielo. Al tratar finalmente el asunto que les interesa, el licenciado Lara sugiere que hagan una visita a la fábrica. A Taylor la escandaliza lo que ve: obreras que, al parecer, no hacen nada, salvo servirse de modos productivos obsoletos...

Srta. Taylor: Me parece que la productividad de las obreras deja mucho que desear.

Lic. Lara: Perdone, señorita Taylor, pero me parece que usted se equivoca. Hemos alcanzado todas las cuotas mensuales y con productos de alta calidad. También, las obreras solo están descansando un rato.

Srta. Taylor: No sé... parece que no están haciendo nada. Además, las pocas que están trabajando todavía se sirven de métodos obsoletos y prácticas anticuadas. ¿Qué les pasa? ¿No les gusta cumplir con las indicaciones y directrices de la casa matriz? (Con una sonrisa de superioridad).

Lic. Lara: No, señorita. Son muy diligentes y capaces. Bueno... es que todavía no conocen muy bien los nuevos métodos y las máquinas, y creen que los antiguos medios son iguales sino superiores a los modernos y...

Srta. Taylor: ¡No lo son! Además, la compañía ha invertido mucho dinero tanto en los nuevos medios de producción para mejorar e incrementar lo producido, como en capacitar a las obreras. ¡Ellas tienen que usarlos!

Lic. Lara: Bueno, señorita, es que ninguna entendió porque las instrucciones orales y las escritas se dieron en inglés. Es gente humilde y buena y...

Srta. Taylor: Esto no tiene nada que ver. Lo que nos interesa es que trabajen y que produzcan y que se sirvan de los nuevos medios de producción. ¿Entendido?

Lic. Lara: (Algo molesto) Claro que sí, señorita Taylor. Estamos aquí para servirle.

a. ¿Qué es lo que todavía tiene que aprender la señorita Taylor? Defienda su elección.
  - A los hispanoamericanos les importa el resultado final y no los medios para alcanzarlo, y no aprecian lo nuevo.
  - Los hispanoamericanos tienen una actitud más tranquila respecto al trabajo y su realización.
  - Los hispanoamericanos son perezosos y torpes y nunca ven la importancia de ser puntuales ni cumplidores en sus deberes.

b. ¿Qué significa el gesto que hace el licenciado Lara al llegar?

c. ¿Qué estará pensando el licenciado Lara de su encuentro con la señorita Taylor?

SÍNTESIS COMERCIAL Y CULTURAL

8-8 ACTIVIDADES COMUNICATIVAS

1. **Situaciones para dramatizar.** Lea las siguientes situaciones y, después, haga el papel en español con otro/s estudiante/s, usando las siguientes posibilidades como punto de partida. Cada persona debe participar activamente en la dramatización. No olviden el protocolo ni las cortesías.

a. *You are a purchasing manager for a new, small U.S. gasoline chain and are thinking of doing business with the* Corporación Estatal Petrolera Ecuatoriana (CEPE), *a consortium that produces most of the crude oil for Ecuador. Your current needs for oil are modest but may increase in the future. You need to decide on a purchasing policy and meet with the Ecuadorean representative of CEPE with whom you have been in contact and who is visiting the U.S. You discuss the following:*
  - *the most appropriate purchasing policy*
  - *the number and price of the barrels to be purchased*
  - *the anticipated delivery date*

b. *You are a production manager of a U.S.-based clothing chain that has a plant in Barranquilla. Your firm asks you to discuss with Colombian plant officials who are in your country the following problems, which have resulted in decreased output and sales:*
  - *seemingly poor worker attitudes: little dedication, constant lateness, absenteeism, and disregard for production schedules*
  - *a lack of quality control and a policy and mechanism to carry it out*
  - *suggestions for improving each of the above problem areas using both tact and knowledge of cross-cultural differences*

2. **Actividad empresarial.** Usted y un/a amigo/a trabajan para una compañía que investiga los mercados hispanoamericanos nacionales e internacionales.

Unos nuevos empresarios se han puesto en contacto con su firma para saber qué bienes y servicios o productos son más rentables. Como expertos en estos asuntos, se les ha encargado emprender algunas averiguaciones. Ustedes deciden realizarlas según la siguiente división temática:

a. los bienes y servicios que necesitan los hispanohablantes que viven dentro del país donde se ubica la compañía de ustedes (seleccionen un país)

b. los productos que requieren los mexicanos, centroamericanos y caribeños hispanos

c. los bienes y servicios que se necesitan en Sudamérica (o en los países andinos o en el Cono Sur)

Después de hacer las investigaciones, recopilen todos los datos en un informe escrito que explique por qué los bienes y servicios elegidos son los más rentables; preséntenlo oralmente, sin leerlo, a la clase.

3. **Minicaso práctico.** Lea el caso y conteste las preguntas a continuación.

Ya desde 1878, el gobierno de Ecuador desarrollaba en la zona amazónica y oriental del país, una zona ecológicamente frágil habitada por varias tribus de indígenas y donde se concentra el 5% de todas las especies de plantas y animales del mundo, lo que sería más tarde la industria petroquímica. En 1937, contrató primero a *Shell Corp.*, y luego en 1964, a *Texaco Petroleum Co.*, subsidiaria de *Texaco Corp.*, para explorar la región en busca de petróleo. *Texaco*, en particular, iba a diseñar los pozos de petróleo y construir el oleoducto que llevaría el petróleo a la costa del Pacífico a través de los Andes. Para realizar el proyecto, se formó un consorcio entre Petroecuador, compañía estatal ecuatoriana, y *Texaco* y se firmó un acuerdo de 28 años según el cual aquel sería dueño principal del consorcio y este socio menor. Durante este periodo, *Texaco* contrató a 840 empleados y a 2,000 trabajadores y, además de abastecer las necesidades petroquímicas del país, percibió rentas equivalentes al 50% del PNB de Ecuador. A pesar de estos logros económicos y financieros, resultaron graves problemas ecológico-sociales.

Texaco, al explotar los yacimientos petrolíferos sin ningún control regulatorio por parte del gobierno ecuatoriano, que desconocía las consecuencias de la explotación petrolera, decidió echar los residuos tóxicos de la perforación de petróleo en hoyos de tamaño de una piscina grande al lado de los pozos. Esto no era la costumbre en cuanto a la disposición de tales desperdicios, los cuales se introducían lentamente en la tierra poco fértil de modo que no contaminaran el medioambiente. Después de depositar los restos tóxicos en los hoyos, los restos empezaron a llegar a los ríos y arroyos cercanos y así ocurrió año tras año por casi 30 años. Recientemente se ha descubierto que estos desechos tóxicos no solo han contaminado el sistema geoecológico, especialmente el del agua, sino que se ha relacionado con la deforestación, la erosión del suelo y los efectos negativos sobre la biodiversidad, además de causar graves enfermedades como el cáncer. De hecho, las tribus indígenas que habitan esta zona amazónica y que mayormente padecieron y siguen padeciendo de las consecuencias de actos de las compañías petroleras, han reclamado contra estas en la corte, acusándolas de discriminación ambiental, racial y socioeconómica, que *Texaco* en especial no contrataba a trabajadores de origen indio. El pleito se resolvió cuando *Texaco* pagó 176 millones de dólares (EUA) a los demandantes. Entretanto, la compañía estadounidense declaró que no había hecho nada injusto ni inapropiado. Los demandantes siguen quejándose de los abusos e injusticias y aun han entablado pleitos contra *Texaco* incluso en los Estados Unidos, los cuales no se han resuelto hasta la fecha. Lo que sí han logrado es llamar la atención a este problema y a otros semejantes[23].

a. Describa brevemente la historia de la industria petrolera ecuatoriana de 1878 a 1964, así como la zona afectada.

b. ¿Cómo y por qué se involucró *Texaco* en el desarrollo de la industria petrolera de Ecuador? ¿Con qué problemas tuvo que enfrentarse y cómo se resolvieron?

c. Si hubiera sido usted el encargado de *Texaco*, ¿qué habría hecho para que no ocurriera tal situación y cómo habría solucionado los problemas resultantes para evitar los pleitos y el rencor?

8-9 COMPRENSIÓN Y COMUNICACIÓN

MINDTAP

Busque el ejercicio de video en el MindTap de *Éxito comercial: Prácticas administrativas y contextos culturales.*

Antes de ver. Conteste las siguientes preguntas antes de mirar el video.

1. ¿Cuál podría ser un tema de conversación en una reunión entre el/la jefe/a de producción y un/a capataz? ¿O entre el/la jefe/a de producción y un/a ingeniero/a? ¿O entre un/a capataz y un/a ingeniero/a?

2. ¿Por qué es importante hacer un seguimiento de cada fase de producción?

Al ver. En el video, el señor Dennis James es el jefe de producción de una compañía estadounidense que vende papel. Está en Cali para ayudar al supervisor, el ingeniero Pedro Rojas Restrepo, a organizar la nueva fábrica que acaba de mandar construir la empresa estadounidense. Lea las siguientes preguntas y después mire el video. Luego, vuelva a las preguntas para contestarlas.

1. ¿Qué le ofrece el señor Rojas al señor James al principio y al final de su encuentro? ¿Por qué?

---

[23] Caso basado en Kristi Jacques, «Environmental Justice Case Study: Texaco's Oil Production in the Ecuadorian Rainforest», http://www.umich.edu/~snre492/Jones/texaco.htm, consultado el 31 de mayo de 2017.

2. ¿Quién es el dueño de Leñera, Sociedad de Responsabilidad Limitada, y cuáles son algunas ventajas de esta situación?

3. ¿Quién es el licenciado Jiménez de Quesada y de qué se va a ocupar la semana entrante?

4. ¿Qué opina usted de la conducta del señor James durante su reunión con el señor Rojas? Comente.

Resumen. Resuma objetivamente para un/a compañero/a de clase lo que ha ocurrido en el video. O, para variar, haga un resumen con cambios o falsedades para ver si su compañero/a capta la información errónea y se la corrige.

Ud. es el/la intérprete. Siga el guion a continuación y haga el papel de intérprete entre el señor Dennis James y el ingeniero Pedro Rojas Restrepo. Traduzca del inglés al español y del español al inglés, **sin mirar el texto**, el diálogo que leerán otros dos estudiantes en voz alta. Ellos harán una pausa después de cada barra para permitir su traducción. Acuérdense todos de usar un tono y ritmo de diálogo natural.

Ing. Rojas: Buenos días, señor James. Espero no haber tardado demasiado en llegar.

INTÉRPRETE: _____

Sr. James: *Well, I thought you had forgotten about our meeting. Let's get down to business because I have other meetings this afternoon in addition to lunch with an important client.*

INTÉRPRETE: _____

Ing. Rojas: ¿No quiere usted tomar un café? Es el mejor del mundo. Por favor, pruebe una tacita.

INTÉRPRETE: _____

Sr. James: *No, thank you. I have several urgent things we need to deal with. First, what are your current purchasing policies?*

INTÉRPRETE: _____

Ing. Rojas: Bueno, ya tenemos un contrato con Leñera, Sociedad de Responsabilidad Limitada, una empresa de mi cuñado, para comprar toda la madera que nos haga falta. No solo la compramos a un buen precio, sino con buenas condiciones de pago.

INTÉRPRETE: _____

Sr. James: *That's great! Where are the purchase orders and who is taking care of the books?*

INTÉRPRETE: _____

Ing. Rojas: No se preocupe, señor James. El licenciado Laureano Jiménez de Quesada, nuestro contador, se encarga de todo.

INTÉRPRETE: _____

Sr. James: *That may well be, but I need to examine the books and report to the main office.*

INTÉRPRETE: _____

Ing. Rojas: Está bien, señor James, pero el licenciado Jiménez no estará hasta la semana que viene.

INTÉRPRETE: _____

Sr. James: *Okay, but make sure I get the books. / With regard to production, we recommend that you use flow control. / Also, please monitor each phase of production. We want high quality as well as high production from the workers.*

INTÉRPRETE: _____

Ing. Rojas: Claro, nosotros también, pero nos gustaría discutir lo del control de flujo. Pero, antes, tomémonos aquella tacita de café. ¡Estoy seguro que le gustará muchísimo!

INTÉRPRETE: _____

Sr. James: *All right, then, but I've only got about five minutes . . .*

INTÉRPRETE: _____

Interpretación consecutiva y simultánea. Vuelva al video y ahora haga una interpretación consecutiva, usando la pausa del video cuando le haga falta. O para variar, intente hacer una interpretación simultánea, sin pausas. ¡Ojo! Este tipo de ejercicio requiere mucha concentración, memoria y atención a los detalles.

Otro fin. Después de ver el video, imagine lo que podría ocurrir después si no termina en ese momento. ¿Cómo se desarrollará más el tema entre los actores y qué dirán? Para esta actividad, se puede escribir y entregar un nuevo fin o imaginarse otro fin para representarlo con compañeros de clase. Al continuar con el guion en español, siga el estilo de diálogo usado arriba, empezando con el señor James.

8-10 ANÁLISIS Y COMPARACIÓN

Estudie la Tabla 8-1 y haga los ejercicios que aparecen a continuación. Use también sus conocimientos y, cuando haga falta, otras fuentes informativas como un diccionario, Internet, etc. Los ejercicios se pueden hacer individualmente, en parejas o en pequeños grupos para discutir en clase.

1. ¿Qué es un recurso natural? ¿Cómo se relacionan las industrias de un país con sus recursos naturales?

2. ¿Cuáles son los recursos naturales de México? ¿Qué importante recurso natural tiene en común con Venezuela?

3. ¿Qué importante recurso natural tienen en común Argentina y Uruguay?

4. ¿En qué país hispano son las esmeraldas un recurso natural importante? ¿Los diamantes?

5. ¿Cuáles son los recursos naturales de España? ¿Para qué se usan el lignito, el uranio y el caolín? Busque la respuesta en un libro de consulta (una enciclopedia, un diccionario) o en Internet.

6. ¿Qué es el procesamiento de alimentos? ¿La refinación de petróleo? ¿El ensamble de vehículos de motor? ¿La confección? ¿La metalistería? ¿El empaque de carne? ¿El abono? ¿El calzado? ¿La maquila?

7. ¿Qué son los bienes de consumo? Dé algunos ejemplos.

8. ¿Qué es el turismo? ¿En qué países hispanos es el turismo una importante industria nacional? ¿Qué es el ecoturismo? ¿Ha visitado usted algún país hispano en plan de turista? Comente su experiencia. ¿Qué elementos (recursos naturales y de servicio humano) se requieren para fomentar una industria turística exitosa? ¿Qué tipos de turismo hay y cuáles le interesan a usted y por qué?

9. ¿Qué países hispanos consideran la energía hidroeléctrica un importante recurso natural? ¿Qué países cuentan con energía geotermal? ¿Qué son la energía hidroeléctrica y la energía geotermal?

 10. Divídase la clase en cuatro grupos de estudiantes para que cada uno haga un breve resumen de los recursos naturales del Caribe hispanoparlante, América Central, los países andinos y los países del Cono Sur.

TABLA 8–1 RECURSOS NATURALES Y PRINCIPALES INDUSTRIAS DE LOS PAÍSES HISPANOS, BRASIL Y LOS ESTADOS UNIDOS

País	Recursos naturales	Principales industrias nacionales
Argentina	Las pampas (llanuras fértiles), plomo, cinc, estaño, cobre, hierro, manganeso, petróleo, uranio	Procesamiento de alimentos, lácteos, aceite vegetal, azúcar, papel, vino, automóviles, textiles, refinación de petróleo, maquinaria y equipo, hierro, cemento, productos químicos y petroquímicos, bienes de consumo duraderos, imprenta, metalurgia, acero
Bolivia	Gas natural, petróleo, cinc, tungsteno, antimonio, plata, plomo, oro, hierro, estaño, madera, energía hidroeléctrica	Minería, fundición, petróleo y derivados del petróleo, procesamiento de alimentos y de bebidas, tabaco, artesanía, textiles y ropa
Chile	Cobre, madera, hierro, nitrato, metales y piedras preciosas, molibdeno, energía hidroeléctrica.	Minería de cobre y de otros minerales, fabricación de metales, procesamiento de alimentos y de pescado, bebidas, hierro y acero, madera y productos de madera, equipo de transporte, cemento, textiles, derivados del petróleo, papel
Colombia	Carbón, petróleo, gas natural, hierro, níquel, oro, plata, cobre, platino, esmeraldas, energía hidroeléctrica	Textiles, procesamiento de alimentos, bebidas, petróleo, confección (ropa), calzado, bebida, productos químicos, cemento, oro, carbón, esmeraldas, maquinaria, papel

(continúa)

TABLA 8–1 *(continuación)*

País	Recursos naturales	Principales industrias nacionales
Costa Rica	Energía hidroeléctrica	Procesamiento de alimentos, textiles y ropa, materiales para construcción, abono, productos de plástico, turismo y ecoturismo, equipo médico, microprocesadores, electrónica, papel
Cuba	Níquel, cobalto, hierro, cobre, manganeso, sal, madera, sílice, petróleo, cromo, tierra cultivable	Azúcar, procesamiento de alimentos, bebidas, refinación de petróleo, tabaco, textiles, productos químicos, productos de madera y de papel, metales (esp. el níquel), hierro, cemento, abono, equipo de transporte y maquinaria (esp. agrícola), bienes de consumo, construcción, productos farmacéuticos
Ecuador	Petróleo, pesca y mariscos (esp. el camarón), madera, oro, piedra caliza, energía hidroeléctrica	Petróleo, procesamiento de alimentos, textiles, pesca, productos de madera, de papel y de metal, productos químicos y farmacéuticos, plásticos, minerales
El Salvador	Energía hidroeléctrica y geotérmica, petróleo, tierra cultivable	Procesamiento de alimentos y de bebidas, ropa y calzado, textiles, petróleo, productos químicos, abono, muebles, metales y minerales, jabón
España	Carbón, lignito, hierro, uranio, mercurio, pirita de cobre y de hierro, espato flúor, yeso, cinc, plomo, tungsteno, caolín, potasa, energía hidroeléctrica, tierra cultivable	Textiles, ropa, calzado, procesamiento de alimentos y de bebidas, metales y manufacturas de metal, productos químicos y petroquímicos, construcción de barcos, automóviles, herramientas mecánicas, bienes de consumo, productos electrónicos, turismo, arcilla, productos de refracción, productos farmacéuticos, equipo médico
Guatemala	Petróleo, níquel, maderas poco comunes, pesca, chicle, energía hidroeléctrica	Azúcar, alimentos, maquinaria, textiles y ropa, muebles, productos químicos, petróleo, metales, caucho (goma), turismo
Guinea Ecuatorial	Aceite, petróleo, madera, oro, manganeso, uranio, gas natural, bauxita, diamantes, tantalio, arena y gravilla, arcilla	Petróleo, pesca, aserraderos, gas natural
Honduras	Madera, oro, plata, cobre, plomo, cinc, hierro, antimonio, carbón, pesca, energía hidroeléctrica	Azúcar, café, textiles y ropa, productos de madera, químicos, cemento, cigarros, productos alimenticios
México	Petróleo, plata, cobre, oro, cinc, plomo, gas natural, madera	Petróleo, alimentos y bebidas, tabaco, sal, productos químicos, minería, hierro, acero, textiles y ropa, papel, vehículos de motor, bienes durables de consumo, turismo
Nicaragua	Oro, plata, cobre, tungsteno, plomo, cinc, madera, pesca	Procesamiento de alimentos y de bebidas, productos químicos y de metal, maquinaria, minería, cemento, ladrillo y azulejo, textiles y ropa, calzado, refinación y distribución de petróleo, calzado, madera

(continúa)

TABLA 8–1 *(continuación)*

País	Recursos naturales	Principales industrias nacionales
Panamá	Cobre, caoba y bosques, camarones, energía hidroeléctrica	Construcción, refinación y productos de petróleo, cemento, azúcar, procesamiento de alimentos y de bebidas, metalistería (trabajo en metales), productos químicos, papel y productos de papel, imprenta, minería, ropa, muebles
Paraguay	Energía hidroeléctrica, madera, hierro, manganeso, piedra caliza	Elaboración y empacado de carne, machaqueo de semillas oleaginosas, molienda y aserrado, cervecería, textiles, azúcar, cemento, construcción, minería, productos de madera, cuero, electricidad, energía hidroeléctrica
Perú	Cobre, plata, oro, petróleo, madera, pesca, hierro, carbón, fosfatos, potasa, energía hidroeléctrica, gas natural	Minería y refinación de minerales, fabricación de metales, extracción y refinación de petróleo, gas natural, pesca, textiles y ropa, procesamiento de alimentos y de bebidas (en particular los refrescos o las bebidas gaseosas), cemento, ensamble de automóviles, acero, construcción de barcos, plásticos, papel, barnices y lacas
Puerto Rico	Cobre, níquel, potencial de petróleo	Productos farmacéuticos y electrónicos, ropa, alimentos, maquinaria (eléctrica y no eléctrica), metales, derivados del petróleo, textiles, turismo
República Dominicana	Níquel, bauxita, oro, plata	Turismo, azúcar, minería de ferroníquel y de oro, textiles (maquila), cemento, tabaco, cerveza, energía hidroeléctrica, productos farmacéuticos
Uruguay	Tierra cultivable, energía hidroeléctrica, minerales, pesca, granito, mármol	Procesamiento de carne (frigoríficos), maquinaria eléctrica, equipo de transporte, productos de petróleo, productos químicos, lana, pieles, azúcar, textiles, calzado, artículos de cuero, llantas y neumáticos, cemento, refinación de petróleo, vino, tabaco, procesamiento de alimentos y de bebidas
Venezuela	Petróleo, gas natural, carbón, hierro, oro, bauxita, otros minerales, energía hidroeléctrica, diamantes	Petróleo, petroquímica, cemento, abono, vehículos y piezas de repuesto, telecomunicaciones, minería de hierro, materiales para construcción, procesamiento de alimentos y bebidas, textiles, calzado, químicos, plásticos, acero, aluminio, ensamblaje de vehículos de motor
Brasil	Petróleo, hierro, oro, bauxita, magnesio, níquel, fosfatos, platino, uranio, árboles maderables, estaño	Textiles, zapatos, productos químicos, cemento, hierro, siderurgia, madera, aviones, vehículos de motor y piezas de repuesto, otra maquinaria y equipo, aluminio, papel y derivados, juguetes, vinos y licores, automóviles, galletas, computadoras, electrodomésticos, ropa, muebles, teléfonos celulares

(continúa)

TABLA 8–1 *(continuación)*

País	Recursos naturales	Principales industrias nacionales
Estados Unidos	Carbón, cobre, plomo, molibdeno, fosfatos, uranio, bauxita, oro, hierro, níquel, potasa, plata, mercurio, tungsteno, cinc, petróleo, gas natural, bosques y madera, pesca	Petróleo, acero, cobre, barro, sal, plásticos, producción y ensamble de vehículos de motor, industria aeroespacial, telecomunicaciones, productos químicos, electrónica, procesamiento de alimentos y de bebidas, bienes de consumo, madera, minería, cemento, construcción de aviones y de barcos, enseres menores, pesca, papel, instrumentos de medicina, cigarros, muebles, equipo fotográfico

Fuentes: *U.S. Department of State Background Notes, CIA World Factbook* 2009, *The World Almanac and Book of Facts* 2009 y *Almanaque mundial* 2009.

 MINDTAP

Posibilidades profesionales

El campo de bienes y servicios, o sea, de producción, comprende muchos cargos tales como los de gerente de producción o de compraventa, director/a de control de calidad, abastecedor/a, capataz, etc. Para obtener más información al respecto y para una actividad que le ayude a saber más sobre el tema, véase el Capítulo 8 de «Posibilidades profesionales», en el MindTap de *Éxito comercial: Prácticas administrativas y contextos culturales.*

VOCABULARIO

Aquí se presentan los principales términos de este capítulo. Al final del libro, hay un glosario más completo.

abastecedor/a supplier

aparato electrodoméstico electrical household appliance

averiado damaged, broken down

bienes *(m/pl)* goods

   de abastecimiento supplies

   de capital o de equipo capital goods

   de consumo consumer goods

   de lujo luxury goods

   especiales specialty goods

   industriales industrial goods

   semiacabados unfinished goods

cadena de suministros supply-chaining

competencia encarnizada cut-throat competition

conducta consumidora buying behavior

control control

   de calidad quality control (QC)

   de fabricación production control

   de materiales materials control

costo-beneficio cost-benefit

cuota quota, capacity

elaborar to make, manufacture

ensamblaje *(m)* assembly

ensamble *(m)* assembly

envase *(m)* bottle, can, box, carton

(continúa)

VOCABULARIO *(continuación)*

fabricación manufacturing

fabricar to manufacture

fecha de entrega delivery date; deadline

límite deadline

garantía de calidad quality assurance

gestión management

licitante *(m/f)* bidder

línea de montaje assembly line

mantenimiento de equipo equipment maintenance

mezcla de productos product mix

pedido order, purchase order

pieza de repuesto spare part

planificación planning

plazo de entrega deadline

política de compras purchasing policy

proceso process

analítico analytic process

de ensamble assembly process

de fabricación manufacturing process

extractivo extraction process

sintético synthetic process

producción production

continua continuous production

estándar standard production

intermitente intermittent production

ordenada o en lotes pequeños small-batch production

por carácter character of production

por duración time of production

por naturaleza nature of production

programación scheduling

proveedor/a supplier

proveer to provide, supply

reparación repair

repuesto spare part

responsabilidad del productor product liability

secuencia routing, sequencing

subcontratación outsourcing

usuario/a user

MARKETING I:
Mercados y publicidad

People will buy anything that's one to a customer.

— SINCLAIR LEWIS

A hamburger by any other name costs twice as much.

— EVAN ESAR

Quien miente ofende a la buena gente.

— PROVERBIO

Sue Cunningham Photographic / Alamy Stock Photo

El nacionalismo en la publicidad, Lima, Perú. ¿Qué piensa usted del nacionalismo en los anuncios, por ejemplo, cuando se dice «*Buy American*»? ¿Quiénes son los presuntos consumidores? ¿Cómo funciona la psicología del anuncio? ¿Quién es el propietario actual de Inca Kola? Busque la respuesta en Internet.

9-1 PREGUNTAS DE ORIENTACIÓN

Cuando lea la sección «Lectura comercial», piense en las respuestas a las siguientes preguntas.

1. Según las fuentes citadas y el texto, ¿qué es el marketing?

2. ¿Son sinónimos el marketing y la publicidad? Explique.

3. ¿Cuáles son las cuatro «P» tradicionales del marketing? ¿Cómo han evolucionado? ¿Hay más de cuatro hoy en día? Explique. ¿Qué quiere decir la sigla SIVA y cómo se relaciona este modelo de marketing con las cuatro «P» tradicionales?

4. ¿Qué son el marketing social y el marketing ambiental o verde? ¿Y la cadena de suministros verde y la huella ecológica o de carbono? ¿Qué es el lavado de imagen?

5. ¿Qué es el concepto de utilidad de un producto y cuáles son las cuatro utilidades clásicas? Dé un buen ejemplo de cómo un producto (no el mismo ejemplo del café ofrecido en el texto) tiene utilidad y explique cómo la tiene.

6. ¿Cuáles son las funciones universales del marketing? ¿Cuáles de ellas se pueden excluir y por qué?

7. ¿En qué se diferencian los métodos primarios de los secundarios en la recopilación de datos sobre un mercado?

8. ¿Qué tipos de estudios y evaluaciones realiza típicamente una empresa de investigación de mercados? ¿Por qué se realizan?

9. ¿Por qué se segmenta un mercado y qué categorías suelen figurar en la segmentación de un mercado?

10. ¿Por qué es importante la creación y la administración de una buena marca comercial? ¿Qué es la lealtad del consumidor y por qué es una meta clave en los anuncios? ¿Cómo se puede crear o perder tal lealtad? ¿Qué tipo de protección ofrece la marca registrada? ¿Qué ocurrió en el caso de *Coke*?

11. ¿Cuáles son las tres categorías principales del fomento de ventas? Dé ejemplos de cada categoría.

12. ¿En qué se diferencian las técnicas de la venta dura y la venta blanda? ¿Qué opina usted de la venta dura? ¿Ha sido alguna vez víctima de esta estrategia de ventas? Comente. Demuestre ambas técnicas de venta, la dura y la blanda, a sus compañeros de clase.

13. ¿Qué medios publicitarios se emplean en la venta masiva? ¿Qué es la publicidad en Internet? ¿Cómo funciona? ¿Cuáles son algunas ventajas de este medio publicitario? ¿Cómo podrían ser diferentes dos anuncios para el mismo producto, uno en español para el consumidor hispano y el otro en inglés para el consumidor anglo-estadounidense? Comente sobre elementos como la psicología que se podría usar, los símbolos, las imágenes, etc. ¿Conoce usted algún buen ejemplo de estas diferencias en dos anuncios? Comente.

14. En cuanto a la ética publicitaria, ¿cuáles son algunas consideraciones en Argentina, Chile, Perú y España?

 Integridad y ética empresariales

Under the Federal Trade Commission Act (Ley sobre la Comisión Federal del Comercio):

- *Advertising must be truthful and non-deceptive;*
- *Advertisers must have evidence to back up their claims; and*
- *Advertisements cannot be unfair*[1].

Traduzca al español la información de arriba y comente su validez en cuanto a lo que realmente ocurre en los anuncios publicitarios. ¿Predomina la veracidad publicitaria? Comente. ¿Comprueban los publicistas sus afirmaciones? Comente. ¿Hay anuncios injustos? Comente con ejemplos.

 Liderazgo

Ningún líder genuino jamás está «demasiado ocupado» para hacer cualquier cosa que pueda ser requerida en su capacidad de líder.

— NAPOLEÓN HILL

Traduzca al inglés esta cita de liderato y comente su validez para el mundo de los negocios u otras profesiones, con un buen ejemplo que usted conozca o uno que pueda imaginarse.

---

[1] http://business.ftc.gov/documents/bus35-advertising-faqs-guide-small-business, consultado el 1º de junio de 2017.

anuncio
ad, advertisement

encuesta
survey

ensayo
test, trial

fomento de ventas
sales promotion

lavado de imagen
greenwashing

lema *(m)*
slogan, motto

marca
brand, trademark

mercadeo
marketing

mercadotecnia
marketing

promover
to promote

publicidad
publicity, advertising

sondeo
opinion poll

15. ¿Qué factores especiales son importantes en el marketing internacional? ¿Qué es la localización en los anuncios y por qué piensa usted que es importante? ¿Puede aportar un buen ejemplo de la localización? Comente.

LECTURA COMERCIAL

Segmentación del mercado y publicidad

Una vez que la empresa tenga disponibles los bienes o servicios que desea vender al público, hace falta entrar más plenamente en el tema comercial llamado **marketing** (o **mercadeo**, **mercadotecnia**, **mercadología**). El marketing se define como el «conjunto de principios y prácticas que buscan el aumento del comercio, especialmente de la demanda» y como el «estudio de los procedimientos y recursos tendentes a este fin»[2]. La *American Marketing Association* (Asociación Estadounidense de Mercadeo) aprobó en 2007 la siguiente definición más amplia y claramente orientada hacia los clientes y usuarios: «El marketing es la actividad, las instituciones y los procesos para crear, comunicar, entregar e intercambiar ofertas que tienen valor para los clientes, los socios y la sociedad en general»[3]. En definitiva, se trata de cómo hacer llegar el producto o servicio al consumidor o usuario en el lugar y momento en que este los desee, a un precio razonable para el cliente y lucrativo para la empresa. Es un proceso continuo —fundamentado en una estrategia de para quién, cómo, dónde y cuándo— que abarca toda la cadena de pasos entre la fabricación de una mercancía (o la oferta de un servicio) y su compra y posesión por parte de los clientes. Por eso, esencialmente toda decisión empresarial necesita tener en cuenta el marketing. Es mucho más que la mera publicidad, aunque a menudo se usan estos dos términos, marketing y publicidad, como si fueran sinónimos. La publicidad se refiere más estrictamente a la función informativa del mercadeo.

En términos tradicionales, el marketing se basa en cuatro elementos fundamentales conocidos como «las cuatro P»: (1) **producto**, (2) **promoción**, (3) **precio** y (4) **plaza** (o mercado, que incluye distribución y almacenaje). Respecto al precio, es importante recordar que el precio mínimo siempre cubrirá los costos de producción y comercialización para que la empresa no pierda dinero; el precio máximo o tope será el que tolera el mercado, es decir, lo máximo que el cliente esté dispuesto a pagar por una mercancía o por un servicio. En años recientes, el concepto de las cuatro «P» se ha ampliado para incluir otras «P» como (1) **personas** (énfasis en la atención a los clientes), (2) **posicionamiento** (la creación de una identidad o personalidad distintiva para la marca) y (3) **procesos** (la logística y los costos). Sin duda, el enfoque principal del marketing se ha desplazado del productor y el producto hacia el comprador o cliente, tal como ocurre con el reciente modelo SIVA (Solución, Información, Valor, Acceso), en el que las cuatro «P» se sustituyen de la siguiente manera: producto se convierte en **solución** (S), promoción en **información** (I), precio en **valor** (V) y plaza en **acceso** (A)[4]. A su vez, hoy en día han cobrado mayor

---

[2] http://lema.rae.es/drae/?val=marketing, consultado el 1º de junio de 2017.

[3] http://www.marketingpower.com/aboutama/pages/definitionofmarketing.aspx, consultado el 1º de junio de 2017.

[4] Chekitan S. Dev y Don E. Schultz. «In the Mix: A Customer-Focused Approach Can Bring the Current Marketing Mix into the 21st Century». *Marketing Management* 14.1 (2005): págs. 35–36.

importancia el **marketing social** (las consideraciones de la justicia social) y el **marketing verde** (demostrar una responsabilidad hacia la protección del medio ambiente) que van mucho más allá del **lavado de imagen,** en el cual una empresa intenta convencer al público, al gobierno y a los accionistas (por medio de una campaña de relaciones públicas) de que sus productos tienen un impacto reducido sobre el medio ambiente, cuando en realidad no es así. Según la Comisión Federal de Comercio de los EUA, las alegaciones acerca del marketing ambiental de una empresa deberían precisar si se refieren al producto mismo, a su **envasado** o **embalaje**, al servicio proporcionado, o solamente a una parte de estos elementos[5]. El propósito para un número creciente de empresas es desarrollar una **cadena de suministros verde** (el cumplimiento por parte de los proveedores de nuevas regulaciones ambientales más rigurosas) para así reducir su **huella ecológica** o **de carbono,** es decir, su impacto ambiental negativo.

En conjunto, el marketing sigue respondiendo al concepto de **utilidad,** que requiere que un producto o servicio tenga: (1) la **forma** deseada por el comprador (por ejemplo, el resultado de una manufactura, cosecha, preparación o investigación realizada por un asesor); (2) en un **lugar** apropiado (donde lo necesite y lo pueda adquirir el consumidor o usuario); (3) en el **tiempo** o **momento** deseado (para la fecha y la hora cuando lo necesite el comprador) para que luego se facilite (4) la **posesión** por parte del comprador. Veamos el ejemplo de una taza de café que el consumidor desea comprar al despertarse por la mañana: si solo se le ofrecen los granos sin moler y sin agua, carece de la forma deseada; si se le dice al consumidor que tiene que ir a otro sitio que queda a seis kilómetros de distancia, falta la función de lugar, pues quiere tomarse el café aquí mismo en lugar de tener que ir hasta allá; si se le comunica que tendrá que volver en dos horas, no hay utilidad de tiempo o momento, pues desea tomar ese café ahora mismo y no más tarde; y si el consumidor no tiene suficiente dinero para pagar por el café que desea tomar, faltará la utilidad de posesión. Al fin y al cabo, la mejor prueba de utilidad es la realización de la transacción comercial, es decir, la compra de esa buena taza de café aquí y ahora.

También hay que tener en cuenta una serie de funciones universales del marketing: financiamiento, compra, venta, transporte, almacenaje, estandarización y clasificación (control de cantidad y calidad), riesgo e información. El financiamiento es el dinero necesario para transportar, almacenar, anunciar, vender y comprar mercancías. El riesgo lo constituye el hecho de que una empresa nunca está segura de que los consumidores o usuarios compren sus mercaderías, las cuales, además, pueden sufrir daños, pérdidas, hurtos o hacerse obsoletas y pasar de moda en la parte final de su ciclo de vida (CVP, **ciclo de vida del producto:** introducción, crecimiento, madurez, declive). Todas estas funciones ayudan a realizar las utilidades de forma, lugar, tiempo y posesión. Aunque el número de intermediarios que se necesita para desempeñar estas funciones puede variar (muchas veces una sola persona o empresa [por ejemplo, las MIPYME] realiza varias de ellas, sin tener que contratar a otros intermediarios para hacerlo), no se pueden eliminar las funciones mismas, pues siempre están presentes de alguna manera en el marketing.

---

[5] https://www.ftc.gov/sites/default/files/attachments/press-releases/ftc-issues-revised-green-guides/greenguides.pdf, (b) «Distinction between benefits of product, package, and service», pág. 4, consultado el 26 de abril de 2017.

Hoy en día, se acepta la teoría de que es el consumidor o cliente quien, interesado en sus propios deseos y necesidades, determina lo que se vende y se compra, en contraste con la noción tradicional de que este proceso lo controlaban las necesidades o deseos del fabricante o vendedor. Para llegar al consumidor presunto, el/la director/a de marketing necesita investigar el mercado mediante observaciones directas y pruebas y ensayos del producto o servicio, para ver cómo reaccionan los compradores potenciales. También se usan el **muestreo estadístico**, los **grupos de enfoque**, los **sondeos** y las **encuestas** (en persona, por correo, por teléfono, en línea, por medio de las televentas o el telemarketing) para saber exactamente quién es el cliente y qué es lo que prefiere. Estos son los métodos primarios (directos) de recopilación de datos, es decir, la información que uno mismo (una empresa u organización) reúne y analiza.

Entre los métodos secundarios (indirectos, es decir, información buscada por otros), están el repaso de los datos ya existentes dentro de la empresa o la investigación de datos disponibles en fuentes fuera de la empresa. Por ejemplo, si uno quiere saber el número de residentes hispanos en cada región de los Estados Unidos, sería mucho más económico y rápido buscar esta información en una base de datos o en Internet (www.census.gov), que empezar a contar cabezas en persona. Una empresa de investigación de mercados suele realizar sondeos y evaluaciones cualitativos y cuantitativos, por ejemplo, de mercados (existentes y nuevos), motivaciones de consumo, perfiles de clientes, opinión y actitud, imagen y posicionamiento, precios, imagen corporativa e impacto publicitario. Los dos métodos, el primario y el secundario, aportan información que ayuda con el **lanzamiento** de un producto o servicio, que se distingue de otros productos y servicios porque ahora se dirige a un cliente en particular. En otras palabras, el mercado se analiza y divide en segmentos que agrupan a individuos con necesidades y deseos semejantes, para así convertir un mercado impreciso y genérico en uno muy específico.

Al identificar un mercado particular, tradicionalmente se consideran factores como la edad, el género (sexo), la educación, el ingreso, el lugar geográfico (urbano/rural), etc. En Hispanoamérica, por ejemplo, hace años se identificaron cinco mercados tradicionales, basándose tanto en una segmentación demográfica, social y cultural como geográfica y regional: México, Brasil, el Caribe, la Hispanoamérica europea y la Hispanoamérica indígena[6]. Otra posible segmentación sería la que se basa en distintos acuerdos como el TLCAN, RD-CAFTA y MERCOSUR. Todo esto contribuye a la identificación **demográfica** (¿cuántos? y ¿dónde?) y la **psicográfica** (¿quiénes? y ¿cómo son?). De este modo, se le presta tanta atención al individuo y su composición **psicológica** como al grupo (los elementos **socioantropológicos**) y a las maneras en que se interrelacionan los individuos y los grupos sociales (las consideraciones **sociopsicológicas**). Esto ayuda a entender cómo una misma conducta puede ser el resultado de diferentes motivaciones, deseos o necesidades, por ejemplo, que no todo el mundo ve una misma película por las mismas razones. Cabe añadir que también existen los mercados ilícitos, es decir, el **estraperlo** o el mercado

---

[6] Marlene Rossman, *Marketing News*, Vol. 19, N° 21, 11 de octubre de 1985: pág. 10.

negro para muchos artículos (tabaco, música, repuestos para autos, etc.) y para el dinero mismo (cambio negro o de contrabando).

Una vez que se precisa el mercado de un producto, se puede crear una marca —un signo distintivo— para ayudar al consumidor a reconocer la mercancía o servicio que la empresa ha puesto en venta. La marca es una palabra o frase, un símbolo, un diseño o un sonido (o una combinación de los cuatro elementos) que identifica el producto o servicio del vendedor y lo distingue de otros productos o servicios. Se debe convertir en algo familiar, conocido y estable, que muchas veces se asocia con la calidad o las características particulares que se buscan en un producto: el sabor refrescante de una *Pepsi* o *Coca-Cola*, la seguridad del funcionamiento de una máquina *IBM* o *Sony*, el lujo de un *Mercedes-Benz* o *BMW*, etc. Una marca también sirve para crear lealtad, un elemento notable entre los consumidores hispanos, hacia el producto o la empresa. Para que sea una marca comercial o de fábrica en los EUA, hace falta registrarla ante el gobierno federal. La **marca registrada** protege la identificación de un producto en todo el país o en el extranjero. Esta protección se basa en el territorio (lugar indicado) y la prioridad (quién registró primero su marca). Pero esta protección se puede poner en peligro si su propietario no defiende el uso exclusivo que estipula el nombre o símbolo seleccionado. Esto explica por qué la *Coca-Cola Enterprises Inc.* quiso asegurarse de que pedir una «*Coke*» (marca registrada en 1945) en los bares y restaurantes no resultara indistintamente en la venta de una *Pepsi, Seven-Up* u otra bebida gaseosa en lugar de una *Coca-Cola*. De no ejercer este seguimiento en plan de administración de marcas, «*Coke*» podría llegar a representar cualquier refresco gaseoso y perdería el vigor de ser una marca registrada, tal como ocurrió con los productos *Aspirin* y *Kleenex*. Pero la realidad es que hoy, en el sur de los EUA, la gente se refiere generalmente a un refresco gaseoso como «*coke*», como «*pop*» en el centro, como «*soda*» o «*tonic*» en el noreste y como «*soda*» en California. La *Xerox Corporation*, por otra parte, sí ha logrado que su marca registrada, *Xerox*, no se use como sinónimo de «fotocopiar». En cuanto al alcance y la duración de la protección de una marca en España, por ejemplo, «se concede por diez años desde la fecha de solicitud y puede renovarse indefinidamente por periodos sucesivos de diez años» y la protección conseguida «con el registro de la marca se extiende a todo el territorio nacional» y «es posible obtener una protección internacional de la marca»[7].

Como se ha indicado antes, el **fomento de ventas** representa un aspecto informativo del mercadeo. Pero es una parte clave, pues llama la atención de los consumidores sobre los productos y servicios. No basta con solo producir y distribuir un producto o servicio: es necesario **divulgarlo** y promoverlo. Es decir, educar e informar a los presuntos consumidores y usuarios de que existe; explicar su uso, sus ventajas y cómo se diferencia de otros productos que ya existen en el mercado; indicar el lugar, momento y precio de venta; y animar y persuadir al consumidor a que lo compre. Se trata de la ciencia y el arte del convencimiento.

---

[7] http://www.oepm.es/export/sites/oepm/comun/documentos_relacionados/Publicaciones/Folletos/Manual_solicitantes_marcas.pdf, consultado el 26 de abril de 2017.

Hay tres categorías tradicionales del fomento o la promoción de ventas: la venta personal, la promoción y la venta masiva. La venta personal, cuya estrategia puede variar entre la **venta dura** o agresiva, la técnica de ejercer muchísima presión sobre el comprador para intimidarlo y dominarlo hasta la sumisión y la compra, y la **venta blanda** o suave, que ocurre cuando un vendedor es menos agresivo y apabullante y le explica directamente a un cliente los beneficios de su producto sin presionarlo en exceso. La promoción es una oferta al consumidor: «Si compra usted dos cajas, le daremos la tercera gratis». La venta masiva o en masa incluye los anuncios, la publicidad gratuita y las relaciones públicas.

Los anuncios o avisos informan sobre los productos y servicios; el fabricante o comerciante paga por ellos y su objetivo es influir en el consumidor. Un producto o servicio se puede anunciar a nivel local, regional, nacional o internacional. En el campo internacional, a menudo se recurre a la localización de los anuncios, la cual se logra por medio de una adaptación cultural (transculturación) cuyo propósito es transformar un anuncio extranjero para que ya no parezca venir de otra cultura o lengua. Se sabe que el consumidor presunto se presta mucho más a la compra si el producto o servicio se anuncia en su propia lengua. Los anuncios en general brindan una descripción del producto, sus beneficios y, a veces, un **lema** o **eslogan** llamativo, es decir, una fórmula breve y original, utilizada para publicidad. Algunos de los productos más anunciados son: alimentos y bebidas, ropa, artículos para el hogar, automóviles, refrescos y productos de higiene personal, medicamentos y fármacos, tanto en los EUA como en España y Latinoamérica. En un solo día, el ciudadano urbano percibe miles de anuncios publicitarios por diferentes medios de difusión: televisión, radio, prensa, letreros (muchas veces luminosos), carteleras, vallas, catálogos, guías telefónicas, folletos e Internet. Es un verdadero bombardeo publicitario a nivel global. La publicidad en Internet sigue ganando más adeptos cada año en la nueva «e-conomía», caracterizada por «e-clientes» y «netprendedores». Esta «netpublicidad» usa pancartas, *pop-ups* (o ventanas emergentes), botones, rascacielos, hipervínculos, robapáginas, pantallas en miniatura, buscadores, comunidades virtuales, grupos de noticias, boletines informativos, salas de conversación y anuncios por correo electrónico para publicitar los productos y servicios de forma continua las 24 horas del día. Como medio publicitario es relativamente barato, de fácil acceso y edición, posibilita el acceso a más clientes y brinda un alcance mundial. En este nuevo mundo de marketing y compraventa en línea, la «netpublicidad», que ya compite y complementa los medios electrónicos tradicionales de televisión y radio, empieza a hacerse un elemento imprescindible de la comunicación publicitaria con las sociedades modernas en continuo movimiento y contacto por medio de las redes sociales. En las últimas tendencias del marketing, cada vez más empresas están creando páginas en *Facebook* con anuncios de ofertas especiales para las redes de aficionados o «*fans*» o publican anuncios por medio de *Twitter*. Los amigos de *Facebook* y los seguidores de *Twitter* pueden recibir un mensaje o código que luego pueden **canjear** en una tienda, tal como ocurre también con las aplicaciones de la telefonía inteligente.

En cuanto al elemento ético de la publicidad, otro factor muy importante en el mundo **publicitario**, la Asociación Argentina de Publicidad (AAP) indica que: «Ningún miembro de la AAP difamará o desacreditará abierta ni veladamente a cualquier otro socio, con actos o palabras que puedan poner en duda su integridad moral, su honradez, su habilidad o la calidad de sus servicios»[8]. El Código Chileno de Ética Publicitaria por su parte afirma que: «Ningún aviso o manifestación publicitaria debe presentarse en forma que menoscabe la confianza del público en la publicidad» y que: «Los niños no deben aparecer en situaciones peligrosas, o comportándose de manera arriesgada o irresponsable, excepto en avisos de servicio público donde la situación se justifique precisamente para prevenir tales conductas»[9]. En el Artículo 12°, Principio de Decencia y Sexualidad en la Publicidad, según la Presentación del Nuevo Código de Ética Publicitaria y el Nuevo Código de Procedimientos de CONAR del Perú, «Los anuncios publicitarios deberán respetar la dignidad de las personas y su intimidad, el núcleo familiar, el interés social, las instituciones públicas y privadas, las autoridades legítimamente constituidas y los símbolos patrios[10].» El Código de Conducta Publicitaria de la Asociación para la Autorregulación de la Comunicación Comercial en España declara que: «La publicidad no incitará a la violencia, ni sugerirá ventajas en las actitudes de violencia» y que «no incitará a comportamientos ilegales» ni «sugerirá circunstancias de discriminación ya sea por razón de raza, nacionalidad, religión, sexo u orientación sexual, ni atentará contra la dignidad de la persona. En particular, se evitarán aquellos anuncios que puedan resultar vejatorios o discriminatorios para la mujer»[11]. Y la Asociación Estadounidense de Mercadeo, incluye en sus normas éticas —honestidad, responsabilidad, equidad, respeto y transparencia— que, como parte del reconocimiento de la dignidad humana de todos los grupos interesados, se valorarán las diferencias y se evitarán los estereotipos o la representación de grupos demográficos (p. ej., género, raza, orientación sexual) de una manera negativa o deshumanizante[12].

La **publicidad gratuita** ocurre cuando la empresa no paga los medios difusivos utilizados, sino solo el tiempo (sueldos y salarios) de su propio personal. Esto ocurre a veces cuando el nombre de un producto o un/a gerente o empleado/a aparece en una foto o se menciona en una noticia periodística o en una entrevista televisada. Las relaciones públicas, por otra parte, se distinguen de los anuncios y la publicidad gratuita en que se limitan a «crear o desarrollar un ambiente de simpatía e interés

---

[8] http://www.aapublicidad.org.ar/wp-content/uploads/2015/12/Conarp_CEAP.pdf, consultado el 2 de junio de 2017.

[9] http://www.anda.cl/temas-relacionados/Conar-codigo.html, consultado el 10 de abril de 2013.

[10] http://www.conarperu.org/destacados/109-presentacion-del-nuevo-codigo-de-etica-publicitaria-y-el-nuevo-codigo-de-procedimientos-conar, consultado el 2 de junio de 2017.

[11] http://www.autocontrol.es/pdfs/Cod_conducta_publicitaria.pdf, consultado el 10 de abril de 2013.

[12] http://www.marketingpower.com/aboutama/pages/statement%20of%20ethics.aspx, consultado el 6 de mayo de 2013 y traducido por M. S. Doyle.

El comercial de *Got Milk*? fue premiado por su sorprendente creatividad hispana. «La Llorona» gana la distinción de plata en los Premios Anuales de Publicidad Hispana de la Revista *Ad Age*.

El comercial se basa en la leyenda hispana de «La Llorona» y representa una importante expresión de la estrategia de la Junta de Procesadores de Leche de California para dirigirse a los jóvenes hispanos biculturales y bilingües. El comercial en español fue desarrollado por estudiantes hispanos de Los Ángeles y se transmitió en las redes televisivas de habla inglesa y española de California. [...] En la película, es plena noche y La Llorona se desplaza a través de una casa de familia buscando, por supuesto, un poco de leche. Al abrir la nevera, La Llorona se sorprende y dice «Leche», deja de llorar (por primera vez en siglos) y levanta el cartón de leche con alegría. Pero resulta que el cartón está vacío y en un dramático impulso de desesperación, cierra la puerta de un golpe y vuelve a llorar y a lamentarse. El comercial termina con su ahora famosa pregunta... *Got Milk*?[13].

1. ¿Por qué se premió al comercial de *Got Milk*? ¿Quién otorgó el premio?

2. ¿Quién desarrolló el comercial en español y dónde?

3. ¿En qué se basa el comercial en español y a qué segmento del mercado se dirige? ¿Qué opina usted de esta segmentación? Comente.

4. ¿De qué trata la leyenda de La Llorona? Busque alguna imagen de La Llorona. ¿Qué ocurre durante el anuncio en sí?

5. ¿Qué otras leyendas hispanas se podrían adaptar para la creación de comerciales en español? ¿Qué personajes históricos o famosos se podrían adaptar de manera parecida? ¿Por qué piensa que es eficaz este tipo de estrategia cultural en los anuncios?

[13] Hispanic PR Wire, 4 de octubre de 2012. Reimpreso con permiso.

alrededor de una empresa»[14]. Representan el deseo de mejorar y fijar la imagen positiva de la compañía en la comunidad, donde la empresa, por ejemplo, patrocina un equipo de fútbol o baloncesto, cuyos jugadores se ponen camisetas que tienen el nombre de la compañía. A veces se combinan elementos de relaciones públicas con la publicidad gratuita y/o los anuncios.

Es de suma importancia enfatizar que el marketing internacional requiere ciertas consideraciones especiales. Hay que examinar la estructura sociocultural de un país y sus factores dinámicos: composición étnica, idioma(s), religión, valores y actitudes, educación, clases sociales, tecnología, instituciones, etc. El ambiente político y legal cobra una importancia crítica. Es necesario comprenderlo y prever los cambios que pueda haber. También pueden existir diferencias respecto a la estética y el simbolismo aceptables en otra cultura, al igual que tabúes que pueden resultar en la censura de ciertos objetos o imágenes. La localización en los anuncios es una adaptación traductológica y cultural del lenguaje y los símbolos usados de modo que parezcan hechos por lugareños. Una empresa que siempre tenga en cuenta estos factores se dirige hacia el éxito en el fomento de sus ventas internacionales.

9-2 ACTIVIDADES

1. **¿Qué sabe usted de negocios?** Vuelva a las «Preguntas de orientación» que se hicieron al principio del capítulo y a la pregunta que acompaña la foto de la pág. 287 y contéstelas en oraciones completas en español.

[14] Y. Bernard y J. C. Colli, Diccionario económico y financiero, 4ª ed., Trad. José María Suárez (Madrid: Asociación para el Progreso de la Dirección, 1985), pág. 1165.

2. **¿Qué recuerda?** Indique si las siguientes oraciones son **verdaderas** o **falsas** y explique por qué.

   a. El marketing es una parte de los anuncios publicitarios.

   b. La mercadotecnia ambiental busca aumentar la huella ecológica de las empresas.

   c. La utilidad de tiempo es igual a la de forma.

   d. Las empresas comerciales siempre corren algún riesgo en el marketing de sus productos.

   e. La sociología y la psicología no son útiles para segmentar en grupos el mercado de un producto o servicio.

   f. Una marca registrada nunca puede perder su valor protector.

   g. El marketing internacional se caracteriza por una serie de factores no dinámicos.

3. **Exploración.** Haga los siguientes ejercicios usando sus conocimientos y opiniones personales.

   a. ¿Por qué cree que hoy en día es el consumidor quien determina lo que se vende, en lugar del productor o vendedor? ¿Qué papel tiene el gobierno en esta determinación?

   b. ¿Qué otros factores consideraría usted, además de los que se mencionan en la lectura (edad, ingreso, etc.), para segmentar un mercado?

   c. ¿Qué opina sobre la segmentación que hizo Rossman del mercado hispanoamericano en 1985? ¿Cómo lo segmentaría ahora? ¿Sería diferente? Explique.

   d. Dé ejemplos de marcas comerciales bien conocidas en los EUA y en diferentes países hispanos y comente qué asocia con estas marcas.

   e. Busque algunos anuncios publicitarios en español y seleccione uno que le parezca muy eficaz. Comparta el anuncio con sus compañeros y analícenlo en grupos pequeños. Dé algunos ejemplos de la publicidad gratuita y las relaciones públicas. Haga comentarios sobre su efectividad.

   f. Al comparar diferentes medios difusivos, ¿cuáles son algunas ventajas y desventajas de usar uno en lugar de otro?

   g. ¿Cómo se relacionan los dichos que aparecen al principio del capítulo con los temas tratados?

9-3 AL TELÉFONO

MINDTAP

1. Lea las siguientes preguntas. Después escuche atentamente la conversación telefónica del Capítulo 9, **Pistas 17 y 18,** en el MindTap de *Éxito comercial: Prácticas administrativas y contextos culturales* y conteste las preguntas. Puesto que la comprensión auditiva es una destreza comunicativa sumamente importante, se recomienda escuchar la conversación varias veces.

   a. ¿Cuál es el propósito de la llamada de la señora Paz a la agencia publicitaria?

   b. ¿Por qué han bajado las ventas de cuero en los Estados Unidos?

   c. ¿Qué recomendaciones hace la señora Paz para mejorar la imagen de Casa de Cuero en los Estados Unidos?

   d. ¿Qué plan de acción va a seguir el señor Gonzalo?

2. Basando sus comentarios en la conversación telefónica del ejercicio anterior, haga la siguiente llamada telefónica a otro/a estudiante de la clase. Cada persona debe participar activamente en la conversación. Si necesita ayuda para esta actividad, véase el Apéndice 1, «Protocolo telefónico», págs. 533–537.

> Usted es la señora Graciela Paz de García, la nueva directora de marketing de Casa de Cuero en Argentina. Llame al/a la gerente general de su empresa para informarle que la empresa necesita esforzarse más en asuntos del medio ambiente en Argentina y aumentar sus inversiones en los centros benéficos dedicados a las especies de animales en peligro de extinción en el país. Comenten la importancia del mercado estadounidense en el mercado del cuero.

3. Haga la siguiente llamada telefónica a otro/a estudiante de la clase. Cada persona debe participar activamente en la conversación. Si necesita ayuda con esta actividad, véase el Apéndice 1, «Protocolo telefónico», págs. 533–537.

> Usted es el/la director/a de la agencia publicitaria Palavisión. Acaba de recibir una llamada de uno/a de sus clientes más importantes. Este/a le pide explicaciones de por qué, después de tres semanas, el anuncio que usted diseñó y colocó no ha producido más ventas de su nuevo producto, como usted le había prometido. También se queja del juego de colores usado en el anuncio, porque es diferente de lo que él/ella esperaba. Usted intenta calmarlo/la aduciendo diversas razones.

9-4 NAVEGANDO POR INTERNET

Para hacer este ejercicio, visite el MindTap de *Éxito comercial: Prácticas administrativas y contextos culturales*.

9-5 EJERCICIOS DE VOCABULARIO

Si es necesario, consulte la sección «Lectura comercial» o la lista de vocabulario al final del capítulo para completar estos ejercicios.

1. **¡A ver si me acuerdo!** Pensando en la posibilidad de establecer una relación comercial, usted va a tener una conversación con una persona de negocios de un país hispano. Sin embargo, se le olvidan los siguientes términos en español. Un/a compañero/a lo/la ayuda a recordarlos al pedir que usted se los traduzca.

a. *environmental marketing*

b. *survey*

c. *advertisement*

d. *slogan*

e. *neon sign*

f. *advertising agency*

g. *greenwashing*

h. *packaging*

i. *positioning*

j. *floor price*

2. **¿Qué significan?** A usted le interesa la posibilidad de trabajar en una agencia de publicidad en un país hispanoparlante. Sin embargo, no sabe qué significan ciertos términos que se usan frecuentemente en el mercadeo. Usted decide consultarlos con un/a amigo/a. Pídale a un/a compañero/a de clase que le explique los siguientes términos y que le dé algunos sinónimos.

   a. mercadotecnia
   b. venta dura
   c. marca registrada
   d. promoción
   e. televentas

   f. localización
   g. pasarse de moda
   h. utilidad
   i. sondeo
   j. lema

3. **Entrevista profesional.** Usted ha solicitado un puesto de director/a de publicidad en una empresa multinacional que requiere ciertos conocimientos de la terminología de este campo. Entre las preguntas que le hace el/la director/a de personal, figuran las siguientes. Con un/a compañero/a, hagan la entrevista. No olviden el protocolo ni las cortesías.

   a. ¿Qué significa SIVA?
   b. ¿Cuáles son los cuatro elementos que caracterizan la utilidad de una mercancía? Explique con un buen ejemplo de cada utilidad.
   c. ¿Qué necesita hacer el/la director/a de marketing para identificar al consumidor presunto?
   d. ¿Cuáles son algunos ejemplos de elementos psicográficos y socio-antropológicos?
   e. ¿Qué es una marca registrada?

4. **Traducciones.** Un/a amigo/a suyo/a que está inscrito/a en un programa de maestría en publicidad acaba de empezar a estudiar español. Él/Ella sabe poco del vocabulario necesario para desempeñarse eficazmente en ese contexto. Usted lo/la ayuda pidiéndole que traduzca las siguientes oraciones sobre el tema.

   a. *Marketing is concerned with getting the right product or solution to the right consumer at the right time and price.*
   b. *Although marketing and advertising are often referred to as the same thing, advertising is, in fact, a small but extremely important part of marketing.*
   c. *The universal functions of marketing—finance, buying, selling, transportation, storage, grading and classification, risk, and information—are always present in one form or another.*
   d. *An important consideration in marketing is market segmentation, which groups consumers according to age, gender, education, profession, income, social class, geographic location, ethnic composition, and other factors.*
   e. *In international marketing it is important to bear in mind that things aren't always what they seem. One must learn to listen for the hidden voice of another culture, a voice that often subtly distinguishes that culture from one's own.*

5. **Prueba de comprensión.** Complete la prueba «Preguntas comerciales» en el MindTap de *Éxito comercial: Prácticas administrativas y contextos culturales*.

 MINDTAP

UNA VISTA PANORÁMICA DEL PERÚ[15]

Nombre oficial:	República del Perú
Gentilicio:	peruano/a
Capital:	Lima, población 9,897,000 (2015)
Sistema de gobierno:	República constitucional
Jefe de Estado/Jefe de Gobierno:	Presidente Pedro Pablo Kuczynski Godard (2016)
Fiesta nacional:	28 de julio, Día de la Independencia (1821: de España); 12 de octubre, Día Nacional (también llamado Día de la Hispanidad y Nuestra Señora del Pilar)

[15] Fuentes: *CIA World Factbook* 2017 y *United States Census Bureau (International Programs, International Data Base)* 2016.

PERÚ

GEOGRAFÍA Y CLIMA

Área nacional en millas² y kilómetros²	Tamaño (comparado con los EUA)	División administrativa	Otras ciudades principales	Puertos principales	Clima	Tierra cultivable
496,226 mi² 1,285,216 km²	El triple de California	12 regiones, 24 departamentos y una Provincia Constitucional	Arequipa, Chiclayo, Cuzco, Huancayo, Trujillo, Ayacucho, Piura, Iquitos	Callao, Chimbote, Ilo, Matarani, Salaverry	Árido y templado en la costa, templado a frío en los Andes, cálido y húmedo en las tierras bajas orientales	3%

DEMOGRAFÍA

Año y población en millones			% urbana (2015)	Distribución etaria (2016)		% de analfabetismo (2015)	Grupos étnicos
2015	2017	2025		0–15 años	65+		
30.4	31.0	33.3	79%	27%	7%	5%	45% amerindio, 37% mestizo, 15% blanco europeo, 3% africano, japonés, chino y otros

ECONOMÍA Y COMERCIO

Unidad monetaria	Tasa de inflación (2016)	N° de trabajadores (en millones) y tasa de desempleo (2016)		% de población debajo de la línea de pobreza, según informe del país (2012)	PIB en miles de millones $EUA (2016)	PIB per cápita (2016)	Distribución de PIB (2016) y de trabajadores por sector (2011)			Exportaciones en miles de millones $EUA (2016)	Importaciones en miles de millones $EUA (2016)
							A	I	S		
El nuevo sol	3.4%	17.12	5.9%	26%	$409.9	$13,000	7%	34%	59%	$38.09	$38.35
							26%	17%	57%		

* Para distribución del PIB y de los trabajadores (mano de obra): A = Agricultura, I = Industria, S = Servicios (y Gobierno)

Recursos naturales: Cobre, plata, oro, petróleo, madera, pesca, hierro, carbón, fosfatos, potasa, gas natural, hidroelectricidad

Industrias: Minería y fabricación de metales, petróleo, pesca, textiles y ropa, procesamiento de alimentos y de bebidas (en particular los refrescos o las bebidas gaseosas), cemento, ensamble de automóviles, acero, construcción de barcos, plásticos, papel, barnices y lacas

COMERCIO

Productos de exportación: Cobre, cinc, harina de pescado, petróleo crudo y productos de petróleo, plomo, plata refinada, textiles, ropa y accesorios, café, algodón, azúcar

Mercados: 22% China, 15% EUA, 8% Suiza, 7% Canadá (2015)

Productos de importación: Maquinaria, equipo de transporte, productos alimenticios, petróleo, hierro, acero, productos químicos y farmacéuticos, cereales, automóviles

Proveedores: 23% China, 21% EUA, 5% Brasil, 5% México (2015)

TRANSPORTE Y COMUNICACIONES

Kilómetros de carreteras y % pavimentadas (2012)		Kilómetros de vías férreas (2014)	N° de aeropuertos con pista de aterrizaje pavimentada (2013)	N° de líneas telefónicas/ teléfonos celulares en millones (2015)		N° (en millones) y % de usuarios de Internet (2015)	
140,672	13%	1,854	59	2.9	34.2	12.5	41%

IDIOMA Y CULTURA

Idiomas	Religiones	Comidas y bebidas típicas/Modales
Español, quechua y aimara (oficial), y otras lenguas indígenas	81% católica romana	Ceviche, anticucho, corvina, ocopa, ají de gallina, alpaca, cuy, papa a la huancaína, mazamorra morada, pisco. Mantener las manos, no los codos, encima de la mesa al comer. Comer toda la comida servida. No hablarle a una sola persona en la mesa, sino incluir a los demás en la conversación. (Véase la Tabla 14-1, págs. 528–531).

Horario general de comercio: De lunes a sábado, desde las ocho de la mañana hasta las cinco de la tarde. Muchas tiendas pequeñas cierran entre la una y las tres de la tarde. La semana laboral del Perú, de 48 horas, es una de las más largas del mundo.

Horario normal del almuerzo y de la cena: Sobre la una de la tarde para el almuerzo; entre las seis y las ocho de la noche para la cena.

Gestos: Para que se acerque alguien, mover los dedos (arañar) con la palma de la mano hacia el suelo. Tocarse bajo el ojo con el dedo índice es señal de ¡ojo!, tener cuidado. Tocarse la cabeza varias veces con el dedo índice puede significar que «Estoy pensando» o que «Es tonta esa persona». La mano extendida delante del cuerpo con la palma hacia el suelo y un movimiento de los dedos hacia afuera significa «Vete». Mover la mano y el antebrazo hacia el cuerpo significa «Quiero que me pague». Poner una mano con la palma abierta hacia arriba y bajo el codo del otro brazo, significa tacañería. Se frunce la boca en una dirección para señalar algo allí.

Cortesía: Saludar individualmente a cada persona al llegar a una reunión o comida y despedirse de cada una al marcharse para no menospreciar a nadie y quedar mal. Se aceptan las visitas no anunciadas de antemano. No se espera que el invitado les lleve un regalito a los anfitriones al ir a su casa a cenar o a una fiesta, aunque se aprecian los chocolates, un buen vino o una buena marca de whisky. Después de la invitación, se pueden mandar rosas a los anfitriones, pero no rosas de color rojo porque tienen una connotación romántica, ni tampoco 13 rosas porque este es el número de la mala suerte. Ojo con regalarle a alguien un cuchillo (p. ej., en plan de abrecartas) porque se podría interpretar como un corte o una ruptura de relaciones. Cuidado con admirar demasiado un artículo porque el peruano puede sentirse obligado a regalarle ese artículo que tanto admira usted.

LA ACTUALIDAD POLÍTICA Y ECONÓMICA DEL PERÚ

El Perú tiene potencial para ser un país muy rico debido tanto a sus recursos naturales —pesca, hidrocarburos y minerales— como al impacto comercial de su variada historia cultural. Es reconocido como una de las seis cunas de la civilización mundial, junto con la Mesopotamia, Egipto, la India, China y Mesoamérica. La arquitectura de su capital colonial en Cusco y la ciudad perdida de la civilización incaica, Machu Picchu, son atracciones turísticas únicas que siguen ganando importancia en el país. Hacia finales de 2016, el Banco Mundial (BM) indicó que la tasa de crecimiento del Producto Interno Bruto (PIB) peruano fue del 3.7%, y proyectó un 4.2% para el año 2017. Perú fue el país sudamericano con las mejores perspectivas para ambos años, superado solo por Bolivia[16]. El lago Titicaca, otra atracción compartida con Bolivia, es el lago navegable de mayor altitud del mundo. Debido a sus puertos en el océano Pacífico, Perú representa un enlace comercial importante entre la región (incluido Brasil), los EUA y Asia.

Machu Picchu, obra maestra de ingeniería y Patrimonio de la Humanidad, y las islas flotantes de los uros en el Lago Titicaca, Perú. Busque más información en Internet acerca de estas dos maravillosas atracciones turísticas. ¿Cómo aportan al ingreso nacional del Perú por medio del sector turístico? ¿Quién fue Hiram Bingham?

---

[16]http://peru.com/actualidad/economia-y-finanzas/peru-banco-mundial-elevo-estimado-crecimiento-2016-y-2017-noticia-477635, consultado el 2 de junio de 2017.

A pesar de sus riquezas abundantes, Perú sufrió muchos altibajos en las tres décadas anteriores a 1990 y muchos programas dirigidos hacia las reformas sociales fracasaron. Se generó una falta de confianza en las instituciones gubernamentales y en la economía en términos generales. La peor época económica sucedió durante la presidencia de Alan García Pérez (1985–1990, 2006–2011), abogado de una familia política ligada al histórico partido Alianza Popular Revolucionaria Americana (APRA). Al final de su mandato, Perú sufrió una recesión, hiperinflación y un ambiente anárquico debido a las acciones terroristas de grupos como Sendero Luminoso, un grupo maoísta, y el Movimiento Revolucionario Túpac Amaru (MRTA), cuya estrategia fue la captura del poder, la construcción del socialismo y la derrota del imperialismo. El inti, la moneda que se puso en circulación en 1985 para reemplazar al sol de oro, no ayudó a reducir la hiperinflación. La nueva divisa se devaluó en muy poco tiempo y se reemplazó en 1991 por el nuevo sol. Durante la misma época, la economía informal, o sea los trabajadores que funcionan fuera del sistema económico oficial y no pagan impuestos, había llegado a niveles extraordinarios, una realidad cuyo impacto negativo fue investigado por el autor peruano Hernando de Soto en su libro *El otro sendero*.

En 1990, Alberto Fujimori (1990–2000), hijo de inmigrantes japoneses, ganó las elecciones presidenciales con sus promesas de reforma gubernamental y económica y de poner fin al terrorismo. En parte, recibió el apoyo popular en las elecciones debido a la presunta corrupción del presidente de aquel entonces, Alan García. En los años noventa, Perú se dedicó más al mercado libre con muchas privatizaciones en la minería, la energía eléctrica y las telecomunicaciones. Después de su primer triunfo electoral, Fujimori impuso un programa de austeridad conocido como el «Fujishock» que resultó en una reducción de las actividades económicas a corto plazo con el propósito de reinsertar al Perú en el Sistema Financiero Internacional para poder recibir más inversiones. Ese mismo año, Fujimori finalmente capturó al jefe de Sendero Luminoso, Abimael Guzmán.

Fujimori volvió a ser elegido presidente en 1995. Dos años después, hubo una profunda reducción en la inflación, y los insumos de capital aumentaron a niveles sin precedente. Desgraciadamente, la combinación del impacto agrícola y pesquero de El Niño, un evento climático cíclico, la crisis financiera de Asia de 1998 y la inestabilidad de los mercados brasileños, interrumpió el desarrollo. A pesar de las drásticas medidas del «Fujishock», los grandes problemas de la economía peruana no se solucionaron. En realidad, hubo una recesión, un aumento del desempleo y subempleo y un deterioro de los servicios. En septiembre de 2000, el presidente Fujimori renunció a la presidencia, mediante una carta desde el Japón y ahora está en prisión sentenciado por los delitos de homicidio calificado y asesinato con alevosía.

En las elecciones de junio de 2001, Alejandro Toledo Manrique (2001–2006) ganó la presidencia y se convirtió en el primer presidente peruano de origen indígena. En 2002, Toledo trató de privatizar las empresas de energía, gestión que tuvo que cancelar debido a violentas manifestaciones contra dicha política.

En 2004, el Presidente enfrentó numerosas dificultades al tratar de poner en práctica iniciativas para reducir la pobreza. Sus esfuerzos por aumentar la inversión en programas sociales resultaron en escándalos y la caída de su popularidad nacional.

En 2006, Alan García, aunque había sido declarado culpable de corrupción, regresó al Perú y ganó las elecciones y una segunda oportunidad. García logró conseguir excelentes resultados macroeconómicos debido a mejores acuerdos comerciales, mayor consumo nacional, adicionales inversiones extranjeras y aumentos en la producción de la minería y la construcción. Las exportaciones de cobre, oro, cinc, textiles y harina de pescado a China, Brasil, Chile y los EUA ayudaron mucho debido a los buenos precios de estos productos en el mercado global. A fines de 2008, China y Perú, con $7,500 millones de comercio durante ese año, anunciaron un Tratado de Libre Comercio entre los dos países. A pesar de estos triunfos, los peruanos menos adinerados vieron un aumento en los precios de los productos de primera necesidad, que causó una caída en el apoyo al presidente García, quien trataba de convertir el país en el modelo de libre comercio de la región. La crisis global tuvo un impacto negativo en el PIB del Perú en 2009, pero el país, a pesar de la corrupción gubernamental histórica, ha experimentado una economía que se ha expandido en un promedio de un 6.4% anual desde 2002. Debido a un aumento de inversiones privadas en el sector extractivo, el desarrollo económico alcanzó en 2010 y 2011 un 9% y un 7%, respectivamente. También se ha mantenido una baja tasa de inflación y la tasa de cambio de la moneda nacional, el nuevo sol, ha sido estable o creciente. No obstante, Perú no ha podido resolver los problemas asociados con la desigualdad social y económica.

En 2011, Ollanta Moisés Humala Tasso, quien había fundado el Partido Nacionalista Peruano (PNP) en 2005, fue elegido presidente, apoyado por lazos con los sectores progresistas, indígenas, estudiantiles y socialistas de todo el Perú, en elecciones democráticas. Los sentimientos de aislamiento por las políticas del fujimorismo-alanismo desde 1990 facilitaron la organización de un movimiento con una base extensa. Humala siguió las mismas políticas económicas orientadas al mercado de las tres administraciones precedentes, así que los niveles de pobreza y desempleo bajaron extremadamente. Perú ya cuenta con una de las economías con mejor desempeño en América Latina. En 2016, Pedro Pablo Kuczynski Godard, del Partido por el Kambio (PPK), ganó una elección presidencial muy reñida contra la hija del expresidente Fujimori, Keiko Fujimori.

UNA VISTA PANORÁMICA DE BOLIVIA[17]

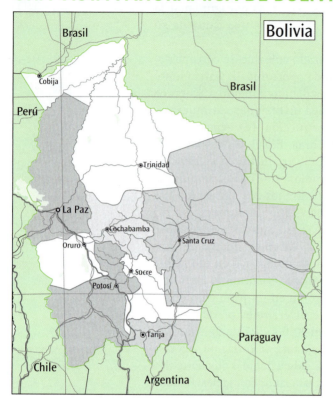

Nombre oficial:	República de Bolivia
Gentilicio:	boliviano/a
Capital:	La Paz (administración gubernamental), población 1,816,000; Sucre (constitucional y judicial), población 372,000 (2015)
Sistema de gobierno:	República
Jefe de Estado/Jefe de Gobierno:	Presidente Juan Evo Morales Ayma (2006)
Fiesta nacional:	6 de agosto, Día de la Independencia (1825: de España)

[17] Fuentes: *CIA World Factbook* 2017 y *United States Census Bureau (International Programs, International Data Base)* 2016.

BOLIVIA

GEOGRAFÍA Y CLIMA

Área nacional en millas² y kilómetros²	Tamaño (comparado con los EUA)	División administrativa	Otras ciudades principales	Puertos principales	Clima	Tierra cultivable
424,164 mi² 1,098,580 km²	El tamaño de Texas y California juntos	9 departamentos	Santa Cruz Cochabamba, Oruro	Ninguno, pero el país tiene derecho de uso libre en los puertos de Argentina, Brasil, Chile y Paraguay	Varía según la altitud, desde tropical y húmedo a semiárido y frío	3.6%

DEMOGRAFÍA

Año y población en millones			% urbana (2015)	Distribución etaria (2016)		% de analfabetismo (2015)	Grupos étnicos
2015	2017	2025		0–15 años	65+		
10.8	11.1	12.5	69%	32%	5%	4%	68% amerindio, (44% quechua y aimara), 20% indígena, 5% blanco europeo

ECONOMÍA Y COMERCIO

Unidad monetaria	Tasa de inflación (2016)	N° de trabajadores (en millones) y tasa de desempleo (2016)		% de población debajo de la línea de pobreza, según informe del país (2011)	PIB en miles de millones $EUA (2015)	PIB per cápita (2016)	Distribución de PIB (2016) y de trabajadores por sector (2010)			Exportaciones en miles de millones $EUA (2016)	Importaciones en miles de millones $EUA (2016)
							A	S	I		
El boliviano	3.9%	5.0	7.5%	45%	$78.4	$7,200	13%	37%	54%	$7.5	$9.0
							32%	20%	48%		

* Para distribución del PIB y de los trabajadores (mano de obra): A = Agricultura, I = Industria, S = Servicios (y Gobierno).

Recursos naturales: Gas natural, petróleo, cinc, tungsteno, antimonio, plata, plomo, oro, hierro, estaño, madera, hidroelectricidad

Industrias: Minería, fundición, petróleo, procesamiento de alimentos y de bebidas, tabaco, artesanía, textiles y ropa

COMERCIO

Productos de exportación: Metales, gas natural, café, plata, madera, joyería, soja en grano, estaño, petróleo, azúcar

Mercados: 28% Brasil, 17% Argentina, 12% EUA, 6% Colombia, 5% China, 5% Japón, 4% Corea del Sur (2015)

Productos de importación: Bienes de capital (equipo industrial y medios de producción), productos químicos, petróleo, alimentos

Proveedores: 18% China, 17% Brasil, 12% Argentina, 11% EUA, 6% Perú, 5% Japón, 5% Chile (2015)

Horario general de comercio: De lunes a viernes, desde las nueve de la mañana hasta el mediodía y desde las dos hasta las seis de la tarde.

TRANSPORTE Y COMUNICACIONES

Kilómetros de carreteras y % pavimentadas (2010)		Kilómetros de vías férreas (2014)	N° de aeropuertos con pista de aterrizaje pavimentada (2013)	N° de líneas telefónicas/ teléfonos celulares en millones (2015)		N° (en millones) y % de usuarios de Internet (2015)	
80,488	9%	3,504	21	.88	10.2	4.9	45%

IDIOMA Y CULTURA

Idiomas	Religiones	Comidas y bebidas típicas/Modales
Español (oficial), quechua (oficial), aimara (oficial), guaraní (oficial) y otras lenguas indígenas	79% católica romana, 16% protestante evangélica	Salteñas, trucha, picante de pollo, plato paceño, chicha. Bolivia tiene muchas variedades de papa que se sirven de muchas maneras, muchas veces con una salsa picante llamada «llajua». Se espera que el invitado pruebe toda la comida servida. Al terminar de comer, desearles «Buen provecho» a los otros. (Véase la Tabla 14-1, págs. 528–531).

Horario normal del almuerzo y de la cena: Mediodía o la una de la tarde para el almuerzo; sobre las nueve de la noche para la cena.

Gestos: Espacio físico reducido entre las personas que conversan; a veces se toca el hombro o el antebrazo de la otra persona al hablar. Muchas veces los amigos y conocidos se dan un abrazo al saludarse o, para las mujeres, un beso en la mejilla. Para que se acerque un niño, la mano con la palma hacia abajo, cerrar y arañar con los dedos juntos. Para decir «no» a algo, se levanta la mano con la palma hacia afuera y se la mueve de lado a lado (parecido al gesto de «so-so» en los EUA). Usar el dedo índice en este gesto significa un «no» muy fuerte. Una palmadita en la espalda o en el hombro de alguien indica amistad y aprobación. Un puño con el dedo pulgar colocado entre el dedo índice y el dedo corazón (el gesto de «fig») equivale al gesto de «to give the finger» en los EUA.

Cortesía: Para saludar, darse la mano con un apretón firme, pero no excesivamente fuerte. A veces, si se tiene la mano sucia, se puede ofrecer el antebrazo o el codo en lugar de la mano. Cuando se llega a una reunión o a una fiesta, se saluda a cada persona presente y también se despide de cada individuo al marcharse. Mantener el contacto visual con la persona con quien se habla (mirarla a los ojos), que indica interés y sinceridad; no hacerlo puede interpretarse como recelo o desconfianza. Cuando se come o cena en casa de alguien, llevar a los anfitriones un detalle como flores, chocolates o una buena marca de whisky. Si los anfitriones le dan algún regalito al invitado, no abrirlo delante de ellos, sino después. Ojo con regalarle a alguien un cuchillo, pues puede interpretarse como ruptura de las buenas relaciones con esta persona.

LA ACTUALIDAD POLÍTICA Y ECONÓMICA DE BOLIVIA

Bolivia es un país rodeado por tierra (Brasil, Paraguay, Argentina, Chile y Perú) sin salida directa al océano, lo cual sube los costos del transporte comercial. Varios hechos históricos han causado importantes pérdidas de parte de su territorio y de la estabilidad de su sistema democrático: la devastadora Guerra del Pacífico (1879–1884) con Chile que resultó en la pérdida de Atacama, rica en nitrato y minerales, particularmente cobre, y su salida al mar; la cesión a Brasil en 1903 de Acre, donde se producía caucho; violentas manifestaciones fomentadas por los mineros indígenas históricamente marginados; y la Guerra del Chaco (1932–1935) por la cual Bolivia entregó mil millas cuadradas del Gran Chaco a Paraguay. Además, una serie de casi 200 golpes de estado a través de su historia refleja la inestabilidad gubernamental del país. Originalmente, la moneda oficial del país había sido el boliviano, pero en 1963 se adoptó el peso boliviano. Entre 1981 y 1992, la tasa media de inflación anual se presentó oficialmente en un 220%. En 1985, Bolivia alcanzó una tasa de hiperinflación anual de 25,000%, considerada la más alta del mundo para una economía en tiempo de paz. Para hacerle frente a la hiperinflación, en 1987 el gobierno dejó de utilizar el peso y adoptó otra nueva moneda nacional, el nuevo boliviano, que representaba un corte de los seis ceros finales del antiguo peso (un boliviano equivaldría a un millón de pesos).

Los obreros de Bolivia, un país dedicado a la minería, también a lo largo de su historia han sufrido castigos por parte de la oligarquía y por la militancia de los sindicatos. En 1988, el papa Juan Pablo II visitó el país y abogó por una mayor justicia para los indígenas de Sudamérica y los mineros bolivianos, la cual había sido uno de los objetivos de la Revolución de abril de 1952 en Bolivia. En ese año, a pesar de su larga historia de golpes de estado, altibajos económicos y controles locales semifeudales, hubo enfrentamientos callejeros dirigidos por los obreros de las minas contra la junta militar, y se derrotó al ejército. Luego, los obreros pidieron que se respetara la victoria electoral del Movimiento Nacional Revolucionario (MNR) en las elecciones de 1951. Por medio de estos acontecimientos, Bolivia pudo dar los pasos iniciales hacia una reforma agraria, la nacionalización de las minas, la reforma educacional y el voto universal para alcanzar una estabilidad política y social y consolidarse en los últimos quince años del siglo XX. Víctor Paz Estenssoro, presidente de Bolivia en cuatro ocasiones (1952–1956; 1960–1964; 1964–, un periodo que no pudo concluir por un golpe de estado; y 1985–1989) inició en su último mandato nuevas políticas económicas dirigidas hacia el mercado libre, las cuales redujeron la hiperinflación a una inflación de solo un 20% en 1988. En 1989, el Congreso Boliviano eligió presidente a Jaime Paz Zamora (1989–1993), el tercer presidente de la era democrática que comenzó en 1982. Lo siguió Gonzalo Sánchez de Lozada (Goni) (1993–1997, 2002–2003), quien puso en práctica muchas reformas económicas, como un acuerdo de libre comercio con México y otro con el MERCOSUR. Además, privatizó varias empresas nacionales. No fue siempre fácil, porque en 1995 el gobierno declaró un estado de sitio por 90 días después del fracaso de las negociaciones con sindicatos tradicionalmente fuertes.

El presidente siguiente, el general Hugo Banzer Suárez (1997–2001), trató de mantener un ambiente positivo para atraer más inversiones por medio de la iniciación de un programa contra la corrupción. La privatización de la empresa estatal Yacimientos Petrolíferos Fiscales Bolivianos (YPFB), del sector de hidrocarburos, permitió la construcción del gasoducto de Bolivia a Brasil y fue uno de los avances en la infraestructura energética más importantes en la historia de Latinoamérica. La inauguración del gasoducto a comienzos de 2000 inició el transporte de gas natural de Bolivia a Brasil bajo las estipulaciones del contrato de compraventa entre Petrobras y YPFB, vigente desde 1999 hasta 2019. Bolivia ya se ha convertido en el centro de la industria energética de la región y es uno de los líderes del mundo en este sector. En 2002, Gonzalo Sánchez (Goni) del MNR ganó la presidencia de nuevo al prometer la continuación de las políticas de reforma, pero heredó una crisis social y económica del gobierno de Jorge Quiroga Ramírez (2001–2002). Goni propuso un impuesto al salario que provocó manifestaciones populares en su contra, que llevaron a su renuncia al puesto. En 2005, su vicepresidente Carlos Diego Mesa Gisbert (2003–2005), quien lo había sucedido como presidente, también tuvo que dimitir cuando fracasó en el intento de aprobar su proyecto de Ley de Hidrocarburos, una ley que fue rechazada por el Congreso que, en su lugar, aprobó otra ley distinta, causando complicaciones al gobierno con el desorden callejero y el bloqueo de carreteras. Eduardo Rodríguez Veltzé, el presidente de la Corte Suprema de Justicia, fue nombrado jefe del gobierno interino (2005–2006) hasta las siguientes elecciones.

Bajo estas condiciones políticas tan inestables, Evo Morales Ayma, del partido Movimiento al Socialismo (MAS), es el primer boliviano de origen indígena elegido presidente de Bolivia, un país donde más de la tercera parte de la población es indígena y habla quechua o aimara. Morales nacionalizó la industria de energía, Entel (la mayor empresa telefónica), algunas empresas petroleras y las reservas de gas, las minas de estaño y servicios de agua, y exigió que las empresas extranjeras vendieran un 51 % de sus intereses al estado. A pesar de su historia económica llena de problemas, bajo Morales, Bolivia ha experimentado una década de oro entre 2006 y 2016 gracias al aumento del precio de las materias primas en el mercado internacional. Existen muchas diferencias entre los dos grandes sectores de la población boliviana, los cuales se identifican a través de sus características étnicas y territoriales. El enfrentamiento étnico se mantiene entre los indígenas y los campesinos (los simpatizantes del Presidente Morales y el MAS) contra la población mestiza y blanca (los afiliados del movimiento opositor denominado los *cívicos* o autonomistas y localizados en la «media luna», los departamentos orientales de Pando, Beni, Santa Cruz y Tarija). Otra división política y cultural se basa en las ciudades de Sucre y La Paz. La capital constitucional que se menciona es Sucre, una ciudad conservadora asociada históricamente con la industria de la plata en Potosí y actualmente el centro del poder judicial nacional. La capital *de facto* es La Paz, sede de gobierno de los poderes ejecutivo y legislativo de Bolivia.

A principios de 2016, el mismo Evo Morales propuso un referéndum que fue rechazado por unos pocos votos. Este repudio le impidió pedir la presidencia en 2021 por una cuarta vez consecutiva. Aún no se sabe con certeza si los resultados de este voto para modificar la Constitución le habrán dificultado realmente sus intentos de extender su mandato. Y todavía hay enormes diferencias políticas y económicas en la sociedad boliviana.

Desgraciadamente, durante los diez años de progreso positivo de los mandatos del presidente Morales, Bolivia no ha cambiado la base de su producción ni su dependencia de las exportaciones tradicionales. Además, durante esa década, su desarrollo fue concurrente con una enorme expansión de los mercados de sus principales productos de exportación y el crecimiento de China. Ninguno de estos dos elementos son factores seguros en el futuro próximo.

A pesar de eso, el FMI sugiere que la economía boliviana puede crecer un 4% en 2017 y un 3.7% en 2018. También, el BM y el FMI habían previsto un crecimiento para 2016 del 3.5%, aunque esa cifra estaba muy por debajo a las proyecciones del gobierno (4.8%).

9-6 ACTIVIDADES

¿Qué sabe usted de Perú y de Bolivia?

1. A usted lo/la han contratado como asesor/a transcultural de negocios internacionales. Como tal, necesita informar a sus clientes sobre Perú y Bolivia y recomendar un plan de viaje de negocios a cada país. Investigue los datos pertinentes para desarrollar los temas a continuación.

   a. Describa la geografía de Perú y Bolivia, incluidos temas como los siguientes: ubicación y tamaño de ambos países, capital y otras ciudades y puertos principales, división administrativa y clima. Compare el tamaño del Perú con el de los EUA. Compárelo con el tamaño del estado donde vive usted. Compare el tamaño de Bolivia con el de los EUA y con el del estado donde vive usted.

   b. ¿Cuáles son las principales características demográficas y políticas de Perú y Bolivia? ¿Quiénes son los jefes de estado de cada país? ¿Cómo describiría el liderazgo presidencial de los dos países? ¿Cuáles son los países de Hispanoamérica más pobres que Bolivia?

   c. ¿Cuándo se celebra la fiesta nacional de cada país? ¿Qué otras fiestas públicas podrían afectar el éxito de un viaje de negocios? (Véase la Tabla 10-1, págs. 352–354).

   d. Describa la economía de cada país. Incluya datos sobre la moneda nacional, la tasa de inflación (incluida la tasa de inflación de Bolivia en 1985), el PIB y el PIB per cápita, el número de trabajadores (mano de obra), la tasa de desempleo, los recursos naturales, las industrias nacionales, los productos que se exportan e importan, los países destino (mercados) y proveedores (fuentes) de estas transacciones internacionales y la balanza de comercio. ¿A cuánto cotiza cada moneda nacional respecto al dólar estadounidense? ¿Cuál fue la balanza comercial de cada país según la información de este libro? ¿En la actualidad?

e. ¿Qué producto o servicio recomendaría vender en Perú y Bolivia? ¿Por qué?

f. Compare la infraestructura de transportes y de comunicaciones de cada país. ¿Qué obstáculos geográficos han tenido que superar históricamente Perú y Bolivia para mejorar su economía?

g. ¿Cómo han cambiado algunos de los datos presentados en las secciones de «Vista panorámica» y «La actualidad política y económica» de este texto? Actualícelos para cada país.

h. ¿Qué es el fenómeno climatológico llamado El Niño? ¿Qué efectos económicos tiene sobre los países del Pacífico, como Perú?

i. ¿Dónde se encuentra el Lago Titicaca y qué cualidad tiene?

j. ¿Qué son Sendero Luminoso y el Movimiento Túpac Amaru? ¿Qué efecto han tenido sobre la economía peruana?

k. Basándose en «La actualidad política y económica» de cada país, ¿qué realidades, oportunidades y problemas económicos y políticos destacaría y qué recomendaciones le daría a su cliente/a?

2. Use Internet u otras fuentes informativas para preparar un plan (con presupuesto e itinerario) para sus clientes, que harán un viaje de negocios a cada país, ya sea por separado o a ambos durante el mismo viaje:

a. Fechas de ida y vuelta

b. Vuelos: aeropuertos de salida y llegada, líneas aéreas, horario; costos

c. Transporte interno que se piensa usar en cada país: taxi, autobús, carro de alquiler, metro, tren, otro; costos

d. Alojamiento y viáticos; costos

e. La comida típica que van a pedir para la cena la primera noche en cada país

f. Las formas de cortesía y los gestos que deben recordar, usar o evitar

LECTURA CULTURAL

Lengua, lenguaje y anuncios

En el mundo actual, hay entre 6,700 y 10,000 lenguas distintas, pero solo unas cien lenguas oficiales se usan entre las 227 naciones del mundo. Esto sugiere que hay, por lo tanto, un mínimo de 6,700 culturas distintas. Esta es una consideración clave para la traducción y localización (adaptación cultural) requeridas de los anuncios publicitarios interculturales.

Oscar Wilde observó agudamente que los Estados Unidos e Inglaterra son dos naciones separadas por una lengua común. Algunos ejemplos de lo acertado de esta penetrante observación son los equivalentes léxicos de *elevator* y *lift* o *subway* y *tube*. También existe el ejemplo de un anuncio en Inglaterra que fomentaba la venta de una aspiradora de marca *Electrolux,* con el lema *Nothing sucks like an Electrolux*, admisible en ese país, pero inaceptable y gracioso en el inglés de los Estados Unidos.

La advertencia de Wilde también sirve para el español como lengua nacional de veinte países más Puerto Rico y los EUA. Por ejemplo: «autobús» en España es «camión» en México y «guagua» en Puerto Rico y en las islas Canarias, mientras que «guagua» se refiere a «bebé» en los países andinos. Para algunos, «camión» se traduce al inglés como *truck*, para otros como *bus*, dos vehículos totalmente diferentes. A veces, diferentes vocablos se refieren a una misma cosa (p. ej., pajilla, caña, pitillo, popote, bombilla = *drinking straw*) o un mismo vocablo tiene diferentes sentidos (p. ej., cuero = pellejo que cubre la carne de los animales [universal], instrumento musical de percusión [Cuba], falta de vergüenza [Guatemala], miedo [Honduras], mujer avejentada y fea [Colombia y Costa Rica] o mujer guapa y atractiva [México]). También hay países hispanos donde se habla más de una lengua oficial, como sucede con el uso del español y el quechua en el Perú; el español, el quechua y el aimara en Bolivia; y el español y el guaraní en Paraguay. Esto indica que a veces será aconsejable poner un anuncio oral en más de una sola lengua para alcanzar los distintos sectores demográfico-lingüísticos dentro de un mismo país.

Para tener en cuenta estas diferencias lingüísticas y culturales, es importante crear anuncios que eviten los errores en la promoción internacional de los productos. La industria automotriz nos ofrece buenos ejemplos de los malos anuncios debido a equivocaciones o ambigüedades semánticas. Un ejemplo es la «leyenda urbana» del auto de marca «Nova» que quiso vender *General Motors* en los setenta en los países hispanohablantes, sin considerar la fácil interpretación que se podría asociar con el producto de que «no va», es decir, que no funciona. *Ford* anunció su camión ligero como la «Fiera» (*wild beast o dragon lady*) y tuvo otra mala aventura cuando anunció en México su nuevo carro «Comet» con el nombre «Caliente» (*hot* como en *horny*). La *American Motors Corp.* no se dio cuenta de que, al anunciar su carro en Puerto Rico (donde no se lidian toros), «Matador» significaba *killer*, y *Mitsubishi* anunció un nuevo vehículo todoterreno como el «Pajero» (en argot en español: persona que practica el onanismo), que tuvo que cambiar rápidamente a «Montero». En 2002, *Nissan* lanzó al mercado su vehículo todoterreno con el nombre de «Moco» (*booger*) y en 1999, *Mazda* había lanzado su modelo «Laputa», que continuó vendiéndose hasta 2007[18].

El anuncio de *Parker Pen* en Hispanoamérica prometía que su nueva tinta evitaría los «embarazos» (*embarrassments* vs. *pregnancies*) no deseados. En Bélgica y Francia, «*Body by Fisher*» (para los carros) se tradujo al flamenco como «cadáver (*corpse*) por Fisher» y «*Bran Buds*» de *Kellogg* se tradujo al sueco como «granjero quemado» (*burnt farmer*). En China, el anuncio de *Pepsi-Cola*, «*Come alive with Pepsi*», se convirtió en «Salga usted de la tumba y beba *Pepsi*» mientras que *Coca-Cola* ya había experimentado con una traducción fonética de su marca en

---

[18] http://www.batfa.com/newcar-mazdalaputa.htm consultado el 27 de abril de 2017.

el mismo país, lo cual dio por resultado «Muerda el renacuajo de cera» (*Bite the wax tadpole*, aunque hoy día esto también parece ser una leyenda urbana). Otro caso en China es el de *Kentucky Fried Chicken*, cuyo lema *«finger-lickin' good»* se tradujo literalmente como «Cómase los dedos», ni siquiera como «Chúpese los dedos». *Olympia* intentó anunciar su nueva fotocopiadora en Chile bajo el nombre de «ROTO» (*something broken* o *low-class Chilean man*) y *Braniff Airlines* invitó a sus pasajeros a volar «en cueros», que se presta fácilmente a una interpretación de *«fly naked»*. Fueron errores cómicos, a primera vista, y luego grotescos; pero fueron errores que, además de prestarse a burla, costaron tiempo y dinero.

El lenguaje de la publicidad —el modo de expresarse, el vocabulario (connotaciones y subtextos) y el tono empleados, prestando atención a sus diferentes asociaciones culturales— tiene que ser preciso en su creación, traducción y adaptación, a fin de evitar fallas garrafales de traducción, que es el arte de usar otras palabras para expresar el mismo mensaje (concepto) con el propósito de producir un efecto parecido al de la versión original. Los anuncios, además de caracterizarse por palabras clave que identifican y describen el producto, con un juego de diseño y colores atractivos y fáciles de recordar, casi siempre tienen un lema que la compañía crea como punto de referencia y asociación para el consumidor. El teléfono *Nokia 6230*, con cámara de video, le prometía al usuario «Tu vida con repetición instantánea, para compartirla al momento». Para la comida, Goya nos ha tranquilizado con el lema de que «¡Si es GOYA... tiene que ser bueno!» Comer en *McDonald's* se nos presentaba como una recompensa: «Te mereces un descanso hoy». Para las mujeres, la revista *Vanidades* llamaba la atención de sus presuntas lectoras con el lema «No hay mujer sin vanidades»; *L'Oréal* ha apelado a la autoestima, «Porque tú lo vales»; y *Anímale* (de Suzanne de Lyon) ha puesto solamente «Libérala», una invitación que parecía referirse tanto a la nueva fragancia anunciada como a la seductora joven mujer semidesnuda pintada como una tigresa. *UPS (United Parcel Service)* ha brindado «Paquetes que se comunican» y ha sido «Tan seguro como si lo llevara usted mismo». En cuanto a las tarjetas de crédito, *Visa* siempre «Está donde quieres llegar» y su competición ha respondido que «Hay cosas que el dinero no puede comprar... para todo lo demás está *Mastercard*». En el mundo de los automóviles, el Ibiza II de *Seat* fue «Hecho para su gente», *Mercedes-Benz* anunció que «Manejar se volvió más emocionante», *BMW* se nos presentó como «Prueba que las cosas clásicas nunca salen de moda» y el *Alfa Romeo* se ofreció como símbolo de «La pasión de conducir». LAN Airlines, con su lema «Borra la fila», había comunicado que los viajeros que volaran en LAN podrían acelerar el proceso de facturación y reducir el estrés en los aeropuertos. Juan Valdez Café, la tienda de los caficultores colombianos, con su campaña exitosa de «Vive el origen» (es decir, vuelva como consumidor a las raíces del café premium de Colombia) fue galardonado por «la excelencia en comunicaciones integradas y ejecución en plataformas interactivas de fácil acceso a los consumidores, con presentaciones llamativas y únicas que potencian la imagen de la marca»[19]. El Café Bustelo ofrece «El sabor que no se

---

[19] https://www.federaciondecafeteros.org/clientes/es/sala_de_prensa/detalle/Campana_Vive_el_ Origen_de_las_Tiendas_Juan_Valdez_cafe_recibio_cinco_gala/, consultado el 27 de abril de 2017.

detiene» y el Café Britt, el primer tostador de café gourmet de Costa Rica, nos atrae con el lema «Los mejores cafés del mundo están en Britt». Y, como último ejemplo tenemos el *Nike* ubicuo con su mundialmente conocido lema «Solo hazlo», apelando a nuestros sentimientos de ser campeones y hombres y mujeres de acción.

La precisión de la palabra, el tono y el registro de expresión, junto con la imagen y la intensidad de la asociación despertada en el consumidor, son algunos de los elementos clave para el éxito de las campañas publicitarias interculturales. Un producto o servicio no se vende solo lingüística sino también culturalmente. Para realizar una campaña exitosa, hay que acudir a agencias publicitarias y a traductores profesionales que conozcan a fondo los diferentes contextos culturales, pues en muy pocas ocasiones se logrará éxito con una traducción literal, hecha por una persona inexperta en este campo. ¡Ojo! La traducción es también adaptación o «transculturación», que requiere conocimientos de localización, es decir, saber cómo hacer que un anuncio parezca haber sido creado en la lengua y la cultura nativas del consumidor. Ser bilingüe no es sinónimo de ser bicultural, y ser bilingüe y bicultural no significa que se tenga la capacidad de hacer buenas traducciones. Se trata más bien de ser bi-alfabetizado y poder escribir bien. ¡Y cuidado con el uso ingenuo de la traducción automática o por computadora! Para este tipo de traducción, hará falta un buen trabajo de comprobación y posredacción.

9-7 ACTIVIDADES

1. **¿Qué sabe usted de cultura?** Para demostrar sus conocimientos, conteste las preguntas a continuación.

   a. ¿Qué opina de la idea de que aprender una lengua también significa aprender una cultura? Justifique su opinión.

   b. Dé ejemplos de diferentes palabras en español empleadas en diferentes países hispanohablantes para referirse a una misma cosa. Dé ejemplos de una misma palabra que se refiere a distintas cosas, según el país hispano.

   c. Además del español, ¿qué otras lenguas oficiales se hablan en las llamadas naciones hispanoparlantes? ¿Se usan también otras lenguas no oficiales? Dé ejemplos. (Véase la Tabla 6-1, págs. 201–203).

   d. Comente sobre algunos de los ejemplos presentados del fracaso publicitario internacional. ¿Conoce otros casos malogrados u otras leyendas urbanas? Comente.

   e. ¿Qué es un lema? ¿Cuáles son algunos ejemplos de lemas en español que le han parecido buenos? ¿Cómo los traduciría al inglés? ¿Y de lemas en inglés y su traducción al español?

   f. ¿Piensa que a veces las compañías usan imágenes indebidas para vender sus productos? Comente con ejemplos.

2. **Prueba de comprensión cultural.** Complete la prueba «Preguntas culturales» en el MindTap de *Éxito comercial: Prácticas administrativas y contextos culturales*.

3. **Asimilador cultural.** Lea el siguiente texto y haga los ejercicios que aparecen a continuación.

Michael Dover, un joven californiano recientemente contratado por la Agencia Publicitaria Martí y Martí, S. L., de Miami, entra a la oficina de la directora, Lucinda Miller Díaz, para entregarle su traducción de un anuncio que un empresario regional quiere usar en español. El texto en inglés dice: «*Embarrassed by your old set of wheels? Got you singing the blues? Then switch your tune with a new pickup from McEwan's, the good truck dealer*». Después de buscar las palabras en un diccionario (comete el gran error de considerar solo la primera definición presentada para cada palabra), su traducción dice: «¿Embarazado por su conjunto de ruedas? ¿Le tiene cantando los azules? Entonces cambie su aire con una nueva troca de reparto de *McEwan's*, el buen traficante de trocas». Al repasarlo, Miller Díaz sonríe y luego pone los ojos en blanco, chascando la lengua.

a. ¿Por qué reacciona de esta manera la señora Miller Díaz?

b. ¿Qué problemas hay en la traducción?

c. Traduzca al inglés el sentido literal de la traducción que ha hecho Michael Dover al español. ¿Qué valor tiene este ejercicio de control llamado «retrotraducción», en el cual se vuelve a traducir el texto traducido a la lengua original?

d. ¿Cómo traduciría usted al español el anuncio de *McEwan's*?

e. Trabaje con unos compañeros de clase para crear un buen lema en inglés y español y luego comparta su eslogan con los demás para ver qué opinan.

SÍNTESIS COMERCIAL Y CULTURAL

9-8 ACTIVIDADES COMUNICATIVAS

1. **Situaciones para dramatizar.** Lea las siguientes situaciones y después haga el papel en español con otro/s estudiante/s, usando las siguientes posibilidades como punto de partida. Cada persona debe participar activamente en la dramatización. No olviden el protocolo ni las cortesías.

a. *You are responsible for selling directly to a single Spanish-speaking customer, to a small group, or to a larger group (represented by the class) any one product or service of your own choosing. Be as convincing as possible since the individual(s) may not always agree with your sales pitch. Sell the product or service, convince your potential customer to part with his/her money! (Afterward, discuss with your classmates the psychology you used and different sales styles—the hard sell, soft sell, etc.)*

b. *You and your partner, co-owners of a successful electronics company in San Antonio, are meeting to discuss your mutual desire to enhance the image of your business in the community. You discuss various options, among them:*

• *Sponsoring a basketball league*

• *Sponsoring a soccer team*

- *Sponsoring a youth center for boys and girls*
- *Creating tuition scholarships for the city high school to send one graduate a year to the state university*

c. *You have been sent by your boss in Lima to spend the day in the food section of a large department store handing out samples of a new American product—a yogurt for snacks, diet meals, or desserts—to shoppers. A teenager and an elderly person have stopped to listen to your explanation that the yogurt is the result of NASA's space technology; it comes in different flavors; and is vitamin-fortified, low-calorie, and all-natural. A special feature is that it stays frozen without refrigeration, and has a little plastic spoon inside for immediate consumption, and the spoon itself is consumable at the end of the delicious mini-meal. As the two people taste your samples and make comments, you promote the product further by telling them that if they buy a six-pack, they will also receive a free minipack of two extra yogurts.*

2. **Actividad empresarial.** Usted y un/a compañero/a de clase trabajan para una empresa de consultoría y han sido contratados para reunirse con un grupo de enfoque (cinco o seis compañeros de clase) con el propósito de aprender y evaluar su opinión sobre un nuevo producto que piensa lanzar al mercado su cliente. Piensen ustedes dos en algún producto apropiado y formulen un cuestionario para la reunión. Después, reúnanse con el grupo de enfoque y hagan el estudio de opinión.

3. **Minicaso práctico.** Lea el caso y haga los ejercicios a continuación.

VIBO (Vinos de Bolivia), una agencia de más de 15 años de experiencia en la producción publicitaria y el fomento de ventas, está organizando el cuarto festival anual titulado «Exposición de Vinos Bolivianos» donde se reúnen productores de la elaboración y crianza de vinos de calidad, exportadores nacionales, importadores extranjeros y vendedores y distribuidores internacionales. La exposición ha tenido lugar cada año en la ciudad capital de La Paz en enero. VIBO desea que todos aprovechen su evento y que sea el más celebrado y elogiado en todo el país, pues los vinos bolivianos van ganando más fama regional por su buena calidad. Desgraciadamente, en los primeros tres intentos de promover esta feria, la empresa ha encontrado inconvenientes para atraer a suficientes participantes a La Paz, así que sus directores entablan una reunión con varios representantes de las bodegas para presentar unas nuevas ideas. Es importante aumentar de 25 a 45 el número de empresas que participan. Usted es uno de esos oficiales que está planeando la reunión y la próxima feria. Reúnase con varios compañeros y/o colegas para hacer lo siguiente:

a. Comparen las ventajas de trasladar el festival de La Paz a Santa Cruz de la Sierra para poder atraer a más participantes. Incluyan información sobre las atracciones como parques, museos, misiones, el pantanal y los aspectos de ecoturismo, la historia de los eventos incaicos y coloniales y el contacto con varios grupos étnicos.

b. Preparen un breve informe sobre los méritos de expandir el congreso a productores de la industria nacional de lácteos y no solo de vinos.

c. Investiguen la disponibilidad y la calidad de hoteles apropiados en las dos ciudades.

d. Organicen una lista de actividades y servicios que se puedan ofrecer a los presuntos clientes como degustaciones, espectáculos, bailes, etc.

e. Hagan una presentación oral de sus recomendaciones a la clase.

9-9 COMPRENSIÓN Y COMUNICACIÓN

 MINDTAP

Busque el ejercicio de video en el MindTap de *Éxito comercial: Prácticas administrativas y contextos culturales.*

Antes de ver. Conteste las siguientes preguntas antes de mirar el video.

1. ¿Cómo segmentaría usted el mercado estadounidense para un nuevo jabón de lujo? ¿Dónde trataría de vender el producto? ¿Por qué?

2. ¿Dónde anunciaría este nuevo producto? ¿Por qué?

Al ver. En el video, el señor Jaime Vilá Chávarri, presidente de Lujo, una firma peruana que produce jabones de categoría, está en San Francisco para hablar con la señora Elaine Brownstein, directora de publicidad de la agencia *Intermark*. Vilá quiere saber cómo segmentará ella el mercado para sus jabones en los Estados Unidos y qué medios publicitarios piensa usar. Lea las siguientes preguntas y después mire el video. Luego, vuelva a las preguntas para contestarlas.

1. ¿Por qué está el señor Vilá de visita en San Francisco?

2. ¿Cómo piensa Brownstein identificar a los consumidores potenciales?

3. Al tratar el tema del precio, ¿cuáles son las consideraciones expresadas por Vilá y Brownstein?

4. ¿Dónde piensa Brownstein anunciar el producto peruano? ¿Cuáles serían otras posibilidades que recomendaría usted?

Resumen. Resuma objetivamente a un/a compañero/a de clase lo que ha ocurrido en el video. O para variar, haga un resumen con cambios o falsedades para ver si su compañero/a capta la información errónea y se la corrige.

Ud. es el/la intérprete. Siga el guion a continuación y haga el papel de intérprete entre el señor Jaime Vilá Chávarri y la señora Elaine Brownstein. Traduzca del inglés al español y del español al inglés, **sin mirar el texto**, el diálogo que leerán otros dos estudiantes en voz alta. Ellos harán una pausa después de cada barra para permitir su traducción. Acuérdense todos de usar un tono y ritmo de diálogo natural.

Sr. Vilá: Los Estados Unidos representan un mercado importantísimo, pero difícil para nuestro jabón. / El problema que veo es cómo dividir un mercado tan grande en segmentos adecuados para aprovechar al máximo nuestra penetración en el mercado estadounidense.

INTÉRPRETE: _____

Sra. Brownstein: *Well, we'll begin by trying to identify potential customers according to sex, age, education, occupation, and geographic region. / We'll also look at small towns versus large cities. / We plan to test the product in places like Boston, Chicago, St. Louis, Denver, and San Francisco.*

INTÉRPRETE: _____

Sr. Vilá: Me parece muy bien. No sé si la cuestión de la clase social será importante o no, / pues en el Perú y en otros mercados hispanoamericanos nuestro jabón, por ser algo más caro, se vende más entre los clientes de la clase alta.

INTÉRPRETE: _____

Sra. Brownstein: *The cost shouldn't be prohibitive for anybody in the United States. / I don't think that it's as much of a question of social class here. / Rather it's an appeal to taste, to those willing to spend a few extra cents to bathe in a fine, perfumed soap.*

INTÉRPRETE: _____

Sr. Vilá: ¿Qué medios cree usted que son los mejores para anunciar nuestro jabón?

INTÉRPRETE: _____

Sra. Brownstein: *I would suggest a series of popular magazines, such as* Fine Living *and* Woman Athlete. / *Also, flight magazines and catalogs from the companies that will carry the soap. / I'm thinking of a couple of TV ads as well, so that people can see the soap in color and being used by real people.*

INTÉRPRETE: _____

Actividad. ¿En qué difiere su interpretación de la que se presenta en el video? Vuelva a ver el video para hacer una comparación o una crítica de la traducción oral.

Interpretación consecutiva y simultánea. Vuelva al video y ahora haga una interpretación consecutiva, usando la pausa del video cuando le haga falta. O para variar, intente hacer una interpretación simultánea, sin pausas. ¡Ojo! Este tipo de ejercicio requiere mucha concentración, memoria y atención a los detalles.

Otro fin. Después de ver el video, imagine lo que podría ocurrir después si no termina en ese momento. ¿Cómo se desarrollará más el tema entre los actores y qué dirán? Para esta actividad, se puede escribir y entregar un nuevo fin o imaginarse otro fin para representarlo con compañeros de clase. Al continuar con el guion en español, siga el estilo de diálogo usado arriba, empezando con el señor Vilá.

9-10   ANÁLISIS Y COMPARACIÓN

Estudie la Tabla 9-1 y haga los ejercicios que aparecen a continuación. Use también sus conocimientos y, cuando haga falta, otras fuentes informativas como un diccionario, un *Almanaque mundial,* Internet, etc. Los ejercicios se pueden hacer individualmente, en parejas o en pequeños grupos para discutir en clase.

TABLA 9-1 LOS PAÍSES HISPANOPARLANTES, BRASIL Y LOS EUA: CARRETERAS, VÍAS FÉRREAS Y NÚMERO DE AEROPUERTOS CON PISTA DE ATERRIZAJE PAVIMENTADA

País	Carreteras (kilómetros y % pavimentadas)		Vías férreas (kilómetros)	Número de aeropuertos con pista de aterrizaje pavimentada (2013)
Argentina	231,374 (2004)	30%	36,917 (2014)	161
Bolivia	80,488 (2010)	9%	3,504 (2014)	21
Chile	77,764 (2010)	23%	7,282 (2014)	90
Colombia	204,855 (2015)	ND	2,141 (2015)	121
Costa Rica	39,018 (2010)	25%	278 (2014) (la línea férrea está casi inoperante)	47
Cuba	60,858 (2001)	49%	8,285 (2014)	64
Ecuador	43,670 (2007)	15%	965 (2014)	104
El Salvador	6,918 (2010)	47%	12.5 (está fuera de servicio debido a la falta de mantenimiento) (2009)	5
España	683,175 (2008)	100%	16,101 (2014)	99
Guatemala	17,332 (2015)	43%	800 (2014)	16
Guinea Ecuatorial	2,880 (2000)	ND	0	6
Honduras	14,742 (2012)	23%	699 (2014)	13
México	377,660 (2012)	36%	15,389 (2014)	243
Nicaragua	23,897 (2014)	14%	La línea nacional está inoperante	12
Panamá	15,137 (2010)	42%	77 (2014)	57
Paraguay	32,059 (2010)	15%	30 (2014)	15
Perú	140,672 (2012)	13%	1,854 (2014)	59
Puerto Rico	26,862 (2012)	95%	0 operante (2012)	17
República Dominicana	19,705 (2002)	50%	496 (2014)	16
Uruguay	77,732 (2010)	10%	1,641 (2014)	11
Venezuela	96,180 (2014)	34%	447 (2014)	127
Brasil	1,580,964 (2010)	13%	28,538 (2014)	698
Estados Unidos	6,586,610 (2012)	65%	293,564 (2014)	5,054

Fuente: *CIA World Factbook* 2017.

1. ¿Por qué es importante la infraestructura de transportes para el comercio de un país?

2. ¿Cuáles son algunas de las ventajas y desventajas del transporte por carretera, ferrocarril y avión? Piense en los tipos de mercancías que se pueden distribuir, la cantidad o el volumen, los costos comparativos de transporte, la rapidez, la flexibilidad, etc.

3. ¿Cuántos kilómetros de carreteras hay en cada uno de los siguientes países: Chile, Guatemala, Guinea Ecuatorial, Venezuela, Bolivia y los EUA? ¿Cuántos kilómetros de carreteras hay en total entre todos los países hispanos? Compare este número total con el número de kilómetros de carreteras en los EUA.

4. Entre los países hispanos, ¿cuáles son los tres que tienen el mayor porcentaje de carreteras pavimentadas? ¿Cuáles son los tres países con el menor porcentaje de carreteras pavimentadas? Haga una gráfica visual que presente esta información comparativa en orden decreciente de porcentajes.

5. ¿Cuántos kilómetros de vías férreas hay en cada uno de los siguientes países: México, Argentina, Cuba, Perú y los EUA? ¿Cuántos kilómetros de vías férreas hay en total entre los países andinos? ¿Y en los del Cono Sur? ¿Cuántos kilómetros de vías férreas hay en total entre todos los países hispanos? Compare este número total con el número de kilómetros de vías férreas en los EUA.

6. ¿Cuáles son los cuatro países hispanos con el mayor número de aeropuertos con pista de aterrizaje pavimentada? ¿Y los cuatro países hispanos con el menor número? Use los datos de la tabla para comparar el número total de aeropuertos de los países hispanos con el número total de los EUA.

7. Usted y dos o tres compañeros de clase han sido contratados como consultores de logística de transportes para una empresa que importa los siguientes productos: vino de España y de Chile, esmeraldas y café de Colombia y cerveza de México. El vino español sale por buque de Valencia y llega al puerto de Nueva York; el vino chileno sale por barco de Valparaíso y llega al puerto de Los Ángeles; las esmeraldas colombianas salen por avión de Bogotá; el café colombiano sale por barco de Barranquilla y llega al puerto de Nueva Orleans; la cerveza mexicana, que sale de Veracruz, puede empezar su ruta a los EUA por barco, tren o camión. Conversen y preparen un plan de transporte para cada uno de estos productos, de modo que lleguen finalmente a las tiendas de Denver, Chicago y Miami y/o a las de las ciudades donde viven ustedes. Usen un mapa de los EUA para indicar las carreteras, las líneas férreas y los aeropuertos (por ejemplo, para las conexiones aéreas) que ustedes recomendarían.

GeoReconocimiento

Mire los mapas del Capítulo 9 en el MindTap de *Éxito comercial: Prácticas administrativas y contextos culturales* y haga los ejercicios.

Posibilidades profesionales

Las carreras de marketing internacional son múltiples y abarcan todos los quehaceres de este campo, particularmente las de identificación de mercados; perfiles de presuntos consumidores o usuarios; publicidad y creación de anuncios (lo cual conlleva a la traducción y la localización); estudios de imagen y posicionamiento, de precios, de impacto publicitario; diversos muestreos estadísticos, etc. Aunque muchos trabajos son de tipo gerencial, hay otros de especialistas, consultores y coordinadores. Para obtener más información al respecto y para una actividad que le ayude a saber más sobre el tema, véase el Capítulo 9 de «Posibilidades profesionales» en el MindTap de *Éxito comercial: Prácticas administrativas y contextos culturales*.

VOCABULARIO

Aquí se presentan los principales términos de este capítulo. Al final del libro hay un glosario más completo.

agencia agency
    de publicidad advertising agency
    publicitaria advertising agency
buscador search engine
cambio exchange, change
    de contrabando black market exchange
    negro black market exchange
canjear to redeem (a coupon)
cartelera billboard
compra buying, purchasing
consumidor/a consumer
    presunto potential consumer
diseño design
divulgar to disseminate, circulate, announce
elaboración production
embalaje *(m)* packaging
encuesta survey, poll
envasado packaging
estraperlo black market
fabricante *(m/f)* manufacturer
folleto pamphlet

fomento de ventas sales promotion
gratuito free (of cost)
grupo de enfoque focus group
hipervínculo hyperlink
insumos supplies
intermediario intermediary, middleman
lanzamiento launching, launch (of campaign)
lavado de imagen greenwashing
lenguaje *(m)* language style or jargon
letrero sign
luminoso lighted, neon sign
marca mark
    comercial trademark
    de fábrica trademark
    registrada registered trademark
medio means, medium
    de difusión (difusivo) advertising medium
    publicitario advertising medium
mercado negro black market
mercadología marketing

(continúa)

VOCABULARIO *(continuación)*

mercantil *(adj)* related to marketing

muestreo sampling

patrocinar to sponsor

precio price

   máximo ceiling price

   mínimo floor price

prensa the press

promoción de ventas sales promotion

prueba proof, test, trial (as in product test)

publicitario *(adj)* advertising

recopilación de datos compilation of data, data summary

relaciones públicas public relations

robapáginas *(m/s/pl)* mid-page unit (MPU), page or screen filler (a type

and size of ad used in Spain and Latin America)

sondeo survey, poll

telemarketing *(m)* telemarketing, telesales

televentas telesales

utilidad utility

valla billboard

venta sale

   agresiva hard sell

   blanda soft sell

   en masa mass selling

   masiva mass selling

   personal personal selling

MARKETING II:
Compraventa, transporte y almacenaje

A salesman is one who sells goods that won't come back to customers who will.
— ANÓNIMO

Vende caro y compra barato y no te faltará perdiz en el plato.
— PROVERBIO

Mercadeo: conjunto de operaciones por las que ha de pasar una mercancía desde el productor al consumidor.
— DICCIONARIO DE LA LENGUA ESPAÑOLA

© M. S. Doyle

El famoso mercado de artesanías de los sábados en Otavalo, Ecuador. Describa lo que ve en la foto. ¿Qué tipo de venta se hace aquí, al por mayor o al por menor? Busque más información en Internet acerca de este mercado y las artesanías que se venden allí.

10-1 PREGUNTAS DE ORIENTACIÓN

Cuando lea la sección «Lectura comercial», piense en las respuestas a las siguientes preguntas.

1. ¿Qué es la logística y cuál es su propósito principal?

2. ¿Cuáles son las funciones del marketing que se incluyen en la logística?

3. En términos generales, ¿cuáles son las diferencias entre el mayorista y el minorista? Dé un ejemplo de un mayorista de estanterías, un proveedor directo y un mayorista sin almacén.

4. ¿Qué alternativas tiene el fabricante para comercializar sus productos?

5. ¿Qué son la cadena de suministros y la tecnología de flujo de pedidos? ¿Cómo funcionan? Dé algunos ejemplos. ¿Qué ventajas ofrece el rastreo en línea en los canales de distribución?

6. ¿Cuáles son las tres formas generales de fletar mercancías? Dé ejemplos de cada una. ¿Qué ventajas y desventajas tiene cada una?

7. ¿Qué factores se consideran para escoger el medio de transporte?

8. ¿Qué se comprende por la palabra «almacén»? ¿Cuáles son los tipos de almacén que se utilizan para la venta al por menor? Dé un ejemplo de cada tipo.

9. ¿Cuál es el método más común que utilizan las empresas para enfrentarse al riesgo? ¿En qué consiste?

10. ¿Qué factores tiene que considerar el gerente al determinar los precios para el consumidor?

11. ¿Qué tipos de descuento hay para los clientes? ¿Cuál es el más común y en qué consiste?

LECTURA COMERCIAL

La compraventa y otras funciones del marketing

En el marketing de productos y servicios, las empresas se han dedicado a satisfacer las necesidades de sus clientes, cada vez más diversas e individualizadas, lo más rápido posible y a un costo mínimo. Al final del siglo XX, el mundo experimentó un notable aumento en el porcentaje de empleados que trabajan en el sector de servicios. Este enfoque en los servicios reemplaza al modelo tradicional que se limita a distribuir lo que se produce por un plan de entregar lo que el *cliente* necesita o prefiere, sea un bien o un servicio, una tendencia conocida como la **personalización en masa**. Después de elaborar un producto o diseñar un servicio y planear su entrada al mercado, la gerencia necesita realizar una serie de funciones continuas para que

---

[1] Thomas Friedman, *La tierra es plana*, trad. Inés Belaustegui. Madrid: Ediciones Martínez Roca, S.A., 2006, pág. 315.

Integridad y ética empresariales

A veces, la mejor manera de cambiar el mundo es consiguiendo que los grandes implicados hagan lo correcto por razones incorrectas, porque si hay que esperar a que hagan lo correcto por las razones correctas, ya puedes esperar sentado[1].

— THOMAS FRIEDMAN

Traduzca al inglés la cita de arriba y luego comente en español su validez para el mundo de los negocios u otras profesiones, con un buen ejemplo que usted conozca o uno que pueda imaginarse. Luego, dé un buen ejemplo de los esfuerzos por parte de los proveedores, intermediarios y consumidores para reducir el impacto de sus actividades sobre el medio ambiente.

Liderazgo

El coraje es la principal cualidad del liderazgo, en mi opinión, no importa dónde se ejerza. Por lo general, implica algunos riesgos, especialmente en las nuevas empresas.

— WALT DISNEY

Traduzca al inglés esta frase célebre de liderato y comente su validez para el mundo de los negocios u otras profesiones, con un buen ejemplo que usted conozca o uno que pueda imaginarse. ¿Piensa que el coraje es una parte esencial del liderato? ¿Se puede ser buen líder sin coraje? ¿Hace falta arriesgarse para ser buen líder? Comente.

almacén *(m)*
store, warehouse

almacenaje *(m)*
storage (general)

autopista de peaje
toll road, tollway

bodega
warehouse, storage
cellar

cabotaje *(m)*
coastal traffic, cabotage

detallista *(m/f)*
retailer

**estructuración de
precios**
price setting

fletador/a
shipper, sender

fletante *(m/f)*
charterer, owner of a
transport

prima
premium

seguimiento
tracking, monitoring

transbordador
ferry

se realice la adquisición o el consumo del producto. El compendio de estas funciones operativas es la **logística**, un procedimiento que «comprende todas las actividades y procesos necesarios para la administración estratégica del flujo y almacenamiento de materias primas y componentes, existencias en proceso y productos terminados; de tal manera, que estos estén en la cantidad adecuada, en el lugar correcto y en el momento apropiado»[2].

Entre estas funciones figuran:

1. la venta del producto o el servicio y su distribución al cliente, ya sea este el mayorista, el agente, el detallista, el subcontratista, el gobierno o el consumidor o usuario mismo,

2. el transporte y la coordinación del flujo continuo de los bienes, la información y los fondos asociados con el producto o el servicio para facilitar su entrega por medio de los varios canales de distribución,

3. el almacenaje de los productos no utilizados inmediatamente, que es un servicio en sí,

4. el control de riesgo en el transporte, el almacenaje o en la entrega de bienes o en la oferta de cualquier servicio,

5. la estructuración de precios para competir en el mercado.

La venta del producto y su distribución

Los oferentes de un producto o servicio a menudo tienen que trabajar con otros individuos o empresas que les sirvan de intermediarios para hacerlo llegar al consumidor. Cada vez que participa un intermediario, se agrega un valor que aumenta el costo del producto o del servicio. Los objetivos de los intermediarios y del proceso de distribución son: (1) la entrada del vendedor al mercado nacional o internacional y (2) la facilidad (física, temporal y monetaria) de adquirir los productos o servicios por parte de un comprador. Hoy en día, es posible que todas las funciones del marketing de un producto —venta, distribución, almacenaje, transporte, control de riesgo y estructuración de precios— se hagan a través de una tienda en Internet creada por el productor mismo o por una empresa intermediaria.

El mayorista. En general, hay dos tipos de mayoristas: los **comerciantes mayoristas** compran sus mercancías para revenderlas **al por mayor** a los minoristas o, a veces, directamente a los consumidores. Compran en grandes cantidades, toman posesión física y son los dueños de los bienes comprados. Su función varía de industria a industria y según su especialización. Hay mayoristas, como los ferreteros, que se dedican a la venta de toda gama de productos dentro de cierta clase de mercancías, mientras hay otros que se especializan en una clase o marca específica de productos, por ejemplo, los vendedores de repuestos de

---

[2] http://www.promonegocios.net/distribucion/definicion-logistica.html, consultado el 2 de junio de 2017.

automóviles o de herramientas de carpintero. También existen los siguientes especialistas:

1. **El mayorista de estanterías:** Tiene sus propios estantes y los abastece con productos como los que se usan para la belleza, la higiene o la salud.

2. **El proveedor directo:** Vende bienes de los cuales tiene el título, pero trata de evitar su posesión física cuando sea posible; entrega las mercancías directamente al comprador, según un convenio acordado de antemano.

3. **El mayorista sin almacén:** Entrega mercancías para las cuales la rapidez es sumamente importante, como en el caso de víveres y combustibles.

La segunda clase de mayorista es el **agente**. Este no es dueño de la mercadería que vende. Su única función es la venta de las mercancías de un productor. Además es comisionista, es decir, recibe su remuneración por comisión, un porcentaje del precio de la venta.

El minorista o **detallista**. Este vendedor compra sus mercancías a los fabricantes o a diversos mayoristas para luego vendérselas **al detalle** (o **al por menor** o **al menudeo**) al consumidor individual, como la zapatería que vende un solo par de zapatos. Se caracteriza por su especialización. Es fácil hacerse detallista, pero también es común fracasar, debido a la competencia entre los diversos minoristas y al riesgo involucrado.

Canales de distribución. El fabricante puede escoger entre varios medios de distribución para su producto o servicio. (Véase la Figura 10-1). Puede vender directamente al consumidor, o por medio del mayorista o minorista, o puede distribuir sus productos por medio de un agente. Siempre es importante considerar las siguientes condiciones del intermediario: su situación económica; su reputación y relaciones con los clientes; sus edificios, almacenes y medios de transporte; y las posibilidades de venta debidas a las ventajas de distribución. El productor tiene que reconocer que un control exclusivo del mayorista en las ventas puede reducir su propia influencia en la determinación del precio de venta y reventa. Las mismas estrategias y técnicas que sirven para administrar el inventario de los productos no sirven para el manejo del inventario de los servicios. Por ejemplo, con las camas de hospital desocupadas, las cuentas bancarias sin fondos disponibles o los asientos en los aviones sin pasajeros adicionales, las ganancias perdidas son intangibles e instantáneas. La diferencia entre la distribución de los servicios y la distribución tradicional de los productos tangibles es que la oferta y el consumo se pierden simultáneamente en un ambiente de servicios.

Hoy en día, tal como explica Thomas Friedman en *La tierra es plana*, uno de los principales aplanadores del comercio mundial es la incesante **cadena de suministros** «con su sucesión de entrega, clasificación, **carga**, distribución, compra, manufactura, pedido, entrega, clasificación, carga...»[3]. Una compañía transportista como *UPS* utiliza «algoritmos aplicados a cadenas de suministro» que representan una

---

[3] Thomas Friedman, *La tierra es plana*, trad. Inés Belaustegui. Madrid: Ediciones Martínez Roca, S.A., 2006, págs. 139–140.

Figura 10-1

Flujos de bienes producidos. La ruta tradicional y otras posibilidades para el fabricante *(Gráfico de M. S. Doyle)*

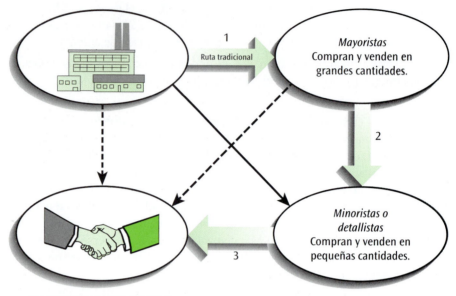

LA FÁBRICA

Produce para vender en GRANDES cantidades.

CONSUMIDOR O USUARIO FINAL

«rama de las matemáticas» denominada «**tecnología de flujo de pedidos**», cuyo propósito es «ajustar constantemente el despliegue de camiones, barcos, aviones e instalaciones... con el flujo diario de envíos de todo el mundo»[4]. Por ejemplo, en la Hacienda Ojo de Agua, S.A., ubicada en la zona atlántica de Costa Rica, que se dedica a la producción y el empaque de piña fresca y de fruta deshidratada para *Del Monte*, la piñera puede **rastrear** (seguir **el rastro** de) cualquier envío, identificar la fruta dañada durante su ruta y reemplazarla antes de que llegue al consumidor. El **rastreo en línea**, la forma más rápida de saber dónde se encuentra su envío, es común y corriente en el mercado internacional actual donde a veces insertan *chips* para facilitar el seguimiento por GPS (también llamado SPG, sistema de posicionamiento global).

El transporte y el almacenaje

El desarrollo económico de los EUA y otras economías modernas se atribuye en gran parte a la existencia de sistemas de transporte modernos. Sin ellos, se hace difícil la distribución de los productos y se limita el desarrollo económico de cualquier país. La importancia del transporte y del almacenaje se refleja en los costos. La combinación

---

[4] Thomas Friedman, *La tierra es plana*, pág. 159.

de estas dos funciones representa casi el 90% de los costos totales del mercadeo. Entre los diferentes tipos de flete, hallamos:

1. **flete terrestre:** camión, ferrocarril y oleoducto (tubería provista de bombas para conducir el petróleo a larga distancia) o gasoducto (tubería de grueso calibre para conducir a distancia gas combustible, procedente por lo general de emanaciones naturales)

2. **flete marítimo** o **fluvial: cabotaje** (navegación o tráfico de buques entre los puertos de su nación sin perder de vista la costa), cabotaje de petroleros, líneas exteriores de pasaje y carga en forma de **buque** o **transbordador**, y **barcaza** (**lanchón** para transportar carga de los buques a tierra, o viceversa), **gabarra** (barco pequeño destinado a la carga y descarga en los puertos) o **chalana** (embarcación menor, de fondo plano, que sirve para transportes en aguas de poco fondo y que se acopla a otras para ser remolcada por **remolcadores** en la navegación fluvial)

3. **flete aéreo:** avión

En el contrato transportista o **conocimiento de embarque**, el **flete** es el precio o **porte** del alquiler de un medio de transporte (barco, camión, avión u otro vehículo o parte del mismo) estipulado en el **fletamento** (el contrato mercantil en que se indica el flete). Flete también se refiere a la carga que se transporta por mar o por tierra, o al vehículo o transporte mismo. El **fletante** es el naviero (dueño o compañía transportista) o quien lo represente. Y el **fletador**, que contrata al fletante, es el encargado de entregar la carga que ha de transportarse, es decir, la persona o entidad que envía la **mercancía** por medio de un transportista.

Hay tres tipos de empresas de transporte: (1) el transportista **público**, quien sirve a todo el mundo; (2) el transportista **por contrato**, quien no ofrece un servicio público, sino que comercia exclusivamente con clientes especiales y para una industria en particular; y (3) el transportista **privado**, quien trabaja para una empresa particular.

El medio de transporte tiene que corresponder a las necesidades de la empresa. Hay varios factores que influyen en la decisión de usar uno solo o una combinación de medios transportistas. Estos factores son el costo, la rapidez, la flexibilidad respecto a la extensión geográfica y la entrega de mercancías a granel (de gran volumen). El medio más económico es la vía navegable; el más rápido para largas distancias es el aéreo; el más flexible geográficamente es el camión; el que puede transportar mayor volumen es el buque. Aunque el ferrocarril no es el mejor transporte en ninguna de las categorías mencionadas, en muchos casos ofrece la mejor combinación de ventajas en cuanto a volumen, cierta rapidez y precio. El camión generalmente se emplea en los trayectos cortos a lugares donde no llega el ferrocarril. La tarifa no es tan alta como la de un vagón completo de ferrocarril. Las autopistas de buena calidad aumentan la rapidez y la flexibilidad y reducen el costo de la entrega. Muchos países cobran impuestos o construyen **autopistas de peaje** o **de cuota** para mantener en buen estado las

Santiago (EFE) - El Gobierno chileno habilitará una nueva terminal marítima de libre tránsito que permitirá a Bolivia disponer de almacenaje gratuito en el puerto de Iquique, a 1.857 kilómetros al norte de la capital, Santiago. El inicio de operaciones de esta terminal, la tercera de este tipo, está pendiente solo del intercambio de notas en las cancillerías de ambos países, que mantienen un tratado de libre tránsito desde 1904, según informó ayer el diario *El Mercurio*.

De acuerdo con la información de la Dirección de Fronteras y Límites, más de un siglo después de que las terminales de Arica y Antofagasta entraran en funcionamiento, ahora se incorporará el puerto de Iquique, después de que Chile haya adoptado su legislación interna. El libre tránsito es un régimen jurídico que exime de tasas y contribuciones al paso de cargas de diferente naturaleza y en todas las circunstancias. Sin embargo, al privatizar el puerto de Arica, este beneficio dejó de existir.

Bolivia perdió sus 400 kilómetros de costa en la Guerra del Pacífico, conflicto de finales del siglo XIX en el que fue aliado de Perú contra Chile, que derrotó a ambos países. Los puertos del Pacífico son importantes en el comercio de Bolivia, ya que por ellos pasa el grueso de sus exportaciones, equivalentes a unos 3.000 millones de dólares.

Según la Dirección de Fronteras y Límites de la Cancillería, en los puertos chilenos habilitados para el libre tránsito, Bolivia ejerce controles aduaneros y goza de gratuidad en el almacenamiento de mercancías por un plazo de un año para las importaciones y de dos meses para las exportaciones, coste que es absorbido por el Estado chileno. Bolivia no mantiene relaciones diplomáticas con Chile desde 1962, salvo un paréntesis abierto en los años 70 por los entonces dictadores de ambas naciones Hugo Banzer y Augusto Pinochet, respectivamente. Desde 2006, Chile y Bolivia han experimentado un inusitado acercamiento de la mano de sus presidentes Michelle Bachelet y Evo Morales, quienes aprobaron una agenda bilateral de trece puntos que incluye la demanda marítima boliviana[5].

1. ¿Cuál es el tema de este artículo?
2. ¿Dónde está ubicado el puerto de Iquique? En términos geográficos y políticos, ¿por qué es importante para Bolivia?
3. ¿Qué significa el término *libre tránsito*? ¿Por qué lo necesita Bolivia?
4. ¿Cuáles son los beneficios específicos que recibirá Bolivia respecto a las importaciones? ¿Y para las exportaciones?
5. ¿Cómo han cambiado las circunstancias políticas en Chile y Bolivia desde la década de 1970 hasta la actualidad?
6. ¿Piensa que la comunidad internacional debería ayudar a buscar soluciones políticas y económicas cuando hay conflictos fronterizos entre naciones, o se debería dejar en manos de las naciones en conflicto? Comente.

---

[5] «Chile habilita terminal para almacenaje gratuito en Iquique», https://comercializacionagricola.blogspot.com/2009/06/chile-habilita-un-nuevo-terminal.html, consultado el 2 de junio de 2017.

carreteras. Hoy día, el uso general de **contenedores** o *containers* es característico del sistema de transporte multimodal a nivel mundial. La forma de transporte por oleoducto, o gasoducto, es rápida y económica cuando se trata de transportar fluidos, semifluidos y gases.

El almacenaje de mercancías siempre ha sido una función vital del marketing. Las empresas que se especializan en este tema suelen guardar los productos en un estante, una estantería, un **mostrador**, un **palé** (un palet, una paleta) o en el piso mismo. Es un servicio que facilita varios procesos: el control de inventario, a menudo con el apoyo del control por Internet; la recepción de pedidos o inventario y su validación contra las facturas; la movilización (el **armado de pedidos** específicos); procesos especializados como la consolidación de mercancías, la **selección** y el **embalaje** de bienes; y el **abastecimiento** (prácticas para identificar, evaluar y contratar a los abastecedores de bienes y servicios).

Hay varios tipos de almacén que se adaptan a las necesidades de la empresa. La palabra «almacén» abarca tanto el concepto de edificio, local o bodega donde se depositan géneros de cualquier especie, generalmente mercancías, como el concepto de tienda de comercio, sea esta una tienda de ventas al por mayor o al por menor. Los almacenes más importantes suelen ser los siguientes:

1. **El almacén general:** se usaba antes para el abastecimiento y la venta de herramientas agrícolas, lencerías y víveres. Con la invención del camión y el mejoramiento de las carreteras, el almacén general casi ha desaparecido.

2. **El almacén:** ofrece una variedad de artículos de calidad, por ejemplo, equipo para deportistas.

3. **El gran almacén:** es el almacén general moderno con distintos departamentos, cada uno con su propio gerente o comprador especializado. Frecuentemente se encuentra en los centros comerciales o en las afueras de las ciudades.

4. **El supermercado, el hipermercado (un gran supermercado que trata de atraer a gran número de clientes con precios relativamente bajos) y el mercado de descuentos:** compran un gran volumen de mercancías y por eso pueden reducir el precio para el consumidor.

5. **El minorista sin almacén:** comercia con ventas a domicilio (domiciliarias) por correo, por teléfono, por medio de un distribuidor automático (o máquina expendedora), por medio de vendedores ambulantes o a través del ecomercio por Internet.

6. **La concesión (o franquicia):** licencia o derecho otorgado a una persona para vender los productos o servicios de una empresa en una zona particular. Este tipo de negocio ha alcanzado mucha fama en la industria de la «comida rápida» y hay gasolineras y concesionarios de automóviles que también funcionan así.

7. **El centro comercial (o el *mall*):** es un tipo de almacenaje al detalle más reciente en el que varios minoristas se reúnen en un edificio grande, con frecuencia en las afueras de una ciudad. Ofrece un gran surtido de artículos de calidad en sus propios almacenes o tiendas. A veces, hay un supermercado, un banco o un cine. Además, hay estacionamiento alrededor de las tiendas y un gran almacén, un hipermercado o una gran tienda de descuentos para atraer a los consumidores.

El control de riesgos

En la distribución y el transporte de mercancías o servicios, cada operación corre el peligro de sufrir un siniestro. Esta contingencia de que algo malo o inesperado suceda se llama **riesgo**. Los productores y los intermediarios suelen protegerse contra el riesgo con un **seguro**, un contrato por el cual el riesgo lo asume la compañía de seguros a cambio del pago de una **prima** (el precio del seguro). Entre los tipos de seguros más importantes para el comerciante figuran el seguro contra incendios, el de automóviles, el de vida, el de accidente, el de salud, el de responsabilidad civil o contra terceros, el de falta de cumplimiento, el de transporte y el seguro contra todo riesgo.

La estructuración de precios

Al estructurar los precios, el gerente debe considerar bien varios factores:

1. el estado actual y el futuro de la economía,
2. la oferta y la demanda,
3. la flexibilidad de la demanda o de la oferta; es decir, el impacto del precio sobre la cantidad que se puede vender (la elasticidad del precio),
4. la competencia y su impacto en los precios,
5. el costo de producción,
6. los objetivos de la gerencia, que determinan la importancia del volumen de ventas, la participación en el mercado o la tasa de rendimiento,
7. la situación financiera y comercial de la empresa, que espera alguna señal del líder de precios de la industria (generalmente la compañía más grande) de que este va a subir o bajar los precios,
8. los distribuidores, para que todos reciban un margen de beneficios adecuado,
9. los reglamentos y las leyes estatales que rigen los mercados.

El precio que se cotiza a los clientes es el **precio de catálogo**. La cantidad que paga el consumidor, es decir el precio **de venta** o **de mercado**, puede igualar al precio de catálogo, aunque frecuentemente varía según la oferta y la demanda y los descuentos ofrecidos. El **descuento por pronto pago** es el más común. Especifica el número de días que se tiene para pagar hasta el vencimiento de la factura (por ejemplo, 60 días) y el porcentaje del descuento (por ejemplo, 5%) si se paga la factura antes de cierto número de días (por ejemplo, 20 días). Se expresa de la siguiente manera: 5/20, neto 60. Con esto se indica que hay un descuento del 5% si se paga la factura dentro de veinte días o se hace el pago total dentro de 60 días. Si se tarda más de 60 días, se tendrá que pagar también la tasa de penalización (el interés) sobre el importe total debido. Hay otros descuentos como la **rebaja** al revendedor, el descuento por cantidad, el descuento comercial, el descuento por promoción, la rebaja al comprador y la rebaja por la compra en efectivo.

© Jeff Gilbreath

Una subasta es el método más eficaz de poner a la venta el ganado. ¿Cómo se determinan los precios en una subasta? ¿Qué otros bienes o productos se venden de esta manera?

En definitiva, desde la producción misma, hasta la distribución y la última venta del producto al consumidor o usuario final, hay una serie de procesos importantes que necesitan investigación y análisis, planificación, coordinación e integración. La venta es una operación bastante compleja, especialmente en el mercado internacional, pero de ella depende todo el éxito comercial en el mundo de los negocios.

10-2   ACTIVIDADES

1. **¿Qué sabe usted de negocios?** Vuelva a las «Preguntas de orientación» que se hicieron al principio del capítulo y a las preguntas que acompañan la foto de la pág. 322 y contéstelas en oraciones completas en español.

2. **¿Qué recuerda?** Indique si las siguientes oraciones son **verdaderas** o **falsas** y explique por qué.

    a. El detallista vende en grandes cantidades.

    b. Los agentes no suelen ser dueños de la mercadería que venden.

    c. El comisionista es un agente que toma posesión física de la propiedad que vende y recibe un sueldo fijo como pago.

    d. Es fácil tener éxito como detallista o minorista.

    e. El transportista por contrato trabaja para una empresa particular.

    f. El precio de mercado es el que paga el cliente por pronto pago.

3. **Exploración.** Haga los siguientes ejercicios usando sus conocimientos y opiniones personales.

    a. Explique cómo llegan los siguientes productos al mercado donde vive usted: el champú medicado a la farmacia; los cereales al supermercado; los carros a los concesionarios de automóviles.

    b. ¿Qué efecto tienen las siguientes características de un intermediario: reputación, situación económica, edificios, almacenes y medios de transporte?

    c. ¿Cuáles son las ventajas y las desventajas de los diversos medios de transporte para la distribución de mercancías? Describa las diferentes embarcaciones que se usan en el transporte marítimo y fluvial.

    d. Compare el cabotaje de petróleo y el oleoducto como medios de distribución.

    e. ¿Qué tipo de seguro piensa que sería el más importante para una empresa? ¿Por qué? En su opinión, ¿cuáles serían las cuatro áreas de cobertura, en orden de prioridad, más importantes para las empresas en general? Justifique su prioridad.

    f. Describa la comercialización de algún producto que usted prefiere comprar al detalle. Comience después de su producción y analice su distribución, transporte, almacenaje, seguro y precio final.

    g. ¿Cómo se relacionan los dichos que aparecen al principio del capítulo con los temas tratados?

10-3   AL TELÉFONO

 MINDTAP

1. Lea las siguientes preguntas. Después escuche atentamente la conversación telefónica del Capítulo 10, **Pistas 19 y 20**, en el MindTap de *Éxito comercial: Prácticas administrativas y contextos culturales* y conteste las preguntas. Puesto que la comprensión auditiva es una destreza comunicativa sumamente importante, se recomienda escuchar la conversación varias veces.

   a. ¿Por qué llama Miranda Olivares, del Supermercado Este, a Óscar Lagos?
   b. ¿A qué se deben las subidas en el costo del pan, según Óscar Lagos?
   c. Según Miranda Olivares, ¿cómo son los precios del pan de Óscar Lagos?
   d. ¿Qué sugiere Lagos para compensar el alto costo inicial de «Pan Celestial»?
   e. ¿Cómo sabemos que Miranda Olivares no está convencida del uso de los cupones?

2. Basando sus comentarios en la conversación telefónica del ejercicio anterior, haga la siguiente llamada telefónica a otro/a estudiante de la clase. Cada persona debe participar activamente en la conversación. Si necesita ayuda con esta actividad, véase el Apéndice 1, «Protocolo telefónico», págs. 533–537.

   Usted es Miranda Olivares, gerenta del Supermercado Este en Valparaíso, Chile. Llame a Óscar Lagos Izurieta, quien entrega «Pan Celestial» a su mercado, para explicar que la campaña publicitaria especial usando cupones no ha aumentado la venta del pan y que usted tendrá que cancelar los pedidos. Óscar pide una prórroga del plazo para investigar más el efecto de los cupones.

3. Haga la siguiente llamada telefónica a otro/a estudiante de la clase. Cada persona debe participar activamente en la conversación. Si necesita ayuda con esta actividad, véase el Apéndice 1, «Protocolo telefónico», págs. 533–537.

   Usted es un/a mayorista de estanterías que quiere colocar bien su café en los estantes de un supermercado en Concepción. El/La abarrotero/a le comunica que le parece que no hay suficiente espacio en los pasillos para su café en este momento. Trate de convencerlo/a de que debería aceptar sus productos y descríbale cómo va a estructurar los precios usted y cuántas visitas por semana hará al supermercado con sus mercaderías. Describa con más detalles su plan de colocación.

10-4   NAVEGANDO POR INTERNET

 MINDTAP

Para hacer este ejercicio, visite el MindTap de *Éxito comercial: Prácticas administrativas y contextos culturales*.

10-5 EJERCICIOS DE VOCABULARIO

Si es necesario, consulte la sección «Lectura comercial» o la lista de vocabulario al final del capítulo para completar estos ejercicios.

1. **¡A ver si me acuerdo!** Pensando en la posibilidad de establecer una relación comercial, usted va a tener una conversación con una persona de negocios de un país hispano. Sin embargo, se le olvidan a usted los siguientes términos en español. Un/a compañero/a lo/la ayuda a recordarlos al pedir que usted se los traduzca.

   a. *insurance premium*
   b. *pipeline*
   c. *ferry*
   d. *auction*
   e. *franchise*
   f. *coastal shipping*
   g. *warehouse*
   h. *pick and pack*
   i. *distribution channel*
   j. *supply-chaining*

2. **¿Qué significan?** A usted le interesa la posibilidad de trabajar en una oficina de mercadeo en un país hispanoparlante. Sin embargo, no sabe qué significan ciertos términos que se usan frecuentemente en el comercio. Usted decide consultarlos con un/a amigo/a. Pídale a un/a compañero/a de clase que le explique los siguientes términos y que le dé algunos sinónimos.

   a. bodega
   b. entrega
   c. almacenaje
   d. autopista de peaje
   e. descuento por pronto pago
   f. conocimiento de embarque
   g. precio de catálogo
   h. fletante

3. **Entrevista profesional.** Usted se ha presentado como candidato/a para un puesto de director/a de marketing en una empresa multinacional que requiere ciertos conocimientos de la terminología de ese campo. Entre las preguntas que le hace el/la director/a de personal, figuran las siguientes. Con un/a compañero/a, haga la entrevista. No olviden el protocolo ni las cortesías.

   a. ¿A qué se refiere el concepto de falta de cumplimiento?
   b. ¿Cómo explica usted el descuento de 2/15, neto 40?
   c. ¿Cuáles son algunos productos que se guardan en los siguientes muebles de almacenaje: un palé, un mostrador de aluminio y vidrio, un estante de madera, un contenedor de plástico?
   d. ¿Cuáles son los beneficios de un centro comercial para el consumidor en comparación con otros tipos de almacenes?
   e. ¿Qué medio de transporte usaría usted para transportar líquidos? ¿Gases? ¿Ganado? ¿Botellas de vino? ¿Joyas? ¿Por qué?

4. **Traducciones.** Un/a amigo/a suyo/a que está inscrito/a en un programa de maestría en marketing acaba de empezar a estudiar español. Él/Ella sabe poco del vocabulario necesario para desempeñarse eficazmente en ese contexto. Usted lo/la ayuda pidiéndole que traduzca las siguientes oraciones que informan sobre el tema.

a. *In order to increase the volume of sales, a marketing manager has to conduct extensive studies.*

b. *It is crucial to control business risk for the transportation, storage, and delivery of goods and tracking helps us to pinpoint delivery delays.*

c. *Agents and brokers are not owners of merchandise; rather, their purpose is to sell a producer's merchandise.*

d. *Common carriers, contract carriers, and private carriers offer delivery services to different types of clients.*

e. *Successful marketing is a difficult operation requiring coordination and integration between different individuals and their activities.*

MINDTAP

5. **Prueba de comprensión.** Complete la prueba «Preguntas comerciales» en el MindTap de *Éxito comercial: Prácticas administrativas y contextos culturales.*

UNA VISTA PANORÁMICA DE CHILE[6]

Nombre oficial:	República de Chile
Gentilicio:	chileno/a
Capital:	Santiago, población 6,507,000 (2015)
Sistema de gobierno:	República
Jefe de Estado/Jefe de Gobierno:	Presidente Verónica Michelle Bachelet Jeria (2014)
Fiesta nacional:	18 de septiembre, Día de las Fiestas Patrias (Independencia 1818: de España)

[6] Fuentes: *CIA World Factbook* 2017 y *United States Census Bureau (International Programs, International Data Base)* 2016.

CHILE

GEOGRAFÍA Y CLIMA

Área nacional en millas^2 y kilómetros^2	Tamaño (comparado con los EUA)	División administrativa	Otras ciudades principales	Puertos principales	Clima	Tierra cultivable
292,260 mi^2 756,102 km^2	Un poco más grande que Texas	13 regiones (incluye la Región Metropolitana de Santiago) y 51 provincias	Concepción, Viña del Mar, Valparaíso, Antofagasta, Temuco	Valparaíso, Arica, Antofagasta, Iquique	Árido y desértico en el norte, mediterráneo en el centro, fresco y húmedo en el sur	1.7%

DEMOGRAFÍA

Año y población en millones			% urbana (2015)	Distribución etaria (2016)		% de analfabetismo (2015)	Grupos étnicos
2015	2017	2025		0–15 años	65+		
17.5	17.8	18.8	90%	20%	11%	2%	90% blanco europeo y mestizo, 9% mapuche

ECONOMÍA Y COMERCIO

Unidad monetaria	Tasa de inflación (2016)	N° de trabajadores (en millones) y tasa de desempleo (2016)		% de población debajo de la línea de pobreza, según informe del país (2013)	PIB en miles de millones $EUA (2016)	PIB per cápita (2016)	Distribución de PIB (2016) y de trabajadores por sector* (2011)			Exporta-ciones en miles de millones $EUA (2016)	Importa-ciones en millones $EUA (2016)
							A	I	S		
El peso	4.1%	8.8	7.0%	14%	$436.1	$24,000	4%	32%	67%	$56.3	$56.9
							13%	23%	64%		

* Para distribución del PIB y de los trabajadores (mano de obra): A = Agricultura, I = Industria, S = Servicios (y Gobierno).

Recursos naturales: Cobre, madera, hierro, nitrato, metales y piedras preciosas, molibdeno, energía hidroeléctrica

Industrias: Minería de cobre y otros minerales, fabricación de metales, procesamiento de alimentos y de pescado (especialmente trucha y salmón), harina de pescado, bebidas, hierro y acero, madera y productos de madera, equipo de transporte, cemento, textiles, derivados de petróleo, papel

COMERCIO

Productos de exportación: Bienes de consumo, cobre y otros minerales y metales, pescado y harina de pescado, productos de madera, papel, productos químicos y de petróleo, fruta y vegetales, pescado, vino, alimentos, químicos

Mercados: 26% China, 13% EUA, 9% Japón, 7% Corea del Sur, 5% Brasil (2015)

Productos de importación: Productos químicos, petróleo y productos del petróleo, combustibles, maquinaria industrial, vehículos de motor, equipo eléctrico y de telecomunicaciones, gas natural, alimentos, bienes de consumo

Proveedores: 23% China, 19% EUA, 8% Brasil, 4% Argentina (2015)

Horario general de comercio: De lunes a viernes, desde las nueve de la mañana hasta las seis de la tarde. En algunos lugares, se practica la hora de la siesta y se cierran las tiendas entre el mediodía y las tres o cuatro de la tarde.

TRANSPORTE Y COMUNICACIONES

Kilómetros de carreteras y % pavimentadas (2010)		Kilómetros de vías férreas (2014)	N° de aeropuertos con pista de aterrizaje pavimentada (2013)	N° de líneas telefónicas/ teléfonos celulares en millones (2015)		N° (en millones) y % de usuarios de Internet (2015)	
77,764	23%	7,282	90	3.4	23.2	11.3	64%

IDIOMA Y CULTURA

Idiomas	Religiones	Comidas y bebidas típicas/Modales
Español (oficial), mapuche, quechua, aimara, alemán, inglés, francés	70% católica romana, 15% protestante, 7% otras	Empanadas de horno, pastel de choclo, cazuela de ave, churrasco, mariscos, caldillo de congrio, sopaipillas, manjar. No repetir (comer una segunda vez); no marcharse inmediatamente después de comer. (Véase la Tabla 14-1, págs. 528–531).

Horario normal del almuerzo y de la cena: Sobre la una y media de la tarde para el almuerzo; sobre las ocho de la noche para la cena.

Gestos: Se evita hacer muchos gestos con las manos, no se hacen tanto como en otros países hispanos. Es esencial mirar a los ojos al hablar con otra persona. Las cosas, como el dinero, se entregan directamente a otra persona, no se tiran o dejan sobre un mostrador o una mesa para que las recoja el otro. Poner una mano, con la palma abierta, bajo el otro codo indica que alguien es tacaño. El gesto norteamericano de «ven acá» (el antebrazo extendido con la palma de la mano hacia arriba y los dedos que se mueven hacia el cuerpo de uno) significa que uno busca camorra *(to pick a fight)*. Hacer un puño y golpearlo contra la palma de la otra mano es un gesto obsceno que equivale al gesto de «*to give the finger*» en los EUA.

Cortesía: Durante el saludo, darse la mano con un apretón firme. Los hombres se ponen de pie cuando entra una mujer al cuarto y le dan la mano si esta primero les ofrece la suya en forma de saludo. Cuando se visita la casa de alguien para comer o cenar, llevar para los anfitriones un regalito como flores, pan o una buena botella de vino. Intentar probar un poco de toda la comida servida.

LA ACTUALIDAD POLÍTICA Y ECONÓMICA DE CHILE

A lo largo de su historia, Chile ha mantenido uno de los sistemas políticos más democráticos de Hispanoamérica y desde fines de la década de los ochenta y del régimen militar, ha entrado en una etapa de globalización como modelo de una sólida economía de libre comercio. En realidad, Chile tiene excelentes oportunidades para competir eficazmente en la economía mundial debido a su geografía y sus recursos naturales. Muchos turistas viajan a Chile para disfrutar de las playas de Viña del Mar, los centros de esquí en los Andes, la belleza de la Patagonia y el misterio de la Isla de Pascua. En Chile, el transporte terrestre siempre ha presentado dificultades debido a la topografía de los Andes y el gran Desierto de Atacama en el norte, pero el país ha desarrollado uno de los mejores sistemas ferroviarios de Hispanoamérica. Por razones geográficas, el transporte aéreo es importante. La Línea Aérea Nacional (LAN), anteriormente la mayor aerolínea del país que inició su privatización en 1989, desde 2015 es LATAM, una aerolínea chilena con sede en Santiago formada por las aerolíneas sudamericanas LAN, TAM4 y sus filiales.

Respecto al transporte marítimo, el cabotaje es importante debido a la dificultad del transporte terrestre. En el campo internacional, Antofogasta, Iquique, Arica y Valparaíso son los puertos más importantes. Con la importancia internacional de la Cuenca del Pacífico en el siglo XXI, este comercio es sumamente rentable. Ha habido tensiones diplomáticas entre Chile y Bolivia (véase «Para pensar», pág. 328), pero Chile inició negociaciones con oficiales bolivianos acerca del uso de una terminal portuaria en Iquique, el puerto principal para los bienes que ingresan a la zona franca (ZOFRI) con destino a diferentes países (Perú, Bolivia, Argentina, Ecuador, Brasil, Colombia y Uruguay).

El comercio internacional siempre ha sido un factor crítico para la economía chilena. Durante el siglo XIX, Chile desarrolló las industrias de la salitre y de los nitratos. Tras las dos primeras décadas del siglo XX cuando la industria de los nitratos decayó, la producción de cobre en los años treinta ayudó a sostener la economía chilena. Inmediatamente antes y después de la Segunda Guerra Mundial, hubo problemas causados por los conflictos entre los intereses de los funcionarios e industriales chilenos para establecer industrias nacionales, como la de cobre, y los intereses de las empresas internacionales norteamericanas. Este contexto, más un fuerte terremoto, alentó al gobierno a crear en 1939 la Corporación de Fomento de la Producción (CORFO), el organismo encargado de fomentar y coordinar el desarrollo económico del país.

Respecto a la política, muchos países hispanoamericanos ofrecen ejemplos históricos de caudillismo, un tipo de gobierno dictatorial en el que domina la imposición de un control tiránico por parte de un líder fuerte. A este se lo llama «cacique» o «caudillo». Chile no ha sufrido tanto esta desgracia gracias a su larga historia de democracia, pero en 1973 el general Augusto Pinochet Ugarte se convirtió en presidente cuando el ejército derrocó y mató a Salvador Allende, presidente socialista elegido democráticamente en 1970. En la época de Pinochet (1973–1990), hubo muchas preocupaciones por la violación de los derechos humanos y la tortura y el asesinato de muchas personas. Aun después de renunciar al control del gobierno en 1990, Pinochet mantuvo un papel clave en limitar el castigo judicial a los militares acusados de cargos criminales.

Para reducir la influencia militar en los años noventa y en los primeros años del siglo XXI, se formó una alianza denominada la Concertación de Partidos por la Democracia. Bajo este grupo, se eligieron cuatro presidentes populares consecutivos: dos presidentes del Partido Demócrata Cristiano (PDC), Patricio Aylwin (1990–1994) y Eduardo Frei (1994–2000), y dos del Partido Socialista (PS), Ricardo Lagos Escobar (2000–2006) y Michelle Bachelet (2006–2010). La política moderada estatal facilitó la apertura de sus mercados y las privatizaciones de muchas empresas estatales. También, permitió la entrada de Chile como miembro asociado de MERCOSUR en 1996. Argentina, Brasil, Paraguay y Uruguay son los miembros originales. Venezuela se sumó como miembro pleno en julio de 2012, pero en diciembre se suspendió por no cumplir con sus obligaciones, una imputación rechazada por el presidente Maduro. Bolivia también está en vías de hacerse miembro desde 2014, anticipándose la aprobación de todos los congresos de los estados miembros. Bajo estos líderes elegidos democráticamente, Chile logró mantener su fuerte desarrollo económico y mejorar su posición internacional debido al progreso en la situación de los derechos humanos.

De hecho, Chile ha establecido uno de los sistemas económicos de Hispano-américa más orientados hacia el mercado libre. La Concertación ha podido reducir aún más el papel del gobierno en la economía y a la vez ha dirigido los gastos públicos hacia beneficios sociales. Se eliminó la deuda externa por medio de la capitalización de deudas. Aunque se había mencionado la posibilidad de privatizar completamente la Corporación Nacional del Cobre de Chile (Codelco Chile), esta todavía mantiene el marco legal de una empresa estatal autónoma y se relaciona con el gobierno por medio del Ministerio de Minería. Desde los años noventa, la economía de Chile, basada en los altos precios del cobre, creció más rápidamente que cualquier otra en Latinoamérica. Así que entre 2000 y 2015 se pudo reducir la pobreza de la población considerada pobre del 26% al 7.9%. Más recientemente, debido a la caída de los precios del cobre, el crecimiento de Chile, medido por el PIB, bajó un poco del 6.1% en 2011 al 1.6% en 2016, al verse influidas negativamente la inversión privada y las exportaciones.

Michelle Bachelet fue la primera mujer en ser nombrada para integrar el Ministerio de Defensa de Chile en 2002. Luego, en 2006, llegó a ser la primera presidenta de la República. En agosto del mismo año, su respaldo público había bajado al 38%. La falta de apoyo se debió a las malas condiciones económicas mundiales que causaron rápidas bajas en los sueldos profesionales y técnicos y a las altas cifras de desempleo e inflación entre la gente más pobre. Pero en 2010, como una montaña rusa, su apoyo público, volvió a subir a un 84% positivo, la cifra más alta marcada por un jefe de estado chileno en el momento de dejar el puesto.

Sebastián Piñera (2010–2014), quien estudió ingeniería comercial en la Pontificia Universidad Católica (PUC) de Chile y obtuvo títulos de Economía en Harvard, perdió la elección presidencial a manos de Bachelet en 2005. Pero en 2009 la Coalición por el Cambio, una nueva organización política que unió a los partidos políticos más conservadores y oponentes a la Concertación, lo proclamó como su candidato oficial a la presidencia de la República, un puesto que Piñera ganó. Durante el mandato de Piñera, Chile experimentó varias dificultades. En 2010 hubo un terremoto de magnitud 8.8 en la escala de Richter y después un tsunami que afectaron más el centro y el sur de Chile. También ocurrió un accidente minero en el yacimiento San José, en el cual 33 mineros sobrevivieron atrapados por 68 días. Adicionalmente, hubo una controversia de delimitación marítima entre Chile y el Perú en el mismo año. Al año siguiente (2011), hubo protestas y una serie de movilizaciones sociales provocadas por el alza en el precio del gas natural.

A principios de la presidencia de Piñera, comenzaron huelgas de hambre de comuneros mapuche que no fueron resueltas por convenios con el gobierno hasta el final de su mandato en 2014. Políticamente, Piñera utilizó estos acuerdos para justificar que las actas y las decisiones de su gobierno de la derecha reflejaban profundos compromisos con la libertad, la democracia, los derechos humanos y la justicia social.

Tras culminar su mandato presidencial en 2010, Michelle Bachelet había tomado diversas responsabilidades en organismos internacionales. Por tres años hasta 2013, fue directora ejecutiva de la nueva entidad de la ONU para la Igualdad de Género y el Empoderamiento de la Mujer (ONU Mujeres). Al dejar ese puesto, fue candidata en las elecciones de 2013 y ganó la presidencia con el 62.2% de los votos. Sin embargo, ha habido solo un débil crecimiento en la economía del país durante su segundo mandato, lo que le ha dificultado poner en práctica sus liberales promesas de campaña. La Reforma Educacional para mejorar el sistema público de educación, la Reforma Tributaria para producir fondos para la educación mediante un cambio del sistema impositivo, la despenalización del aborto terapéutico y la descontaminación atmosférica no han recibido el apoyo esperado.

Al comienzo de 2017, con menos encuestas positivas públicas que antes, Bachelet ha indicado que piensa prestar más énfasis en la reforma educativa, la descentralización del estado y la transparencia en la vida pública chilena. Pero con las elecciones presidenciales pendientes en noviembre de 2017, su peor crítico, Sebastián Piñera, ha podido consolidar una ventaja en las encuestas para la primera vuelta, aunque es muy probable que en la segunda vuelta Piñera vaya a enfrentar a un candidato no tan conservador que pueda consolidar a los oponentes que no quieren verlo en el palacio presidencial otra vez.

10-6 ACTIVIDADES

¿Qué sabe usted de Chile?

1. A usted lo/la han contratado como asesor/a transcultural de negocios internacionales. Como tal, necesita informar a sus clientes sobre Chile y recomendar un plan de viaje de negocios al país. Investigue los datos pertinentes para desarrollar los temas a continuación.

   a. Describa la geografía de Chile, incluidos temas como los siguientes: ubicación y tamaño del país, capital y otras ciudades y puertos importantes, división administrativa y clima. Compare el tamaño de Chile con el de los EUA. Compárelo con el tamaño del estado donde vive usted.

   b. ¿Cuáles son las principales características demográficas y políticas de Chile? ¿En qué se diferencian las políticas económicas conservadoras del expresidente Piñera y las de los presidentes de la Concertación de Partidos por la Democracia?

   c. ¿Quién fue Salvador Allende? ¿Cuáles han sido los resultados de la dictadura de Augusto Pinochet a largo plazo?

   d. ¿Cuándo se celebra la fiesta nacional de Chile? ¿Qué otras fiestas públicas podrían afectar el éxito de un viaje de negocios? (Véase la Tabla 10-1, págs. 352–354).

   e. Describa la economía chilena. Incluya datos sobre la moneda nacional, la tasa de inflación, el PIB y el PIB per cápita, el número de trabajadores (mano de obra), la tasa de desempleo, los recursos naturales, las industrias nacionales, los productos que se exportan e importan, los países destino (mercados) y proveedores (fuentes) de estas transacciones internacionales y la balanza de comercio (la que se publica en este libro frente a la actual). ¿A cuánto cotiza la moneda chilena respecto al dólar estadounidense?

   f. Compare el PIB y el PIB per cápita de Chile con los de los países miembros de MERCOSUR. ¿Qué ventajas geográficas aporta Chile a este acuerdo? ¿Cuáles son los aspectos del convenio que benefician a Chile?

   g. ¿Qué producto o servicio recomendaría vender en Chile? ¿Por qué?

   h. Describa la infraestructura de los transportes y las comunicaciones de Chile. ¿Qué desventajas geográficas ha sufrido la economía chilena históricamente? ¿Qué cambios tecnológicos han convertido esas desventajas en ventajas en la actualidad?

   i. ¿Cómo han cambiado algunos de los datos presentados en las secciones de «Vista panorámica» y «La actualidad política y económica» de este texto? Actualícelos.

   j. Basándose en «La actualidad política y económica» de Chile, ¿qué realidades, oportunidades y problemas destacaría y qué recomendaciones le daría a su cliente/a?

2. Use Internet u otras fuentes informativas para preparar un plan (con presupuesto e itinerario) para sus clientes, que harán un viaje de negocios a Santiago y Antofagasta. El viaje durará seis días.

   a. Fechas de ida y vuelta

b. Vuelos: aeropuertos de salida y llegada, líneas aéreas, horario; costos

c. Transporte interno que se piensa usar en el país: taxi, autobús, carro de alquiler, metro, tren, otro; costos

d. Alojamiento y viáticos; costos

e. La comida típica que van a pedir para la cena la primera noche

f. Las formas de cortesía y los gestos que deben recordar, usar o evitar

LECTURA CULTURAL

Imperialismo español, religión y comercio

El imperio español influyó tanto en la operación de la economía hispanoamericana colonial que esta se parecía más a un sistema feudal que a una economía capitalista después de las revoluciones hispanoamericanas del siglo XIX. La actual República de Chile antes se consideraba un área pobre y lejana del Imperio español. Las leyes establecidas por la Casa de Contratación en Sevilla después de su creación en 1503 obligaban a que las colonias importaran bienes de España en barcos españoles. Así, el contrabando llegó a tener una importancia exagerada desde el principio. Chile podía comerciar una vez al año con España solamente por medio de las flotas españolas (varias naves artilladas que navegaban juntas) que llegaban a Portobelo, en el Panamá actual. Pasaron por este importante puerto caribeño la mayoría de las riquezas que España devolvió a la corona española, procedentes de la conquista de la actual América del Sur durante la época colonial. Los mercaderes que navegaban a Panamá por el antiguo Perú cruzaban el istmo de Panamá con el oro en mulas a través de las huellas del Camino de Cruces y continuaban por el río Chagres mediante pequeñas embarcaciones, hasta llegar a Portobelo, que se convertía durante esos días del año en el puerto más rico de las Américas.

Chile, sin embargo, cultivaba el trigo, el maíz y la vid en las haciendas y sus mercaderes comerciaban con el Perú enviando productos agrícolas. Todo el comercio entre Chile y las demás colonias estaba controlado por el monopolio comercial de Sevilla, lo que explica la dependencia económica de Chile con el virreinato del Perú y por qué era tan costoso obtener mercaderías en las ferias portuarias donde los españoles controlaban los precios. Las dificultades de transporte y de capital les prohibían a muchos intermediarios chilenos comerciar con el mismo rédito económico de los peruanos. La mano de obra estaba formada por esclavos, indios y arrendatarios en muchos casos encomendados. Por esto, no hubo trabajo remunerado hasta el siglo XVIII. Tampoco existía un mercado abierto. La monarquía española mantuvo el control del sector industrial hasta las guerras de independencia en el siglo XIX (1810–1818). La estructuración de los precios locales fue determinada por unos cuantos comerciantes que querían establecer un monopolio basado en los desembarcos poco frecuentes de las flotas y galeones. Sus ganancias se obtenían de los precios fijos, el trabajo barato y los mercados cautivos y protegidos contra el comercio de otras potencias por el gobierno real.

Aparte de los impuestos sobre los indios, los esclavos y los pobres por parte del gobierno, la Iglesia católica quiso mantener el *statu quo*. Prometía una vida después

El Papa Francisco habla con el presidente cubano, Raúl Castro, durante su viaje a la isla de Cuba. El presidente argentino, Mauricio Macri, se reúne con su compatriota, el Sumo Pontifice, en Buenos Aires. ¿Como se relacionan la política y la religión en Hispanoamérica?

de la muerte y defendía los intereses de los hacendados y los mercaderes ricos. A pesar de los esfuerzos de individuos dentro de la Iglesia que lucharon por defender los derechos de los pobres, esta comunicaba un mensaje de resignación o fatalismo hacia la vida. El gobierno controlaba la Iglesia y la usaba para promover los intereses del estado. La Inquisición sirvió para limitar las tendencias revolucionarias del pueblo.

Entre los varios grupos religiosos del Chile colonial se destacaban los jesuitas. Tenían fama de ser los más disciplinados, los más trabajadores y los de mayor carácter moral y financiero. Los hacendados ricos, las autoridades gubernamentales, los comerciantes y otros grupos religiosos se opusieron a los jesuitas y los expulsaron de Hispanoamérica en 1767. Es irónico que la elección en 2013 del arzobispo de Buenos Aires, Jorge Mario Bergoglio, como Pontífice de la Iglesia Católica, lo haya convertido en no solamente el primer papa del Nuevo Mundo sino también en el primer jesuita de la historia en ocupar ese puesto.

En muchas de las otras órdenes religiosas, eran comunes la corrupción y el soborno. Hasta la Guerra de Independencia, la Iglesia católica fue el banquero, la sociedad de contratación y quizás el hipotecario más grande de Hispanoamérica. En 1970, la Iglesia finalmente se deshizo de sus bienes raíces y valores negociables. En las últimas décadas ha sido una voz más fuerte contra la opresión, aunque las iglesias protestantes evangélicas o «cristianos convertidos» (*born-again Christians*) y la Iglesia de Jesucristo de los Santos de los Últimos Días (mormones) siguen creciendo en toda Latinoamérica. Respecto a la población protestante en Centroamérica, en El Salvador y Nicaragua aproximadamente el 25% de la población ya se declara protestante, en Honduras en torno al 30% y en Guatemala el 40%, especialmente en las zonas rurales. Costa Rica (13%) y Panamá (10%), países más desarrollados económicamente, también están experimentando esta transformación, aunque más lentamente.

América del Sur ha sido un baluarte del catolicismo romano y es posible que la elección papal de un argentino en Roma pueda frenar los avances del secularismo o las corrientes evangélicas de tipo pentecostal en Latinoamérica, y que se adopte un espíritu más emprendedor y de mayor responsabilidad y capacidad para mejorar la condición individual y colectiva. Además de esta evolución sociorreligiosa, existe también la religión popular: la santería, el espiritismo, el vudú y la superstición, que juegan un papel bastante importante en la vida diaria de muchos hispanos. Sin embargo, como afirman Harris y Moran, el gerente con operaciones en Latinoamérica necesita tener en cuenta que la Iglesia católica sigue siendo un importante elemento cultural[7].

En todos los países del mundo hispano, hay días de fiestas nacionales. Hay cuatro días obligatorios e irrenunciables para los trabajadores del comercio por ley en Chile, tres seculares y uno religioso[8]. En la actualidad, estos son el Año Nuevo, el 1° de enero; el Día Nacional del Trabajo, el 1° de mayo; el Día de la Independencia Nacional, el 18 de septiembre; y el 25 de diciembre, la Natividad del Señor, el día religioso. El Día de la Raza, el 12 de octubre, celebrado en los EUA como el Día de Colón, es un nombre informal, renombrado la Fiesta de la Hispanidad en 1958 en España que lo promocionó después de las independencias hispanoamericanas en el siglo XX con el propósito de tener una fiesta común que uniera a toda Hispanoamérica. En Chile no es un día irrenunciable, pero se le dio el nombre de Aniversario del Descubrimiento de América. Recientemente se le llama el Aniversario del Encuentro de Dos Mundos.

La influencia de la Iglesia católica en la historia y en la vida económica y social de Chile y de Hispanoamérica en general se observa en el gran número de fiestas religiosas que se celebran en el entorno normal: la Semana Santa con el Viernes Santo; la Inmaculada Concepción de la Virgen, el 8 de diciembre; la Asunción, el 15 de agosto; y el Día de Todos los Santos, el primero de noviembre. Es interesante destacar que, desde 2008, el viernes de la semana del 31 de octubre se celebra el Día Nacional de las Iglesias Evangélicas y Protestantes; esta fecha coincide con el Día de la Reforma de la Iglesia Luterana, que se celebra en muchas iglesias protestantes. Este es el único feriado religioso que no procede de la Iglesia católica. Durante los días de fiesta, florecían los mercados al aire libre con casetas (puestos de feria) y cobertizos temporales cubiertos de flores en los cuales se practicaba el regateo, un proceso de negociación de precio entre el comprador y el vendedor. En los días feriados, esta práctica todavía existe en muchos mercados y pequeñas tiendas de Hispanoamérica (normalmente en las que no se indican los precios fijos de los artículos) y refleja la importancia del trato directo y personal en los negocios en esta cultura.

10-7   ACTIVIDADES

1. **¿Qué sabe usted de cultura?** Para demostrar sus conocimientos, conteste las preguntas a continuación.

   a. ¿Qué efecto tuvo el imperio español en la economía hispanoamericana colonial?

---

[7] Phillip Harris, Robert T. Moran y Sarah V. Moran, *Managing Cultural Differences: Global Leadership Strategies for the 21st Century* (Oxford, Reino Unido: Butterworth-Heinemann, 2007), pág. 380.

[8] http://www.dt.gob.cl/consultas/1613/w3-article-95017.html, consultado el 2 de junio de 2017.

b. ¿Cómo controlaba España el comercio con sus colonias? ¿Cómo y por dónde fueron exportados gran cantidad del oro y de la plata a España?

c. ¿Cómo se satisfacían las necesidades básicas en las colonias hispanoamericanas?

d. ¿Qué es el fatalismo? ¿Cómo ha influido en el pensamiento hispano?

e. ¿Qué influencia tuvo la Iglesia católica en la economía de Chile? ¿Y los jesuitas? Y más recientemente, ¿qué influencia han tenido otras religiones?

f. ¿Qué es un día irrenunciable? ¿Cuáles son los días feriados irrenunciables de Chile?

g. ¿Qué son la religión popular, la santería, el espiritismo, el vudú y la superstición? Busque información sobre estas prácticas en Latinoamérica en Internet y otras fuentes informativas. ¿Es usted supersticioso/a? Comente.

h. ¿Qué es el regateo? Si usted ha regateado en un mercado, describa su experiencia. ¿Existe el regateo en los EUA? Explique.

2. **Prueba de comprensión cultural.** Complete la prueba «Preguntas culturales» en el MindTap de *Éxito comercial: Prácticas administrativas y contextos culturales.*

MINDTAP

3. **Asimilador cultural.** Lea el siguiente texto y conteste las preguntas a continuación.

Nuel South, estudiante graduado en Administración de Empresas Internacionales, hace su práctica profesional con una firma llamada Laboratorios Fármaco en Valparaíso. Su departamento de producción ha elaborado una nueva cápsula para aspirinas que protege contra las inyecciones de veneno que han amenazado a los consumidores y la industria en los últimos años. South habla muy bien español.

Su supervisora de práctica, la directora de marketing de Fármaco, Julia Montt de Balmaceda, se encarga de la estandarización y estructuración de precios. La nueva cápsula es un poco más grande que la común y contiene un 10% más de medicamento. Montt quiere saber si los médicos y los farmacéuticos creen que sus pacientes van a comprar el nuevo producto a un precio más alto. Ella quiere que South visite personalmente a algunos profesionales en las tres regiones de Chile. South ha tomado cursos de mercadeo en una universidad prestigiosa de los Estados Unidos. Montt lo selecciona por su dominio del español y su don de gentes.

—Nuel, quiero que pases una semana en las provincias del norte, cerca de Antofagasta, una semana en la provincia de Magallanes, en el sur, y luego una semana aquí en los alrededores de Santiago, investigando las opiniones de los médicos y los farmacéuticos sobre nuestra cápsula. Debes entrevistar personalmente a varios individuos en cada región. Te daré la lista de nombres. Durante la última semana, puedes completar un informe con los resultados de tu investigación. Es importante saber qué opinan las personas que tratan directamente con nuestros clientes.

—Pues, de acuerdo, señora. Es muy buena idea saber exactamente qué opinan los distribuidores de nuestros productos. ¿Qué le parece esta idea? Si preparo una encuesta con la información necesaria durante la tercera semana de diciembre, podríamos mandársela directamente a estos individuos en cada región con algunas muestras para sus clientes. Dos semanas más tarde, puedo llamarlos por teléfono o enviarles un *email* y pedirles fácilmente su opinión sobre las muestras. Así podemos evitar que yo pase dos semanas fuera de la oficina. Hay otros proyectos que requieren mi atención inmediata. Gracias al buen sistema de correo de Chile, las muestras llegarán rápidamente y así sabremos si las características de la nueva cápsula son adecuadas.

Julia Montt de Balmaceda reflexiona un momento antes de responder a los comentarios de su asistente estadounidense...

a. ¿En qué mes del año piensa South enviar sus muestras? ¿Cómo podría influir esta época del año en su proyecto?

b. ¿Qué diferencias culturales van a influir en la interacción entre Nuel South y su supervisora?

c. ¿Qué le va a decir la directora de marketing a su subordinado acerca de las comunicaciones impersonales?

d. ¿Por qué sugiere South su propio plan de investigación? ¿Qué efecto tendrá su plan en las personas con las cuales piensa comunicarse? ¿En su supervisora?

SÍNTESIS COMERCIAL Y CULTURAL

10-8   ACTIVIDADES COMUNICATIVAS

1. **Situaciones para dramatizar.** Lea las siguientes situaciones y después haga el papel en español con otro/s estudiante/s, usando las siguientes posibilidades como punto de partida. Cada persona debe participar activamente en la dramatización. No olviden el protocolo ni las cortesías.

a. *You are a food distributor in Santiago planning the calendar for the entire fiscal year. You realize that you will need more help right before the holiday seasons. Discuss the needs you anticipate with one of your managers.*

b. *You work with a manager of a Chilean trucking firm that has been unable to deliver a large load of perishable fruit at the docks because of a recent ban on its export to the United States. Although your immediate supervisor is a bit pessimistic about what could be done, you don't want the fruit to go to waste. You are talking with a local priest/minister about how the food can be made available at a considerable discount to the people in his parish. The priest/minister discusses the options with you. (To address a priest in Spanish-speaking countries, it is common to use the word* Padre *followed by his first name, e.g.,* Padre José.)

Después de representar estas situaciones, comente con sus compañeros de clase cómo ha influido en sus decisiones la información cultural de este capítulo.

2. **Actividad empresarial.** Ustedes trabajan para una empresa multinacional que tiene muchas ventas en Chile y los países miembros del MERCOSUR: Argentina, Brasil, Uruguay, Paraguay, Venezuela (suspendida) y Bolivia (que está en proceso de incorporación). El/La presidente/a de la empresa ha decidido instalar una fábrica para el ensamble de automóviles en una de las ciudades de uno de los países de esta región. La preocupación principal es la estabilidad del gobierno y la estabilidad de la moneda de estos países. Es muy posible que otros factores históricamente problemáticos también puedan causar dificultades. Les pide sugerencias sobre la decisión que él/ella tendrá que tomar. Es importante investigar y luego comparar Chile con dos países que son miembros o asociados del MERCOSUR, enfocándose en los siguientes factores:

   a. La estabilidad gubernamental durante los últimos veinte años.
   b. El valor de la moneda nacional durante el mismo periodo y el valor actual.
   c. El número de posibles consumidores en estos países hoy en día.
   d. Las dificultades que puedan causar el uso de las lenguas indígenas que hablan los trabajadores en su trato con los capataces, quienes hablan solo español.

Después de completar su investigación, recopilen los datos en un informe escrito con listas o tablas que contengan la información indispensable para hacer un breve análisis del caso. Luego, presenten el informe oralmente sin leerlo.

3. **Minicaso práctico.** Lea el caso y haga los ejercicios a continuación.

Empresa Chilena de Barcos (ECB), una de las compañías más dedicadas a la economía global en Chile, sabe bien que, en el proceso del marketing, cada etapa añade más valor al costo del producto al consumidor. En la exportación de productos chilenos a los EUA o a cualquier otro país, sea cercano o lejano, cada una de las siguientes etapas aumenta el precio: el transporte en camión de la fábrica al tren; el transporte en tren hasta el puerto en Chile; el transporte en sus barcos al puerto extranjero; los costos de descarga en el puerto de destino; los servicios y cobros del distribuidor regional; los costos de diversos intermediarios; los costos de su llegada al minorista que vende el producto; y los costos en las tiendas individuales hasta la llegada a las manos del consumidor en su casa.

Desgraciadamente, los riesgos para los navieros han aumentado a comienzos del siglo XXI debido a varios peligros que influyen en los costos de la seguridad. Uno de ellos es la piratería, que casi nunca había ocurrido durante el siglo pasado. Recientemente, ha habido ataques de piratas en Brasil. También ha habido atentados cerca de Singapur en el Lejano Oriente, una región cada vez más importante para los exportadores chilenos. Otro nuevo factor de seguridad es el énfasis en las amenazas del terrorismo, especialmente después del 11 de septiembre de 2001. Aunque la reacción ha sido lenta, los EUA han puesto en práctica medidas de seguridad adicionales para proteger el transporte marítimo, principalmente en los barcos que llevan contenedores. La nueva tecnología, el entrenamiento del personal de seguridad y todos los costos relacionados con estas prácticas han causado alzas en los costos. Además, las demoras suben el costo de hacer negocios.

Rodrigo Benítez Valdez, un naviero chileno que trabaja con ECB, cuenta lo que le ocurrió hace tres semanas cuando uno de sus barcos fue atacado en el puerto de Belém, Brasil. Usando lanchas rápidas para acercarse, los piratas subieron al vapor y le robaron todos los objetos de valor a la tripulación. Luego, escaparon sin dejar huellas.

Conteste las siguientes preguntas.

a. ¿Cuál va a ser el impacto de la situación sobre Rodrigo Benítez Valdez y su empresa transportista en Chile?

b. ¿Qué medidas debe tomar ECB para reducir los costos? ¿Deberían evitar estos destinos completamente o tienen que hacer otros ajustes?

c. ¿Cómo van a reaccionar los fabricantes cuando Benítez les explique que tendrá que aumentar los cargos?

d. ¿Qué les van a decir los funcionarios gubernamentales chilenos a los oficiales del Ministerio de Estado de los EUA acerca de los cargos adicionales? ¿Cómo reaccionarán los oficiales norteamericanos ante las quejas?

e. Conversen sobre este problema, como si usted y su compañero/a fueran las personas involucradas en los siguientes escenarios:

- Rodrigo Benítez Valdez habla con otros navieros sobre la piratería y el terrorismo.
- Benítez Valdez habla con varios tripulantes que ya tienen miedo a la piratería y la posibilidad de futuros encuentros violentos.
- Benítez y los gerentes de ECB hablan del alza de precios y sus causas.
- Un/a consumidor/a preocupado/a se queja porque tiene que pagar más por el producto en el almacén.
- El Ministro de Relaciones Exteriores de Chile y un oficial del Ministerio de Estado de los EUA negocian las nuevas condiciones del transporte.
- El fabricante del producto (cobre, por ejemplo, cuya demanda mundial ha bajado debido a la crisis económica) habla con el naviero.
- Los piratas hablan de su éxito y planifican otros ataques.
- El director del puerto de Charleston, Carolina del Sur, en los EUA, responde cuando ECB le informa que no puede seguir utilizando su puerto debido a los altos costos de seguridad.

10-9 COMPRENSIÓN Y COMUNICACIÓN

Busque el ejercicio de video en el MindTap de *Éxito comercial: Prácticas administrativas y contextos culturales.*

⋮⋮ MINDTAP

Antes de ver. Conteste las siguientes preguntas antes de mirar el video.

1. ¿Cree que una práctica profesional ayuda a conseguir un buen trabajo? Explique.

2. Al tratar el tema del transportista, ¿cuáles podrían ser algunos temas de discusión?

Al ver. En el video, el señor Mistral, nuevo director de mercadeo de Minasal, una empresa de minería de Antofagasta, habla con la señorita Chambers, su asistente de práctica, sobre las posibilidades de transportar sus productos al sur de Chile. Lea las siguientes preguntas y después mire el video. Luego, vuelva a las preguntas para contestarlas.

1. ¿Qué es el cabotaje?

2. ¿Para qué tipo de mercancías se usan los buques?

3. ¿Qué efectos desea analizar la señorita Chambers y por qué?

4. Según Chambers, ¿qué tipo de transporte probablemente ofrezca la mejor combinación de ventajas?

Resumen. Resuma objetivamente a un/una compañero/a de clase lo que ha ocurrido en el video. O para variar, haga un resumen con cambios o falsedades para ver si su compañero/a capta la información errónea y se la corrige.

Ud. es el/la intérprete. Siga el guion a continuación y haga el papel de intérprete entre el señor Mistral y la señorita Chambers. Traduzca del inglés al español y del español al inglés, **sin mirar el texto**, el diálogo que leerán otros dos estudiantes en voz alta. Ellos harán una pausa después de cada barra para permitir su traducción. Acuérdense todos de usar un tono y ritmo de diálogo natural.

Sr. Mistral: Según lo que tengo entendido, esta empresa transporta sus productos al sur de Chile por ferrocarril.

INTÉRPRETE: _____

Srta. Chambers: *But the train isn't the most economical way to transport anything. / It would seem better to me to deliver the bulk materials through the port here in Antofagasta by coastal shipping / and to send the rest of the materials by truck, particularly if the amount is less than a full train carload.*

INTÉRPRETE: _____

Sr. Mistral: Usted lleva poco tiempo en Chile y todavía no se ha dado cuenta de las malas condiciones de algunas de nuestras carreteras. / Y en el caso de mercancías de gran volumen, no mandamos lo suficiente como para utilizar buques de transporte.

INTÉRPRETE: _____

Srta. Chambers:	*Before we make a final decision, I would like to study the effects of cost, speed, and bulk delivery on the setting of prices to our consumers.*
INTÉRPRETE:	_____
Sr. Mistral:	Muy bien. No se olvide de averiguar el precio de los seguros. / Las inseguridades del mercado y el transporte son también factores importantes en el costo.
INTÉRPRETE:	_____
Srta. Chambers:	*We will probably have to move to a combination of means of transportation in order to meet the needs of our various products. / On the other hand, train delivery may offer the best combination. / By the way, do you use common carriers or contract carriers?*
INTÉRPRETE:	_____
Sr. Mistral:	Por lo general, usamos nuestros propios transportistas privados.
INTÉRPRETE:	_____

Actividad. ¿En qué difiere su interpretación de la que se presenta en el video? Vuelva a ver el video para hacer una comparación o una crítica de la traducción oral.

Interpretación consecutiva y simultánea. Vuelva al video y ahora haga una interpretación consecutiva, usando la pausa del video cuando le haga falta. O para variar, intente hacer una interpretación simultánea, sin pausas. ¡Ojo! Este tipo de ejercicio requiere mucha concentración, memoria y atención a los detalles.

Otro fin. Después de ver el video, imagine lo que podría ocurrir después si no termina en ese momento. ¿Cómo se desarrollará más el tema entre los actores y qué dirán? Para esta actividad, se puede escribir y entregar un nuevo fin o imaginarse otro fin para representarlo con compañeros/as de clase. Al continuar con el guion en español, siga el estilo de diálogo usado arriba, empezando con la señorita Chambers.

10-10   ANÁLISIS Y COMPARACIÓN

Estudie la Tabla 10-1 y haga los ejercicios que aparecen a continuación. Use también sus conocimientos y, cuando haga falta, otras fuentes informativas como un *Almanaque mundial*, Internet, etc. Los ejercicios se pueden hacer individualmente, en parejas o en pequeños grupos para discutir en clase.

1. ¿Qué es la fiesta nacional de un país? ¿Qué tipo de evento se conmemora con la fiesta nacional? ¿Qué son las fiestas públicas?

2. ¿Cuándo se celebran las fiestas nacionales de México, España, Argentina, Colombia, Ecuador y los EUA?

3. ¿Cuáles países hispanos obtuvieron su independencia de España en 1810? ¿En 1821?

4. ¿Cuáles son los países hispanos que no se independizaron de España sino de otro país? Explique.

5. ¿Qué países de la Tabla 10-1 no celebran el Día del Trabajo? ¿Cuáles no lo celebran el 1° de mayo?

6. ¿Qué tipo de fiesta pública (política, religiosa, etc.) predomina en los países hispanos? ¿Por qué piensa usted que es así?

7. ¿Cuándo celebran muchos países hispanoamericanos la fiesta pública del Descubrimiento de América? ¿Qué otros nombres recibe esta fiesta pública?

8. En algunos países hispanos, se celebra el aniversario (del nacimiento o de la muerte) de alguna figura nacional importante: Benito Juárez (México), José de San Martín (Argentina), Simón Bolívar (Venezuela y Ecuador), José Gervasio Artigas (Uruguay), Francisco Morazán (Honduras) y José Barbosa (Puerto Rico). ¿Quiénes fueron estas figuras históricas?

9. También se celebran los aniversarios de batallas o treguas. ¿Qué ocurrió en la Batalla de Puebla en México? ¿La Batalla de Rivas en Costa Rica? ¿La Batalla de Carabobo en Venezuela? ¿La Batalla de Pichincha en Ecuador? ¿La Paz del Chaco y la Victoria del Boquerón en Paraguay? ¿El asalto al Cuartel Moncada en Cuba? ¿Qué evento conmemora el Día del Mar en Bolivia?

10. ¿Por qué es importante tener en cuenta el calendario y las fiestas nacionales y públicas de un país con el cual se comercia?

11. Usted ha sido contratado/a como consultor/a por una empresa cuyo/a director/a de ventas desea hacer el siguiente viaje de negocios para visitar a posibles clientes nuevos:
   - 14 al 16 de agosto en España
   - 14 y 15 de septiembre en Guatemala
   - 16 y 17 de septiembre en México

   ¿Qué problemas hay con este itinerario? ¿Qué cambios le recomendaría para visitar estos tres países?

TABLA 10-1 FIESTAS NACIONALES Y OTRAS FIESTAS PÚBLICAS DE LOS PAÍSES HISPANOPARLANTES, BRASIL Y LOS EUA

País	Fiesta nacional	Otras fiestas públicas
Argentina	25 de mayo: Primer Gobierno Patrio; 9 de julio: Proclamación de la Independencia (1810: de España)	6 ene. (Epifanía); 23–24 feb. (Carnavales); c. 9–10 abr. (Jueves Santo y Viernes Santo); 1° mayo (Día del Trabajo); 25 de mayo (Fiesta Cívica); 10 jun. (Día de la Soberanía Nacional/Día de las Islas Malvinas); c. 11 jun. (Corpus Christi); 20 jun. (Día de la Bandera); 15 ago. (Asunción); 17 ago. (Muerte del General José de San Martín); 21 sept. (Día del Estudiante); 12 oct. (Día de la Raza); 1° nov. (Todos los Santos); 8 dic. (La Inmaculada Concepción)
Bolivia	6 de agosto: Día de la Independencia Nacional (1818: de España)	Carnaval (el sábado antes del Miércoles de Ceniza); 19 mar. (Día del Padre); 23 mar. (Día del Mar); c. 10 abr. (Viernes Santo); Semana Santa; 27 mayo (Día de la Madre); c. 11 jun. (Corpus Christi); 1° nov. (Día de Todos los Santos)
Chile	18 de septiembre: Día de la Independencia Nacional (1818: de España)	1° de enero (Año Nuevo); 1° de mayo (Día del Trabajo); 19 sep. (Día de las Glorias del Ejército); 25 de diciembre (Natividad del Señor)
Colombia	20 de julio: Día de la Independencia Nacional (1810: de España)	6 ene. (Santos Reyes); 19 mar. (San José); c. 9–10 abr. (Jueves Santo y Viernes Santo); 1° mayo (Día del Trabajo); 21 de mayo (Ascensión); c. 11 jun. (Corpus Christi); 29 jun. (San Pedro y San Pablo); 7 ago. (Batalla de Boyacá); 12 oct. (Día de la Raza); 1° nov. (Todos los Santos); 11 nov. (Independencia de Cartagena); 8 dic. (La Inmaculada Concepción)
Costa Rica	15 de septiembre: Día de la Independencia Nacional (1821: de España)	19 mar. (San José); c. 9–10 abr. (Jueves Santo y Viernes Santo); 11 abr. (Día de Juan Santamaría/Batalla de Rivas); Semana Santa; 1° mayo (Día del Trabajo); c. 11 jun. (Corpus Christi); 29 jun. (San Pedro y San Pablo); 25 jul. (Anexión del Partido de Nicoya); 2 ago. (Nuestra Señora de los Ángeles); 15 ago. (Día de la Madre); 15 sept. (Día de la Independencia de América Central); 12 oct. (Día de la Raza); 8 dic. (La Inmaculada Concepción de María)
Cuba	10 de julio: Día del Inicio de la Lucha por la Independencia; 1° enero: Triunfo de la Revolución	1° mayo (Día del Trabajo); segundo domingo de mayo (Día de la Madre); 26 jul. (Día del Asalto al Cuartel Moncada [1953]); con la excepción de la Navidad, reconocida como fiesta nacional en 1998, no se celebran oficialmente las fiestas religiosas
Ecuador	10 de agosto: Día de la Declaración de Independencia Nacional (1809)	c. 23–24 feb. (Carnavales); c. 9–10 abr. (Jueves Santo y Viernes Santo); 24 de mayo (Batalla de Pichincha); 24 jun. (Inti Raimi o Festival del Sol); 24 jul. (Natalicio de Bolívar); 9 oct. (Independencia de Guayaquil); 12 oct. (Día de la Raza); 2 nov. (Día de los Fieles Difuntos); 3 nov. (Independencia de Cuenca)
El Salvador	15 de septiembre: Día de la Independencia Nacional (1821: de España)	c. 8–11 abr. (Semana Santa); 1° mayo (Día del Trabajo); 10 de mayo (Día de la Madre); c. 11 jun. (Corpus Christi); 17 jun. (Día del Padre); c. 5–6 ago. (El Salvador del Mundo); 12 oct. (Día de la Raza); 2 nov. (Día de los Fieles Difuntos)

(continúa)

TABLA 10-1 *(continuación)*

País	Fiesta nacional	Otras fiestas públicas
España	12 de octubre: Día de la Hispanidad	6 ene. (Epifanía del Señor); 19 mar. (San José); c. 9–10 abr. (Jueves Santo y Viernes Santo); c. 11 jun. (Corpus Christi); 25 jul. (Santiago Apóstol); 15 ago. (Asunción de la Virgen); 6 dic. (Día de la Constitución Española); 8 dic. (La Inmaculada Concepción)
Guatemala	15 de septiembre: Día de la Independencia Nacional (1821: de España)	6 ene. (Epifanía); c. 8–11 abr. (Semana Santa); 1° mayo (Día del Trabajo); 30 jun. (Día del Ejército); 15 ago. (Día de la Asunción); 12 oct. (Día de la Raza); 20 oct. (Conmemoración de la Revolución de 1944); 1° nov. (Día de Todos los Santos); 8 dic. (La Virgen de Concepción); 24 dic. (Nochebuena); 31 dic. (Fin de Año)
Guinea Ecuatorial	12 de octubre: Día de la Independencia Nacional (1968: de España)	c. 10–11 abr. (Viernes Santo y Sábado Santo); c. 11 jun. (Corpus Christi); 5 jun. (Natalicio del Presidente); 3 ago. (Día de las Fuerzas Armadas); 15 ago. (Día de la Constitución); 8 dic. (La Inmaculada Concepción)
Honduras	15 de septiembre: Día de la Independencia Nacional (1821: de España)	c. 9–11 abr. (Semana Santa); 14 abr. (Día de las Américas); 1° mayo (Día del Trabajo); 3 oct. (Nacimiento de Morazán); 12 oct. (Descubrimiento de América); 21 oct. (Día de las Fuerzas Armadas)
México	16 de septiembre: Día de la Independencia Nacional (conmemora *El grito*) (1810: de España)	6 ene. (Día de los Reyes); 5 feb. (Día de la Constitución); 24 feb. (Día de la Bandera); 21 mar. (Aniversario del Nacimiento de Benito Juárez); c. 9–11 abr. (Jueves Santo, Viernes Santo y Sábado Santo); 1° mayo (Día del Trabajo); 5 mayo (Batalla de Puebla); 12 oct. (Descubrimiento de América o Día de la Raza); 1–2 nov. (Día de los Muertos); 12 dic. (Nuestra Señora de Guadalupe)
Nicaragua	15 de septiembre: Día de la Independencia Nacional (1821: de España)	c. 9–10 abr. (Jueves Santo y Viernes Santo); 1° mayo (Día del Trabajo); 19 jul. (Día de la Liberación); 14 sep. (Batalla de San Jacinto); 2 nov. (Día de los Fieles Difuntos); 8 dic. (La Inmaculada Concepción)
Panamá	3 de noviembre: Separación de Colombia (1903: la Separación de Panamá de Colombia); 4 de noviembre (Día de la Bandera); 28 de noviembre; Independencia de España (1821)	9 ene. (Día de los Mártires); c. 24 feb. (Martes de Carnaval); c. 10 abr. (Viernes Santo); 15 ago. (Fundación de la Ciudad de Panamá; se celebra solo en la ciudad de Panamá); 2 nov. (Día de los Difuntos); 5 nov. (Día de Independencia; se celebra solo en la ciudad de Colón); 11 nov. (Primer Grito de la Independencia); 8 dic. (La Inmaculada Concepción); 8 dic. (Día de la Madre)
Paraguay	14 de mayo: Día de la Independencia Nacional (1811: de España)	1° mar. (Día de los Héroes); c. 9–10 abr. (Semana Santa); c. 15 mayo (Día de la Madre); 12 jun. (Día de la Paz del Chaco); 30 jul. (Día de la Amistad); 15 ago. (Fundación de Asunción); 29 sep. (Día de la Victoria de Boquerón); 12 oct. (Descubrimiento de América o Día de la Raza); 1° nov. (Todos los Santos); 8 dic. (Nuestra Sra. de los Milagros de Caacupé)
Perú	28 de julio: Día de la Independencia Nacional (1821: de España)	24 jun. (Día del Campesino); 29 jun. (San Pedro y San Pablo); 19 jul. (Día Nacional); 30 ago. (Santa Rosa de Lima); 8 oct. (Día de las Fuerzas Armadas); 1° nov. (Todos los Santos); 8 dic. (La Inmaculada Concepción)

(continúa)

TABLA 10-1 *(continuación)*

País	Fiesta nacional	Otras fiestas públicas
Puerto Rico	4 de julio: Día de la Independencia de los EUA (1776: de Inglaterra)	6 ene. (Reyes Magos); 11 ene. (Aniversario de Eugenio María de Hostos); segundo lunes de ene. (Día de Martin Luther King); c. 22 feb. (Día de Washington); 22 mar. (Día de la Emancipación); c. 10 abr. (Semana Santa); 18 abr. (Aniversario de José de Diego); 27 mayo (Día de la Conmemoración); 17 jul. (Aniversario de Muñoz Rivera); 25 jul. (Día de la Constitución); 28 jul. (Natalicio de José C. Barbosa); c. 7 sep. (Día del Trabajo); 12 oct. (Día de la Raza); c. 12 nov. (Día del Veterano); 19 nov. (Descubrimiento de Puerto Rico); el cuarto jueves del mes de noviembre (Día de Acción de Gracias)
República Dominicana	27 de febrero: Día de la Independencia Nacional (1844: de Haití)	6 ene. (Santos Reyes); 21 ene. (Nuestra Señora de Altagracia); c. 27 ene. (Día de Duarte); c. 10 abr. (Viernes Santo); c. 11 jun. (Corpus Christi); 16 jul. (Fundación de la Sociedad La Trinitaria); 16 ago. (Día de la Restauración); c. 16 sep. (Nuestra Señora de las Mercedes); 12 oct. (Descubrimiento de América o Día de la Raza); 1° nov. (Día de Todos los Santos)
Uruguay	25 de agosto: Día de la Independencia Nacional (1825: de Brasil)	6 ene. (Epifanía, Día de los Niños); c. 23–24 feb. (Carnaval); c. 11–12 abr. (Pascua de Resurrección/Semana Santa); 19 abr. (Aniversario de los Treinta y Tres); 1° mayo (Día del Trabajo); 19 jun. (Aniversario de Artigas); 18 jul. (Día de la Constitución); 12 oct. (Descubrimiento de América o Día de la Raza); 2 nov. (Día de los Fieles Difuntos); 8 dic. (Día de las Playas); 25 dic. (Navidad, Día de la Familia)
Venezuela	5 de julio: Día de la Independencia Nacional (1811: de España)	c. 23–24 feb. (Carnaval); c. 9–10 abr. (Semana Santa); 13-24 de jun. (Fiestas Juninas); 24 jun. (Batalla de Carabobo); 24 jul. (Natalicio de Bolívar); 12 oct. (Día de la Raza); 17 dic. (Aniversario de la Muerte del Libertador); 31 dic. (Fin de Año)
Brasil	7 de septiembre: Día de la Independencia Nacional (1822: de Portugal)	c. 28 feb. (Carnaval); c. 16 abr. (*Páscoa* = Pascua); 21 abr. (*Tiradentes*); 1° mayo *(Dia do Trabalho)*; *(Festas Juninas* coinciden con las fiestas de San Juan y San Pedro); c. 11 jun. (Corpus Christi); 12 oct. *(Nossa Senhora Aparecida)*; 2 nov. (Finados = Día de los Difuntos); 15 nov. *(Proclamação da República)*; 25 dic. *(Natal* = Navidad)
Estados Unidos	4 de julio: Día de la Independencia Nacional (1776: de Inglaterra)	Segundo lunes de ene. (Día de Martin Luther King); 22 feb. (Día de los Presidentes); c. 25 mayo (Día de Recordación); c. 7 sep. (Día del Trabajo); 12 oct. (Día de Colón); 11 nov. (Día de los Veteranos); el cuarto jueves del mes de noviembre (Día de Acción de Gracias)

NOTA: Hay un gran número de días de fiesta que se celebran regionalmente y en las diferentes ciudades de Latinoamérica. Este resumen se limita solo a los principales días de fiesta. Los que tienen fecha variable se indican con c. (circa, alrededor de); p. ej., la fecha de Semana Santa y la de la Pascua pueden variar hasta un mes de año en año. El Año Nuevo y la Navidad se celebran en todos estos países.
Fuentes: *Almanaque mundial* 2009 y *Culturgram* 2006.

Posibilidades profesionales

Si abundan las carreras de marketing internacional con respecto a la publicidad y a los productos que se venden y promocionan, también las hay en los campos de distribución, transporte y almacenaje. Los puestos más comunes y corrientes son los de directores de compraventa o de distribución, agentes de transporte y supervisores de almacén. Para obtener más información al respecto y para una actividad que le ayude a aprender más sobre el tema, véase el Capítulo 10 de «Posibilidades profesionales» en el MindTap de *Éxito comercial: Prácticas administrativas y contextos culturales*.

VOCABULARIO

Aquí se presentan los principales términos de este capítulo. Al final del libro hay un glosario más completo.

abastecimiento sourcing

agente *(m/f)* agent

   de subasta auction agent

a granel in large quantity or volume, bulk

almacén *(m)* store

   de artículos de calidad specialty shop

   general general store

al por mayor wholesale

armado de pedidos order assembly, order assembler

autopista toll road, tollway; highway

   de peaje toll road, tollway

   de cuota toll road, tollway

barcaza barge

bodega warehouse; wine cellar

bomba pump (e.g., for pumping oil through a pipeline)

buque *(m)* ship

cabotaje *(m)* coastal traffic, cabotage

cadena de suministros supply-chaining

canal de distribución *(m)* distribution channel

carga packing; cargo

centro comercial shopping center, mall

chalana barge, lighter

comerciante *(m/f)* merchant

   al por mayor merchant wholesaler

comisionista *(m/f)* commision merchant or agent

concesión franchise

concesionario dealer (e.g., car dealer)

conocimiento de embarque bill of lading

contenedor container (e.g., large metallic containers for bulk shipping of goods)

control de riesgo *(m)* risk management

costo cost

   fijo fixed cost

   variable variable cost

de gran volumen bulky, bulk

descarga unloading (e.g., of merchandise)

descuento discount

   por promoción promotion allowance

   por pronto pago discount for quick payment

   por la compra en efectivo discount for cash payment

   por cantidad volume discount

detallista *(m/f)* retailer

(continúa)

VOCABULARIO *(continuación)*

sin almacén non-store retailer

distribuidor automático vending machine

emanación emanation, source, point of origin

natural natural source or point of origin (e.g., of oil, natural gas)

embalaje *(m)* packaging, wrapping

embarcación vessel, craft, boat

entrega delivery

estante *(m)* shelf

estantería shelving furniture (for storage)

estructuración de precios pricing, setting of prices

falta de cumplimiento failure to comply, noncompliance

ferretero hardware dealer

fletador/a shipper (one who hands over goods to be delivered)

aéreo/a air shipper

fluvial inland water shipper (river-related)

marítimo/a ocean/sea-going shipper

fletamento contract for chartering or rental of means of transportation; transportation, carriage

fletante *(m/f)* charterer, owner of a means of transport

flete *(m)* freight (cargo, price or means of shipment)

franquicia franchise

gabarra barge

gama range (of products, etc.)

gasoducto gas line

gran almacén *(m)* department store

intermediario intermediary, middleman

lanchón barge

logística logistics

máquina expendedora vending machine

margen de beneficio *(m)* profit margin

mayorista *(m/f)* wholesaler

de estanterías rack jobber

sin almacén truck wholesaler

menudeo retail

mercadería product

mercado market

de descuentos discount store

mercancías de gran volumen bulk material

Ministro de Relaciones Exteriores Secretary of State (in Chile and some other Latin American nations)

minorista retailer

mostrador *(m)* counter

naviero/a ship owner

oleoducto pipeline

palé pallet, a transport structure designed to support goods being lifted by a forklift

personalización en masa mass personalization

piratería piracy

porte *(m)* price (freight, carriage price)

precio price

de catálogo list price

de mercado market price

prima premium

proveedor directo drop shipper, desk jobber

rebaja rebate, discount

al comprador customer rebate

al revendedor trade discount

regateo haggling, bargaining

rastrear to trace or track (a shipment)

rastreo tracking (process)

en línea on-line tracking

rastro track, sign

(continúa)

VOCABULARIO *(continuación)*

remolcador *(m)* tug, tugboat, towboat; tow truck

remolcar to tug, tow

revendedor/a retailer

riesgo risk

sala cuna nursery

seguir el rastro to track (a shipment)

seguro insurance

    contra incendios fire insurance

    contra terceros liability insurance

    contra todo riesgo comprehensive insurance

    de automóviles car insurance

    de falta de cumplimiento non-compliance (surety)

    de responsabilidad civil liability insurance

selección y embalaje pick and pack (a storage service)

siniestro damage

subasta auction

surtido assortment, selection

tarifa por menos de un vagón completo rate for less than carload on train (l.c.l.)

tasa de rendimiento rate of return (on investment)

tecnología de flujo de pedidos package flow technology

transbordador *(m)* ferry

transporte *(m)* transportation

transportista *(m/f)* carrier, means of transportation and delivery

    por contrato contract carrier

    privado private carrier

    público common carrier

trayecto haul or run (delivery of goods)

    corto short haul

    largo long haul

tubería pipe, piping (e.g., for oil pipeline)

venta sale

    a domicilio (domiciliaria) door-to-door sales

    al por mayor wholesaling

    al por menor (al detalle) retailing

    por correo mail-order sales

Stephen Simpson/The Image Bank/Getty Images

Bolsa de valores, Buenos Aires, Argentina. ¿Qué es lo que se vende en la bolsa? ¿Por qué? ¿Qué tipo de remuneración reciben los corredores? ¿Y los inversionistas?

11-1 PREGUNTAS DE ORIENTACIÓN

Cuando lea la sección «Lectura comercial», piense en las respuestas a las siguientes preguntas.

1. ¿Qué significa la palabra «finanzas»? ¿Cuál es su origen etimológico?
2. Al referirse a fuentes financieras, ¿en qué se distingue la autofinanciación del financiamiento externo?
3. ¿Qué es el financiamiento a corto plazo? ¿De qué diferentes fuentes puede proceder este tipo de financiación?
4. ¿Qué es un préstamo prendario? ¿Un préstamo sin caución? ¿Un aval? ¿Cómo intervienen el/la avalista y el/la avalado/a en un aval?
5. ¿Cómo se consiguen los fondos de financiamiento externo a largo plazo?
6. ¿Qué es la financiación por medio de obligaciones o bonos?
7. ¿Qué es una acción? ¿Cuáles son dos tipos de acciones fundamentales y cómo se diferencian?
8. ¿Qué es un dividendo? ¿Qué es un dividendo diferido?
9. ¿Qué es la bolsa de valores? ¿Una bolsa alcista? ¿Una bolsa bajista? ¿Y un/a bolsista?
10. ¿Qué son los índices *Dow Jones Industrial Average*, S&P 500 y NASDAQ? ¿Qué clase de información proporcionan a los inversores? ¿Qué son MERVAL, IBEX e IPC? Busque en Internet algunas de las empresas cotizadas en cada uno de estos tres índices.
11. ¿Cómo se diferencia el riesgo sistemático del no sistemático en el mundo de las finanzas?
12. ¿Cómo funciona una cartera de acciones bien diversificada para reducir el riesgo del/de la inversionista?
13. ¿Qué otros tipos de riesgo se presentan en el mundo financiero internacional?
14. ¿Qué es la hiperinflación y en cuáles países hispanos se ha dado? Comente con números.
15. ¿Cuáles son algunas de las bolsas principales del mundo hispano?

LECTURA COMERCIAL

El financiamiento, los inversionistas y la bolsa

Consideremos por un momento la siguiente situación: un individuo ahorra dinero y lo guarda en casa debajo de la cama o en un chanchito, una hucha (alcancía) o una **caja fuerte**. Ese dinero carece de utilidad porque no se está usando para producir o adquirir nada. Tampoco crece, porque no devenga ningún interés. Al contrario,

---

¹ https://www.investor.gov/introduction-investing/retirement/avoiding-retirement-fraud, consultado el 25 de abril de 2017.

Integridad y ética empresariales

Any investment that sounds too good to be true probably is. Compare any promised return with the returns on well-known stock indexes. Any investment opportunity that claims you'll receive substantially more than that could be highly risky — or be an outright fraud. Be extremely wary of claims on a website that an investment will make "INCREDIBLE GAINS" or is a "BREAKOUT STOCK PICK" or has "HUGE UPSIDE AND ALMOST NO RISK!" Claims like these are hallmarks of extreme risk or outright fraud¹.

— US SECURITIES AND EXCHANGE COMISSION (SEC)

Traduzca al español la cita de arriba. ¿Por qué advierte la SEC contra las inversiones que parecen ser demasiado buenas para ser verdad? ¿Está usted de acuerdo con esta advertencia? Explique. ¿Cuáles serían algunos ejemplos de inversiones demasiado optimistas para ser verdad? ¿Conoce usted algún caso de fraude? Comente.

Liderazgo

El liderazgo es una oportunidad de servir; no de lucirse.

— J. WALTERS

Traduzca al inglés esta cita del liderato y comente su validez para el mundo de los negocios u otras profesiones, con un buen ejemplo que usted conozca o uno que pueda imaginarse.

BREVE VOCABULARIO ÚTIL

acción *stock*

   ordinaria
   common stock

   preferente
   preferred stock

aval *(m)*
guarantee, guaranty

bolsa alcista
bull market

bolsa bajista
bear market

bolsa de valores
stock market

bolsista *(m/f)*
stockbroker

caja fuerte
safe

cartera de acciones
stock portfolio

corretaje *(m)*
broker's fee

cotizar (en la bolsa)
to list (be listed) on the stock exchange

hucha
piggy bank, money box

inversionista *(m/f)*
investor

préstamo
loan

vencimiento
maturity

con el tiempo normalmente pierde valor a causa de la inflación. Al mismo tiempo, hay una empresa que quiere atraer a más inversionistas. Es decir, desea aumentar los fondos que necesita para extender y mejorar sus operaciones o para pagar a los inversionistas. Tanto aquel individuo como la compañía se podrían ayudar mutuamente. El individuo podría invertir parte de sus ahorros en las actividades comerciales de la empresa y esta, a su vez, podría usar este financiamiento para pagar sus proyectos. El beneficio para el individuo sería el aumento del valor potencial de su dinero por medio de intereses o una participación en las ganancias. Con esta relación mutuamente beneficiosa, uno entra en el campo de las finanzas.

El vocablo **finanzas** deriva etimológicamente del latín *finis* (frontera, extremo, fin) y se refiere a la idea del buen fin de una actividad comercial. Según el *Diccionario de la lengua española*, financiar se define de la siguiente manera: «aportar el dinero necesario para una empresa; sufragar los gastos de una actividad, de una obra, etc.»[2]. Según Bernard y Colli, es «poner los medios para que al final de la operación las necesidades en recursos de dinero, medios de pago o valores estén cubiertos»[3]. Es importante el factor tiempo, pues, como explican Bernard y Colli, «el buen fin de un proyecto o una operación puede concentrarse al final de un largo periodo»[4].

El dinero para los proyectos comerciales de una sociedad puede provenir de la **autofinanciación** o de la financiación externa. Si la fuente es **autofinanciera**, los fondos proceden de las reservas o de los beneficios de la empresa misma, es decir, de su propio capital o patrimonio. La financiación externa la constituyen otras personas o instituciones, generalmente en forma de préstamos a corto, medio o largo plazo, obligaciones o bonos corporativos, o aumentos de capital social que resultan de las aportaciones de los socios y de los inversionistas que compran participación o acciones en la compañía. En general, las sociedades requieren una combinación de ambas fuentes de financiamiento, la interna y la externa, para satisfacer su demanda de fondos adicionales.

El financiamiento externo a corto plazo de una empresa proviene de los fondos requeridos para financiar las operaciones rutinarias como los suministros, el renuevo del inventario o el pago de los sueldos y salarios. En general, procede del crédito comercial, de los préstamos garantizados y de los préstamos no garantizados. El **crédito comercial** se recibe de empresas abastecedoras o suministradoras con las cuales se mantiene un trato comercial. Es una forma de «préstamo» concedido por los vendedores. Según este arreglo, el abastecedor manda la mercancía pedida, acompañada de una factura que indica los artículos enviados, su precio por unidad, precio total y condiciones del crédito, y luego espera —se fía de— que el comprador pague la cantidad debida en el plazo concertado. Los **préstamos garantizados** o **prendarios** son aquellos que están respaldados por

---

[2] http://lema.rae.es/drae/?val=derivar, consultado el 25 de abril de 2017.

[3] Y. Bernard, y J. C. Colli, *Diccionario económico y financiero*, Madrid: Asociación para el Progreso de la Dirección, 1985, pág. 685.

[4] *Ibíd*, pág. 685.

un **aval** o una garantía subsidiaria o colateral (alguna prenda, es decir, una cosa mueble de valor) que el avalista ofrece al avalado. Un **empréstito** es un préstamo que toma el Estado o una corporación o empresa, especialmente cuando está representado por títulos negociables o al portador. En caso de impago por parte del/de la prestatario/a, el/la **prestamista** o acreedor/a adquiere el derecho a propiedades o prendas de aquel por el valor del préstamo. Los **préstamos no garantizados** (**préstamos sin caución** o **a la firma** o **a sola firma**), en cambio, son aquellos cuya probabilidad de **reintegro** se basa únicamente en la buena reputación y la firma (la «palabra» o «promesa») del **prestatario**.

La **financiación a corto plazo** normalmente dura menos de un año, mientras que las de medio y largo plazo duran generalmente de uno a cinco, diez o más años, respectivamente. Los fondos de financiamiento externo a largo plazo generalmente se consiguen por medio de **obligaciones** o **bonos** de sociedad anónima o por la emisión y venta de **acciones**.

Una sociedad anónima que emite bonos solicita financiación por medio de obligaciones. Los **bonos corporativos** y las **obligaciones** son sinónimos que se refieren a un título de deuda comúnmente **amortizable** (recuperable): el primer término se usa en los EUA y en muchos países hispanoamericanos; el segundo deriva del uso francés y se emplea más en España. Servirse de bonos corporativos para el financiamiento comercial quiere decir que una compañía utiliza dinero «prestado» que después de cierto plazo de tiempo tendrá que devolver al/a la **inversionista** (prestamista) con un interés **devengado**, que representa el costo del préstamo. En general, la **fecha de vencimiento** de un bono corporativo es de diez a treinta años. Al **vencerse**, la corporación se hace responsable de reembolsar el préstamo por su valor nominal (el principal o capital original invertido/prestado) más cualquier interés devengado. Los bonos u obligaciones de una sociedad pueden emitirse como bonos **nominativos** (a nombre del prestamista) o como bonos al/a la **portador/a** (donde no figura el nombre del prestamista). En España, por ejemplo, se suelen emitir al/a la portador/a, mientras que en los Estados Unidos son nominativos. Otras clases de bonos que funcionan de manera semejante son los bonos de ahorro, del Estado, o municipio, y del Tesoro.

La **financiación externa a largo plazo** de una sociedad anónima también se consigue con la **emisión** y venta de **acciones**. Con este tipo de financiamiento, la empresa no se hace responsable del pago de intereses acumulados sobre un capital que tendrá que reembolsar, como en el caso de los bonos, sino que la acción vendida representa la venta de una fracción del capital de la sociedad. En otras palabras, el/la inversionista que compra acciones se hace propietario/a parcial o fraccionario/a de la corporación o sociedad. Las acciones, al igual que los bonos, pueden ser nominativas o al portador. Las nominativas suelen llevar el nombre, el domicilio y la profesión del/de la propietario/a y solo pueden transferirse a otra persona por cesión registrada en los libros de la sociedad. Si se emiten al portador, se pueden traspasar a otra persona por simple entrega.

Las acciones de una sociedad anónima pueden ser **ordinarias (comunes)** o **preferentes (preferidas, prioritarias, privilegiadas)**. Las ordinarias dan el derecho a recibir un **dividendo** variable declarado (una porción de las ganancias anunciadas periódicamente por la Junta General de la sociedad, es decir, «una cuota que corresponde a cada acción»[5]), así como el derecho a votar (de tener una voz en la dirección de la sociedad) en la Junta General de Accionistas. El beneficio que recibe la empresa es la aportación de nuevo capital, pero el aumento del número de acciones ordinarias (del número de propietarios y sus votos) diluye el control corporativo de los organizadores originales. Las acciones preferentes, en cambio, generalmente carecen de derecho a voto, pero tienen el derecho a recibir un dividendo, limitado a una cantidad fija, y si es posible para la compañía (pues su buena fama depende de ello), regular y continua. El/La inversionista se arriesga más al invertir en las acciones ordinarias que en las preferentes, porque los beneficios que se reciben en forma de dividendo dependen más exclusivamente de las ganancias de la sociedad. Si la empresa experimenta problemas, es posible que se eliminen o reduzcan los dividendos durante un periodo de tiempo. Pero si todo va bien, los tenedores de acciones ordinarias pueden recibir aún mayores beneficios en forma de dividendos o alzas en el valor de las acciones. En el caso de un **dividendo diferido**, cuando se ha aplazado o postergado para una fecha futura la distribución de ganancias a los accionistas, las acciones preferentes recuperan sus dividendos antes que las ordinarias. Otra diferencia entre estos dos tipos de acciones fundamentales es que la preferente, en caso de liquidación de la sociedad, tiene derecho prioritario a recuperar el dinero invertido. Sin embargo, los bonos corporativos (y otros acreedores) tienen la primera prioridad en el orden de compensación, antes que cualquier accionista. La Tabla 11-1 resume, desde el punto de vista del/de la inversor/a individual, las diferencias fundamentales entre las tres clases de inversión: bono, acción ordinaria y acción preferente.

El intercambio y la compraventa de acciones, desde las de primera clase o más alta categoría y alto rendimiento hasta las que se cotizan a menos de un dólar (las *penny stocks* especulativas), se gestionan en un mercado especial llamado la bolsa de valores. La **bolsa de valores**, llamada *organized exchange* en los EUA, es un lugar fijo y comercialmente centralizado, como el *New York Stock Exchange* (NYSE). También existe en los EUA un mercado extrabursátil (*over-the-counter market*, OTC por sus siglas en inglés), llamado así porque las acciones no se cotizan en la bolsa, donde hay supervisión y transparencia, sino que su transacción es realizada por corredores y agentes que no trabajan directamente en ninguna bolsa. En todo caso, el uso de información privilegiada para realizar las transacciones bursátiles está tajantemente prohibido, al igual que cualquier manipulación de los mercados por medio de información falsa o engañosa. Las negociaciones bursátiles también se efectúan más y más en línea por medio de sofisticados algoritmos. Se piensa que este tipo de negociación de alta frecuencia contribuyó al gran susto provocado por el *Flash Crash* de 2010, cuando el índice *Dow Jones Industrial Average* se desplomó casi mil puntos (casi un 10%) antes de recuperarse minutos después.

---

[5] http://dle.rae.es/?id=EtHExXf, consultado el 25 de abril de 2017.

TABLA 11-1 COMPARACIÓN ENTRE BONOS, ACCIONES ORDINARIAS Y ACCIONES PREFERIDAS, DESDE EL PUNTO DE VISTA DEL/DE LA INVERSIONISTA

Tema	Bono/Obligación	Acción ordinaria	Acción preferida
Representación	Prestamista de fondos	Propietario de capital social	Propietario de capital social
Derecho de voto	Normalmente no	Normalmente sí	Normalmente no
Tipo de beneficio posible	Interés (hasta la fecha de vencimiento) y alza en el valor (precio) del bono	Dividendo (varía según las declaraciones de ganancias) y alza en valor	Dividendo regular, continuo, en cantidad uniforme y alza en valor
Beneficio garantizado	Sí, normalmente	No	No (pero recibe su dividendo antes que los tenedores de acciones ordinarias)
Orden de derecho a recompensa en caso de liquidación de la sociedad	Prioritario (junto con otros acreedores)	Tercero	Segundo
Riesgo	Menor	Más alto	Menor que para la acción ordinaria, pero más alto que para los bonos

Las bolsas de valores son importantes porque facilitan la participación de instituciones e individuos en las grandes sociedades anónimas. Algunas bolsas representativas del mundo hispano son la Bolsa de Madrid, la Bolsa Mexicana de Valores, la Bolsa de Comercio de Buenos Aires y la Bolsa de Valores de Lima. La Bolsa de Madrid, creada en 1831, «supone un punto de encuentro entre las dos figuras más importantes en una economía de mercado: empresas y ahorradores» y «ha jugado un papel decisivo en el desarrollo del país, alternando grandes periodos de apogeo industrial y económico con otros de crisis y depresión, pero siempre actuando de fiel barómetro del desarrollo económico de España»[6].

La Bolsa Mexicana de Valores, con sus orígenes en 1850 cuando negoció los primeros títulos accionarios de empresas mineras, tiene como misión «ofrecer servicios integrales para la operación y el desarrollo de los mercados financieros soportados en su capital humano y en tecnología de vanguardia, buscando siempre incrementar el valor para nuestros accionistas». También «ha fomentado el desarrollo de México, ya que, junto a las instituciones del sector financiero, ha contribuido a canalizar el ahorro hacia la inversión productiva, fuente del crecimiento y del

---

[6] http://www.bolsamadrid.es/esp/BMadrid/BMadrid.aspx, consultado el 3 de junio de 2017.

empleo en el país»[7]. La Bolsa de Comercio de Buenos Aires (BCBA), fundada en 1854, es «una asociación civil sin fines de lucro» que «pertenece al ámbito privado y se autorregula para la concreción de las variadas funciones que cumple dentro del quehacer económico nacional». La BCBA «favorece el flujo de capitales que, tanto de las arcas de inversores institucionales como de las carteras de pequeños ahorristas, pasan a conformar capital de trabajo y financiamiento a largo plazo de empresas grandes y pequeñas»[8]. Y la Bolsa de Valores de Lima (BVL), nacida en 1860, «pretende contribuir a la ampliación de la estructura del mercado financiero peruano, razón por la cual viene creando empresas estratégicas que coadyuven a dicha mejora, originando un grupo económico sólido que pretende abrir distintas ventanas para la participación de nuevos y diferentes inversionistas en el mercado peruano»[9]. Su misión se centra en «contribuir al desarrollo del Perú, liderando el crecimiento del mercado de capitales, promoviendo e incentivando el financiamiento y la inversión»[10].

La **bolsa** o el **mercado alcista** es un periodo optimista del mercado en que se produce un aumento general de transacciones y los precios cotizados. Es decir, los inversionistas piensan que pagarán menos por sus acciones si las compran ahora en lugar de más tarde. El propósito es siempre comprar barato y vender caro. La **bolsa** o el **mercado bajista** es el inverso, un periodo de pesimismo y de reducción general de los precios cotizados. En esta situación, el vendedor de acciones piensa que ganará más dinero si las vende en ese momento porque prevé que van a bajar aún más sus precios en el futuro. Un índice bursátil representa un resumen estadístico de la variabilidad (los altibajos) de los precios y las rentabilidades de diferentes acciones cotizadas en la bolsa a lo largo del tiempo. En los EUA, por ejemplo, tres de los índices más importantes son: 1) el Promedio Industrial *Dow Jones* (*Dow Jones Industrial Average*) que informa acerca de las 30 compañías industriales más grandes del país; 2) el índice S&P 500, considerado por muchos como el más representativo puesto que informa acerca de las 500 compañías más grandes y representativas de los EUA; y 3) el índice NASDAQ, un informe electrónico acerca de más de 5,000 compañías en todo el mundo, en particular las de tecnología y las nuevas empresas que tienen potencial de crecimiento, por lo cual el NASDAQ suele ser aún más especulativo. Algunos de los principales índices en el mundo hispano son:

- MERVAL (Mercado de Valores), «una entidad privada constituida como sociedad anónima»[11], creada en 1929 en Argentina;
- IBEX (Índice Bursátil Español), «formado por las 35 empresas con más liquidez que cotizan en el Sistema de Interconexión Bursátil Electrónico (SIBE) en las cuatro

---

[7] http://www.bmv.com.mx/es/grupo-bmv/acerca-de

[8] http://disfrutemosba.buenosaires.gob.ar/lugar/bolsa-de-comercio-de-la-ciudad-de-bs-as/255

[9] http://www.bvl.com.pe/acercalaempresa.html

[10] *Ibíd*.

[11] http://www.merval.sba.com.ar/htm/mv_institucional_merval.aspx

(Todos consultados el 25 de abril de 2017).

Bolsas Españolas (Madrid, Barcelona, Bilbao y Valencia)»[12], fundado en 1892 en España;

- IPC (Índice de Precios y Cotizaciones) en México, compuesto por 35 compañías que constituyen «una muestra balanceada, ponderada y representativa del conjunto de acciones cotizadas en la Bolsa»[13], establecido en 1978.

La consideración clave a tener en cuenta al invertir o especular en la bolsa de valores, especialmente en las acciones ordinarias, es que cualquier inversión siempre representa un riesgo para el/la inversionista. La cantidad y calidad del riesgo depende de si se considera la acción individualmente o como parte de una cartera de acciones diversificada. El riesgo se clasifica de dos maneras: (1) **riesgo sistemático**, que se refiere a factores que afectan a todo sector y sociedad comercial, como la política y el estado económico de un país, la inflación, el precio general de la energía o el petróleo, y las reformas imponibles; y (2) **riesgo no sistemático**, que afecta solamente a un sector o una compañía en particular, como la muerte de una figura central (el gerente general de una empresa, p. ej., Steve Jobs en *Apple*), la corrupción (p. ej., el **desfalco**) y el encarcelamiento del presidente de cierta empresa o la declaración de huelga de sus trabajadores. Por lo tanto, desde el punto de vista de los inversionistas, el mundo de las finanzas trata de la administración del riesgo financiero y de cómo reducir al mínimo los riesgos personales. Para reducir el riesgo, se recurre a una **cartera de inversión** bien diversificada. Esta cartera estratégica de no poner todos los huevos en la misma canasta, tiene como propósito la inversión en una variedad de sectores y empresas rentables. Esto sirve de contrapeso a la conducta de cualquiera de los sectores o empresas individuales. Los investigadores han determinado que tal cartera se logra mediante una combinación de un mínimo de 5–10 clases de inversiones a corto, medio y largo plazo: acciones, bonos, **efectivo**, fondos mutuos, divisas, **productos básicos** o **materia prima** (trigo, azúcar, etc.), metales preciosos e industriales, y otros sectores como energía, industria, tecnología, bienes raíces, transporte, farmacéuticos y bienes de consumo. Para asegurar una buena diversificación y una administración profesional, muchos inversores invierten su dinero en un **fondo mutuo** o **de inversión común** o **colectivo** o en un **fondo de inversión mobiliaria** (ETF, *exchange traded fund*). Generalmente, mientras más cerca se está de la jubilación, menos se puede tolerar un alto riesgo en las inversiones, pues al/a la inversor/a le falta el tiempo necesario para recuperar las posibles pérdidas. Por eso, su cartera puede contener más bonos y otras inversiones conservadoras (60–80%) que acciones (20–40%). El/La inversor/a más joven, cuya jubilación todavía queda lejos, puede tolerar más riesgo porque tiene más tiempo, y muchas veces su cartera es lo contrario, posiblemente 60–80% en acciones y 20–40% en bonos. En fin, la diversificación representa una estrategia inversionista de no jugárselo todo a una sola carta.

---

[12] http://www.mercaforex.com/es/informacion/manuales-forex/el-ibex-35-el-indice-bursatil-espanol

[13] http://www.bmv.com.mx/

(Consultados el 25 de abril de 2017).

PARA PENSAR

Consejos de la Bolsa de Comercio de Buenos Aires

Para poder comprar o vender acciones u otros títulos en el mercado de capitales es necesario acudir a un agente o firma de bolsa. En el caso de que el inversor haya comprado acciones, las mismas se acreditan a las 72 horas en una subcuenta habilitada a su nombre en la Caja de Valores, que es la depositaria de los títulos. En caso de que el inversor haya realizado una venta, las acciones se retiran de su subcuenta en Caja de Valores y como contrapartida se acreditarán los fondos correspondientes a esa operación. Por las operaciones realizadas, los inversores pagan derechos de mercado, derechos de bolsa y una comisión a la firma de bolsa. Esta última no es fija y varía entre cada firma de bolsa habilitada.

El mercado ofrece una amplia gama de alternativas de inversión para que cada individuo pueda elegir aquella que más le convenga según sus necesidades e intereses. Esta elección depende, entre otras variables, del monto de que disponga para invertir, el tiempo durante el cual pueda prescindir de los fondos, el retorno que desea obtener y el nivel de riesgo que esté dispuesto a asumir. No todas las personas tienen la misma tolerancia al riesgo. Las más conservadoras prefieren una inversión con mayor grado de certeza en el futuro, pero saben que deben resignar rendimientos. En el otro extremo, los inversores más arriesgados eligen instrumentos de inversión que implican menor grado de certeza, pero mayor promesa de ganancias futuras.

En el mercado de capitales cotizan acciones y otros títulos de empresas de diversos sectores como energía, servicios, financiero, industrial, siderúrgico, exportación de materias primas, agropecuario y petrolero, entre otros. Los inversores buscan comprar títulos que según su visión estén subvaluados, o sea, que su precio en el mercado esté por debajo del valor que el inversor cree que merece el título[14].

1. ¿A quién tiene que acudir un/a inversor/a para poder comprar o vender acciones u otros títulos en el mercado?

2. ¿Qué ocurre en la subcuenta del/de la inversor/a cuando compra y vende acciones? Describa el proceso para cada actividad.

3. ¿Qué tienen que pagar los inversores por las operaciones realizadas?

4. ¿Cuáles son algunas de las variables que se consideran al elegir entre las alternativas de inversión?

5. ¿Qué es la tolerancia al riesgo y cuáles son los dos extremos? En cuanto al riesgo, ¿qué tipo de inversor/a es usted? Explique.

6. ¿Cuáles son algunos de los sectores que se cotizan en el mercado de capitales? ¿Tiene alguna inversión en estos sectores? Comente. ¿Cómo le va a la inversión?

7. ¿Qué quiere decir que un título está subvaluado y por qué se recomienda comprar este tipo de valor? ¿Qué otras recomendaciones haría para las personas que tienen interés en invertir en una bolsa de valores?

[14] Bolsa de Comercio de Buenos Aires (BCBA), «Cómo invertir», http://www.bcba.sba.com.ar/invertir/comoinv.php y «Cómo decidir la mejor inversión», http://www.bcba.sba.com.ar/invertir/como-invertir/como-decidir-la-mejor-inversion/, consultado el 25 de abril de 2017.

Al hablar de las finanzas internacionales, hay diferentes clases de riesgo que necesita considerar el/la acreedor/a o inversionista. Existe el riesgo comercial o la posibilidad de insolvencia o incapacidad de pagar por parte de un/a comprador/a extranjero/a. Existe el riesgo político en forma de guerras, revoluciones, terrorismo, sabotaje y nacionalización o expropiación, y el riesgo de la volatilidad en el cambio de divisas, que mide el valor de una moneda nacional en términos de otra moneda nacional. También existe el riesgo de la inflación (la pérdida de valor) o la **hiperinflación** (una inflación anual de más del 25% compuesto durante tres años consecutivos, es decir, mayor al 100% en un plazo de tres años) de una unidad monetaria y hay la posibilidad de una recesión o una depresión económica, graves problemas monetarios y económicos que han padecido los países hispanoamericanos de tiempo en tiempo. Bolivia, por ejemplo, fue azotada por la hiperinflación en la década de los ochenta. Para 1985, su tasa de inflación anual había subido a un 25,000% y, para 1987, los mismos artículos que habían costado 100 pesos en 1980 ya costaban más de ocho millones. Otro ejemplo se ha dado en Nicaragua, donde en 1991, la inflación había subido a una tasa anual de 13,500%. Cuando hay hiperinflación, es difícil extender cualquier crédito comercial o soportar demoras en el recibo de un pago, porque antes de que se seque la tinta en la factura, la cantidad ofrecida como pago ya ha empezado a perder su valor original. Una espera de varias semanas en el pago de mercancías puede resultar en la completa anulación de ingresos reales por esos artículos. Incluso, irónicamente, se puede perder dinero en la venta. La hiperinflación requiere transacciones comerciales con pago inmediato en dinero en efectivo. Esto permite depositar inmediatamente ese dinero en cuentas que devenguen un alto interés. También se puede cambiar por una unidad monetaria más estable, o se pueden efectuar las transacciones en dólares estadounidenses, euros u otras unidades monetarias más estables. O se puede recurrir al trueque de bienes y recursos, en lugar de usar el dinero.

En una **recesión** económica, en contraste con una situación hiperinflacionaria, se contrae el PIB de un país durante dos trimestres (espacio de tres meses) consecutivos, y se reducen a la vez la riqueza del país, la producción y la renta nacional. En cuanto a la **depresión** económica, es la caída del 10% del PIB en un año, que afecta a varios países, dura más tiempo (más de 10 años) y es más grave e intensa que la recesión. Actualmente, para muchos economistas, el mundo está saliendo de una fuerte recesión (2008–2012) que se ha aproximado a una depresión económica y que ahora corre el riesgo de encaminarse a la hiperinflación general en el próximo futuro.

En resumen, entre las bolsas del mundo hispano se hallan las siguientes: en España, la Bolsa de Madrid, la Bolsa de Barcelona, la Bolsa de Valencia y la Bolsa de Bilbao; en México, la Bolsa Mexicana de Valores; en Argentina, la Bolsa de Comercio de Buenos Aires, la Bolsa de Córdoba y la Bolsa de Rosario; en Chile, la Bolsa de Comercio de Santiago; en Colombia, la Bolsa de Bogotá y la Bolsa de Medellín, S.A.; en Venezuela, la Bolsa de Valores de Caracas; en Honduras, la Bolsa Centroamericana de Valores, S.A.; en Perú, la Bolsa de Valores de Lima; y en Ecuador, la Bolsa de Valores de Guayaquil. También existen la Bolsa Boliviana de Valores, S.A., la Bolsa Nacional de Valores de Costa Rica, la Bolsa de Valores de El Salvador y la Bolsa de Valores de Nicaragua. De gran importancia para Latinoamérica también son las diferentes bolsas de Brasil, como la Bolsa de Valores de São Paulo, la Bolsa de Valores do Río de Janeiro, la Bolsa de Mercadería de Brasilia y la Bolsa de Valores do Paraná.

11-2 ACTIVIDADES

1. **¿Qué sabe usted de negocios?** Vuelva a las «Preguntas de orientación» que se hicieron al principio del capítulo y a las preguntas que acompañan la foto de la página 358 y contéstelas en oraciones completas en español.

2. **¿Qué recuerda?** Indique si las siguientes oraciones son **verdaderas** o **falsas** y explique por qué.

   a. El dinero que no se invierte generalmente pierde valor.

   b. La autofinanciación se basa en fuentes internas y externas para satisfacer su demanda de fondos adicionales.

   c. Un préstamo sin caución solo requiere la buena fama y la firma del prestamista.

   d. Los bonos corporativos indican que el/la inversionista es propietario/a fraccional de una sociedad anónima.

   e. Las acciones ordinarias son menos arriesgadas que las preferentes y sus dividendos normalmente son más limitados.

   f. Los tenedores de acciones preferentes son los primeros en recibir una recompensa en caso de liquidación de una compañía.

   g. Para reducir el riesgo bursátil, se recomienda crear una cartera de acciones bien diversificada, con un mínimo de tres tipos de acciones del mismo sector económico (p. ej., en tres bancos diferentes).

   h. En comparación con la hiperinflación, el riesgo político no es un factor tan importante en las finanzas internacionales.

3. **Exploración.** Haga los siguientes ejercicios usando sus conocimientos y opiniones personales.

   a. ¿Es necesario el crédito comercial para el financiamiento a corto plazo? Explique.

   b. ¿Qué opina acerca de los préstamos no garantizados? ¿Ha hecho alguna vez este tipo de préstamo? ¿A algún pariente o amigo? ¿Qué pasó?

   c. Entre los bonos, las acciones ordinarias y las acciones preferentes, ¿cuál tipo de inversión prefiere usted? ¿Por qué?

   d. ¿Ha especulado alguna vez, o conoce a alguien que lo haya hecho, con inversiones en la bolsa de valores? ¿Cómo le resultó?

   e. ¿Qué piensa sobre la lógica de reducir el riesgo del/de la inversionista con una cartera de acciones bien diversificada? ¿Cuáles acciones incluiría en la creación de su propia cartera?

   f. ¿Cuáles son las unidades monetarias más fuertes en este momento en el mundo? ¿En qué países está fuerte el dólar? ¿Dónde está débil?

   g. ¿Cómo se relacionan los dichos que aparecen al principio del capítulo con los temas tratados?

11-3 AL TELÉFONO

1. Lea las siguientes preguntas. Después escuche atentamente la conversación telefónica del Capítulo 11, **Pistas 21 y 22**, en el MindTap de *Éxito comercial: Prácticas administrativas y contextos culturales* y conteste las preguntas. Puesto que la comprensión auditiva es una destreza comunicativa sumamente importante, se recomienda escuchar la conversación varias veces.

MINDTAP

   a. ¿Por qué llama la señora Bono a *Bull Securities*?
   b. ¿De qué dependen las recomendaciones de la señorita Stock?
   c. ¿Por qué quiere invertir los cien mil dólares la señora Bono?
   d. ¿Qué quiere la señorita Stock que haga la señora Bono antes de venir a la oficina?

2. Basando sus comentarios en la conversación telefónica del ejercicio anterior, haga la siguiente llamada telefónica a otro/a estudiante de la clase. Cada persona debe participar activamente en la conversación. Si necesita ayuda con esta actividad, véase el Apéndice 1, «Protocolo telefónico», págs. 533–537.

   Usted es la señora Solitario Bono, una viuda de 60 años cuyo esposo ha fallecido recientemente. Llame a Brenda Bear, la secretaria de la asesora financiera Penny Stock, para concertar una cita. Resuma otra vez la suma de capital, el propósito de las inversiones y el riesgo que está dispuesta a tolerar. Además, usted tiene algunas preguntas sobre algunos términos financieros en el formulario que se tiene que llenar antes de la entrevista (p. ej., a corto plazo, a largo plazo, acciones y dividendos) que la secretaria le explica.

3. Haga la siguiente llamada telefónica a otro/a estudiante de la clase. Cada persona debe participar activamente en la conversación. Si necesita ayuda con esta actividad, véase el Apéndice 1, «Protocolo telefónico», págs. 533–537.

   Usted es un/a proveedor/a que habla con un/a antiguo/a cliente/a suyo/a que le pide el envío inmediato de veinte cajas de mercancía bajo el crédito comercial de costumbre. Usted le informa que el envío no se puede hacer hasta el día siguiente y que no hay ningún problema con enviarle una factura con términos comerciales de 3/10, neto 30. Antes de colgar, le aclara el resto de la factura (descripción de lo pedido, precio por unidad y precio total).

11-4 NAVEGANDO POR INTERNET

Para hacer este ejercicio, visite el MindTap de *Éxito comercial: Prácticas administrativas y contextos culturales*.

MINDTAP

11-5 EJERCICIOS DE VOCABULARIO

Si es necesario, consulte la sección «Lectura comercial» o la lista de vocabulario que aparece al final del capítulo para completar estos ejercicios.

1. **¡A ver si me acuerdo!** Pensando en la posibilidad de establecer una relación comercial, usted va a conversar con una persona de negocios de un país hispano. Sin embargo, se le olvidan los siguientes términos en español. Como ayuda para recordarlos, le pide a un/a compañero/a que se los traduzca.

   a. *finance*
   b. *bull market*
   c. *signature loan*
   d. *lender*
   e. *borrower*

   f. *well-diversified stock portfolio*
   g. *to list (on the stock market)*
   h. *corporate bond*
   i. *stock*
   j. *deferred dividend*

2. **¿Qué significan?** A usted le interesa la posibilidad de hacer unos préstamos e inversiones en Paraguay. Sin embargo, no sabe cómo explicar en español qué significan ciertos términos que se usan frecuentemente al hablar sobre inversiones y préstamos. Usted decide consultarlos con un/a amigo/a. Pídale a un/a compañero/a de clase que le explique los siguientes términos y que le dé algunos sinónimos si puede.

   a. aval
   b. avalista
   c. bolsa de valores
   d. financiación
   e. préstamo sin caución

   f. préstamo prendario
   g. bono
   h. empréstito
   i. acción común
   j. acción preferente

3. **Entrevista profesional.** Usted quiere aclarar algunos detalles sobre las finanzas porque ha podido conseguir una entrevista para un puesto financiero en Uruguay. Por lo tanto, usted desea ensayar la entrevista en español y le pide a un/a compañero/a de clase, experto/a en este campo, que le haga las siguientes preguntas. En el caso de que usted no pueda contestar alguna pregunta, su compañero/a lo/la ayudará.

   a. En una sociedad anónima, ¿cómo se consigue generalmente la financiación externa?
   b. ¿Qué ganancias generan los bonos y las acciones?
   c. ¿Para qué sirve una cartera de acciones bien diversificada? Explique cómo funciona.
   d. ¿Qué es un prestamista? ¿Un prestatario? ¿Un préstamo sin caución?
   e. ¿Cuáles son algunos de los riesgos del financiamiento internacional?

4. **Traducciones.** Un/a amigo/a suyo/a tiene que hacer una presentación general sobre finanzas. Acaba de empezar a estudiar el tema y, por lo tanto, sabe poco vocabulario financiero. Usted lo/la ayuda al pedirle que él/ella traduzca al español las siguientes oraciones que informan sobre ciertos aspectos del tema.

   a. *To finance a company is to provide new or additional funds for its growth.*
   b. *Short-term external financing can be in the form of commercial credit, secured loans, and unsecured loans.*
   c. *Long-term external corporate financing is acquired through the issue of corporate bonds and stocks.*
   d. *The holders of corporate bonds earn interest while stockholders earn dividends.*
   e. *Risk for investors, which is always present, can be minimized by establishing a well-diversified portfolio. Beware of any investment that sounds too good to be true!*

5. **Prueba de comprensión.** Complete la prueba «Preguntas comerciales» en el MindTap de *Éxito comercial: Prácticas administrativas y contextos culturales.*

MINDTAP

UNA VISTA PANORÁMICA DE PARAGUAY[15]

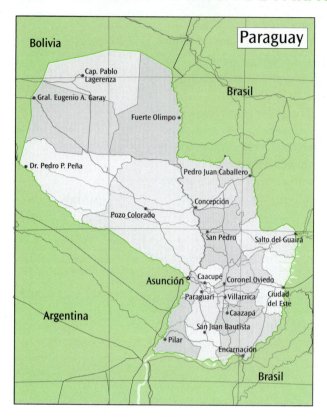

Nombre oficial:	República del Paraguay (en guaraní: Tetä Paraguáype)
Gentilicio:	paraguayo/a
Capital:	Asunción, población 2,356,000 (2015)
Sistema de gobierno:	República constitucional
Jefe de Estado/Jefe de Gobierno:	Horacio Manuel Cartes Jara (2013)
Fiesta nacional:	14 de mayo, Día de la Independencia (1811: de España)

---

[15] Fuentes: *CIA World Factbook* 2017 y *United States Census Bureau (International Programs, International Data Base)* 2016.

PARAGUAY

GEOGRAFÍA Y CLIMA

Área nacional en millas² y kilómetros²	Tamaño (comparado con los EUA)	División administrativa	Otras ciudades principales	Puertos principales (de río)	Clima	Tierra cultivable
157,047 mi² 406,752 km²	Casi tan grande como California	El Distrito Capital y otros 17 departamentos	Pedro Juan Caballero, Encarnación, Ciudad del Este	Asunción, Villeta, San Antonio, Encarnación	Subtropical: templado al este del Río Paraguay, semiárido al oeste	11%

DEMOGRAFÍA

Año y población en millones			% urbana (2015)	Distribución etaria (2016)		% de analfabetismo (2010)	Grupos étnicos
2015	2017	2025		< 15 años	65+		
6.8	6.9	7.6	60%	25%	7%	6%	95% mestizo, 5% otro

ECONOMÍA Y COMERCIO

Unidad monetaria	Tasa de inflación (2016)	N° de trabajadores (en millones) y tasa de desempleo (2016)		% de población debajo de la línea de pobreza, según informe del país (2010)	PIB en miles de millones $EUA (2016)	PIB per cápita (2016)	Distribución de PIB (2016) y de trabajadores por sector (2008)*			Exportaciones en miles de millones $EUA (2016)	Importaciones en miles de millones $EUA (2016)
							A	I	S		
El guaraní (pl. guaraníes)	4.3%	3.3	6.2%	35%	$64.1	$9,400	17%	27%	56%	$11.9	$10.2
							27%	18%	55%		

*Para distribución del PIB y de los trabajadores (mano de obra): A = Agricultura, I = Industria, S = Servicios (y Gobierno).

Recursos naturales: Energía hidroeléctrica, madera, hierro, manganeso, piedra caliza, tierra cultivable

Industrias: Elaboración y empacado de carne, machaqueo de semillas oleaginosas, molienda y aserrado, cervecería, textiles, azúcar, cemento, construcción, minería, productos de madera, cuero, electricidad, energía hidroeléctrica

COMERCIO

Productos de exportación: Electricidad, carne, algodón, cereales, soja, madera, aceite vegetal, carne procesada, cueros y pieles, yerba mate, café, madera para construcción

Mercados: 32% Brasil, 9% Rusia, 7% Chile, 7% Argentina (2015)

Productos de importación: Maquinaria, combustibles, lubricantes, productos de petróleo, maquinaria eléctrica, tractores, piezas para vehículos, productos electrónicos, bienes de consumo y de capital (equipo industrial), productos alimenticios, materia prima, tabaco, equipo de transporte, químicos, pienso

Proveedores: 25% Brasil, 24% China, 15% Argentina, 8% EUA (2015)

Horario general de comercio: De lunes a viernes, desde las siete de la mañana hasta las doce del mediodía y desde las tres de la tarde hasta las seis.

TRANSPORTE Y COMUNICACIONES

Kilómetros de carreteras y % pavimentadas (2010)		Kilómetros de vías férreas (2014)	N° de aeropuertos con pista de aterrizaje pavimentada (2013)	N° de líneas telefónicas/teléfonos celulares en millones (2015)		N° (en millones) y % de usuarios de Internet (2015)	
32,059	15%	30	15	.384	7.4	3.0	44%

IDIOMA Y CULTURA

Idiomas	Religiones	Comidas y bebidas típicas/Modales
Español y guaraní (ambos oficiales)	90% católica romana, 7% protestante	Arroz, frijoles, maíz, plátanos, pollo, carne, pescado, sancocho, bollo, guacho, verduras y frutas, chicha. Halagar a los anfitriones por la buena comida servida. (Véase la Tabla 14-1, págs. 528–531).

Horario normal del almuerzo y de la cena: Sobre la una de la tarde para el almuerzo; entre las seis y las siete de la noche para la cena.

Gestos: Para anunciar o avisar la llegada a la casa de alguien, a veces se baten las manos antes de pasar al patio o al jardín. El gesto de «*thumbs-up*» (un puño con el dedo pulgar apuntado hacia arriba) significa aprobación. El gesto de «*A-okay*» (un círculo formado por el dedo pulgar y el dedo índice) es obsceno y equivale al gesto «*to give the finger*». Hacerle un guiño a alguien se puede interpretar como una insinuación sexual. Darse un toque a la barbilla con la punta del dedo índice significa que uno no sabe la respuesta. Levantar o inclinar la cabeza rápidamente hacia atrás significa «Se me olvidó».

Cortesía: Saludar individualmente a cada persona al llegar a una reunión o comida y despedirse de cada una al marcharse para no menospreciar a nadie y quedar mal. Mirar a los ojos a la otra persona durante una conversación. Se aceptan las visitas no anunciadas de antemano. Ojo con regalarle a alguien un cuchillo porque se podría interpretar como un corte o una ruptura de relaciones.

LA ACTUALIDAD POLÍTICA Y ECONÓMICA DE PARAGUAY

Paraguay, igual que Bolivia, es una nación cercada de tierra, sin litoral o salida directa al mar, lo cual da por resultado costos de transporte más altos. Su economía es pequeña y depende mucho del comercio exterior con un modelo basado en la producción y exportación de unos pocos productos agrícolas y carne. También incluye el comercio de importación y reexportación de productos de consumo, un proceso en el sector económico informal, que no ayuda en el desarrollo de una economía nacional. Paraguay tampoco cuenta con importantes recursos minerales ni petróleo. Durante los años inmediatamente después de su independencia de España en 1811, el país experimentó muchas dificultades en mantener su identidad porque sus países vecinos no querían reconocer su independencia. El doctor José Gaspar Rodríguez de Francia, considerado el líder de la revolución independentista, luchó por la autonomía política de la nación y fue nombrado dictador del país durante 26 años (1814–1840).

El segundo líder, Carlos Antonio López, fue nombrado presidente de la República en 1844, un cargo para el cual se lo reeligió en 1854 y 1857. Su régimen fue autoritario, pero no alcanzó el nivel dictatorial de Francia y pudo establecer una Constitución, un ejército moderno y ciudadanía para la población indígena. Inició reformas en la agricultura y negoció acuerdos comerciales con Francia, los EUA e Inglaterra. El tercero, Francisco Solano López, elegido presidente de la República en 1862 hasta 1869, intentó convertir el país en una potencia, lo que resultó en la catastrófica Guerra de la Triple Alianza contra Uruguay, Brasil y Argentina (1864–1870) en la que murió la mitad de la población paraguaya. En 1887, se formaron los dos grandes partidos nacionales: el primero, inicialmente el Centro Democrático, luego el Partido Liberal y hoy el Partido Liberal Radical Auténtico (PLRA); y el segundo, el Partido Colorado, formalmente llamado la Asociación Nacional Republicana (ANR). Los dos serían oponentes durante toda la historia posterior.

En 1932, estalló la sangrienta Guerra del Chaco, basada en conflictos entre Paraguay y Bolivia sobre la ocupación de una región árida llamada el Chaco Boreal. Para Bolivia, que había perdido acceso al océano Pacífico en la Guerra del Pacífico (1879), la ocupación de la región fue necesaria para poder salir al río Paraguay, así dándole salida comercial al océano Atlántico. Además, *Standard Oil* explotaba yacimientos de petróleo en Bolivia, y se creía en la posibilidad de que hubiera más petróleo en el Chaco. Con el acuerdo de paz, Paraguay recibió casi toda la zona en disputa a su favor y los bolivianos consiguieron el acceso al río Paraguay, que antes pertenecía a Paraguay. El peor resultado de la guerra en Paraguay fue una crisis económica y una serie de golpes de estado que culminaron en la dictadura militar de 35 años del presidente Alfredo Stroessner (1954–1989), época caracterizada por un exceso de controles nacionales, barreras y tarifas comerciales que ahuyentaron a los inversionistas extranjeros. Para fomentar la industrialización, Stroessner decidió aprovechar la energía hidroeléctrica abundante y barata facilitada por la presa Itaipú, un proyecto energético conjunto con Brasil, completado en 1981.

En 1989, Stroessner fue derrocado por un golpe de estado del general Andrés Rodríguez Pedotti (1989–1993), autoproclamado presidente provisional. El presidente Rodríguez, a pesar de declarar motivos de la democratización de Paraguay, reflejó la persistente presencia y el control gubernamental de oficiales militares en Paraguay.

En las elecciones de 1993, Juan Carlos Wasmosy (1993–1998), también del Partido Colorado, ganó la presidencia y se convirtió en el primer presidente paraguayo libremente elegido en los 182 años de independencia del país. Bajo el gobierno de Wasmosy, hubo una crisis financiera en que todas las empresas nacionales fueron a la bancarrota en los años 1995 y 1997. Paraguay no pudo recuperarse hasta recientemente de los efectos de esas bajas económicas.

En 1996, se puso a prueba otra vez la joven democracia paraguaya cuando el general Lino César Oviedo, excomandante del Ejército, encabezó una rebelión militar, la cual fue rechazada por la ONU, los EUA y otros países de la región. En 1998, Raúl Cubas Grau (1998–1999), amigo de Oviedo, ganó la elección presidencial. Desde la prisión, el excomandante Oviedo también se había postulado como candidato a las elecciones. Poco después de su elección, Cubas liberó a Oviedo e ignoró un fallo de la Corte Suprema que había ordenado su reencarcelación. Con esta crisis gubernamental, Cubas abandonó la presidencia en 1999 y huyó del país. Se asesinó al vicepresidente, Luis María Argaña, y poco después, Luis González Macchi (1999–2003) prestó juramento como el tercer presidente en cinco años. González no pudo lograr una alianza entre los partidos políticos y la economía casi se hundió. A finales de su mandato en 2002, Macchi fue condenado por ser responsable de la recesión y por su mala gestión de fondos, pero pudo mantener control hasta la siguiente elección.

Al celebrar las campañas presidenciales de 2003, Paraguay estrenó a Nicanor Duarte Frutos (2003–2008) como el primer presidente protestante, no católico y de la religión menonita. El nuevo presidente prometió eliminar los altos índices de corrupción y la insolvencia de la economía nacional. Al final de su mandato en 2008, Duarte intentó cambiar la Constitución para poder reelegirse, lo que enojó a muchos representantes de su propio partido político.

Bajo presión política, el presidente Duarte decidió renunciar a su candidatura y Fernando Armindo Lugo Méndez (2008–2012), exobispo de una región pobre y de la Alianza Patriótica por el Cambio (APC) fue elegido presidente, poniendo fin a más de 60 años de control presidencial del Partido Colorado. Lugo prometió combatir la desigualdad económica y la corrupción, y también intentó instituir una reforma agraria y otros cambios sociales. En realidad, la caída del presidente Lugo se relacionó directamente con problemas de reforma agraria porque fue la ocupación de unas 2,000 hectáreas por campesinos la que dio lugar a su destitución. En junio de 2012, el senado paraguayo, todavía bajo control del Partido Colorado, declaró culpable a Lugo por su responsabilidad en la muerte de los campesinos en conflictos con la policía y lo expulsó, lo cual enojó a los gobiernos de Argentina, Ecuador, Bolivia, República Dominicana y Venezuela. Luis Federico Franco Gómez (2012–2013), vicepresidente y cardiólogo, fue nombrado presidente, un cambio que él mismo declaró una transición legal bajo la Constitución. En las elecciones a fines de abril de 2013, Horacio Manuel Cartes Jara, un político, empresario y dirigente deportivo paraguayo se convirtió en presidente electo de la República del Paraguay, lo que representó una vuelta al Partido Colorado. Cartes había recibido el apoyo necesario, cuando el otro candidato, el expresidente Lino Oviedo, murió en un accidente de helicóptero. Todas las actividades de Cartes antes de su elección tenían que ver con fines de lucro como empresario y, por eso, le ha sido difícil entender que los problemas más graves de Paraguay son la enorme falta de equidad social y la lamentable brecha entre los pocos que tienen más y la gran mayoría que no tiene nada. En 2017, cuando se sugirió una enmienda constitucional para permitir la reelección del presidente, hubo manifestaciones violentas en las calles oponiéndose a ella. Para evitar la crisis, Cartes anunció que desistía de su candidatura a la presidencia en 2018.

Muchos de los indicadores de las economías latinoamericanas del Banco Mundial reflejan que Paraguay no solo continúa con un reciente dinamismo económico, sino que fue el segundo país que más creció en 2016 y 2017, a pesar del atraso regional[16]. Por ejemplo, en la década hasta 2016, la economía paraguaya aumentó en un promedio del 5%, aunque el crecimiento se había desacelerado a niveles más modestos (2.5% en 2015 y 3.0% en 2016). Además, el crecimiento económico continuo había ayudado a disminuir la pobreza en Paraguay, y la proporción de paraguayos que vivía con menos del nivel mínimo regional de pobreza bajó del 32.5% al 18.8% en el mismo periodo. También, según el Fondo Monetario International (FMI)[17], el desempleo fue bastante bajo (5.5% en 2015 y 2016). Por otro lado, según las cifras oficiales de 2015 divulgadas por la Secretaría Técnica de Planificación (STP) de Paraguay, la pobreza todavía afectaba a más del 22% de la población paraguaya[18]. En realidad, el mayor desafío del gobierno era la enorme desigualdad de ingresos en Paraguay. Como observa Laís Abramo, la directora de división de Desarrollo Social de CEPAL, «la erradicación de la pobreza en América es clave para el crecimiento del continente, pero no es suficiente debido a la gran desigualdad existente»[19].

Otro problema económico en Paraguay es la actividad económica oculta solo por razones de elusión fiscal o de controles administrativos, es decir, **la economía informal** en relación con el PIB nacional. Según el diputado paraguayo Sebastián Acha, en investigaciones realizadas por técnicos del Instituto de Economía Sostenible de la Universidad Nacional de Asunción (UNA) se indicaba que la economía de Paraguay operaba sin ningún parámetro de control y que el 40% es informal[20]. Desgraciadamente, la economía de Paraguay sigue contando demasiado con el sector ilegal. El contrabando consiste tanto en la reexportación de bienes de consumo importados (mobiliario y máquinas de oficina, cigarrillos, whisky, aparatos electrónicos, música, etc.) a los países vecinos como en las actividades comerciales de miles de microempresas y vendedores ambulantes. La riqueza nacional sigue en manos de una élite y, aunque se han reducido la inflación y el desempleo y se ha mejorado algo la economía, continúan los mismos problemas de siempre.

El factor lingüístico es céntrico en cualquier análisis de la economía paraguaya. Por ejemplo, en 1992, el 70% de los guaraníhablantes trabajaban en el sector agropecuario, contra menos del 20% de hispanohablantes. Del 20% más pobre, el 80% es guaraníhablante. Durante los últimos 25 años, ha ocurrido una transformación del sector agropecuario, dando lugar a que cientos de miles de campesinos se desplacen hacia los centros urbanos. Los pequeños propietarios perdieron más de 300,000 hectáreas durante ese periodo, mientras que los grandes propietarios se apoderaron de más de 9 millones. El Censo Agropecuario informó

---

[16] http://www.bancomundial.org/es/country/paraguay/overview, consultado el 26 de abril de 2017.

[17] https://es.actualitix.com/pais/pry/paraguay-tasa-de-desempleo.php, consultado el 26 de abril de 2017.

[18] http://www.infobae.com/2016/05/05/1809335-la-pobreza-afecta-al-222-la-poblacion-paraguay/, 26 de abril de 2017.

[19] http://www.paraguay.com/internacionales/cepal-erradicar-pobreza-no-es-suficiente-sin-disminuir-desigualdad-147513, consultado el 26 de abril de 2017.

[20] http://www.ultimahora.com/economia-informal-representa-el-40-del-pib-paraguay-n938612.html, consultado el 26 de abril de 2017.

que en 1991 un 1.55% de los propietarios tenían el 81.32% de las tierras y en 2009 el 85.5% de las tierras estaban en manos de la mínima cantidad de 2.06% de los propietarios[21]. Todas estas circunstancias conflictivas señalan por qué Paraguay sigue siendo tierra fértil para las injusticias sociales. El gran reto que tiene el gobierno es devolverle al pueblo paraguayo la democracia y la confianza en sus instituciones.

UNA VISTA PANORÁMICA DE URUGUAY[22]

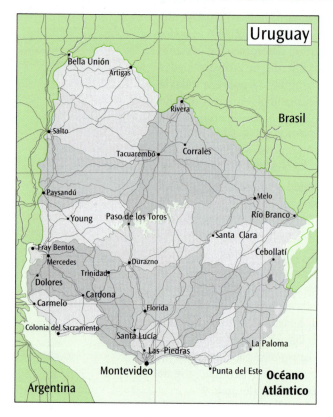

Nombre oficial:	República Oriental del Uruguay
Gentilicio:	uruguayo/a
Capital:	Montevideo, población 1,707,000 (2015)
Sistema de gobierno:	República
Jefe de Estado/Jefe de Gobierno:	Presidente Tabaré Ramón Vázquez Rosas (2015)
Fiesta nacional:	25 de agosto, Día de la Independencia (1828: de Brasil)

---

[21] http://elriodeheraclito.wordpress.com/2011/07/09/sobre-el-problema-de-la-tierra-en-paraguaycenso-agropecuario-2008-el-paraguay-del-reves/, consultado el 28 de abril de 2017.

[22] Fuentes: *CIA World Factbook* 2017 y *United States Census Bureau (International Programs, International Data Base)* 2016.

URUGUAY

GEOGRAFÍA Y CLIMA

Área nacional en millas² y kilómetros²	Tamaño (comparado con los EUA)	División administrativa	Otras ciudades principales	Puertos principales	Clima	Tierra cultivable
68,039 mi² 176,215 km²	Casi tan grande como Oklahoma	19 departamentos	Salto, Paysandú, Las Piedras, Melo, Rivera, Minas, Tacuarembó, Punta del Este	Montevideo, Punta del Este, Paysandú, Colonia, Nueva Palmira	Templado, caluroso	10%

DEMOGRAFÍA

Año y población en millones			% urbana (2015)	Distribución etaria (2016)		% de analfabetismo (2015)	Grupos étnicos
2015	2017	2025		<15 años	65+		
3.3	3.4	3.4	95%	20%	14%	1%	88% blanco europeo, 8% mestizo, 4% africano

ECONOMÍA Y COMERCIO

Unidad monetaria	Tasa de inflación (2016)	N° de trabajadores (en millones) y tasa de desempleo (2016)		% de población debajo de la línea de pobreza, según informe del país (2010)	PIB en miles de millones $EUA (2016)	PIB per cápita (2016)	Distribución de PIB (2016) y de trabajadores por sector (2010)*			Exportaciones en miles de millones $EUA (2016)	Importaciones en miles de millones $EUA (2016)
							A	I	S		
El peso uruguayo	10.2%	1.7	7.6%	19%	$73.9	$21,600	6%	26%	68%	$9.0	$9.1
							13%	14%	73%		

*Para distribución del PIB y de los trabajadores (mano de obra): A = Agricultura, I = Industria, S = Servicios (y Gobierno).

Recursos naturales: Tierra cultivable, energía hidroeléctrica, minerales, pesca, granito, mármol

Industrias: Procesamiento de carne (frigoríficos), maquinaria eléctrica, equipo de transporte, productos de petróleo, productos químicos, lana, pieles, azúcar, textiles, calzado, artículos de cuero, llantas y neumáticos, cemento, refinación de petróleo, vino, tabaco, procesamiento de alimentos y de bebidas

COMERCIO

Productos de exportación: Carne, cereales, madera, productos lácteos, pieles, productos de cuero y lana, pescado y mariscos, arroz, verduras, textiles, productos químicos, materias plásticas, vino, software

Mercados: 15% China, 14% Brasil, 7% EUA, 5% Argentina (2015)

Productos de importación: Maquinaria y equipo, vehículos de motor, aviones, insecticidas, equipo de telecomunicaciones, productos químicos, minerales, papel, plásticos, petróleo crudo y productos del petróleo, combustibles, alimentos procesados, productos metálicos

Proveedores: 18% Brasil, 17% China, 13% Argentina, 9% EUA, 5% Alemania, 4% Nigeria (2015)

Horario general de comercio: De lunes a viernes, desde las nueve de la mañana hasta las siete de la tarde.

TRANSPORTE Y COMUNICACIONES

Kilómetros de carreteras y % pavimentadas (2010)		Kilómetros de vías férreas (2014)	N° de aeropuertos con pista de aterrizaje pavimentada (2013)	N° de líneas telefónicas/ teléfonos celulares en millones (2015)		N° (en millones) y % de usuarios de Internet (2015)	
77,732	10%	1,641	11	1.11	5.5	2.2	65%

IDIOMA Y CULTURA

Idiomas	Religiones	Comidas y bebidas típicas/Modales
Español (oficial), portuñol (mezcla de portugués y español en la frontera con Brasil)	47% católica romana, 24% otras, 17% atea o agnóstica, 11% protestante	Carne (asado), el chivito (sándwich de carne de res), estofado o guiso, dulce de leche. El mate es la principal bebida (infusión caliente) y se puede ver tomar a toda hora, en cualquier lugar. La variedad de vino Tannat es característica. Aunque es común usar el pan para limpiar el plato al final de la comida, no está bien visto en comidas formales o de negocios. (Véase la Tabla 14-1, págs. 528–531). Uruguay es un exportador de carne de primer nivel internacional, siendo el "asado" el plato típico del Uruguay. En viaje de negocios, es muy probable que se tenga la oportunidad de comer buena carne, ya sea en algún restaurante o en alguna parrillada (lugar donde la carne es asada con brasa de leña) que abunda en todo el país. El uruguayo promedio gusta de hacer asados en familia o con amigos, pero tendrá que haber un cierto nivel de confianza para que a nivel de negocios se invite a la casa a un asado.

Horario normal del almuerzo y de la cena: Sobre la una de la tarde para el almuerzo; entre las ocho y media y las diez de la noche para la cena.

Gestos: Para llamarle la atención a alguien, es común hacer un chasquido con los dedos o hacer un sonido de «ch-ch». Es común llamar a las personas denominándolas «che». El gesto de «*thumbs-up*» o dedo pulgar hacia arriba, significa aprobación. El gesto de «*A-okay*» equivale al gesto de «*to give the finger*». Poner una mano con la palma abierta hacia arriba y bajo el codo del otro brazo, significa que alguien es tacaño. Rozarse la barbilla hacia afuera con las uñas y con la palma hacia el cuerpo significa que uno no sabe la respuesta o que no le importa algo. Encogerse rápidamente de hombros quiere decir «¿Qué pasa aquí?». Un bostezo indica aburrimiento y que ya es hora de terminar una reunión. El saludo entre hombres y/o mujeres de negocios en ambientes formales es con un apretón de manos, pero en ambientes menos formales se estila saludar con un beso en la mejilla entre hombre-mujer, mujer-mujer o incluso cuando existe confianza entre hombres.

Cortesía: No poner los pies sobre una mesa u otro mueble. No se espera que el invitado lleve un regalito para los anfitriones al ir a la casa de alguien a cenar o a una fiesta, aunque se aprecian las flores, especialmente las rosas, o un buen vino o una buena marca de whisky. (Uruguay es uno de los países con mayor consumo de whisky escocés per cápita del mundo.) Se considera descortés hacer una visita no anunciada a la casa de alguien durante las horas del almuerzo y de la cena. En reuniones de negocios se espera puntualidad, pero se admite un retraso de quince minutos. En eventos, reuniones o comidas sociales, es conveniente llegar 15 minutos después de la hora de la cita, ya que nadie (incluso los anfitriones) estará preparado ni llegará a la hora citada.

LA ACTUALIDAD POLÍTICA Y ECONÓMICA DE URUGUAY

Económicamente, la importancia de la industria ganadera del Uruguay tiene su base histórica en la presidencia de José Batlle y Ordóñez (1903–1907, 1911–1915), que fundó un gobierno dedicado a cambios sociales apoyado por la industria de la carne y la lana. El país es un exportador de carne de primer nivel internacional, donde el "asado" es el plato típico. Desde los comienzos del siglo XX hasta finales de la Segunda Guerra Mundial, el país llegó a conocerse como «la Suiza de América» por haber establecido leyes para proteger los derechos religiosos y del divorcio, el sufragio femenino, la educación gratuita y obligatoria y los servicios públicos estatales (electricidad, telefonía, agua, etc.). Actualmente, su población se compone de inmigrantes principalmente europeos (españoles, italianos, alemanes, etc.) y una minoría afrodescendiente, lo que produce una mezcla cultural de tradiciones africanas y europeas como las distintas danzas, el candombe y el tango.

Las condiciones sociopolíticas favorables iniciales se acabaron en 1955 cuando empezó una crisis económica que duró hasta 1973, lo que generó una inestabilidad social y la creación del movimiento revolucionario Tupamaro, la consolidación de los partidos con tendencias izquierdistas (el Partido Demócrata Cristiano, el Partido Socialista y el Partido Comunista) que proponían ideas antioligárquicas. Este movimiento de guerrilla urbana se responsabilizó por atentados, secuestros, torturas, desaparecidos y saqueos, hasta que se impuso ese año un golpe de estado militar. La dictadura resultante duró hasta la restauración democrática iniciada en 1985, cuando Julio María Sanguinetti (1985–1990) fue elegido presidente. El voto popular consagró la ley de amnistía general, tanto para militares como para los tupamaros.

En 1990, Luis Alberto Lacalle (1990–1995), del Partido Nacional, fue elegido presidente de Uruguay. En 1994, Uruguay consiguió acuerdos económicos muy importantes con sus vecinos, Brasil, Paraguay y Argentina, que condujeron a la creación del MERCOSUR. En las siguientes elecciones, Julio María Sanguinetti (1995–2000) fue reelegido presidente y, un año después, Uruguay se hizo miembro del MERCOSUR. El Grupo Andino y el MERCOSUR, reunidos en Montevideo, decidieron flexibilizar y expandir aún más la propuesta original para crear la Zona de Libre Comercio. Uruguay logró reducir la inflación monetaria de un 129% en 1990 a un 4% en 1999, y desde agosto de 2004 hasta febrero de 2016 nunca llegó a los dos dígitos. En mayo de 2016, debido a los gastos públicos y aumentos salariales del gobierno y otros factores exteriores de las economías en la UE, los EUA y China, la inflación uruguaya alcanzó un 11%. Sin embargo, el país tiene menos pobreza que cualquier otro país hispanoamericano, una población mayormente urbana y bien educada, y la distribución de los ingresos nacionales se parece a la de los países más industrializados del mundo.

En 1999, Jorge Batlle (2000–2005), del Partido Colorado, fue elegido presidente. También, se firmó un acuerdo con el FMI para redefinir el marco fiscal y financiero del sistema bancario nacional para privatizar la industria petrolera nacional. La devaluación ocurrida en Brasil en 1999 y luego la crisis en Argentina en 2001 llevaron a Uruguay a una terrible crisis financiera y la ruptura de la cadena de pagos. La recesión económica en 2002 fue severa debido a la dependencia de las economías de Argentina y Brasil, que también sufrieron recesiones en esa época. Mientras que otros países de la región se declaraban en mora, Uruguay optó por cumplir con sus compromisos de deuda pública y obtuvo financiamiento del FMI, organismo que prestó mil millones de dólares para capitalizar los bancos estatales uruguayos. A pesar de que durante esta crisis existieron distintas posturas políticas respecto a si Uruguay debía honrar o no los compromisos financieros, hoy en día es unánime la aceptación del camino tomado, e incluso es motivo de orgullo el no haber optado por la cesación de pagos. Ese hecho le permitió a Uruguay ganarse el respeto de la comunidad internacional, reafirmando su imagen de seriedad.

Tradicionalmente, los dos partidos políticos de Uruguay son el Partido Colorado, de ideología variada, y el Partido Nacional (Blanco), tradicionalmente conservador. En 2004, la coalición izquierdista llamada «Encuentro Progresista-Frente Amplio-Nueva Mayoría» ganó las elecciones y se eligió como Presidente de la República a Tabaré Vásquez Rosas (2005–2010), quien asumió la presidencia con una situación económica en recuperación y una fuerte demanda internacional por los bienes que producía Uruguay. La reactivación económica del Uruguay comenzó en el 2004, impulsada por los principales rubros de la economía en su gran mayoría relacionados con la exportación de carnes y arroz y el turismo. Además de los tradicionales rubros de exportación —la carne, los lácteos, el arroz y la lana— se incorporaron con mucha fuerza los granos y los productos forestales. Durante su mandato, el país continuó con la fuerte inversión de empresas extranjeras como las de China y Brasil, que encontraron en Uruguay un país que ofrecía seriedad institucional. Durante estos años, la inversión extranjera también fue importante en el sector inmobiliario en Punta del Este, uno de los principales destinos turísticos de Latinoamérica. El mayor ingreso de divisas permitió reducir la pobreza en el Uruguay, pero la crisis financiera mundial de 2008 tuvo un impacto negativo en los precios internacionales de algunos de los productos uruguayos. Por eso, fue de suma importancia para el país que, durante la crisis económica mundial de 2009, se hubiera desviado hacia Brasil y China el comercio internacional que había mantenido tradicionalmente con los grandes mercados de los EUA y la UE.

En las elecciones de 2009, José Alberto Mujica Cordano (2010–2015), un exguerrillero herido en batalla, preso político y fundador del Movimiento de Liberación Nacional Tupamaros, fue elegido presidente. Su presidencia consistió en varias reformas controvertidas como la regulación de la producción, venta, distribución y consumo de marihuana. También, con la Ley de Matrimonio Igualitario, Uruguay se hizo el segundo país en Latinoamérica después de Argentina en donde son legales las bodas entre personas del mismo sexo. Además, con mucha controversia, el gobierno de Mujica despenalizó el aborto voluntario. Aunque el presidente era carismático y se había hecho popular fuera de Uruguay, muchos uruguayos se oponían a sus políticas sociales liberales y a su apoyo por la vigencia de la Ley de Caducidad que ha protegido las violaciones de derechos humanos del último gobierno militar (1973–1985).

En 2016 Tabaré Vásquez ganó otra vez la presidencia y sus mayores desafíos tendrán que ver con la resolución y la implementación de las decisiones hechas durante el mandato de Mujica. Entre otras, se incluyen el poner en práctica la producción y la comercialización de marihuana y la reconstrucción de relaciones diplomáticas con Argentina, debido a los insultos de Mujica contra los expresidentes Néstor Kirchner y Cristina Fernández. Además, Vásquez tendrá que enfocar en sus propias promesas de la campaña electoral para reformar el sistema fiscal, reducir la creciente inseguridad ciudadana y mejorar la calidad de la educación en Uruguay.

11-6   ACTIVIDADES

¿Qué sabe usted de Paraguay y Uruguay?

1. A usted lo/la han contratad como asesor/a transcultural de negocios internacionales. Como tal, necesita informar a sus clientes sobre Paraguay y Uruguay y recomendar un plan de viaje de negocios a cada país. Investigue los datos pertinentes para poder abarcar los temas a continuación.

   a. Describa la geografía de Paraguay y Uruguay, incluidos temas como los siguientes: ubicación y tamaño de ambos países, capital y otras ciudades y puertos principales, división administrativa y clima. Compare el tamaño de Paraguay con el de los EUA. Compárelo con el tamaño del estado donde vive usted. Compare el tamaño de Uruguay con el de los EUA y con el del estado donde usted vive.

   b. ¿Cómo se diferencian las principales características demográficas y las historias políticas de Paraguay y Uruguay? ¿Quién es el jefe de estado de cada país?

   c. ¿Cuándo se celebra la fiesta nacional de cada país? ¿Qué otras fiestas públicas podrían afectar el éxito de un viaje de negocios? (Véase la Tabla 10-1, págs. 352–354).

d. Describa la economía de cada país. Incluya datos sobre la moneda nacional, la tasa de inflación, el PIB y el PIB per cápita, el número de trabajadores (la mano de obra), la tasa de desempleo, los recursos naturales, las industrias nacionales, los productos que se exportan e importan, los países destino (mercados) y proveedores (fuentes) de estas transacciones internacionales y la balanza de comercio. ¿A cuánto cotiza cada moneda nacional respecto al dólar estadounidense? ¿Cuáles son las recientes tasas de inflación en Paraguay y Uruguay? (Véase http://www.indexmundi.com/south_america.html).

e. Describa la economía informal de Paraguay y sus posibles efectos en la economía formal.

f. Compare el PIB y el PIB per cápita de Paraguay con los de Uruguay. Compare el PIB y PIB per cápita de ambos países con los de Argentina y Brasil (págs. 415 y 421).

g. ¿Qué producto o servicio recomendaría vender en Paraguay y en Uruguay? ¿Por qué?

h. Compare la infraestructura de los transportes y las comunicaciones de cada país.

i. ¿Cómo han cambiado algunos de los datos presentados en las secciones de «Vista panorámica» y «La actualidad política y económica» de este texto? Actualícelos para cada país.

j. ¿En qué aspectos sociales se ha destacado Uruguay históricamente?

k. Basándose en la «La actualidad política y económica» de cada país, ¿qué realidades, oportunidades y problemas destacaría y qué recomendaciones le daría a su cliente/a?

2. Use Internet u otras fuentes informativas para preparar un plan (con presupuesto e itinerario) para sus clientes, que harán un viaje de negocios a Montevideo y Asunción. Saldrán del aeropuerto de la ciudad donde vive usted en este momento y estarán tres días en cada capital. Busque las verdaderas posibilidades en Internet, por teléfono, en una agencia de viajes o en el aeropuerto mismo. Comuníquese en español, si es posible.

a. Fechas de ida y vuelta
b. Vuelos: aeropuertos de salida y llegada, líneas aéreas, horario; costos
c. Transporte interno que se piensa usar en cada país: taxi, autobús, carro de alquiler, metro, tren, otro; costos
d. Alojamiento y viáticos; costos
e. La comida típica que van a pedir para la cena la primera noche en cada país
f. Las formas de cortesía y los gestos que deben recordar, usar o evitar

LECTURA CULTURAL

Dinero, riqueza y estatus social

El dinero y la riqueza tienen una gran importancia cultural en los EUA. Desde sus orígenes, la actitud protestante estadounidense destacó la producción y la acumulación de riquezas como señal de la bendición de Dios, una recompensa por haber sido diligente y laborioso. Hoy en día, se percibe a los EUA —tanto desde afuera como desde adentro— como el país materialista y consumidor por antonomasia. Hay críticos que dicen que el dólar ya no sirve solo para satisfacer las necesidades y los deseos de supervivencia y de consumo, sino que se ha convertido en un fin en sí, un anhelado símbolo social de prestigio y éxito, un trofeo para exhibirse. Es decir que el mérito del individuo estadounidense y su posición social se miden por la cantidad de dinero alcanzado, ahorrado, invertido y gastado. En una fiesta o reunión social en los EUA, muchas veces la primera pregunta que se hacen los desconocidos es: «*What do you do?*». La traducción literal es: «¿Qué hace usted?» o «¿A qué profesión o clase de trabajo se dedica usted?». Pero lo que oculta esa pregunta rompehielos es otra más profunda: «¿Cuánto dinero gana usted?». Es decir, al estadounidense le interesa saber la profesión o carrera de la otra persona porque esta información le sirve como medida económica del otro (es banquero/a, carpintero/a o enfermero/a, tendrá un sueldo anual de X dólares, merece o no merece la pena hablar con él o ella). Así que el saludo típico en estas situaciones a veces tiene como un propósito cultural subordinado definir a la otra persona por la categoría social de su trabajo y el dinero que gana, es decir, su estatus socioeconómico.

España e Hispanoamérica están de acuerdo con los Estados Unidos en que todo el mundo quiere vivir mejor; todos quieren tener más dinero para satisfacer sus necesidades y deseos. Pero en las culturas hispanas, el dinero y la riqueza no han llegado a ocupar un lugar tan exaltado como en los EUA. Hay muchos más pobres —muchas más limitaciones reales sobre los apetitos de consumo— en Hispanoamérica, especialmente en los sectores indígena y afrolatino. La pobreza crónica es un asunto que requiere mucha atención y un remedio. Aunque existe un gran deseo y una indudable necesidad en los países hispanos de atraer más dinero en forma de inversión extranjera, también existe el deseo de mantener la autonomía económica nacional. No se quiere que el dinero extranjero y la prosperidad tengan como precio la independencia nacional. Esto se demuestra históricamente en las restricciones impuestas a los inversionistas extranjeros y en las nacionalizaciones industriales. Los países en desarrollo quieren protegerse de la influencia poscolonial y el control ejercidos por las naciones industriales y postindustriales como los EUA y los países de la UE. Modernizarse, industrializarse y desarrollarse son procesos que muchas veces entran en conflicto con las ideas sobre la estabilidad, la tradición y el conservadurismo que existen en muchas partes de Hispanoamérica. Además, a nivel individual pueden prevalecer otras consideraciones, como la familia y las amistades, el título de trabajo que se tiene o el puesto que se ocupa, mucho más que en los EUA. En fin, el dinero sí es necesario e importante, pero no lo es todo.

El célebre filósofo inglés Francis Bacon (1561–1626) dijo: «El genio, la agudeza y el espíritu de una nación se revelan en sus proverbios». Los siguientes proverbios iluminan un poco más las actitudes culturales de España e Hispanoamérica hacia el dinero y la riqueza. Por una parte, se dice que «Pobreza no es vileza» y que «No hay mayor riqueza que el contentamiento». Pero, por otra parte, se afirma la importancia del dinero: «Poderoso caballero es don Dinero», «Quien tiene din, tiene don», «Tanto tienes, tanto vales», «Las palabras del pobre nunca son escuchadas», «Hombre sin dinero, pozo sin agua» y «Con mucho dinero, todo es hacedero». Sobre los ahorros, se sostiene que «El que guarda halla». De contraer deudas, se declara que «Quien presta a un amigo compra un enemigo». Respecto a la avaricia, se manifiesta que «Al avaro siempre le falta» y que «El que más tiene más quiere». Y por último, hay tres refranes que se hallan también en muchas otras culturas: «El tiempo es oro», «El dinero es la raíz de todos los males» y «No es oro todo lo que reluce». Otros dichos y proverbios sobre el tema son:

- El dinero llama al dinero. (Dinero llama dinero).
- De pico, todos somos ricos.
- Al que tiene lleno el bolsillo no le faltan amigos.
- El dinero mueve montañas.
- Contra la fortuna, no vale arte.
- Dinero matagalán.
- Buena lata para mala sardina.
- A la mala venta, mala cuenta.
- Por dinero, baila el perro/Por la plata, baila el mono.
- Quien paga manda.
- Al perro que tiene dinero se le llama señor perro.
- El dinero es un buen sirviente, pero un pésimo maestro (Cervantes).
- Cuando el dinero habla, la verdad calla.
- El dinero hace malo lo bueno.
- Mejor es paz con pobreza que turbación y riqueza.
- Cuando la pobreza entra por la puerta, el amor sale por la ventana.
- Justo es que temas al que teme a la pobreza.
- La pobreza nunca alza cabeza.
- Gran maestra es la pobreza.
- Más riqueza, menos salud.
- Bien me quieres, bien te quiero, no me toques el dinero.
- Quien a nadie debe a nadie teme.
- El dinero no es santo pero hace milagros.
- El que madruga coge la oruga.
- Camarón que se duerme se lo lleva la corriente.
- No olvide su cuna quien haga fortuna.

11-7   ACTIVIDADES

1. **¿Qué sabe usted de cultura?** Para demostrar sus conocimientos, conteste las preguntas a continuación.

   a. ¿Qué percepción tienen los estadounidenses del dinero y la riqueza? ¿Está de acuerdo con esta percepción? ¿Qué opina sobre el dinero y la riqueza como símbolos sociales? ¿Qué representa el dinero para usted?

   b. Resuma el conflicto de actitudes en Hispanoamérica con respecto a la necesidad de atraer capital extranjero.

   c. ¿Qué consideraciones pueden prevalecer más que el dinero a nivel individual en la cultura hispana? ¿Ocurre esto en los EUA también? Comente.

   d. ¿Qué quieren decir los siguientes proverbios: «De pico, todos somos ricos»; «Contra la fortuna no vale arte»; «Por dinero, baila el perro»; «Justo es que temas al que teme a la pobreza»; «Camarón que se duerme se lo lleva la corriente» y «No olvide su cuna quien haga fortuna»?

   e. Seleccione otros cinco dichos y proverbios sobre el dinero, la riqueza y la pobreza presentados en la lectura. ¿Está de acuerdo con el mensaje o el «consejo» que comunican? Explique.

   f. ¿Conoce otros proverbios en español e inglés (o de otras culturas) que se relacionen con el dinero? Dé dos o tres ejemplos.

2. **Prueba de comprensión cultural.** Complete la prueba «Preguntas culturales» en el MindTap de *Éxito comercial: Prácticas administrativas y contextos culturales.*

3. **Asimilador cultural.** Lea el siguiente texto y haga los ejercicios a continuación.

   Patti Jameson es una joven estadounidense que lleva seis semanas trabajando en una compañía multinacional en Montevideo. Patti se graduó de un programa de negocios muy competitivo y es una persona muy dinámica, enfocada y ambiciosa, tal como lo demuestra el hecho de que durante todo su tiempo en la capital ha trabajado unas doce horas diarias, seis días por semana. El fruto de su labor ha sido la compra de unas nuevas joyas, un nuevo televisor de alta definición y panel plano (que ha colocado en la pared de la sala de estar de su apartamento, de modo que inmediatamente llama la atención del visitante por su gran tamaño y lugar) y un reproductor de MP3 con unos altavoces impresionantes. Esta tarde la han vuelto a invitar tres de sus compañeros de trabajo a salir con ellos para tomar un aperitivo y relajarse un poco. Ella les contesta:

   —Gracias, pero hoy no puedo. Me faltan unas horas más de trabajo. Es que quiero comprarme un carro nuevo. Es bastante caro. Ya saben, «el tiempo es dinero». Pero, de todos modos, gracias, eh.

Sus compañeros se sonríen y se despiden, sacudiéndose la cabeza:

—Bien, bien. Sentimos mucho que no vengas esta tarde con nosotros, pero la próxima vez no te escapas. A ver si te animas... Bueno, hasta luego.

a. ¿Qué actitud refleja Patti Jameson hacia el dinero?

b. ¿Qué pensarán de ella sus compañeros uruguayos?

c. Cite algunos proverbios que reflejen las actitudes de Patti y de sus compañeros.

d. Basado en sus conocimientos interculturales, ¿qué le habría recomendado usted a Patti Jameson cuando la invitaron a salir? En las mismas circunstancias, ¿qué habría hecho usted? ¿Cómo puede la actitud de Jameson hacia el trabajo y el dinero afectar su relación con sus compañeros de trabajo?

SÍNTESIS COMERCIAL Y CULTURAL

11-8   ACTIVIDADES COMUNICATIVAS

1. **Situaciones para dramatizar.** Lea las siguientes situaciones y después, haga el papel en español con otro/s estudiante/s, usando las siguientes opciones como punto de partida. Cada persona deberá tomar un papel activo en la dramatización. No olviden el protocolo ni las cortesías.

   a. *You are making your first visit to a stockbroker to inquire about investing some of your savings. You and the broker begin to discuss your interest in stocks and bonds, and the broker explains that speculating on the market always entails some risk for the investor. As you ask questions, the broker proceeds to explain that the risk is divided into systematic and unsystematic risk, and that your goal as an investor is to minimize the latter through a well-managed, diversified portfolio.*

   b. *On a visit to your stockbroker, you ask him/her to clarify the major differences between investing in corporate bonds, common stock, and preferred stock. When the topic of stock dividends comes up, you ask for further clarification regarding common and preferred stock.*

2. **Actividad inversionista.** Usted ha oído que hay buenas oportunidades inversionistas en Hispanoamérica. Para informarse más, decide comunicarse (en español, de ser posible) con una empresa o un banco que presta servicios y asesoramiento financieros. Busque en Internet la siguiente información:

   a. recomendaciones sobre buenas inversiones en Hispanoamérica

   b. observaciones o recomendaciones acerca de las posibilidades de invertir en Paraguay y Uruguay

   Luego, comente con otros compañeros de clase las recomendaciones que han hallado y las fuentes de dicha información.

3. **Minicaso práctico.** Lea el caso y haga los ejercicios a continuación.

Paraurucarne, S.A., con filiales y fábricas en Asunción y Montevideo, es la empresa regional más grande de elaboración y empaque de carne. Es una sociedad anónima de mucha antigüedad con un cuerpo laboral constituido por miembros de familia de muchas generaciones a la vez que un negocio que está orgulloso de su autonomía y buena reputación. En 2007, procesó y exportó más de mil millones de dólares (EUA) de productos cárnicos no solo a los países de MERCOSUR sino también a otros, en especial a los Estados Unidos y a las naciones de la Unión Europea.

Debido a la crisis financiera internacional en 2008, sin embargo, disminuyeron los ingresos de la compañía a unos 800 millones de dólares, lo que hace pensar a la alta gerencia de Paraurucarne que habrá que hacer unos cortes en el presupuesto que se prepara para el próximo ejercicio fiscal. Por supuesto, otro factor que explica la dificultad financiera de la empresa es la deuda que había acumulado la empresa al hacer negocios a través de los años, que equivale al valor de todos los activos.

Para hacer frente a la situación, Paraurucarne ha procurado servirse del patrimonio social, en especial de las ganancias retenidas que han superado varios millones de dólares. Esto ha reducido sus planes de extender sus operaciones en el exterior y ha afectado su liquidez y flujo de caja, así como su estado crediticio y el valor de sus acciones tanto en Paraguay y Uruguay como en las bolsas internacionales. Para restaurar no solo la situación financiera de la compañía, sino también la confianza de sus acreedores, deciden tomar una de las siguientes decisiones.

Haga el siguiente ejercicio. Usted es perito de una empresa de asesoramiento que va a ayudar a la alta gerencia a tomar una de las siguientes decisiones. Al estudiar y analizarlas, elija una o posiblemente dos decisiones que le parezcan factibles y justifíquelas con base en la información proporcionada en el caso.

a. Seguir sacando e invirtiendo dinero del patrimonio social.
b. Despedir a bastantes empleados.
c. Pedir prestado dinero a bancos o inversionistas extranjeros.
d. Emitir nuevas acciones o bonos.
e. Emprender un negocio en participación o fusión con una compañía extranjera (tanto una compañía estadounidense como argentina de la misma industria están interesadas).
f. Reducir el presupuesto en otras áreas fuera de las de personal, aunque perjudicaría algo el estado financiero y crediticio, ni hablar de la reputación de Paraurucarne.

Busque el ejercicio de video en el MindTap de *Éxito comercial: Prácticas administrativas y contextos culturales.*

Antes de ver. Conteste las siguientes preguntas antes de ver el video.

1. ¿Qué es la hiperinflación y cómo afecta los pagos en el comercio internacional?

2. ¿Cuáles son algunos de los documentos transportistas típicos que se usan en el transporte internacional de mercadería?

Al ver. Janet Vargas, natural de Carolina del Norte y nueva directora de Ventas para la sucursal de una empresa estadounidense en Asunción, habla con su agente de ventas de más experiencia, el señor Rafael Morales Oviedo, sobre la administración de ventas en esa parte de Hispanoamérica, especialmente con países vecinos como Brasil, Argentina y Bolivia. Vargas acaba de llegar de Raleigh y se sorprende al enterarse de que existen grandes diferencias en la gerencia de ventas en países con problemas inflacionarios. Lea las siguientes preguntas y después mire el video. Luego, vuelva a las preguntas para contestarlas.

1. ¿Qué es lo que presupone la señorita Vargas con respecto al crédito comercial?

2. ¿Por qué dice el señor Morales que «siempre se intenta cobrar en dinero efectivo»?

3. Según Morales, ¿cómo se pueden proteger los vendedores del riesgo de la hiperinflación?

4. Explique la broma del señor Morales sobre el taxi y el autobús.

Resumen. Resuma objetivamente para un/una compañero/a de clase lo que ha ocurrido en el video. O para variar, haga un resumen con cambios o falsedades para ver si su compañero/a capta la información errónea y se la corrige.

Ud. es el/la intérprete. Siga el guion a continuación y haga el papel de intérprete entre Janet Vargas y el señor Rafael Morales Oviedo. Traduzca del inglés al español y del español al inglés, **sin mirar el texto**, el diálogo que leerán otros dos estudiantes en voz alta. Ellos harán una pausa después de cada barra para permitir su traducción. Acuérdense todos de usar un tono y ritmo de diálogo natural.

Srta. Vargas: *I see here that we've had some large orders placed by some long-standing customers in Brazil, Argentina, and Bolivia. / They're all asking for commercial credit, which I suppose will be something along the lines of 2/10, net 30.*

INTÉRPRETE: _____

Sr. Morales: No, señorita Vargas, lo siento, pero no se puede proceder de ese modo aquí. / Es demasiado arriesgado ofrecer un plazo de tiempo en un crédito comercial, a causa de la alta inflación. / Siempre se intenta cobrar en efectivo antes de enviar las mercancías porque, incluso antes de que se seque la tinta sobre un cheque de pago, el dinero ya ha empezado a perder su valor.

INTÉRPRETE: _____

Srta. Vargas: *Really? Back home the normal terms of sale usually include a discount for payment made in ten days, or the full amount is payable in thirty, especially in dealing with known customers.*

INTÉRPRETE: _____

Sr. Morales: Sí, comprendo, pero aquí siempre existe el riesgo de la hiperinflación, y así se podría perder dinero en lugar de ganarlo. Por eso, siempre se pide un pago inmediato al contado o un pago en dólares.

INTÉRPRETE: _____

Srta. Vargas: *I knew inflation was a real problem and that several governments had gotten into trouble by printing too much money in order to pay for wage hikes, etc., but I never imagined...*

INTÉRPRETE: _____

Sr. Morales: Es penoso, pero cierto. / Incluso, aquí se dice que, cuando hay hiperinflación, es más barato tomar un taxi que un autobús porque el taxi no se paga hasta el final del viaje. Para entonces, la tarifa ya cuesta menos.

INTÉRPRETE: _____

Actividad. ¿Cómo es diferente su interpretación de la que se presenta en el video? Vuelva a ver/escuchar el video para hacer una comparación o una crítica de la traducción oral.

Interpretación consecutiva y simultánea. Vuelva al video y ahora haga una interpretación consecutiva, usando la pausa del video cuando le haga falta. O para variar, intente hacer una interpretación simultánea, sin pausas. ¡Ojo! Este tipo de ejercicio requiere mucha concentración, memoria y atención a los detalles.

Otro fin. Después de ver el video, imagine lo que podría ocurrir después si no termina en ese momento. ¿Cómo se desarrollará más el tema entre los actores y qué dirán? Para esta actividad, se puede escribir y entregar un nuevo fin o imaginarse otro fin para representarlo con compañeros de clase. Al continuar con el guion en español, siga el estilo de diálogo usado arriba, empezando con la señorita Vargas.

11-10   ANÁLISIS Y COMPARACIÓN

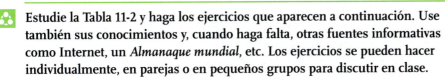 **Estudie la Tabla 11-2 y haga los ejercicios que aparecen a continuación. Use también sus conocimientos y, cuando haga falta, otras fuentes informativas como Internet, un *Almanaque mundial*, etc. Los ejercicios se pueden hacer individualmente, en parejas o en pequeños grupos para discutir en clase.**

1. ¿Qué es el PIB de un país? ¿En qué se diferencia el PIB del PNB, o el Producto Nacional Bruto? Al hablar de PIB en millones de dólares estadounidenses,

¿cuál es el valor real del PIB de Argentina, Nicaragua, Guinea Ecuatorial, España y los EUA?

2. Según la tabla, ¿cuáles son los cuatro países hispanos de mayor PIB y los cuatro de menor PIB? Haga un gráfico visual (lineal o circular) del PIB de estos ocho países. Ponga en orden decreciente el PIB (en millones de dólares estadounidenses) de todos los países hispanos: (1) EUA, $18,560,000; (2) México, $2,307,000; hasta terminar con (23) Guinea Ecuatorial, $31,800. ¿Cuál es la clasificación (*ranking*) de Puerto Rico? (Si el tiempo lo permite, haga un gráfico lineal del PIB de todos los países en la tabla).

3. ¿A cuánto asciende el PIB total de todos los países hispanos? ¿El PIB total de los países hispanos del Caribe? ¿El PIB total de los países hispanos de América Central? ¿El PIB total de los países andinos? ¿El PIB total de los países del Cono Sur? Compare los PIB en estas cinco categorías de análisis con el PIB de los EUA. (Ejemplo: El PIB de los países andinos llega a $X EUA y representa X% del PIB de los EUA.) ¿Y con el PIB de Brasil?

4. ¿Qué es el PIB per cápita y cómo se calcula? ¿Qué revela sobre la economía de un país al compararse este con el PIB per cápita de otros países? ¿Cuál es el PIB per cápita de los EUA? ¿Cuáles son los tres países hispanos con el PIB per cápita más alto? ¿Los tres países hispanos con PIB per cápita más bajo? Calcule el promedio del PIB per cápita de los países hispanos del Caribe; el promedio para los países hispanos de Centroamérica; el promedio para los países andinos; y el promedio para los países del Cono Sur. ¿Qué región tiene el PIB per cápita más alto? ¿Y en segundo, tercer y cuarto lugar?

5. ¿Cuáles son los tres países cuyo PIB depende más del sector agrícola y cuáles son los tres de menor dependencia? Haga la misma clasificación para los sectores de industria y de servicios.

6. Si se comparan la distribución de PIB por sector y la distribución de trabajadores por sector, ¿qué diferencias se observan en el caso de Bolivia? ¿de Guatemala? ¿de México? ¿de Venezuela? ¿Cómo se pueden interpretar estas diferencias? ¿Qué información aportan sobre un país?

7. ¿Cuáles países dedican más del 40% de su mano de obra al sector agrícola? ¿Cuáles más del 50% a los servicios?

8. ¿Qué es la inflación? ¿Qué efectos tiene la inflación sobre una economía nacional y sobre los consumidores? ¿Cuáles de los países hispanos experimentaron en 2016 una tasa de inflación de más del 10%? ¿Cuáles tuvieron una tasa de inflación de menos del 2%? ¿Cuál fue la tasa de inflación de EUA en 2016? ¿Qué países hispanos experimentaron hiperinflación en 2016, es decir, una tasa anual superior al 25%?

TABLA 11-2 LOS PAÍSES HISPANOPARLANTES, BRASIL Y LOS ESTADOS UNIDOS: PRODUCTO INTERNO BRUTO (PIB), PIB PER CÁPITA, DISTRIBUCIÓN DE PIB Y DE TRABAJADORES POR SECTOR Y TASA MEDIA DE INFLACIÓN

País	PIB en miles de millones de $EUA (2016 si no se indica otro año)	PIB per cápita en $EUA (2016 si no se indica otro año)	Tasa de inflación (2016)	Distribución de PIB (2016)			Distribución de trabajadores por sector (2011 si no se indica otro año)			Tasa de desempleo (2016)	% de población debajo de la línea de pobreza (año indicado abajo)
				A	I	S	A	I	S		
Argentina	$879	$20,200	43%	11%	30%	58%	5%	23%	72%	8.0%	30% (2010)
Bolivia	$78 (2015)	$7,200	3.9%	13%	37%	54%	32%	20% (2010)	48%	7.5%	45% (2011)
Chile	$436	$24,000	4.1%	4%	32%	67%	13%	23%	64%	7.0%	14% (2013)
Colombia	$690	$14,200	7.8%	7%	34%	59%	17%	21% (2016)	62%	9.5%	28% (2015)
Costa Rica	$79 (2015)	$16,100	0.3%	5%	19%	76%	14%	22% (2006)	64%	9.3%	25% (2011)
Cuba	$129 (2014)	$11,600 (2014)	4.5%	4%	23%	72%	18%	10% (2013)	72%	2.5%	n.d.
Ecuador	$182	$11,000	2.1%	6%	34%	60%	28%	18% (2012)	54%	5.5%	26% (2013)
El Salvador	$55	$8,500	1.1%	11%	25%	64%	21%	20%	58%	5.5%	28% (2015)
España	$1,690	$36,500	−0.3%	3%	22%	75%	4%	24%	72%	19.7%	21% (2012)
Guatemala	$132 (2015)	$7,900	4.3%	13%	24%	63%	31%	14% (2014)	54%	2.9% (2014)	59% (2014)
Guinea Ecuatorial	$31.8 (2015)	$38,700	3.1%	9%	72%	17%	n.d.	n.d.	n.d.	22%	n.d.
Honduras	$43 (2015)	$5,300	2.9%	13%	27%	60%	39%	21% (2005)	40%	3.9%	60% (2010)
México	$2,307 (2015)	$18,900	2.7%	4%	33%	63%	13%	24%	62%	4.4%	52% (2012)

(continúa)

TABLA 11-2 *(continuación)*

País	PIB en miles de millones de $EUA (2016 si no se indica otro año)	PIB per cápita en $EUA (2016 si no se indica otro año)	Tasa de inflación (2016)	Distribución de PIB (2016)			Distribución de trabajadores por sector (2011 si no se indica otro año)			Tasa de desempleo (2016)	% de población debajo de la línea de pobreza (año indicado abajo)
				A	I	S	A	I	S		
Nicaragua	$34	$5,300	4.1%	17%	24%	59%	28%	19%	53%	6.0%	30% (2015)
Panamá	$93 (2015)	$22,800	1.0%	3%	14%	83%	17%	19% (2009)	64%	4.5%	26% (2012)
Paraguay	$64	$9,400	4.3%	17%	27%	56%	27%	18% (2008)	55%	6.2%	35% (2010)
Perú	$410	$13,000	3.4%	7%	34%	59%	26%	17%	57%	5.9%	31% (2012)
Puerto Rico	$131	$37,700	−0.2%	1%	50%	49%	2%	19%	79%	13.7% (2014)	n.d.
República Dominicana	$161	$15,600	1.9%	5%	33%	62%	14%	21% (2014)	65%	13.8%	41% (2013)
Uruguay	$74	$21,600	10.2%	6%	26%	68%	13%	14% (2010)	73%	7.6%	19% (2010)
Venezuela	$469	$15,100	546%	4%	36%	60%	7%	22%	71%	10.5%	32% (2013)
Brasil	$3,135	$15,200	8.4%	6%	22%	72%	16%	13%	71%	12.6%	21% (2010)
Estados Unidos	$18,560	$57,300	1.3%	1%	19%	80%	1%	20%	79%	4.7%	15% (2010)

NOTA: A = Agricultura, I = Industria, S = Servicios (y Gobierno); n.d. = datos no disponibles
Fuente: *CIA World Factbook* 2017

Posibilidades profesionales

Las carreras financieras, igual que otros campos de negocios internacionales, atraen a personas de experiencia y calificaciones variadas, que además de ser bilingües y biculturales, deben ser también multilingües y multiculturales. Por lo general, entre ellas hay abogados y analistas especializados en inversiones, corredores de bolsas tanto de valores como de artículos de consumo, y asesores financieros, etc. Para obtener más información al respecto y para una actividad que le ayude a aprender más sobre el tema, véase el Capítulo 11 de «Posibilidades profesionales» en el MindTap de *Éxito comercial: Prácticas administrativas y contextos culturales.*

VOCABULARIO

Aquí se presentan los principales términos de este capítulo. Al final del libro, hay un glosario más completo.

acción stock

>   **común (ordinaria)** common stock
>
>   **cotizada en menos de un dólar** penny stock
>
>   **preferida (prioritaria/ privilegiada)** preferred stock

administración del riesgo risk management

ahorrista *(m/f):* saver

al portador to the bearer

aportar to contribute, furnish

>   **fondos** to finance

autofinanciación self-financing

aval *(m)* guarantee, collateral

bolsa stock market

>   **alcista** bull market, rising market
>
>   **bajista** bear market, falling market
>
>   **de comercio** stock exchange, stock market
>
>   **de valores** stock exchange, stock market

bolsista *(m/f)* stockbroker

bono bond

>   **de ahorro** savings bond

del Estado government bond, treasury bond

del Tesoro treasury bond

de sociedad anónima (de corporación) corporate bond

bursátil *(adj)* relating to stock exchange or securities market

cambio de divisas exchange rate

cartera de inversión investment portfolio

cesión registrada recorded transfer of securities

corredor/a (de acciones o de bolsa) stockbroker

crédito comercial commercial credit

desfalco embezzlement

dividendo dividend

>   **diferido** deferred dividend

emisión de acciones issue of a security, stock

emisora (stock) issuing company

empréstito loan

financiación (financiamiento) financing

>   **externa** external financing

(continúa)

por medio de obligaciones debt financing

financiar to finance

fondo fund

   mutuo mutual fund

   de inversión común mutual fund

   colectivo mutual fund

   de inversión mobiliaria exchange traded fund (ETF)

garantía subsidiaria (o colateral) collateral guarantee or security

impago nonpayment

imponible tax-related

índice bursátil *(m)* stock market index

información privilegiada insider trading

intereses acumulados periodic accrued interest

inversor/a investor

nominativo bearing a person's name, registered (bond)

obligación bond

   corporativa corporate bond, debt or bond; equity financing

ponderado weighted average

postergar to postpone

prenda security, pledge, guarantee

prendario guaranteed, secured

prestador/a lender

prestamista *(m/f)* lender

préstamo loan

   a sola firma unsecured loan, signature loan

   garantizado secured loan

   no garantizado unsecured loan

   prendario secured loan

   sin caución unsecured loan

prestatario/a borrower

principal *(m)* principal, capital

reintegro reimbursement, repayment

rentabilidad profitability

título bond, security

valores *(m)* securities, bonds, assets, valuables

   de primera clase (de más alta categoría) blue-chip stock

   no vendidos (cotizados) en la bolsa over-the-counter market (OTC) securities

valor nominal *(m)* face or nominal value

vencimiento maturity (of a bond, note)

LA ENTRADA EN EL MERCADO INTERNACIONAL:
Los países hispanoparlantes

Philip Pilosian/Shutterstock.com

¿Por qué viajan los hombres y las mujeres de negocios? ¿Cómo planifica usted cuando hace un viaje por avión para quedarse en otra ciudad durante varios días? ¿Qué empaca para su viaje?

He that travels much knows much.
— THOMAS FULLER

Quien a lejanas tierras va, si antes no mentía, mentirá.
— PROVERBIO

The greatest enemy of intercultural understanding is its own illusion.
— V. LYNN TAYLOR
  (ADAPTADO DE UN DICHO
  DE LOS CUERPOS DE PAZ)

12-1 PREGUNTAS DE ORIENTACIÓN

Cuando lea la sección «Lectura comercial», piense en las respuestas a las siguientes preguntas.

1. ¿Por qué entran muchas empresas en el mundo internacional de los negocios? ¿Por qué muchas fracasan?

2. ¿Cuáles son algunos principios básicos que pueden ayudar a la empresa interesada en el mercado hispanoamericano?

3. ¿Qué se debe incluir en un plan y en una estrategia para evitar fracasos en ultramar?

4. ¿Cuáles son los tres pasos principales de una estrategia de comercialización internacional?

5. ¿En qué consisten el estudio y el análisis económicos del mercado internacional? ¿Cuáles serían dos elementos demográficos importantes? ¿Y dos elementos de la categoría «Estadísticas y realidad económica»?

6. ¿En qué consiste una investigación cultural del mercado internacional? ¿Cuáles serían cuatro elementos históricos importantes? ¿Dos elementos lingüísticos? ¿Y dos elementos sociales?

7. ¿Cuáles cinco instituciones clave identifica Thomas Becker en su libro *Doing Business in the New Latin America*?

8. ¿Cuáles son las siete pautas que señala Becker para ayudar a comprender mejor la cultura comercial latinoamericana?

9. ¿Cuáles son los tres métodos para entrar en el mundo comercial de un país extranjero?

10. ¿Qué elementos comprende un plan modelo de comercialización? ¿Cuáles son los distintos pasos que hay que seguir para realizarlo?

11. ¿Qué son el AGAAC y el OMC? ¿Cuándo y por qué se crearon?

12. ¿Qué son la ALADI, el TLCAN y el MERCOSUR? ¿Qué significan estos acrónimos y cuáles son sus acrónimos en inglés? ¿Cuáles son los países miembros del TLCAN y el MERCOSUR? ¿Qué significan ALBA, CAN, CAFTA-DR, MCCA y CARICOM?

Integridad y ética empresariales

If ethical concerns differ by country, then imposing a set of standards developed for one country on another country may be counterproductive.

— BODO B. SCHLEGELMILCH Y DIANA G. ROBERTSON EN «THE INFLUENCE OF COUNTRY AND INDUSTRY ON ETHICAL PERCEPTIONS OF SENIOR EXECUTIVES IN THE U.S. AND EUROPE» [1]

Traduzca al español la cita de arriba y comente su validez para la globalización y la entrada en los mercados internacionales, con un buen ejemplo que usted conozca o uno que pueda imaginarse para los negocios u otra profesión.

Liderazgo

La función de un líder es elevar las aspiraciones de las personas y liberar sus energías para que traten de realizarlas.

— DAVID GERGEN

Traduzca al inglés esta cita del liderato y comente su validez para el mundo de los negocios u otras profesiones, con un buen ejemplo que usted conozca o uno que pueda imaginarse. ¿Cómo se elevan las aspiraciones de otras personas? ¿Ha hecho esto alguna vez? Comente.

---

[1] U.S. Department of Commerce, International Trade Commission, *Business Ethics: A Manual for Managing a Responsible Business Enterprise in Emerging Market Economies*, 2004, pág. 8, http://ita.doc.gov/goodgovernance/adobe/bem_manual.pdf, consultado el 16 de junio de 2017.

LECTURA COMERCIAL

Al encuentro de mercados internacionales

En la cuarta edición del libro *International Business Blunders*, David Ricks describe una empresa estadounidense que emprendió un negocio en participación en un país de Sudamérica con un pequeño grupo de capitalistas de esa región[2]. Los estadounidenses no conocían la situación política del país sudamericano, ni se dieron cuenta de que sus socios hispanoamericanos iban a perder sus puestos de poder e influencia. Unos cinco años después de la constitución de la empresa, comenzaron a tener dificultades para conseguir los permisos para extraer y vender materias primas. Tenían frecuentes problemas administrativos con el nuevo gobierno. Cuando los socios hispanoamericanos cayeron en desgracia con el nuevo régimen, la compañía empezó a perder ganancias, capital y horas de mano de obra. Ricks también destaca el hecho de que algunas empresas estadounidenses siguen cometiendo el error de usar Puerto Rico como **mercado de prueba** para evaluar las campañas publicitarias que luego se van a lanzar hacia diversos mercados hispanoamericanos, a pesar de que —debido a su herencia cultural única— cada mercado reaccionará de una manera distinta[3].

Abundan casos semejantes de gerentes de empresas estadounidenses que no tuvieron éxito en los negocios en el extranjero. ¿A qué se deben estos fracasos? Pues a varios factores, pero principalmente al desconocimiento de los **pormenores** del comercio y de la industria internacionales y a la falta de sensibilidad hacia culturas diferentes. En cada país hispanoamericano, hay matices lingüísticos y culturales, y cualquier comunicación traducida literalmente del inglés al español sin la comprensión del contexto particular de ese país puede ser errónea. No hay manera más rápida de naufragar en un negocio potencialmente lucrativo en cualquier país hispanoparlante que pasar por alto el hecho de que usted es el extranjero en otra tierra y que lo que ha tenido éxito en su propio país o región muchas veces no coincide con las costumbres del nuevo mercado. Lo importante es reconocer que las normas de conducta son diferentes y que el conocimiento de los diversos aspectos de los matices culturales es fundamental para tener éxito en los negocios. Aunque un error transcultural parezca gracioso o simplemente vergonzoso, desde un punto de vista empresarial puede causar reacciones suficientemente graves como para dañar una relación comercial productiva[4].

Los siguientes principios básicos ayudarán a la empresa interesada en entrar en un mercado en Hispanoamérica:

1. Evitar las tácticas de venta agresiva o dura que se puedan interpretar como confrontación.

2. Considerar las relaciones personales como más importantes que las reglas.

3. Negociar con la persona con más autoridad porque la estructura empresarial de un negocio es tradicionalmente jerárquica.

arancelario *(adj)*
related to tariffs

cámara de comercio
chamber of commerce

comercialización
marketing, selling

en ultramar
overseas

licencia
license, licensing

mercado de prueba
test market

negociante *(m/f)*
business person

pormenor *(m)*
detail

traductor/a
translator

4. No comenzar con su mejor oferta porque la negociación es común y corriente.

5. Esperar que se tome bastante tiempo para revisar los detalles antes de que un contrato se concluya.

6. Tener cuidado con las traducciones para que sean adecuadas lingüística y culturalmente.

Muchos gerentes de empresas estadounidenses, especialmente los administradores de marketing y ventas, entran al mundo internacional de los negocios, tanto para ganar dinero como para extender sus operaciones. También se internacionalizan porque sus compañías quieren o se ven obligadas a ser más competitivas, o porque necesitan reducir los gastos de **comercialización** o de producción. Tienen que saber cómo dirigir los negocios en el extranjero y cómo resolver los problemas que puedan surgir. Les hace falta un plan de acción y una estrategia para comercializar y producir **en ultramar**. Este plan y esta estrategia incluyen una investigación económica y cultural, así como también un estudio y análisis del mejor modo de segmentar la región mercantil o el sector industrial internacional señalado. La investigación y el estudio constan de tres pasos principales: una investigación de la región mercantil o del sector industrial internacional; la elaboración de un plan de acción; y la ejecución del plan de acción.

PASO 1: Investigación de la región mercantil o del sector industrial internacional. Este tipo de investigación consiste en dos tipos de estudios, uno económico y otro cultural, que se complementan. El análisis económico abarca varios temas, pero especialmente los siguientes: la demografía, las estadísticas y la actividad económica; la tecnología disponible; los sistemas de distribución; la conducta en la compra y los medios de publicidad; la estructuración de los precios, salarios y sueldos; las leyes mercantiles y los aranceles aduaneros. La Tabla 12-1 (pág. 401) resume los aspectos más importantes de cada tema y de algunas características del mundo económico hispano aunque, por supuesto, estas pueden variar bastante de país a país. Como se ve, mediante un análisis económico como el de la Tabla 12-1, los gerentes no solo pueden acumular datos e información acerca del mundo económico hispano, sino que pueden llegar a conocer las oportunidades de comercialización y de producción que existen allí, así como los problemas que tendrán que resolver.

La investigación cultural complementa el análisis económico de la situación actual de la región o del sector señalado. En el estudio y análisis culturales, los gerentes procuran determinar hasta qué punto influyen en los negocios la geografía, la historia, las instituciones sociales, las creencias, los conceptos, los valores, la estética, las condiciones de vida y las lenguas de un país o región, y qué medidas se deben tomar para adaptarse a esa otra realidad cultural en sus planes. El análisis de la Tabla 12-2 (pág. 402) resume algunos factores culturales generales del mundo hispanoparlante que deben considerar los jefes de empresa. También indica directa o indirectamente algunas de las oportunidades comerciales e industriales que existen y los problemas que podrían surgir al intentar concretarlas.

En el caso del mundo hispano, la investigación cultural destaca la variedad geográfica, social, política y lingüística, así como la importancia de conceptos como la familia, el honor, la posición socioeconómica y los papeles tradicionales del hombre y de la mujer. Al mismo tiempo, la investigación cultural muestra que la abundancia

TABLA 12-1 ANÁLISIS ECONÓMICO DEL MUNDO HISPANO

Demografía	Población joven; alto índice de natalidad; más mujeres que hombres; más rural en Centroamérica, el Caribe y en el interior de Sudamérica; migración de zonas rurales hacia las urbanas; clase media en los países más urbanizados, pequeña clase alta; clase obrera muy grande con indicios de reducciones en el porcentaje de pobreza y equidad
Estadísticas y realidad económica	PIB y renta por habitante comparativamente bajos, pero en aumento; sistemas **arancelarios** e impositivos a menudo rígidos; concentración de riqueza en pocas manos; economías bien desarrolladas y en vías de desarrollo; dependencia tradicional de recursos naturales, extracción de minerales y sector agrícola; necesidad de reforma agraria; grandes deudas internacionales; inestabilidad de divisas; altas tasas de inflación, desempleo y subempleo; algunas tentativas hacia la liberalización y privatización; pobreza persistente, especialmente en los grupos indígenas y afrolatinos, y entre las mujeres y los niños
Tecnología y sistema de pesos y medidas	Falta de un impacto unido regional de las organizaciones tecnológicas y el creciente número de técnicos y tecnologías avanzadas en las sociedades menos desarrolladas u organizadas; creciente pericia y uso de los medios sociales comunicativos; uso general en Hispanoamérica del sistema métrico y la escala centígrada (véase el Apéndice 3, págs. 543–552)
Sistema de distribución	Modos tradicionales de distribución (mayoristas, minoristas, agentes); mercados ambulantes en zonas rurales; cantidad y calidad desigual de modos de transporte; problemas de desarrollo y mantenimiento de infraestructura transportista; escasez de carreteras pavimentadas; el *e-commerce* o comercio electrónico ya influye en la cadena de suministros y distribución
Conducta en la compraventa	Varía de clase a clase, con mayores compras diarias de primera necesidad; más compradoras (mujeres); uso del regateo (negociación informal de precios) en muchos lugares; tendencia de lealtad hacia marcas ya conocidas; cambio gradual pero continuo hacia más el *e-commerce* o comercio electrónico, mayor importancia de las redes sociales y de las organizaciones no gubernamentales (ONG)
Medios publicitarios	Publicidad en línea, periódicos, revistas, impresos, radio y televisión en zonas urbanas y países más desarrollados; varían según el nivel de educación (analfabetismo) de la población
Estructuración de precios y de salarios y sueldos	Varían de país a país de acuerdo con el costo de vida o de subsistencia en cada país (la canasta familiar); mano de obra comparativamente mal pagada en muchos países, aunque mejor pagada que en Asia donde los sueldos aumentan más rápido en comparación; problemas persistentes de alta inflación
Leyes mercantiles, tratados, aranceles aduaneros y otros impuestos	Varían de país a país y según los diversos tratados económicos vigentes (EU, TLCAN, MERCOSUR, ALADI, CAFTA-DR, MCCA, CARICOM, ALBA); datos disponibles en las embajadas, los consulados y las **cámaras de comercio**, así como en los códigos nacionales de cada país (véase la Tabla 13-1, pág. 451)

(continúa)

TABLA 12-2 ANÁLISIS CULTURAL DEL MUNDO HISPANO

Medioambiente	Gran variedad topográfica y climática con gran abundancia de flora y fauna; abundancia de materias primas y vías navegables; falta de infraestructura transportista y buenos sistemas de carreteras pavimentadas
Historia	Mezcla de civilizaciones (romana, árabe, mediterráneas, europeas, indígenas, africanas); conquista, independencia; guerras de independencia y guerras civiles; caciquismo y gobiernos militares, tanto de derechas como de izquierdas; lento desarrollo industrial y socioeconómico; populismo, postcolonialismo y dependencia
Elementos sociales	Heredados de los iberos, árabes, europeos, indígenas y africanos; mezcla de razas (mestizo, mulato, zambo, etc.) y grupos étnicos; importancia e intimidad de la familia nuclear y del concepto de familia extendida; nepotismo y «enchufe» o «palanca»; dedocracia; papeles tradicionales del hombre y la mujer (machismo/marianismo); regionalismo (patria chica)
Organización social	Gente sociable y simpática; grandes diferencias de clase socioeconómica (muchos pobres, pocos ricos); importancia del estatus social, el honor y el buen nombre de familia, el respeto hacia el individuo y su dignidad como ser humano; importancia de guardar apariencias y de quedar bien
Educación	Importancia de la enseñanza; buenos sistemas escolares y universitarios; educación superior y universitaria no asequible a todos; alto índice de analfabetismo, especialmente en la clase baja y entre los sectores discriminados (p. ej., indígenas y afrolatinos), con mejoras en algunos países
Sistema político y legal	En su mayoría, repúblicas con dictaduras intermitentes; variedad de partidos; falta de estabilidad política; leyes y acuerdos comerciales a menudo rígidos y complejos; tensión persistente entre el caudillismo militar y la democracia, y entre el capitalismo y el socialismo marxista
Creencias y filosofía	Mezcla y variedad de creencias (españolas, europeas, indígenas, africanas); conceptos tradicionales del honor y el tiempo; individualismo, trato personal y deseo de crear y mantener lazos sociales; predominio del catolicismo, aunque con influencias indígenas y africanas; rápido aumento del evangelismo protestante (especialmente en Centroamérica); santería (religión originada en Cuba y Brasil, que combina la adoración de deidades yorubas tradicionales con la adoración de santos católicos) y vudú (religión difundida en las Antillas y en el sur de los Estados Unidos, en la que se mezclan elementos de religiones africanas y del cristianismo); importancia de la superstición para muchos
Estética	Gran propensión a lo artístico: literatura, arte, música, baile y folklore basados en tradiciones españolas, criollas, indígenas y africanas
Lengua	Predomina el español (el castellano) como lengua oficial, con una tendencia regionalista en el uso (gran variedad de acentos y dejes); gran variedad de lenguas indígenas (a veces sirven de lengua oficial también) y de otros idiomas, principalmente europeos, y chino y japonés (p. ej., en Perú)

de materias primas favorece la actividad agrícola y los proyectos extractivos, mientras que el alto índice de analfabetismo y la falta de oportunidades educacionales para más personas impiden, a largo plazo, un mayor desarrollo industrial, tecnológico y técnico. En un sofisticado foro en línea de la *Revista Iberoamericana de Ciencia, Tecnología y Sociedad*, Tatiana Láscaris Comneno, de la Universidad Nacional de Costa Rica, sometió la siguiente hipótesis a debate: «en América Latina hay algunos factores que atentan contra la integridad del capital social requerido para alcanzar un desarrollo competitivo basado en nuestros propios recursos, minando la legitimación y puesta en práctica de políticas públicas, en particular las que vinculan desarrollo tecnológico con desarrollo económico»[5]. El debate indicaba una percepción general de la falta de visión en el sistema de educación, que seguirá mejorando con un crecimiento equitativo y la erradicación de la pobreza y un mayor porcentaje de inversiones en la I+D en la región.

Thomas Becker, en su libro *Doing Business in the New Latin America: A Guide to Cultures, Practices, and Opportunities*, analiza la herencia histórica y cultural del colonialismo español en América Latina[6]. Identifica cinco instituciones clave que han constituido una cultura comercial común: el Estado (y el **estadismo**), el derecho civil, la corrupción, el personalismo y el culto al poder. También, basándose en parte en las investigaciones del conocido experto transcultural Geert Hofstede, señala siete elementos que ayudan a comprender mejor la cultura comercial latinoamericana:

1. la desigualdad de poder y la distancia del poder: la distribución jerárquica, desde arriba hacia abajo, del poder en la cultura hispana,

2. la necesidad de tener estructuras fijas y claras: el deseo de evitar la incertidumbre,

3. la orientación social: se favorece más el colectivismo que el individualismo,

4. el universalismo frente al particularismo: no se aplican las mismas reglas y principios a todos igualmente, sino que se subordinan a las lealtades personales,

5. la comunicación: más indirecta, implícita y de alto contexto,

6. el espacio y el tiempo: la reducción del espacio físico entre las personas que se hablan y un concepto temporal más policrónico, fluido y cíclico que monocrónico y lineal; en el concepto policrónico se hacen varias cosas simultáneamente (la capacidad multitarea) mientras que en el monocrónico se segmenta el tiempo para enfocarse en una sola cosa a la vez,

7. la formalidad: un protocolo más tradicional, formal y respetuoso[7].

(Para obtener más información, véase el Apéndice 5 de este texto, págs. 559–567).

Un buen análisis cultural, junto con la investigación económica (cuyas fuentes pueden ser bancos, cámaras de comercio, misiones comerciales, embajadas y consulados, agentes, libros de consulta, revistas, Internet, etc.), también trata sobre

---

[5] http://www.revistacts.net/index.php?option=com_content&view=article&id=362:capital-social-y-efectividad-de-politicas-tecnologicas-en-america-latina&catid=19:debates&Itemid=38, consultado el 17 de junio de 2017.

[6] Thomas Becker, *Doing Business in the New Latin America: A Guide to Cultures, Practices, and Opportunities*. Westport, CN: Praeger Publisher, 2004, págs. 74–84.

[7] *Ibíd*, págs. 116–136.

PARA PENSAR

La entrada en los mercados hispanos presupone que el hombre o la mujer de negocios viajará a los países con los cuales desea establecer o mantener relaciones comerciales. Al llegar a un país hispano, es muy posible que en algún momento decida alquilar un carro o coche, con lo cual se entra también en el aspecto cultural de la señalización vial, un encuentro con la semiótica de las señales de tráfico o tránsito de otra cultura. Conducir en otro país puede ser una experiencia estresante. El/La estadounidense hallará, por ejemplo, que la práctica de mantenerse estrictamente en los carriles, no cortar el paso a otros conductores sin indicarlo, detenerse al llegar a un semáforo o una señal de «*stop*», y la proxémica (distancia entre los vehículos) es muy diferente en las carreteras y las calles de España e Hispanoamérica, donde los carros casi se tocan al seguir otro ritmo de conducción y otras «reglas» del baile vial.

También, como se ve en los siguientes ejemplos, algunos de los carteles o señales pueden ser bastante diferentes de los que se encuentran en los EUA. (Los ejemplos provienen del señalamiento usado en España[8], México[9], Argentina[10], Uruguay[11] y el Departamento de Transporte de los EUA[12].

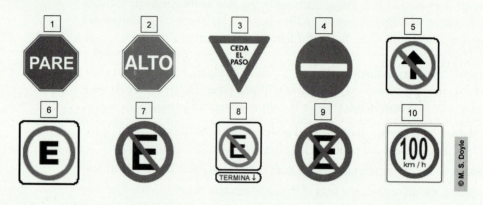

© M. S. Doyle

1. Parar o detenerse (el cartel o la señal que se usa en España es «*Stop*», igual que en los EUA), pare.
2. *Stop*, pare.
3. Ceder el paso si se aproxima otro vehículo.
4. Contramano.
5. Prohibido seguir de frente o adelante.
6. Se permite estacionar.
7. Prohibido estacionar.
8. Termina la zona de prohibición del estacionamiento (se puede estacionar desde este punto en adelante).
9. Prohibido estacionar y detenerse (para subir o bajar carga o personas).
10. Velocidad máxima permitida.

---

[8] http://www.fomento.es/

[9] http://www.merida.gob.mx/transporte/senaletica.html

[10] http://www.seguridadvial.gov.ar/Media/Default/LicenciaConducirChapter/licencia/Cursos/Manual-del-conductor.pdf

[11] http://www.montevideo.gub.uy/sites/default/files/articulo/guia_para_la_conduccion_segura_1.pdf

[12] http://mutcd.fhwa.dot.gov/SHSe/shs_2004_2012_sup.pdf y http://www.trafficsign.us/

(Todos consultados el 1° de mayo de 2017).

© M. S. Doyle

11. Velocidad máxima de 60 kilómetros por hora.
12. Velocidad mínima de 30 kilómetros por hora.
13. Fin de restricción de 50 kilómetros por hora.
14. Conserve su derecha, circule por la derecha.
15. Prohibido rebasar o adelantar a otro vehículo.
16. Fin de restricción de rebasar o adelantar a otro vehículo.

17. Prohibido tocar la bocina o el claxon.
18. Desviación, prohibido proseguir por esta calle o carretera.
19. Tope (México), guardia tumbado (España), policía acostado (Colombia), lomo de burro (Río de la Plata) o muerto (Costa Rica).
20. Cruce de ferrocarril.

1. ¿Qué significan los carteles 1 (Argentina, Uruguay, etc.), 2 (México) y 3 (universal)?

2. ¿Qué quieren decir las señales 4 y 5?

3. ¿Qué indican las señales 6-9 respecto del estacionamiento o detenimiento de un vehículo?

4. ¿Cómo debemos interpretar los carteles 10-13, referente a las velocidades máximas y mínimas? Convierta los kilómetros en millas por hora.

5. ¿Qué prohíben y permiten los carteles 14-16 en cuanto a los carriles (o las calzadas) y el rebasar o no rebasar (adelantar o no adelantar)?

6. ¿Qué prohíbe la señal 17? ¿Cómo se traduce el Nº 18 al inglés? ¿Y qué indican las señales 19 y 20 en México?

7. ¿Qué otros carteles o señales de tránsito existen en España e Hispanoamérica? Busque cinco más en Internet.

8. ¿Qué detalles incluiría usted en el contrato al alquilar un carro en un país extranjero? ¿Cuánto costaría el alquiler de un carro por cinco días en México? ¿En España? ¿En Argentina? Busque la información en Internet e incluya el precio del seguro, la gasolina y el peaje para un recorrido de 400 kilómetros en autopistas.

la cuestión de riesgo, preocupación de todo gerente. El mundo hispano, con su larga historia de agitación política que puede resultar en la nacionalización de sectores económicos y de compañías y que influye en todos los aspectos económicos, pero especialmente en la estabilidad de las divisas nacionales y en su **tipo de cambio** respecto a otras monedas nacionales, puede llegar a representar un riesgo para cualquier empresa o proyecto comercial e industrial. ¿Cómo pueden evitar los directores de una firma tal situación perjudicial? Para empezar, pueden elaborar un plan de acción, tema que se trata a continuación.

PASO 2: Elaboración de un plan de acción. Un buen plan de acción les proporciona a los gerentes las estrategias que necesitan para entrar con éxito en los mercados internacionales. Para formularlo, los directores de la empresa, especialmente los jefes de marketing, fijan objetivos. Los basan tanto en la meta principal de la empresa (la oferta de bienes y servicios para satisfacer las necesidades o los deseos de sus clientes con fines de lucro) como en los resultados de las investigaciones económicas y culturales. La entrada al mercado internacional generalmente tiene tres formas: la exportación indirecta, la exportación directa y la producción y venta en el extranjero.

1. **Exportación indirecta.** Los productos o servicios de una empresa se venden en el exterior, pero por medio de intermediarios, por ejemplo, las compañías mercantiles o de exportación u otras firmas de producción o servicios. A menudo, una empresa se sirve de los servicios de los agentes o expedidores de fletes, con los cuales se pueden contactar en ferias mercantiles o por medio de las cámaras de comercio, los consulados o las embajadas.

2. **Exportación directa.** La empresa misma realiza la comercialización exterior. Esta emprende la investigación económico-cultural, la distribución y la estructuración de precios. A la vez, se pone en contacto con representantes extranjeros, que pueden ser agentes, distribuidores independientes o vendedores de la empresa ubicados en el exterior.

3. **Producción y venta en el extranjero.** A diferencia de los métodos anteriores, que se basan en bienes y servicios producidos en el país de origen, este tipo de exportación se basa en la venta de productos fabricados o ensamblados en el extranjero. Por motivo de los altos costos de la producción nacional, del transporte, o debido a una política económica y a leyes arancelarias desfavorables del país importador, muchas empresas manufacturan en el exterior para poder vender allí. Logran esto por los siguientes medios:

   - Plantas de ensamblaje (maquiladoras)
   - Contratos de fabricación según los cuales otra compañía realiza la producción de los bienes
   - **Licencias** que les permiten a las empresas extranjeras elaborar y vender los bienes fabricados
   - Negocios en participación, es decir, entre una empresa del país de origen y otra extranjera
   - Fusión con una empresa extranjera
   - Establecimiento de una fábrica, que es propiedad exclusiva de la empresa matriz extranjera

Cada uno de estos modos de exportación tiene sus ventajas, especialmente con respecto a la comercialización y la venta. En los países hispánicos, son muy comunes las licencias para producir y vender, aunque el método que adopta una empresa depende tanto de su situación interna como de la del país extranjero.

Una vez fijados los objetivos de comercialización y adoptado un método de exportación, los gerentes elaboran un plan de acción (Tabla 12-3). Como indica el plan, la comercialización internacional es un proceso complejo debido a los distintos factores que hay que analizar y coordinar. Se complica aún más al tener en cuenta el factor manufacturero, el cual incluye toda una serie de consideraciones técnicas y laborales. Una vez trazado el plan de acción, los jefes de marketing y de ventas pueden implementarlo.

TABLA 12-3 PLAN MODELO DE COMERCIALIZACIÓN

I.   Justificar la comercialización internacional

II. Examinar la situación general de la compañía

III. Identificar los mercados

IV. Hacer la investigación económico-cultural de los mercados

   • Estudiar los aranceles aduaneros, los acuerdos comerciales y políticos, el sistema legal, el tipo de cambio y el sistema de medidas

V.   Volver a examinar los objetivos empresariales

VI. Elegir el modo de entrar en los mercados

   • Costos y otras consideraciones de fabricación (recursos humanos, cuestiones legales y laborales, etc.) si se opta por producir en el país extranjero

VII. Analizar los productos y los mercados

   • Evaluar los productos según la perspectiva extranjera

      ▪ Identificar problemas y adaptación (localización) de productos

   • Examinar los mercados

      ▪ Analizar los mercados para los productos

         ▸ Investigar las características culturales y los motivos de compra de los usuarios

         ▸ Planear la distribución, los precios y la publicidad

   • Evaluar a los competidores

   • Calcular el tamaño de los mercados y el volumen de ventas

VIII. Especificar la estrategia de comercialización

   • Determinar los objetivos de comercialización

   • Describir los productos o servicios que se venden

   • Establecer los precios de los productos y servicios

(continúa)

TABLA 12-3 *(continuación)*

- • Precisar el tipo y los medios de promoción (traducción localizada)

- • Indicar los medios de transporte, la distribución y el pago

IX. Preparar el presupuesto de comercialización

X. Hacer recomendaciones y expedir la documentación y correspondencia necesarias

PASO 3: Ejecución del plan de acción. La ejecución del plan de acción se realiza cuando los jefes de marketing y de ventas cumplen con los siguientes requisitos:

1. Estudiar y analizar los resultados de la investigación económico-cultural; poder comunicarse en la lengua oficial del país donde se piensa comerciar e informarse sobre sus características culturales

2. Preparar y enviar todos los papeles y documentos necesarios para realizar las metas de comercialización

3. Comunicarse con los distribuidores, agentes, funcionarios y otros intermediarios que puedan ayudar a lograr los objetivos

4. Hacer los preparativos para viajar o vivir en el país
   - • Conseguir los documentos requeridos para la estancia o residencia
   - • Conseguir las guías e informarse sobre las costumbres y la vida profesional y diaria en el país

5. Emprender negociaciones para realizar las metas de comercialización
   - • Adoptar una actitud siempre cortés y honesta
   - • Comprender y respetar las diferencias culturales
   - • Estar bien preparados para las citas y las reuniones: tener los datos y los asesores necesarios y, si es preciso, usar un intérprete o traductor profesional de confianza
   - • Intentar controlar la discusión y persuadir con diplomacia; hacer concesiones razonables
   - • Firmar los contratos; ser flexibles si hay cambios posteriores; consultar con abogados (¡muy importante!) y otros especialistas

6. Mantener buenas relaciones con la casa matriz, así como con los habitantes, homólogos, colegas y trabajadores del país anfitrión

En este capítulo, se han expuesto los pasos fundamentales que necesita seguir una empresa para entrar en el mercado internacional. Como es sabido, muchas compañías, tanto las MIPYME como las grandes corporaciones, ya se han internacionalizado de una de las maneras descritas anteriormente. Lo que no se ha comentado, sin embargo, es que muchos países, tanto los más desarrollados como los que están en vías de desarrollo, han firmado pactos o acuerdos comerciales entre sí. El más conocido e importante durante la segunda mitad del siglo pasado fue el AGAAC (Acuerdo General sobre Aranceles y Comercio) o GATT (*General Agreement on Tariffs and Trade*), firmado en 1948, que fijaba las reglas para el comercio internacional.

Actualmente, el organismo más importante es la Organización Mundial del Comercio (OMC), creada en la reunión de La Ronda Uruguaya el 1° de enero de 1995, como «la única organización internacional que se ocupa de las normas que rigen el comercio entre los países» y cuyo objetivo «es ayudar a los productores de bienes y servicios, los exportadores y los importadores a llevar adelante sus actividades»[13]. También, cada región geográfica del mundo tiene sus propios tratados mercantiles. En el mundo hispano, figuran entre los más importantes los de la Tabla 12-4.

TABLA 12-4 ALGUNOS PACTOS Y ACUERDOS ECONÓMICOS DEL MUNDO HISPANO

Tratado	Acrónimo o sigla en español (inglés)	Países
La Alianza Bolivariana para los Pueblos de Nuestra América – Tratado de Comercio de los Pueblos o ALBA-TCP (*Bolivarian Alliance for the Peoples of Our America-People's Trade Agreement or Bolivarian Alternative for the Peoples of Our America*)	ALBA o ALBA-TCP	Antigua y Barbuda, Bolivia, Cuba, Dominica, Ecuador, Granada, Nicaragua, San Cristóbal y Nieves, San Vicente y las Granadinas, Santa Lucía, Venezuela
Asociación Latinoamericana de Integración (*Latin American Integration Association*)	ALADI (LAIA)	Argentina, Bolivia, Brasil, Chile, Colombia, Cuba, Ecuador, México, Panamá, Nicaragua (proceso de adhesión)[14], Paraguay, Perú, Uruguay, Venezuela
Comunidad Andina (*Andean Community*)	CAN (AC)	Bolivia, Colombia, Ecuador, Perú
Mercado Común Centroamericano (*Central American Common Market*)	MCCA (CACM)	Costa Rica, El Salvador, Guatemala, Honduras, Nicaragua
Mercado Común del Sur/Mercado Común del Cono Sur (*Southern Cone Common Market/ Southern Common Market*)	MERCOSUR	Argentina, Bolivia (proceso de adhesión), Brasil, Paraguay, Uruguay, Venezuela (suspendida)
Tratado de Libre Comercio de América del Norte (*North American Free Trade Agreement*)	TLCAN (NAFTA)	Canadá, Estados Unidos, México
Tratado de Libre Comercio entre República Dominicana, Centroamérica y Estados Unidos de América (*Dominican Republic-Central American United States Free Trade Agreement*)	RD-CAFTA (CAFTA-DR)	Costa Rica, El Salvador, Guatemala, Honduras, Nicaragua, República Dominicana, los EUA

NOTA: Véase la Tabla 3-1 de la págs. 86–88 para obtener más detalles.

---

[13] www.wto.org/spanish/thewto_s/whatis_s/whatis_s.htm, consultado el 1° de mayo de 2017.

[14] También fue aceptada la adhesión de la República de Nicaragua el 11 de agosto de 2011. Actualmente, Nicaragua avanza en el cumplimiento de las condiciones establecidas para constituirse en país miembro de la Asociación, http://www.aladi.org/sitioAladi/index.html, consultado el 1° de mayo de 2017.

Para completar este cuadro mercantil, solo falta volver a indicar a continuación los países que constituyen el mundo económico hispanoparlante. Es preciso señalar que, aunque los EUA es un país cuya lengua predominante es el inglés, se incluye aquí por tener la segunda población de origen hispano más grande del mundo y por Puerto Rico, Estado Libre Asociado de más de cuatro millones de habitantes cuya lengua materna es el español (cooficial con el inglés).

Región geográfico-económica	Países hispanoparlantes
Europa	España
América del Norte (Norteamérica)	Estados Unidos, México
Caribe	Cuba, Puerto Rico, República Dominicana
América Central (Centroamérica)	Costa Rica, El Salvador, Guatemala, Honduras, Nicaragua, Panamá
América del Sur (Suramérica, Sudamérica)	Argentina, Bolivia, Chile, Colombia, Ecuador, Paraguay, Perú, Uruguay, Venezuela
África	Guinea Ecuatorial

12-2 ACTIVIDADES

1. **¿Qué sabe usted de negocios?** Vuelva a las «Preguntas de orientación» que se hicieron al principio del capítulo y a las preguntas que acompañan la foto de la página 397 y contéstelas en oraciones completas en español.

2. **¿Qué recuerda?** Indique si las siguientes oraciones son **verdaderas** o **falsas** y explique por qué.

   a. Los errores transculturales no son muy frecuentes en el comercio internacional.

   b. Al negociar con un gerente hispanoamericano, es mejor no malgastar tiempo con elementos personales para conocerlo mejor.

   c. En el mundo hispano, generalmente se usa el mismo sistema de medidas que en los EUA.

   d. Lo que caracteriza a los países hispanos es su diversidad geográfica, racial, social y artística, así como una tendencia a personalizar las relaciones sociales.

   e. Las investigaciones económico-culturales indican tanto las posibilidades como las dificultades de comercialización.

   f. La exportación indirecta es el mejor método disponible para entrar a un mercado internacional.

   g. El aspecto menos importante de un plan modelo de acción es el estudio de la situación arancelaria y monetaria del país.

   h. Si uno ya habla español, nunca es necesario tener un intermediario lugareño para facilitar los trámites de comercialización.

3. **Exploración.** Haga los siguientes ejercicios usando sus conocimientos y opiniones personales.

   a. ¿Qué evitaría hacer si quisiera comercializar con éxito en países hispanoparlantes? Indique tres cosas.

b. ¿Qué elementos serían importantes para usted al buscar un puesto en una empresa internacional?

c. ¿Cómo estructuraría un estudio económico-cultural de un país hispánico? En su opinión, ¿cuáles serían los tres elementos más importantes en cada categoría? ¿Por qué?

d. ¿Qué método recomendaría para entrar a un mercado extranjero? ¿Por qué?

e. ¿Por qué cree que es necesario tener un plan de comercialización? Elija un país hispano y describa qué tendría que hacer para llevar a cabo tal plan. Compárelo con el plan de un/a compañero/a de clase.

f. ¿Cómo se relacionan los dichos que aparecen al principio del capítulo con los temas tratados? Comente. Tradúzcalos del inglés al español y viceversa.

12-3   AL TELÉFONO

1. Lea las siguientes preguntas. Después escuche atentamente la conversación telefónica del Capítulo 12, **Pistas 23 y 24,** en el MindTap de *Éxito comercial: Prácticas administrativas y contextos culturales* y conteste las preguntas. Puesto que la comprensión auditiva es una destreza comunicativa sumamente importante, se recomienda escuchar la conversación varias veces.

a. ¿Cómo se conocen los señores Patterson y Campagna?

b. ¿Qué le envió Patterson a Campagna?

c. ¿Qué le parece a Campagna la propuesta de Patterson de ser el representante exclusivo?

d. ¿Viaja solo el señor Patterson y qué dice el señor Campagna al respecto?

e. ¿Qué preparativos de viaje le recomendaría al señor Patterson?

2. Basando sus comentarios en la conversación telefónica del ejercicio anterior, haga la siguiente llamada telefónica a otro/a estudiante de la clase. Cada persona debe participar activamente en la conversación. Si necesita ayuda con esta actividad, véase el Apéndice 1, «Protocolo telefónico», págs. 533–537.

Usted es el señor Gonzalo Campagna, de Argentina, y ha recibido una recomendación de Wright Patterson, el representante de *Computrade*, de los EUA, sobre las fechas para su visita de una semana a Argentina en julio. Llame al señor Patterson con las ideas que usted ha planeado para la estancia de Patterson en Buenos Aires, Córdoba y Mendoza (hoteles, algunos posibles clientes, lugares de interés turístico para visitar en su país, etc.). Trate de convencer a Patterson de que traiga también a su familia.

3. Haga la siguiente llamada telefónica a otro/a estudiante de la clase. Cada persona debe participar activamente en la conversación. Si necesita ayuda con esta actividad, véase el Apéndice 1, «Protocolo telefónico», págs. 533–537.

Usted recibe una llamada telefónica del/de la agente comprador/a de una empresa brasileña que vive en Córdoba, Argentina, a consecuencia de la exposición de productos de software que la compañía de usted ha hecho en una feria comercial que tuvo lugar en São Paulo. El/La agente, quien habla portugués y español, le pide su catálogo y la lista de precios y quiere concertar una cita para hablar de sus productos.

12-4 NAVEGANDO POR INTERNET

MINDTAP

Para hacer este ejercicio, visite el MindTap *de Éxito comercial: Prácticas administrativas y contextos culturales.*

12-5 EJERCICIOS DE VOCABULARIO

Si es necesario, consulte la sección «Lectura comercial» o la lista de vocabulario al final del capítulo para completar estos ejercicios.

1. **¡A ver si me acuerdo!** *Microbest* lo/la envía a Argentina para establecer una relación comercial con el mayor distribuidor de computadoras de Córdoba. Usted quiere impresionar a los directores de la empresa argentina, sobre todo hablando español. Sin embargo, se le olvidan a usted los siguientes términos en español. Un/a compañero/a lo/la ayuda a recordarlos al pedir a usted que se los traduzca.

   a. *hard sell*
   b. *cross-cultural*
   c. *environment*
   d. *embassy*
   e. *details*

   f. *license*
   g. *chamber of commerce*
   h. *trade fair*
   i. *tariff*
   j. *exchange rate*

2. **¿Qué significan?** Usted ha aprendido algunas nuevas palabras para los negocios internacionales. Sin embargo, no sabe exactamente qué significan ciertos términos que se usan frecuentemente en el comercio internacional. Decide consultarlos con un/a colega. Pídale a un/a compañero/a de clase que le explique los siguientes términos y que le dé algunos sinónimos si puede.

   a. libre comercio
   b. matices culturales
   c. arancel aduanero
   d. embajada
   e. estructura jerárquica

   f. oferta
   g. demanda
   h. capitalización
   i. intérprete
   j. traductor

3. **Entrevista profesional.** Usted quiere aclarar algunos detalles sobre la entrada en los mercados internacionales porque ha conseguido una entrevista para un puesto de ventas internacionales. Usted desea ensayar la entrevista en español y le pide a un/a compañero/a de clase que le haga las siguientes preguntas. En caso de que no pueda contestar alguna pregunta, su compañero/a lo/la ayudará. No olviden el protocolo ni las cortesías.

   a. ¿Cuáles son las diferencias entre la exportación directa y la indirecta?
   b. ¿Cuáles son algunos de los pasos estratégicos para la comercialización internacional?

c. ¿Por qué se hace un presupuesto de comercialización?

d. ¿Qué le aconsejaría a una empresa que piensa entrar por primera vez en el mercado hispanoamericano?

e. ¿Qué tipo de ayuda pueden ofrecer las cámaras de comercio a alguien que desea vender sus productos en un país hispanoparlante?

4. **Traducciones.** A continuación, leerá algunos consejos acerca de cómo prepararse para hacer negocios en el extranjero. Tradúzcalos al español para una presentación que tiene que hacer en español.

a. *International managers doing business with a Spanish-speaking country need to be familiar with its history, geography, and the subtle differences of its culture and values compared to other well-known Hispanic countries such as Mexico and Spain.*

b. *They can inform themselves by: (1) reading guides and other books; (2) surfing the Internet; (3) talking to native informants; (4) talking to other people who have visited or lived there; or (5) contacting their country's embassy, consulate, or chambers of commerce located in the foreign country.*

c. *They also need to plan and put into practice strategies that will enable their companies to successfully enter foreign markets.*

d. *There are many ways to market abroad—through various types of media and publicity, trade fairs, etc.—and the preparations for such activities are extremely important.*

e. *If business people would follow these suggestions, they would contribute much to cross-cultural understanding as well as profit by it.*

5. **Prueba de comprensión.** Complete la prueba «Preguntas comerciales» en el MindTap de *Éxito comercial: Prácticas administrativas y contextos culturales*.

 MINDTAP

UNA VISTA PANORÁMICA DE ARGENTINA[15]

Nombre oficial:	República Argentina
Gentilicio:	argentino/a
Capital:	Buenos Aires, población 15,180,000 (área metropolitana) (2015)
Sistema de gobierno:	República
Jefe de Estado/Jefe de Gobierno:	Presidente Mauricio Macri (2015)
Fiesta nacional:	9 de julio, Proclamación de la Independencia (1816: de España)

[15] Fuentes: *CIA World Factbook* 2017 y *United States Census Bureau (International Programs, International Data Base)* 2016.

ARGENTINA

GEOGRAFÍA Y CLIMA

Área nacional en millas² y kilómetros²	Tamaño (comparado con los EUA)	División administrativa	Otras ciudades principales	Puertos principales	Clima	Tierra cultivable
1,068,302 mi² 2,780,400 km²	El tamaño de los EUA al este del río Misisipí	Un distrito federal y 23 provincias	Córdoba, Rosario, Mar del Plata, Mendoza, San Miguel de Tucumán	Buenos Aires, Bahía Blanca, La Plata, Rosario	Mayormente templado, subtropical en el norte, árido en el sureste, subantártico en el suroeste	14%

DEMOGRAFÍA

Año y población en millones			% urbana (2015)	Distribución etaria (2016)		% de analfa-betismo (2015)	Grupos étnicos
2015	2017	2025		< 15 años	65+		
43.5	44.3	47.3	92%	25%	11%	2%	97% blanco europeo, 3% mestizo, amerindio y otro

ECONOMÍA Y COMERCIO

Unidad monetaria	Tasa de inflación (2016)	N° de trabajadores (en millones) y tasa de desempleo (2016)		% de población debajo de la línea de pobreza, según informe del país (2010)	PIB en miles de millones $EUA (2016)	PIB per cápita (2016)	Distribución de PIB (2016) y de trabajadores por sector (2011)*			Exportacio-nes en miles de millones $EUA (2016)	Importaciones en miles de millones $EUA (2016)
							A	I	S		
El peso	43%	17.7	7.6%	30%	$879.4	$20,200	11%	30%	58%	$58.4	$57.2
							5%	23%	72%		

* Para distribución del PIB y de los trabajadores (mano de obra): A = Agricultura, I = Industria, S = Servicios (y Gobierno).

Recursos naturales: Las pampas (llanuras fértiles), plomo, cinc, estaño, cobre, hierro, manganeso, petróleo, uranio

Industrias: Procesamiento de alimentos, lácteos, aceite vegetal, azúcar, papel, vino, automóviles, textiles, refinación de petróleo, maquinaria y equipo, cemento, productos químicos y petroquímicos, bienes de consumo duraderos, imprenta, metalurgia, acero

COMERCIO

Productos de exportación: Cereales, trigo, maíz, soja, vehículos de motor, petróleo crudo y derivados de petróleo, maquinaria, equipo de transporte, aceites animales y vegetales, materias primas, químicos, productos manufacturados

Mercados: 17% Brasil, 9% China, 6% EUA (2015)

Productos de importación: Maquinaria, vehículos de motor, petróleo, gas natural, productos químicos orgánicos, productos manufacturados, plásticos, equipo de transporte, productos alimenticios y animales vivos

Proveedores: 22% Brasil, 16% EUA, 16% China, 5% Alemania (2015)

Horario general de comercio: De lunes a viernes, desde las ocho o nueve de la mañana hasta las ocho de la noche. En las provincias, en general, se cierran las tiendas desde el mediodía hasta las tres o las cuatro de la tarde.

TRANSPORTE Y COMUNICACIONES

Kilómetros de carreteras y % pavimentadas (2004)		Kilómetros de vías férreas (2014)	N° de aeropuertos con pista de aterrizaje pavimentada (2013)	N° de líneas telefónicas/ teléfonos celulares en millones (2015)		N° (en millones) y % de usuarios de Internet (2015)	
231,374	30%	36,917	161	10.1	60.7	30.1	69%

IDIOMA Y CULTURA

Idiomas	Religiones	Comidas y bebidas típicas / Modales
Español (oficial), inglés, italiano, alemán, francés	92% católica romana (nominalmente), 2% protestante, 2% judía, 4% otras	¡Carne de res, carne de res y más carne de res! En Argentina, se come más carne por persona que en cualquier otro país del mundo: asado, bife de chorizo, bife de lomo, parrillada mixta, empanadas, etc. También hay locro, dulce de leche, vino, yerba mate. Se come usando el estilo europeo, con el tenedor en la mano izquierda y el cuchillo en la derecha. Mantener las manos, no los codos, sobre la mesa al comer. No usar mondadientes de manera obvia, no sonarse la nariz ni aclararse la garganta durante la comida. (Véase la Tabla 14-1, págs. 528–531).

Horario normal del almuerzo y de la cena: Mediodía o la una de la tarde para el almuerzo; sobre las nueve de la noche para la cena.

Gestos: Espacio físico reducido entre las personas que conversan; a veces se toca el hombro o el antebrazo de la otra persona al hablar. Los conocidos se dan un abrazo al saludarse y, generalmente, para las mujeres, un beso en la mejilla. Pararse con los brazos en jarras puede interpretarse como enfado o como un desafío directo. Rozarse la barbilla o el mentón con las uñas y la mano con la palma hacia el cuerpo significa que uno no sabe la respuesta o que no le importa algo. El gesto de «*hook 'em horns*» (un puño con el dedo índice y el meñique extendidos con la palma hacia afuera) es el gesto del cornudo, significa que «su esposo/a o novio/a lo/la está engañando». La mano extendida con la palma hacia abajo y moviéndola de lado a lado indica «así así» o «más o menos». Se considera maleducado pasar entre dos personas que conversan y, si es necesario hacerlo, uno se disculpa diciendo «Con permiso».

Cortesía: En un primer encuentro o en una reunión formal, es común dirigirse a la otra persona usando su título profesional (doctor/a, profesor/a, ingeniero/a, etc.). Durante el saludo, darse la mano con un apretón firme pero no excesivo. Cuando se llega a una reunión o a una fiesta, se saluda a cada persona presente y también se despide uno de cada individuo al marcharse. Mirar a los ojos de la persona con la que se habla, pues indica interés y sinceridad. Quitarse el sombrero o la gorra dentro de un edificio. Cuando se visita la casa de alguien para comer o cenar, llevar a los anfitriones un regalito como flores, chocolates o una buena marca de whisky o vino. Ojo con regalarle a alguien un cuchillo, pues puede interpretarse como romper o cortar las buenas relaciones con esa persona.

LA ACTUALIDAD POLÍTICA Y ECONÓMICA DE ARGENTINA

La población total de Argentina asciende a 43.9 millones y es mayormente urbana y descendiente de europeos, con un 91.8% en lugares urbanos y más de quince millones de habitantes residentes en el área metropolitana de la Ciudad Autónoma de Buenos Aires y el Gran Buenos Aires. La población argentina aumentó desde comienzos del siglo XX debido al gran número de inmigrantes europeos que procedían sobre todo de las clases desplazadas por el excedente de mano de obra campesina debido a la revolución industrial. Llegaban para llenar el gran vacío de población en el inmenso territorio y en muchos casos trabajaban como jornaleros (*day laborers*). Más tarde en 1875, se dictó la Ley de Inmigración y Colonización, que consideraba inmigrantes a los extranjeros artesanos, industriales, cultivadores o profesores, y así Argentina creó una de las clases medias más grandes de toda Hispanoamérica. En su manera de vivir y pensar, se nota la fuerte influencia cultural y, hasta cierto punto, aristocrática, de Francia, España e Italia: cierto formalismo y preocupación por el estatus social y una inclinación al arte, la música, la literatura, la moda, los deportes y la buena vida. Este aburguesamiento (*gentrification*) ocurrió a fines del siglo XIX y sustituyó a lo que caracterizaba al país hasta entonces, es decir, la tradición gauchesca: la vida, costumbres e ideología de los hombres que criaban el ganado mayor en la Pampa. Hasta 1940, Argentina era uno de los países hispanos más prósperos del mundo. Su sector agrícola era uno de los más productivos y rentables de todo el hemisferio occidental, y su alto nivel de vida era la envidia de muchos países del mundo. A partir de la Gran Depresión de los años 30 y de la segunda Guerra Mundial, sin embargo, esta situación empezó a cambiar.

En primer lugar, durante las presidencias de Juan Domingo Perón (1946–1952; 1952–1955; 1973–1974), quien había modificado la Constitución para permitir la reelección, la promoción de los derechos sociales de las clases obreras —contando con la ayuda de su esposa Eva como responsable de la ayuda social en el país— generó conflictos y disputas con las clases más acomodadas. En los últimos años del segundo gobierno, la persecución a la prensa y los cuestionamientos de diversos sectores, incluida a la Iglesia Católica, derivaron en el golpe de estado de 1955, y el General Perón huyó del país. Durante la época entre 1955 y 1973, la violencia política en Argentina creó un ambiente que representaba los antecedentes de la Guerra Sucia (1976–1983). Se vio el principio de las primeras fuerzas guerrilleras y los secuestros de activistas, y desde un golpe de estado en 1966, el quinto desde 1930, Argentina fue controlada por una dictadura militar hasta 1973. En ese año, hubo manifestaciones callejeras y asesinatos de líderes de varios sectores de la sociedad. Cuando el partido peronista ganó las elecciones en 1973, Perón volvió al país para ser presidente durante ese año. Después de su muerte en 1974, durante una situación insostenible, otra junta militar bajo la dirección del general Jorge Videla inició una violenta época llamada por la junta el Proceso de Reorganización Nacional (1976–1983).

En segundo lugar, la derrota de Argentina en la Guerra de las Islas Malvinas (*Falkland Islands*) contra Inglaterra en 1982 causó el regreso a un gobierno civil encabezado por el presidente Raúl Alfonsín (1983–1989), iniciando otra época difícil en Argentina. Durante su mandato, hubo una variedad de razones que causaron bajas severas en la economía argentina. Entre ellas se incluyen la mala administración de las empresas nacionales o estatales en el sector industrial, la creciente deuda internacional, la inflación continua, la devaluación de la divisa, el cambio del peso al austral en 1985 (en 1992 la divisa del país volvió a ser el peso), la huida de capital y una política nacional inconsistente. La situación empeoró tanto que en 1989 una hiperinflación provocó que las clases baja y media se rebelaran y saquearan tiendas en busca de artículos de primera necesidad. Alfonsín renunció y se adelantó la toma de mando presidencial del peronista Carlos Menem (1989–1999).

El gobierno de Menem intentó cambiar la realidad económica del país. Por medio de una serie de leyes y medidas de carácter neoliberal, se emprendieron reformas que mejoraron aparentemente la situación económica en Argentina. En el sector empresarial, se privatizaron más de 200 compañías nacionales. También se empezó a modernizar la infraestructura nacional. El gobierno firmó un pacto comercial, el MERCOSUR, con otros países del Cono Sur (Brasil, Paraguay y Uruguay) para eliminar las trabas al libre comercio regional. El gobierno argentino decidió vincular el valor del peso al dólar estadounidense, lo cual no solo redujo enormemente la tasa de inflación sino que creó una trayectoria inversionista y económica favorable. Desgraciadamente fue una situación ficticia, ya que para sostener un modelo económico falso se generó deuda externa.

A partir de 1997, Argentina, al igual que los demás países de Latinoamérica, empezó a experimentar de nuevo una recesión en los sectores económicos debido a la crisis financiera mundial que redujo las inversiones extranjeras y la productividad. Para hacer frente a la crisis, recortaron los programas estatales de los cuales dependían muchos ciudadanos, resultando en el rechazo del modelo de Menem, percibido como corrupto. En las elecciones de 1999, una coalición de partidos opositores apoyó a Fernando de la Rúa (1999–2001), quien heredó una economía de más de mil millones de dólares de deuda pública. Al año siguiente, hubo huelgas y manifestaciones debido a recortes en los sueldos, jubilaciones, a nuevos impuestos y a una baja en el precio de las exportaciones de carne. Los peronistas ganaron las elecciones congresistas del año 2001 y el presidente de la Rúa, en medio de una enorme crisis económica y política, renunció temprano a su puesto.

La Asamblea Legislativa eligió a Eduardo Duhalde (2002–2003) solo para completar la duración del mandato de De la Rúa. Duhalde devaluó el peso para terminar con la convertibilidad del peso con el dólar, aunque Argentina ya había declarado el *default* de la deuda externa a fin del año 2001. Duhalde fijó elecciones para marzo de 2003 y el peronista Néstor Kirchner (2003–2007) fue declarado presidente. Ese mismo año se inició una recuperación económica bajo el mandato de Kirchner, quien canceló la deuda con el FMI. Argentina recuperó su independencia económica y generó un programa de comercio interior fuerte por el precio en alza de los granos. El presidente Kirchner mantuvo la devaluación de la moneda que se inició bajo el gobierno de Duhalde y el Banco Central energéticamente compró divisas, aumentando sus reservas. Estas políticas, más las altas rentas de la exportación de los granos, disminuyeron los niveles de pobreza y desempleo y aumentaron el apoyo al presidente. En reiteradas ocasiones, el presidente utilizó las facultades legislativas del poder ejecutivo, legislando a través de decretos de necesidad y urgencia.

En 2007, Cristina Fernández (2007–2015), senadora de la provincia de Santa Cruz y la esposa de Kirchner, fue la primera mujer elegida presidenta de Argentina por voto popular. Su esposo, Néstor Kirchner murió en 2010 antes de las elecciones presidenciales y el llamado *kirchnerismo* quedó mucho más débil que antes. El matrimonio Kirchner había llevado más de siete años gobernando Argentina desde 2003. Después de la muerte de su esposo, ella fue reelegida en 2011 por una mayoría de los votos. Se notaba casi inmediatamente una profundización del sistema presidencial establecido por su esposo, es decir, una reducción del número de personas con acceso a la información y a la toma de decisiones. En 2012, el pueblo argentino, preocupado por la inseguridad de los efectos inflacionarios de las políticas de Fernández en el poder adquisitivo, inició manifestaciones contra la corrupción gubernamental y los controles del cambio de divisas. A principios de 2013, el apoyo a la presidenta bajó al 30% y muchos argentinos rechazaron la costumbre de Fernández de incriminar a sus críticos como enemigos de la patria y de proponer estadísticas equivocadas sobre sus políticas económicas como la inflación. Según el INDEC (Instituto Nacional de Estadística y Censos) la inflación en 2013 fue el 11%, aunque según consultoras privadas alcanzó el 25.6%. El gobierno de Fernández no divulgó información oficial sobre la inflación en 2014 o 2015 y no se publicaron las tasas oficiales hasta el fin del primer año del mandato del siguiente presidente, Mauricio Macri, en 2016.

El último año de la presidencia de Cristina Fernández de Kirchner fue marcado por una economía deteriorada sin el crecimiento anterior, una tasa de inflación altísima pero indeterminada y una recesión que inquietaba al pueblo. Su fuerte devaluación del peso argentino en diciembre de 2015 inició una pérdida de más del 30% frente a la divisa estadounidense. Además, la presidenta tuvo que combatir incidentes de corrupción de miembros de su gobierno.

El nuevo presidente Mauricio Macri (2016–), ingeniero empresarial y dueño del famoso equipo de fútbol Boca Juniors, era del partido centro-derecha Propuesta Republicana (PRO). Su victoria puso fin a doce años del *kirchnerismo*, una época reconocida por el apoyo de derechos sociales y degradada por la polarización política y la mezcla de pasión y odio creadas por los Kirchner. Macri entró anunciando reformas económicas para reducir las políticas expansionistas de sus antecesores. Casi inmediatamente, el nuevo mandatario decidió poner en práctica varios decretos de necesidad sin convocar sesiones extraordinarias del Congreso. Empezó a reducir el número de empleados públicos, una cifra que había doblado entre 2003 y 2015. Luego, eliminó subsidios a la energía, lanzando enormes aumentos en el costo de la electricidad.

En 2016, Macri trató de fomentar las inversiones extranjeras con la organización de una mesa redonda de jefes de empresas extranjeras. Quería consolidar vínculos de Argentina con la UE y los EUA. También, ofreció exenciones de impuestos para ayudar al sector agrícola. Cuando Argentina eliminó el proteccionismo en 2016, hubo una baja en la producción industrial. Macri se ha quejado mucho de los Kirchner y la mala economía que le han dejado, pero la realidad es que él está metido en una misión gigantesca para reponer la economía argentina, una tarea no cumplida de la noche a la mañana. Mientras Cristina Fernández tiene que comparecer ante un juez por soborno y lavado de dinero, Mauricio Macri tendrá que convencer al pueblo argentino de ser paciente mientras se abren las cerradas puertas comerciales internacionales de un país con el 30% de su población en el nivel de pobreza, una inflación extremadamente alta, una tasa de desempleo creciente (7.6% en 2016) y que todavía mantiene discusiones políticas acaloradas sobre la distribución de fondos entre sus áreas rurales o urbanas.

UNA VISTA PANORÁMICA DE BRASIL[16]

Nombre oficial:	República Federativa do Brasil
Gentilicio:	brasileño/a
Capital:	Brasilia, población 4,155,000 (2015)
Sistema de gobierno:	República federal
Jefe de Estado/Jefe de Gobierno:	Presidente Michel Temer (2016)
Fiesta nacional:	7 de septiembre, Día de la Independencia (1822: de Portugal)

---

[16] Fuentes: *CIA World Factbook* 2017 y *United States Census Bureau (International Programs, International Data Base)* 2016.

BRASIL

GEOGRAFÍA Y CLIMA

Área nacional en millas² y kilómetros²	Tamaño (comparado con los EUA)	División administrativa	Otras ciudades principales	Puertos principales	Clima	Tierra cultivable
3, 286,488 mi² 8,515,770 km²	Un poco más grande que Estados Unidos continental (sin Alaska y Hawái); el país más grande de América del Sur.	Un distrito federal (Brasilia) y 26 estados	São Paulo, Río de Janeiro, Belo Horizonte, Salvador, Recife, Porto Alegre	Santos (São Paulo), Porto Alegre, Recife, Salvador, Belém, Recife	Tropical, cálido, húmedo en el norte en la cuenca del Río Amazonas; más templado en la altiplanicie del sur	8.6%

DEMOGRAFÍA

Año y población en millones			% urbana (2015)	Distribución etaria (2016)		% de analfabetismo (2015)	Grupos étnicos
2015	2017	2025		< 15 años	65+		
204	207	218	86%	23%	8%	7%	48% blanco europeo, 43% criollo, 8% africano

ECONOMÍA Y COMERCIO

Unidad monetaria	Tasa de inflación (2016)	N° de trabajadores (en millones) y tasa de desempleo (2016)		% de población debajo de la línea de pobreza, según informe del país (2010)	PIB en miles de millones $EUA (2016)	PIB per cápita (2016)	Distribución de PIB (2016) y de trabajadores por sector (2011)*			Exporta-ciones en miles de millones $EUA (2016)	Importa-ciones en miles de millones $EUA (2016)
							A	I	S		
El real	8.4%	110	12.6%	21%	$3,135	$15,200	6%	22%	72%	$189.7	$143.9
							16%	13%	71%		

* Para distribución del PIB y de los trabajadores (mano de obra): A = Agricultura, I = Industria, S = Servicios (y Gobierno).

Recursos naturales: Petróleo, hierro, oro, bauxita, magnesio, níquel, fosfatos, platino, uranio, árboles maderables, estaño

Industrias: Textiles, zapatos, productos químicos, cemento, hierro, siderurgia, madera, aviones, vehículos de motor y piezas de repuesto, otra maquinaria y equipo, aluminio, papel y derivados, juguetes, vinos y licores, automóviles, galletas, computadoras, electrodomésticos, ropa, muebles, teléfonos celulares

COMERCIO

Productos de exportación: alimentos, automóviles, acero, productos químicos, soya, café, equipo de transporte, calzado

Mercados: 19% China, 13% EUA, 7% Argentina, 5% Países Bajos (2015)

Productos de importación: maquinaria pesada, productos químicos, automóviles y piezas de repuesto, motores, combustible, electricidad, circuitos integrados, medicamentos, trigo, petróleo crudo, equipo eléctrico y de transporte, electrónica

Proveedores: 18% China, 16% EUA, 6% Alemania, 6% Argentina (2015)

Horario general de comercio: De lunes a viernes, las tiendas suelen estar abiertas desde las ocho de la mañana hasta las seis y hasta el mediodía los sábados. Los supermercados abren todos los días. Algunos bancos y oficinas cierran desde el mediodía hasta las dos por el almuerzo. Las horas bancarias varían según la región. Se emplea un horario de 24 horas (13:00 = 1:00 p.m.).

TRANSPORTE Y COMUNICACIONES

Kilómetros de carreteras y % pavimentadas (2010)		Kilómetros de vías férreas (2014)	No de aeropuertos con pista de aterrizaje pavimentada (2013)	No de líneas telefónicas/ teléfonos celulares en millones (2015)		N° (en millones) y % de usuarios de Internet (2015)	
1,580,964	13%	28,538	698	43.7	257.8	121	59%

IDIOMA Y CULTURA

Idiomas	Religiones	Comidas y bebidas típicas/Modales
Portugués (oficial), español, inglés, francés	65% católica romana, 22% protestante y 4% otras	La comida básica incluye carne, pan, arroz, frijoles, queso y huevos. Los platos y bebidas favoritos varían de región en región pero algunos incluyen feijoada (Río), acarajé, churrasco (Sur), moqueca, cachaça, bife a còvalo com fritas, dendê (Bahía), caipirinha, guaraná. (Véase la Tabla 14-1, págs. 528–531).

Horario normal del almuerzo y de la cena: El almuerzo se come normalmente al mediodía y la cena a las seis o a las siete. Una propina de un 10–15% es común.

Gestos: El uso de gestos expresivos es muy común. El gesto «*OK*» norteamericano se considera obsceno en Brasil. Espacio físico reducido entre las personas que conversan; a veces se toca el hombro o el antebrazo de la otra persona al hablar.

Cortesía: En situaciones formales, se da la mano para saludar. Con la excepción de un hombre con otro, es común un abrazo y un beso en las dos mejillas, una tras otra. Entre los jóvenes, es común saludarse con solamente «Oi» (*Hi*). Se le dirige a un superior con los títulos formales de «Senhor» (*Mr.*) o «Senhora» (*Mrs.*), pronunciados como en español.

LA ACTUALIDAD POLÍTICA Y ECONÓMICA DE BRASIL

Brasil, país de habla portuguesa con una población de 205.8 millones, es la nación más poblada de América del Sur y la quinta más poblada del mundo. La mayor concentración demográfica está en las ciudades industriales de São Paulo, Río de Janeiro y Belo Horizonte, que han crecido enormemente, fomentando el desarrollo económico, pero a la vez complicando los problemas sociales, políticos y económicos urbanos. Hay seis grupos diferentes que se han combinado para formar una población muy diversa: (1) los portugueses que colonizaron la región en el siglo XVI y que luego trajeron a los (2) africanos como esclavos; otros grupos de inmigrantes (3) de Europa, (4) del Medio Oriente y (5) de Asia en el siglo XIX; y (6) los grupos indígenas, tupíes y guaraníes. En 1808, el rey de Portugal, huyendo de la invasión de Napoleón y los franceses, estableció su gobierno en Brasil. Después de su regreso a Portugal en 1821, su hijo Pedro proclamó la independencia de Brasil en 1822 y fue coronado emperador. El segundo emperador, Dom Pedro II, fue derrocado en 1889 y se estableció la nueva república de los *Estados Unidos do Brasil*. En 1967, se cambió el nombre a *La República Federativa do Brasil*.

En las primeras cuatro décadas de la república, la economía del país fue dominada por los intereses de los cafetaleros que en 1902 produjeron el 65% del café del mundo. El periodo democrático, que duró desde 1889 hasta 1930, terminó con el golpe militar iniciado por Getulio Vargas, cuya dictadura duró 15 años hasta 1945. Restaurada la democracia desde esta época, el país desarrolló un fuerte proceso de industrialización. En la segunda mitad del siglo XX, Brasil sobrevivió un periodo de dictadura militar (1964–1985) que interrumpió su paso a la democracia.

La dictadura de 21 años terminó en 1985 y el nuevo presidente, José Sarney (1985–1990), implementó un programa de austeridad, una nueva Constitución y una nueva divisa, el cruzado. En 1989, se eligió a Fernando Collor de Mello (1990–1992), del partido conservador, como presidente. La privatización y la apertura de los mercados con la entrada en el MERCOSUR en 1991 fueron reformas radicales que no lograron estabilizar las finanzas nacionales. La hiperinflación alcanzó un 1,500% en 1991, situación que provocó un escándalo sobre la corrupción que forzó al presidente a renunciar. El presidente interino, Itamar Franco (1992–1995), estabilizó la economía e introdujo el real como divisa nacional. En 1994, Fernando Henrique Cardoso (1995–2003) fue elegido presidente y logró controlar la inflación. Sus intentos de combatir el latifundismo y de redistribuir la tierra entre los pobres causaron controversia, pero en su segundo mandato permitido por el Congreso, la devaluación del real produjo una recesión muy grave.

La recesión y un escándalo sobre proyectos de construcción, llevaron a la elección en 2002 de Luiz Inácio Lula da Silva (2003–2011), minero y obrero metalúrgico y candidato del Partido de los Trabajadores (PT). Inicialmente, Lula pudo calmar las críticas al mantener una política fiscal tradicional y con el pago de las deudas externas e internas y la reducción de la inflación. El real se recuperó y el presidente subió el salario mínimo, enfatizando la necesidad de eliminar el hambre en Brasil. Lula introdujo varios programas exitosos para erradicar la pobreza y el hambre, mejorar los estándares de vida de todos los brasileños, crear empleos, así como promover una política económica orientada socialmente y aumentar la producción nacional.

En 2005, a pesar del escándalo de las mensualidades, Lula, un líder carismático, ganó la presidencia otra vez. La mensualidad es el término dado a la crisis política sufrida por el gobierno de Brasil ese año y usado para describir un presunto soborno pagado mensualmente a varios diputados para que apoyaran varios proyectos del presidente. Durante su segundo mandato en un mundo en transformación, Lula pudo mantener una proyección internacional muy positiva ante los foros IBSA (India, Brasil, Sudáfrica), BRIC (Brasil, India, China) y un G8[17] en crisis. Al comienzo de este mandato, mientras Lula buscaba alguien que pudiera sucederle como presidente, Dilma Rousseff se hizo jefa del Programa de Aceleración del Crecimiento (PAC). Este programa consistía en una organización de bastante importancia política, con vínculos con varios ministerios coordinados, con mucho impacto social y de una duración de cuatro años. PAC le ofreció a Rousseff la transcendencia que buscaba Lula y una fuerte identificación con los sectores sociales más olvidados. A pesar de la corrupción de la que se acusaba a varios oficiales importantes de su partido político (PT), Lula creía que Rousseff podría aprovechar su nueva fama como un ejemplo del «lulismo» para ser elegida presidenta.

Por eso, para las elecciones presidenciales a fines de 2010, el PT seleccionó a Dilma Rousseff (2011–2016) porque la Constitución no permitía que Lula se presentara a la reelección para un tercer mandato consecutivo. Rousseff ganó esas elecciones y se convirtió en la primera mujer elegida presidenta en la historia de Brasil. Desde el comienzo de su mandato, enfrentó la corrupción dentro de su mismo partido y seis de sus oficiales renunciaron su cargo. Económicamente, las pasiones que elicitaba Lula entre los inversores estaban desapareciendo debido al escenario económico global, la falta de la demanda en la UE y los EE.UU. y el enfriamiento económico en China. Bajo Rousseff el nivel de desempleo no aumentó, se mantuvo el salario real, y su meta más importante como presidenta fue tratar de erradicar la pobreza extrema. A pesar de que Lula la había reducido un 90% para 2009, la recesión mundial invirtió ese proceso en Brasil. Su política a ese respecto consistía en varios programas con diferentes enfoques: el primero, Brasil sin Miseria, ofreció acceso a bienes y servicios públicos; el segundo, Mi casa, Mi Vida II, facilitó la construcción de viviendas; y el tercero, Brasil Cariñoso, se orientó a ayudar a niños menores.

En 2016, Brasil era la novena economía más grande del mundo, pero empezó su peor recesión en 2015 a causa de la desaceleración del consumo y la baja de las inversiones. El crecimiento del PIB (un 3% en 2013) desapareció completamente en 2014 (0.1%) y en 2015 y 2016 hubo contracciones (-3.3% y -3.8%). Tanto la enorme baja en los precios de petróleo y materias primas como la ralentización de la economía china debilitaron la economía brasileña en 2016. Los Juegos Olímpicos que se llevaron a cabo en Brasil ese año no trajeron tanto impacto económico positivo como se había esperado y las quejas de corrupción política contra miembros del PT con el tiempo causaron la destitución de la presidenta por el voto del Senado.

---

[17] Estados Unidos, el Reino Unido, Alemania, Japón, Italia, Francia, Canadá y Rusia

La presidenta fue reemplazada por Michel Temer (2016–), su vicepresidente, aunque antes de la suspensión de Rousseff, una encuesta indicaba que solamente el 2% de la población apoyaría a Temer en una elección presidencial. Los sindicatos organizaron manifestaciones contra las reformas económicas propuestas por el nuevo presidente y la Corte Suprema aprobó investigaciones contra miembros de su gabinete. El escándalo en el cual la empresa estatal Petrobras recibió sobornos de empresas constructoras para ganar contratos les ha traído problemas a los tres presidentes más recientes (Lula, Rousseff y Temer). Esa falta de confianza es solo una parte de las crisis económica, política y social que tendrá que confrontar Brasil para poder recuperar su perdida importancia mundial.

12-6 ACTIVIDADES

¿Qué sabe usted de Argentina y Brasil?

1. A usted lo/la han contratado como asesor/a transcultural de negocios internacionales. Como tal, necesita informar a sus clientes sobre Argentina y Brasil y recomendar un plan de viaje de negocios a cada país. Investigue los datos pertinentes para poder abarcar los siguientes temas.

   a. Describa la geografía de Argentina y Brasil, incluidos los siguientes temas: ubicación y tamaño de ambos países, capital y otras ciudades y puertos principales, división administrativa y clima. Compare el tamaño de Argentina con el de los EUA y con el tamaño del estado donde vive usted. Compare el tamaño de Brasil con el de los EUA y con el estado donde vive usted.

   b. ¿Cuáles son las principales características demográficas y políticas de Argentina y Brasil? ¿Quién es el/la jefe/a de estado de cada país?

   c. ¿Cuándo se celebra la fiesta nacional de cada país? ¿Qué otras fiestas públicas podrían afectar el éxito de un viaje de negocios? (Véase la Tabla 10-1, págs. 352–354).

   d. Describa la economía de cada país. Incluya datos sobre la moneda nacional, la tasa de inflación, el PIB y el PIB per cápita, el número de trabajadores (mano de obra), la tasa de desempleo, los recursos naturales, las industrias nacionales, los productos que se exportan e importan, los países destinos (mercados) y proveedores (fuentes) de estas transacciones internacionales y la balanza de comercio. ¿A cuánto está el cambio actual de cada moneda nacional con el dólar estadounidense? ¿Cuál fue la balanza comercial de cada país según la información en este libro? ¿Cuál es en la actualidad?

   e. Compare el PIB y el PIB per cápita de Argentina y Brasil. ¿A qué factores se deben las diferencias?

   f. ¿Qué producto o servicio recomendaría vender en Argentina y en Brasil? ¿Por qué?

   g. Compare la infraestructura de los transportes y las comunicaciones en cada país. ¿Qué ventajas o desventajas económicas presenta la geografía de Argentina y Brasil?

h. ¿Cómo han cambiado algunos de los datos presentados en las secciones de «Vista panorámica» y «La actualidad económica y política» de este texto? Actualícelos para cada país.

i. Basándose en «La actualidad económica y política» de cada país, ¿qué realidades, oportunidades y problemas destacaría y qué recomendaciones le daría a su cliente/a?

2. Use Internet u otras fuentes informativas para preparar un plan (con presupuesto e itinerario) para usted y su jefe/a, que harán un viaje de negocios a Buenos Aires y a São Paulo para renegociar un acuerdo sobre las exportaciones de carne y café que reciben de Argentina y de Brasil. Saldrán del aeropuerto de la ciudad donde vive usted en este momento y estarán tres días en cada ciudad. Investigue los detalles del viaje por Internet, por teléfono, en una agencia de viajes o en el aeropuerto mismo. Comuníquese en español, si es posible.

a. Fechas de ida y vuelta

b. Vuelos: aeropuertos de salida y llegada, líneas aéreas, horario; costos

c. Transporte interno que se piensa usar en cada país: taxi, autobús, carro de alquiler, metro, tren, otro; costos

d. Alojamiento y viáticos; costos

e. La comida típica que van a pedir para la cena la primera noche en cada país

f. Las formas de cortesía y los gestos que deben recordar, usar o evitar

Luego, discutan el precio actual de la carne argentina o del café brasileño por kilo y su impacto en el acuerdo que desean renegociar.

LECTURA CULTURAL

El viaje de negocios al extranjero

Después de decidir qué se quiere vender, comprar o producir en el extranjero, y después de firmar los contratos o acuerdos (tales como la representación exclusiva), la compañía manda a los gerentes apropiados, generalmente los de marketing, ventas o producción, a visitar el país señalado. Es necesario cumplir con varios trámites antes de realizar estos viajes. Primero, deben hacer los preparativos, por ejemplo, leer algunas de las numerosas guías o libros de viajes para personas de negocios y consultar con personas que han viajado, trabajado o vivido allí. Luego, ayuda comunicarse en línea con la embajada, el consulado o la cámara de comercio de su propio país, o pedir información a un agente de viajes, sobre temas como el clima, la documentación necesaria (como el pasaporte y el visado), los certificados médicos y las vacunas, los derechos arancelarios, la unidad monetaria, el tipo de cambio, la ropa y los efectos personales que se necesitarán para el viaje. También pueden solicitar información sobre hoteles, restaurantes, bancos, correos, medios de transporte, propinas, centros de compras, telecomunicaciones, servicios médicos y públicos, diversiones y sitios de recreación. La embajada, el consulado o la cámara de comercio de su propio país ubicada en el extranjero también puede proporcionar información importante para tener éxito en los negocios (descripciones de la geografía, la actualidad política, la economía y las instituciones sociales del país al que se viaja) así como indicaciones acerca de las horas laborales, los días de fiesta, las costumbres, los agentes e intermediarios que se especializan en ciertos ámbitos empresariales, las leyes mercantiles y aduaneras y otros detalles con respecto a la vida cotidiana y el comercio en estos países. Respecto a la seguridad contra riesgo, se entiende que en la actualidad, ninguna región del mundo y ningún país están completamente a salvo de posibles actos terroristas. Pero la violencia más común es el asalto a mano armada que fuerza a las víctimas a retirar dinero de los cajeros automáticos. Puede ocurrir a cualquier hora del día o de la noche en cualquier barrio y es posible que los atracadores estén bajo el efecto de drogas. Debido al alza de fraude con las tarjetas de crédito, se debe utilizar cajeros automáticos dentro de los bancos protegidos y esconder la introducción del código secreto para evitar una posible grabación con cámara. En los restaurantes, si se efectúa un pago con tarjeta de crédito, se recomienda que se haga por medio de un datáfono inalámbrico delante de uno mismo, sin perder de vista la tarjeta, para así minimizar las posibilidades de fraude. Para evitar robos y un posible ataque físico, se debe evitar llevar objetos visibles de valor, como relojes, joyería, cámaras, etc. Toda esta información es imprescindible porque ayuda a emprender los trámites y los negocios con esmero y éxito y reduce el estrés de un viaje internacional. Mientras más se sepa, mejor.

En cuanto a las reuniones, negociaciones y otros trámites que se realizan en el país extranjero, en este caso, en los países hispanohablantes, los siguientes consejos, aunque de índole general, pueden ayudar a quienes viajan al exterior[18].

1. Al hacer un viaje de negocios a España o a Latinoamérica, se debe tener en cuenta que los viajes son largos y que uno/a se cansa al viajar. Si hay una reunión de negocios para el miércoles, se recomienda llegar uno o dos días antes, digamos el lunes, para poder descansar y visitar los lugares de mayor interés turístico de la ciudad o región. Esta visita turística también le dará pie para demostrar su interés y conocimiento de la cultura de sus anfitriones u homólogos.

2. No olvidarse de concertar citas oficialmente antes de viajar y solo durante los días laborales. Esto quiere decir que hay que prever cuándo se celebran las fiestas nacionales y las vacaciones y cuáles son las horas y días en que trabajan las personas a quienes se quieren ver. Se recomienda confirmar por correo electrónico o teléfono la fecha y hora antes de presentarse. (Siempre ir al baño antes de presentarse a una cita puesto que a menudo

[18] Algunas de las observaciones, por mantenerse vigentes, se toman de una entrevista de 1995 con Amy Pitts, *Pearson Fellow* del *U.S. Department of State*, quien había vivido y trabajado como administradora en varios países hispanoamericanos y quien sirvió de directora del *Mayor's International Cabinet*, Charlotte, NC. Los autores también comparten entre sí más de 115 años de frecuentes visitas, estancias y residencia en diversos países hispanohablantes.

hay demoras, casi siempre se sirve café o mate [si se trata del Cono Sur] y las citas suelen durar más de lo que un/a estadounidense generalmente esperaría).

3. Con respecto al atuendo o a la indumentaria, los hombres de negocios deben vestirse con traje conservador (en general de color gris, negro, azul o pardo) y las mujeres con un vestido de un color y corte discretos. Si usted es estadounidense, no pretenda vestirse como un/a lugareño/a (como un/a colombiano/a, argentino/a, etc.), sino vístase inicialmente tal como lo haría para el trabajo profesional en su propio país.

4. Recordar que hay una gran variedad de climas en Hispanoamérica y que las estaciones del año en el hemisferio sur son opuestas a las del hemisferio norte (diciembre = invierno en Chicago, pero diciembre = verano en Buenos Aires). También hay una gran variedad topográfica y un visitante puede sufrir de puna o soroche, el mal de montaña, al visitar por primera vez La Paz o las alturas de los Andes peruanos. Por otra parte, en un país como Panamá, el calor y la humedad tropical pueden ser sofocantes al principio.

5. Usar siempre el título de alguien al dirigirse a esa persona por primera vez en un contexto profesional: señor/a, señorita, licenciado/a, doctor/a, ingeniero/a, profesor/a, etc. Si se trata de un grupo de personas relativamente pequeño (menos de diez), saludar a cada individuo al llegar a una reunión y despedirse individualmente al marcharse, para no quedar mal con nadie.

6. Saludar siempre a un cliente, **negociante** u oficial hispano con un firme apretón de manos. (Esto es especialmente importante para la mujer de negocios, pues le ayuda a establecer desde el principio un tono y una relación profesionales).

7. Saber deletrear su nombre y apellido(s) en español: p. ej., A de Austria (de Argentina, etc.), B de Barcelona (de Bolivia, etc.), C de Canadá (de Caracas, etc.), D de Dinamarca, E de Ecuador, F de Francia, G de Guatemala, etc. Muchas veces se usan los nombres de países o ciudades. Lo importante es que sea fácilmente inteligible la primera letra de la palabra seleccionada.

8. No presuponer que estará bien preparado/a el/la negociante o la persona con la cual se tiene la cita o la reunión. Se recomienda traer copias de la información que usted ya envió de antemano.

9. La persona que invita paga. Es decir, si usted convida a otra/s persona/s a una comida de negocios o de trabajo, se espera que usted pague la cuenta.

10. Aceptar con gusto la invitación a tomar un café (¡aunque no le guste el café!). Es una bebida que se toma mucho en España y Latinoamérica y vale la pena aprender su vocabulario:

- **café solo, puro o tinto** = *black coffee*
- **café americano** = *large cup of black coffee*
- **café exprés, expreso o negro** = *espresso coffee*
- **café natural** = *light roast coffee*
- **café a la turca** = *Turkish coffee*
- **café con leche** = *coffee with cream or milk*
- **café manchado** = *a regular-sized coffee cup with a small splash of either cream or milk in the coffee, or coffee in the cream or milk–just enough to stain it or give it some color*
- **café cortado** = *small cup of coffee with a dash of cream or milk* (típico de España y Argentina)
- **café instantáneo o soluble** = *instant coffee*
- **café descafeinado** = *decaffeinated coffee*

NOTA: «Dar un café» o «cafetear» es coloquial para hacerle una reprimenda áspera a alguien en Argentina, Bolivia, Chile, Perú y Uruguay. «Dárselas alguien de café con leche» indica que la persona es presumida. La expresión «Soy muy cafetero» significa que a alguien le gusta mucho el café.

11. Contactar con (o contratar a) un/a abogado/a, notario o contable que hable español y el idioma del personal visitante por si hay que hacer algún trámite legal o contable. A menudo, un bufete o una firma contable internacional del país del visitante puede recomendar a personas capacitadas y fiables. Si se contrata a alguien dentro del país hispanohablante, asegurarse de que este/a ya tenga experiencia en el trabajo para el cual se lo/la contrata y que sea una persona responsable. Aquí también importan las recomendaciones de personas conocidas y confiables. Por otra parte, si la persona es notario/a, es casi como abogado/a, ya que su preparación y certificación profesionales se dan en el campo de las leyes. Es sumamente importante tener buena representación legal.

12. No olvidarse de que tanto en España como en Hispanoamérica, se usa el sistema métrico y que muchas veces los horarios escritos se basan en el sistema militar. Así las dos de la tarde son las 14:00 (las catorce horas), las ocho y media de la noche las 20:30, etc. ¡Mejor no perder un vuelo a causa de una confusión acerca de la hora de salida!

13. Procurar reunirse siempre con el alto mando de la empresa porque este es el nivel que toma las decisiones finales.

14. Si es la primera visita y entrevista en un país hispanohablante, no olvidar las cortesías ni el protocolo. Asumir que no se va a tratar, ni mucho menos despachar, un asunto de negocios rápidamente. Lo personal y la manera en que el visitante extranjero se presente y trate a su anfitrión/a hispano/a van a influir mucho en esta persona. Así que, si su anfitrión/a empieza a hablar de temas extra mercantiles, sea atento/a, paciente y cordial. Estas charlas a menudo tratan de la vida personal y profesional tanto de los visitantes como de los anfitriones mismos, y de los gustos, la cultura, la historia y las noticias

del día. Muchas veces representan oportunidades para que los anfitriones lo/la evalúen un poco más para saber quién y cómo es usted. Se recomienda que los visitantes eviten hablar de religión y de política, puesto que pueden ser temas delicados y nunca se sabe si el/la anfitrión/a es una persona susceptible.

15. Durante las discusiones de temas mercantiles o industriales, la mejor táctica es observar y escuchar antes de hablar y proporcionar suficiente información (pero no demasiada) al contestar preguntas. Si resulta que se trata de una presentación que tiene que hacer el/la visitante, que la haga siempre de una manera detallada y con ejemplos y gráficos, y en español cuando sea posible. A veces en las negociaciones, la persona extranjera tiene que ser firme, pero siempre diplomática, paciente, flexible y cortés. No se puede sobrevalorar el demostrar ser una persona sincera, confiable y responsable. Como afirma Felipe Avila Marcué, autor de *Tácticas para la negociación internacional: Las diferencias culturales*, «una persona cortés y respetuosa será siempre muy respetada en el ámbito de los negocios latinoamericanos»[19].

Antes de hacer un viaje de negocios al extranjero, es importante asegurarse de que los gastos sean necesarios para el éxito de su empresa, debido a los altos costos de transporte, alojamiento y alimento en la actualidad. Sin duda, una primera visita en persona ayuda a establecer un contacto humano y personal y fomenta una base de confianza sobre la que se puede desarrollar y mantener una relación comercial duradera. También, para algunas reuniones existe la disponibilidad de modos de comunicación internacionales como *Skype*. Antes del viaje, hay que planear muy bien el presupuesto. Si su propia empresa paga los costos, habrá ciertas políticas de viáticos que establecen las pautas para procesar y controlar los gastos. Estas políticas ayudan a determinar los costos para el viaje de antemano. Por otra parte, si los paga un cliente, proveedor o vendedor, los viáticos son gastos adicionales a sus honorarios profesionales que se generan fuera de su lugar de residencia. En ambos casos, es mejor cobrar lo justo y necesario, ni más, ni menos. Un libro como *The Traveler's Guide to Latin America: Customs and Manners* de Elizabeth Devine y Nancy L. Braganti ofrece mucha información para las personas que hacen un viaje de negocios a Latinoamérica[20].

---

[19] Felipe Ávila Marcué, *Tácticas para la negociación internacional: Las diferencias culturales*, México, D.F.: Editorial Trillas S.A. de C.V., 2009, pág. 61.

[20] Nancy L. Braganti y Elizabeh Devine, *The Travelers' Guide to Latin American Customs and Manners*, Nueva York: St. Martins Griffin, 2000.

12-7 ACTIVIDADES

1. **¿Qué sabe usted de cultura?** Para demostrar sus conocimientos, conteste las preguntas a continuación.

   a. ¿Por qué piensa que es importante que los gerentes y negociadores viajen al país donde quieren emprender negocios? ¿Qué otras opciones hay? ¿Cuáles son las ventajas o desventajas de estas?

   b. ¿Cómo pueden prepararse los gerentes y representantes de una empresa para viajar al extranjero?

   c. ¿Por qué tienen que considerar los gerentes el factor de riesgo antes de comerciar con un país extranjero? ¿Dónde pueden conseguir datos sobre el riesgo político de un país? ¿Qué otros tipos de riesgo se tratan en esta lectura?

   d. Supongamos que usted no toma café porque no le gusta el efecto de la cafeína. ¿Qué dirá y hará si se le ofrece un café durante una reunión de negocios, en la cual nota que todos los demás aceptan el café gustosamente?

   e. ¿Qué cinco consejos fundamentales les daría a los administradores que piensan entablar relaciones comerciales con un país hispano? Haga una breve presentación oral de sus cinco recomendaciones culturales, como si usted fuera un asesor transcultural.

   f. ¿Cuáles son algunas maneras de reducir los gastos de un viaje internacional?

2. **Prueba de comprensión cultural.** Complete la prueba «Preguntas culturales» en el MindTap de *Éxito comercial: Prácticas administrativas y contextos culturales*.

3. **Mini-drama cultural.** Lea el siguiente texto y haga el ejercicio a continuación.

La alta gerencia de *Tecno*, una compañía estadounidense mediana que se especializa en la elaboración e instalación de sistemas informáticos para usos industriales y comerciales, quiere extender la base de sus operaciones y comerciar directamente en el extranjero. Se informa mediante un estudio preliminar hecho por su división de marketing de que, a pesar del desarrollo económico desigual de la Argentina, este país ofrece buenas posibilidades de comercialización, en especial en el campo de la exportación. También se entera por uno de sus clientes actuales que tiene negocios en Buenos Aires, que una firma mercantil privada de esa ciudad desea comerciar con una compañía como *Tecno*. Al considerar este «enchufe» como el mejor medio para entrar al mercado argentino, *Tecno*, ubicada en Houston, le escribe a la firma porteña una carta de presentación en inglés. Adjunta un catálogo de sus productos y pide que los representantes de ambas compañías se reúnan para discutir una posible colaboración.

Pasan algunos meses y varias telecomunicaciones y los representantes de ambas empresas deciden reunirse. *Tecno* manda a su jefa de marketing, Michelle Jones, una mujer talentosa y entusiasta que habla español y que ha hecho varios viajes turísticos a Acapulco y a Cancún, en México, y a San Juan, en Puerto Rico. *Tecno* se ocupa de los trámites del viaje y la estancia. Jones lleva consigo el último modelo de computadora que vende *Tecno*, los informes estadísticos del mercado industrial y comercial de Buenos Aires, los contratos y las licencias: todo lo que estima necesario para realizar las negociaciones y firmar un acuerdo rápido. Al día siguiente de llegar a la capital argentina, Jones acude a la cita con el Licenciado Rafael Tanucci, el gerente de compras de la empresa bonaerense.

Lic. Tanucci: Buenos días, señorita Jones. Bienvenida a Buenos Aires. ¿Qué tal el viaje y el Hotel Sheraton? Este es uno de los más lujosos de toda la ciudad y...

Srta. Jones: Bien, gracias. Ha sido un vuelo muy largo, pero el hotel es muy agradable.

Lic. Tanucci: Bueno, nos alegramos de que haya venido para hablar con nosotros. Nos gustaría llevarla a ver...

Srta. Jones: Solo estaré aquí hoy para concluir nuestro negocio y después me voy. Hablando de negocios, ¿recibió nuestro catálogo con las descripciones de nuestros productos y la lista de precios?

Lic. Tanucci: Sí, pero hay algunos problemas con las medidas. Sabe que usamos el sistema métrico y que...

Srta. Jones: Sí, sí, sí, lo sé, pero le voy a enseñar nuestro último modelo de computadora. Ya verá que es una de las mejores que se vende últimamente y que satisface todas sus necesidades comerciales. Las medidas son lo de menos. Siempre podemos adaptarlas a sus especificaciones. Ah, aquí le traigo un regalo, se me había olvidado. (Al decir esto, saca de su maletín un paquete envuelto y se lo echa sobre el escritorio hacia el Licenciado Tanucci.) Es un abrecartas, un bonito cuchillo de caza, de parte de nuestra empresa.

Lic. Tanucci: (Al ver el regalo, el Licenciado Tanucci frunce el ceño.) Bueno, señorita Jones, aunque me gustaría ver sus computadoras, hoy no puedo. Lo siento. Se me había olvidado que tenía otra cita urgente. Quizá pueda volver otro día para que charlemos más del tema. Mucho gusto en conocerla, señorita Jones. Hasta muy pronto.

¿Por cuál de las siguientes razones fracasó la señorita Jones al tratar de entablar relaciones comerciales con el Licenciado Tanucci? Explique.

a. La señorita Jones se comportó de manera arrogante.

b. La señorita Jones no conocía muy a fondo las necesidades de la empresa del Licenciado Tanucci, incluso el sistema de medidas que se usa en Argentina.

¿Por qué frunce el ceño el Licenciado Tanucci al ver el regalo que le hace la señorita Jones?

12-8   ACTIVIDADES COMUNICATIVAS

1. **Situaciones para dramatizar.** Lea las siguientes situaciones y, después, haga el papel en español con otro/s estudiante/s, usando las siguientes opciones como punto de partida. Cada persona debe participar activamente en la dramatización. No olviden el protocolo ni las cortesías.

   a. *You represent an import-export firm that trades on behalf of various industrial companies. You meet with a distributor from a certain Spanish-speaking country (select one) to discuss the following:*
      - *the imports currently in demand in that country*
      - *the current exchange rate and its forecast*
      - *the risk factors (any anticipated political developments) that might affect business*

   b. *You represent a consumer goods firm interested in licensing some of its products in a certain Spanish-speaking country (select one and refer to the import section of Tabla 13-2, pp. 482–485, for possible products) and are scheduled to talk with the representative of a firm in that country about the following:*
      - *the products to be made or sold*
      - *the areas where these products will be marketed, the volume to be produced and/or sold, and the price*
      - *the percentage or commission to be given to the licensing company as part of total sales*

2. **Actividad empresarial.** Usted y un/a amigo/a quieren explorar las posibilidades de vender bienes de capital (máquinas, equipo industrial, aparatos y utensilios para realizar la actividad productora, etc.) en Argentina. Deciden comunicarse electrónicamente con la embajada argentina (o el consulado) en el país donde viven ustedes y con la cámara de comercio norteamericana en Argentina, para averiguar sobre las opciones más rentables en este importante mercado del Cono Sur. Divídanse la tarea.

   Después de comunicarse con las entidades mencionadas, redacten un breve resumen de la información que hayan podido conseguir. Luego, comenten las posibilidades con sus compañeros de clase.

3. **Minicaso práctico.** Lea el caso y haga los ejercicios a continuación.

   MBR, Inc., una empresa estadounidense, se prepara para iniciar operaciones y ventas en el gran mercado representado por los países hispanoparlantes. Como parte esencial de su planificación, ya ha realizado un análisis económico y cultural del mundo hispano. El director de marketing, sin embargo, piensa que sería buena idea añadir un tercer análisis, de modo que ha contratado a unos asesores para preparar una tabla transcultural comparativa en la cual se resumen algunas de las principales tendencias y diferencias culturales que podrían afectar los negocios que *MBR* desea emprender en Latinoamérica.

Puesto que la cultura representa una programación de cómo pensar, percibir y portarse en determinadas circunstancias, y que estos tres elementos están integrados (*hardwired*) social y profesionalmente en el ser humano, pueden ser difíciles de controlar o modificar. Una «Comparación de tendencias culturales en los negocios» servirá para preparar mejor al equipo de *MBR* para sus viajes de negocios a Latinoamérica. A la vez que los asesores transculturales intentan resumir algunas diferencias basadas en la preponderancia de las pruebas (*evidence*), quieren evitar la excesiva simplificación del tema o la implicación de que una cultura es mejor o peor que otra. Es decir, quieren mantenerse atentos frente al gran peligro de las generalizaciones y los estereotipos hueros, pues el tema nunca se presta a un acercamiento de «cultura por números» como si fuera un ejercicio pueril de «pintar por números». Por otra parte, como afirma Thomas Becker en su interesante libro *Doing Business in the New Latin America: A Guide to Cultures, Practices, and Opportunities*, «No crea nunca al que declara que ‹La gente es igual y hace los negocios de igual manera en todas partes›»[21].

Después de estudiar la «Comparación de tendencias culturales en los negocios» (véase el Apéndice 5 de este libro, págs. 559–567), conteste las siguientes preguntas para profundizar más en los temas tratados y para comprender mejor la complejidad del asunto.

a. ¿Qué opina de la siguiente declaración: «Puesto que la cultura representa una programación de cómo pensar, percibir y portarse en determinadas circunstancias, y que estos tres elementos están integrados social y profesionalmente en el ser humano, pueden ser difíciles de controlar o modificar»? ¿Está de acuerdo? Explique con ejemplos.

b. ¿Por qué representan un escollo (*pitfall*) las generalizaciones y los estereotipos? Dé varios ejemplos del riesgo de un acercamiento de «cultura por números» para los negocios e interacciones internacionales.

c. ¿Existen grupos exclusivistas en el comercio y en la administración de la economía nacional en los Estados Unidos o es este un fenómeno que solo se da en Latinoamérica y otros países? Comente.

d. ¿Qué diferencia hay entre patriotismo y nacionalismo? ¿Piensa usted que todos los estadounidenses son patrióticos y que todos los latinoamericanos y los españoles son nacionalistas? Comente con ejemplos. ¿Es usted más patriótico o más nacionalista? Explique.

---

[21] Becker, pág. 114. (Traducido por M. S. Doyle.)

e. Explique la diferencia entre poder hacer lo que se quiera mientras no se viole la ley y limitarse a hacer lo que dicta o permite la ley. ¿Qué quiere decir «Obedezco, pero no cumplo»? ¿Ocurre esto también en los EUA?

f. ¿En qué se diferencia la burocracia en los EUA y en los países hispanos? ¿En qué se parecen?

g. ¿Qué es la FCPA y qué prohíbe para los hombres y las mujeres de negocios de los EUA? ¿Cómo se justifican históricamente el soborno y la mordida en Latinoamérica? ¿Existe también este problema en los EUA? Comente con un ejemplo. ¿Qué haría usted en una situación en la que se espera el pago de un soborno como parte del costo de hacer los negocios?

h. Al estar en una reunión de negocios con los ingenieros Pedro Gómez Ramírez, Antonio Ramírez Gómez, Ana Lidia Martínez García y Marisol García de Martínez, preséntelos formalmente (usando sus títulos y apellidos) al director de marketing de *MBR, Inc.* Luego, explique cómo funciona normalmente el sistema de apellidos en la cultura hispana y cómo se diferencia del sistema estadounidense. Se recomienda usar etiquetas de identificación (o gafetes o distintivos) para hacer este ejercicio.

i. ¿Qué quieren decir «inductivo» y «deductivo»? ¿Es usted una persona más inductiva o más deductiva? Explique con un ejemplo. ¿Conoce a estadounidenses deductivos y a hispanos inductivos? Comente.

j. ¿Piensa que hay suficiente preponderancia de pruebas para poder señalar que el estadounidense tiene una tendencia a ser monocrónico mientras que el hispano tiende a ser policrónico? Explique. ¿Cómo es usted, más monocrónico o policrónico? Explique.

k. ¿Son más importantes para usted las personas y los eventos o los horarios (los plazos de tiempo para una reunión, una comida, etc.)? Explique con un ejemplo. ¿Comprende a las personas que dan mayor importancia a una u otra de estas posibilidades, o que tenga prioridades diferentes a las suyas? Explique.

l. Según la tabla, ¿por qué es importante la amistad en los negocios para el hispano? ¿Es importante para usted que sea amigo/a de sus clientes? Explique.

m. ¿Qué opina usted del piropo como rompehielos? ¿Cómo reacciona si le hacen un piropo en el trabajo? Comente. ¿Y si le hicieran uno en un viaje de negocios al extranjero?

n. ¿Cree usted en la meritocracia en el trabajo? ¿También en el querer ayudar a sus parientes y amigos (el nepotismo)? ¿A cuál concepto daría prioridad? Explique.

o. Comente el concepto de la lealtad en los EUA y los países hispanos. ¿A quién o qué es leal usted en el trabajo? Comente.

p. ¿Piensa usted que la creación de cualquier lista comparativa, como la «Comparación de tendencias culturales en los negocios», de por sí implica un juicio a favor de un grupo y en contra de otro? Comente. ¿Qué utilidad tienen tales comparaciones para los negocios internaciones?

q. ¿Qué otras categorías o información añadiría usted a la «Comparación de tendencias culturales en los negocios»?

12-9 COMPRENSIÓN Y COMUNICACIÓN

 MINDTAP

Busque el ejercicio de video en el MindTap de *Éxito comercial: Prácticas administrativas y contextos culturales.*

Antes de ver. Conteste las siguientes preguntas antes de ver el video.

1. En el comercio internacional, ¿por qué es necesario viajar?

2. ¿Qué elementos se incluyen en la preparación de un presupuesto de viaje de negocios?

Al ver. En el video, Teresa Sánchez, una gerente de ventas, tiene que hacer un viaje de negocios a México. Discute con su asistente, Roberto Toledo, algunos detalles del itinerario y del presupuesto para el viaje. Lea las siguientes preguntas y después mire el video. Luego, vuelva a las preguntas para contestarlas.

1. ¿En qué fecha tiene que estar Teresa Sánchez en Puebla? ¿Y en Veracruz?

2. ¿Cómo piensa viajar Sánchez a Veracruz?

3. ¿Cuánto piensa Roberto Toledo que costará el viaje entero? ¿Y por partes detalladas?

4. ¿De qué se trata el memorándum del vicepresidente y qué efecto tendrá sobre el presupuesto del viaje de Teresa Sánchez?

Resumen. Resuma objetivamente para un/a compañero/a de clase lo que ha ocurrido en el video. O para variar, haga un resumen con cambios o falsedades para ver si su compañero/a capta la información errónea y se la corrige.

Ud. es el/la intérprete. Siga el guion a continuación y traduzca del español al inglés, **sin mirar el texto**, el diálogo que leerán otros dos estudiantes en voz alta. Ellos harán una pausa después de cada barra para permitir su traducción. Acuérdense todos de usar un tono y ritmo de diálogo natural.

Teresa Sánchez: Tengo que estar en Puebla para el día catorce. La reunión será a las once de la mañana. Por eso, necesito llegar el día antes. / Después de dos días en Puebla, hay otra reunión con unos clientes en Veracruz. / Así que, vamos a ver, estaré de viaje durante cinco días, desde el día trece hasta el diecisiete. / Puedo volver a Filadelfia la noche del diecisiete.

INTÉRPRETE: _____

Roberto Toledo: Muy bien, lo tengo todo apuntado. ¿A qué hora quiere salir de Filadelfia el día trece?

INTÉRPRETE: _____

Teresa Sánchez: Prefiero que sea por la mañana, pues tendré que pasar por aduanas al llegar a México, y luego tomar un vuelo nacional de la capital a Puebla.

INTÉRPRETE: _____

Roberto Toledo: Bien. Y para llegar a Veracruz, ¿también en avión?

INTÉRPRETE: _____

Teresa Sánchez: Sí, Roberto, en avión, también por la mañana, el día dieciséis. / Y luego, al día siguiente, la vuelta a Filadelfia, a la hora que sea.

INTÉRPRETE: _____

Roberto Toledo: Bueno... Y para el alojamiento, ¿necesito llamar para hacer las reservaciones?

INTÉRPRETE: _____

Teresa Sánchez: Sí, por favor. Me gustaría quedarme en buenos hoteles en el centro de la ciudad. / Bueno, habrá que añadir los viáticos, para las comidas, los taxis y otros detalles. ¿Cuánto te parece que necesitaré para el viaje?

INTÉRPRETE: _____

Roberto Toledo: Bueno, unos $1,300 dólares por los vuelos de primera clase. / Luego, cuatro noches de hotel, unos $1,000. Y por todo lo demás, unos $500. / Yo lo calculo en un total de aproximadamente $2,800 por el viaje en total. ¿Qué le parece?

INTÉRPRETE: _____

Teresa Sánchez: Bien, Roberto. Pero a ver si se pueden cortar un poco los gastos. / Acabo de recibir un memorándum del vicepresidente, anunciando que nos teníamos que cuidar todos de los gastos no esenciales.

INTÉRPRETE: _____

Actividad. ¿Cómo es diferente su interpretación de la que se presenta en el video? Vuelva a ver el video para hacer una comparación o una crítica de la traducción oral.

Interpretación consecutiva y simultánea. Vuelva al video y ahora haga una interpretación consecutiva, usando la pausa del video cuando le haga falta. O para variar, intente hacer una interpretación simultánea, sin pausas. ¡Ojo! Este tipo de ejercicio requiere mucha concentración, memoria y atención a los detalles.

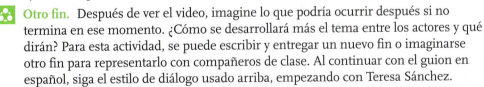 **Otro fin.** Después de ver el video, imagine lo que podría ocurrir después si no termina en ese momento. ¿Cómo se desarrollará más el tema entre los actores y qué dirán? Para esta actividad, se puede escribir y entregar un nuevo fin o imaginarse otro fin para representarlo con compañeros de clase. Al continuar con el guion en español, siga el estilo de diálogo usado arriba, empezando con Teresa Sánchez.

12-10   ANÁLISIS Y COMPARACIÓN

Estudie la Tabla 12-5 y haga los ejercicios que aparecen a continuación. Use también sus conocimientos y, de ser necesario, otras fuentes informativas como Internet, un *Almanaque mundial*, etc. Los ejercicios se pueden hacer individualmente, en parejas o en pequeños grupos para discutir en clase.

1. ¿Qué es una exportación? En la Tabla 12-5, ¿cuáles países hispanos exportaron más de $100,000,000,000 (cien mil millones en dólares estadounidenses = *one hundred billion dollars*)? ¿Cuáles exportaron menos de $10,000,000,000?

2. ¿Cuáles son las principales exportaciones de México, España, Colombia, República Dominicana, Costa Rica y Argentina?

3. ¿Qué es el pienso? ¿El petróleo crudo? ¿La joyería? ¿Una planta de ornato comparada con las flores recortadas? ¿El marisco? ¿El atún enlatado? ¿El equipo científico y de precisión? ¿La confección (p. ej. de trajes o de vestidos)? ¿El calzado? ¿Las verduras? ¿Qué son los bienes de capital? ¿El cuero y las pieles?

4. ¿Para cuáles países hispanos es los EUA el principal mercado de exportaciones? ¿Para cuáles lo es Brasil y por qué piensa que es así? ¿Para cuál lo es la UE y por qué piensa que así es? ¿Cómo se explica el hecho de que más del 80% de las exportaciones mexicanas vayan a los EUA? ¿Exporta México solamente materia prima y productos a los EUA o exporta también recursos humanos (mano de obra)? Comente.

5. Cuba está a solo 90 millas de Cayo Hueso, Florida. ¿Por qué exporta tanto a China y Canadá, y no a los EUA? Comente el tema con sus compañeros de clase. ¿Piensan que pronto cambiará esta situación?

6. Hay exportaciones legales que se reportan oficialmente y otras ilegales que no. Además de los bienes y productos reportados en la Tabla 12-5, ¿hay otras exportaciones de los países hispanos a los EUA? ¿Cuáles son y por qué ocurre esto? Comente.

7. Divídase la clase en cuatro grupos para que cada grupo prepare un breve resumen de los siguientes temas:
   a. las principales exportaciones y mercados del Caribe hispanoparlante
   b. las principales exportaciones y mercados de América Central
   c. las principales exportaciones y mercados de los países andinos
   d. las principales exportaciones y mercados de los países hispanoamericanos del Cono Sur

TABLA 12-5 COMPARACIÓN ENTRE LOS PAÍSES HISPANOPARLANTES, BRASIL Y LOS ESTADOS UNIDOS: EXPORTACIONES EN MILES DE MILLONES DE $EUA Y AÑO, PRINCIPALES PRODUCTOS DE EXPORTACIÓN Y PRINCIPALES MERCADOS

País	Exportación en miles de millones $EUA (2016)	Principales productos de exportación	Principales mercados (2015 si no se indica otro año)
Argentina	$58.4	Cereales, trigo, maíz, soja, vehículos de motor, petróleo crudo y derivados de petróleo, maquinaria, equipo de transporte, aceites animales y vegetales, materias primas, productos químicos, productos manufacturados	17% Brasil, 9% China, 6% EUA
Bolivia	$7.5	Metales, gas natural, café, plata, madera, joyería, soja en grano y productos de soja, estaño, petróleo crudo, azúcar, zinc, oro, plata	28% Brasil, 17% Argentina, 12% EUA, 6% Colombia, 5% China, 5% Japón, 4% Corea del Sur
Chile	$56.3	Bienes de consumo, cobre y otros minerales y metales, pescado y harina de pescado, productos de madera, papel, productos químicos y de petróleo, fruta y vegetales, pescado, vino, alimentos	26% China, 13% EUA, 9% Japón, 5% Brasil, 7% Corea del Sur
Colombia	$33.6	Derivados de petróleo, café, carbón, ferroníquel, esmeraldas, oro, bananos, flores recortadas, productos químicos y farmacéuticos, textiles y confecciones, azúcar, contenedores de papel y de cartón, cemento, plásticos de resina y manufacturados, alimentos, tabaco	28% EUA, 7% Panamá, 5% China, 4% España, 4% Ecuador
Costa Rica	$9.82	Productos manufacturados, café, melones, bananos, tabaco, pescado, vestidos, azúcar, carne, piña, flores recortadas y plantas de ornato, componentes electrónicos, equipo médico, productos farmacéuticos, caucho, follajes, llantas, vidrio y fibras	34% EUA, 6% China, 5% México, 4% Nicaragua, 4% Países Bajos, 4% Guatemala
Cuba	$3.4	Azúcar, minerales, níquel, tabaco y productos de tabaco, maquinaria de transporte, pescado y marisco, productos agrícolas, frutas cítricas, café, ron, productos químicos y médicos	18% Canadá, 14% Venezuela, 13% China, 6% Países Bajos, 5% España
Ecuador	$16.77	Petróleo, maquinaria y equipo de transporte, bananos, camarones, flores recortadas, pescado, café, cacao, madera, cáñamo	40% EUA, 6% Chile, 5% Perú, 4% Vietnám, 4% Colombia
El Salvador	$4.56	Maquila, café, azúcar, textiles y ropa, papel y derivados, electricidad, oro, etanol, productos químicos y farmacéuticos, hierro y acero, manufactura ligera, atún	47% EUA, 14% Honduras, 6% Nicaragua, 5% Costa Rica
España	$266.3	Camiones y automóviles, maquinaria, fruta, minerales, metales, textiles, ropa, calzado, alimentos, farmacéuticos, medicamentos	48.6% UE (16% Francia, 11% Alemania, 7% Portugal, 7% Italia, 7% Reino Unido)

(continúa)

TABLA 12-5 *(continuación)*

País	Exportación en miles de millones $EUA (2016)	Principales productos de exportación	Principales mercados (2015 si no se indica otro año)
Guatemala	$11.43	Café, azúcar, carne, bananos y frutas, cardamomo, vegetales, plátano, petróleo, productos químicos, textiles y ropa	35% EUA, 8% El Salvador, 7% Honduras, 5% Nicaragua, 5% Canadá, 4% México, 4% Costa Rica
Guinea Ecuatorial	$5.1	Cacao, café, yuca, almendras, bananos, coco, aceite de palma, hidrocarburos y productos derivados (petróleo y lubricantes), madera (ébano y okume), bienes manufacturados	17% China, 15% Corea del Sur, 9% España, 8% Brasil, 7% Países Bajos, 7% Sudáfrica, 6% India, 6% Reino Unido, 6% Francia
Honduras	$8.2	Café, bananos, melones y frutas cítricas, tilapia, camarón y langosta, minerales, textiles y ropa, carne, madera, azúcar, tabaco, plomo, cinc, oro, aceite de palma, jabón, repuestos para autos	36% EUA, 9% Alemania, 9% El Salvador, 6% Guatemala, 6% Nicaragua, 4% Paises Bajos
México	$359.3	Petróleo crudo y productos de petróleo, café, frutas y vegetales, plata, máquinas (motor), vehículos de motor, algodón, electrónica de consumo, bienes manufacturados, productos agrícolas	81% EUA (2016)
Nicaragua	$3.12	Café, mariscos, carne de res, azúcar, bananos, ajonjolí (sésamo), algodón, tabaco, oro, bienes industriales	57% EUA, 10% México, 5% Venezuela, 4% El Salvador
Panamá	$15.19	Plátanos y bananos, camarones y productos de pescado, azúcar, ropa, café, productos de petróleo	20% EUA, 13% Alemania, 8% Costa Rica, 6% China, 4% Países Bajos
Paraguay	$11.9	Electricidad, carne, algodón, cereales, soja, madera, aceite vegetal, carne procesada, cueros y pieles, yerba mate, café, madera para construcción	32% Brasil, 9% Rusia, 7% Chile, 7% Argentina
Perú	$38.09	Cobre, oro, cinc, pescado y harina de pescado, petróleo crudo y productos de petróleo, plomo, plata refinada, textiles, ropa y accesorios, café, papas, espárragos, algodón, azúcar, madera, gas	22% China, 15% EUA, 8% Suiza, 7% Canadá
Puerto Rico	$70.4	Productos químicos, farmacéuticos y electrónicos, ropa, atún enlatado, ron, concentrados de bebida, equipo médico	n.d.
República Dominicana	$9.8	Ferroníquel, azúcar, oro, café, cacao, plata, carne, tabaco, bienes de consumo, abastecimientos médicos	43% EUA, 17% Haití
Uruguay	$9.0	Carne, lana, pieles, productos de cuero y lana, pescado y marisco, arroz, verduras, productos lácteos, textiles, productos químicos, madera, vino, software	15% China, 14% Brasil, 7% EUA, 5% Argentina

(continúa)

País	Exportación en miles de millones $EUA (2016)	Principales productos de exportación	Principales mercados (2015 si no se indica otro año)
Venezuela	$28.1	Petróleo, hierro, café, bauxita, aluminio, acero, productos químicos, productos agrícolas, cacao, alcoholes acíclicos y derivados halogenados, sulfonados y nitrosados, cigarrillos, plásticos	27% EUA, 14% India, 12% China, 6% Cuba
Brasil	$189.7	Alimentos, automóviles, acero, productos químicos, soja, café, equipo de transporte, calzado	19% China, 13% EUA, 7% Argentina, 5% Países Bajos
Estados Unidos	$1,471	Bienes de capital (transistores, aviones, piezas para vehículos de motor, computadoras, equipo de telecomunicaciones, equipo y maquinaria industrial), automóviles, suministros industriales, materias primas, bienes de consumo, productos químicos y agrícolas (alimentos y animales vivos), maquinaria eléctrica y de motor, equipos científicos y de precisión	19% Canadá, 16% México, 8% China, 4% Japón

Fuentes: *U.S. Department of State Background Notes, CIA World Factbook* 2017. Números redondeados.

GeoReconocimiento

Mire los mapas del Capítulo 12 en el MindTap de *Éxito comercial: Prácticas administrativas y contextos culturales* y haga los ejercicios.

Posibilidades profesionales

Son muchas las personas que entran en el mundo internacional de los negocios, particularmente en las ferias comerciales e industriales internacionales celebradas anualmente. Son asesores o consultores de comercio, analistas especializados en administración y tecnología, representantes de ventas, agentes e intermediarios, etc. Para obtener más información al respecto y para una actividad que le ayude a saber más sobre el tema, véase el Capítulo 12 de «Posibilidades profesionales» en el MindTap de *Éxito comercial: Prácticas administrativas y contextos culturales*.

VOCABULARIO

Aquí se presentan los principales términos de este capítulo. Al final del libro, hay un glosario más completo.

agitación política political unrest

arancel aduanero *(m)* custom duty

asesor/a consultant, advisor

atuendo attire, clothing

bufete *(m)* law office

caciquismo political bossism, tyranny

calzada road

carril *(m)* lane (of traffic)

cartel *(m)* traffic or road sign

competidor/a competitor

conducción driving

confección garment, clothing industry

de trajes tailoring

de vestidos dressmaking

Cono Sur Southern Cone (region which comprises roughly Chile, Argentina, Uruguay, Paraguay, and southern part of Brazil)

consulado consulate

consultor/a consultant

datáfono inalámbrico wireless dataphone or point-of-sale terminal

embajada embassy

estancia stay, sojourn (during a visit)

expedidor *(adj)* issuing

exposición exhibit

feria comercial trade fair

funcionario/a government official

índice de natalidad *(m)* birthrate

medio means, medium

de distribución means of distribution

mercado ambulante traveling market

preparativo preparation, plan

propina tip, gratuity

proxémica proxemics, spacing between people or things

retenciones móviles export taxes

señal *(f)* traffic or road sign

señalización signposting

vial *roadsigns*

traba hindrance, obstacle

trámite *(m)* step, procedure

transcultural cross-cultural, transcultural

vial *(adj)* road

LA IMPORTACIÓN Y LA EXPORTACIÓN

© M. S. Doyle

Un buque transportando mercancías en el Canal de Panamá. ¿Para qué tipo de mercaderías es preferible este medio de transporte?

The merchant has no country.

— THOMAS JEFFERSON

There exists limitless opportunity in every industry. Where there is an open mind, there will always be a frontier.

— CHARLES F. KETTERING

No serás amado si de ti solo tienes cuidado.

— PROVERBIO

Integridad y ética empresariales

Las normas de protección medioambiental suelen funcionar como barreras comerciales, sobre todo contra las exportaciones de los países menos adelantados.

— «EL COMERCIO SE PONE EN ‹VERDE›», FÓRUM DE COMERCIO INTERNACIONAL[1]

Traduzca al inglés la cita de arriba. ¿Por qué y de qué maneras puede funcionar la protección medioambiental como una barrera al comercio internacional, especialmente para los países menos adelantados? ¿Es cierto esto? Explique con unos buenos ejemplos.

Liderazgo

Un sueño no se hace realidad a través de magia: conlleva sudor, determinación y trabajo duro.

— COLIN POWELL

Traduzca al inglés esta frase célebre de liderato y comente su validez para el mundo de los negocios u otras profesiones, con un buen ejemplo que usted conozca o uno que pueda imaginarse. ¿Tiene usted algún sueño de mejorar su propia vida? ¿De mejorar el mundo de alguna manera? Si así es, ¿cómo piensa realizar estos sueños?

13-1   PREGUNTAS DE ORIENTACIÓN

Cuando lea la sección «Lectura comercial», piense en las respuestas a las siguientes preguntas.

1. ¿Qué son la exportación y la importación? Dé ejemplos.

2. ¿En qué se diferencian la ventaja absoluta, la comparativa y la competitiva?

3. ¿Por qué se considera la exportación como una actividad económica positiva y la importación como algo negativo para el bienestar socioeconómico nacional?

4. ¿Qué es el proteccionismo y por qué existe? ¿Cuáles son las tres formas típicas del proteccionismo? Dé un buen ejemplo de cada forma. ¿Cuál es una de las grandes ironías del proteccionismo?

5. ¿Qué es la balanza comercial de un país? ¿Cómo se calcula? ¿Qué quieren decir saldo positivo y saldo negativo?

6. Sin referirse al gráfico del capítulo para hacerlo, ¿cómo representaría usted gráficamente los tres movimientos o trámites básicos de la importación y exportación?

7. ¿Qué documentos utilizan los individuos, las instituciones y los gobiernos en el comercio internacional?

8. ¿Cuáles son los medios de transporte que se usan típicamente en la logística?

9. ¿Qué es el flete y cómo intervienen el/la fletante y el/la fletador/a en el fletamento (contrato)? ¿Cuál de los dos es el/la propietario/a del medio transportista? Busque en Internet un ejemplo de contrato de fletamento para comentarlo en clase.

10. ¿Qué son los Incoterms y cuántos hay? ¿En qué dos grupos principales se clasifican y qué indican en cuanto al tipo de transporte? ¿A qué se refieren las letras E, F, C y D? ¿Qué quieren decir las siglas EXW, CFR, CIF, DDP, FAS y FOB? ¿Qué otros Incoterms se usan en el comercio internacional? ¿Qué es un giro bancario y cómo funciona? Busque en Internet un ejemplo de un giro bancario.

11. ¿Qué es una carta de crédito y cómo funciona? Busque en Internet un ejemplo de una carta de crédito.

12. ¿Por qué es preferible una carta de crédito irrevocable y confirmada?

LECTURA COMERCIAL

Prácticas e intermediarios del comercio internacional

El mundo actual es un gran mercado internacional en el que las distintas naciones son innegable y económicamente interdependientes en la formación de una red comercial «glocal», es decir, una combinación del comercio «global» y «local». La autosuficiencia económica de cualquier país es hoy en día una mera ilusión y el

---

[1] http://www.forumdecomercio.org/El-comercio-se-pone-en-verde/, consultado el 7 de mayo de 2017.

aislamiento comercial perjudicará gravemente las posibilidades de su desarrollo y bienestar socioeconómico. Los diferentes países se necesitan porque cada uno es deficiente o menos competitivo en ciertos recursos naturales o en alguna capacidad productora o de servicios. Esta desigualdad da por resultado el deseo y la necesidad de comerciar internacionalmente. Por ejemplo, los países que producen grandes cantidades de alimentos, minerales o petróleo exportan estos bienes a otros países. Muchas veces con la materia prima importada por un país se elaboran diversos productos (comidas enlatadas, componentes de acero industrial, maquinaria, gasolina) que, a su vez, se vuelven a exportar de nuevo al país de origen. De este modo se va estableciendo, modificando y confirmando la red de interdependencia económica que caracteriza al mundo actual. Aislarse del gran mercado mundial resulta en que una nación no pueda ofrecer a sus ciudadanos la variedad de productos y servicios que existen en otros países competidores que sí participan en la economía global. Hoy en día, por ejemplo, en los EUA el ciudadano típico no podría ver películas de HD (*high definition*, de alta definición) en su propia casa si no fuera por los televisores HD y los reproductores de DVD manufacturados en Japón, Corea del Sur y otros países en Asia.

El comercio internacional se caracteriza por el doble movimiento de la **importación** y la **exportación**. Bernard y Colli han definido la importación como la «compra de productos originarios del extranjero a agentes situados fuera del territorio nacional»[2]. La exportación es el fenómeno inverso, la «venta de productos originarios del territorio nacional a agentes situados fuera de dicho territorio»[3]. Estas actividades comerciales internacionales no solo abarcan materias primas y productos agrícolas e industriales, sino que incluyen también servicios y mano de obra (legal e ilegal), como la que importa los EUA de México y de América Central anualmente, para ayudar en diversos sectores económicos como el agrícola, el electrónico, el textil o el de construcción. El fenómeno de la importación de mano de obra más barata también es un factor en el mundo hispano; por ejemplo, la mano de obra que importa España de Marruecos, la que importa la República Dominicana de Haití o Costa Rica de Nicaragua.

Tradicionalmente, las naciones han considerado la exportación como una actividad económica positiva. Exportar indica que sobran materias primas, productos y servicios, o que se han creado ciertos productos que se pueden vender fuera del territorio nacional con el fin de conseguir capital de nuevos mercados y mejorar la **balanza de comercio**. Por eso, muchos países han fomentado la exportación con incentivos especiales. En Hispanoamérica, por ejemplo, México, Argentina y Chile han ofrecido exenciones de ciertos impuestos a sus exportadores, mientras que en Uruguay el gobierno no ha cobrado impuestos por el valor añadido a los productos de exportación. Los diferentes países tienen también secretarías y ministerios que fomentan la exportación. Por ejemplo, el ICEX España Exportación e Inversiones del Ministerio de Economía, Industria y Competitividad del gobierno de España, «es una entidad pública empresarial de ámbito nacional que tiene como misión promover la internacionalización de las empresas españolas»[4]. En su «Guía de servicios

---

[2] Y. Bernard y J. C. Colli, *Diccionario económico y financiero*, Madrid: Asociación Para el Progreso de la Dirección, 1981, pág. 650.

[3] *Ibíd*, pág. 768.

[4] http://www.icex.es/icex/es/navegacion-principal/que-es-icex/index.html, consultado el 22 de agosto de 2017.

BREVE VOCABULARIO ÚTIL

autosuficiencia
self-sufficiency

balanza comercial
balance of trade

banco
bank

    avisador
    advising or notifying bank

    emisor
    bank of issue, issuing bank

carta de crédito
letter of credit

CFR
cost and freight (costo y flete)

CIF
cost, insurance, and freight (costo, seguro y flete)

FAS
free alongside ship (franco o libre al costado del buque)

flete *(m)*
freight (costs, etc.)

fletador/a
charterer, sender

fletante *(m/f)*
charter company, carrier

FOB
free on board (franco o libre a bordo)

giro
bank draft

manejo
handling

valor añadido *(m)*
value added

para la internacionalización», por ejemplo, ICEX ofrece asesoramiento acerca de «Cómo empezar a exportar», que incluye «información sobre los apoyos de la Administración española a la internacionalización», la realización de simulaciones y cómo posicionar y promocionar su empresa para el comercio internacional[5].

La Comisión de Promoción del Perú para la Exportación y el Turismo (Promperú) ofrece, por su parte, en sus enlaces «Canal Exportador» y «Aprendiendo a exportar», una «Guía Interactiva» acerca de los temas Producto, Mercado y Empresa en el campo de la exportación[6]. También presenta un enlace titulado «Exporta fácil», que es «un mecanismo promotor de exportaciones de facilitación logística, diseñado principalmente para el micro, pequeño y mediano empresario, mediante el cual podrá acceder a mercados internacionales de una manera simple, económica y segura, desde la comodidad de su hogar, oficina o cabina de Internet»[7]. En fin, siempre es importante preparar un buen plan, tal como se describe en el video *Cómo elaborar un plan de negocios para exportar en Perú*[8].

Hay dos principios importantes al considerar la exportación: la **ventaja absoluta** y **la ventaja comparativa**. La ventaja absoluta significa que un país posee ciertos recursos o capacidades productivas no disponibles en suficiente cantidad o calidad en otros lugares, es decir, que faltan competidores. Tal país está en una excelente posición para abastecer a otras naciones, como ocurre con los países que exportan petróleo (p. ej., México y Venezuela), esmeraldas (Colombia), cobre (Chile), gas natural (Bolivia) o alta tecnología (EUA, Francia o Brasil). La ventaja comparativa, en cambio, significa que varios países tienen la capacidad de producir los mismos géneros, lo cual da por resultado que cada nación intentará crear una ventaja competitiva para sí misma al concentrarse en la producción de aquellos artículos que se puedan producir a menor costo que el de los otros países y que aporten mayor rentabilidad. Por ejemplo, un país o una empresa capaz de producir artículos de piel, café, fruta y pescado enfocaría sus actividades en el producto más competitivo y rentable de los cuatro.

En contraste con la exportación, la importación se ha considerado tradicionalmente como una actividad económica negativa para una nación. Una de las explicaciones que han ofrecido Bernard y Colli es que la importación puede perjudicar la producción nacional y, por lo tanto, la inversión en el desarrollo de las industrias y empresas nacionales, especialmente en las que son nuevas o jóvenes. Para protegerse y fomentar la capacidad productora nacional, los diferentes países adoptan medidas proteccionistas contra la competencia extranjera. El **proteccionismo** suele darse en forma de 1) **aranceles aduaneros** altos, 2) **restricciones cuantitativas** sobre las importaciones, llamadas **cuotas** o **contingentes**, y 3) **otras restricciones gubernamentales como las leyes o las regulaciones ambientales**. La ironía es que el proteccionismo muchas veces

[5] http://www.icex.es/icex/es/navegacion-principal/que-es-icex/que-es-icex/guia-servicios-internacionalizacion/index.html, consultado el 31 de mayo de 2017.

[6] http://www.siicex.gob.pe/siicex/portal5ES.asp?_page_=292.26200, consultado el 31 de mayo de 2017.

[7] http://www.sunat.gob.pe/exportaFacil/que_es.htm, consultado el 31 de mayo de 2017.

[8] http://www.youtube.com/watch?v=V67R6pgmqKA, consultado el 7 de mayo de 2017.

resulta en una reducida competencia nacional ante la productividad extranjera pues, sin una competencia directa con las empresas extranjeras, falta la presión necesaria para la innovación y el desarrollo de la industria nacional. El proteccionismo puede sofocar la creatividad y la eficiencia productora nacional y reducir la variedad de productos que se ofrecen al consumidor. Este, además, generalmente tiene que pagar un precio más alto por los productos nacionales, puesto que ya no compiten con otros precios del mercado mundial. A pesar de los acuerdos como los del TLCAN, la UE y el MERCOSUR, cuyo propósito es facilitar el comercio internacional a través de medidas como la reducción de los aranceles aduaneros, el proteccionismo todavía existe y se usa como una amenaza económica entre los países del mundo, incluso a veces los que forman parte de un mismo acuerdo.

Otro aspecto negativo de la importación se relaciona con los artículos de primera necesidad. A menudo, estos no se pueden encontrar o producir en suficiente cantidad dentro del territorio nacional para la supervivencia o el bienestar de la población o el funcionamiento eficaz, eficiente y óptimo de la economía. Tienen que importarse del extranjero, como ocurre con la comida que necesitan ciertos países, o con el petróleo o la alta tecnología que requieren los países industriales. Esta dependencia económica puede amenazar la seguridad nacional de un país importador porque perjudica su capacidad de autosuficiencia relativa. Una nación que depende demasiado de otra disminuye su propia independencia nacional y corre el riesgo de sufrir un chantaje económico y político.

Por último, un país que importa más de lo que exporta tendrá una balanza comercial negativa, es decir, que los egresos (pagos) superarán los ingresos. La balanza comercial de una nación es un resumen anual de sus transacciones con otros países y se refleja en la siguiente ecuación:

exportaciones – importaciones = saldo positivo (favorable o superavitario) = excedente

o

saldo negativo (desfavorable o deficitario) = déficit

Si existe un saldo negativo, puede ser que la nación tenga que pagar la deuda con parte de sus reservas nacionales de dinero. El resultado podría ser una depreciación de la moneda nacional, cuya devaluación perjudicaría gravemente el sistema monetario y la estabilidad económica del país.

El concepto de la importación y la exportación es bastante sencillo. Un vendedor y un comprador de distintos países necesitan o desean hacer negocios. El vendedor (el exportador) tiene que hacer llegar su producto o servicio al cliente extranjero (el importador), asegurándose a la vez de que recibirá el pago convenido. Sin embargo, al ser un proceso que se realiza a nivel internacional, generalmente participan más intermediarios que en el comercio nacional y se requieren más documentos. Esto sucede especialmente con la importación, que muchos países intentan controlar. El exportador y el importador inician un proceso de tres trámites o movimientos (Figura 13-1):

1. el movimiento físico de la mercancía del exportador al importador;
2. los documentos requeridos (facturas, instrucciones de embarque, hojas de ruta, etc.) que acompañan la mercancía;
3. los documentos financieros (la forma de pago) que recibe el vendedor.

Cada nación tiene sus propias leyes y reglamentos de importación y exportación. Por lo tanto, se recomiendan los servicios de especialistas en el comercio internacional. Algunos de los documentos fundamentales que reflejan la participación de individuos, instituciones y gobiernos, desde el paso inicial hasta la conclusión de la transacción, son los siguientes:

1. **solicitud de cotización** de precios del comprador (importador) al vendedor (exportador);

2. **cotización de precios** (factura pro forma o simulada, o *pro forma invoice*) por el vendedor, documento que describe los artículos e indica los precios, la cantidad y otras características, como su peso o tamaño;

3. **carta de pedido o de orden** del comprador;

4. **factura comercial,** documento que les especifica al vendedor y al comprador la fecha y el modo de embarque e incluye una descripción de las mercancías, la cantidad y su valor unitario y total;

5. **licencia de importación,** un permiso requerido por el comprador en algunos países, y su aprobación o denegación por parte de su gobierno (algunos artículos, como armas, narcóticos, alcohol, animales, oro y diamantes, muchas veces requieren un permiso especial);

6. **licencia de exportación** para el vendedor (algunos artículos, como materiales nucleares, químicos o tóxicos, alta tecnología, sensores y láseres, y grandes cantidades de dinero, requieren una autorización especial);

7. **documentos comerciales, giros** y **cartas de crédito** efectuados por el comprador en forma de pago;

8. **seguros** para proteger el envío de la mercadería;

9. **documentos de embarque** para los medios de transporte:
   - **conocimiento de embarque,** el contrato para el transporte (generalmente marítimo) de la mercancía con los términos de entrega de la carga en su destino final,
      a. Se usa la **carta de porte** para el transporte terrestre.
      b. Se usa la **guía aérea** para el transporte por avión.
   - **certificado de origen,** el cual comprueba que el producto exportado ha sido producido en el país X,
   - **declaración de aduana,** documento que determina el arancel que se debe pagar por la mercancía importada,

- **factura consular**, documento que exige el consulado del país importador como prueba de que el vendedor ha presentado sus facturas comerciales; documento usado por la aduana del país importador para verificar el valor, la cantidad y el tipo de mercadería importada,
- **declaración de exportación**, documento usado especialmente en los EUA para controlar la exportación de ciertas mercancías, como las de alta tecnología,
- **certificado sanitario** o **fitosanitario** (para las plantas), documento que da fe de la buena salud y la procedencia de animales vivos, plantas y comestibles.

Se recomienda guardar siempre copias de todos los documentos, en caso de que se necesite aclarar o comprobar algún detalle de la transacción.

Respecto a la logística, los medios transportistas pueden ser **terrestres, marítimos, fluviales, aéreos** o por **tubería, gasoducto** u **oleoducto**. El transporte internacional se caracteriza por tener distancias más grandes y un mayor número de estaciones o puertos y transbordos de la mercancía. Con todo esto crece el número de controles, intermediarios y documentos. También hay mayor riesgo de **daños, pérdidas** o **hurtos**, por lo cual es sumamente importante proteger el envío con pólizas de seguro. Es común que el exportador se encargue del transporte de la mercancía hasta las aduanas extranjeras y que desde ese punto el importador se haga responsable del transporte de los artículos dentro de su propio país, pues el lugareño conoce mucho mejor los requisitos, opciones y normas del transporte nacional.

Algunos términos importantes en el transporte internacional, un tema jurídico bastante complejo, son los que se relacionan con el flete. El término **flete** se refiere tanto al 1) precio de alquiler de una nave u otro medio de transporte como a la 2) carga que se transporta, y en Argentina, Chile y Uruguay se puede referir al 3) vehículo de transporte o al 4) acto de transportar algo. **Fletar** es dar o tomar a flete (arrendar o contratar) un buque u otro medio de transporte. En el contrato de **fletamento** (también **fletamiento**), el/la **fletante** es el/la **naviero/a** o **armador/a** (el/la dueño/a de algún buque o medio transportista o quien lo/la represente, p. ej., «Transportistas, S.A.») que realiza el transporte. El/La **fletador/a** es quien entrega la carga que ha de transportarse, es decir, la persona física o jurídica que contrata un medio transportista para transportar mercancías (p. ej., la empresa Hnos. Sánchez, S.A. [fletador] que contrata a «Transportistas, S.A.» [fletante] para transportar la mercancía).

De gran importancia para el comercio y el transporte internacional de mercaderías son los **Incoterms** (de *International Commercial Terms*), un reglamento de conceptos y siglas, creado por la Cámara de Comercio Internacional, globalmente aceptados para los contratos de compraventa. Los Incoterms son reconocidos como estándares internacionales por las cortes y las autoridades aduaneras en todos los países del mundo. Indican los siguientes elementos: 1) el precio; 2) el momento y el lugar en que las obligaciones y los riesgos relacionados con la mercancía se transfieren del vendedor (exportador) al comprador (importador); 3) el lugar (p. ej., puerto, ciudad, fábrica, almacén) donde se entrega la mercancía; 4) quién contrata y paga el transporte (¿el comprador o el vendedor?); 5) quién contrata y paga el seguro; y 6) cuáles documentos tramita cada parte (el comprador o el vendedor)[9].

---

[9] «Incoterms 2010: Grupos y Categorías», http://www.comercioyaduanas.com.mx/incoterms/incoterms2010/206-grupos-incoterms-2010-categorias, consultado el 20 de junio de 2017.

Los INCOTERMS 2010 son once términos de comercio internacional que sirven para facilitar la negociación entre los exportadores e importadores. Estos once términos se clasifican en dos grupos principales, los polivalentes y los marítimos. Los marítimos indican que el transporte principal es por mar o por vía fluvial, mientras que los polivalentes señalan que no se limita al medio marítimo[10].

Incoterms 2010 marítimos		Incoterms 2010 polivalentes	
En castellano	En inglés	En castellano	En inglés
Franco al costado del buque en puerto de carga convenido	FAS (*Free Alongside Ship*)	Fábrica en lugar convenido	EXW (*Ex Works*)
Franco a bordo en puerto de carga convenido	FOB (*Free On Board*)	Franco transportista en lugar convenido	FCA (*Free Carrier*)
Coste y flete hasta puerto de destino convenido	CFR (Cost and Freight)	Transporte pagado hasta puerto de destino convenido	CPT(*Carriage Paid To*)
Coste, seguro y flete hasta puerto de destino convenido	CIF (*Cost Insurance Freight*)	Transporte y seguro pagados hasta puerto de destino convenido	CIP (*Carriage Insurance Paid To*)
		Entregado en terminal en puerto de destino convenido	DAT (*Delivered At Terminal*)
		Entregado en un punto en lugar de destino convenido	DAP (*Delivered At Place*)
		Entregado derechos pagados en lugar de destino convenido	DDP (*Delivered Duty Paid*)

Los Incoterms 2010 también se agrupan en cuatro categorías diferenciadas por las primera letra de la abreviación. Los que comienzan con las letras E y F indican que la mercancía se entrega en el país de origen mientras que los que comienzan con C y D indican que es entregada en el país de destino.

1. **E** = el vendedor cumple con la entrega de la mercancía al ponerla a disposición del comprador en el establecimiento del vendedor o en otro lugar convenido
2. **F** = el vendedor entrega la mercancía a un transportista nombrado por el comprador
3. **C** = el vendedor no asume el riesgo de pérdida o daños de los bienes o costos adicionales después del embarque
4. **D** = el vendedor asume todos los costos y riesgos necesarios para entregar la mercancía en el lugar de destino

Algunos de los Incoterms más usados son EXW, CFR, CIF, DDP, FAS y FOB, resumidos en la Tabla 13-1 a continuación.

---

[10] «¿Qué son los incoterms 2010?» http://www.comercioyaduanas.com.mx/incoterms/incoterm/473-ique-son-los-incoterms-2010, consultado el 20 de junio de 2017.

«Incoterms 2010: Grupos y Categorías», http://www.comercioyaduanas.com.mx/incoterms/incoterms2010/206-grupos-incoterms-2010-categorias, consultado el 20 de junio de 2017.

TABLA 13-1 LOS INCOTERMS MÁS USADOS

Incoterm (sigla)	Explicación
EXW *Ex Works* (en fábrica)	El vendedor cumple con su obligación de transporte y entrega al hacer disponible la mercancía en su propia fábrica, almacén u otro lugar convenido. A partir de ese momento, el comprador se encarga de los riesgos (los seguros) y costos de entrega. Representa la menor obligación para el vendedor.
CFR *Cost and Freight* (costo y flete)	El vendedor cumple con su obligación de entrega cuando la mercancía sobrepasa la borda del buque en el puerto de embarque convenido. Indica que en la cotización de precios del vendedor se incluye el transporte de la mercancía hasta cualquier puerto nombrado por el comprador para su descarga. El vendedor consigue la autorización aduanera para la exportación de los bienes y el comprador asume los riesgos (el pago de los seguros) y los costos cuando la mercadería se descarga en el puerto de destino. La sigla se usa para el transporte marítimo y las vías navegables interiores. La abreviatura va seguida del nombre del puerto de destino convenido, p. ej., «CFR Santiago».
CIF *Cost, Insurance, and Freight* (costo, seguro y flete)	El vendedor tiene las mismas obligaciones que para CFR, más la obligación de conseguir los seguros marítimos mínimos para proteger las mercancías contra pérdidas y daños durante el transporte. La abreviatura va seguida del nombre del puerto de destino convenido, p. ej., «CIF Buenos Aires».
DDP *Delivered Duty Paid* (entregadas [mercancías], derechos pagados, lugar de destino convenido)	El vendedor asume todos los costos y riesgos ocasionados al transportar las mercancías hasta el lugar de destino acordado, incluso los trámites aduaneros y el pago de los trámites, derechos de aduanas, impuestos y otras cargas para la importación al país de destino.
FAS *Free Alongside Ship* (franco/libre al costado del buque)	El vendedor cumple con su obligación de entrega al colocar la mercancía al costado/lado de un buque o vapor en el muelle de un puerto estipulado. A partir de ese momento, el comprador asume todos los costos y riesgos de transporte. El vendedor se hace responsable de conseguir la autorización aduanera para la exportación de los bienes. La abreviatura va seguida del nombre del puerto de carga/embarque convenido, p. ej., «FAS Barcelona».
FOB *Free on Board* (F.A.B., franco/libre a bordo)	El vendedor cumple con la obligación de transporte cuando la mercancía sobrepasa la borda de un buque o vapor en el puerto de embarque estipulado. A partir de ese momento y lugar, el comprador asume los riesgos y costos del transporte. El vendedor se encarga de conseguir la autorización aduanera para la exportación de bienes. La abreviatura va seguida del nombre del puerto de carga/embarque convenido, p. ej., «FOB Caracas».

Una de las principales preocupaciones del exportador es cómo asegurarse de que el importador pague el importe convenido en la transacción. A causa de este riesgo, puede haber cierta desconfianza hasta que se hagan numerosas transacciones a lo largo del tiempo. Para el vendedor siempre es preferible recibir el pago en efectivo y por adelantado, mientras que para el comprador es preferible demorar el pago lo más posible. La forma más común de resolver la cuestión de pago es acudir a intermediarios peritos o instituciones financieras.

Las formas de pago más utilizadas son el cheque o **giro bancario** y la **carta de crédito**. El giro, un tipo especial de **libranza** o cheque nominativo que no puede ser cobrado por **terceros**, puede hacerse **a la vista** o **a plazo**. Si es a la vista, el girado o librado (el banco o una empresa) se compromete a pagar al tenedor o portador nominativo (el vendedor que ha recibido el giro) la cantidad indicada por el girador o librador (el comprador que paga la mercancía). Este pago se efectúa en el momento en que el tenedor presenta el giro al girado, por ejemplo, cuando el vendedor se presenta en el banco para cobrar o depositar la cantidad autorizada. Un giro a plazo solo se puede cobrar en una fecha futura señalada, por ejemplo, 30 días después de recibir la mercancía. Pero la forma más segura de efectuar un pago internacional es mediante la carta de crédito emitida por el banco del comprador.

La carta de crédito es un instrumento que indica que un banco garantiza el pago prometido por el importador. Es decir, el crédito del banco sustituye el del comprador y así reduce aún más el riesgo del vendedor. El propósito de la carta de crédito es crear confianza en las transacciones internacionales. Los pasos para efectuar esta forma de pago se resumen a continuación y en la Figura 13-2.

1. El importador (comprador) acuerda adquirir la mercancía del exportador, utilizando una carta de crédito como forma de pago.

2. El importador (la persona que ordena, el/la ordenante) solicita la carta de crédito de su banco (solicitud evaluada por el banco como si fuera la solicitud de un préstamo) y firma el acuerdo de la carta de crédito del banco; el banco emisor autoriza la solicitud y emite el documento.

3. El banco emisor (banco del importador) transmite la carta de crédito al banco avisador (banco del exportador/vendedor/beneficiario) o banco corresponsal.

4. El banco avisador le comunica al exportador que ha recibido la carta de crédito del banco emisor.

5. Al recibir la notificación de pago, el exportador embarca la mercancía.

6. El exportador prepara los documentos necesarios y los presenta en su banco, que los aprueba y le paga los fondos al exportador, según los términos de la carta de crédito.

7. El banco avisador envía los documentos al banco emisor; este comprueba que todo esté en orden y carga a la cuenta del importador, y le envía los documentos y la notificación de haber cargado a su cuenta.

8. El importador recibe los documentos y recoge la mercancía que le entrega el transportista.

Las cartas de crédito pueden ser revocables, irrevocables o irrevocables y confirmadas. La carta de crédito irrevocable no permite cambios en las condiciones estipuladas sin previo consentimiento del banco emisor, del banco avisador y del beneficiario (exportador/vendedor). Si, además de ser irrevocable, la carta de crédito es irrevocable y confirmada, tanto el banco emisor como el avisador, o incluso otro banco o institución financiera adicional, apoyan la promesa de pago inicial. El crédito irrevocable y confirmado se usa en particular para el comercio internacional en zonas de guerra o de inestabilidad social, política o financiera.

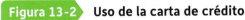

Figura 13-2 **Uso de la carta de crédito**

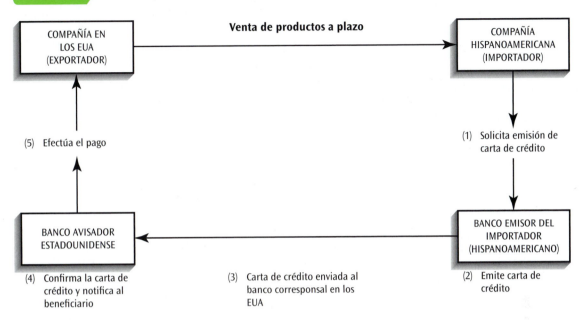

Venta de productos a plazo
COMPAÑÍA EN LOS EUA (EXPORTADOR)
COMPAÑÍA HISPANOAMERICANA (IMPORTADOR)
(1) Solicita emisión de carta de crédito
BANCO EMISOR DEL IMPORTADOR (HISPANOAMERICANO)
(2) Emite carta de crédito
(3) Carta de crédito enviada al banco corresponsal en los EUA
BANCO AVISADOR ESTADOUNIDENSE
(4) Confirma la carta de crédito y notifica al beneficiario
(5) Efectúa el pago

PARA PENSAR

Tiburón, de villano a víctima

El animal que tiene la peor fama de la historia, por ficciones hollywoodenses que lo mostraban como un aborrecible depredador monstruoso que cruelmente perseguía bañistas en las playas, es hoy una víctima real de la mortífera persecución de un depredador peor: el humano. Cada año se pescan de 200 a 1.000 toneladas de tiburones en Colombia, según las últimas estadísticas de la Organización de las Naciones Unidas para Agricultura y Alimentación. «El país no ha contado con los recursos para conocer exactamente cuál ha sido la disminución de la población, pero sabemos que ha sido considerablemente grande», precisa Alexandra Gómez, directora Regional de Comunicaciones de Marviva (...).

La explicación principal para esta masiva pesca de tiburones, tanto en el océano Pacífico como en el mar Caribe, es el aleteo, una práctica que consiste en que «al tiburón lo sacan, lo degüellan, le quitan todas las aletas y botan el cuerpo al mar nuevamente, desperdiciándolo», explica Gómez. Las aletas son ampliamente apetecidas en los países orientales, como China y Japón. Aunque no dan ninguna clase de sabor, dan un espesor especial, que en la cultura de esa parte del planeta es sinónimo de poder y riqueza, por lo que se acostumbra dar sopa de tiburón en eventos especiales como matrimonios y grados [acto académico en el que se otorga un título universitario]. «En esos países los recursos marinos ya se agotaron. Están viniendo a Latinoamérica especialmente a trabajar con el sector pesquero y ofrecerles un dinero mucho más alto de lo que consiguen con la pesca normal, únicamente por vender aleta de tiburón», asegura Gómez. Este negocio ilícito, que se da en los dos mares de Colombia, se inició con la capacitación de extranjeros a los pescadores locales. En este momento, los pescadores lo hacen por su cuenta y se dedican a exportar las aletas al mercado de Oriente (...).

En Colombia, si se llegan a encontrar aletas de tiburón en una embarcación, la pena del Ministerio de Medio Ambiente puede llegar a multas por sumas superiores a los 65 millones de pesos[11].

1. ¿Qué fama tiene el tiburón y de quién es hoy día una víctima?

2. ¿Cuántas toneladas de tiburones se pescan al año en Colombia y cuánto ha disminuido la población de este animal en los mares colombianos? ¿Por qué nos debería preocupar esta situación con un pez tan peligroso y tan temido? ¿Por qué representa un problema ecológico?

3. ¿Qué es el aleteo y por qué ocurre? ¿Quiénes representan la oferta y la demanda en este comercio internacional? ¿Es lucrativo este mercado? Comente.

4. ¿Es legal en Colombia el negocio del aleteo? ¿Qué pena impone el Ministerio de Medio Ambiente en casos de esta actividad? ¿Cuánto sería en dólares estadounidenses?

5. ¿Se limita el problema del aleteo ilícito a Colombia o es también un problema de ética comercial para otros países latinoamericanos? Busque más información en Internet para comentar.

6. ¿Qué papel juega la tradición cultural en el aleteo? Explique. ¿Se puede, o se debería, cambiar una tradición cultural en tal situación? Explique. ¿Cómo se haría y cuáles serían los criterios a seguir? Explique y justifique su respuesta.

7. Además del aleteo de tiburones, ¿con qué otra fauna y flora se trafica ilícitamente, de tal modo que pueda representar una amenaza ecológica? ¿Qué opina usted de tal comercio? ¿Se debería parar a pesar de su rentabilidad? ¿O es que la rentabilidad lo justifica? Comente.

Actividad. Usted está en una reunión con un grupo de pescadores para quienes el aleteo se ha convertido en una importante fuente de ingresos. Su meta es convencerlos de que deberían declarar una moratoria permanente de la captura de tiburones y del aleteo. Divídanse en dos grupos y hagan el siguiente debate: unos a favor y otros en contra. Se pueden usar los siguientes argumentos como punto de partida.

A FAVOR	EN CONTRA
1. Hace falta proteger la naturaleza.	1. La pesca de tiburones y el aleteo contribuyen al ingreso y bienestar de sus familias.
2. El tiburón ya está en peligro de extinción.	2. El tiburón es un villano que amenaza a los bañistas y afecta el turismo de manera negativa.
3. La desaparición del tiburón resultará en un desequilibrio ecológico.	3. La pesca y el aleteo responden a una demanda legítima (por ser cultural) en la economía global.
4. El aleteo es cruel.	4. Si no lo hacemos nosotros, lo harán otros.
5. Etc.	5. Etc.

---

[11] Iván Bernal Marín, *El Heraldo*, 25 de febrero de 2009; http://conservadorhbp.blogspot.com/2014/02/el-tiburon-de-villano-victima.html, consultado el 31 de mayo de 2017.

13-2 ACTIVIDADES

1. **¿Qué sabe usted de negocios?** Vuelva a las «Preguntas de orientación» que se hicieron al principio del capítulo y a la pregunta que acompaña la foto de las páginas 443 y 444 y contéstelas en oraciones completas en español.

2. **¿Qué recuerda?** Indique si las siguientes oraciones son **verdaderas** o **falsas** y explique por qué.

   a. La ventaja absoluta de un país o de una empresa indica que existe un exceso de competidores.

   b. Una balanza comercial favorable da por resultado un saldo deficitario.

   c. La importación de géneros se interpreta tradicionalmente como algo negativo para el consumidor, pero positivo para el bienestar económico del país exportador.

   d. Los contingentes son un ejemplo de arancel aduanero.

   e. El conocimiento de embarque y el certificado fitosanitario son sinónimos.

   f. Un giro a la vista se le paga al tenedor 30 días después de que el comprador recibe las mercancías enviadas por el vendedor.

   g. En una carta de crédito, el banco emisor representa al importador y el banco avisador representa al exportador.

3. **Exploración.** Haga los siguientes ejercicios usando sus conocimientos y opiniones personales.

   a. ¿Qué opina del concepto del mundo actual como una red comercial «glocal»?

   b. ¿Piensa que la autosuficiencia económica de una nación es posible hoy en día? ¿Puede ofrecer algún ejemplo de un país completamente autosuficiente? ¿Relativamente autosuficiente?

   c. ¿Qué opina de la práctica del proteccionismo? ¿Puede ofrecer algunos ejemplos del proteccionismo en los EUA y en algún país hispano?

   d. ¿Cree que una balanza comercial negativa es un problema que un país debe tratar urgentemente? Explique.

   e. ¿Piensa que es necesario controlar la compraventa de ciertos productos en el mercado internacional? ¿Cuáles serían algunos ejemplos y por qué?

   f. Comente sobre las ventajas o desventajas de los diferentes medios de transporte para el comercio internacional con España, México, Colombia y Chile. Y entre Ecuador y Argentina, Cuba y los EUA, y Paraguay y Brasil.

   g. ¿Qué opina de la creación de mercados comunes para facilitar el comercio internacional? ¿Es válido considerar a los EUA como un ejemplo de mercado común? Explique.

   h. ¿Qué tipo de plan de negocios prepararía para exportar algún producto de Perú? Para obtener algunas ideas, consulte el video *Cómo elaborar un plan de negocios para exportar en Perú.* Use el título del video para buscarlo en Internet (http://www.youtube.com/watch?v=V67R6pgmqKA).

   i. ¿Cómo se relacionan los dichos que aparecen al principio del capítulo con los temas tratados? Tradúzcalos del inglés al español y viceversa.

13-3   AL TELÉFONO

1. Lea las siguientes preguntas. Después escuche atentamente la conversación telefónica del Capítulo 13, **Pistas 25 y 26**, en el MindTap de *Éxito comercial: Prácticas administrativas y contextos culturales* y conteste las preguntas. Puesto que la comprensión auditiva es una destreza comunicativa sumamente importante, se recomienda escuchar la conversación varias veces.

   a. ¿Para qué llama Joaquín Rojas al director de logística de Repuestos Confederados?

   b. ¿Qué ha ocurrido con el pago que mandó Agrodomínico?

   c. ¿Qué le pasó al envío de los repuestos de Carolina del Sur?

   d. ¿Por qué está preocupado Rojas por las demoras?

   e. ¿Qué opciones ofrece Hipólito Medina para resolver el problema?

2. Basando sus comentarios en la conversación telefónica del ejercicio anterior, haga la siguiente llamada telefónica a otro/a estudiante de la clase. Cada persona debe participar activamente en la conversación. Si necesita ayuda con esta actividad, véase el Apéndice 1, «Protocolo telefónico», págs. 533–537.

   Usted es Hipólito Medina, director de logística de Repuestos Confederados en Charleston, Carolina del Sur. Llame al/a la jefe/a de su departamento de entregas para regañarlo/la por el error en el envío de los repuestos a Joaquín Rojas Nina en Agrodomínico en Santo Domingo, y para pedirle que vuelva a llenar el mismo pedido y que lo mande urgentemente. Además, pídale al/a la jefe/a que complete el rastreo (*trace*) del envío inicial.

3. Haga la siguiente llamada telefónica a otro/a estudiante de la clase. Cada persona debe participar activamente en la conversación. Si necesita ayuda con esta actividad, véase el Apéndice 1, «Protocolo telefónico», págs. 533–537.

   Usted es un/a dominicano/a que exporta café a todas partes del mundo. Está al teléfono con un/a cliente/a paraguayo/a para aclarar si el embarque de un pedido se debe hacer CFR o CIF o si debe ser FAS o FOB. Cada uno trata de negociar los términos más ventajosos para su propia empresa.

13-4   NAVEGANDO POR INTERNET

Para hacer este ejercicio, visite el MindTap de *Éxito comercial: Prácticas administrativas y contextos culturales*.

13-5 EJERCICIOS DE VOCABULARIO

Si es necesario, consulte la sección «Lectura comercial» o la lista de vocabulario al final del capítulo para completar estos ejercicios.

1. **¡A ver si me acuerdo!** Pensando en la posibilidad de establecer una relación comercial, usted va a conversar con una persona de negocios de un país hispano. Sin embargo, se le olvidan los siguientes términos en español. Un/a compañero/a lo/la ayuda a recordarlos al pedir que usted se los traduzca.

   a. *cargo*
   b. *air waybill*
   c. *health certificate*
   d. *absolute advantage*
   e. *cost, insurance and freight*
   f. *quota*
   g. *letter of credit*
   h. *pilferage*
   i. *freight*
   j. *pipeline*

2. **¿Qué significan?** A usted le interesa la posibilidad de aceptar un puesto administrativo que le han ofrecido en un país hispanohablante. Sin embargo, no sabe cómo explicar en español qué significan ciertos términos que se usan frecuentemente en importación y exportación. Decide consultarlos con un/a amigo/a. Pídale a un/a compañero/a de clase que le explique los siguientes términos y que le dé algunos sinónimos si puede.

   a. exportador
   b. importador
   c. fluvial
   d. EXW
   e. cuota
   f. arancel
   g. FAS
   h. FOB
   i. carga
   j. CF

3. **Entrevista profesional.** Usted quiere aclarar algunos detalles acerca de la importación y la exportación porque ha conseguido una entrevista para un puesto de gerencia internacional. Por lo tanto, desea ensayar la entrevista en español y le pide a un/a perito/a en este campo (un/a compañero/a de clase) que le haga las siguientes preguntas. En caso de que no pueda contestar alguna, su compañero/a lo/la ayudará. No olviden el protocolo ni las cortesías.

   a. ¿Qué indica una balanza comercial deficitaria? ¿Superavitaria?
   b. ¿Cuáles son las diferencias entre la carta de porte terrestre, el conocimiento de embarque y la guía aérea?
   c. ¿Qué es y cuándo se requiere un certificado sanitario?
   d. ¿Qué significa la estipulación transportista DDP?
   e. ¿Qué es un giro a plazo?

4. **Traducciones.** Un/a amigo/a suyo/a, director/a de ventas internacionales, necesita saber expresar mejor el siguiente texto para una reunión que se realizará en español. Él/Ella sabe muy poco español y, por eso, usted lo/la ayuda a traducir al español las siguientes oraciones que se relacionan con el tema de su presentación.

a. *Today's world is best described as a global economy of interdependent nations linked together by "glocal" business interests.*

b. *International trade is achieved through the processes of import and export which are regulated by the eleven internationally recognized INCOTERMS.*

c. *Although international trade involves more intermediaries and paperwork than domestic trade, the basic principle of commerce is still in effect: an exporter (a seller) and an importer (a buyer) want to exchange goods and services for a mutually agreeable price.*

d. *A nation's balance of trade is measured primarily in terms of its import–export activity. If imports are greater than exports, a negative trade balance is recorded for that year, and vice versa. When exports are greater, there is a positive trade balance.*

e. *Over time, exporters develop trust in the ability of their clients to make full and timely payment for the goods and services sold and delivered.*

5. **Prueba de comprensión.** Complete la prueba «Preguntas comerciales» en el MindTap de *Éxito comercial: Prácticas administrativas y contextos culturales.*

UNA VISTA PANORÁMICA DE LA REPÚBLICA DOMINICANA[12]

Nombre oficial:	República Dominicana
Gentilicio:	dominicano/a
Capital:	Santo Domingo, población 2,945,000 (2015)
Sistema de gobierno:	Democracia representativa
Jefe de Estado/Jefe de Gobierno:	Presidente Danilo Medina Sánchez (2012)
Fiesta nacional:	27 de febrero, Día de la Independencia (1844: de Haití)

[12] Fuentes: *CIA World Factbook* 2017 y *United States Census Bureau (International Programs, International Data Base)* 2016.

REPÚBLICA DOMINICANA

GEOGRAFÍA Y CLIMA

Área nacional en millas² y kilómetros²	Tamaño (comparado con los EUA)	División administrativa	Otras ciudades principales	Puertos principales	Clima	Tierra cultivable
18,815 mi² 48,670 km²	El doble de Nueva Hampshire	Un distrito nacional y otras 29 provincias	Santiago de los Caballeros, La Vega, San Pedro de Macorís	Santo Domingo, San Pedro de Macorís, Puerto Plata	Tropical marítimo con estación de lluvias de mayo a octubre	17%

DEMOGRAFÍA

Año y población en millones			% urbana (2015)	Distribución etaria (2016)		% de analfabetismo (2015)	Grupos étnicos
2015	2017	2025		<15 años	65+		
10.5	10.7	11.7	79%	27%	7%	8%	73% mulato, 16% blanco europeo, 11% africano

ECONOMÍA Y COMERCIO

Unidad monetaria	Tasa de inflación (2016)	N° de trabajadores (en millones) y tasa de desempleo (2016)		% de población debajo de la línea de pobreza, según informe del país (2013)	PIB en miles de millones $EUA (2016)	PIB per cápita (2016)	Distribución de PIB (2016) y de trabajadores por sector (2014)*			Exportaciones en miles de millones $EUA (2016)	Importaciones en miles de millones $EUA (2016)
							A	I	S		
El peso	1.9%	5.1	13.8%	41%	$160.9	$15,900	5%	33%	62%	$9.8	$16.7
							14%	21%	65%		

*Para distribución del PIB y de los trabajadores (mano de obra): A = Agricultura, I = Industria, S = Servicios (y Gobierno).

Recursos naturales: Níquel, bauxita, oro, plata, ámbar

Industrias: Turismo, azúcar, minería de ferroníquel y oro, textiles (maquiladoras), cemento, tabaco, productos farmacéuticos

COMERCIO

Productos de exportación: Ferroníquel, azúcar, oro, café, cacao, plata, carne, bienes de consumo, tabaco (puros), abastecimientos médicos

Mercados: 43% EUA, 17% Haití, 8% Canadá, 5% India (2015)

Productos de importación: Alimentos, petróleo, algodón y tejidos, productos químicos y farmacéuticos, maquinaria, equipo de transporte, combustibles, bienes de consumo, materia prima industrial, bienes de capital

Proveedores: 42% EUA, 9% China, 6% Venezuela, 5% Trinidad y Tobago, 4% México (2015)

Horario general de comercio: De lunes a viernes, desde las nueve de la mañana hasta las cinco o seis de la tarde. El almuerzo se come normalmente entre el mediodía y las dos de la tarde.

TRANSPORTE Y COMUNICACIONES

Kilómetros de carreteras y % pavimentadas (2002)		Kilómetros de vías férreas (2014)	N° de aeropuertos con pista de aterrizaje pavimentada (2013)	N° de líneas telefónicas/teléfonos celulares en millones (2015)		N° (en millones) y % de usuarios de Internet (2015)	
19,705	50%	496	16	1.3	8.8	5.4	52%

IDIOMA Y CULTURA

Idiomas	Religiones	Comidas y bebidas típicas/Modales
Español (oficial), inglés	95% católica romana	Arroz con habichuelas, bacalao, sancocho, plátano, cerveza, ron, café. Es común servir primero a los invitados. Durante la comida se practica el arte de la conversación. (Véase la Tabla 14-1, págs. 528–531).

Horario normal del almuerzo y de la cena: Sobre la una de la tarde para el almuerzo; entre las seis y las ocho de la noche para la cena.

Gestos: Espacio físico reducido entre las personas que conversan; a veces se toca el hombro o el antebrazo de la otra persona al hablar. Muchas veces los amigos y conocidos se dan un abrazo al saludarse o las mujeres, un beso en la mejilla. Para señalar algo, se frunce la boca en esa dirección. Señalar algo con la boca fruncida y mirar con los ojos hacia arriba (una mirada de «¡Ay, Dios mío!») significa desaprobación. Se frunce la nariz para indicar que uno no entiende algo. Frotarse el dedo pulgar contra el dedo índice sirve para indicar dinero.

Cortesía: Durante el saludo, darse la mano con un apretón firme. A veces, se ofrece el antebrazo o el codo si está sucia la mano. Saludar a cada individuo al llegar a una reunión o comida y despedirse individualmente al marcharse. Mirar a los ojos de la persona con la que se habla, pues indica interés y sinceridad. Cuando se visita la casa de alguien para comer o cenar, llevar para los anfitriones un regalito como flores o pan.

LA ACTUALIDAD POLÍTICA Y ECONÓMICA DE LA REPÚBLICA DOMINICANA

La República Dominicana, el país democrático más grande del Caribe, ocupa las dos terceras partes orientales de la isla La Española. El otro tercio occidental de la isla, la segunda en tamaño de las Antillas, lo ocupa Haití, el país más pobre del hemisferio. La República Dominicana es uno de los países caribeños de mayor densidad poblacional. Además, sigue existiendo una enorme brecha económica entre los adinerados, mayormente descendientes de los colonizadores españoles, y los pobres, principalmente de orígenes africanos. Los mulatos e indios controlan la mayoría del comercio. Ha sido un país esencialmente agrícola, pero el sector de la exportación de servicios ha crecido rápidamente. El crecimiento del país ha sido impulsado por nuevos sectores como el de turismo, telecomunicaciones y remesas. Las fuentes de remesas más importantes son los Estados Unidos y luego Europa, Canadá y otros países de América Latina. Estos sectores, más el desarrollo de las zonas de libre comercio, con un total de 68 parques en operación en 2016 (un aumento de 4.6% en comparación con el año 2015) y un total de 645 empresas en operación (un crecimiento de 2.4% relativo de 2015), que atraen a grandes compañías comerciales al país para la manufactura de sus productos, son importantes fuentes de divisas internacionales y han empleado a muchos trabajadores dominicanos[13].

La larga historia de dominación política y económica de la isla por fuerzas extranjeras comenzó en 1492 con la llegada de Cristóbal Colón, quien la bautizó con el nombre de Hispaniola. En 1697, por medio del Tratado de Ryswick, España le dio a Francia la parte occidental de la isla, que hoy en día es Haití. España mantuvo la parte oriental, que hoy es la República Dominicana. En el momento de firmar el tratado, los límites exactos entre los dos países no fueron establecidos, una división que duró hasta 1929. En 1795, España cedió su porción de la isla a Francia, pero luego volvió a tomarla en 1808. En 1821, hubo un breve periodo de independencia dominicana de España, pero al año siguiente, el ejército haitiano, bajo el presidente Jean-Pierre Boyer, retomó Santo Domingo. Haití mantuvo control de toda la isla hasta 1844, cuando Santo Domingo declaró su independencia y se creó la República Dominicana. Durante los últimos 165 años, España (1861–1864) y los EUA (1907, 1916–1924, 1965–1966) han ocupado la República Dominicana. El general Rafael Leonidas Trujillo fue dictador entre 1930 y 1961. En diciembre de 1962, bajo la sombra de la revolución cubana, Juan Bosch (1963–1965) tuvo un triunfo arrollador con casi el 60% de los votos y se convirtió en el primer presidente dominicano elegido democráticamente después de 40 años. Bosch inició programas para reformar las tierras y las leyes laborales, lo que terminó con un golpe de estado militar y la invasión estadounidense de la isla en 1965. Después, hubo tres democracias débiles: Joaquín Balaguer (1966–1978), elegido tres veces en este segundo mandato presidencial, pero acosado por asesinatos políticos y una mezcla de democracia y dictadura; Silvestre Antonio Guzmán (1978–1982), durante su mandato una débil economía empeoró debido a la reducida producción de azúcar por causas naturales que originó un incremento del coste de vida que inició huelgas en el pueblo; y Jorge Blanco (1982–1986), uno de los políticos más prometedores pero quien tuvo que huir y pedir asilo político bajo cargos de corrupción.

En 1986, Joaquín Balaguer (1986–1996) asumió la presidencia del país por quinta vez en su carrera política. El «nuevo» presidente tuvo que enfrentar una serie de problemas económicos, tales como la inflación, el déficit comercial, los altos tipos de interés sobre los préstamos, la devaluación de la divisa y una crisis de energía

---

[13] Consejo Nacional de Zonas Francas de Exportación, *Informe Estadístico: Sector Zonas Francas de República Dominicana de 2016*, http://www.cnzfe.gob.do/images/docs/estadisticas/InformeEstadistico_2016.pdf, consultado el 19 de junio de 2017.

empeorada por los altos precios del petróleo importado. Durante esta larga década de gobierno, Balaguer reveló otra forma de gestión pública menos dura y más populista que antes, con énfasis en la reducción de la pobreza. Fue reelegido en 1994, con tantas quejas de fraude electoral que tuvo que terminar su mandato temprano en 1996.

En junio de 1996, se eligió como presidente a Leonel Fernández Reyna (1996–2000). Durante su mandato, la República Dominicana siguió desarrollando su sector turístico y volvió a desarrollar las relaciones internacionales olvidadas bajo el gobierno de Balaguer. En el 2000, Hipólito Mejía fue elegido presidente, prometiendo la creación de un programa social financiado por impuestos recogidos de la venta de gasolina por precios más altos. En 2003, el país sufrió una crisis económica y financiera creada por la mala economía norteamericana tras los ataques terroristas contra ese país en septiembre de 2001. También, la República Dominicana experimentó una baja en el valor del peso del 50%, la quiebra de tres de los bancos nacionales más importantes, una inflación de un 24.7%, una tasa de desempleo del 16% con aumentos rápidos en los precios, lo que inició una pérdida de capacidad adquisitiva y la falta de confianza en el gobierno de Mejía[14].

En la elección de mayo de 2004 pudieron votar por primera vez los dominicanos residentes en el exterior. Leonel Fernández, quien ya había sido presidente (1996–2000), volvió a ser elegido (2004–2012). Bajo el mandato de Fernández, la República Dominicana disfrutó de un fuerte desarrollo económico desde 2005 hasta mediados de 2008, cuando la recesión norteamericana comenzó a influir negativamente. En 2009, a pesar de la crisis mundial, la República Dominicana logró alcanzar la tasa de crecimiento más alta de América Latina con un 3.5% y en 2010 fue un 7.8%. A pesar del desarrollo en 2010, la tasa de desempleo quedó en el 14.4% [15].

Por otra parte, el Tratado de Libre Comercio entre los EUA, Centroamérica y la República Dominicana (RD-CAFTA), aprobado por el gobierno dominicano en 2005 y puesto en práctica en 2006, inicialmente mejoró las inversiones y las exportaciones que se habían perdido a manos de las industrias de la confección en Asia y América Central. Las exportaciones subieron un 46% desde 2011 hasta 2015 y las importaciones, un 26% en la misma época, principalmente de los EUA[16]. Sin embargo, la persistente alta tasa de desempleo (14% en 2015 y 13.8% en 2016) en el país revela serios problemas estructurales internos.

La República Dominicana sigue exportando productos agrícolas entre los cuales figuran principalmente el café, el cacao, las piñas, las naranjas, las flores, los vegetales y el tabaco. Sin embargo, la República Dominicana ya no depende tanto de la exportación de azúcar y los productos agrícolas, sino que exporta oro ($1.24 miles de millones), instrumentos médicos ($1.22 miles de millones), tabaco laminado ($657 millones), equipos de protección de baja tensión ($492 millones) y camisetas tejidas ($450 millones)[17], de acuerdo a la clasificación del sistema harmonizado (HS).

[14] Mariana Martínez, «República Dominicana y el legado de Mejía», *BBC Mundo*, 15 de mayo de 2004, http://news.bbc.co.uk/hi/spanish/business/barometro_economico/newsid_3716000/3716639.stm, consultado el 8 de junio de 2017.

[15] http://hoy.com.do/rd-tiene-la-tasa-de-desempleo-mas-alta-en-america-latina/, consultado el 8 de mayo de 2017.

[16] http://trade.nosis.com/es/Comex/Importacion-Exportacion/RepublicaDominicana/Todas-las-posiciones-arancelarias/DO/00, consultado el 17 de junio de 2017.

[17] http://atlas.media.mit.edu/es/profile/country/dom/, consultado el 17 de junio de 2017.

La zafra en la República Dominicana. ¿Qué es la zafra? ¿Qué tipo de trabajo es y quién lo hace? ¿Se importa mano de obra de Haití para este trabajo? Comente. ¿Es importante para la economía dominicana? Busque más información en Internet que lo ayude a explicar.

«El Sistema Armonizado (HS por sus siglas en inglés), desarrollado y actualizado por la Organización Mundial de Aduanas, es un número de código de reconocimiento internacional que se utiliza en el establecimiento de las clasificaciones nacionales de aduanas y la recopilación de las estadísticas del comercio mundial»[18]. En 2008, la República Dominicana inició la exportación de azúcar al mercado de la Unión Europea (UE) con un envío a Francia con el objetivo de diversificar sus mercados.

Cuando Danilo Medina Sánchez ganó las elecciones presidenciales contra Hipólito Mejía en 2012, su principal problema era que la bonanza macroeconómica de los años más recientes no se había traducido en beneficios equitativos para el pueblo dominicano. No obstante, durante su primer mandato Medina volvió a ganar el apoyo del pueblo y se convirtió en el presidente con más apoyo de América Latina. En las elecciones presidenciales de 2016, ganó el mayor porcentaje (61.8%) de votos en la historia de la República Dominicana y, según la CEPAL, la tasa de crecimiento del PIB de su país se proyectó como el mayor de todos los países de América Latina y del Caribe en 2016[19].

---

[18] https://es.portal.santandertrade.com/gestionar-embarques/clasificacion-armonizada-arancelaria, consultado el 17 de junio de 2017.

[19] «Panorama económico y social de la comunidad de estados latinoamericanos y caribeños», *CEPAL*, 2016, http://repositorio.cepal.org/bitstream/handle/11362/40916/1/S1601359_es.pdf, consultado el 17 de junio de 2017.

UNA VISTA PANORÁMICA DE CUBA[20]

Nombre oficial:	República de Cuba
Gentilicio:	cubano/a
Capital:	La Habana, población 2,137,000 (2015)
Sistema de gobierno:	Estado comunista
Jefe de Estado/Jefe de Gobierno:	Presidente Raúl Castro Ruz (2008)
Fiesta nacional:	26 de julio, Día de la Revolución (1953); se celebra también el 1° de enero, Día de la Liberación (1959)

[20] Fuentes: *CIA World Factbook* 2017 y *United States Census Bureau (International Programs, International Data Base)* 2016.

CUBA

GEOGRAFÍA Y CLIMA

Área nacional en millas² y kilómetros²	Tamaño (comparado con los EUA)	División administrativa	Otras ciudades principales	Puertos principales	Clima	Tierra cultivable
42,803 mi² 110,860 km²	Casi tan grande como Pensilvania	14 provincias y un municipio especial	Santiago de Cuba, Camagüey, Santa Clara, Holguín, Guantánamo, Matanzas, Cienfuegos	La Habana, Matanzas, Cienfuegos, Santiago de Cuba	Tropical con estación de lluvias de mayo a octubre	34%

DEMOGRAFÍA

Año y población en millones			% urbana (2015)	Distribución etaria (2016)		% de analfabetismo (2015)	Grupos étnicos
2015	2017	2025		< 15 años	> 65+		
11.2	11.1	10.9	77%	17%	15%	0%	64% blanco europeo, 27% mestizo, 9% africano

ECONOMÍA Y COMERCIO

Unidad monetaria	Tasa de inflación (2016)	N° de trabajadores (en millones) y tasa de desempleo (2016)		% de población debajo de la línea de pobreza, según informe del país	PIB en miles de millones $EUA (2014)	PIB per cápita (2014)	Distribución de PIB (2016) y de trabajadores por sector (2013)*			Exporta-ciones en miles de millones $EUA (2016)	Impor-taciones en miles de millo-nes $EUA (2016)
							A	I	S		
El peso	4.5%	5.1	2.5%	n.d.	$128.5	$11,600	4%	23%	72%	$3.4	$12.3
							18%	10%	72%		

* Para distribución del PIB y de los trabajadores (mano de obra): A = Agricultura, I = Industria, S = Servicios (y Gobierno).

Recursos naturales: Níquel, cobalto, hierro, cobre, manganeso, sal, madera, sílice, petróleo, cromo, tierra cultivable, gas natural

Industrias: Azúcar, procesamiento de alimentos, bebidas, refinación de petróleo, tabaco, textiles, productos químicos, productos de madera y de papel, metales (especialmente el níquel), hierro, cemento, abono, equipo de transporte y maquinaria (especialmente agrícola), bienes de consumo, construcción, productos farmacéuticos

COMERCIO

Productos de exportación: Azúcar, minerales, níquel, tabaco y productos de tabaco, maquinaria de transporte, pescado y marisco, productos agrícolas, frutas cítricas, café, ron, productos químicos y médicos

Mercados: 18% Canadá, 14% Venezuela, 13% China, 6% Países Bajos, 5% España (2015)

Productos de importación: Petróleo, alimentos, maquinaria, equipo de transporte, productos químicos, lubricantes, minerales

Proveedores: 32% Venezuela, 18% China, 10% España, 5% Brasil (2015)

Horario general de comercio: De lunes a viernes, desde las nueve de la mañana hasta las cinco o seis de la tarde. El almuerzo se come normalmente entre el mediodía y las dos de la tarde.

TRANSPORTE Y COMUNICACIONES

Kilómetros de carreteras y % pavimentadas (2001)		Kilómetros de vías férreas (2014)	N° de aeropuertos con pista de aterrizaje pavimentada (2013)	N° de líneas telefónicas/ teléfonos celulares en millones (2015)		N° (en millones) y % de usuarios de Internet (2015)	
60,858	49%	8,285	64	1.3	3.3	3.4 (uso restringido)	31%

IDIOMA Y CULTURA

Idiomas	Religiones	Comidas y bebidas típicas/Modales
Español (oficial), inglés	85% católica romana antes de Fidel Castro. También hay protestantes, judíos y practicantes de santería.	Arroz y frijoles negros, arroz con pollo, picadillo, tasajo, ropa vieja, tamales, fufú de plátano, croquetas, yuca, boniato, arroz con leche, yemitas, tocino del cielo, daiquiri, cubalibre (llamada «mentirita» por los cubanos de Miami), café. Mantener las manos, no los codos, sobre la mesa al comer. (Véase la Tabla 14-1, págs. 528–531).

Horario normal del almuerzo y de la cena: Sobre la una de la tarde para el almuerzo; entre las seis y las ocho de la noche para la cena.

Gestos: Espacio físico reducido entre las personas que conversan; a veces se toca el hombro o el antebrazo de la otra persona al hablar. Muchas veces los amigos y conocidos se dan un abrazo al saludarse o las mujeres, un beso en la mejilla. Para llamar a un niño, la mano con la palma hacia abajo, cerrar y arañar con los dedos juntos. Una palmadita en la espalda o en el hombro de alguien indica amistad y aprobación.

Cortesía: Durante el saludo, darse la mano con un apretón firme. Mirar a los ojos de la persona con la que se habla, pues indica interés y sinceridad. Cuando se visita la casa de alguien para comer o cenar, llevar para los anfitriones un regalito como flores o pan.

LA ACTUALIDAD POLÍTICA Y ECONÓMICA DE CUBA

Cuba es la isla más grande de las Antillas y se sitúa a unos 145 kilómetros (90 millas) al sur de Cayo Hueso, Florida. Durante gran parte de su historia, Cuba fue uno de los países más prósperos de Hispanoamérica. Pero desde la revolución de 1959, cuando el gobierno de Fidel Castro tomó el poder (1959–2008) y hubo un éxodo de muchos cubanos profesionales a los EUA y a otros países, ha crecido muy poco su capacidad productora. Esto se debe principalmente a un exceso de control gubernamental, a la mala administración económica y a los altos gastos representados por las aventuras globales de las fuerzas armadas cubanas en los años setenta y ochenta (50,000 tropas en Angola; 24,000 en Etiopía y 1,500 en Nicaragua). A partir del régimen de Castro, la isla se convirtió en una economía centralizada, cerrada durante años a la participación en los grandes mercados del mundo, particularmente el de los EUA, por el embargo económico que este le impuso a la isla en 1962. En 1992, la Asamblea General de la ONU por primera vez aprobó una resolución presentada por los cubanos, pidiendo la eliminación del embargo. El mismo grupo volvió a autorizarla en 25 ocasiones hasta 2015, a pesar del acercamiento político de Cuba y los EUA desde 2014. En 2016 los EUA se abstuvo de votar sobre la resolución contra el embargo en vez de votar negativamente como siempre había hecho en las otras ocasiones.

La antigua Unión de Repúblicas Socialistas Soviéticas (URSS) había subvencionado la industria azucarera durante muchos años después de 1960, pero la disolución de la URSS a principios de los años noventa eliminó esta fuente de fondos y apoyo económico, cuyo valor había llegado al equivalente del 28.2% del PIB de Cuba. El éxodo del Mariel en 1980, uno de los grandes movimientos migratorios del siglo XX, llevó a más de 125,000 cubanos de Cuba a los EUA en menos de siete meses, especialmente a Miami, buscando refugio del régimen de Fidel Castro. En 1985, Radio Martí comenzó a transmitir hacia Cuba, lo cual provocó la suspensión del pacto de inmigración y emigración con los EUA por parte del gobierno cubano. La eficiencia de la producción azucarera siguió bajando, lo cual resultó en una crisis económica catastrófica. Cabe señalar que, desde noviembre de 1994 hasta noviembre de 2004, Cuba permitió el uso del dólar estadounidense en su economía. Durante muchos años, los cubanos estadounidenses remitieron anualmente regalos y dólares a parientes en Cuba, lo cual permitió que muchos isleños pudieran comprar artículos inasequibles. Actualmente el peso convertible (CUC$, informalmente el chavito) y el peso cubano son las dos monedas oficiales de Cuba. Oficialmente, se pueden cambiar solo dentro de Cuba.

Bajo Fidel Castro, Cuba fue uno de los últimos estados comunistas, el último en el mundo occidental, lo cual causó enormes pasiones y grandes discusiones ideológicas a favor y en contra. Es un país que ha tenido que aguantar épocas muy difíciles en el pasado y en la actualidad. Después de la caída de la URSS en 1991, Cuba entró en una crisis permanente llamada el «periodo especial». Sin el apoyo económico y financiero de la URSS, le faltaban el petróleo, la maquinaria y las materias primas, y le sobraban importantes productos agrícolas como el azúcar, el café y el cacao. El embargo norteamericano (denominado el *bloqueo* en Cuba) y la incapacidad de mantener auto-suficiencia o de competir en una economía global empeoraron la situación. Debido a la falta de desarrollo de la industria por no tener materias primas disponibles y a la inestabilidad de los precios de sus exportaciones, Cuba utilizó los dólares estadounidenses entregados de las remesas de los cubanos emigrados a los EUA y el turismo para sobrevivir. Se creó una dualidad en la economía: un elemento pobre en pesos con almacenes casi sin productos para vender y dirigidos por dueños y empleados mal pagados; y otro, más productivo en dólares y basado en el turismo y la importación. Por eso, se desarrollaron dos mercados negros: uno en dólares para la compraventa de productos lujosos para los turistas; y otro para los productos básicos que necesita el pueblo cubano. De esa manera, Cuba ha podido seguir con sus estructuras económicas y su independencia de los EUA y a la vez mantener la atención médica y la educación gratuitas. La realidad es que es difícil que un país socialista con pocos recursos naturales pueda funcionar independientemente.

Fidel Castro fue «reelegido» presidente en 1997 y hasta las elecciones de 2008, cuando él mismo renunció a la posibilidad de ser elegido otra vez, dejando la oportunidad a otro presidente después de 50 años. El sistema político tiene un carácter personalista y su hermano, Raúl Modesto Castro Ruz, fue elegido como el segundo presidente después de la Revolución. El nuevo presidente reestableció contactos con países como Rusia, Irán, Argelia, Angola, Brasil y otros países latinoamericanos, porque, bajo el mandato de su hermano Fidel, con la excepción del turismo, solo se mantuvieron relaciones comerciales casi exclusivamente con Venezuela y la República Popular China.

Barack Obama, en 2009, durante sus primeros cien días como presidente de los EUA, estableció la eliminación total de restricciones a los viajes y remesas de cubano-estadounidenses aprobadas en 2004 por su antecesor. Esta moderación de las restricciones sobre viajes, el envío de remesas y la disposición de diálogo con Cuba por Obama representó un cambio en las formas, en el estilo y en la sustancia estadounidenses no solo hacia Cuba sino hacia toda América Latina.

En abril de 2011, se celebró el VI Congreso del Partido Comunista de Cuba (PCC) por primera vez desde 1997. A la vez, en 2011, se organizó la primera Conferencia Nacional del PCC en la cual se modificaron los objetivos del gobierno sugeridos en el «Proyecto de lineamientos de la política económica y social» publicado el año anterior. Más del 90% de las nuevas metas fueron económicas y no sociales.

Raúl Castro ha introducido reformas económicas que incluyen el aumento del trabajo privado que han permitido «cuentapropistas» para la compraventa de automóviles y casas, y la entrega de tierras ociosas en usufructo a campesinos. También, hay más oportunidades para la apertura de negocios privados, especialmente restaurantes. La palabra «usufructo» se refiere al derecho de disfrutar de bienes ajenos (del gobierno en este caso) con la obligación de mantenerlos. Por ejemplo, bajo el Decreto-Ley 259, sobre la entrega de tierras ociosas en usufructo, una persona que desee convertir una parcela de tierra ociosa del campo en tierra productiva, la recibe del gobierno de forma gratuita y así se convierte en un usufructuario.

El gobierno lo hace para reanimar la agricultura y aumentar la producción de alimentos en Cuba. También, ha permitido la formación de cooperativas no agrícolas con más autonomía de las empresas estatales y una ley tributaria con nuevos impuestos sobre ingresos personales, utilidades, ventas, propiedad de viviendas, transporte terrestre y propiedad de tierras agrícolas. En marzo de 2014 fue aprobada la Ley de la Inversión Extranjera que permitió que Cuba accediera al financiamiento externo, las tecnologías y los nuevos mercados para contribuir al crecimiento de la nación. En abril de 2016, el VII Congreso del Partido Comunista de Cuba se reunió en La Habana. Raúl Castro fue confirmado como Primer Secretario por cinco años (2016–2021), aunque él mismo dijo que dejaría el puesto en 2018. Subió la edad máxima para ser elegido para el Comité Central a 60 años, y a 70 años, al Buró Político. Fidel Castro asistió a la clausura de este Congreso en que fue aprobada la hoja de ruta «conceptual» de Cuba hasta el año 2030, pero el padre de la Revolución Cubana murió el 25 de noviembre de 2016.

Hacia el final de su presidencia, las políticas del presidente Obama facilitaron una tendencia de regresar hacia el capitalismo en Cuba. En diciembre de 2014, Obama anunció su plan de reestablecer relaciones diplomáticas con el país caribeño. Obama intercambió prisioneros con el gobierno cubano y se convirtió en el primer presidente de los EUA desde 1928 en visitar Cuba. El 20 de julio de 2016, Cuba y los EUA volvieron a abrir sus embajadas. En su Discurso sobre el Estado de la Unión en enero de 2017, Obama pidió al Congreso que terminara el embargo contra Cuba, pero esto quedó sin resolverse. El futuro de las relaciones entre Cuba y los EUA queda en las manos del presidente estadounidense actual, Donald Trump. La sorprendente y polémica decisión de Obama de poner fin a una política de décadas, permitiendo que los inmigrantes ilegales cubanos permanecieran en los Estados Unidos, podría complicarse bajo Trump, quien favorece poner restricciones a la inmigración a los EUA.

13-6   ACTIVIDADES

¿Qué sabe usted de la República Dominicana y de Cuba?

1. A usted lo/la han contratado como asesor/a transcultural de negocios internacionales. Como tal, necesita informar a sus clientes sobre la República Dominicana y Cuba y recomendar un plan de viaje de negocios a cada país. Investigue los datos pertinentes para poder abarcar los temas a continuación.

   a. Describa la geografía de la República Dominicana y Cuba, incluidos los siguientes temas: ubicación y tamaño de ambos países, capital y otras ciudades y puertos principales, división administrativa y clima. Compare el tamaño de la República Dominicana con el de los EUA. Compárelo con el tamaño del estado donde vive usted. Compare el tamaño de Cuba con el de los EUA y con el de su estado.

   b. ¿Cuáles son las principales características demográficas y políticas de la República Dominicana y Cuba? ¿Quién es el jefe de estado de cada país y cómo se comparan los estilos de liderazgo desde 1960?

   c. ¿Cuándo se celebra la fiesta nacional de cada país? ¿Qué otras fiestas públicas podrían afectar el éxito de un viaje de negocios? (Véase la Tabla 10-1, págs. 352–354).

d. Describa la economía de cada país. Incluya datos sobre la moneda nacional, la tasa de inflación, el PIB y el PIB per cápita, el número de trabajadores (mano de obra), la tasa de desempleo, los recursos naturales, las industrias nacionales, los productos que se exportan e importan, los países destino (mercados) y proveedores (fuentes) de estas transacciones internacionales, y la balanza de comercio. ¿A cuánto se cotiza cada moneda nacional con respecto al dólar estadounidense? ¿Cuál fue la balanza comercial de cada país según la información del libro? ¿En la actualidad?

e. Compare el PIB y el PIB per cápita de la República Dominicana y Cuba. ¿A qué factores se deben las diferencias?

f. ¿Qué producto o servicio recomendaría vender en la República Dominicana y Cuba? ¿Por qué?

g. Compare la infraestructura de los transportes y las comunicaciones de cada país. ¿Qué ventajas o desventajas económicas tienen la República Dominicana y Cuba debido a su geografía?

h. ¿Cómo han cambiado algunos de los datos presentados en las secciones de «Vista panorámica» y «La actualidad política y económica» de este texto? Actualícelos para cada país.

i. Describa la relación socioeconómica entre la República Dominicana y los EUA, refiriéndose a «La actualidad política y económica».

j. Describa la relación socioeconómica entre Cuba y los EUA, refiriéndose a «La actualidad política y económica» y a otras fuentes, como Internet. ¿Fue una buena idea eliminar las restricciones sobre los viajes y las remesas de las familias cubano-estadounidenses? Comente.

k. Basándose en «La actualidad política y económica» de cada país, ¿qué realidades, oportunidades y problemas destacaría y qué recomendaciones le daría a un/a empresario/a interesado/a en hacer negocios allí?

2. Usted tiene que hacer un viaje de negocios a la República Dominicana con un/a colega para hablar sobre la compra de un nuevo hotel en la zona turística de Barahona. Use Internet u otras fuentes informativas para preparar un plan (con presupuesto e itinerario) para usted y su colega, saliendo del aeropuerto de la ciudad donde vive usted en este momento y pasando dos días en Santo Domingo y dos en Barahona. Investigue las posibilidades en Internet, por medio del teléfono, en una agencia de viajes o en el aeropuerto mismo. Comuníquese en español, si es posible.

a. Fechas de ida y vuelta

b. Vuelos: aeropuertos de salida y llegada, líneas aéreas, horario; costos

c. Transporte interno que piensa usar en el país: taxi, autobús, carro de alquiler, metro, tren, otro; costos

d. Alojamiento y viáticos; costos

e. La comida típica que van a pedir para la cena la primera noche en el país

f. Las formas de cortesía y los gestos que deben recordar, usar o evitar

Preparen también una lista de temas que piensan incluir en su discusión sobre la compra del nuevo hotel.

LECTURA CULTURAL

El ambiente legal de la importación y la exportación

El ambiente legal del comercio internacional es bastante más complejo que el de los negocios nacionales. Esto se debe a que cada nación tiene sus propias leyes, y estas casi nunca son del todo compatibles entre los distintos países. Lo importante para toda persona que participe en negocios internacionales es conocer las leyes comerciales del país con el cual se están realizando las transacciones comerciales, o contratar los servicios de especialistas lugareños y/o de un buen abogado internacional.

El investigador Vern Terpstra ha indicado que las leyes de un país se pueden interpretar como una dimensión de su cultura[21]. Estas reflejan las actitudes y normas culturales de una nación y sirven como reglas de conducta impuestas por alguna autoridad (p. ej., la legislatura nacional) o por las costumbres de los ciudadanos. En este sentido más amplio, no se trata solo de las leyes estipuladas por algún código legal. Puede ser que las directivas gubernamentales, las prácticas y los tabúes sociales también alcancen fuerza de ley. La persona de negocios internacionales tiene que estar atenta a todo factor que pueda constituir las «leyes» de una nación. Casi todas las leyes comerciales de los distintos países son diferentes en alguna medida y afectan de algún modo todos los temas tratados en este texto, desde la estructura y ubicación de una empresa hasta los recursos humanos, la oferta de bienes y servicios, los anuncios, la logística, la inversión, los impuestos, etc. El comercio, como campo de actividad humana, es universal en teoría, pero su aplicación o práctica —la *manera* de hacer los negocios— es lo que varía.

Existen la ley internacional y sus instituciones, como las Naciones Unidas y el Tribunal Internacional, pero estos organismos, aunque gozan de gran prestigio, carecen de la autoridad necesaria para hacer cumplir con las leyes internacionales. Una nación no puede hacer que otra nación cumpla con una ley internacional, a no ser por la fuerza. Esto explica, en parte, por qué los vendedores de bienes y servicios en el mercado internacional requieren un largo trato comercial con sus clientes antes de concederles la misma confianza mantenida con los mejores clientes nacionales. Si el importador extranjero no cumple con un pago prometido, es muy difícil demandarlo en su propio país, donde las leyes nacionales (domésticas) del exportador no se reconocen. No obstante, el aumento del comercio internacional y del número de empresas multinacionales, transnacionales y supranacionales[22], así como el crecimiento de la inversión internacional y «los tiburones» (o «las pirañas») corporativos, apuntan hacia un papel más urgente de la ley internacional. Las diferentes naciones que participan en el comercio global tendrán que aceptar un código mutuamente aplicable; es decir, una serie de leyes internacionales que rijan por encima de las leyes nacionales.

---

[21] Vern Terpstra, *The Cultural Environment of International Business*, Cincinnatti, Ohio: South-Western Publishing Co., 1979.

[22] La **empresa multinacional** es la que desarrolla sus actividades comerciales por medio de filiales en diferentes países. La **transnacional** se caracteriza por una administración compartida por representantes de varias nacionalidades. La **supranacional** es aquella que verdaderamente ha superado toda vinculación nacional.

Antes del 11 de septiembre de 2001. Las Torres Gemelas del *World Trade Center*, Nueva York.

Después del 11 de septiembre. Las Torres Gemelas del *World Trade Center* de Nueva York ahora sobreviven en nuestra memoria colectiva, en el monumento titulado «Reflejando la ausencia».

Hasta el momento, salvo en la Unión Europea, no existe ningún organismo internacional que corresponda en la práctica a las legislaturas de los distintos estados soberanos. El Tribunal de Justicia de la Unión Europea (TJUE) «interpreta la legislación de la UE para garantizar que se aplique de la misma manera en todos los países miembros y resuelve los litigios entre los gobiernos nacionales y las instituciones europeas. En determinadas circunstancias, también pueden acudir al Tribunal los particulares, empresas y organizaciones que crean vulnerados sus derechos por una institución de la UE»[23]. En cuanto a su forma de procedimiento, hay un sistema de controles y contrapesos: «Los tribunales de cada país de la UE son responsables de garantizar que el Derecho de la UE se aplique correctamente en ese país, pero existe el riesgo de que los tribunales de distintos países interpreten la legislación de la UE de maneras distintas»[24]. Por otra parte,

---

[23] https://europa.eu/european-union/about-eu/institutions-bodies/court-justice_es, consultado el 17 de junio de 2017.

[24] http://queaprendemoshoy.com/del-tribunal-de-justicia-de-las-comunidades-europeas-tjce-iii-el-tribunal-de-la-funcion-publica-de-la-ue/, consultado el 17 de junio de 2017.

el FMI (Fondo Monetario Internacional), una agencia de las Naciones Unidas, y la OMC (Organización Mundial del Comercio) han sido pasos positivos hacia un sistema de leyes internacionales para el comercio. Estos organismos han podido sancionar a los países miembro que no hayan cumplido con los acuerdos que han sido aceptados entre los miembros. Pero todavía hace falta una ley comercial auténticamente mundial.

13-7 ACTIVIDADES

1. **¿Qué sabe usted de cultura?** Para demostrar sus conocimientos, conteste las preguntas a continuación.

   a. Para tener fuerza de ley, ¿hace falta que una norma de conducta esté inscrita en algún código nacional?

   b. ¿Existe la ley internacional? Explique.

   c. ¿Cómo se distinguen las empresas multinacionales, transnacionales y supranacionales?

   d. ¿Qué tipo de derecho interpreta el Tribunal de Justicia de la Unión Europea? En cuanto a su forma de procedimiento, ¿cómo funciona su sistema de controles y contrapesos?

   e. ¿Qué son el FMI y la OMC? ¿Qué representan en el panorama de la ley internacional?

   f. Observe las fotos en estas páginas. ¿En qué año ocurrió este ataque terrorista? ¿Por qué ocurrió? ¿Qué efectos tuvo sobre la política y la economía mundial? En 2013, se completó la construcción de una nueva serie de torres en ese mismo lugar, incluyendo el rascacielos más alto del mundo, que se llamará «La Torre de la Libertad». También, en el mismo lugar, se destaca un monumento bautizado «Reflejando la ausencia», que honra a los 2,986 muertos del 9–11. Busque en Internet las respuestas a las preguntas y más información sobre estos recientes proyectos conmemorativos.

2. **Prueba de comprensión cultural.** Complete la prueba «Preguntas culturales» en el MindTap de *Éxito comercial: Prácticas administrativas y contextos culturales*.

3. **Asimilador cultural.** Lea el siguiente texto y conteste las preguntas a continuación.

   Richard McCaffery, presidente de una MIPYME de Connecticut que importa directamente de la República Dominicana, está preocupado porque no ha llegado su último pedido a granel de café y azúcar. Decide llamar por teléfono a su abastecedor dominicano, Aurelio Salazar Buendía, para pedirle una explicación. Al comunicarse, Salazar se disculpa y le dice a McCaffery que también estaba a punto de llamarlo a Connecticut. Le explica que hace varios días se perdió toda la mercancía en una inundación que destruyó la carretera y arrastró el camión que llevaba el café y el azúcar. También le explica que será imposible enviarle el pedido hasta el mes entrante, pues primero hay que reparar la carretera, la única que conecta sus operaciones con el puerto de embarque marítimo. A la vez, Salazar le agradece a McCaffery el pago recibido por el café y azúcar, que ha usado para solventar cuentas pendientes.

—No se preocupe, señor McCaffery, que dentro de un par de meses, cuando se arregle todo esto, usted tendrá su café y azúcar.

Después de oír esto, McCaffery se pone frenético y le grita por el auricular.

—¿Que no me preocupe? ¡¿Que no me preocupe?! ¡Tengo clientes que me amenazan con llevar su dinero a otro lugar si no les entrego a tiempo su café y azúcar! ¡¿Que no me preocupe?! ¡No, el que tiene que preocuparse es usted porque lo voy a demandar aquí en una corte por el dinero y los clientes que voy a perder!

a. ¿Cree que McCaffery podrá llevar a cabo su amenaza de demandar a Salazar en una corte de Connecticut? Explique.

b. ¿Cómo solucionaría usted la situación?

SÍNTESIS COMERCIAL Y CULTURAL

13-8 ACTIVIDADES COMUNICATIVAS

1. **Situaciones para dramatizar.** Lea las siguientes situaciones y, después, haga el papel en español con otro/s estudiante/s, usando las siguientes opciones como punto de partida. Cada persona debe participar activamente en la dramatización. No olviden el protocolo ni las cortesías.

   a. *You are the vice-president of a mid-sized American firm that is interested in exporting its products to Latin America. Since you have no experience with foreign customers, you have arranged a meeting with an export specialist to ask what is involved.*

   b. *You are a businessperson in Cuba and form part of an official committee created to study whether or not Cuba should seek to renew free and open trade with the United States. Your position is that it should. Other members of the committee, however, view this as a betrayal of what has been accomplished in Cuba since the revolution: some Cubans will again become wealthier than others, Cuba might become dependent on the U.S., etc. Together with a group of committee members who favor your position, try to persuade your counterparts to accept your reasons for wanting to resume trade. The group of committee members that is against a renewal of trade relations offers their reasons as well, energetically.*

2. **Actividad de comercio internacional.** A usted le interesa importar artesanías u otros productos de Hispanoamérica para venderlas en la ciudad donde vive, pero necesita saber más sobre cómo proceder. Haga una de las siguientes actividades para empezar a averiguar.

   a. Visite una tienda de comidas y haga una lista de los productos importados de países hispanos que encuentre. Después, organice su lista: cuántos y qué tipos de productos, de qué países y a qué precios de venta.

   b. Visite una tienda de comestibles que vende alimentos o bebidas importados de Hispanoamérica y/o de España. Entreviste a uno/a de los/las gerentes o propietarios/as para que él/ella le explique el sistema de distribución por el cual llegan esos productos (p. ej., las salsas y cervezas mexicanas, los plátanos del Caribe, el vino español o chileno) a la tienda.

c. Seleccione un producto de algún país hispanohablante, p. ej., el café colombiano (Juan Valdez), el vino chileno del Valle Maipó, la quinoa de Bolivia, el ámbar de la República Dominicana, el tequila de Jalisco (México), las flores recortadas de Ecuador o Costa Rica, el aceite de oliva de España, etc., y busque en Internet información acerca del producto o de una compañía que lo produce y vende (la página Web de la empresa, que muchas veces contiene su historia como tal, etc.).

Luego, comente con sus compañeros de clase la información que ha conseguido.

3. **Minicaso práctico.** Lea el caso y haga el ejercicio a continuación.

En las últimas décadas, el turismo mundial ha sido uno de los sectores económicos de más rápido y continuo crecimiento, y de mayor diversificación[25]. Según la Organización Mundial del Turismo (OMT), un organismo de las Naciones Unidas, el turismo constituye «un motor clave del progreso socioeconómico», cuyo volumen de negocio ya ha alcanzado al del petróleo, los autos y los productos alimentarios. A nivel internacional, el turismo, especialmente el sostenible, cobra una importancia prometedora para muchos países en vías de desarrollo, especialmente en cuanto a empleo y mejoras de infraestructura, desde la construcción hasta las telecomunicaciones y la agricultura. En 2014, a nivel de turismo mundial, se reportaron 1,133 millones de llegadas internacionales, que generaron unos 1.5 mil millones de dólares EUA. Según un informe en 2015 en *ABC Economía*, «El turismo es uno de los sectores más prósperos del planeta; da trabajo a uno de cada once ciudadanos del mundo»[26]. Y este fenómeno va en aumento, ya que la OMT proyecta 1,800 millones de llegadas internacionales en 2030.

En 2015 el turismo en Hispanoamérica aportó un total de 371.8 mil millones de dólares EUA al PIB de la región. Se pronostica que para 2026, alcanzará unos 600 mil millones[27]. México, por ejemplo, es reconocido mundialmente por su turismo muy diversificado y es el primer destino en América Latina. El ecoturismo de Costa Rica también es mundialmente reconocido, así como el turismo de sol y playa y de recreo en la República Dominicana y en Puerto Rico. El Banco Interamericano de Desarrollo reporta un aumento del turismo

---

[25] «¿Por qué el Turismo? El turismo: un fenómeno económico y social», *Organización Mundial del Turismo (OMT)*, http://www2.unwto.org/es/content/por-que-el-turismo, consultado el 25 de mayo de 2017.

[26] María Luisa Funes , «Diez tendencias del turismo mundial», http://www.abc.es/economia/20150403/abci-tendencias-turismo-mundial-201504030220.html, consultado el 25 de mayo de 2017.

[27] «Statistics and facts on the travel and tourism industry in Latin America». *Statista: The Statistics Portal*, https://www.statista.com/topics/2068/travel-and-tourism-industry-in-latin-america/, consultado el 25 de mayo de 2017.

internacional en América Latina y el Caribe de un 50 por ciento en la última década[28].

En Cuba, según un reciente estudio titulado *Turismo en Cuba: En la ola hacia la prosperidad sostenible*, «El Plan Nacional de Desarrollo Social hasta 2030 del Gobierno cubano reconoce que el turismo tiene un papel central en el futuro de la nación y lo ha designado como un «sector estratégico»»[29]. Se estima que «un aluvión de viajeros se encuentra a la vuelta de la esquina (...) la cantidad de visitantes extranjeros podría aumentar de 3.5 millones en 2015 a más de 10 millones en 2030, sin incluir otros 5 millones de pasajeros de cruceros». Según el mismo informe, un resultado paralelo positivo podría ser «un despegue de la agricultura y la industria, pero no antes de una revisión profunda de las políticas económicas gubernamentales».

Un efecto inesperado del rápido crecimiento del turismo en Cuba se ve en la disponibilidad y la distribución de la comida en el país. Según un informe de Azam Ahmed en *The New York Times*, la llegada de tantos turistas a Cuba ha provocado una crisis de demanda alimentaria[30]. Los turistas literalmente se están comiendo la comida de los cubanos, quienes ya no pueden costear los productos básicos de la dieta tradicional cubana, como la cebolla, el tomate y el pimiento verde, pues estos ya se destinan primero a los hoteles y unos 1,700 paladares (pequeños restaurantes privados) que satisfacen la demanda de los visitantes. Según Feinberg, citado por Ahmed en su informe, se ha dado una competencia directa entre dos mercados para la comida: el turismo, que en este contexto llega con mucho dinero, y la población general cubana, que carece del mismo. Han subido enormemente los precios de los alimentos básicos, y los que sí pueden pagarlos son los restaurantes privados, respaldados por el dinero que trae el turismo, dejando atrás al cubano medio. El profesor Juan Alejandro Triana de la Universidad de La Habana señala que, como consecuencia, en lugar de dar de comer a unos once millones de personas, ya hay que hacerlo para más de 14 millones. Advierte que «En los próximos cinco años, si no hacemos algo al respecto, la comida se convertirá en un tema de seguridad nacional» en Cuba. Según Triana, para evitar tal crisis, hace falta que el gobierno invierta más en el desarrollo y la administración del sector agrícola[31].

---

[28] «Crecimiento de la actividad turística en América Latina y el Caribe», Banco Interamericano de Desarrollo, http://www.iadb.org/es/temas/turismo/crecimiento-de-la-actividad-turistica-en-america-latina-y-el-caribe,3853.html, consultado el 25 de mayo de 2017.

[29] Richard E. Feinberg y Richard S. Newfarmer, *Turismo en Cuba: En la ola hacia la prosperidad sostenible*, Miami, FL: Latin America Initiative at Brookings/ Kimberly Green Latin American and Caribbean Center, 2016, https://www.brookings.edu/wp-content/uploads/2016/12/fp_20161202_turismo_cuba_feinberg_newfarmer.pdf, 2016, pág. 1, consultado el 29 de mayo de 2017.

[30] Azam Ahmed, «El auge turístico profundiza la escasez de alimentos en Cuba», *The New York Times* ES, 9 de diciembre de 2016, https://www.nytimes.com/es/2016/12/09/el-auge-turistico-profundiza-la-escasez-de-alimentos-en-cuba/, consultado el 25 de marzo de 2017. Hannah Berkeley Cohen y Kirk Semple colaboraron con este reportaje en La Habana y Frances Robles desde Miami.

[31] Azam Ahmed, «El auge turístico profundiza la escasez de alimentos en Cuba», *The New York Times* ES, 9 de diciembre de 2016. También la traducción al castellano, «Turismo acapara alimentos en Cuba», http://www.elfinancierocr.com/economia-y-politica/Cuba-turismo-alimentos-escasez-precios_altos-NYT_0_1153684626.html, consultado el 25 de marzo de 2017.

Simultáneamente, las agencias de turismo de los EUA, por ejemplo, animan a los turistas a visitar la isla. Las campañas publicitarias anuncian que hay que apresurarse para llegar antes de que desaparezca la «*real Cuba*», o sea, la auténtica. Ansiosos de realizar sus visitas antes de que la apertura socioeconómica del país, actualmente en curso, lo transforme demasiado, la llegada de más y más turistas irónicamente contribuirá a esta misma transformación que desean evitar o aplazar. En este momento, el turismo presenta dos caras: por una parte, un gran potencial de mejorar la economía de Cuba y que beneficia los cofres del gobierno y a los cubanos que trabajan en este sector, y por otra, una crisis alimentaria que perjudica a muchísimos cubanos.

Conteste las siguientes preguntas:

a. Describa el turismo mundial, según el Minicaso. ¿Qué es la OMC? ¿Cuántos ciudadanos del mundo trabajan en el sector turístico? ¿Cuánto aumentarán las llegadas internacionales desde 2014 hasta 2030?

b. Describa el turismo en Hispanoamérica, según el Minicaso. ¿Cuánto dinero aportó al PIB de la región en 2015? ¿Y para 2026? Según el Banco Interamericano de Desarrollo, ¿cuánto aumentó el turismo internacional en América Latina y el Caribe en la última década? ¿Ha hecho usted turismo en Hispanoamérica o en España alguna vez? Comente.

c. ¿Qué prevé para el turismo el Plan Nacional de Desarrollo Social hasta 2030 del Gobierno cubano? ¿Qué quiere decir «un aluvión de viajeros se encuentra a la vuelta de la esquina»? ¿Cuánto podría aumentar el turismo en Cuba entre 2015 y 2030?

d. ¿Cuál ha sido uno de los efectos importantes del rápido crecimiento del turismo en Cuba? Describa la situación que presenta el Minicaso. ¿A qué tipo de competencia directa se refiere Feinberg?

e. ¿Qué señala el profesor Juan Alejandro Triana de la Universidad de La Habana? ¿Cuál es su advertencia y qué necesita hacer el gobierno cubano, según su recomendación?

f. En cuanto al turismo a Cuba, ¿qué tipo de anuncios hacen las agencias de turismo de los EUA? ¿A qué se refiere la campaña publicitaria de la «*real Cuba*», o sea, una Cuba auténtica? Esta publicidad turística implica la existencia de dos Cubas: una que es real y auténtica, y otra que no. ¿Qué quiere decir esto? ¿Cómo puede existir una Cuba que no es ni real ni auténtica? Explique. ¿Está de acuerdo con esta idea de la existencia de una Cuba real y auténtica?

g. Muchos cubanos favorecen el desarrollo turístico por el dinero que aporta y muchos otros se sienten resentidos por no poder costear productos básicos de la dieta tradicional cubana, como la cebolla, el tomate y el pimiento verde. ¿Cómo lideraría usted en Cuba para resolver la crisis alimentaria provocada por el aumento del turismo?

h. Considere la situación desde los siguientes puntos de vista y comente sus opciones con otros estudiantes que representarán cada perspectiva a continuación.

- Un grupo de empleados cubanos que defienden su trabajo en los hoteles y los paladares, donde se sirve una gran variedad de la mejor comida a los turistas extranjeros, y otro grupo de cubanos medio que se quejan de que ya no pueden comprar productos básicos de la dieta tradicional cubana.

- Un vendedor en un mercado cooperativo que negocia los mejores precios por unos tomates, cebollas, piñas y otras frutas frescas, con un comprador de un paladar.

- Un vendedor en un mercado cooperativo que le explica a una señora cubana fastidiada que no tiene más tomates, cebollas, piñas y otras frutas frescas porque ya los ha vendido todos esta mañana a mejor precio a un comprador de un hotel.

- Un estadounidense que quiere hacer un viaje de turismo a Cuba antes de que desaparezca la «real Cuba», o sea, la auténtica, que anuncian las agencias de viaje, y otro compañero/a que cuestiona la existencia de una Cuba auténtica y otra que no lo es o que no lo será.

- Una familia que deseaba realizar un sueño de muchos años de visitar Cuba en plan turístico, pero que ahora tiene dudas por el impacto de su turismo en la comida disponible para el cubano medio. Algunos miembros de la familia insisten en hacer el viaje todavía, y dicen que beneficiará a la economía cubana, mientras que otros empujan por cambiar su destino a otro país caribeño, pues se sienten culpables de contribuir a la escasez de comida en Cuba.

- Un comité gubernamental a cargo del desarrollo turístico de Cuba que planea aumentar aún más rápidamente el turismo por los beneficios que podría aportar a la economía nacional.

- Un comité gubernamental que discute los detalles de cómo invertir más en el desarrollo y la administración del sector agrícola, para evitar que la comida se convierta en un tema de seguridad nacional frente al creciente turismo.

13-9 COMPRENSIÓN Y COMUNICACIÓN

Busque el ejercicio de video en el MindTap de *Éxito comercial: Prácticas administrativas y contextos culturales*.

✦ MINDTAP

Antes de ver. Conteste las siguientes preguntas antes de ver el video.

1. ¿Qué son la importación y la exportación? ¿Qué formas de transporte y de pago existen en el comercio internacional?

2. ¿Cuáles son algunos Incoterms relacionados con el flete?

Al ver. En el video, el señor Víctor Martínez, un dominicano cuya empresa exporta azúcar a los Estados Unidos, está en Nueva Orleans para finalizar con la señorita Vicky Nadal, agente compradora de una compañía estadounidense, los términos de venta de treinta toneladas de azúcar crudo. Lea las siguientes preguntas y después mire el video. Luego, vuelva a las preguntas para contestarlas.

1. ¿De qué tema trataban las conversaciones telefónicas entre Martínez y Nadal?
2. ¿Cómo se pagará por el azúcar dominicano?
3. ¿Qué ha hecho Washington con respecto al azúcar importado de la República Dominicana?
4. ¿Qué remedio se plantea Martínez ante la política de Washington? ¿Quiénes pueden ayudarlo?

Resumen. Resuma objetivamente para un/a compañero/a de clase lo que ha ocurrido en el video. O para variar, haga un resumen con cambios o falsedades para ver si su compañero/a capta la información errónea y se la corrige.

Ud. es el/la intérprete. Siga el guion a continuación y haga el papel de intérprete entre el señor Víctor Martínez y la señorita Vicky Nadal. Traduzca del inglés al español y del español al inglés, **sin mirar el texto**, el diálogo que leerán otros dos estudiantes en voz alta. Ellos harán una pausa después de cada barra para permitir su traducción. Acuérdense todos de usar un tono y ritmo de diálogo natural.

Sr. Martínez: De acuerdo con nuestras conversaciones telefónicas, le enviaremos las treinta toneladas de azúcar crudo por vía marítima a principios del mes entrante. Ustedes deberán recibir el azúcar para el día ocho.

INTÉRPRETE: _____

Srta. Nadal: _Good. Our bank will issue a letter of credit which should reach you by your return to the Dominican Republic next week. / As we've agreed, delivery will be made CIF, FOB delivered._

INTÉRPRETE: _____

Sr. Martínez: Bien. El precio de venta incluirá el flete y los seguros hasta el puerto de Nueva Orleans. / Ustedes también saben que les podemos ofrecer más azúcar, en caso de que tuvieran interés...

INTÉRPRETE: _____

Srta. Nadal: _Believe me, we'd like to buy more sugar from you, but Washington has recently imposed a quota on sugar from the Dominican Republic. / The 300 or so tons allowed last year have been reduced to about 150 this year._

INTÉRPRETE: _____

Sr. Martínez: Sí, ya lo sé. Es una mala noticia para nosotros, ya que vendíamos tanto azúcar a los Estados Unidos. / Bueno, supongo que el único remedio será empezar a buscar nuevos clientes en otros países para negociar la buena cosecha que hemos tenido este año.

INTÉRPRETE: _____

Actividad. ¿Cómo es diferente su interpretación de la que se presenta en el video? Vuelva a ver el video para hacer una comparación o una crítica de la traducción oral.

Interpretación consecutiva y simultánea. Vuelva al video y ahora haga una interpretación consecutiva, usando la pausa del video cuando le haga falta. O para variar, intente hacer una interpretación simultánea, sin pausas. ¡Ojo! Este tipo de ejercicio requiere mucha concentración, memoria y atención a los detalles.

Otro fin. Después de ver el video, imagine lo que podría ocurrir después si no termina en ese momento. ¿Cómo se desarrollará más el tema entre los actores y qué dirán? Para esta actividad, se puede escribir y entregar un nuevo fin o imaginarse otro fin para representarlo con compañeros de clase. Al continuar con el guion en español, siga el estilo de diálogo usado arriba, empezando con la señorita Nadal.

13-10 ANÁLISIS Y COMPARACIÓN

Estudie la Tabla 13-2 y haga los ejercicios que aparecen a continuación. Use también sus conocimientos y, si es necesario, otras fuentes informativas como Internet, un *Almanaque mundial*, etc. Los ejercicios se pueden hacer individualmente, en parejas o en pequeños grupos para discutir en clase.

1. ¿Qué es una importación? ¿Qué tipos de productos se importan en los EUA? ¿Ha comprado usted recientemente algún producto o artículo importado? Comente.

2. ¿Cuáles de los países de la tabla importaron más de $100,000,000,000 (cien mil millones de dólares estadounidenses = *one hundred billion dollars*) en 2011? ¿Cuáles importaron entre $15,000,000,000 y $363,000,000,000? ¿Y menos de $10,000,000,000?

3. ¿Cuáles son las principales importaciones de México, España, Cuba, Venezuela, Guatemala, Perú, Chile, Argentina y Brasil? ¿Qué tienen en común?

4. ¿Qué es el equipo de telecomunicaciones? ¿La maquinaria? ¿El equipo de transporte? ¿Un combustible? ¿Un avión? ¿El abono? ¿Un producto siderúrgico? ¿Una materia prima? ¿Un bien de consumo y un bien semiacabado? ¿Una pieza de repuesto? ¿Un insecticida?

5. ¿Para cuáles países hispanos es los EUA el principal proveedor de importaciones? ¿Para cuáles lo es Brasil y la UE, y por qué piensa que es así? ¿Para cuál lo es España y para cuál lo es Canadá? ¿Qué países hispanoamericanos reciben más del 40% de sus importaciones de los EUA?

6. ¿Qué países tienen un saldo superavitario en su balanza comercial? ¿Cuáles tienen un saldo deficitario?

7. Usted y tres compañeros de clase sirven de consultores para una empresa norteamericana que desea vender sus productos en Latinoamérica. La compañía les ha pedido que preparen un resumen informativo sobre las importaciones de las distintas regiones hispanoamericanas. Divídanse el trabajo para que cada persona le haga al grupo un breve resumen inicial de una de las principales importaciones de:

   a. el Caribe hispanohablante

   b. Centroamérica

   c. los países andinos

   d. los países del Cono Sur

   e. Brasil

8. Si usted tuviera la oportunidad de importar dos productos de los países hispanos para venderlos en el lugar donde vive ahora, ¿cuáles serían? ¿Por qué piensa que tendrían un buen mercado de consumidores o usuarios? ¿Cuánto dinero calcula que podría ganar usted en seis meses con la venta de estos dos artículos?

TABLA 13-2 COMPARACIÓN ENTRE LOS PAÍSES HISPANOPARLANTES, BRASIL Y LOS ESTADOS UNIDOS: IMPORTACIONES EN MILLONES DE $EUA, AÑO, BALANZA DE COMERCIO EN MILLONES DE $EUA, PRINCIPALES PRODUCTOS DE IMPORTACIÓN Y PRINCIPALES PROVEEDORES

País	Importación en miles de millones $EUA (2016 est.)	Balanza de comercio en miles de millones $EUA (2016 est.)	Principales productos de importación	Principales proveedores (2015 si no se indica otro año)
Argentina	$57.2	$1.2	Maquinaria, vehículos de motor, petróleo, gas natural, productos químicos orgánicos, productos manufacturados, plásticos, equipo de transporte, productos alimenticios y animales vivos	22% Brasil, 16% EUA, 16% China, 5% Alemania
Bolivia	$9.0	−$1.5	Maquinaria y equipo de transporte, equipo de construcción y de minería, productos químicos, productos de petróleo, alimentos, bienes de consumo, plásticos, papel, aviones y piezas para aviones, automóviles, soja, insecticidas	18% China, 17% Brasil, 12% Argentina, 11% EUA, 6% Perú, 5% Japón, 5% Chile
Chile	$56.9	−$0.6	Productos químicos, petróleo y productos de petróleo, combustibles, maquinaria industrial, vehículos de motor, equipo eléctrico y de telecomunicaciones, gas natural, alimentos, bienes de consumo	23% China, 19% EUA, 8% Brasil, 4% Argentina
Colombia	$47.2	−$13.6	Equipo industrial, maquinaria, equipo de transporte, alimentos, metales, productos químicos, vehículos de motor, combustibles, productos de papel, bienes de consumo	29% EUA, 19% China, 7% México, 4% Alemania
Costa Rica	$14.8	−$4.9	Bienes de consumo, petróleo y derivados, alimentos, abono, materia prima, materiales industriales, equipo de capital, materiales para construcción	45% EUA, 10% China, 7% México
Cuba	$12.3	−$8.9	Petróleo, alimentos, maquinaria, equipo de transporte, productos químicos, lubricantes, minerales	32% Venezuela, 18% China, 10% España, 5% Brasil
Ecuador	$17.7	−$1.0	Equipo de transporte, bienes de consumo, vehículos de motor, maquinaria, productos químicos, productos de petróleo, materias primas, materiales industriales, combustibles y lubricantes, bienes de consumo no durables	27% EUA, 15% China, 8% Colombia, 5% Panamá

(continúa)

TABLA 13-2 *(continuación)*

País	Importación en miles de millones $EUA (2016 est.)	Balanza de comercio en miles de millones $EUA (2016 est.)	Principales productos de importación	Principales proveedores (2015 si no se indica otro año)
El Salvador	$9.4	–$4.9	Materia prima, bienes de consumo y de capital, combustibles, alimentos, petróleo, electricidad, maquinaria	39% EUA, 10% Guatemala, 8% China, 7% México
España	$287.9	–$21.6	Maquinaria, productos agrícolas, equipo de transporte, petróleo, combustibles, productos químicos, aviones, granos, bienes semiacabados, alimentos, bienes de consumo, equipo de control médico y de precisión	42% UE (14% Alemania, 12% Francia, 7% Italia, 4% Reino Unido), 7% China, 5% Países Bajos
Guatemala	$16.8	–$5.4	Combustibles, maquinaria, equipo de transporte, vehículos de motor, granos, abono, electricidad, materiales para construcción, productos minerales, productos químicos y plásticos	38% EUA, 12% México, 13% China, 5% El Salvador
Guinea Ecuatorial	$3.0	$2.1	Petróleo y equipo para el sector petrolero, alimentos	17% Países Bajos, 16% España, 15% China, 9% EUA, 6% Costa de Marfil, 5% Francia
Honduras	$11.3	–$3.1	Petróleo y combustibles, maquinaria y equipo de transporte, vehículos de motor, materias primas industriales, telas e hilos, productos agrícolas, productos químicos, productos alimenticios	35% EUA, 9% Guatemala, 7% México, 5% El Salvador
México	$372.8	–$13.5	Máquinas para trabajo con metales (metalurgia), productos siderúrgicos (de hierro), maquinaria agrícola, equipo electrónico, piezas para ensamble de automóviles, repuestos para vehículos de motor, aviones y piezas para aviones	47% EUA, 18% China
Nicaragua	$6.0	–$2.9	Productos de petróleo, bienes de consumo, alimentos, maquinaria y equipo, materias primas	20% EUA, 15% México, 11% China, 7% Venezuela, 7% Costa Rica, 6% El Salvador, 6% Guatemala, 5% Antillas Holandesas

(continúa)

TABLA 13-2 *(continuación)*

País	Importación en miles de millones $EUA (2016 est.)	Balanza de comercio en miles de millones $EUA (2016 est.)	Principales productos de importación	Principales proveedores (2015 si no se indica otro año)
Panamá	$22.1	−$6.9	Maquinaria, equipo de transporte, combustibles, productos alimenticios, bienes de consumo, bienes de capital, productos químicos	26% EUA, 10% China, 5% México
Paraguay	$10.2	$1.7	Maquinaria, combustibles, lubricantes, productos de petróleo, maquinaria eléctrica, tractores, piezas para vehículos, productos electrónicos, bienes de consumo y de capital (equipo industrial), productos alimenticios, materia prima, tabaco, equipo de transporte, químicos	25% Brasil, 24% China, 15% Argentina, 8% EUA
Perú	$38.4	−$0.3	Maquinaria, equipo de transporte, productos alimenticios, petróleo y productos del petróleo, hierro, acero, productos químicos y farmacéuticos, cereales, trigo, automóviles, papel, plásticos	23% China, 21% EUA, 5% Brasil, 5% México
Puerto Rico	$47.6	$22.8	Productos químicos y farmacéuticos, maquinaria y equipo, ropa, algodón y telas, alimentos, pescado, productos de petróleo	n.d.
República Dominicana	$16.7	−$6.9	Alimentos, petróleo, algodón y tejidos, productos químicos y farmacéuticos, maquinaria, equipo de transporte, combustibles, materia prima industrial, bienes de consumo, bienes de capital	42% EUA, 9% China, 6% Venezuela, 5% Trinidad y Tobago, 4% México
Uruguay	$9.1	−$0.1	Maquinaria y equipo, vehículos de motor, aviones, insecticidas, equipo de telecomunicaciones, productos químicos, minerales, papel, plásticos, petróleo crudo y productos del petróleo, combustibles, alimentos procesados, productos metálicos	18% Brasil, 17% China, 13% Argentina, 9% EUA, 5% Alemania, 4% Nigeria

(continúa)

TABLA 13-2 *(continuación)*

País	Importación en miles de millones $EUA (2016 est.)	Balanza de comercio en miles de millones $EUA (2016 est.)	Principales productos de importación	Principales proveedores (2015 si no se indica otro año)
Venezuela	$27.1	$1.0	Materia prima, maquinaria, equipo de transporte, bienes manufacturados, materiales para construcción, productos químicos, medicamentos, material eléctrico y aparatos emisores de telecomunicaciones, papel	18% EUA, 15% China, 10% Brasil, 6% Colombia, 4% México
Brasil	$143.9	$45.8	Maquinaria pesada, productos químicos, automóviles y piezas de repuesto, motores, combustible, electricidad, circuitos integrados, medicamentos, trigo, petróleo crudo, equipo eléctrico y de transporte, electrónica	18% China, 16% EUA, 6% Alemania, 6% Argentina
Estados Unidos	$2,205	−$734.0	Petróleo crudo y productos de petróleo refinado, maquinaria, automóviles, bienes de consumo y de capital, materia prima industrial, alimentos y bebidas, productos electrónicos	22% China, 13% Canadá, 13% México, 6% Japón, 6% Alemania

Fuentes: *U.S. Department of State Background Notes*, *CIA World Factbook* 2017. (Números redondeados)

Posibilidades profesionales

La importación y la exportación son los campos por excelencia de los negocios internacionales. Proporcionan la mayoría de los trabajos a nivel global y figuran en su número los de comerciante internacional, representante de ventas, agente expedidor de mercancías, corredor/a, agente e inspector de aduanas, transportista, etc. Para obtener más información al respecto y para una actividad que le ayude a saber más sobre el tema, véase el Capítulo 13 de «Posibilidades profesionales» en el MindTap de *Éxito comercial: Prácticas administrativas y contextos culturales.*

VOCABULARIO

Aquí se presentan los principales términos de este capítulo. Al final del libro, hay un glosario más completo.

a bordo on board

apoyar to guarantee, back up

armador/a shipowner

carga cargo

carta letter, card

   de crédito irrevocable irrevocable letter of credit

   de crédito irrevocable y confirmada confirmed irrevocable letter of credit

   de crédito revocable revocable letter of credit

   de pedido order

   de porte terrestre bill of lading, railway bill, freight bill

certificado certificate

   de origen proof of origin

   sanitario/fitosanitario sanitary certificate, health certificate

CFR (costo y flete) cost and freight

CIF (costo, seguro y flete) cost, insurance, and freight

código code (i.e., of laws)

conocimiento de embarque bill of lading

contingente *(m)* import quota

DDP (entregadas [mercancías], derechos pagados, lugar de destino convenido) delivered duty paid

declaración declaration

   de aduana customs declaration

   de exportación export declaration

demandar to sue

directiva guideline

documento de embarque shipping document

egreso expenditure, outlay, disbursement

embarque *(m)* shipment

emitir to issue

exención exempion

factura consular consular invoice

FAS (libre o franco al costado del buque) free alongside ship

fletador/a freighter, charterer (hirer, renter), carrier

fletamento (fletamiento) charter, freight contract; chartering (of some form of transportation); transport

fletante *(m/f)* charterer (owner of means of transport), affreighter, shipowner

fletar to charter, hire, rent (a means of transportation)

flete charter, fee, carriage

   pagado hasta el punto de destino FOB delivered

fluvial *(adj)* fluvial (relating to rivers)

FOB (libre o franco a bordo) free on board

gasoducto gas pipeline

giro draft

   a la vista sight draft

   a plazo time draft

guía aérea air waybill

hoja de ruta route sheet, waybill

hurto pilferage, theft

licencia license

   de exportación export permit

   de importación import permit

marítimo maritime, sea

muelle *(m)* dock, pier, wharf

nave *(f)* ship

naviero/a shipowner

oleoducto pipeline

Organización Mundial del Comercio (OMC) World Trade Organization (WTO)

originario originating in, coming from

piraña (corporativa) corporate raider

subvencionar to subsidize

superavitario surplus

tiburón (corporativo) corporate raider

transbordo transfer

trueque *(m)* barter, exchange

ventaja advantage

   absoluta absolute advantage

   comparativa comparative advantage

LAS PERSPECTIVAS PARA EL FUTURO

Ed Honowitz/Getty Images

Se requerirá toda clase de personal para el comercio global del futuro. ¿Qué tipo de preparación necesitarán los gerentes del futuro para mejorar su capacidad de trabajar con personas de todas partes del mundo? Para los niños en la foto, ¿cómo será el mundo en el año 2025? ¿Más pacífico y seguro? ¿Menos contaminado y más limpio? ¿Habrá menos pobreza? ¿Habrá mejores líderes? ¿Será usted uno/a de esos líderes? Comente.

14-1 PREGUNTAS DE ORIENTACIÓN

Cuando lea la sección «Lectura comercial», piense en las respuestas a las siguientes preguntas.

1. ¿Cuáles son los cuatro aspectos del nuevo mundo comercial que deberá tener en cuenta el/la gerente del futuro?

2. ¿Cuáles son las dos medidas más populares que se usan para medir y comparar el desarrollo de los países del mundo? ¿Qué elementos incluye cada medida en su cálculo? ¿Por qué creen algunos investigadores que el PIB no es suficiente para reflejar el desarrollo de un país?

3. ¿Cuáles son las tres etapas económicas de los últimos doscientos años? ¿En qué época hemos entrado ahora? ¿Cuáles son algunos rasgos de la nueva época?

4. ¿Cuál es la importancia de Internet, la telemática y las telecomunicaciones en el comercio? ¿Qué opina de la enseñanza a distancia? ¿Es más efectiva que la enseñanza tradicional? Explique.

5. ¿Qué impacto puede tener la infotecnología en una sociedad? ¿En la educación? ¿En los gobiernos? ¿En los negocios?

6. ¿Qué es la globalización? ¿Cuál es la reacción opuesta a la globalización?

7. ¿Cuáles fueron las dificultades económicas internacionales causadas por las distintas crisis, como la asiática a finales del siglo XX y la recesión estadounidense en 2008?

8. Describa el impacto de las decisiones de Bretton Woods en las economías desde la Segunda Guerra Mundial hasta el establecimiento de la OMC en 1995. ¿Qué ventajas ofrece la OMC al comercio internacional?

9. ¿Qué ventajas unificadoras les brinda UNASUR a las naciones sudamericanas? ¿Qué cambios pueden resultar en la estructura comercial hemisférica debido a las nuevas organizaciones como esta?

10. ¿Qué es la migración? ¿Por qué ha habido tanto movimiento laboral en la primera década del siglo XX? ¿Qué cambios podrían ocurrir en la demografía mundial del futuro?

11. ¿Por qué ha habido tanto interés en la ética empresarial en las últimas dos décadas?

12. ¿Cuáles son los tres objetivos académicos que facilitarán la entrada del estudiante al mundo de los negocios?

13. Según *U.S. News and World Report*, ¿cuáles son los cinco mejores trabajos en negocios para el futuro? Describa las funciones de cada empleo.

14. ¿Qué tipo de liderazgo hará falta en la economía global del futuro? Explique. ¿Se está preparando usted para ser líder en el futuro? Comente. ¿Qué tipo de líder será? Explique.

---

[1] (De la página anterior) Nancy Gibbs, «What College Students Don't Know», *Time*, 21 de septiembre de 2009, pág. 92.

LECTURA COMERCIAL

La preparación de los líderes y gerentes futuros para el comercio mundial internacional

¿Cómo medir el desarrollo en el futuro?

Para tener éxito en el mundo de los negocios del futuro, los líderes y gerentes tendrán que adaptarse a un ambiente caracterizado por cambios continuos. Este nuevo ambiente comercial incluirá no solamente aspectos económicos sino demográficos, sociales y políticos mundiales. Algunos investigadores utilizan el PIB para medir el desarrollo de un país. Otros prefieren enfocarse más en la distribución de la riqueza y cómo usarla para mejorar las condiciones de los pobres, es decir, para el progreso socioeconómico, y emplean el **Índice de Desarrollo Humano** (IDH) que fue adoptado por la ONU en 1999[2]. Esta medida incluye la esperanza de vida al nacer, el **nivel educativo** y el **PIB per cápita** (en dólares), atributos físicos y financieros de desarrollo y no solamente financieros como el PIB. En el *Informe sobre Desarrollo Humano 2015* del Programa de las Naciones Unidas para el Desarrollo (PNUD), Noruega (1), Australia (2) y Suiza (3) ganaron las tres clasificaciones más altas. Solo cinco países hispanoparlantes lograron una nota de «Muy alto»: EUA (8), España (28), Argentina (40), Chile (42) y Uruguay (42). Ocho recibieron «Alto» y siete recibieron «Medio». Ninguno de los otros recibió una clasificación de «Bajo», según la tabla del IDH[3].

Los cambios históricos en los sectores económicos

El comercio global será aún más competitivo, y la formación de líderes y empresarios internacionales tendrá nuevas direcciones profesionales y nuevas dimensiones internacionales. Las distintas épocas históricas de los últimos siglos reflejan los cambios importantes de los diferentes sectores económicos. Primero, en el siglo XIX, el sector agrícola fue el más importante y contaba con el mayor número de empleados. Luego, a partir del siglo XX, el sector manufacturero dominó la economía y proporcionó una gran variedad de trabajos a los ciudadanos, mientras que a la vez fomentaba la creación de sindicatos laborales. Ahora, los países desarrollados han entrado en un periodo postindustrial, la era de la información. Hay más cambios y los cambios mismos, más rápidos que nunca, requieren que los países impulsen entre sus ciudadanos un **aprendizaje para toda la vida.**

En las décadas de los ochenta y los noventa del siglo pasado, se inició el uso de la computadora en las oficinas, las casas y las escuelas. Las computadoras se encargaron de muchas de las tareas mentales humanas, tal como habían hecho las máquinas desarrolladas durante la revolución industrial con la labor manual. Finalmente, había comenzado la tercera época, la revolución informática

---

[2] Consejo Económico Social: Naciones Unidas. *Evaluación de las críticas formuladas acerca de las estadísticas del Informe sobre Desarrollo Humano de 1999, 2000.* http://unstats.un.org/unsd/statcom/doc01/2001-18s.pdf, consultado el 16 de mayo de 2017.

[3] Programa de las Naciones Unidas para el Desarrollo (PNUD), *Panorama general: Informe sobre Desarrollo Humano 2015. Trabajo al servicio del desarrollo humano,* http://hdr.undp.org/sites/default/files/2015_human_development_report_overview_-_es.pdf, consultado el 16 de mayo de 2017.

caracterizada por una red mundial interactiva. El Internet, inicialmente llamado «*information highway*» en los EUA, es la red global de computadoras interconectadas, o sea, la red de redes. Por medio de esta, todo el mundo puede comunicarse directa e inmediatamente y, alternativamente, se comunica con otros aparatos electrónicos. Esta ya es la máquina de mayor alcance que se ha construido en la historia del mundo. La infotecnología ha proliferado en los países industrializados y seguirá difundiéndose por todos los países del mundo porque los precios de la alta tecnología continúan bajando. Se ha combinado el televisor, el teléfono (celular y tradicional), la cámara fotográfica y la computadora en una sola máquina informativa y comunicativa. Además, las empresas están investigando y utilizando más y más la **robótica**, una rama de la tecnología que emplea el diseño y construcción de máquinas capaces de desempeñar tareas actualmente realizadas por el ser humano. También se está desarrollando la nanotecnología, en la que el orden de magnitud (la nanoescala) se mide en nanómetros, o sea, la milmillonésima (10^{-9}) parte del metro, una medida extremadamente pequeña usada para crear materiales, aparatos y sistemas novedosos[4]. La **enseñanza multimedia**, la **educación a distancia** y la **realidad virtual** extenderán las experiencias educativas y prometen cambiar radicalmente la enseñanza y el adiestramiento en las escuelas, los institutos, las universidades y las empresas. Desde 2008, ha aparecido un nuevo paso en la evolución de la educación abierta, los **MOOC**, que están provocando un debate acerca del papel futuro de la educación universitaria. Los MOOC, acrónimo en inglés de *Massive Online Open Courses* (cursos en línea masivos y abiertos, un término introducido por Dave Cormier y Bryan Alexander en la Universidad de Prince Edward Island de Canadá) tenían como objetivo ofrecer un curso en línea dirigido a la flexible participación interactiva de una comunidad sin límite de estudiantes, profesores y sus asistentes que brindara acceso abierto por medio de Internet. En general los resultados son mensurables, pero no ofrecen créditos universitarios ni cobran una matrícula[5]. Las implicaciones de este concepto para el progreso de países **en vías de desarrollo** son enormes, porque el gobierno estatal o nacional que no apoye la educación de sus ciudadanos de cualquier edad por razones políticas o personales, correrá el riesgo de crear un pueblo de «**náufragos**» cuando lo que se necesita son personas que sepan «navegar» efectivamente por la red en línea.

Los cambios políticos a fines del siglo XX

Antes del final del siglo XX, se presenció la conclusión de la Guerra Fría y la división de la URSS (Unión de Repúblicas Socialistas Soviéticas) en varios países de distintas dimensiones con diferencias étnicas, lingüísticas, religiosas y culturales. A la vez, el mundo entero entró en una época de globalización, un fuerte movimiento hacia la apertura y la integración de los mercados financieros, las naciones y las tecnologías. En otras palabras, las corrientes macroeconómicas actuales enfatizan los mercados

---

[4] https://www.significados.com/nanotecnologia/ y http://www.nanotecnologia.cl/que-es-nanotecnologia/, consultados el 16 de mayo de 2017.

[5] http://www.mooc.es/que-es-un-mooc, consultado el 16 de mayo de 2017.

libres, la integración, la eliminación de barreras nacionales y la reducción comunicativa y logística de distancias geográficas, un proceso denominado «el Lexus» por Thomas Friedman, corresponsal internacional de *The New York Times* y autor de *The Lexus and the Olive Tree: Understanding Globalization*, luego expandido en su libro *The World is Flat: A Brief History of the Twenty-First Century*[6].

En este periodo, muchos de los países latinoamericanos se habían convertido de gobiernos autocráticos con barreras de proteccionismo económico en gobiernos orientados al libre comercio con bases más democráticas. Comenzaron a privatizar muchas industrias nacionales ineficientes y alcanzaron metas razonables de desarrollo por medio de políticas de mayor austeridad económica. Como se ha visto anteriormente, establecieron acuerdos y zonas internacionales de libre comercio con sus vecinos. En muchos casos estas zonas, combinadas con la estabilidad política, atrajeron a más inversionistas y empresarios internacionales con los fondos necesarios para apoyar el desarrollo necesario y competir en la economía global. Estos individuos u organizaciones, «la manada electrónica» según Friedman, navegan por todo el mundo bien armados de información y capital, buscando nuevos mercados emergentes. Como lo había resumido en 2003 el periodista y comentarista Bill Moyers, la globalización, reducida a lo más esencial, se trata del dinero que recorre el mundo en busca de la mejor **oferta**[7].

Frente a esta globalización, los líderes de las antiguas repúblicas soviéticas, tanto como de los países hispanoamericanos, siguen luchando por mantener los valores tradicionales de comunidad e identidad con los cuales han sobrevivido desde antaño, que Friedman llama «el Olivo». En el año 2000, se destacaron los esfuerzos del coronel Hugo Chávez Frías en Venezuela y su nueva Constitución, que le otorgaba más poder como presidente del país, como muchos caudillos tradicionales. También las manifestaciones de los indígenas en Ecuador antes de la dolarización de la moneda nacional reflejaron una tendencia de mantener lo tradicional. Estas tradiciones rechazan las nuevas normas económicas y políticas, «la camisa de fuerza dorada» de Friedman, necesarias para integrarse al sistema global. También, en los EUA se ha reflejado la enorme brecha entre «el Lexus» y «el Olivo» del público estadounidense en las diferencias expresadas en el Congreso por los extremistas de los dos partidos políticos principales, los ultraconservadores derechistas del Partido Republicano (donde se originó en 2009 el movimiento disidente llamado el Partido del Té, autoproclamado «la voz del pueblo») y los ultraliberales izquierdistas del Partido Demócrata[8]. Sin embargo, la amenaza más profunda que destaca la lucha continua entre «el Lexus» y «el Olivo» fue ilustrada por el ataque del 11 de septiembre de 2001 contra las Torres Gemelas del Centro Comercial Mundial en Nueva York y el Pentágono en Washington, D.C., iconos del poderío comercial y militar estadounidense. Este inicio de un terrorismo global ejemplifica el fanatismo

---

[6] Thomas Friedman, *The Lexus and the Olive Tree: Understanding Globalization*, Nueva York: Farrar, Straus and Giroux, 1999 y Thomas Friedman, *The World is Flat: A Brief History of the Twenty-First Century*, Nueva York: Picador/ Farrar, Straus and Giroux, 2007.

[7] http://www.pbs.org/now/transcript/transcript233_full.html, consultado el 16 de mayo de 2017.

[8] http://www.elmundo.es/america/2010/09/20/estados_unidos/1285013656.html y http://www.rebelion.org/noticia.php?id=188100, consultados el 16 de mayo de 2017.

del millonario Osama Bin Laden, quien murió a manos de un comando de élite de los EUA en 2011 en Pakistán, y de otros empeñados en la destrucción del capitalismo occidental y de la globalización económica. Luego, los EUA iniciaron ataques contra el régimen talibán en Afganistán, donde se entrenaban grupos terroristas, y contra Irak, donde eliminó al gobierno de Saddam Hussein. Este líder iraquí fue capturado, condenado a muerte por crímenes contra la humanidad por una corte de Bagdad y murió ahorcado allí a fines de 2006. La necesidad de los EUA de invertir enormes fondos en la reconstrucción de estas sociedades, los gastos militares para las operaciones en Afganistán e Irak y para su ocupación posterior, los desembolsos adicionales para aumentar la seguridad interna, los impactos económicos negativos en la bolsa y en los mercados estadounidenses debido a la inseguridad psicológica y el alza en los precios del petróleo, inicialmente dañaron tanto su economía como las otras economías de las Américas y despertaron en muchas partes del mundo un recelo hacia la política internacional estadounidense.

Las crisis económicas y la OMC

Durante los últimos 20 años, el mundo ha tenido que sobrevivir el impacto de diferentes crisis económicas como la asiática, que comenzó en 1997 en Tailandia y que luego se extendió a los mercados de Corea del Sur, Indonesia, Malasia, Singapur, Filipinas y Hong Kong al final de ese año. Al año siguiente, estas condiciones empeoraron la recesión en el Japón. A fines de 1998, los efectos de la devaluación del rublo ruso, complicados por la contracción del comercio en Asia, afectaron los mercados latinoamericanos, especialmente en Argentina y Brasil. La baja del precio de la gasolina, combinada con los acontecimientos en Asia, redujo el valor del peso mexicano. Colombia y Brasil devaluaron el peso y el real, respectivamente. Y después, otras crisis económicas en Argentina y Brasil precedieron a los ataques del 11 de septiembre de 2001 en los EUA. Al mismo tiempo, los escándalos de corrupción contable en algunas de las más grandes empresas estadounidenses más grandes han tenido un impacto negativo en los mercados financieros y en la confianza de los inversionistas, tan importante en el mundo de los negocios. La realidad es que el estado económico de todos los países del mundo, y sin duda de América Latina, siempre había dependido en gran parte del éxito comercial estadounidense. En 2009, el presidente Obama se esforzó por superar la crisis económica en su país y en el mundo además de la gran recesión en los EUA, y propuso la reforma nacional de un sistema de salud caro e ineficiente. Muchos individuos y familias estadounidenses se declararon en bancarrota y en el 62% de los casos se mencionaban las facturas médicas como uno de los factores importantes en la decisión de declararse como tal[9].

Para reducir el impacto global de tales crisis, harán falta organizaciones con excelentes líderes capaces de tomar decisiones bien informadas, justas y equitativas. Una institución que se esfuerza por fomentar la cooperación comercial internacional

---

[9] http://www.soitu.es/soitu/2009/06/28/actualidad/1246226121_840265.html, consultado el 16 de mayo de 2017.

es la Organización Mundial del Comercio (OMC), establecida el primero de enero de 1995 como el próximo paso del Acuerdo General sobre Aranceles y Comercio (AGAAC) o *General Agreement on Tariffs and Trade* (GATT)[10]. Este sistema provisional del AGAAC fue creado en 1944 en Bretton Woods, New Hampshire, y estableció el Banco Mundial y el Fondo Monetario Internacional (FMI). Sin embargo, la creación de la OMC representó la principal reforma del comercio internacional desde la Segunda Guerra Mundial e hizo realidad los deseos incumplidos de formar la Organización Internacional de Comercio (OIC) en 1948. La OMC abarca varios sectores como mayor acceso a los mercados internacionales para las grandes empresas multinacionales y para las MIPYME (véase págs. 25–26); propiedad intelectual: derecho de autor y derechos de los artistas, intérpretes y ejecutantes, etc.; establecimiento de reglas y procedimientos para la solución de diferencias entre países (los EUA había presentado más quejas que cualquier otro miembro); foro para la liberalización del comercio y difusión de información sobre la alta tecnología y las telecomunicaciones; y expansión de la membresía global. Desde 2008 se ha desarrollado la Unión de Naciones Suramericanas (UNASUR), una organización internacional con una membresía que incluye a todos los países sudamericanos, con México y Panamá como observadores. Sus metas incluyen la integración regional respecto a asuntos de energía, educación, salud, ambiente, infraestructura, seguridad y democracia e intentan profundizar la unión entre los países sudamericanos. Es obvio que en el futuro cercano habrá fuertes desafíos a la dominación económica de la globalización por parte de los EUA, cuyos esfuerzos por unir las naciones del hemisferio durante la última década del siglo XX fueron infructuosos durante la primera década del siglo XXI, excepto en el caso de Centroamérica y el Caribe.

Los bloques comerciales, China y las recesiones del Occidente

Además de la creación de la OMC, se han establecido bloques comerciales en el mundo hispano y en diferentes regiones del mundo como la UE, el TLCAN o NAFTA, el MERCOSUR, el MCCA, la CAN, la Asociación de Naciones del Sudeste Asiático (ANSEA), la Cooperación Económica de Asia Pacífico (APEC), la Comunidad Económica de los Estados de África Occidental (CEDEAO), la CARICOM y el ALBA, que contiende con el ALCA, patrocinada por los EUA. Estas han tratado de fomentar la comunicación y cooperación entre los países regionales, aunque a veces representan polos opuestos e impedimentos al libre comercio global, al favorecer el bienestar económico de sus miembros.

Últimamente, un elemento desconocido e inseguro, pero clave para la economía global, es el futuro de China, el país más poblado del mundo. Según la Oficina de Información Diplomática de la República Popular de China, su comercio exterior disminuyó en 2014 y 2015, una caída que refleja la baja en la demanda global. El volumen de exportaciones de China en 2015 fue 2.25 mil millones de dólares estadounidenses, una baja de un 2.8%. El volumen de las importaciones fue 1.67 mil millones, una baja de un 14.1%[11]. China influye fuertemente en el equilibrio

---

[10] http://www.wto.org/spanish/thewto_s/whatis_s/tif_s/fact4_s.htm, consultado el 16 de mayo de 2016.

[11] http://www.exteriores.gob.es/Documents/FichasPais/CHINA_FICHA%20PAIS.pdf, el 17 de mayo de 2017.

de la economía global y el desarrollo en América Latina. Desde el fin de la crisis económica que empezó en los EUA en 2008 y que continuó en la UE, se observa que muchos países latinoamericanos, especialmente los sudamericanos, por haber expandido sus perspectivas comerciales hasta nuevas regiones globales como Asia y África, han podido recuperarse de la recesión más rápidamente que su vecino norteamericano y que por eso han podido reducir su dependencia de los EUA. Esta crisis, iniciada en los EUA con la bancarrota de *Lehman Brothers*, se extendió por todas partes del mundo, con mayor impacto en la zona del euro de la UE. La crisis financiera exigió la movilización de una enorme cantidad de finanzas públicas para reestructurar el sector financiero en casi todos los países avanzados de la UE. Las distintas economías europeas han tenido diferentes resultados dependiendo de la profundidad de la crisis y de las medidas adoptadas. Según los datos de Eurostat, a finales de 2014 el coste fiscal fue del 1.9% del PIB de la UE. Ha habido enormes diferencias entre países: Irlanda, Grecia y Chipre son los países con más deuda (20% del PIB), Eslovenia y Portugal (6% y 8%, respectivamente) y España (4.2%)[12]. La recuperación de la gran recesión ha sido lenta y débil en los EUA. Las dificultades de la UE no causaron mayores dificultades en Latinoamérica y el Caribe, con la excepción de una reducida demanda de los bienes y servicios exportados por la región, una ligera caída de los precios de las materias primas, menos remesas enviadas desde Europa y cierta inestabilidad debido a las mayores percepciones de riesgo. Sin embargo, la región todavía tiene acceso al mercado internacional de capitales y ha podido mantener las inversiones directas del extranjero. En el próximo futuro, China y los países en vías de desarrollo, especialmente la India en Asia y Brasil en América del Sur, tendrán mayor impacto en el comercio y las economías mundiales[13].

La migración global y los valores sociales

Los cambios políticos y económicos causan la **migración**, o sea, el traslado de personas de un lugar a otro, que puede representar un cambio temporal o permanente de residencia. En algunos casos, los movimientos migratorios son nacionales (dentro de un mismo país) y en otros son emigraciones internacionales (de un país a otro); pueden ser voluntarios o forzados. Muchos trabajadores se trasladan del campo a la ciudad, o de un centro manufacturero en decadencia a otro de servicios con más posibilidades laborales, aunque muchas veces con salarios reducidos o con cambios de oficio. Estas migraciones, por ejemplo, han influido demográficamente en los EUA, donde se ha experimentado en los últimos años un gran aumento en el número de hispanos y asiáticos que se han establecido legal o ilegalmente en el país. Según un informe de Jürgen Weller, economista de la División de Desarrollo Económico de la CEPAL, se ha registrado un gran aumento de la emigración en

---

[12] http://www.bde.es/f/webbde/SES/Secciones/Publicaciones/InformesBoletinesRevistas/Articulos Analiticos/2017/T2/fich/beaa1702-art10.pdf, consultado el 17 de mayo de 2017.

[13] http://www.eclac.org/pses34/noticias/documentosdetrabajo/6/47746/2012-665-SES-34-DDR-2.pdf, consultado el 17 de mayo de 2017.

varias regiones en Latinoamérica a causa de las severas crisis económicas que fueron fortalecidas por las diferencias en los niveles de bienestar entre países vecinos, así estimulando las migraciones entre naciones o regiones[14]. Según un informe de la CEPAL, once países (Guyana, Surinam, Santa Lucía, Jamaica, Guatemala, Ecuador, Nicaragua, México, Trinidad y Tobago, Haití y Perú) tenían una tasa migratoria neta por año de 2 por 1,000 o más[15].

Una circunstancia nueva en el futuro serán los cambios de valores sociales, la tecnología, las aplicaciones económicas y la infraestructura sociopolítica y material de cada país o región. Como consecuencia de los nuevos valores que se están desarrollando en el mundo actual, existe la necesidad de fijar límites a los abusos industriales y tecnológicos del medioambiente. Muchos países empiezan a insistir en la importancia de controlar la contaminación del medioambiente: el aire, el agua, la flora y la fauna. Algunas organizaciones como la ONU, con sede en Nueva York, han priorizado este grave problema mundial. No cabe duda de que esta preocupación será aún más urgente en el futuro, tal como se refleja en los costosos controles impuestos a las empresas petroleras a causa de los derrames de petróleo en las aguas costeras de los EUA. En todo caso, el liderazgo efectivo y la ética en los negocios y en las estrategias empresariales tendrán más importancia que nunca. Desde los últimos años de la década de 1980 y los comienzos de la siguiente en los EUA y Europa, se difundieron ciertas preocupaciones por la ética empresarial. El interés en este tema se debió al gran número de decepciones a clientes, de engaños a muchos accionistas (p. ej., los esquemas Ponzi o piramidales), de trucos con los libros contables y violaciones de leyes por parte de empresas internacionales. Según Miguel Ángel Ramírez, Director de Investigación y Posgrado del Centro de Estudios Superiores del Noroeste (CESUN), Tijuana, lo que verdaderamente justifica la ética empresarial es «su contribución al orden social»[16]. Las decisiones éticas de una empresa no garantizan el éxito financiero, ni las decisiones poco éticas siempre conducen a la falta de beneficios. Además, las acciones voluntarias no van a resolver los problemas en los complejos contextos internacionales del futuro, especialmente en países con controles legales débiles o posiblemente inexistentes. Además de estas preocupaciones, se tendrá que enfrentar el problema económico, moral y social del rapidísimo crecimiento de la población mundial, la escasez de alimentos, la energía y otros recursos naturales como el agua y los bosques, y los fenómenos del **calentamiento global** y la **deforestación**. Serán necesarios controles internacionales comúnmente aceptados porque las acciones voluntarias no resolverán los enredados problemas futuros del comercio global. Hará falta mucha cooperación internacional

---

[14] Jürgen Weller, ed. *El nuevo escenario laboral latinoamericano: Regulación, protección y políticas activas en los mercados de trabajo*, 1ª ed. Buenos Aires: Siglo Veintiuno Editores, 2009 y http://www.eclac.org/publicaciones/xml/1/43351/Nuevo_escenario_laboral.pdf, consultado el 17 de mayo de 2017.

[15] CEPAL, «América Latina y el Caribe: Estimaciones y proyecciones de población, 1950-2050», *Boletín Demográfico*, n° 73 [LC/G.2225-P], publicación de las Naciones Unidas, N° de venta: E/S.03.II.G.209°.

[16] Miguel Ángel Ramírez, «Ética de los negocios en un mundo global». *Frontera Norte*, Vol. 20, Núm. 40, julio-diciembre de 2008 o http://www.scielo.org.mx/scielo.php?pid=S0187-73722008000200007&script=sci_arttext, consultado el 17 de mayo de 2017.

Reed Kaestner/Corbis

¿Cuál es el precio del progreso? La contaminación del medioambiente constituye un peligro bien documentado. ¿Cómo será el medioambiente en el año 2025? ¿Más contaminado o más limpio que hoy? Explique. ¿A usted le preocupa personalmente este tema? Comente.

y buena voluntad entre los países para establecer códigos globales que puedan solucionar las dificultades económicas, éticas y ecológicas internacionales.

Los ajustes para la formación de líderes y gerentes globales

Estos cambios en la sociedad internacional requieren que los programas de enseñanza preparen mejor a los líderes y gerentes del futuro y que implementen cambios necesarios en su formación profesional, para facilitar su funcionamiento eficaz y ético en un nuevo mundo internacional de los negocios. Entre los temas clave, deben incluirse:

1. **Perspicacia.** Los programas de estudio tendrán que adaptar sus métodos y contenidos a las circunstancias para que sus graduados, los nuevos líderes, puedan tomar decisiones gerenciales estratégicas con una conciencia global, es decir, con una perspectiva más amplia, profunda y apropiada.

2. **Integración de las asignaturas académicas.** Los estudiantes de administración de negocios deberán saber combinar la contabilidad, el marketing, las finanzas, etc., con el estudio de diversas lenguas y culturas, pues, tal como afirmó el senador Paul Simon en su libro *The Tongue-Tied American* (1980), el idioma más útil para el comercio internacional es siempre el del cliente.

3. **Habilidades interpersonales y comunicativas.** Los programas de estudios universitarios tendrán que enseñar a sus estudiantes a comprender las necesidades del consumidor, a ser suficientemente flexibles para satisfacer al cliente, a trabajar en equipo, a saber motivar o guiar a otros y a negociar con

conciencia y aprecio de las diferencias culturales, con flexibilidad y de manera sincera y abierta.

En cuanto a las habilidades comunicativas propiamente dichas, se recomienda que los líderes y gerentes del futuro sepan expresarse de manera clara oralmente y por escrito, no solo en su propio idioma, sino también en el de sus clientes o colegas. Pero la habilidad lingüística en sí no es suficiente para comunicarse eficazmente con una persona de otra cultura. Hay que estudiar y comprender (1) su historia, literatura y ciencias; (2) su psicología colectiva e individual; (3) la sociología, antropología y geografía de la región considerada; y (4) la manifestación de estos aspectos culturales en las prácticas sociales y comerciales. Es decir, se necesita una plena conciencia transcultural. Por otra parte, el programa o la enseñanza académica que instruya a los líderes y administradores futuros en los distintos aspectos del mundo internacional de los negocios deberá prepararlos para participar con éxito en diversas actividades profesionales. En las universidades, hay centros que brindan información a sus estudiantes y graduados en la búsqueda de empleo en distintas profesiones[17]. Estos ofrecen información para planear un futuro profesional, guías para las empresas, las industrias y los empleadores, oportunidades para adquirir experiencia en diferentes áreas, archivos de artículos que ofrecen consejo e información profesionales, actividades para facilitar interconexiones y el **establecimiento de contactos**. *U.S. News and World Report* en 2013 clasificó los mejores trabajos en distintas categorías que incluían entre otras, los negocios. En 2017 la misma revista indicó que los cinco trabajos, con la excepción de estadista, se encontraban en el campo de medicina: dentista, enfermera practicante, asistente médico y ortodoncista[18]. Un informe producido por la Comisión Europea en 2012 analizó cómo van a cambiar las exigencias de la capacitación y el empleo para el año 2020 dentro de la UE y concluyó que la clave en su mercado laboral será la formación o la educación del pueblo[19]. Se da cuenta de la necesidad de mejorar la capacidad o aptitud, las competencias y las cualificaciones de los estudiantes para entrar en la nueva fuerza laboral. Además, algunos de los factores importantes para el futuro incluyen respeto por el medioambiente y la sostenibilidad medioambiental, conocimiento de la importancia de la globalización y el comercio internacional, habilidades en la aplicación de las tecnologías informática y comunicativas, mejoramiento en el nivel de idiomas y culturas y «flexiguridad», un enfoque en el nuevo mercado global iniciado en Dinamarca que proponía dar beneficios a ambos, los trabajadores y los empleadores, en la *flexibilidad* y la *seguridad* para ajustarse a los cambios inevitables[20]. En todos los oficios y profesiones del futuro, se requerirá buena preparación, basada en experiencias transculturales; formación general, universitaria (de pregrado y

---

[17] https://career.berkeley.edu/Info/CareerExp.stm, consultado el 17 de mayo de 2017.

[18] http://money.usnews.com/careers/best-jobs/rankings y http://money.usnews.com/careers/best-jobs/rankings/the-100-best-jobs, consultados el 17 de mayo de 2017.

[19] «Educación y formación en una Europa inteligente, sostenible e inclusiva», http://eurlex.europa.eu/LexUriServ/LexUriServ.do?uri=OJ:C:2012:070:0009:0018:ES:PDF, consultado el 17 de mayo de 2017.

[20] http://europa.eu/legislation_summaries/employment_and_social_policy/community_employment_policies/c10159_es.htm, consultado el 17 de mayo de 2017.

posgrado); y formación práctica en un trabajo gerencial o pregerencial. Al mismo tiempo, en el plano personal será esencial ser autodidacto por medio de la lectura activa y constante y el saber escuchar atentamente a otros. También será importante visitar otros países y mantenerse bien informado sobre eventos nacionales e internacionales, en fin, los eventos de impacto «glocal». Con líderes y gerentes sobresalientes, los frutos del éxito del futuro internacional prometen ser tanto humanitarios como financieros.

14-2   ACTIVIDADES

1. **¿Qué sabe usted de negocios?** Vuelva a las «Preguntas de orientación» que se hicieron al principio del capítulo y a las preguntas que acompañan las fotos en la lectura y contéstelas en oraciones completas en español.

2. **¿Qué recuerda?** Indique si las siguientes declaraciones son **verdaderas** o **falsas** y explique por qué.

    a. Los valores personales o culturales influyen poco en el comercio internacional.

    b. El concepto global requiere que el/la gerente de empresas mantenga las mismas perspectivas de siempre.

    c. El Índice de Desarrollo Humano (IDH) es mejor que el PIB para evaluar el desarrollo de un país porque incluye medidas de progreso social.

    d. En el futuro, los países ricos deben consumir más y exportar menos.

    e. La Organización Mundial del Comercio creó el Fondo Monetario Internacional y el Banco Mundial.

    f. Asia y Latinoamérica serán regiones socioeconómicas menos importantes en el siglo XXI.

    g. El tráfico de esclavos de África a las Américas fue un ejemplo de migración involuntaria.

    h. Entre las obligaciones morales están la intolerancia, la compasión y el respeto hacia el prójimo.

    i. En el marketing de servicios, más que en el sector manufacturero, el/la gerente empresarial tendrá que preocuparse más por el/la consumidor/a y por su satisfacción.

3. **Exploración.** Haga los siguientes ejercicios usando sus conocimientos y opiniones personales.

    a. ¿Qué cambios fundamentales ha habido en el enfoque de los sectores económicos desde el siglo XVIII hasta la actualidad?

    b. ¿Qué influencia podrá tener la infotecnología en la sociedad?

    c. ¿Cree usted que el éxito de los MOOC puede causar la eliminación de las universidades en el futuro? Explique.

    d. ¿Cuál/es de las principales carreras en los negocios internacionales le interesa/n más a usted? ¿Por qué?

e. Al pensar en los distintos elementos que determinan el PIB y el Índice de Desarrollo Humano, ¿son sinónimos los términos «crecimiento» y «desarrollo»? Explique.

f. ¿Qué efectos económicos ha causado la inmigración reciente de muchos hispanoamericanos y asiáticos a los EUA? Busque estadísticas para apoyar sus observaciones.

14-3   AL TELÉFONO

1. **Lea las siguientes preguntas.** Después escuche atentamente la conversación telefónica del Capítulo 14, **Pistas 27 y 28**, en línea en el MindTap de *Éxito comercial: Prácticas administrativas y contextos culturales* y conteste las preguntas. Puesto que la comprensión auditiva es una destreza comunicativa sumamente importante, se recomienda escuchar las pistas varias veces.

a. ¿Cuál es el propósito del viaje de negocios de Beatriz López?

b. ¿Cuáles son los países que pertenecen a la Cuenca del Caribe según Beatriz?

c. ¿Qué efecto tuvo TLCAN en los negocios de Dicho y Hecho?

d. ¿Qué cambios recomienda Beatriz en las operaciones de la agencia de colocaciones?

2. Basando sus comentarios en la conversación telefónica del ejercicio anterior, haga la siguiente llamada telefónica a otro/a estudiante de la clase. Cada persona debe participar activamente en la conversación. Si necesita ayuda con esta actividad, véase el Apéndice 1, «Protocolo telefónico», págs. 533–537.

Usted es Beatriz López, directora de recursos humanos de Dicho y Hecho, S.A., en Houston, Texas, y recibe una llamada de M'bare Macías Ondo, director de una organización española que busca nuevas «posibilidades profesionales» para ayudar a afrohispanos de habla hispana de Guinea Ecuatorial a conseguir trabajo en otras regiones del mundo. Explique los beneficios que su empresa de colocación puede ofrecer, debido a la emergente diversidad en los EUA y el Caribe y al interés en asuntos afrohispanos. Macías le habla de las ventajas multiculturales y multilingües que aportan los guineoecuatorianos con formación universitaria europea.

3. Haga la siguiente llamada telefónica a otro/a estudiante de la clase. Cada persona debe participar activamente en la conversación. Si necesita ayuda con esta actividad, véase el Apéndice 1, «Protocolo telefónico», págs. 533–537.

Usted es el/la jefe/a de producción de una compañía que fabrica máquinas de transporte en Bayamón, Puerto Rico. Hable con el/la capataz acerca de la posible automatización del proceso manufacturero. Mencione la eficiencia y la reducción de costos que ofrecen los robots. El/La capataz, en cambio, defiende la importancia de proteger los trabajos de los obreros.

14-4   NAVEGANDO POR INTERNET

 MINDTAP

Para hacer este ejercicio, visite el MindTap de *Éxito comercial: Prácticas administrativas y contextos culturales.*

14-5   EJERCICIOS DE VOCABULARIO

Si es necesario, consulte la sección «Lectura comercial» o la lista de vocabulario al final del capítulo para completar estos ejercicios.

1. **¡A ver si me acuerdo!** Pensando en la posibilidad de establecer una relación comercial, usted va a conversar con una persona de negocios de un país hispano. Sin embargo, se le olvidan los siguientes términos en español. Un/a compañero/a lo/la ayuda a recordarlos al pedir que usted se los traduzca.

   a. *Internet*
   b. *migration*
   c. *purchasing power*
   d. *adult literacy*
   e. *global warming*

   f. *life expectancy at birth*
   g. *intellectual property*
   h. *strategic planning*
   i. *vision*
   j. *compliance officer*

2. **¿Qué significan?** A usted le interesa la posibilidad de trabajar en una oficina de mercadeo en un país hispanohablante. Sin embargo, no sabe qué significan ciertos términos usados frecuentemente en el comercio. Usted decide consultarlos con un/a amigo/a. Pídale a un/a compañero/a de clase que le explique los siguientes términos y que le dé algunos sinónimos si puede.

   a. habilidades interpersonales
   b. establecimiento de contactos
   c. austeridad
   d. tasa de supervivencia infantil
   e. nivel educativo

   f. ética empresarial
   g. MOOC
   h. «flexiguridad»
   i. consejero/a
   j. aprendizaje para toda la vida

3. **Entrevista profesional.** Usted visita al/a la gerente general de una empresa multinacional que lo/la ha contratado como asesor/a. A él/ella le preocupa el impacto negativo de ciertos conceptos futuros en el estado económico de su compañía y se reúne con usted. Entre las preguntas que le hace, figuran las siguientes. Con un compañero/a, hagan la entrevista. No olviden el protocolo ni las cortesías.

   a. ¿Cómo pueden influir la emigración y la inmigración en la economía internacional?
   b. En el futuro, ¿será una buena práctica el proteccionismo? Explique.
   c. ¿Cuál ha sido el efecto de la zona del euro de la UE como área comercial? ¿Del MERCOSUR? ¿Del TLCAN? ¿Habrá otros acuerdos semejantes? Comente.

d. ¿Qué efectos tendrán los aumentos de población previstos en las economías de los diferentes países y regiones?

e. ¿Es más importante saber comunicarse eficazmente en su propio idioma o en el de sus clientes? ¿Cómo se relacionan los aspectos culturales con los dos idiomas?

4. **Traducciones.** Un/a amigo/a suyo/a que está inscrito/a en un programa de maestría en relaciones internacionales acaba de empezar a estudiar español. Él/Ella sabe poco vocabulario necesario para desempeñarse eficazmente en ese contexto. Usted lo/la ayuda al pedirle que él/ella traduzca las siguientes oraciones sobre el tema.

a. *The preparation of tomorrow's international leaders and managers will need to continue evolving for them to operate successfully in the global village.*

b. *A service-based economy requires fewer employees than a manufacturing-based economy as well as less direct control over their performance.*

c. *China, India, Brasil, and Mexico will have an increasing impact on the world economy along with other rapidly-developing economies.*

d. *It is predicted that constant personal growth and fullfillment of potential will eventually replace money and social status as the keys to motivation.*

e. *The failure of strategic planning to control the pollution of vital resources is a leadership as well as an ethical managerial problem for business.*

5. **Prueba de comprensión.** Complete la prueba «Preguntas comerciales» en el MindTap de *Éxito comercial: Prácticas administrativas y contextos culturales.*

MINDTAP

UNA VISTA PANORÁMICA DE PUERTO RICO[21]

Nombre oficial:	Estado Libre Asociado de Puerto Rico
Gentilicio:	puertorriqueño/a
Capital:	San Juan, población 2,463,000 (2015)
Sistema de gobierno:	Estado libre asociado de los EUA (república federal)
Jefe de Estado:	Presidente Donald John Trump (2017)
Jefe de Gobierno:	Ricardo Rosselló Nevares (2017)
Fiesta nacional:	4 de julio, Día de la Independencia de los EUA (1776); 25 de julio, Día de la Constitución de Puerto Rico

[21] Fuentes: *CIA World Factbook* 2017 y *United States Census Bureau (International Programs, International Data Base)* 2016.

PUERTO RICO

GEOGRAFÍA Y CLIMA

Área nacional en millas² y kilómetros²	Tamaño (comparado con los EUA)	División administrativa	Otras ciudades principales	Puertos principales	Clima	Tierra cultivable
3,515 mi² 13,791 km²	Casi el triple del tamaño de Rhode Island	78 municipios	Bayamón, Ponce, Carolina, Caguas, Arecibo, Mayagüez	San Juan, Ponce, Mayagüez, Guánica, Guayanilla, Guayama	Tropical marítimo, templado	6.6%

DEMOGRAFÍA

Año y población en millones			% urbana (2015)	Distribución etaria (2016)		% de analfabetismo (2015)	Grupos étnicos
2015	2017	2025		< 15 años	65+		
3.6	3.6	3.4	94%	17%	18%	7%	75.8% blanco europeo, 12% africano, 3% mestizo, 9% otro

ECONOMÍA Y COMERCIO

Unidad monetaria	Tasa de inflación (2016)	N° de trabajadores (en millones) y tasa de desempleo (2014)		% de población debajo de la línea de pobreza, según informe del país	PIB en miles de millones $EUA (2016)	PIB per cápita (2016)	Distribución de PIB (2016) y de trabajadores por sector (2011)*			Exporta-ciones en miles de millones $EUA (2016)	Importa-ciones en miles de millones $EUA (2016)
							A	I	S		
El dólar EUA	−0.2%	1.1	13.7%	DND**	$131	$37,700	1%	50%	49%	$70.4	$47.6
							2%	19%	79%		

* Para distribución del PIB y de los trabajadores (mano de obra): A = Agricultura, I = Industria, S = Servicios (y Gobierno).
** DND (dato o datos no disponible)

Recursos naturales: Cobre, níquel, potencial de petróleo

Industrias: Productos farmacéuticos y electrónicos, ropa, alimentos, maquinaria (eléctrica y no eléctrica), metales, derivados de petróleo, textiles, turismo

COMERCIO

Productos de exportación: Productos químicos, farmacéuticos y electrónicos, ropa, atún enlatado, ron, concentrados de bebida, equipo médico

> **Mercados:** DND

Productos de importación: Productos químicos y farmacéuticos, maquinaria y equipo, ropa, algodón y telas, alimentos, pescado, productos de petróleo

> **Proveedores:** DND

Horario general de comercio: De lunes a viernes, desde las nueve de la mañana hasta las cinco de la tarde.

TRANSPORTE Y COMUNICACIONES

Kilómetros de carreteras y % pavimentadas (2012)		Kilómetros de vías férreas (2012)	N° de aeropuertos con pista de aterrizaje pavimentada (2013)	N° de líneas telefónicas/teléfonos celulares en millones (2015)		N° (en millones) y % de usuarios de Internet (2015)	
26,862	95%	0	17	0.81	3.2	2.9	80%

IDIOMA Y CULTURA

Idiomas	Religiones	Comidas y bebidas típicas/Modales
Español e inglés (ambos oficiales)	85% católica romana, 15% otra	Arroz con pollo, arroz con habichuelas, arroz con pernil, paella, tostones, flan, cerveza, ron, café. Mantener las manos, no los codos, sobre la mesa al comer. A menudo se usa el pan para empujar la comida sobre el tenedor y se remoja el pan con salsa. (Véase la Tabla 14-1, págs. 528–531).

Horario normal del almuerzo y de la cena: Sobre la una de la tarde para el almuerzo; entre las seis y las ocho de la noche para la cena.

Gestos: Se frunce la nariz para preguntar «¿Qué pasa aquí?». Se frunce la boca en la dirección de algo para indicarlo. Para que se acerque alguien, mover los dedos (arañar) con la palma hacia el suelo. Se entregan tarjetas de visita, dinero, etc., directamente a otra persona, no se tiran o dejan sobre el mostrador o la mesa. Para llamar la atención de un camarero en un restaurante, es común hacer un sonido de «pssst». Durante una conversación, los puertorriqueños se interrumpen frecuentemente, lo cual no se considera descortés sino como señal de interés y participación. Los hombres frecuentemente sonríen a las mujeres y les clavan los ojos, pero no es aceptable que las mujeres hagan lo mismo con los hombres. La mano extendida delante del cuerpo con la palma hacia el suelo y un movimiento de los dedos hacia afuera significa «Vete». Poner una mano con la palma abierta hacia arriba y bajo el codo del otro brazo, significa que alguien es tacaño.

Cortesías: Saludar individualmente a cada persona al llegar a una reunión o comida y despedirse de cada una al marcharse para no menospreciar a nadie y quedar mal. Reconocer que una invitación a la casa de alguien, si esa persona no insiste con sinceridad, puede representar un formulismo social en lugar de una auténtica invitación (no aceptar a la primera). Si los anfitriones le hacen un regalo, abrirlo y admirarlo allí mismo delante de ellos. Se aprecia cuando el/la invitado/a lleva un regalito (flores, chocolates, un buen vino o una buena marca de whisky) para los anfitriones al ir a la casa de alguien para cenar o para una fiesta.

LA ACTUALIDAD POLÍTICA Y ECONÓMICA DE PUERTO RICO

Puerto Rico, y también Cuba, Guam y las Filipinas, fueron cedidos por España a los EUA por 20 millones de dólares como parte del Tratado de París que puso fin a la Guerra hispano-estadounidense de 1898. Económicamente, Puerto Rico se ha transformado de una sociedad agrícola en una más comercialmente diversificada. A partir de los años cuarenta empezó a industrializarse, gracias a la famosa «Operación Manos a la Obra» (*Operation Bootstrap*), emprendida por los EUA entre 1947 y los años setenta. Durante esa época, Puerto Rico llegó a ser «La vitrina del Caribe». A pesar del enorme desarrollo económico hasta 1982, el progreso material no mejoró mucho el nivel de vida de gran parte de la población. Tampoco redujo los niveles de desigualdad social o de ingresos personales entre Puerto Rico y los Estados Unidos. La «Operación Manos a la Obra» creó un sector manufacturero orientado hacia la exportación, pero con dueños externos. En vez de producir para el mercado local, la industria puertorriqueña, tanto su mano de obra como su escaso capital, está al servicio de empresas extranjeras, sobre todo estadounidenses, y por eso se incluye su PNB en el de los EUA. Se nota que la brecha entre el PNB y el PIB en Puerto Rico ha sido muy ancha: según la Junta de Planificación de Puerto Rico, el PNB en 2006 calculado a precios corrientes de 2011 en millones de dólares fue $56,732 y en 2009 fue $62,759. El PIB en 2006 fue $86,158 y $95,708 en 2009[22]. Por eso, el PIB no es un índice confiable para evaluar el estado de la economía puertorriqueña o su impacto en los residentes de la isla.

Además de estas contradicciones socioeconómicas, existe la cuestión de la relación política de Puerto Rico con los EUA. Aunque los puertorriqueños tienen cierta autonomía local, mucha ayuda económica federal de los EUA y exención de los impuestos estadounidenses sobre la renta personal, tienen que respetar las leyes promulgadas por el Congreso estadounidense, en el cual su representante no tiene voto. Las opciones, apoyadas por distintos partidos políticos, que se han considerado respecto al tema de su relación con los EUA son tres. La primera es incorporarse como un nuevo estado de los EUA y cuenta con el apoyo del Partido Nuevo Progresista (PNP), formado de una rama del Partido Republicano local pero con miembros del Partido Democrático también, cuyo candidato a la gobernación, Luis Guillermo Fortuño Burset, ganó el puesto de Gobernador con un 52.8% de los votos en las elecciones de 2008. Sin embargo, con solo un 47.1% de los votos en 2012 perdió el cargo de Gobernador a manos del candidato del Partido Popular Democrático (PPD), Alejandro García Padilla (47.7%). En el plebiscito del 2012, los puertorriqueños, según la interpretación de algunos analistas políticos, votaron por primera vez a favor de rechazar su estatus de Estado Libre Asociado y, aún no definitivamente, para hacerse un estado de los EUA. Si Puerto Rico fuera admitido como el estado número 51, sería el estado más pobre de la Unión, con un promedio

---

[22] http://www.camarapr.org/presentaciones/Persp2011/Dr_Carlos_Colon_De_Armas.pdf, consultado el 18 de mayo de 2017.

de ingreso familiar inferior a la tercera parte de los estadounidenses. La segunda opción política es proponer su independencia, que anteriormente tenía un atractivo sentimental para muchos puertorriqueños a pesar de que sería económicamente difícil por su dependencia de la economía de los EUA. Por esa razón, el Partido Independentista Puertorriqueño (PIP) que lo apoya solo contó con menos de un 2.5% de los votos en 2012 y 1.9% en 2016. La tercera opción es continuar con su condición de Estado Libre Asociado con la misma dependencia o posiblemente más autonomía, la alternativa que recomienda el Partido Popular Democrático (PPD), que recibió un 41.3% de los votos en 2008, 47.7% en 2012 cuando ganó las elecciones gubernamentales, y 41.8% en 2016, cuando las perdió. El futuro político puertorriqueño dependerá de muchos factores pero, en todo caso, continuará existiendo siempre una relación muy estrecha con los EUA. Puerto Rico ha ocupado un lugar estratégico para la defensa estadounidense en el Caribe desde 1940 y, por eso, las fuerzas navales norteamericanas por mucho tiempo mantenían operaciones y prácticas de tiro y de bombardeo en la isla puertorriqueña de Vieques, pero esa presencia militar se ha reducido al dejar de practicar ataques aéreos en 1998 y con el cese de operaciones militares y la salida oficial de la Marina estadounidense de la isla de Vieques en 2003.

A pesar de las relaciones políticas indecisas, Puerto Rico, bajo ciertas medidas, ha mantenido una de las economías más dinámicas del Caribe. En los años 50, el sector industrial había superado al sector agrícola como el área más rentable para las actividades económicas. Más adelante, este proyecto entró en un proceso de cambios y de transformaciones que incluyó la enmienda de la sección 931 del Código de Rentas Internas Federal, para producir la Sección 936, aprobada por el Congreso de los Estados Unidos en 1976. Ayudadas por la Sección 936, bajo la cual había aranceles bajos y otros incentivos fiscales para subsidiarias estadounidenses, empresas farmacéuticas y fabricadores de instrumentos médicos de precisión con capital intensivo (empresas que invierten más fondos en el equipo, la maquinaria y la tecnología y menos en la mano de obra) aprovecharon muchas exenciones imponibles por sus inversiones en la isla. En realidad, empleaban a muchos menos obreros puertorriqueños que las empresas previas. Con la creciente competencia de mano de obra más barata en otros países, las ventajas de la 936 para las empresas se redujeron, y en 1996 el Congreso Federal de los EUA eliminó la antigua Sección. Gradualmente, los incentivos inversionistas desaparecieron para las empresas estadounidenses hasta la fecha de su vencimiento del 31 de diciembre de 2006. Hasta el presente, no se ha creado un programa de desarrollo económico coherente para resolver el cierre de la 936, y Canadá y México tienen las mismas condiciones para la exportación a los EUA, lo cual causa problemas para Puerto Rico. La producción de azúcar ha dejado de ser tan importante como las industrias agropecuarias, y el aumento del turismo, tradicionalmente importante para Puerto Rico, ofreció más ganancias para la isla hasta la reciente crisis inmobiliaria y económica de los EUA.

En 2009, bajo la administración de Luis Fortuño, la Ley Especial Declarando Estado de Emergencia Fiscal y Estableciendo Plan Integral de Estabilización Fiscal para Salvar el Crédito de Puerto Rico (conocida en Puerto Rico como la Ley 7) reconoció la existencia de una depresión económica en la isla. Bajo la Ley 7, la administración de Fortuño declaró un estado de emergencia socioeconómica y despidió a casi 30,000 empleados públicos con el fin de justificar una reducción en el presupuesto del gobierno central. Además, bajo otra sección de la ley, los EUA le otorgó 4,000 millones de dólares al gobernador para que los administrara a su discreción. Según José Alameda, un reconocido profesor y economista, el impacto público de la Ley 7 incluyó lo siguiente: la economía se redujo –1.2% en 2007, –2.9% en 2008, –4.0% en 2009 y –3.8% en 2010; y el número de empleos se redujo 152,000 plazas desde 2007 hasta 2010, lo que empeoró la economía[23].

En las elecciones gubernamentales de 2012, debido al impacto negativo de las políticas de Fortuño, ganó Alejandro García Padilla. Durante la campaña electoral, García Padilla prometió que una de sus prioridades sería la creación de empleos en una isla donde el índice de desempleo era superior al 13%, peor que cualquier estado de los EUA. El nuevo gobernador se encargó de un gobierno con un déficit fiscal de más de 70 mil millones de dólares, peor que el indicado por su oponente en la elección. Además de las preocupaciones financieras del gobierno, hay estadísticas preocupantes acerca de la delincuencia. Puerto Rico sufrió en 2016 un aumento de un 14,5% en el número de homicidios durante el año, según estadísticas de la policía[24].

Bajo estas condiciones imposibles, García Padilla perdió las elecciones gubernamentales en 2016 al candidato del Partido Nuevo Progresista (PNP), Ricardo Rosselló Nevares. Como gobernador, Rosselló pronto se dio cuenta de la imposibilidad de que el Gobierno cumpliera con la enorme deuda pública y se acogió al Título III de la ley y declaró la bancarrota para evitar una avalancha de demandas. Bajo la ley federal PROMESA, el Título III «establece un proceso de reestructuración supervisado por un tribunal, en caso de que los acreedores y el gobierno no lleguen a acuerdos de buena fe que satisfagan los intereses de ambas partes»[25]. La jueza federal encargada de presidir sobre el Título III ha indicado que las consecuencias le van a causar mucho dolor al pueblo puertorriqueño porque en el próximo futuro su gobierno no podrá cumplir con sus obligaciones[26].

[23] http://www.primerahora.com/noticias/gobierno-politica/nota/ley7fueadversaparalaeconomia-496760/, consultado el 18 de abril de 2017.

[24] https://es-us.noticias.yahoo.com/homicidios-en-puerto-rico-aumentaron-14-5-en-203157122.html, consultado el 18 de mayo de 2017.

[25] http://www.elnuevodia.com/negocios/economia/nota/queeseltituloiiidelaleyfederalpromesa-2317171/, consultado el 18 de mayo de 2017.

[26] http://elvocero.com/jueza-anticipa-que-proceso-de-quiebra-sera-doloroso-para-puerto-rico/, consultado el 18 de mayo de 2017.

UNA VISTA PANORÁMICA DE LOS ESTADOS UNIDOS[27]

Nombre oficial:	Estados Unidos de América
Gentilicio:	estadounidense
Capital:	Washington, D.C. (Distrito de Columbia), población 4,955,000 (2015)
Sistema de gobierno:	República federal
Jefe de Estado/Jefe de Gobierno:	Presidente Donald John Trump (2017)
Fiesta nacional:	4 de julio, Día de la Independencia (1776: de Inglaterra)

[27] Fuentes: *CIA World Factbook* 2017 y *United States Census Bureau* 2016.

ESTADOS UNIDOS

GEOGRAFÍA Y CLIMA

Área nacional en millas² y kilómetros²	Tamaño (comparado con otros países)	División administrativa	Otras ciudades principales	Puertos principales	Clima	Tierra cultivable
3,794,083 mi² 9,833,517 km²	Tercer país más grande del mundo, después de Rusia y Canadá: la mitad del tamaño de Rusia; un poco más grande que Brasil	El Distrito de Columbia y 50 estados	Nueva York, Los Ángeles, Chicago, Houston, Filadelfia, San Diego, Phoenix	Nueva York, Los Ángeles, Chicago, Filadelfia, San Francisco, Houston, Seattle, Boston, Nueva Orleans, Baltimore, Honolulu	Mayormente templado; tropical en Florida y Hawái, ártico en Alaska, árido en el suroeste	17%

DEMOGRAFÍA

Año y población en millones			% urbana (2015)	Distribución etaria (2016)		% de analfabetismo (2003)	Grupos étnicos**
2015	2017	2025		<15 años	65+		
321.4	327	347	82%	19%	15%	1%	80% blanco europeo, 13% africano, 4% asiático, 1% amerindio; (15% hispano)

** El total de los porcentajes no se suma al 100%, puesto que la Oficina del Censo de los EUA no ofrece una subcategoría de la población hispana según raza. La categoría *hispano* puede ser de cualquier raza.

ECONOMÍA Y COMERCIO

Unidad monetaria	Tasa de inflación (2016)	N° de trabajadores (en millones) y tasa de desempleo (2016)		% de población debajo de la línea de pobreza, según informe del país (2010)	PIB en miles de millones $EUA (2016)	PIB per cápita (2016)	Distribución de PIB (2016) y de trabajadores por sector (2011)*			Exporta-ciones en miles de millones $EUA (2016)	Importaciones en miles de millones $EUA (2016)
							A	I	S		
El dólar EUA	1.3%	158.6	4.7%	15%	$18,560	$57,300	1%	19%	80%	$1,471	$2,205
							1%	20%	79%		

* Para distribución del PIB y de los trabajadores (mano de obra): A = Agricultura, I = Industria, S = Servicios (y Gobierno).

Recursos naturales: Carbón, cobre, plomo, molibdeno, fosfatos, uranio, bauxita, oro, hierro, níquel, potasa, plata, mercurio, tungsteno, cinc, petróleo, gas natural, bosques y madera, pesca

Industrias: Petróleo, acero, plásticos, producción y ensamble de vehículos de motor, industria aeroespacial, telecomunicaciones, productos químicos, electrónica, procesamiento de alimentos y de bebidas, bienes de consumo, madera, minería, cemento, construcción de barcos, enseres menores, pesca, papel, instrumentos de medicina, cigarros, muebles, equipo fotográfico

COMERCIO

Productos de exportación: Bienes de capital (transistores, aviones, piezas para vehículos de motor, computadoras, equipo de telecomunicaciones, equipo y maquinaria industrial), automóviles, suministros industriales, materia prima, bienes de consumo, productos químicos y agrícolas (alimentos y animales vivos), maquinaria eléctrica y de motor, equipos científicos y de precisión

Mercados: 19% Canadá, 16% México, 8% China, 4% Japón (2015)

Productos de importación: Petróleo crudo y productos de petróleo refinado, maquinaria, automóviles, bienes de consumo y de capital, materia prima industrial, alimentos y bebidas, productos electrónicos

Proveedores: 22% China, 13% Canadá, 13% México, 6% Japón, 6% Alemania (2015)

Horario general de comercio: De lunes a sábado, y muchas veces los domingos, desde las ocho o nueve de la mañana hasta las cinco o seis de la tarde. Muchas tiendas, especialmente los grandes almacenes, están abiertas hasta las nueve o diez de la noche o se mantienen abiertas 24/7 (las 24 horas del día, los siete días de la semana).

TRANSPORTE Y COMUNICACIONES

Kilómetros de carreteras y % pavimentadas (2012)		Kilómetros de vías férreas (2014)	N° de aeropuertos con pista de aterrizaje pavimentada (2013)	N° de líneas telefónicas/teléfonos celulares en millones (2015)		N° (en millones) y % de usuarios de Internet (2015)	
6,586,610	65%	293,564	5,054	122	382	240	75%

IDIOMA Y CULTURA

Idiomas	Religiones	Comidas y bebidas típicas/Modales
Inglés, 13% español, chino, lenguas indígenas norteamericanas	47% protestante, 21% católica romana, 2% judía, 2% mormona, 23% no afiliado, 5% otra	Hamburguesa, «perritos calientes» (salchicha), pizza, pollo frito, carne asada, ensaladas de lechuga, pavo, tacos. Hay una gran variedad de platos regionales y se sirve mucha comida rápida. También son muy populares las diferentes comidas étnicas del mundo. A diferencia de los países hispanos, generalmente se guardan las manos debajo de la mesa cuando no se están usando para comer. (Véase la Tabla 14-1, págs. 528–531).

Horario normal del almuerzo y de la cena: Entre mediodía y la una de la tarde para el almuerzo; entre las seis y las siete de la noche para la cena.

Gestos: A diferencia de los países hispanos, los estadounidenses no se paran muy juntos los unos a los otros cuando se hablan; les gusta mantener una distancia de casi un metro de la cara de la otra persona. Para señalar algo, apuntar con el dedo índice. Para que se acerque alguien, mover la mano hacia sí mismo con la palma hacia la cara. La pregunta «¿Cómo estás?» es un formulismo social que no pide más respuesta que «Bien, gracias» (no se espera una respuesta ni sincera ni detallada). Los gestos de «*thumbs up*» y de «*A-okay*» significan aprobación por algo bien hecho o que uno está bien. Es obsceno el gesto «*to give the finger*» (un puño con la palma hacia el cuerpo y el dedo corazón extendido).

Cortesía: Darse la mano al saludarse, con un apretón firme (más fuerte que en la mayoría de los países hispanos). Mantener un buen contacto visual al hablar con alguien. La puntualidad es esencial: las citas, reuniones y comidas empiezan a la hora precisa indicada. En este sentido, los estadounidenses son criaturas de poca paciencia. No se espera que el/la invitado/a lleve un regalito para los anfitriones al ir a la casa de alguien para comer, aunque se aprecian las flores, los chocolates o un buen vino.

LA ACTUALIDAD POLÍTICA Y ECONÓMICA DE LOS ESTADOS UNIDOS

Los Estados Unidos ha sido el líder económico del mundo desde los comienzos del siglo XX y mantuvo este nivel con poca competencia exterior hasta comienzos del siglo XXI. A pesar de eso, desde la década de los setenta ha habido indicaciones de que los EUA están experimentando dificultades para mantener su liderazgo económico mundial. Además, en la década de los ochenta el país tuvo que bregar con varias entidades nacionales e internacionales productivas, como la UE, Japón, Corea del Sur, Taiwán y otros países industrializados que pusieron a prueba la dominación económica estadounidense. En la primera década del siglo XXI, se destacaron las economías de China, India, Rusia y Brasil en la competencia mundial. El debilitamiento del dominio económico de los EUA se debe a varios factores tales como: (1) la erosión de una base industrial productora nacional y su traslado a países extranjeros para reducir los costos de producción por el uso de mano de obra menos cara; (2) los altibajos radicales e inestables de los mercados financieros como la bolsa de Nueva York en 1987, 2002 y 2008; (3) en 2009, la inseguridad debido a despidos laborales a todos los niveles y edades y una alta tasa de desempleo persistente para el país; (4) una desmoralización general de la población causada tanto por la discriminación racial y sexual, la corrupción y la avaricia en las prácticas empresariales y en los procedimientos contables de diversas compañías grandes.

A estos factores se pueden sumar los siguientes: (5) la crisis causada por la falta de liderazgo y ética consistentes en la política nacional, los negocios, y en 2003 en el ejército, en el aparente abuso de prisioneros; (6) las amenazas ecológicas causadas por el sector industrial; (7) el lento crecimiento económico nacional; (8) las deudas nacionales gemelas, es decir: **la deuda presupuestaria nacional** que se equilibró durante la presidencia de Clinton (1993–2001), aumentó de 158 mil millones de dólares en 2002 a $1,413 mil millones en 2009 bajo el republicano George W. Bush (2001–2009) y luego empezó a bajar bajo el demócrata Obama en 2009, llegando a 438 mil millones de dólares en 2015[28]; y **el déficit comercial/la balanza de pagos**, una cifra que ha sido negativa cada año desde 2001 hasta 2016 (411.9 mil millones de dólares en 2001, 503.6 mil millones de dólares en 2009 y 736.8 mil millones de dólares en 2016)[29]; (9) la comprensión de que al país le falta el altruismo a pesar

---

[28] Kimberly Amadeo, «U.S. Deficit by Year: Compared to GDP, Increase in Debt and Events», https://www.thebalance.com/us-deficit-by-year-3306306, consultado el 5 de julio de 2017.

[29] Oficina del Censo de los EUA, «Trade in Goods with World, Seasonally Adjusted», https://www.census.gov/foreign-trade/balance/c0004.html, consultado el 5 de julio de 2017.

de afirmar una moral cristiana y (10) el hecho de que los dos partidos políticos tradicionales, los republicanos y los demócratas, como legisladores en Washington, llegan más regularmente a un estancamiento o punto muerto.

Políticamente, durante la presidencia de Ronald Reagan (1981–1989), la Guerra Fría entre la URSS y los EUA fue causa de una inquietud constante en todas partes del mundo. Esta preocupación fue eliminada con la caída del Muro de Berlín en 1989, símbolo del comunismo para los países capitalistas occidentales, pero los enormes gastos asociados con dicha guerra y otros programas de defensa iniciaron treinta años de inversiones en asuntos militares que ahora amenazan la capacidad de los EUA para mantener su hegemonía mundial. Los avances establecidos después de la desintegración de la URSS en los 90, que posibilitaron experimentos de mercado libre en antiguas economías centralizadas y cerradas, como por ejemplo, el TLCAN entre México, Canadá y los EUA, parecían abrir excelentes oportunidades para el futuro comercial del hemisferio americano. Desafortunadamente, el enfoque de los EUA en las guerras en el Medio Oriente después de 2001 cerró casi completamente estas posibilidades y creó una situación en la cual era necesario que los empresarios latinoamericanos buscaran otras opciones y otros mercados en distintas partes del mundo.

El símbolo de amenaza más penetrante al lugar predominante de los EUA en el mundo fueron los ataques del 11 de septiembre de 2001, planeados por Osama Bin Laden y el grupo terrorista Al Qaeda en los EUA contra las Torres Gemelas del Centro Comercial Mundial, en Nueva York, y contra el centro de planificación militar, el Pentágono, en Washington, D.C. Miles de personas murieron en estos ataques que reenfocaron la atención del mundo en los peligros del terrorismo mundial. Los subsiguientes ataques preventivos dirigidos por el presidente George W. Bush (2001–2009), hijo del expresidente George H.W. Bush (1990–1994), con algunos países aliados —el Reino Unido, Italia, Japón y España— fueron iniciados con poco apoyo de otros aliados tradicionales como Francia y Alemania. La invasión de Irak se justificó con la supuesta existencia de armamentos nucleares y biológicos amenazantes, que jamás se han encontrado, a pesar de las investigaciones intensas realizadas por los científicos y representantes de la ONU.

Durante la última década del siglo XX y el comienzo del siglo XXI, el rápido desarrollo de las tecnologías de telecomunicación creó una disparidad enorme entre las habilidades y los conocimientos de los trabajadores capacitados y los no capacitados, que resultó en grandes diferencias de sueldos, seguros médicos y otros beneficios, y la posibilidad de obtener aumentos de salario por parte de los adeptos. En gran parte, muchas de las ganancias en la renta familiar ayudaron desproporcionalmente a los sectores más adinerados de la economía estadounidense. Los aspectos positivos de la economía entre 1994 y hasta los últimos meses del segundo mandato del presidente Bush en 2008 fueron la baja tasa de desempleo, una mayor producción y el reducido tipo de interés reflejado en la baja inflación del periodo. Sin embargo, se detuvieron los logros que el presidente Clinton había negociado con el Congreso y el Senado para reducir la deuda presupuestaria nacional y abrir los mercados internacionales. Este factor, más el estallido de la burbuja inmobiliaria en 2008 con el colapso de importantes empresas financieras y el casi colapso de otras empresas multinacionales «demasiado grandes para quebrar», condujeron a un cambio gubernamental.

El candidato del Partido Demócrata, Barack Obama (2009–2017), ganó las elecciones de 2008, y así se convirtió en el primer presidente afroamericano de los EUA. Al asumir el cargo de presidente, Obama heredó los problemas económicos enormes de la crisis financiera originada en la Bolsa de Nueva York, causada por las hiperinversiones tóxicas en las hipotecas de alto riesgo. Durante la campaña electoral, Obama había sugerido muchas prácticas contrapuestas a las políticas del expresidente Bush y durante sus primeros días en la Casa Blanca emitió muchas órdenes ejecutivas restrictivas. Por ejemplo, inició la terminación de la guerra en Irak y la expansión de las fuerzas militares en Afganistán. También firmó la ley de estímulo económico (Programa de Alivio para Activos = *Troubled Asset Relief Program*, TARP) iniciado bajo el mandato Bush en 2008 por 700 mil millones de dólares para combatir la recesión por el rescate del sistema financiero de los EUA. En febrero de 2009 Obama firmó la Ley Americana de Recuperación y Reinversión (*American Recovery and Reinvestment Act of 2009*). Esta ley fue una respuesta extraordinaria a una crisis como ninguna otra desde la Gran Depresión e incluyó medidas destinadas a mejorar la infraestructura, facilitar la independencia energética y proveer más oportunidades educacionales y ayuda tributaria para los más necesitados en los EUA. En 2010 el Congreso aprobó una ley llamada Ley de Protección al Paciente y Cuidado de Salud o, en inglés, *Patient Protection and Affordable Care Act* (PPACA), y con el sobrenombre «*Obamacare*». En 2012 la ley fue apoyada por la Corte Suprema y representa la más amplia reforma de salud en el país desde que se aprobaron los programas de *Medicare* y *Medicaid* en 1965. La ley incluye programas públicos para los jubilados, discapacitados y las familias menos adineradas que ofrecen pasos hacia la cobertura médica universal.

A fines de 2009, debido al efecto positivo de las ayudas públicas en la revitalización del consumo (p. ej., la compra de coches), en la demanda de viviendas y en la política monetaria superexpansiva, la recesión más intensa de su historia moderna, al menos técnicamente, había terminado en los EUA. A pesar de esto, la recuperación económica le pareció lenta al pueblo y durante el primer mandato de Obama el desempleo subió de un 5% en enero de 2008 a un 10% en octubre de 2009. Esta lenta restauración económica les costó a los demócratas la pérdida de la Cámara de Representantes a favor de los republicanos y el movimiento ultraconservador en contra de los impuestos, el Partido del Té (*Tea Party*), en las elecciones de 2010. Luego, en septiembre de 2012, antes de las elecciones presidenciales, el desempleo bajó a un 7.8%, lo que resultó suficiente para que Obama volviera a ser elegido. Además, según un artículo del *New York Times* antes de las elecciones presidenciales de 2012, los otros logros de Obama incluyeron: 1) la formación de políticas presupuestarias que funcionaron para preservar la red de seguridad social para los menos afortunados; 2) el progreso para que las mujeres tengan control sobre su propia salud; 3) la lucha por los derechos de voto de las minorías y contra leyes estatales que buscaban restringir a los inmigrantes indocumentados y sus familias; 4) la ley de regulación financiera; 5) los ataques sostenidos contra el liderazgo de Al Qaeda, inclusive la muerte de Osama Bin Laden el 2 de mayo de 2011; 6) el fin a la guerra en Irak; 7) el manejo exitoso de la Primavera Árabe, a pesar de las matanzas en Siria y las investigaciones sobre la muerte del Embajador Chris Stevens y tres oficiales de la Embajada estadounidense en Libia[30].

Durante el segundo mandato del presidente Obama, los dos partidos siguieron llegando a un punto disfuncional que hacía imposible que el gobierno operara eficientemente. El debate relacionado con el techo de deuda, es decir, el máximo poder de endeudamiento del Congreso de los EUA o cualquier entidad gubernamental, generó animosidad entre los partidos. En el centro del debate, había argumentos que sostenían que los recortes del gasto deberían ser resueltos por los dos extremos políticos, con el fin de aprobar un aumento del techo de la deuda que permitiera la venta de más bonos federales. Tanto los republicanos como los demócratas seguían usando tales situaciones para posicionarse mejor en el juego político, enfocándose más en los posibles efectos en las elecciones primarias o nacionales que en los mejores resultados para el bienestar de la nación. Esta frustración por parte del pueblo estadounidense influyó en los resultados de las elecciones presidenciales de 2016. Antes del día del voto todos los sondeos indicaban la victoria de la candidata demócrata Hillary Clinton. Sin embargo, Donald Trump del Partido Republicano conmocionó a todo el mundo cuando sumó suficientes votos en el Colegio Electoral para ganar la elección.

14-6 ACTIVIDADES

¿Qué sabe usted de Puerto Rico y los Estados Unidos?

1. A usted lo/la han contratado como asesor/a transcultural de negocios internacionales. Como tal, necesita informar a sus clientes sobre Puerto Rico y los Estados Unidos y recomendar un plan de viaje de negocios a cada país. Investigue los datos pertinentes para poder desarrollar los temas a continuación.

   a. Describa la geografía de Puerto Rico y los Estados Unidos, incluidos los siguientes temas: ubicación y tamaño de ambos países, capital y otras ciudades y puertos principales, división administrativa y clima. ¿Cuáles son los países vecinos de Puerto Rico? ¿De los EUA? Compare el tamaño de Puerto Rico con el de los EUA. Compárelo con el tamaño del estado donde vive usted.

   b. ¿Cuáles son las principales características demográficas y políticas de Puerto Rico y los EUA? Compare la población de Puerto Rico con el número de puertorriqueños que viven en los Estados Unidos. (Busque los datos en «Lectura cultural», págs. 516–517). ¿Quiénes son el gobernador de Puerto Rico y el presidente de los EUA actuales? ¿En qué se diferencian las responsabilidades de sus cargos?

   c. ¿Cuándo es la fiesta nacional de Puerto Rico? ¿La de los EUA? ¿Qué otras fiestas públicas también podrían afectar el éxito de un viaje de negocios a los EUA y a Puerto Rico? (Véase la Tabla 10-1, págs. 352–354).

---

[30] http://www.nytimes.com/2012/10/28/opinion/sunday/barack-obama-for-president.html?pagewanted=all, consultado el 18 de julio de 2017.

d. Describa la economía de Puerto Rico y de los EUA. Incluya datos sobre la moneda nacional, el PIB y el PIB per cápita, el número de trabajadores (mano de obra), la tasa de desempleo, los recursos naturales, las industrias, los productos que se exportan e importan, los países destino (mercados) y proveedores (fuentes) de estas transacciones internacionales y la balanza de comercio. ¿Cuál fue la balanza comercial de Puerto Rico y de los EUA según la información en este libro? ¿En la actualidad? Compare el PIB, el PIB per cápita y la distribución del PIB de Puerto Rico con los de los países miembros de CARICOM. Compárelos con los de Cuba. ¿A qué factores se deben las diferencias? ¿Por qué no se puede considerar el PIB como un índice confiable acerca de la economía puertorriqueña?

e. Describa la infraestructura de los transportes y las comunicaciones de Puerto Rico y los EUA. ¿Qué ventajas o desventajas económicas tienen Puerto Rico y los Estados Unidos debido a su geografía?

f. ¿Cómo han cambiado algunos de los datos presentados en las secciones de «Vista panorámica» y «La actualidad política y económica» de este texto? Actualícelos para cada país.

g. Describa la relación socioeconomica y política entre Puerto Rico y los Estados Unidos, refiriéndose a las lecturas de «La actualidad política y económica».

h. Basándose en «La actualidad política y económica» de Puerto Rico y los Estados Unidos, ¿qué realidades, oportunidades y problemas destacaría y qué recomendaciones le daría a un/a empresario/a interesado/a en hacer negocios allí?

2. Usted tiene que hacer un viaje de negocios a Puerto Rico durante cinco días para hacer observaciones directas de una empresa de turismo. Use Internet u otras fuentes informativas para preparar un plan de viaje (con presupuesto e itinerario), partiendo del aeropuerto de su ciudad en este momento. Busque las posibilidades en Internet, por teléfono, en una agencia de viajes o en el aeropuerto mismo. Comuníquese en español, si es posible.

a. Fechas de ida y vuelta

b. Vuelos: aeropuertos de salida y llegada, líneas aéreas, horario; costos

c. Transporte interno que se piensa usar en Puerto Rico: taxi, autobús, carro de alquiler, metro, tren, otro; costos

d. Alojamiento y viáticos; costos

e. La comida típica que va a pedir para la cena la primera noche

f. Las formas de cortesía y los gestos que debe recordar, usar o evitar

g. Los lugares que tendrá que visitar para observar las diferentes excursiones que ofrece la empresa seleccionada

h. Los servicios disponibles para las familias con niños pequeños y las personas discapacitadas (sillas de rueda, etc.)

i. Una comparación entre los precios en Puerto Rico con los precios de la República Dominicana, Jamaica, Haití y Cuba

LECTURA CULTURAL

La presencia hispana en los Estados Unidos de América

Aunque durante los años 1970 hasta 2010 la Oficina del Censo de los EUA introdujo numerosos cambios y modificaciones en la pregunta sobre origen hispano de su encuesta demográfica, todos con el fin de mejorar la calidad de los datos sobre el origen de la población hispana en los EUA, hasta 2010 no se había reportado ninguna información sobre el país de origen con la excepción de México, Puerto Rico y Cuba. Por medio del uso de cinco categorías de respuestas y un espacio en blanco, a partir de 2010 se han podido entender mejor las diferentes etnias y países o regiones de origen. Según *La Población Hispana: 2010. Información del Censo de 2010*[31], la población de personas de origen hispano en los EUA (que incluye a las de cualquier raza pues el término «hispano» no designa raza) había alcanzado oficialmente los 50.5 millones de habitantes, una cifra que rebasaba la población de todos los países hispanos excepto México (115 millones). La población hispana de los EUA ya había sobrepasado la de España (47 millones), Colombia (45.2 millones) y Argentina (42.2 millones), haciendo de los EUA el segundo país con más hispanoparlantes del mundo. A partir de 2003, los hispanos de los EUA también empezaron a representar el grupo minoritario estadounidense más numeroso, con una tasa de crecimiento del 43% entre los años 2000 y 2010 (véase la Figura 14-1)[32].

En el pasado, los españoles que vivían en Nuevo México adoptaron el término «hispano» para diferenciarse, como hispanohablantes, de los mexicanos. Es un término que rechaza gran parte de la población hispanoparlante de los EUA. Los puertorriqueños que han vivido en Nueva York adoptaron el término «latino» para evitar el estereotipo negativo que se les aplicó porque hablaban español. (Recuérdese también que en el primer capítulo de este texto, en la sección titulada «La geografía y la población mundial», pág. 11, se aclara que el término «Hispanoamérica» se refiere a los países hispanohablantes de las Américas, mientras que Latinoamérica es un término más amplio que abarca también países no hispanohablantes como Brasil, cuya lengua nacional es el portugués). Pero la palabra «latino» luego se convirtió en un concepto peyorativo estadounidense que se extendió para incluir a los mexicanos que vivían en el suroeste del país. Los cubanos han sufrido el mismo prejuicio, pero no se los ha estereotipado tanto como a los otros grupos porque muchos inmigrantes cubanos eran profesionales y técnicos. El uso de la palabra «*Hispanic*» es impreciso y es un término que algunos hispanos también consideran discriminatorio. Aunque el término «latino» se usa frecuentemente, muchos prefieren una terminología más precisa para reflejar sus distintos orígenes étnicos como, por ejemplo, «mexicano», «chicano» o «mexicano-americano». En cualquier caso, sería mejor que los gerentes estadounidenses se refirieran a los hispanos de los EUA usando la terminología preferida por estos en diferentes regiones del país.

---

[31] https://www.census.gov/prod/cen2010/briefs/c2010br-04sp.pdf, 17 de mayo de 2017.

[32] *United States Department of Commerce, United States Census Bureau, http://www.census.gov*, 17 de mayo de 2017.

Figura 14-1

Los ocho estados con mayor población hispana de los EUA en 2010[*][†] *(Mapa de M. S. Doyle)*

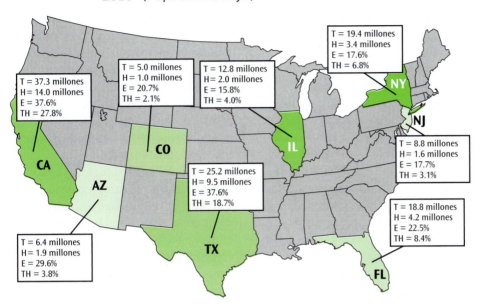

T = 19.4 millones
H = 3.4 millones
E = 17.6%
TH = 6.8%

NY

NJ

T = 8.8 millones
H = 1.6 millones
E = 17.7%
TH = 3.1%

T = 5.0 millones
H = 1.0 millones
E = 20.7%
TH = 2.1%

T = 12.8 millones
H = 2.0 millones
E = 15.8%
TH = 4.0%

T = 37.3 millones
H = 14.0 millones
E = 37.6%
TH = 27.8%

CO

IL

CA

AZ

T = 25.2 millones
H = 9.5 millones
E = 37.6%
TH = 18.7%

T = 18.8 millones
H = 4.2 millones
E = 22.5%
TH = 8.4%

T = 6.4 millones
H = 1.9 millones
E = 29.6%
TH = 3.8%

TX

FL

NOTA: Población nacional de los EUA: 308.8 millones (2010); Población hispana de los EUA: 50.5 millones (16.3%)

[*] Fuente: *United States Census Bureau*, 2010
[†] Números redondeados

T = población total del estado
H = población hispana del estado
E = hispanos estadounidenses como porcentaje de la población total del estado
TH = porcentaje de la población hispana total de los EUA

Figura 14-2

Distribución de hispanos por origen en los EUA, 2010
(Gráfico de M. S. Doyle)

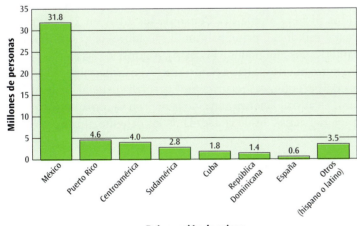

Eje Y: Millones de personas

- México: 31.8
- Puerto Rico: 4.6
- Centroamérica: 4.0
- Sudamérica: 2.8
- Cuba: 1.8
- República Dominicana: 1.4
- España: 0.6
- Otros (hispano o latino): 3.5

País o región de origen

Fuente: *United States Census Bureau* 2010.

En la Figura 14-2, se ve que en 2010 las personas de origen mexicano (31.8 millones) representan el grupo más grande de hispanohablantes en los EUA. Hasta recientemente, han vivido tradicional y principalmente en el suroeste del país y en Chicago. En los últimos veinte años, muchos obreros mexicanos han cruzado legal e ilegalmente la frontera entre los EUA y México en busca de trabajo y una vida mejor, no solamente en los lugares tradicionales sino también en otras regiones como el sureste y la parte central del país. La inmigración ilegal ha sido un tema de gran preocupación para el gobierno estadounidense, hasta tal punto que en 1994 se inició la construcción del muro fronterizo Estados Unidos–México, conocido coloquialmente en México como «Muro de la Tortilla», cuyo objetivo ha sido impedir la entrada de inmigrantes ilegales, sobre todo mexicanos y centroamericanos procedentes de la frontera sur hacia territorio estadounidense. La construcción de «La Gran Muralla Norteamericana» de casi dos mil millas de largo fue una meta principal de la candidatura exitosa del presidente Donald Trump en 2016. Unos estiman que en los EUA residen actualmente unos once millones de inmigrantes que han llegado ilegalmente que tienen que aguantar unas duras leyes estatales ya en vigor sin ninguna solución al debate de inmigración en Washington a la vista («EUA amplía y perfecciona el ‹muro de la vergüenza› con México»[33]).

El segundo grupo más grande de hispanos en los EUA es el puertorriqueño, con 4.6 millones en 2010[34]. Debido a su ciudadanía estadounidense desde 1917, los puertorriqueños pueden entrar y salir fácil y legalmente de los EUA sin visa. En el siglo XX, según varios censos, el número de puertorriqueños residentes aumentó mucho, especialmente en la ciudad de Nueva York en 1950, pero a partir de los noventa se fueron a otras ciudades grandes estadounidenses también. En la década entre 2003 y 2013, según el *Pew Institute*, por razones relacionadas con el trabajo o problemas financieros en la isla, los puertorriqueños han salido y han entrado en los EUA en los mayores números desde la Gran Migración después de la Segunda Guerra Mundial. Datos de la Oficina del Censo de los EUA indican que 144,000 personas más abandonaron la isla para el continente entre 2010 y 2013. A la vez, la población puertorriqueña en el continente creció rápidamente[35].

El tercer grupo más grande de hispanos en los EUA, si usamos los criterios regionales establecidos por la Oficina del Censo de los EUA en 2010, son los centroamericanos (casi 4 millones), principalmente salvadoreños (1.6 millones o el 40% de los centroamericanos emigrados a los EUA). Algunas de las causas para la constante emigración centroamericana hacia el norte incluyen la inestabilidad política que ha provocado las crisis económicas recurrentes y una falta general de desarrollo que produce la pobreza. Estas condiciones han sido peores en Centroamérica que en otras regiones hispanoamericanas desde la década de los ochenta, una época llena

---

[33] http://actualidad.rt.com/actualidad/view/35998-EE.-UU.-ampl%C3%ADa-y-perfecciona-%E2%80%98muro-de-verg%C3%BCenza%E2%80%99-con-M%C3%A9xico, consultado el 18 de mayo de 2017.

[34] *United States Census Bureau* 2010.

[35] http://www.pewhispanic.org/2014/08/11/puerto-rican-population-declines-on-island-grows-on-u-s-mainland/, consultado el 19 de mayo de 2017.

de guerras civiles que amenazaban a un pueblo desarraigado y desplazado en casi todos los países de la región.

El cuarto grupo consiste en los países hispanoparlantes de Sudamérica (2.8 millones), donde los colombianos son el grupo mayor (565 mil o el 20% de los sudamericanos). Desde la Segunda Guerra Mundial, varios periodos con problemas económicos y la exagerada violencia en Colombia han causado una emigración de sus ciudadanos a los EUA, frecuentemente al sur de Florida, al norte de Nueva Jersey en áreas cercanas a la ciudad de Nueva York y a Washington D.C., entre otros lugares.

El quinto grupo según la Oficina del Censo de los EUA en 2010 son los cubanos (1.8 millones). Aunque Cuba fue cedida a los EUA en 1898 con Puerto Rico, Guam y las Filipinas, consiguió su independencia en 1902. Las primeras inmigraciones cubanas a los EUA fueron lentas y por motivos económicos, pero después de la Revolución de 1959, es difícil trazar estadísticas exactas de la salida de la población cubana hacia los EUA. Por ejemplo, según Mario Molina, ganador del Premio Nobel de Química y editor de *Una revista para el latino de hoy*, «alrededor de 215,000 cubanos llegaron a EUA como parte del llamado ‹Exilio de Oro›, entre 1959 y 1962; unos 300,000 arribaron a través de los Vuelos de la Libertad, entre 1965 y 1973; unos 125,000 llegaron a través del éxodo de Mariel en 1980; 30,000 se lanzaron al mar el verano de 1994, fueron confinados en la Base Naval de Guantánamo y finalmente se les permitió entrar en EUA en 1995». («Datos sobre Cubanos en EUA»[36].) Miami ha sido adoptada como su «ciudad materna» e incluso tiene un barrio importante que se llama «la Pequeña Habana». Entre 2011 y 2015 la llegada de cubanos aumentó, especialmente desde que los gobiernos de los EUA y Cuba anunciaron el restablecimiento de sus relaciones diplomáticas en 2014. Antes de salir de la presidencia, Barack Obama derogó la Ley de Ajuste Cubano que había otorgado privilegios especiales a los emigrados de Cuba, lo cual complica la situación[37].

El sexto grupo de inmigrantes hispanoparlantes son los dominicanos y consta de 1.4 millones de los cuales el 62% están ubicados en Nueva York y Nueva Jersey, el 12% en Florida y el 7% en Massachusetts[38]. Muchos dominicanos emigraron a los EUA después de la era de Trujillo durante la década de 1960, frecuentemente ilegales, debido a la inestabilidad política, y la emigración aumentó a partir de 1980 debido a la crisis económica y la reducción en la importancia de la producción de azúcar en la economía.

A pesar de la distribución regional de los hispanos en los EUA, señalada en la Figura 14-3, la sociedad estadounidense ya establecida no los ha tratado de igual manera. A los cubanos que emigraron antes de 1980, se les mostró más respeto por su condición socioeconómica y racial. Hacia los marielitos y otros grupos de

[36] http://www.contactomagazine.com/datosdecubanos.htm, consultado el 19 de mayo de 2017.

[37] http://www.ernestovera.com/2017/01/barack-obama-deroga-la-ley-de-ajuste.html, consultado el 19 de mayo de 2017.

[38] José A. Cervantes González, *El perfil de la población de origen dominicano en Estados Unidos*, Centro de estudios monetarios latinoamericanos: BID, http://cemla-remesas.org/principios/pdf/perfil poblaciondom.pdf.

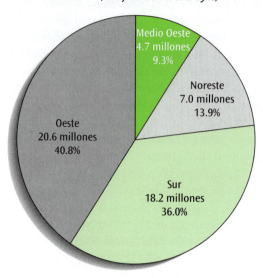

Figura 14-3   **Distribución regional de hispanos en los EUA, 2010**
(Gráfico de M. S. Doyle)

Medio Oeste
4.7 millones
9.3%

Noreste
7.0 millones
13.9%

Oeste
20.6 millones
40.8%

Sur
18.2 millones
36.0%

Fuente: *United States Census Bureau* 2010.

La región **Noreste** del censo incluye Connecticut, Maine, Massachusetts, Nuevo Hampshire, Nueva Jersey, Nueva York, Pennsylvania, Rhode Island y Vermont.

La región del **Medio Oeste** del censo incluye Dakota del Norte, Dakota del Sur, Illinois, Indiana, Kansas, Iowa, Michigan, Minnesota, Missouri, Nebraska, Ohio, y Wisconsin.

La región **Sur** del censo incluye Alabama, Arkansas, Carolina del Norte, Carolina del Sur, Delaware, el Distrito de Columbia, Florida, Georgia, Kentucky, Louisiana, Maryland, Mississippi, Oklahoma, Tennessee, Texas, Virginia y Virginia Occidental.

La región **Oeste** del censo incluye Alaska, Arizona, California, Colorado, Hawái, Idaho, Montana, Nevada, Nuevo México, Oregon, Utah, Washington y Wyoming.

hispanos, la sociedad estadounidense ha demostrado más recelo y a veces cierta actitud despectiva, como había ocurrido antes con otros recién llegados al país (los irlandeses, los italianos, los polacos, etc.).

Este tratamiento desigual y discriminatorio contra los hispanos por parte de algunos sectores del país se basa tanto en la inseguridad política y económica como en cierto etnocentrismo, insensibilidad y desconocimiento del español (la dificultad de comunicación) y de las culturas hispánicas. Esta actitud antihispana periódicamente se ha intensificado hacia los recién llegados. Por ejemplo, en los años ochenta los centroamericanos que emigraron a causa de las guerras civiles, la política del bloqueo económico de los EUA hacia Centroamérica y la depresión inevitable (causada en gran parte por los EUA) de las economías de esa región, sufrieron tal actitud. Luego, después de la oleada de obreros mexicanos que buscaban trabajo durante el mercado alcista estadounidense de los primeros años del siglo XXI, comenzó la crisis financiera y del desempleo de 2008. La enorme reacción negativa de la clase obrera estadounidense resultó en leyes discriminatorias contra todos los mexicanos, tanto los legales como los ilegales. Pese a las nuevas oportunidades y los nuevos problemas que estas olas inmigratorias traen para los hispanos y los estadounidenses, es obvio que la población hispana de los EUA está creciendo más rápidamente que la de cualquier otro grupo étnico. Según *Statista: The Statistics Portal*, los hispanos gastaron 1.5 billones de dólares en el mercado minorista y en el mercado de los bienes de consumo envasados (CPG, *consumer packaged goods*) en los EUA en 2015. Se espera que el poder adquisitivo aumente a 1.7 billones de dólares en 2017 y que para 2060 los hispanos vayan a representar aproximadamente el 28.6% de la población total de los EUA[39].

Hay más oportunidad para que los inmigrantes de habla hispana mantengan su lengua y cultura y su contacto personal entre parientes y amigos, debido al transporte rápido y las telecomunicaciones modernas. Esas circunstancias producen las siguientes situaciones:

1. Muchos hispanos quieren conservar con orgullo sus orígenes étnicos: lo puertorriqueño, lo cubano, lo mexicano, lo hondureño, lo colombiano, etc. En este sentido, se han resistido a la idea del «crisol» estadounidense tradicional y representan más el concepto de un «mosaico» o una «ensalada» nacional.

2. Muchos hispanos siguen comunicándose en español frecuentemente, lo cual implica que este idioma puede alcanzar una fuerza sociocultural, política y económica bastante más fuerte en el futuro (véase la distribución de compañías hispanas por origen y sector en las Figuras 14-4 y 14-5). Ya se ha visto la fuerte influencia hispana en la industria de la música popular de los EUA con Ricky Martin, Thalía, J Lo (Jennifer López), Carlos Santana, Shakira, Juanes, Luis Miguel, Gloria Estefan, Selena Gomez, Vicente Fernández y otros, y la creciente contribución a la producción fílmica.

3. En muchos estados, la enseñanza bilingüe y los programas de Inglés como Segunda Lengua (ESL) en las escuelas primarias combinan el uso del español y del inglés, que puede ser práctico y necesario, especialmente para los niños recién llegados al país que comienzan sus estudios por primera vez. Todo esto existe, a pesar del desarrollo de organizaciones como *Pro-English USA* que ha empezado una iniciativa para establecer el inglés como la lengua oficial del país y otra para eliminar la educación bilingüe en los estados que más la necesitan.

4. La creación de coaliciones de hispanoparlantes está produciendo una dinámica fuerza política y económica dentro de las fronteras de los EUA en muchos estados y comunidades estadounidenses. Se notó la importancia del voto hispano en la elección del presidente Obama en 2008 y 2012. En el 2016 el voto hispano fue aun mayor y más influyente en las elecciones presidenciales, tal como se predijo, pero además proporcionó más apoyo al presidente electo Donald Trump de lo esperado, especialmente en la comunidad cubana de los EUA[40]. También de importancia fue el nombramiento y la aprobación de su candidata Sonia Sotomayor como la primera jueza hispana a la Corte Suprema de los EUA en el 2009 y el hecho de que en el Congreso de los EUA en 2015

---

[39] https://www.statista.com/statistics/251438/hispanics-buying-power-in-the-us/, consultado el 19 de mayo de 2017.

[40] https://www.usatoday.com/story/news/politics/elections/2016/2016/11/09/hispanic-vote-election-2016-donald-trump-hillary-clinton/93540772/, el 19 de mayo de 2017.

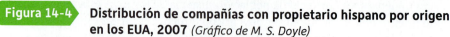

Figura 14-4 — Distribución de compañías con propietario hispano por origen en los EUA, 2007 (Gráfico de M. S. Doyle)

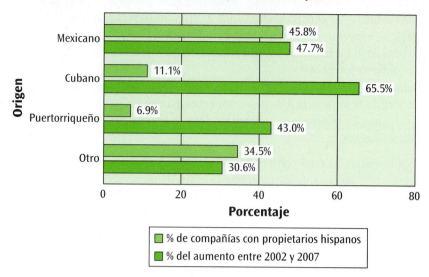

Número total de empresas con propietario hispano = 2.3 millones

Fuente: Oficina del Censo de EE. UU. Encuesta de empresarios, 2007. https://actualidad.rt.com/economia/view/17225-Un-43%2C7-mas-de-empresas-hispanas-en-EE.-UU.-entre-2002-y-2007, 17 de mayo de 2017.

había más representantes hispanos que antes en su historia (29 en la Cámara de Representantes y tres en el Senado)[41].

La meta para los EUA podría ser el establecimiento de una nueva confluencia de culturas, especialmente con la hispana. Según Octavio Paz, el famoso filósofo y poeta mexicano (Premio Nobel de Literatura en 1990), el país tiene la oportunidad de ser la primera democracia auténticamente multirracial en la historia del mundo.

14-7   ACTIVIDADES

1. **¿Qué sabe usted de cultura?** Para demostrar sus conocimientos, conteste las preguntas a continuación.

   a. Según las Figuras 14-2 y 14-3, ¿cómo se distribuyen los hispanos estadounidenses por origen y por región? Ahora, use Internet y los datos de la Oficina del Censo de los EUA para encontrar la siguiente información. ¿Cuántos hispanos viven y trabajan en el estado donde vive usted? ¿Cuál fue el porcentaje de cambio de hispanos en su estado desde 2000 hasta 2010?

   b. ¿Por qué es difícil precisar el número exacto de hispanos en los EUA? ¿Todos los hispanos hablan español? ¿Tienen las mismas raíces culturales? Explique.

   c. Se dice que los EUA es un país donde el español es el segundo idioma más importante. ¿Qué opina usted? Comente.

---

[41] http://www.huffingtonpost.com/2014/11/05/latinos-in-congress_n_6111410.html, el 19 de mayo de 2017.

d. Comente sobre las diferencias en las inmigraciones a los EUA de los mexicanos, los puertorriqueños, los cubanos, los dominicanos, los salvadoreños y otros grupos hispanos.

e. ¿A qué se debe la tendencia de los inmigrantes hispanos a seguir hablando español en los EUA? ¿Qué ocurrió con las diferentes lenguas que hablaban los inmigrantes de Europa del siglo XIX y de la primera mitad del siglo XX?

f. ¿Qué es la enseñanza bilingüe? ¿Cómo mediría usted los beneficios de esta enseñanza en la economía estadounidense?

g. Según la Figura 14-4, ¿qué grupo hispano tiene más propietarios de compañías en los EUA? Entre 2002 y 2007, ¿cuál fue el grupo de propietarios hispanos que subió más rápidamente? ¿Cómo es esta distribución en el estado donde usted vive?

h. ¿Qué opina de los cambios y modificaciones que introdujo la Oficina del Censo de los EUA en la pregunta sobre el origen hispano en la encuesta demográfica de 2010?

i. Según Octavio Paz, ¿qué posibilidad única tien los EUA? ¿Qué opina usted de esta posibilidad?

2. **Prueba de comprensión cultural.** Complete la prueba «Preguntas culturales» en el MindTap de *Éxito comercial: Prácticas administrativas y contextos culturales*.

3. **Asimilador cultural.** Lea el siguiente texto y conteste las preguntas a continuación.

Frank Joiner, el director de personal de *Monroe & Monroe, Inc.*, una compañía farmacéutica estadounidense, entrevista a una aspirante para un puesto de ventas para su mercado hispano en Nueva York. Joiner aprendió a hablar español con profesores puertorriqueños en la universidad e hizo una práctica profesional con *Monroe & Monroe* en San Juan, al final de su carrera universitaria. Luego, *Monroe & Monroe* le ofreció un puesto permanente en Nueva York, donde lleva quince años trabajando con la comunidad puertorriqueña.

La entrevistada se llama Anita Estévez, natural de Santa Fe, Nuevo México, y es de una vieja familia española de la clase alta. Acaba de recibir su título universitario en la Universidad de Nuevo México. Joiner, que no había estudiado con cuidado el currículum vitae de la candidata, la saluda y le pregunta:

—Pues, bien, señorita Estévez, ¿de qué parte de Puerto Rico es usted?

Estévez vacila un momento antes de contestarle...

a. ¿Cuál es el problema del gerente, Frank Joiner? ¿Cómo han influido las experiencias del gerente en su conducta?

b. ¿Qué le va a contestar la señorita Estévez a su pregunta? ¿Qué estará pensando ella en este primer momento de la entrevista?

c. ¿Qué conocimientos y experiencias transculturales le recomendaría usted a Frank Joiner?

d. ¿Qué conocimientos culturales va a necesitar Anita Estévez para tener éxito en Nueva York si le ofrecen el puesto de vendedora y ella lo acepta?

14-8   ACTIVIDADES COMUNICATIVAS

 1. **Situaciones para dramatizar.** Lea las siguientes situaciones y, después, haga el papel en español con otro/s estudiante/s, usando las siguientes opciones como punto de partida. Cada persona debe participar activamente en la dramatización. No olviden el protocolo ni las cortesías.

a. *You are an American at a convention for managers in Miami. You and a Cuban-American colleague discuss the transition from an industrial society to one of services, each giving his/her point of view from a different cultural perspective. Include the following topics.*

- *the need for fewer employees*
- *a desire for more flexibility with working hours*
- *the intimate nature of service companies devoted to working closely with customers*
- *a reduction in bureaucracy*
- *less hassle with unions*

b. *At an international conference for upper-level management personnel, you and several associates are discussing the difficulty involved with the future of Caribbean operations. Explain how, from your point of view, the competition between ALCA* (Área de Libre de Comercio de las Américas) *and ALBA* (Alternativa Boliviariana de las Américas) *poses a very real threat to the complete economic integration of the hemisphere. Some of your associates agree with you, while others see ALCA as only another tool to protect American interests.*

2. **Actividad empresarial.** Ustedes trabajan para una empresa multinacional que tiene muchas ventas en Puerto Rico. El/La presidente/a de la empresa quiere instalar una fábrica de construcción en Bayamón, Puerto Rico. Es muy posible que haya factores que puedan causar dificultades. Les pide sugerencias sobre la decisión que él/ella tendrá que tomar. Es importante investigar los siguientes temas, comparando Puerto Rico con México y Canadá, los socios del NAFTA:

a. los acuerdos comerciales durante los últimos quince años y los posibles efectos en la importación de materiales necesarios para la construcción de la fábrica

b. el valor de las monedas nacionales durante el mismo periodo

c. el número de posibles clientes en estos países

d. los efectos de un voto a favor de la independencia de Puerto Rico o un cambio de su condición de Estado Libre Asociado con los EUA a estado oficial (como Hawái y Alaska)

Después de completar su investigación, ustedes recopilan todos los datos en un informe escrito con listas o tablas que indican la información indispensable para hacer un breve análisis del caso. Luego, ustedes presentan el informe oralmente sin leerlo.

3. **Minicaso práctico.** Lea el caso y haga el ejercicio que aparece a continuación.

Usted acaba de completar un curso de español comercial en el cual ha estudiado diversos temas fundamentales del mundo de los negocios, tanto nacionales como internacionales. También ha estudiado mucha terminología comercial y diversos aspectos de los contextos culturales hispanos. Está solicitando un puesto en una compañía que mantiene relaciones comerciales con muchos países hispanohablantes. El/La director/a de personal de esta empresa (el/la profesor/a de la clase), lo/la entrevistará a usted (y a cada estudiante de la clase) individualmente en español para determinar:

a. sus conocimientos comerciales
b. sus habilidades lingüísticas
c. su sensibilidad transcultural

Usted y su director/a de personal deben ponerse de acuerdo de antemano acerca de las descripciones de los puestos de trabajo que se podrían incluir en la entrevista. (NOTA: Antes de hacer la entrevista, prepárese según la información presentada en el Apéndice 4, págs. 553–558).

14-9   COMPRENSIÓN Y COMUNICACIÓN

Busque el ejercicio de video en el MindTap de *Éxito comercial: Prácticas administrativas y contextos culturales*.

MINDTAP

Antes de ver. Conteste las siguientes preguntas antes de ver el video.

1. ¿Por qué cambian continuamente las condiciones de la economía mundial? ¿Cuáles son algunos de los cambios diarios más importantes?

2. ¿Cuáles son algunos de los principales retos para la globalización económica y comercial?

Al ver. En el video, la señora Schultz, de Iowa, y el señor Echeverría, de Venezuela, son gerentes de dos diferentes empresas multinacionales de Illinois que tienen sucursales en varios países sudamericanos. Conversan acerca de las dificultades de dirigir una empresa bajo las condiciones continuamente cambiantes de la economía mundial. Lea las siguientes preguntas y después mire el video. Luego vuelva a las preguntas para contestarlas.

1. ¿De qué tema trata la conversación entre la señora Schultz y el señor Echeverría?

2. ¿Qué paradoja observa el señor Echeverría con el nacionalismo y el proteccionismo y la creación de mercados comunes y otros acuerdos comerciales semejantes?

3. ¿Qué quiere decir la señora Schultz con la frase que «todos los barcos suban con la marea [en alza del comercio mundial justo]»?

4. ¿Qué le causa un estrés constante al señor Echeverría?

5. ¿Por quién apuesta la señora Schultz para hallar soluciones en el futuro? ¿Está usted de acuerdo con ella? Comente.

Resumen. Resuma objetivamente para un/a compañero/a de clase lo que ha ocurrido en el video. O para variar, haga un resumen con cambios o falsedades para ver si su compañero/a capta la información errónea y se la corrige.

Ud. es el/la intérprete. Siga el guion a continuación y haga el papel de intérprete entre la señora Schultz y el señor Echeverría. Traduzca del inglés al español y del español al inglés, **sin mirar el texto**, el diálogo que leerán otros dos estudiantes en voz alta. Ellos harán una pausa después de cada barra para permitir su traducción. Acuérdense todos de usar un tono y ritmo de diálogo natural.

Sra. Schultz: *The changing global economy is making it more and more difficult to manage a company. / We've got to adjust constantly to the economic realities that are forcing us to become part of a transnational system.*

INTÉRPRETE: _____

Sr. Echeverría: Sí, y todo eso a pesar de que bastantes países parecen hacerse cada día más nacionalistas y más proteccionistas. / ¿Cómo se puede explicar esto cuando a la vez se están creando nuevos mercados regionales como el Tratado de Libre Comercio de América del Norte, la Unión Europea y MERCOSUR?

INTÉRPRETE: _____

Sra. Schultz: *I know. We've just got to be efficient and economical. / In what seems to be an increasingly confrontational world political scene, it's important to close the gaps within an integrated world economy, / one that helps all boats rise with the tide of fair global trade.*

INTÉRPRETE: _____

Sr. Echeverría: Sí, creo que para hacerlo bien nos hace falta la intuición para poder predecir los resultados de nuestras decisiones; / son necesarias la habilidad para integrar los conocimientos académicos y prácticos, / y la capacidad para guiar a otros y comunicar eficazmente sus ideas a los interesados. / ¡Sufro de un estrés constante! A veces, no sé dónde se hallarán las soluciones.

INTÉRPRETE: _____

Sra. Schultz: *That's for sure! And don't forget the need to consider the ethical consequences and humanitarian considerations. We must come up with profitable solutions that are also green and sustainable across the globe. / It's so fortunate that our company has facilitated interactions among those of us from different regions and cultural backgrounds. / It has allowed us to increase our mutual respect and to deepen our cross-cultural understanding. / I think our generation will need a lot of help* *from the next generation, with their ideas and talent, optimism and good will. / In that regard, maybe the future is pretty bright. In the end, I'll bet on it!*

INTÉRPRETE: _____

Actividad. ¿Cómo es diferente su interpretación de la que se presenta en el video? Vuelva a ver el video para hacer una comparación o una crítica de la traducción oral.

Interpretación consecutiva y simultánea. Vuelva al video y ahora haga una interpretación consecutiva, usando la pausa del video cuando le haga falta. O para variar, intente hacer una interpretación simultánea, sin pausas. ¡Ojo! Este tipo de ejercicio requiere mucha concentración, memoria y atención a los detalles.

 Otro fin. Después de ver el video, imagine lo que podría ocurrir después si no termina en ese momento. ¿Cómo se desarrollará más el tema entre los actores y qué dirán? Para esta actividad, se puede escribir y entregar un nuevo fin o imaginarse otro fin para representarlo con compañeros de clase. Al continuar con el guion en español, siga el estilo de diálogo usado arriba, empezando con el señor Echeverría.

14-10 ANÁLISIS Y COMPARACIÓN

Estudie la Tabla 14-1 y haga los ejercicios que aparecen a continuación. Use también sus conocimientos y, si es necesario, otras fuentes informativas como un diccionario, un *Almanaque mundial*, Internet, etc. Los ejercicios se pueden hacer individualmente, en parejas o en pequeños grupos para discutir en clase.

1. En los países hispanos, la comida tiene un papel social muy importante, tanto en el contexto familiar como en el profesional. Generalmente, los hispanos pasan varias horas al día almorzando y cenando, en casa, restaurantes o cafeterías, con parientes, amigos o colegas de trabajo. En su opinión, ¿qué papel pueden desempeñar el almuerzo y la cena en el mundo de los negocios, al reunirse uno/a con colegas, gerentes y clientes? ¿Qué opina del desayuno de negocios? ¿Es mejor que la comida o la cena para tales propósitos? Comente.

2. ¿Cómo es la comida mexicana? ¿Cuáles son algunos de los platos típicos del país? ¿Algunas bebidas típicas? ¿Ha probado usted alguna vez la auténtica comida mexicana? ¿Le gustó? Comente. ¿En qué se diferencia de la comida *Tex-Mex*?

3. ¿Cómo es la comida española? ¿Se parece mucho a la comida mexicana? Comente. ¿En qué se diferencian la tortilla mexicana y la tortilla española?

4. ¿Cuáles son algunas de las comidas y bebidas típicas que encontraría un hombre o una mujer de negocios al hacer un viaje a Puerto Rico y a la República Dominicana? ¿Cómo es la comida cubana? ¿Cuáles son algunas de las frutas que se comen en el Caribe hispanohablante?

5. En Argentina se come mucha carne de res. ¿Cuáles son algunos de los platos de carne típicos del país? Si fuera usted vegetariano/a, ¿qué haría durante un viaje de negocios a este país?

6. ¿Cuáles son algunos de los postres típicos de los países hispanos? ¿Qué bebida se suele tomar con el postre? Si usted no toma cafeína, ¿qué haría (o pediría) para no quedar mal con sus anfitriones hispanos?

7. ¿Qué es el pisco peruano? ¿La caña paraguaya? ¿La chicha boliviana? ¿El aguardiente colombiano? ¿La cava española? ¿El cubalibre? ¿La caipirinha de Brasil? ¿Y el tequila mexicano? ¿Qué tienen en común todas estas bebidas?

8. ¿Cómo le describiría usted a un/a visitante boliviano/a (un/a compañero/a de clase) la cocina típica estadounidense? Supongamos que esta persona lo/la está visitando para explorar la posibilidad de comprar varios de sus productos y que es su primera visita a los EUA. Usted quiere invitarlo/a a cenar. ¿Adónde lo/la llevaría y qué le recomendaría cenar?

9. Usted está visitando un país hispanoamericano para tratar asuntos comerciales con un/a nuevo/a cliente. Esta persona (un/a compañero/a de clase) lo/la ha invitado a cenar. En el restaurante, le traen un plato que de veras no le apetece (supongamos que sea ceviche o un riquísimo mondongo o menudo, un caldillo de congrio, cuy, lengua de erizo, un anticucho peruano, calamares en su tinta, guatitas chilenas o un picantísimo plato mexicano). La persona que lo/la ha invitado a cenar está sentada delante de usted, con una sonrisa de satisfacción porque le han servido un exquisito plato típico. ¿Qué hace usted ahora? ¿Cómo se niega a comer este plato típico sin quedar mal con su cliente?

10. ¿Cuáles son algunas de las comidas más exóticas o extrañas que ha comido usted?

TABLA 14-1 COMIDAS Y BEBIDAS TÍPICAS DE LOS PAÍSES HISPANOPARLANTES Y LOS ESTADOS UNIDOS

País	Comidas y bebidas típicas
Argentina	Asado (*barbecue*); empanada (*meat or vegetable pie*); locro (*winter stew of meat, corn, and potatoes*); parrillada mixta (*mixed grill; steaks, spicy pork sausage* [chorizo], *blood sausage* [morcilla], *and sweetbreads* [mollejas]); bife de chorizo (*large strip sirloin*); bife de lomo (*filet*); picante (*a spicy sauce that can be added to beef*); chimichurri (*picante sauce w/garlic, olive oil, vinegar and coriander*); flan (*creme caramel*); dulce de leche (*milk boiled w/sugar and drops of vanilla or chocolate*); vino, mate (*hot green tea*)
Bolivia	Salteñas (*meat or chicken pies with potatoes, olives, and raisins*); trucha (*pink salmon trout*); picante de pollo (*chicken in* ají, *a spicy pepper*); plato paceño (*corn, potatoes, beans, and cheese*); timpu (*lamb stew*); conejo cuis (*roast guinea pig*); asado de llama (*llama steak*); singani (*refined grape alcohol—the national drink*); chicha (*corn-grain alcohol*)
Chile	Empanadas de horno (*meat turnovers w/beef, hard-boiled eggs, onions, olives, and raisins*); pastel de choclo (*cornmeal pastry w/baked beef, chicken, onions, corn, eggs, and spices*); cazuela de ave (*chicken soup*); churrasco (*braised beef*); chupe de mariscos (*seafood stew*); porotos granados (*thick bean, corn and squash soup*); arrollados (*stuffed pork roll encased in pork rind*); guatitas (*intestines*); caldillo de congrio (*conger eel soup*); lengua de erizo (*a delicacy paste made from sea urchin tongue*); sopaipillas (*deep-fried pumpkin dough w/sprinkled sugar*); manjar (*cans of sweetened condensed milk boiled for hours*); vino (¡Chile produce excelentes vinos!), café

(continúa)

TABLA 14-1 *(continuación)*

País	Comidas y bebidas típicas
Colombia	Arroz con pollo (*chicken w/rice*); frijoles con chicharrón (*pork w/kidney beans*); piquete (*meat, potatoes and vegetables in ají, a spicy pepper*); cuchuco (*thick barley and meat soup w/peppercorns*); peto (*soup of white corn w/milk*); arepa (*cornmeal pancake*); sancocho (*meat and vegetable stew*); sancocho de sábalo (*shad or other fresh fish prepared in coconut milk w/strips of potato, plantain and yucca*); tamales (*corn dough, meats, vegetables cooked and wrapped in plantain or banana leaves*); cazuela de mariscos (*seafood soup w/chunks of cassava*); changua (*soup of potatoes and eggs*); empanadas (*meat turnovers*); buñuelos (*golden balls of corn flour and cheese*); arequipe (*caramel sauce*); arroz con coco (*rice pudding w/coconut and rum*); oblea (*large wafers spread w/sugar and milk paste*); café, aguardiente (*strong liquor made from sugarcane*)
Costa Rica	Olla de carne (*beef stew w/potatoes, onions, and vegetables*); tamales (*meat, vegetables, and flour wrapped in plantain leaves and boiled*); lengua en salsa (*beef tongue in sauce*); mondongo (*tripe soup*); empanadas (*turnovers*); arroz con pollo; gallos (*tortillas w/meat and vegetable fillings*); gallo pinto (*rice and black beans*); casado (*rice, beans, eggs, meat, and plantain*); café
Cuba	Arroz y frijoles negros (*rice and black beans*); arroz con pollo; picadillo (*well-seasoned ground beef w/chopped peppers and onion or w/chopped bacon, vegetables and egg*); tasajo (*cured or dried jerked beef*); ropa vieja (*stewed meat in tomato sauce*); tamales (*ground seasoned maize and sometimes meat or sweet filling wrapped in a plantain or maize leaf*); fufú de plátano (*boiled green plantain, flattened or crushed, seasoned w/garlic, onion and pork cracklings*); croquetas (*fish or meat croquettes*); yuca; boniatillo (*sweet potato*); arroz con leche (*rice pudding*); yemitas (*sweets made w/egg yolk and sugar*); tocino del cielo (*sweet made w/egg yolks and syrup*); gran variedad de frutas tropicales; bebidas de ron como el daiquiri y el cubalibre (*rum and coke, referred to as «mentirita» by the Cubans living in Miami and Florida*), café
Ecuador	Arroz con pollo (*fried chicken w/rice*); locro (*soup of potatoes, cheese, meat and avocados*); llapingachos (*cheese and potato cakes*); ceviche (*raw seafood marinated in lime and served w/onions, chili peppers, cilantro, tomatoes and spices*); empanadas (*beef turnovers*); arroz con menestra (*rice w/spicy beans, barbecued beef, and refried plantains*); caldo de bola (*plantain-based soup*); fritada (*fried pork*); cuy (*roast guinea pig*); patacones (*fried green bananas, smashed, and refried*); humita (*sweet corn tamales*); seco de chivo (*goat stew*)
El Salvador	Frijoles; tortillas; pupusas (*thick tortillas filled w/meat, beans and/or cheese*); arroz; huevos; carne; frutas; café. La comida es menos picante que la de muchos otros países hispanos.
España	Tortilla española (*omelet w/potatoes and onions*); gazpacho (*cold vegetable soup, often served w/fresh, chopped vegetables to sprinkle on top*); paella (*rice w/saffron and chicken, fish, shrimp, mussels, clams, sausage and pork*); bocadillo (*sandwich on French-type loaf bread*); cocido (*Castillian soup*); jamón serrano (*salty cured ham*); chorizo; lenguado (*flounder*); merluza (*hake*); pulpo (*octopus*); calamares (*squid*); churros (*deep-fried batter of flour and butter, sprinkled w/sugar and/or dipped in warm chocolate*); carne, pollo, y huevos; vino, sangría (*sweetened wine punch w/fruit*), cerveza, champán (llamado «cava»), café. La comida española no es picante.
Guatemala	Tortillas de maíz; frijoles; arroz; tamales (*cornmeal or rice dough stuffed w/meat or tomato sauce*); plátanos fritos (*fried plantains*); carne, pollo y cerdo; café
Guinea Ecuatorial	Carne; pollo; pescado; yuca; cacahuetes y salsa de cacahuetes; papaya, piña, bananos y plátanos; tope (*palm wine*), malamba (*sugarcane liquor*)
Honduras	Frijoles, tortillas, maíz y arroz; tapado (*stew w/beef, vegetables, and coconut milk*); mondongo (*tripe and beef knuckles*); nacatamales (*pork tamales*); torrejas (*similar to french toast and served at Christmas*); bananos, piña, mango, coco, melón y otras frutas; topogios o charramuscas (*frozen fruit juice in a plastic bag*)

(continúa)

TABLA 14-1 *(continuación)*

País	Comidas y bebidas típicas
México	Tortillas; chilaquiles (*breakfast of tortilla strips scrambled w/chili, tomatoes, onions, cream and cheese*); frijoles refritos (*refried beans*); torta (*hollow roll stuffed w/meat or cheese*); quesadilla (*tortilla baked w/cheese*); tacos; tostada (*toasted tortillas covered w/meat, lettuce and a variety of ingredients*); mole; tamales (*cornmeal wrapped in banana leaves or corn husks*); chalupa (*tortilla w/upturned edges, fried and topped w/variety of meat or chicken, beans, etc.*); flautas (*extra long, flute-shaped tacos*); enchilada (*tortilla w/chicken inside, covered with a hot sauce*); sopa azteca (*avocado and tortilla broth*); sopa de flor de calabaza (*squashflower soup*); chile relleno (*stuffed chilies*); birria (*goat soup*); enfrijolada (*chicken-filled tortilla covered w/bean sauce and cheese*); pozole (*hominy soup w/pork*); chile poblano (*chili sauce w/green tomatoes, chocolate and peanuts*); chiles en nogada (*large poblano chili stuffed w/beef or cheese, raisins, onion, olives and almonds, topped w/creamy walnut sauce and pomegranate seeds*); huachinango (*red snapper*); menudo (*spicy tripe soup*); ceviche (*raw fish and shellfish marinated in lime juice and topped w/chile, onions and cilantro*); atole (*sweet corn-based drink w/ consistency of hot chocolate*), licuado (*fresh fruit shake*), cerveza, vino, tequila, café
Nicaragua	Tortillas; enchiladas; nacatamales (*meat and vegetable tamales w/spices*); mondongo (*tripe and beef knuckles*); baho (*meat, vegetables and plantains*); plátano frito (*fried plantain*); vigorón (*vegetable dish*)
Panamá	Arroz con pollo; frijoles; maíz; plátanos; pollo; carne; pescado; sancocho (*chicken soup*); bollo (*corn mush boiled in the husk*); guacho (*rice soup*); verduras y frutas; chicha (*drink of fresh fruit, water and sugar*)
Paraguay	Asado (*barbecue*); parrillada (*assortment of grilled steaks, sausages, and innards*); yuca; sopa paraguaya (*cornbread baked w/cheese, onions, and sometimes meat*); chipá (*hard cheese bread*); tortillas; empanadas (*deep-fried meat or vegetable turnovers*); surubí (*a large catfish*); croquetas (*minced meat or poultry rolled into sausage shape, rolled in bread crumbs and deep fried*); mixto (*ham and cheese sandwich*); dorado (*salmon-like fish*); puchero (*meat, sausage, vegetable and chick-pea soup*); palmitos (*palm hearts*); mate cocido (*a bitter tea*), caña (*Paraguayan moonshine*)
Perú	Ceviche (*raw fish marinated in lemon and vinegar*); anticucho (*marinated, grilled beef hearts and livers*); corvina (*sea bass*); langostinos (*shrimp*); lenguado (*flounder*); pulpo (*octopus*); conchitas (*scallops*); calamares (*squid*); cuy (*guinea pig*); ocopa (*boiled potatoes or eggs in a spicy, condensed milk sauce*); ají de gallina (*shredded chicken in a chili and cheese sauce*); papas a la huancaína (*baked potatoes topped w/sliced eggs and an often spicy chili sauce*); mazamorra morada (*pudding made of purple maize*); chirimoya (*apple custard*); pisco (*grape brandy*)
Puerto Rico	Arroz con pollo; arroz con habichuelas (*rice and beans*); arroz con gandules y pernil (*rice w/pigeon peas and roasted pig*); paella (*a spicy stew of rice, chicken, seafood, and vegetables*); encebollado (*steak smothered in onions*); tostones (*deep-fried plantains*); frituras (*foods fried in oil*); alcapurria (*plantain croquettes stuffed w/ meat*); bacalao con viandas (*baked cod w/cassava and potatoes*); morro (*black rice*); sofrito (*garlic, onion, sweet pepper, cilantro, oregano and tomato paste*); pan sobao o pan de agua (*local bread made w/water, shortening and flour*); flan; cerveza, ron y café
República Dominicana	Arroz con pollo; arroz con habichuelas (*rice and beans*); yuca (*cassava*); bacalao (*dried fish, usually cod*); sancocho (*a rich stew of rice, meats, avocado and vegetables*); plátanos (*plantains*); majarete (*cornmeal custard*); cerveza y ron
Uruguay	La comida se parece mucho a la de Argentina: carne; empanadas; carbonada (*dish of rice, raisins, pears, and peaches*); estofado/guiso (*stew*); chivito (*steak sandwich smothered in sauces and spices*); lenguado; merluza; cerveza, vino y café

(continúa)

TABLA 14-1 *(continuación)*

País	Comidas y bebidas típicas
Venezuela	Mondongo (*tripe w/vegetables*); sancocho (*meat stew w/squash, sweet potatoes, and plantain*); pabellón criollo (*shredded beef in spiced tomato sauce served w/fried plantain, white rice, and black beans*); cazuela de mariscos (*seafood stew*); caraotas negras (*black beans*); hervido (*soup w/chunks of chicken, beef, and vegetables*); arepa (*deep-fried thick pancake sometimes filled w/butter, meat, and cheese*); hallaca (*similar to arepa but filled w/stewed meat, potatoes, olives, raisins and spices*); punta trasera (*tender steak*); parrillada; tostones (*fried plantains*); jugo natural (*fresh fruit juice*); batido (*a fruit-shake*); lechoza (*papaya*); raspaito (pronunciación venezolana de «raspadito», *flavored shaved ice or snow-cone*); cerveza, ron, cafecito
Brasil	Carne; pan; arroz; frijoles; queso; huevos. Los platos favoritos varían de región a región pero algunos incluyen feijoada (Río: *black bean stew w/beef, pork, sausage, may include pig's ears and feet*); acarajé (*deep-fried fritters of pureed black-eyed peas and shrimp*); churrasco (Sur: *barbecue with wide variety of meats and cuts*); pão de queijo (*cheese rolls*); moqueca (*grouper or shark w/salt, white pepper, coriander, parsley and coconut milk*); bife a cavalo com fritas (*meat w/egg and french fries*); dendê (*Bahía: palm oil used as spice*); bolinho de chuva (*Brazilian doughnuts*); creme de sagú com vinho (*sago pudding w/red wine*); bolo de maracujá (*passionfruit cake*); pão de mel (*honey bread*); cachaça (*strong liquor made from sugar cane*), caipirinha (*lime with cachaça*), guaraná (*tropical plant with small red fruit with a high caffeine content, dissolved in water*), cafezinho (*expresso coffee*)
EE.UU.	Hamburguesas; perritos calientes (*hot dogs*); pizza; pollo frito; carne asada; ensaladas de lechuga; pescado; cerdo; pavo; tacos; gran variedad de platos étnicos y regionales; cerveza, vino, whisky, café

Fuentes: *Culturgram* 2004, *Fodor's South America* 2000, *Fodor's Mexico* 2000 y *Fodor's Caribbean* 2000

GeoReconocimiento

Mire los mapas del Capítulo 14 en el MindTap de *Éxito comercial: Prácticas administrativas y contextos culturales* y haga los ejercicios.

Posibilidades profesionales

Usted ha emprendido los pasos para planear y determinar la/s carrera/s que mejor corresponda/n a sus habilidades y conocimientos profesionales, lingüísticos y transculturales. También ha explorado los distintos trabajos que pertenecen al mundo internacional de los negocios. Ahora le toca emprender la búsqueda seria de trabajo. Para obtener más información al respecto y para una actividad que le ayude a profundizar sobre el tema, véase el Capítulo 14 de «Posibilidades profesionales» en el MindTap de *Éxito comercial: Prácticas administrativas y contextos culturales*.

VOCABULARIO

Aquí se presentan los principales términos de este capítulo. Al final del libro, hay un glosario más completo.

analista en investigación de mercado market analyst

asesor/a financiero/a financial adviser

asistente médico/a physician assistant

auditor/a auditor (of accounts)

calentamiento global global warming

censo census

cobertura sanitaria universal affordable health care

conciencia transcultural cross-cultural awareness

contabilidad *(f)* accounting

contador/a accountant

crisol *(m)* melting pot

Cuenca del Caribe Caribbean Basin

deshidratación dehydration

deudas gemelas twin deficits

discapacitado/a disabled (adj), disabled person (n)

enfermero/a practicante nurse practitioner

enredo muddle, snarl, entanglement, mess, maze

enseñanza multimedia multimedia instruction

establecimiento de contactos networking

estado libre asociado commonwealth

estancamiento stalemate, standstill

ética empresarial business ethics

hacer el censo to take the census

impuesto sobre la renta personal personal income tax

Índice *de Desarrollo Humano (IDH) (m)* Human Development Index (HDI)

indocumentado/a undocumented resident, immigrant

infotecnología infotechnology

oficial de cumplimiento compliance officer

patrulla fronteriza border patrol

precipicio fiscal fiscal cliff

punto muerto impasse, deadlock

realidad virtual virtual reality

techo de deuda debt ceiling

Torres Gemelas Twin Towers (former World Trade Center in NYC)

PROTOCOLO TELEFÓNICO

Durante las últimas décadas, ha habido avances impresionantes en la tecnología telefónica empresarial. Los teléfonos de línea fija no han desaparecido por completo, pero muchas empresas ya dependen de los teléfonos móviles o celulares, *smartphones* y las tecnologías digitales de voz y texto para mantenerse en contacto con los clientes y colegas. Muchas empresas optan por utilizar una combinación de tecnologías, como la confluencia de la telefonía y la computadora. Un ejemplo de esto es el Protocolo de Voz sobre Internet, VoIP (*Voice Over Internet*), que es básicamente una conexión telefónica a través de Internet en la cual los datos se envían digitalmente, utilizando el Protocolo de Internet (IP) en lugar de líneas telefónicas analógicas. Esto permite que la gente hable por todo el mundo sin tener que pagar los gastos de teléfono internacionales o de larga distancia, que pueden ser muy altos cuando se hacen desde un hotel. Además, hoy en día hay aplicaciones de *software* que se usan dentro de su propia casa u oficina en conjunto con una cámara web, un micrófono y una conexión de banda ancha; o en su propio automóvil con dispositivos móviles, una conexión WiFi o un plan de datos para móviles. Estas aplicaciones facilitan las oportunidades para hacer no solamente llamadas telefónicas, sino también video-llamadas, y para mandar mensajes instantáneos y servicio de mensajes cortos (SMS/ *Short Message Service*) entre teléfonos móviles u otros aparatos de comunicación.

El SMS es la aplicación más utilizada en todo el mundo porque está disponible en casi todos los teléfonos móviles. Permite el envío o texteo de mensajes cortos (también conocidos como mensajes de texto, o más coloquialmente, textos) entre teléfonos móviles y líneas fijas u otros dispositivos de mano. Recientemente, ha tenido que competir con el rapidísimo desarrollo de *smartphones* de gama alta que han eliminado el costo de enviar mensajes de voz, video y texto, así que las empresas que han recibido excelentes beneficios por el consumo de SMS van a tener que buscar otra fuente rentable. Aunque los teléfonos móviles de gama media (*feature phones*), es decir, los que tienen menos opciones, aún superan en número a los *smartphones* en el mercado, se prevé que este número se irá reduciendo y que las ganancias de estas empresas bajarán muchísimo en el futuro. A pesar de todos estos cambios, y aunque los teléfonos fijos representan la tecnología más antigua, todavía son muy importantes porque ofrecen un alto nivel de fiabilidad, seguridad y calidad de voz que no siempre se encuentra en los teléfonos móviles. A veces, las empresas o los usuarios pueden estar ubicados en áreas que no tienen buena recepción móvil ni el acceso de banda ancha.

En todo el mundo hispanoparlante, se han invertido mucho dinero y recursos y se ha privatizado la mayoría de las compañías telefónicas estatales. Esto ha producido una red de telecomunicaciones que funciona mucho mejor que antes. No solo hay más teléfonos públicos y privados, sino que hay más y mejores servicios disponibles. Según Mario Mora, director de Telecomunicaciones y Media de Teradata, una de las empresas líderes en soluciones de gestión de datos para análisis en México, hasta hace poco las principales empresas del sector de la industria de telecomunicaciones no habían tenido que evolucionar. Antes, «basaban sus ingresos en los modelos de mensajes y voz, mientras que ahora existe la necesidad de generar nuevas fuentes de ingresos»[1]. Una de las nuevas innovaciones es la utilización de datos para analizar las tendencias de los consumidores, un proceso que se llama la *monetización de red*. El análisis de esta información fomenta la creación de otros productos, servicios y posiblemente nuevas empresas. Otras posibles áreas comerciales de aplicación incluyen la consultoría de arquitectura de ecosistemas y soluciones de nube híbridas.

Dada la situación cambiante, siempre vale la pena preguntar o pedir ayuda a un/a lugareño/a para saber cómo funciona el sistema telefónico del país que se visite. Pero antes de viajar al extranjero, vale la pena investigar las opciones disponibles para el uso de su teléfono móvil y arreglar la mejor solución. Algunas recomendaciones son las siguientes: (1) llame a su proveedor de servicio móvil y pregunte si su teléfono es compatible con el país de destino; (2) pregunte si su plan de servicio le permite hacer llamadas internacionales y cuáles serán los cargos itinerantes (*roaming*); (3) investigue el formato para poder hacer llamadas locales e internacionales en los países que piensa visitar; (4) considere el uso de una tarjeta SIM (*Subscriber Identity Module*) de prepago internacional, si usted tiene un teléfono GSM (*Global System for Mobile Communications*); (5) no olvide un cargador de teléfono universal y adaptadores de enchufe para los países que va a visitar; e (6) investigue si está prohibido el uso de un teléfono celular mientras maneja un automóvil. También encontrará recomendaciones útiles en la página web de la Comisión Federal de Comunicaciones, un organismo independiente del gobierno de los EUA que regula las comunicaciones interestatales e internacionales por radio, televisión, satélite y cable en los 50 estados, el Distrito de Columbia y los territorios de los EUA[2].

Igual que con otros tipos de interacción verbal, la comunicación telefónica requiere un conocimiento tanto del sistema, al menos de su funcionamiento y usos prácticos, como de las cortesías y expresiones que se emplean comúnmente. Este conocimiento llega a ser importante cuando se trata no solamente de llamadas urbanas o locales, sino también de llamadas internacionales y aún más cuando estas se realizan en un idioma extranjero, como sucede con las llamadas entre los EUA e Hispanoamérica o España, o al revés. Durante estas llamadas, las conversaciones se realizan a menudo en español, lo que implica la necesidad de hablarlo y *comprenderlo* bien. Para ayudar a

---

[1] Mario Mora, «La industria de las telecomunicaciones se transforma», http://www.decideo.com/La-industria-de-las-telecomunicaciones-se-transforma_a1370.html, consultado el 2 de junio de 2017.

[2] «International Roaming: Using Your Mobile Phone in Other Countries», Federal Communications Commission, https://www.fcc.gov/consumers/guides/international-roaming-using-your-mobile-phone-other-countries, consultado el 4 de junio de 2017.

los que tienen que hacer tales llamadas, pero que todavía no dominan los términos ni las expresiones que se usan frecuentemente en español, se ofrece: (1) un vocabulario telefónico general y (2) algunas expresiones telefónicas útiles. Sin embargo, sobra decir que el vocabulario, las expresiones y los usos indicados pueden variar de país a país y que con la creación de nuevas tecnologías, se pueden expandir rápidamente.

Vocabulario telefónico[3]	Telephone vocabulary
abonado/a	subscriber
adaptador de enchufe (m)	plug-in adaptor
altavoz externo	speaker phone
arrendamiento con opción a compra	lease with an option to buy
auricular (m)	earphone
batería	battery
bíper (m)	beeper, pager
buzón de voz (m)	voice mail box
cargador de teléfono universal (m)	universal phone charger
cargos (o cobros) itinerantes	roaming charges
revertidos	reverse charges
central telefónica (f)	telephone exchange station
código de área	area code
colgar (ue) (el teléfono)	to hang up (the receiver)
conferencia en tres direcciones	three-way conference call
contestar el teléfono	answer the telephone
correo	mail
auditivo	voice mail
de mensajes hablados	voice mail
de voz	voice mail
vocal	voice mail
dejar un recado/mensaje	to leave a message
descolgar (ue) (el teléfono)	to pick up (the receiver)
discado	dialing
acelerado	speed dialing
activado por voz	voice-activated dialing
directo	direct dialing
guía telefónica	telephone directory
identificación	identification, I.D.
de abonado llamante	caller I.D.
de llamadas	caller I.D.
de origen	caller I.D.
listado de contactos	contact list
llamada	(telephone) call
en espera	call waiting
marcar	to dial
mensaje (m)	message
de voz	voice mail

(continúa)

---

[3] Para obtener ayuda con los teclados y los botones en los sistemas telefónicos en español, véase lo siguiente:

• La terminología de varios manuales se encuentra en Internet utilizando el siguiente indicador: «Listado de teclas, botones y conectores del teléfono movil»

• Uso del teclado: http://windows.microsoft.com/es-ar/windows/using-keyboard#using-keyboard=windows-7

(continuación)

pila	*battery*
recado	*message*
reenvío de llamadas	*call forwarding*
rellamada automática	*redial, redialing*
remarcación	*redial, redialing*
señalización de llamadas en espera	*call waiting*
servicio con tarjetas prepagadas	*prepaid credit card telephone service*
servicio de despertador	*wake-up call*
tarifa	*rate*
tecla de silencio	*mute button*
telefonazo	*telephone call*
telefonear	*to telephone*
telefonema *(m)*	*telephone message*
telefonía	*operation of telephones*
teléfono móvil/celular	*cellular telephone, cell phone*
timbrazo	*ring*
transferencia de llamadas	*call forwarding*
transmisión de datos	*data transmission*
transmisor *(m)* **de facsímiles/fax**	*fax transmitter*

Frases telefónicas útiles	*Useful telephone phrases*

1. Saludos

—A la orden. *(Colombia)*
—¿Aló?
—¿Bueno?
—¿Diga?/¿Dígame?
—¿Hola?
—Buenos días.
—Buenas tardes.
—Buenas noches.

1. Greetings

"Hello. (At your service.)"
"Hello?"
"Hello?"
"Hello?"
"Hello?"
"Good morning."
"Good afternoon."
"Good evening/night."

2. Llamadas a personas específicas

—Le habla la doctora Miranda Valdés.
—¿Puedo hablar con el Ing. Óscar Gómez, por favor?
—¿Se encuentra la profesora Graciela Álvarez?
—¿Cuándo espera su regreso?
—Quisiera dejar un recado.
—¿Cuándo puedo telefonearlo/la?

2. Calls to specific people

"Dr. Miranda Valdés, speaking."
"May I speak with (Engineer) Óscar Gómez, please?"
"Is Professor Graciela Álvarez in?"
"When do you expect him/her back?"
"I would like to leave a message."
"When can I reach him/her?"

3. Solicitar información general

—¿Es esta la compañía Móviltel?
—Estoy tratando de comunicarme con el departamento de ventas.
—¿Puedo hacer una cita con...?
—¿Cuáles son las horas laborales?

3. Requesting General Information

"Is this Móviltel?"
"I'm trying to contact the sales department."

"May I make an appointment with . . .?"
"What are your business hours?"

4. Contestar llamadas telefónicas

—Sí, la Srta. Marta Estrada está.
—No, el Sr. Ricardo Obregón no está.
—¿Podría usted volver a llamarlo/la a las siete?
—Empresa Mundotec, a la orden.
—¿De parte de quién?
—Un momento, por favor.
—No se me retire / no enganche / no cuelgue, por favor.
—Está comunicando. / La línea está ocupada.
—Le paso a su línea ahora.
—¿Quisiera dejar un recado?

5. Pedir servicios

—¿Me pone/comunica con información telefónica, por favor?
—¿Me podría avisar por teléfono mañana por la mañana a las seis?
—¿Me puede poner/comunicar con el número 502?

6. Despedidas

—Ha sido un placer.
—Gracias por su ayuda.
—Le agradezco su tiempo.
—Estaremos en contacto.
—Usted ha sido muy amable.
—Gracias.
—No hay de qué.
—Aquí siempre estamos a la orden.
—Adiós. Hasta luego (mañana, pronto).
—Muchos saludos a (la familia, su señora, su esposo, etc.).

4. *Answering telephone calls*

"Yes, Ms. Marta Estrada is in."
"No, Mr. Ricardo Obregón is not in."
"Can you call him/her back at seven?"
"Empresa Mundotec at your service."
"Who is calling?"
"One moment, please."
"Don't hang up, please."
"The line is busy."
"I'll transfer the call."
"Would you like to leave a message?"

5. *Requesting services*

"Could you give me directory assistance, please?"

"Could I have a wake-up call tomorrow morning at six o'clock?"
"Could you connect me with number 502?"

6. *Farewells*

"It's been a pleasure."
"Thanks for your help."
"Thanks for your time."
"We'll be in touch."
"You've been very kind."
"Thanks."
"You're welcome."
"We're always at your service."
"Good-bye. See you later (tomorrow, soon)."
"Best regards to your (family, wife, husband, etc.)."

SIGLAS, ACRÓNIMOS Y ABREVIATURAS
(Acronyms and Abbreviations)

A continuación, se encuentran las siglas, los acrónimos y las abreviaturas relacionados con la economía que aparecen en español en este libro. Se da su significado en español y, cuando es posible o apropiado, las traducciones correspondientes en inglés o en francés.

Sigla	Significado	Acronym	Meaning
AARU	Acta de Acuerdos de la Ronda Uruguaya	URAA	Uruguay Round Agreements Act
ACP	Grupo de Países Africanos, Caribeños y del Pacífico	ACP	African, Caribbean, and Pacific Group of States
AGAAC	Acuerdo General sobre Aranceles Aduaneros y Comercio	GATT	General Agreement on Tariffs and Trade
ALADI	Asociación Latinoamericana de Integración	LAIA	Latin American Integration Association
ALBA	Alianza Bolivariana para los Pueblos de Nuestra América	ALBA	Bolivarian Alliance for the Peoples of Our America
ALCA	Área de Libre Comercio de las Américas	FTAA	Free Trade Area of the Americas
ANSEA	Asociación de Naciones del Sureste Asiático	ASEAN	Association of South East Asian Nations
APEC	Foro de Cooperación Económica de Asia-Pacífico	APEC	Asia-Pacific Economic Cooperation
APO	Administración por Objetivos	MBO	Management by Objectives
ASNAAM	Agencia para la Seguridad de la Navegación Aérea en África y Madagascar	ASECNA	Agence pour la Sécurité de la Navigation Aérienne en Afrique et à Madagascar (francés) Agency for the Safety of Air Navigation in Africa and Madagascar

(continúa)

Sigla	Significado	Acronym	Meaning
BAD	Banco Africano de Desarrollo	ADB	*African Development Bank*
BCIE	Banco Centroamericano de Integración Económica	CABEI	*Central American Bank for Economic Integration*
BID	Banco Interamericano de Desarrollo	IDB	*Inter-American Development Bank*
CAEM	Consejo de Asistencia Económica Mutua	COMECON	*Council for Mutual Economic Assistance*
CAFTA-DR	Tratado de Libre Comercio de América Central y la República Dominicana	CAFTA-DR	*Central American and Dominican Republic Free Trade Agreement*
CAFTA/TLC	Tratado de Libre Comercio de América Central	CAFTA	*Central American Free Trade Agreement*
CAN	Comunidad Andina	AC	*Andean Community*
CARICOM	Comunidad del Caribe	CARICOM	*Caribbean Community*
CEEAO	Comunidad Económica de los Estados de África del Oeste	ECOWAS	*Economic Community of West African States*
CEMAC	Comunidad Económica y Monetaria de África Central	CEMAC	*Communauté Économique et Monétaire de l'Afrique Centrale (CEMAC) (francés)*
		CAEMC	*Central African Economic and Monetary Community*
CEPAL	Comisión Económica para América Latina (no hubo cambio de nombre cuando se juntó el Caribe)	ECLAC	*Economic Commission for Latin America and the Caribbean*
CF	Costo y flete	CFR	*Cost and Freight*
CORFO	Corporación de Fomento de la Producción (Chile)	CORFO	*Production Development Corporation (Chile)*
CSCE	Conferencia sobre Seguridad y Cooperación en Europa (1973–1990)	CSCE	*Conference on Security and Co-operation in Europe (1973–1990)*
CSF	Costo, seguro y flete	CIF	*Cost, Insurance, and Freight*
DDP	Entregada/s [mercancía/s], derechos pagados, lugar de destino convenido	DDP	*Delivery Duty Paid*

(continúa)

(continuación)

Sigla	Significado	Acronym	Meaning
DPO	Dirección por Objetivos	MBO	*Management by Objectives*
EUA, EE. UU., EE.UU. EEUU, EU	Estados Unidos de América, Estados Unidos	USA, U.S.	*United States of America, United States*
ENTEL	Empresa Nacional de Telecomunicaciones (Argentina)	ENTEL	*National Telecommunications Company (Argentina)*
EXW	En Fábrica	EXW	*Ex-Works*
FAB	Franco a bordo	FOB	*Free on Board*
FAS	Franco (libre) a costado del buque	FAS	*Free Alongside Ship*
FMI	Fondo Monetario Internacional	IMF	*International Monetary Fund*
GA	Grupo Andino	AG	*Andean Group*
G-3	Grupo de los Tres: Colombia, México y Venezuela	G-3	*Group of Three: Colombia, Mexico, and Venezuela*
G-8	Grupo de los Ocho: Alemania, Canadá, los EE. UU., Francia, Italia, Japón, Reino Unido, Rusia	G-8	*Group of Eight: Germany, Canada, USA, France, Italy, Japan, U.K., Russia*
G-20	Grupo de los Veinte	G-20	*Group of Twenty*
G-77	Grupo de los 77 (131 miembros)	G-77	*Group of Seventy-Seven*
ICEX	España Exportación e Inversiones	ICEX	*Spain Trade and Investment*
ICFV	Índice de Calidad Física de la Vida	PQLI	*Physical Quality of Life Index*
IDH	Índice de Desarrollo Humano	HDI	*Human Development Index*
IPC	Índice de Precios e Índice de Precios y Cotizaciones (México)	ICEX	*IPC Index (Mexico)*
IVA	Impuesto sobre el Valor Añadido (o Agregado)	VAT	*Value-Added Tax*
LAB	Libre a bordo	FOB	*Free on Board*
LAN	Línea Aérea Nacional (Chile)	LAN	*National Airline (Chile)*
MCCA	Mercado Común Centroamericano	CACM	*Central American Common Market*

(continúa)

(continuación)

Sigla	Significado	Acronym	Meaning
MCE	Mercado Común Europeo	EEC	European Common Market
MERCOSUR	Mercado Común del Cono Sur	MERCOSUR	Southern Cone Common Market
MERVAL	Mercado de Valores de Argentina (Buenos Aires, Argentina)	MERVAL	Argentine Stock Market (Buenos Aires, Argentina)
MIPYME o MiPyME	Micro, Pequeña y Mediana Empresa	MSME	Micro, small, and medium enterprise
MNOAL	Movimiento de Países no Alineados	NAM	Non-Aligned Movement
MOOC	Curso en línea masivo y abierto	MOOC o Mooc	Massive Open Online Course
NASDAQ	Bolsa de valores electrónica y automatizada (EUA)	NASDAQ	National Association of Securities Dealers Automated Quotations (USA)
OCDE	Organización para la Cooperación y el Desarrollo Económico	OECD	Organization for Economic Cooperation and Development
OCTA	Organización del Tratado de Cooperación Amazónica	ACTO	Amazon Cooperation Treaty Organization
OEA	Organización de los Estados Americanos	OAS	Organization of American States
OMC	Organización Mundial del Comercio	WTO	World Trade Organization
ONU	Organización de las Naciones Unidas	UN	United Nations
OPEP	Organización de los Países Exportadores de Petróleo	OPEC	Organization of the Petroleum Exporting Countries
OSCE	Organización para la Seguridad y la Cooperación en Europa	OSCE	Organization for Security and Cooperation in Europe
OTAN	Organización del Tratado del Atlántico del Norte	NATO	North Atlantic Treaty Organization
OUA	Organización para la Unidad Africana	OAU	Organization of African Unity
PDVSA	Petróleos de Venezuela, S.A.	PDVSA	Petroleum of Venezuela, Inc.
PIB	Producto Interno Bruto	GDP	Gross Domestic Product

(continúa)

Sigla	Significado	Acronym	Meaning
PNB	Producto Nacional Bruto	GNP	*Gross National Product*
PSB	Producto Social Bruto (Cuba)	GDP	*Gross Domestic Product (Cuba)*
PYME	Pequeña y Mediana Empresa	SME	*Small and Medium Enterprise*
RENFE	Red Nacional de Ferrocarriles Españoles	RENFE	*Spain's national railway system*
S.A.	Sociedad Anónima	Inc.	*Incorporated*
S.C.	Sociedad Comanditaria o en Comandita		*Silent Partnership*
SEAT	Sociedad Española de Automóviles de Turismo	SEAT	*Formerly Spain's national car company, now wholly owned by Volkswagen*
SELA	Sistema Económico Latinoamericano y del Caribe	LAES	*Latin American and Caribbean Economic System*
S. en N.C.	Sociedad en Nombre Colectivo		*Partnership*
SICA	Sistema de la Integración Centroamericana	SICA	*Central American Integration System*
S.R.L.	Sociedad de Responsabilidad Limitada	Ltd, LLC	*Limited Liability Company*
TLCAN, TLC	Tratado de Libre Comercio de América del Norte	NAFTA	*North American Free Trade Agreement*
UE	Unión Europea	EU	*European Union*
UNASUR	Unión de Naciones Suramericanas	USAN	*Union of South American Nations*
URSS	Unión de Repúblicas Socialistas Soviéticas	USSR	*Union of Soviet Socialist Republics*

LOS NÚMEROS Y SISTEMAS DE PESOS, MEDIDAS Y TEMPERATURA

En el mundo hispano, a veces se usan sistemas de números, pesos, medidas y temperatura diferentes a los de los Estados Unidos. En los EUA, se usa el sistema inglés (pulgadas, pies, yardas, millas, pintas, galones, etc.), mientras que en los países hispanos se suele usar el sistema métrico decimal, en el que la unidad básica es el número diez y sus múltiplos o partitivos: 10, 100, 1,000 y 10,000, 1/10 y 1/100. Los países hispanos generalmente se sirven de la escala centígrada para medir las temperaturas. A continuación, se ofrece un resumen de los números y los sistemas de pesos, medidas y temperaturas, y de sus equivalentes y fórmulas de conversión estadounidenses.

LOS NÚMEROS (NUMERALES) EN ESPAÑOL

Número	Cardinal (números enteros)	Ordinal (orden o sucesión)	Multiplicativo (múltiplos)	Partitivo (división de un todo en partes)
1	uno (un), una	primero/a	simple	
2	dos	segundo/a	doble (duplo, dos veces mayor que…)	medio/a, una mitad
3	tres	tercero/a	triple (triplo, tres veces mayor que…)	un tercio (una tercera parte de…) (2/3 = dos tercios)
10	diez	décimo	décuplo	un décimo
13	trece	decimotercero/a (decimotercio/a, tredécimo/a)	trece veces mayor que…	un treceavo, trezavo
14	catorce	decimocuarto/a	catorce veces mayor que…	un catorceavo, catorzavo
15	quince	decimoquinto/a		un quinceavo, quinzavo

(continúa)

(continuación)

Número	Cardinal (números enteros)	Ordinal (orden o sucesión)	Multiplicativo (múltiplos)	Partitivo (división de un todo en partes)
16	dieciséis (diez y seis)	decimosexto/a		un dieciseisavo (7/16 = siete dieciseisavos)
17	diecisiete (diez y siete)	decimoséptimo/a (decimosétimo/a)		un diecisieteavo
18	dieciocho (diez y ocho)	decimoctavo/a		un dieciochoavo
19	diecinueve (diez y nueve)	decimonoveno/a (decimonono/a)		un diecinueveavo
20	veinte	vigésimo/a		un veintavo, veinteavo
21	veintiuno(ún), una	vigesimoprimero/a		un veintiunavo (uno sobre veintiuno)
22	veintidós	vigesimosegundo/a		un veintidosavo (uno sobre veintidós)
23	veintitrés	vigesimotercero/a		un veintitresavo
24	veinticuatro	vigesimocuarto/a		un veinticuatroavo
25	veinticinco	vigesimoquinto/a		un veinticincoavo
26	veintiséis	vigesimosexto/a		un veintiseisavo
27	veintisiete	vigesimoséptimo/a		un veitisieteavo
28	veintiocho	vigesimoctavo/a		un veintiochoavo
29	veintinueve	vigesimonoveno/a		un veintinueveavo
30	treinta	trigésimo/a		un treintavo
32	treinta y dos	trigesimosegundo/a		un treintaidosavo
33	treinta y tres	trigesimotercero/a		un treintaitresavo
40	cuarenta	cuadragésimo/a		un cuarentavo
50	cincuenta	quincuagésimo/a		un cincuentavo
58	cincuenta y ocho	quincuagésimo octavo/a		uno sobre cincuenta y ocho
60	sesenta	sexagésimo/a		un sesentavo
70	setenta	septuagésimo/a		un setentavo
80	ochenta	octogésimo/a		un ochentavo

(continúa)

(continuación)

Número	Cardinal (números enteros)	Ordinal (orden o sucesión)	Multiplicativo (múltiplos)	Partitivo (división de un todo en partes)
90	noventa	nonagésimo/a		un noventavo
145	ciento cuarenta y cinco			
199	ciento noventa y nueve			
300	trescientos/as	tricentésimo/a		un trescientosavo
400	cuatrocientos/as	cuadringentésimo/a		un cuatrocientosavo
500	quinientos/as	quingentésimo/a		un quinientosavo
527	quinientos/as veintisiete			
572	quinientos/as setenta y dos			
600	seiscientos/as	sexcentésimo/a		un seiscientosavo
700	setecientos/as	septingentésimo/a		un setecientosavo
800	ochocientos/as	octingentésimo/a		un ochocientosavo
900	novecientos/as	nonagentésimo/a, noningentésimo/a		un novecientosavo
1,010	mil diez			
2,034	dos mil treinta y cuatro	dos milésimo/a trigésimo/a cuarto/a		
2,782	dos mil setecientos/as ochenta y dos			
4,316	cuatro mil trescientos/as dieciséis			
20,000	veinte mil			
30,459	treinta mil cuatrocientos/as cincuenta y nueve			
585,000	quinientos/as ochenta y cinco mil			
999,999	novecientos/as noventa y nueve mil novecientos/as noventa y nueve			

(continúa)

(continuación)

Número	Cardinal (números enteros)	Ordinal (orden o sucesión)	Multiplicativo (múltiplos)	Partitivo (división de un todo en partes)
1,000,000	un millón	millonésimo/a		un millonésimo
1,564,972	un millón quinientos/as sesenta y cuatro mil novecientos/as setenta y dos			
2,000,000	dos millones			
500,000,000	quinientos millones			
1,000,000,000	mil millones			
1,600,534,782	mil seiscientos millones quinientos/as treinta y cuatro mil setecientos/as ochenta y dos			
5,231,574,436	cinco mil doscientos treinta y un millones quinientos/as setenta y cuatro mil cuatrocientos/as treinta y seis			
1,000,000,000,000	un billón	billonésimo/a		un billonésimo
1,300,000,000,000	un billón trescientos mil millones			

Fuentes: *Diccionario de la Real Academia Española; Gramática española* (Alcina Franch, Juan y José Manuel Blecua, Barcelona: Editorial Ariel, 1979); *The Oxford Spanish Dictionary: Spanish–English/English–Spanish; Larousse Gran Diccionario Español–Inglés* (México, D.F., 1983); «Nombres de los números en español»; http://es.wikipedia.org/wiki/Anexo:Nombres_de_los_n%C3%BAmeros_en_espa%C3%B1ol, consultado el 30 de agosto de 2017; «Números» en el *Diccionario panhispánico de dudas*, http://www.rae.es/dpd/srv/search?id5QHaq7I8KrD6FQAyXTS, consultado el 30 de agosto de 2017; y «*Numerals* (Numerales)» HYPERLINK "http://www.orbilat.com/Languages/Spanish/Grammar/Spanish-Numerals" www.orbilat.com/Languages/Spanish/Grammar/Spanish-Numerals, consultado el 30 de agosto de 2017.

LOS NÚMEROS COLECTIVOS (AGRUPACIÓN POR NÚMEROS)

Se usa el derivativo «-ena» para los números 20, 30, 40, 50, 60, 70, 80, 90; el uso colectivo de los números 3–9 es tomado de la música.

2 = par, dúo, ambos	10 = decena
3 = trío, terceto	12 = docena
4 = cuarteto	15 = quincena
5 = quinteto	20 = veintena
6 = sexteto	30 = treintena
7 = septeto	40 = cuarentena
8 = octeto	100 = centenar
9 = noneto	1,000 = millar

OBSERVACIONES GENERALES

- Los números de 16 a 19 y de 21 a 29 se escriben con una sola palabra: dieciséis, dieciocho, veintidós, veintinueve.

- Los números de 31 a 99 se escriben y pronuncian con una «y» entre la decena y la unidad: treinta y cinco, ochenta y siete, noventa y nueve.

- No hay una «y» entre las centenas y las decenas: ciento cincuenta, ciento noventa y tres.

- La palabra «millón» o «millardo» (*million*) requiere la preposición «de»: cinco millones de habitantes; pero treinta habitantes o doscientos veinticinco habitantes, cuatro mil unidades de producción.

  - El uso de la preposición «de» ocurre también en los siguientes ejemplos: un par de reuniones, una decena de facturas, una docena de participantes, una centena de personas (*about a hundred people*), un centenar de turistas (*about a hundred tourists*), un millar de huelguistas (*about a thousand strikers*).

- «Uno» se convierte en «un» o «una» según el sustantivo que modifica: veintiún pesos, treinta y un libros, veintiuna casas, cincuenta y una profesoras.

- Nótese el apócope (*shorter form*) con primero y tercero: el primer día, el tercer informe.

- Hay concordancia gramatical cuando se usa la forma abreviada de los números ordinales: el tercer piso = el piso 3°, la quinta persona = la 5ª persona.

- Cien/ciento/a/os/as (según el sustantivo que modifica, véase más abajo): tiene cien dólares, hay cien mil personas, invirtió cien millones de quetzales; hay ciento cinco miembros, he recibido ciento cuarenta y cuatro *e-mails*; hay más de doscientas islas, vinieron quinientos invitados/quinientas personas.

- Los ordinales mayores que 19 se emplean poco y normalmente se sustituye el número ordinal por el cardinal correspondiente: el cincuenta aniversario, la treinta y cuatro reunión; Alfonso XIII (Alfonso trece), Juan XXIII (Juan veintitrés).

- A veces se usa el número partitivo («dieciseisava presentación») para expresar un número ordinal («decimosexta presentación»), que es un uso técnicamente incorrecto.

- Para formar el número partitivo de los números más pequeños que un décimo, se añade el sufijo «-avo» al número cardinal: doce → un doceavo, veinte → un veintavo, sesenta → un sesentavo.

  - Excepciones: un centésimo, un milésimo, un millonésimo, un billonésimo.

- Los partitivos menos comunes se expresan de la siguiente manera: 7/45 = siete sobre cuarenta y cinco, 3/16 = tres dieciseisavos o tres sobre dieciséis.

- Puesto que el sustantivo «millón» es masculino, los múltiplos de un millón también lo son: trescientos millones de personas frente a trescientos millones ochocientas mil personas.

EXPRESIONES CON LA PALABRA «NÚMERO»

José es el número uno del equipo.	*José is number one (the leader) on the team.*
María es la número uno de su clase.	*María is at the top of her class.*
Vimos un excelente número cómico.	*We saw an excellent comedy act.*
Juan montó un número cuando le dijeron que no podía ir a la fiesta.	*Juan threw a fit when he was told he couldn't go to the party.*
Me compré el número del mes de octubre.	*I bought the October issue (of a magazine, journal, etc.).*
El proyecto está en números rojos.	*The project is in the red.*
Necesitamos hacer números.	*We need to do the math.*
¿Qué número calzas?	*What size shoe do you wear?*
Me equivoqué de número.	*I got (dialed) the wrong number.*

MEDIDAS MÉTRICAS Y SUS EQUIVALENTES ESTADOUNIDENSES

Tipo de medida	Abreviatura	Nomenclatura estadounidense	Equivalente estadounidense
DE LONGITUD		*LINEAR*	
milímetro	mm	*millimeter*	*1 mm = 0.03937 inch*
centímetro	cm	*centimeter*	*1 cm = 0.39370 inch*
metro	m	*meter*	*1 m = 39.37 inches*
kilómetro	km	*kilometer*	*1 km = 1,094 yards or 0.6214 mile*
DE SUPERFICIE		*AREA*	
metro cuadrado	m²	*square meter*	*1 m² = 1.196 square yards*
área	a	*area*	*1 a = 119.6 square yards*
hectárea	ha	*hectare*	*1 ha = 2.471 acres*
DE VOLUMEN		*VOLUME*	
metro cúbico	m³	*cubic meter*	*1 m³ = 35.315 cubic feet*
DE CAPACIDAD		*CAPACITY*	
mililitro	ml o mL	*milliliter*	*1 ml = 0.034 fluid ounce*
litro	l	*liter*	*1 l = 1.057 quarts*

(continúa)

Tipo de medida	Abreviatura	Nomenclatura estadounidense	Equivalente estadounidense
DE PESO		*WEIGHT*	
gramo	g	*gram*	*1 g = 0.035 ounce*
kilogramo	kg	*kilogram*	*1 kg = 2.205 pounds*
quintal	q	*hundredweight*	*1 q = 101.4 pounds*
tonelada métrica	t	*metric ton*	*1 t = 2,204.560 pounds*

PESOS Y MEDIDAS ESTADOUNIDENSES Y SUS EQUIVALENTES MÉTRICOS

U.S. Measurement	Abbreviation	Nomenclatura en español	Equivalente métrico
LINEAR		**DE LONGITUD**	
inch	*in.*	pulgada	*1 in. = 2.540 cm*
foot	*ft.*	pie	*1 ft. = 30.480 cm*
yard	*yd.*	yarda	*1 yd. = 91.440 cm*
mile	*mi.*	milla	*1 mi. = 1,609 m*
AREA		**DE SUPERFICIE**	
square inch	*sq. in.*	pulgada cuadrada	*1 sq. in.* = 6.451 cm^2
square foot	*sq. ft.*	pie cuadrado	*1 sq. ft.* = 929.000 cm^2
square yard	*sq. yd.*	yarda cuadrada	*1 sq. yd.* = 0.836 cm^2
square mile	*sq. mi.*	milla cuadrada	*1 sq. mi.* = 2.590 km^2
acre	*a.*	acre	*1 a.* = 0.405 hectáreas
VOLUME		**DE VOLUMEN**	
cubic inch	*cu. in.*	pulgada cúbica	*1 cu. in.* = 16.387 cm^3
cubic foot	*cu. ft.*	pie cúbico	*1 cu. ft.* = 0.028 m^3
cubic yard	*cu. yd.*	yarda cúbica	*1 cu. yd.* = 0.765 m^3
CAPACITY		**DE CAPACIDAD**	
1. *liquid*	*liq.*	líquido	liq.
liquid ounce	*fl. oz.*	onza líquida	*1 fl. oz.* = 28.41 ml
liquid gill	*gi.*	cuarto de pinta	*1 gi.* = 0.118 ml

(continúa)

U.S. Measurement	Abbreviation	Nomenclatura en español	Equivalente métrico
liquid pint	pt.	pinta líquida	1 pt. = 0.473 l
liquid quart	qt.	cuarto	1 qt. = 0.946 l
gallon	gal.	galón	1 gal. = 3.785 l
2. dry		árido	
dry pint		pinta árida	0.550 l
dry quart		cuarto árido	1.101 l
peck		peck	8.811 l
bushel		bushel, fanega	35.239 l

WEIGHT		DE PESO	
grain	gr.	grano	1 gr. = 0.0648 g
dram	dr.	dracma	1 dr. = 1.7718 g
ounce	oz.	onza	1 oz. = 28.3495 g
pound	lb.	libra	1 lb. = 453.6000 g
hundredweight	cwt.	quintal	1 cwt. = 50.8200 kg
long ton	l.t.	tonelada larga	1 l.t. = 1,016,0440 kg
short ton	s.t.	tonelada corta	1 s.t. = 907,1800 kg

LARGE NUMBERS (NOMENCLATURES AND NUMERIC EQUIVALENCES)

U.S.	Number of zeros	Generally expressed in Spanish as
million	6	(un) millón
billion	9	mil millones
trillion	12	(un) billón (o millón de millones)
quadrillion	15	mil billones
quintillion	18	(un) trillón

LAS COMAS Y LOS PUNTOS EN LOS NÚMEROS: «1,000 = ¿UNO O MIL?»

En los Estados Unidos, el número «mil» se escribe 1,000 con una coma y el número «uno» se escribe 1.000 con un punto. En el mundo hispano, un número escrito como 1,000 (con coma) se puede interpretar o como el número mil o el número uno, y un número escrito como 1.000 (con punto) también se puede interpretar o como el número mil o el número uno (Ángel Rivera, *CATI Quarterly,* Spring 1995). La diferencia se debe a que el sistema decimal utiliza diferentes marcadores, o coma o punto, en diferentes países hispanohablantes. La siguiente tabla resume los países hispánicos que usan el punto para indicar mil (1.000) y los que usan la coma para indicar el mismo número.

Grupo I (punto): 1.000 = mil	Grupo II (coma): 1,000 = mil
Argentina	El Salvador
Bolivia	Estados Unidos
Brasil	Guatemala
Chile	Honduras
Colombia	México
Costa Rica	Nicaragua
Cuba	Panamá
Ecuador	Perú
España	Puerto Rico
Guinea Ecuatorial	República Dominicana
Paraguay	
Uruguay	
Venezuela	

En general, en América del Norte, Centroamérica y el Caribe se usa la coma para indicar miles (excepciones: Costa Rica en Centroamérica y Cuba en el Caribe) y se usa el punto para indicar decimales; en Europa y en América del Sur se usa el punto para indicar miles y se usa la coma para indicar decimales (excepción: Perú).

TEMPERATURAS Y SUS EQUIVALENTES

Temperatura	Centígrados	Fahrenheit
Punto de congelación del agua	0 °C	32 °F
Punto de ebullición del agua	100 °C	212 °F

Para convertir de Fahrenheit a centígrados, se usa la siguiente fórmula:
(°F − 32°) × 5/9 = °C o (°F − 32°) × 1.8 = °C
Para convertir de centígrados a Fahrenheit, se usa la siguiente fórmula:
(°C × 9/5) + 32° = °F o (°C × 1.8) + 32° = °F

TEMPERATURAS MEDIAS DE ALGUNAS CIUDADES DEL MUNDO HISPANO

Ciudad	Enero	Abril	Julio	Octubre
Bogotá	15 °C (60 °F)	12 °C (62 °F)	15 °C (60 °F)	16 °C (60 °F)
Buenos Aires	24 °C (75 °F)	18 °C (65 °F)	10 °C (50 °F)	16 °C (60 °F)
Caracas	20 °C (68 °F)	22 °C (72 °F)	21 °C (70 °F)	23 °C (73 °F)
Madrid	6 °C (42 °F)	13 °C (55 °F)	27 °C (80 °F)	16 °C (60 °F)
México, D.F.	13 °C (55 °F)	21 °C (70 °F)	21 °C (70 °F)	18 °C (65 °F)
San Juan	24 °C (75 °F)	27 °C (80 °F)	29 °C (84 °F)	29 °C (84 °F)

LA ENTREVISTA DE TRABAJO

La solicitud de un puesto de trabajo consiste tradicionalmente en tres elementos coordinados: (1) la carta o comunicado de presentación y solicitud, (2) el currículum vítae o la hoja de vida que acompaña la carta (véase el Capítulo 7, «Los recursos humanos y las relaciones laborales» para diferentes formas del currículum, pág. 207) y (3) la entrevista personal. La carta y el currículum vítae sirven para conseguir una entrevista. Con mayor frecuencia, se entregan en línea en lugar de enviar copias impresas. Su función es despertar el interés del posible empleador y de los posibles colegas, es decir, de los evaluadores de la solicitud que necesitan determinar si verdaderamente quieren trabajar y vivir con este/a solicitante, ocho horas al día, cinco días por semana. Desean intuir o descubrir cómo será trabajar juntos. Una carta de presentación convincente debe abordar como mínimo la siguiente pregunta: Si recibiera yo esta carta, ¿me gustaría trabajar conmigo mismo? Pero el elemento decisivo para el/la aspirante suele ser la entrevista personal.

Para tener éxito en la entrevista, hace falta que el/la candidato/a se prepare muy bien de antemano. Primero, necesita informarse acerca del puesto en particular que solicita (las habilidades y responsabilidades que requiere) y de la empresa y la industria dentro de la cual opera. Si es posible, se recomienda que el/la postulante también busque datos acerca del departamento donde trabajará y la persona que lo dirige. No conviene presentarse para un puesto si no se considera cualificado/a para el mismo. Segundo, es importante ensayar la entrevista con alguien para pulir la presentación profesional y personal. Al informarse y prepararse de este modo, el/la candidato/a se sentirá más seguro/a cuando conteste las posibles preguntas.

Es importante recordar que la entrevista es una calle de doble sentido. El/La entrevistado/a también es un/a entrevistador/a que solicita información. No solo contesta preguntas, sino que también las hace. Por una parte, la empresa busca la persona idónea para contribuir a los intereses y al éxito de la empresa; por otra, el/la entrevistado/a desea determinar si de veras le conviene trabajar para esa empresa. Si en algún momento o al final de la entrevista se le pregunta al/a la aspirante si tiene alguna pregunta, se espera que la respuesta no sea «No, no tengo ninguna», pues esto se puede interpretar como una falta de preparación, interés o seriedad. Es esencial presentarse y portarse de modo profesional, pero natural y participar activamente en la entrevista, manteniendo así cierto control de la situación. También, cuando se trata de una entrevista bilingüe (p. ej., en español e inglés, por si el/la entrevistador/a desea confirmar los niveles comunicativos en ambas lenguas), se contesta una pregunta en la lengua en que se ha hecho (inglés + inglés o español + español), como si fuera un baile en el que se siguen los pasos del/de la entrevistador/a.

Aunque parezca un detalle, la manera de vestirse puede tener un impacto irrevocable en un primer encuentro, puesto que también le comunica información al/a la entrevistador/a, sobre si el/la aspirante es profesional, formal, limpio/a y atento/a a los detalles, o no. El atuendo proyecta no solo la imagen del individuo sino también de la compañía para la cual trabaja. Hay que cuidar su imagen y vestirse de manera profesional, sin llevar ropa llamativa, y acudir a la entrevista bien arreglado/a. Asimismo hace falta prestar atención a su lenguaje corporal y los gestos para que sean apropiados y no llamativos en sentido negativo, como una mala postura al sentarse o exagerar los ademanes. Es buena idea investigar de antemano cómo se visten los empleados de la empresa donde se está haciendo la entrevista; por ejemplo, se pueden buscar fotos de los empleados y gerentes en la página web de la empresa o hacer una llamada telefónica para preguntarle al/a la recepcionista o al/a la operador/a cómo se visten los gerentes y empleados cuando van a una reunión. Aunque en muchos casos el lugar de trabajo es más informal que hace diez años, el/la entrevistado/a necesita presentarse de manera profesional, los hombres normalmente con chaqueta (un saco o una americana = *sports coat* o *blazer*) y corbata y las mujeres con un traje o conjunto de pantalón (traje pantalones) o un vestido de un color y corte discretos. En el reciente artículo «*Top 10 Unbelievable Interview Blunders*»[1], más de la mitad de los gerentes de contratación (*hiring managers*) indicaron que el atuendo inapropiado constituye el error más grave que puede cometer el/la aspirante en una entrevista.

Es muy importante intentar establecer cuanto antes una simpatía (una buena química) con el/la entrevistador/a, iniciando el encuentro (si este/a lo permite) con unos primeros momentos de conversación cortés, que sirve como rompehielos. En algunas culturas, como la occidental, se recomienda mirar al/a la entrevistador/a directamente a los ojos para demostrar atención e interés, pero hacerlo de manera natural y sin exagerar o intimidar. El/La candidato/a desea proyectar su confianza y ambición sin llegar a la arrogancia. También quiere expresar sus ideas clara y concisamente en un lenguaje animado y correcto, haciendo resaltar así sus habilidades comunicativas y atributos profesionales y personales. Hace falta concentrarse y escuchar muy atentamente para no contestar equivocadamente una pregunta.

Es *importantísimo* llegar puntualmente a la hora concertada para la entrevista. Llegar tarde causa una malísima impresión porque indica descuido y falta de organización y de respeto. Se recomienda saludar con una fórmula convencional (p. ej., Buenos días, Sr./Sra. García), esperar hasta que ofrezca la mano el/la entrevistador/a para darse la mano y no sentarse hasta que lo/la inviten a tomar asiento. Durante la entrevista siempre es aconsejable evitar las preguntas obvias, los chistes que puedan ofender, el argot y las palabrotas. Evite demostrar nerviosismo (morderse las uñas,

---

[1] http://www.careerbuilder.com/jobposter/small-business/article.aspx?articleid=ATL_0174INTERVIEWB LUNDERS, consultado el 2 de junio de 2017.

hacer crujir los dedos, juguetear con el anillo o la pluma, dar golpecitos nerviosos con los dedos o el pie) y no cruce los brazos, pues es un gesto clásico que indica que uno/a está a la defensiva. También es perjudicial usar un trato demasiado familiar («Pues, Carmiña... Pues, Rafa») hasta que se aclare sin lugar a dudas que este es el trato que prefiere el/la entrevistador/a. Aunque se haya preparado muy bien para la entrevista, el/la aspirante no quiere dar la impresión de haber memorizado sus respuestas a las preguntas, respondiendo de manera automática y mecánica. Tampoco hay que disculparse por la preparación profesional que se tiene, si uno/a no tiene mucha experiencia (digamos porque acaba de titularse). No es nada beneficioso criticar a empleadores o a jefes/as anteriores, pues ¿cómo se sabe que el/la entrevistador/a no conoce o no se comunicará con esa persona? Casi la mitad de los gerentes de contratación consideran que hablar negativamente de esta manera es un error grave («*Top 10 Unbelievable Interview Blunders*»). Es recomendable que el/la candidato/a evite narrativas extensas (una «novela») sobre su vida pues, como en las fiestas, todo el mundo se aburre con la persona que acapara la palabra. No abuse de las palabras rebuscadas y diga la verdad sin exagerar. Por último, en un primer encuentro no hay que concentrarse demasiado en el salario o sueldo, los beneficios y el paquete de prestaciones, porque todo esto es prematuro hasta que se le ofrezca el puesto de trabajo. Lo que le interesa al/a la entrevistador/a es convencerse de que el/la aspirante puede contribuir a la empresa, no lo que la empresa pueda hacer por él/ella.

Siempre se quieren evitar situaciones como las de los siguientes ejemplos de malísima conducta durante la entrevista de trabajo («*Top 10 Unbelievable Interview Blunders*»):

- El/La candidato/a no apaga su móvil, contesta el teléfono y le pide al/a la entrevistador/a que salga de la oficina por unos momentos, pues se trata de una llamada personal.
- El/La candidato/a saca un peine durante la entrevista y empieza a peinarse.
- El/La candidato/a habla de sí mismo/a en la tercera persona (p. ej., «Juan/María Gómez piensa que sería una buena idea...»).
- El/La candidato/a se come demasiados caramelos del platito de dulces que ofrece el/la entrevistador/a y luego guarda más en su bolsillo.
- El/La candidato/a mastica chicle o un caramelo durante la entrevista.
- El/La candidato/a descarga el inodoro durante una entrevista telefónica[2].

Guarde y apague su móvil durante la entrevista. Aunque parezca de más indicarlo, siempre hay que evitar este tipo de conducta.

Lo más importante es dejar al/a la entrevistador/a con la clara impresión de que usted es la persona idónea para el puesto. Usted lo/la quiere convencer de modo natural, lógico y articulado de que será ventajoso para la empresa contratarlo/la a usted y no a otro/a. Aunque idealmente la entrevista debe desarrollarse como una

---

[2] «Top 10 Unbelievable Interview Blunders», http://employer.careerbuilder.com/jobposter/small-business/article.aspx?articleid=atl_0174interviewblunders y «The Most Outrageous Interview Mistakes», https://www.forbes.com/pictures/efkk45efkjf/candidate-emptied-the-employers-candy-dish-into-her-pocket/#4587ec024e4b, consultados el 4 de junio de 2017.

especie de conversación —no una inquisición—, tenga presente que en cualquier momento le pueden hacer preguntas que lo/la hagan sentirse incómodo/a. Usted tendrá que contestarlas de algún modo, incluso si su respuesta es evitar contestarlas (con inteligencia y diplomacia). Al concluir la entrevista, se le agradece al/a la entrevistador/a por su tiempo y por la oportunidad de entrevistarse con él/ella. Antes de marcharse, se recomienda que se le pregunte acerca del calendario para recibir una respuesta sobre el resultado de la entrevista y su búsqueda del puesto solicitado en esa compañía: p. ej., «¿Cuándo piensa usted comunicarse conmigo?». Una respuesta clara por parte del/de la entrevistador/a ayudará a reducir el estrés de la búsqueda y evitará las ansias de llamar o enviar un correo electrónico para saber algo más del asunto.

Después de la entrevista personal, es recomendable enviar una breve carta (escrita a mano puede ser muy efectiva), nota o correo electrónico de agradecimiento. Hacer esto también le da al/a la aspirante una oportunidad más de fijar su personalidad y talentos en la mente del/de la entrevistador/a, es decir, de volver a promocionar su candidatura a la vez que se pide un comunicado acerca del resultado, «Quedo a la espera de sus noticias...». Si le parece al/a la aspirante que de veras no le conviene el puesto, es mejor ser honesto/a y admitirlo cortésmente, agradeciéndole al/a la entrevistador/a su tiempo y atención.

Desafortunadamente, y de mal protocolo, bastantes empresas o entrevistadores/as no vuelven a comunicarse con los postulantes que no piensan contratar. Es importante recordar que cada entrevista representa una excelente oportunidad de aprender más tanto de sí mismo como de la técnica de entrevistarse. En un ambiente de trabajo muy competitivo, no hay que desanimarse cuando al principio no salen bien las cosas, sino que hay que intensificar los esfuerzos con inteligencia y tenacidad.

A continuación se dan ejemplos de los tipos de preguntas que suelen hacerse en una entrevista de trabajo. Después de repasarlas y de pensar en buenas respuestas, investigue más el tema y añada otras preguntas que le han hecho durante alguna entrevista en el pasado o que se imagina que serían posibles.

PREGUNTAS QUE HACEN LOS ENTREVISTADORES FRECUENTEMENTE

1. Hábleme un poco más de usted.
2. ¿Por qué quiere trabajar para esta compañía?
   a. ¿Qué sabe de nuestra compañía?
   b. ¿Qué sabe del puesto que solicita con nosotros?
3. ¿Qué preparación tiene para este trabajo?
   a. ¿Por qué/Cómo escogió la carrera universitaria que cursó?
   b. Las notas que recibió en la universidad, ¿son un buen indicio de sus logros y su capacidad?
   c. ¿Cuáles fueron sus éxitos universitarios más importantes?
4. ¿Qué elementos lo/la distinguen de los otros aspirantes para este puesto?

(continúa)

(continuación)

    a. ¿Cuáles son sus atributos y sus puntos débiles?

    b. ¿Cómo lo/la describiría un/a amigo/a o un/a jefe/a?

    c. ¿Le gusta trabajar con otros? Comente.

    d. Cuénteme de alguna situación en la que tuvo que trabajar con un/a colega (empleado/a) de difícil trato. ¿Cómo logró llevarse lo suficientemente bien con esa persona para poder hacer su propio trabajo (completar el proyecto, etc.)?

    e. ¿Se considera un/a líder o un/a seguidor/a? Explique.

    f. ¿Acaba lo que empieza? Comente.

5. a. Describa al mejor/peor jefe/a que ha tenido.

    b. ¿Cómo describiría a su jefe/a ideal?

6. ¿Qué experiencia tiene?

    a. ¿Dónde ha trabajado anteriormente?

    b. Cuénteme de su último trabajo.

    c. ¿Cómo llegó a ser director/a (supervisor/a, gerente, etc.) en su último trabajo?

    d. ¿Cuáles fueron sus principales responsabilidades?

    e. ¿Qué ha aprendido de sus trabajos anteriores?

    f. ¿Cuál ha sido el mejor/peor trabajo que ha tenido? ¿Por qué?

7. a. Cuénteme de algún éxito que tuvo en el trabajo.

    b. Cuénteme de alguna situación cuando tomó las riendas (*take charge*) para realizar o completar algo.

    c. Hábleme de una situación cuando tuvo muy poco tiempo para completar algo y cómo logró hacerlo.

8. a. ¿Cuál ha sido el mayor reto o problema al que se ha enfrentado en el trabajo? ¿Por qué? ¿Qué solución halló para el problema?

    b. ¿Qué ha aprendido de sus errores?

    c. ¿Cómo resolvería el siguiente problema en el trabajo...?

9. a. ¿Qué sueldo o salario pide?

    b. ¿Qué sueldo o salario le gustaría ganar en dos/cinco años?

10. ¿Qué puede aportar a nuestra empresa/nuestro equipo?

11. a. ¿Cuáles son sus metas profesionales? ¿Dónde se ve a sí mismo/a en tres (cinco, diez) años?

    b. ¿Cómo piensa realizarlas?

12. a. ¿Por qué deberíamos contratarlo/la? ¿En qué otros lugares se está entrevistando?

    b. ¿Cuál es la última impresión que quiere dejarnos?

    c. ¿Por qué piensa que va a tener éxito en este trabajo?

    d. ¿Cuándo podría incorporarse al trabajo?

(continúa)

(continuación)

PREGUNTAS QUE HACEN LOS ENTREVISTADOS FRECUENTEMENTE

1. ¿Me puede explicar algo más sobre las responsabilidades de este puesto?

   a. ¿Cuáles serían las responsabilidades más importantes?
   b. ¿Cuál es la responsabilidad principal de este departamento?

2. ¿Hay un periodo o programa de adiestramiento para este puesto?

3. ¿Cuáles son las metas del departamento/de la división/de la empresa para el año entrante? ¿Para los próximos tres años?

   a. ¿Cuál es el objetivo principal del departamento en este momento?
   b. ¿Hay algún problema que intentan solucionar? ¿Qué papel tendría en la solución de este problema?

4. ¿Quién sería mi jefe/a?

5. ¿Con quiénes trabajaría en este puesto?

6. ¿Dónde trabajaría y con qué equipo y accesorios?

7. ¿Cómo es el horario de trabajo? ¿Se puede trabajar desde casa o a distancia?

8. ¿Cómo se evaluará mi trabajo? ¿Quién me evaluará?

9. ¿Qué posibilidades de crecimiento y ascenso hay en este puesto?

10. ¿Se espera que uno sea miembro de alguna organización profesional?

11. ¿Cuándo se comunicarán conmigo sobre los resultados de mi solicitud?

 MINDTAP

Busque los cinco videos para «La entrevista de trabajo» en el MindTap de *Éxito comercial: Prácticas administrativas y contextos culturales*. Después de ver las entrevistas, haga un análisis crítico de las técnicas usadas y de las respuestas de los entrevistados. ¿Cómo hubiera respondido usted a las preguntas o qué hubiera cambiado o añadido?

TENDENCIAS CULTURALES EN LOS NEGOCIOS

El propósito de la siguiente tabla es resumir *algunas* diferencias culturales basadas en la preponderancia de las pruebas. A la vez, hay que precaverse de la excesiva simplificación del tema de las diferencias culturales y también de la exageración cuando no es para tanto. Hace falta mantenerse vigilante ante el gran peligro que representan las generalizaciones y los estereotipos hueros. Se recomienda siempre buscar más información (véase el Capítulo 12) acerca de las tendencias culturales para entender mejor sus explicaciones históricas y las modificaciones culturales que ocurren constantemente. Siempre hay que cuestionar el tema cultural: ¿es así de veras?, ¿por qué es así?, ¿hasta qué punto es así?, ¿continúa una conducta o influencia cultural o se está cambiando?, etc.

COMPARACIÓN DE TENDENCIAS CULTURALES EN LOS NEGOCIOS: LOS EUA (TRADICIÓN ANGLO-NORTEAMERICANA), LOS PAÍSES HISPANOS Y BRASIL

Tema	EUA	Países hispanos

Orientación social	• Individualismo
	  ▪ Ninguna otra cultura nacional se clasifica tan alto como los EUA en este tema.
	• Poca lealtad hacia empleadores, grupos, comunidades, compañeros de trabajo, parientes, etc.
	• El individualismo involucra a menos personas para la toma de decisiones.
		• Colectivismo
		  ▪ Grupos exclusivistas (la camarilla = *in-group*).
		    —Miembros del grupo y los que no lo son.
		    —Una de las maneras más seguras y directas de acceso es ser presentado por otro miembro del grupo.
		• Relaciones comerciales basadas en grupos exclusivistas.
		  ▪ Miembros de la misma clase socioeconómica.
		  ▪ Amigos.
		    —Un buen negocio para mis amigos, la ley para mis enemigos.

(continúa)

(continuación)

Tema	EUA	Países hispanos
		• Mayor importancia del enchufe, a quién se conoce, que del talento o la capacidad de hacer algo. ▪ Creación de círculos concéntricos de afinidades: la familia (la nuclear y la extendida), los buenos amigos, colegas y compañeros de escuela de confianza. • Personalismo. • El nepotismo tiene mucho sentido. ▪ Un asunto de confianza.
Universalismo/ particularismo	• Las mismas reglas y principios se aplican a todos por igual.	• Las reglas y los principios impersonales se subordinan a las lealtades personales.
Religión	• Pluralismo histórico de religiones. • Separación de estado e iglesia. • Separación de trabajo e iglesia. • Control del destino propio. ▪ Dios ayuda al que se ayuda.	• Tradición católica romana. ▪ La espada y la cruz (combinación colonial del ejército y la iglesia). ▪ Dios, oro y gloria. • Celebración de muchas fiestas religiosas. • Parte del tejido de la vida cultural y oficial. • Actitud fatalista y de resignación. ▪ El hombre propone y Dios dispone. ▪ Si Dios quiere. ▪ Ojalá (origen etimológico del árabe, «Si Dios quisiera»)
Herencia histórica en la forma de hacer negocios	• Liberalismo (*laissez-faire*) en la política económica. ▪ Intervención gubernamental mínima. ▪ Impulsado económicamente por el mercado (capitalismo).	• Prácticas comerciales encerradas en sí mismas (*inward looking*). ▪ Mercados altamente regulados por el gobierno. • Tradición anti-empresa libre de España trasplantada a Latinoamérica. ▪ Control económico por medio de mandatos desde arriba hacia abajo (*top-down*). ▪ Monopolios controlados por la Corona española.
Nacionalismo	• Muy patriótico. • Orgulloso del estilo de vida estadounidense. • Supone que todos comparten los valores materialistas estadounidenses. • Supone que todos quieren ser como los EUA.	• Muy nacionalista. • Orgulloso de su larga historia y tradiciones. • Reacio a marcharse de su país natal o patria.

(continúa)

(continuación)

Tema	EUA	Países hispanos

Sistema legal	• Derecho consuetudinario (*common law*).
	  ▪ Hacer lo que se quiera mientras no se viole la ley.
	• Inocente hasta que se pruebe lo contrario.
		• Derecho civil en Latinoamérica.
		  ▪ Se puede hacer lo que la ley permite.
		  ▪ Lo permisible está predefinido en un código de conducta legal.
		• Con el pasar del tiempo, el derecho civil se aleja cada vez más de prácticas y conducta aceptables.
		  ▪ Tal irrelevancia lleva a una actitud de «Obedezco, pero no cumplo».
		• Proliferación de requisitos regulatorios.
		  ▪ El permiso para constituir una empresa en los EUA se consigue en un par de horas, mientras que en Perú se puede tardar hasta 289 días en conseguirlo.
		• Los trámites formales pueden convertir a un pequeño burócrata gubernamental en un rey del papeleo administrativo.
		  ▪ Desde el siglo XVI, esto ha resultado en una industria casera de corredores (*paperwork runners*) y tramitadores (*bureaucracy busters*); el *jeitinho* (para circunnavegar los obstáculos y las leyes que molestan) en Brasil.
		• Contratar a un buen abogado para ayudar a navegar el laberinto legal.
		• Código napoleónico.
		  ▪ Culpable hasta que se pruebe lo contrario.
		  ▪ No hay juicio por jurado (*trial by jury*).
		  ▪ No hay negociación de las declaraciones de culpabilidad entre la defensa y la acusación con respecto a los cargos (*plea bargaining*).

Corrupción	• La Ley de prácticas corruptas en el extranjero (1977 *Foreign Corrupt Practices Act*, FCPA), prohíbe tajantemente el soborno (*payoffs*) a políticos o a altos funcionarios (*government officials*) extranjeros.	• La imagen que existe de la corrupción ahuyenta la inversión legítima.
		  ▪ El problema de los sobornos (la mordida) por parte de los funcionarios.
		  ▪ Históricamente, los altos aranceles para las empresas estatales potenciaron el contrabando y el estraperlo (*black market*).
		    —A cambio de participar en las ganancias ilegales, los funcionarios hacían la vista gorda (*turned a blind eye*).
		• El soborno y la mordida equivalen a una redistribución de ingresos.
		    —Se perciben como un complemento salarial que posibilita costear la vida de la clase media baja.
		    —Una forma de justicia social.
		  ▪ Es fácil ofender a un funcionario al negarle una «propina».
		  ▪ Representa un costo de hacer los negocios y de lograr que los pequeños burócratas faciliten o terminen su trabajo.

(continúa)

(continuación)

Tema	EUA	Países hispanos
Sensibilidad emotiva	• Separa el trabajo de las emociones. • La sensibilidad o susceptibilidad se perciben como debilidad o flaqueza. • Se presenta con una fachada dura. • Me importa un bledo lo que usted piensa. (*I don't give a hoot about what you think.*)	• Susceptibilidad a la crítica, a las diferencias de opinión y al desaire (el sentirse ofendido, *perceived slight*). • Temor a desprestigiarse o quedar mal (*to lose face*). • Me importa lo que usted piensa de mí.
Formalidad	• Larga tradición de informalidad igualitaria. • Menos énfasis en el respeto hacia los mayores de edad. • Se usa el pronombre *you* tanto para tutear como para dirigirse a alguien formalmente. ▪ El pronombre *you* en inglés no distingue tratamiento. • Uso general del tuteo. ▪ Llámame Tom o Mary.	• Larga tradición de formalidad jerárquica. • La imagen que se proyecta es muy importante. • Mayor respeto hacia los mayores de edad. • Distinción en el uso de **usted** (formal) o **tú** o **vos** (informal). • Mayor uso de títulos. ▪ Ser cauteloso al tutear inicialmente a un nuevo cliente. • Uso de «don» y «doña», los cuales carecen de equivalencia cultural y léxico en inglés.
Etiqueta o protocolo	• La eficiencia y los resultados valen más que los buenos modales y la formalidad. ▪ No aguanto la ceremonia (*I don't stand on ceremony*). • Una cultura orientada más hacia el resultado o el producto final que hacia el proceso.	• La formalidad tradicional todavía es importante. ▪ Dignidad, respeto y cortesía. ▪ Los buenos modales son muy importantes. —Son una medida de la buena educación. • Saber cómo comportarse vale tanto, o más, que los conocimientos técnicos. • Una cultura orientada tanto hacia el proceso como hacia el resultado o el producto final. ▪ Es importante cómo se hace o logra algo. —Galdós: «*Se puede hacer de todo en la vida, lo que importa es la forma.*»
Nombres y apellidos	• El apellido es el último de los nombres. ▪ Mr. Robert Hayward <u>Thompson</u> se llama el señor (Sr.) Thompson. ▪ Ms. o Miss Caroline Sayers <u>Ardemagni</u> se llama la señorita (Srta.) Ardemagni o la señora (Sra.) Ardemagni si ya no es joven. ▪ Mrs. Sarah O'Neill <u>McBratney</u> se llama la señora (Sra.) McBratney.	• Como norma, el sistema de apellidos funciona de la siguiente manera en la cultura hispana: ▪ El primer apellido (que en inglés, según su orden, constituiría el *middle name*) suele ser el apellido paterno (el apellido del padre) y este es el apellido oficial y formal de la persona, mientras que el segundo apellido (equivalente al *last name* según su orden en inglés) suele ser al apellido materno y *no* es el apellido que se usa normalmente como apellido oficial y formal. —El Sr. Diego <u>Velázquez</u> García se llama el Sr. Velázquez, no el Sr. García.

(continúa)

Tema	EUA	Países hispanos
		—El Sr. Pedro <u>García</u> Velázquez se llama el Sr. García, no el Sr. Velázquez.
		—La Srta. Carolina <u>González</u> Ardemagni se llama la Srta. González, no la Srta. Ardemagni.
		—La Sra. María <u>Vega</u> de García se llama la Sra. Vega (muchas veces mantiene el apellido paternal de su familia [*maiden name*]) o la Sra. de García (= casada con el Sr. García).
Estilo comunicativo	• Más explícito y de bajo contexto. ▪ Las palabras mismas comunican el mensaje. ▪ *Say what you mean and mean what you say;* es decir, diga claramente y sin rodeos lo que quiere comunicar. • Directo y franco. ▪ Decírselo en la cara (*to tell it to one's face or be in somebody's face*). ▪ ¡Que le quede bien claro! (*Have I made myself clear?*) • Primordialmente funcional. ▪ «Vamos al grano». • Construye y presenta las ideas de manera inductiva. ▪ De los detalles específicos a los marcos generales. • Interesado en concluir los negocios hoy. ▪ Mi meta es realizar la venta (separarlo de su dinero), etc. —No necesito conocerlo/la para hacer los negocios con usted.	• Más implícito y de alto contexto. ▪ Gran parte o la parte principal del mensaje es comunicado por medio del paralenguaje (las palabras no habladas) como los ademanes, las expresiones de la cara, el atuendo, el tamaño y la ubicación de la oficina de uno, etc. ▪ La comunicación depende más de la situación (dónde, cuándo, con quién; p. ej., el estatus de la persona con la cual se habla). ▪ «Uno es esclavo de lo que dice y rey de lo que calla». • Indirecto. ▪ Más tacto y discreción. —Se podría afirmar que se parece más al estilo comunicativo del sur de los EUA. • No se considera que ser directo sea una virtud. • Construye y presenta las ideas de manera deductiva. ▪ De los marcos generales a los detalles específicos. • Interesado en hacer los negocios más allá de hoy. ▪ Primero necesito llegar a conocerlo/la, luego podemos hablar de negocios. —¿Hay una sintonía de intereses y de actitudes? ¿Hay buena química entre nosotros? —¿Me puedo fiar de usted?
Estatus y motivación socio-profesional	• El dinero y las posesiones materiales muchas veces son los principales indicadores del estatus y el reconocimiento de los éxitos.	• El título, el puesto y los contactos (el enchufe) pueden importar tanto como o más que el dinero.
Estética y arte	• Poco tiempo para tales adornos, menos aprecio visible en el trabajo.	• El arte, la música, la literatura y el estilo refinado son importantes en la vida, incluso en el trabajo.

(continúa)

Tema	EUA	Países hispanos
Ética	• La verdad y decir la verdad se consideran como un valor absoluto. • Se dan y se esperan respuestas directas de «Sí» o «No».	• La verdad es un concepto más relativo. • Decir la verdad se atenúa por la necesidad de usar tacto y diplomacia y por el deseo de guardar las apariencias. • Un «Sí» no quiere decir necesariamente que «Sí». ▪ ¿Qué es lo que yo pienso que usted desea o necesita oír en este momento o en esta situación?
Trabajo y ocio	• Vive para trabajar. ▪ Ética laboral protestante. —El trabajo duro es bueno para la salud. • *Business = busy+ness.* —Calidad de estar ocupado. —Antítesis del ocio o tiempo libre. —*Idle hands are the devil's workshop.* «La pereza es la madre de todos los vicios.» • El ocio se considera como recompensa del trabajo duro. • El dinero es a menudo un fin en sí mismo.	• Trabaja para vivir y divertirse. ▪ El trabajo es un castigo. —«Negocio» = negación del ocio. • El ocio es esencial para vivir la vida al máximo. • Dinero = medios para un fin (gozar de la vida). • No significa que uno no trabaja duro o que no pasa muchas horas en el trabajo.
Tiempo	• Monosincrónico. ▪ Sistemático, secuencial, lineal, enfocado, predecible, controlable. • Imperativo categórico. • El tiempo es una materia prima (*commodity*), un producto, una mercancía. • Hay un tabú cultural contra perder o derrochar el tiempo. • El tiempo es dinero. • Las obligaciones y la fecha tope o de entrega son firmes. • La necesidad de terminar los asuntos ahora y a tiempo. • «Ahora» quiere decir «Enseguida». • La puntualidad significa «En punto».	• Policrónico. ▪ Cíclico. —Lo que no se ha completado hoy se puede dejar para mañana. ▪ Actividades múltiples, montadas unas sobre otras, simultáneas y contrarias. • Un concepto fluido y más relativo del tiempo. • Las personas y los eventos son más importantes que los horarios. • Las obligaciones y la fecha tope o de entrega son flexibles. • «Mañana» puede significar nada más que «No en este momento». • «Ahora» o «ahorita» pueden significar «En un momento» o «Cuando pueda». • Las reuniones sociales (una fiesta, comida, etc.) suelen empezar más tarde de la hora citada (media hora, 45 minutos o incluso más tarde). • Programación de menos reuniones ajustadas durante el día.

(continúa)

Tema	EUA	Países hispanos
	• Una cultura de ajustada programación de reuniones (una empieza las 9:30 y termina a las 10:15, la siguiente empieza a las 10:30 y termina a las 11:30, la próxima empieza a las 11:45, etc.). • Resentimiento si los eventos y las actividades no empiezan y terminan a la hora indicada. ▪ Se programan el horario de trabajo, el tiempo con la familia, el tiempo libre y hasta la hora en que deben llegar y marcharse los invitados de una fiesta o comida.	• Mientras negocia, un/a ejecutivo/a atareado/a podrá a la vez estar trabajando con otros asuntos que requieren su atención. ▪ Consultando con un supervisor o capataz, contestando el teléfono, firmando órdenes de compra, confirmando planes para esa noche con la familia y los amigos… —Una agenda de multitarea (*multitasking*) y justo a tiempo (*just in time*) no es una descortesía.
Relaciones y contactos	• La amistad en los negocios es secundaria. ▪ Un plus o algo extra, si es posible. • Los contactos y el enchufe son un plus pero no sustituyen al conocimiento técnico. • Hombres y mujeres. ▪ Corrección política (progresismo).	• Importancia de la atención al individuo y el toque personal. ▪ Deseo conocerlo más y saber cómo y quién es usted. ▪ Necesito sentirme cómodo con usted. • Se requiere tiempo para cultivar la confianza. ▪ En los EUA esto no es tan importante porque uno sabe que si va mal un asunto de negocios, puede recurrir fácilmente a una queja jurídica. • Importancia del enchufe (la palanca). • Machismo. ▪ Un tema culturalmente complejo. ▪ El piropo (*flirtatious compliment or remark*) puede ser nada más que un rompehielos.
Desigualdad de poder y distancia del poder	• Tolera (aguanta) la autoridad. • Las estructuras jerárquicas existen en las organizaciones para ayudar a organizar las decisiones y facilitar el flujo de información. • Cree en la «meritocracia». • El/La gerente se arremanga (*rolls up one's sleeves*) y se ensucia las manos ayudando a los empleados subordinados (p. ej., a los obreros en la planta de producción [*factory floor*], etc.).	• Respeta y teme la autoridad. • Las estructuras jerárquicas existen para que cada miembro de la organización sepa quién es quién y quién tiene la autoridad sobre quién. • El/La gerente teme que se le considere incompetente y que se le pierda respeto si un empleado lo/la ayuda a resolver un problema. • Los empleados subordinados podrían perderle el respeto a un/a gerente que por falta de autoestima participa en tareas serviles.

(continúa)

(continuación)

Tema	EUA	Países hispanos
Riesgo y cambio	• No es reacio al cambio (*averse to change*). ▪ Se buscan y se recompensan a los agentes de los cambios positivos ▪ Quien no se arriesga no cruza la mar (*Nothing ventured, nothing gained*).	• Más reacio al cambio. ▪ Las situaciones desconocidas, la imprevisibilidad y las reglas poco claras crean desasosiego (*discomfort*). ▪ Sin ganancia, no se arriesga.
Dirección y delegación	• Los gerentes delegan en alguien la responsabilidad o autoridad. • Los ejecutivos y gerentes buscan la responsabilidad y aceptan rendir cuentas directamente (*direct accountability*) por sus acciones. ▪ Se valora la toma de iniciativa.	• Tendencia a gerentes tradicionales autocráticos (el jefe o la jefa). • Los gerentes más jóvenes empiezan a delegar responsabilidades. • Los empleados subordinados esperan que les asignen tareas, pero no asumir responsabilidad. —No hay una cultura de toma de iniciativa.
Teoría y práctica	• Orientación más pragmática. • Enfoque orientado a la acción y a la resolución de problemas específicos. • Formación y adiestramiento en la teoría aplicada. ▪ Los detalles prácticos (*nuts and bolts*).	• Orientación más teórica. ▪ Panorama amplio. ▪ La implementación práctica a veces es más difícil.
Competencia (*competition*)	• Disfruta de demostrar lo que vale (*to prove oneself*) en situaciones competitivas. ▪ Empuje cultural de ser «el/la mejor» o el «Número Uno». ▪ Ganar es todo (*winning is everything*).	• Evita la competencia personal. • Favorece la armonía en el trabajo.
Plantilla (*staffing*)	• Rechazo cultural del nepotismo en las empresas y organizaciones públicas. • No se acepta el favoritismo. • Normalmente se excluyen a los parientes. ▪ No es juego limpio contratar a un/a hijo/a, hermano/a, primo/a, etc. • Un proceso de contratación de empleados transparente, democrático y regido por reglamentos y leyes. • El rendimiento justifica el ascenso.	• Aprobación cultural del nepotismo. • Se favorecen a parientes y a los buenos amigos porque son dignos de confianza. ▪ ¿Con quién sería mejor trabajar que con miembros leales de mi familia? ▪ La lealtad al superior justifica el ascenso.

(continúa)

(continuación)

Tema	EUA	Países hispanos
Lealtad	• Principalmente lealtad a sí mismo. ▪ El desempeño es motivado por la ambición. ▪ Primero y ante todo, ir a lo suyo (*look out for number one*).	• Principalmente lealtad a su superior o supervisor. ▪ Lealtad a una persona en lugar de a una organización. • Se empieza a ver más la lealtad a sí mismo.
Planificación	• Principalmente a largo plazo.	• Principalmente a corto plazo.

Se basa parcialmente en las siguientes fuentes:

Axtell, Roger E. *Do's and Taboos Around the World*. Nueva York: John Wiley & Sons, Inc., 1985.

Axtell, Roger E. *Gestures: The Do's and Taboos of Body Language Around the World*. Nueva York: John Wiley Sons, Inc., 1990.

Axtell, Roger E. *The Do's and Taboos of International Trade—A Small Business Primer*. Nueva York: John Wiley & Sons, Inc., 1990.

Briggs, Tami; Corcoran, Margaret y Lamb, Mary Beth. *Do's and Taboos Around the World for Women in Business*. Nueva York: John Wiley & Sons, Inc., 1997.

Becker, Thomas H. *Doing Business in the New Latin America: A Guide to Cultures, Practices, and Opportunities*. Westport, CN: Praeger Publishers, 2004.

Conaway, Wayne A. y Borden, George A. *Kiss, Bow, or Shake Hands: How To Do Business in Sixty Countries*. Holbrook, MA: Bob Adams, Inc., 1994.

Condon, John C. *Good Neighbors: Communicating with the Mexicans*. Yarmouth, ME: Intercultural Press, Inc., 1985.

Copeland, Lennie y Griggs, Lewis. *Going International: How to Make Friends and Deal Effectively in the Global Marketplace*. Nueva York: Penguin Group, 1985.

Country Commercial Guides (https://www.export.gov/ccg, consultado el 30 de agosto de 2017).

Culture Crossing Guide (http://guide.culturecrossing.net/index.php, consultado el 30 de agosto de 2017).

CultureGrams 2007. Axiom Press, Inc.

Devine, Elizabeth y Braganti, Nancy L. *The Traveler's Guide to Latin American Customs and Manners*. Nueva York: St. Martin's Press, 1988.

Ferraro, Gary P. *The Cultural Dimension of International Business*, 3rd ed. Prentice Hall, 1998.

Foster, Dean. *The Global Etiquette Guide to Mexico and Latin America*. Nueva York: John Wiley & Sons, 2002.

Global Edge (https://globaledge.msu.edu/, consultado el 30 de agosto de 2017).

Gorden, Raymond L. *Living in Latin America: A Case Study in Cross-Cultural Communication*. Lincolnwood, IL: NTC, 1995.

Harris, Philip R. y Moran, Robert T. *Managing Cultural Differences*. Gulf Publishing Co., 1993.

Heusinkveld, Paula. *Inside Mexico: Living, Traveling, and Doing Business in a Changing Society*. Nueva York: John Wiley & Sons, Inc., 1994.

Kras, Eva. *Management in Two Cultures: Bridging the Gap between U.S. and Mexican Managers*. Yarmouth, Maine: Intercultural Press, 1995.

Library of Congress Country Studies (http://lcweb2.loc.gov/frd/cs/, consultado el 30 de agosto de 2017).

Morrison, Terri y Conaway, Wayne A. *The International Traveler's Guide to Doing Business in Latin America*. Nueva York: Macmillan, 1997.

Noble, Judith y Lacasa, Jaime. *The Hispanic Way: Aspects of Behavior, Attitudes, and Customs in the Spanish-Speaking World*. Chicago: Passport Books, 1991.

U.S. State Department Background Notes (http://www.state.gov/r/pa/ei/bgn/, consultado el 30 de agosto de 2017).

World Bank: Doing Business Reports (http://www.doingbusiness.org/, consultado el 30 de agosto de 2017).

Vocabulario

Este **Vocabulario: Español–Inglés** representa una lista bastante completa de palabras y frases cuya comprensión facilitará la lectura de *Éxito comercial: prácticas administrativas y contextos culturales* por parte del estudiante cuya lengua materna puede ser inglés. La segunda parte, **Vocabulario: Inglés–Español**, es más breve ya que se limita más a las palabras y frases de índole comercial y a las que ayudarán con los ejercicios de traducción e interpretación.

CLAVE: (*adj*) = adjetivo; (*f*) = femenino; (*i*) = "stem-change verb"; (*ie*) = "stem-change verb"; (*m*) = masculino; (*n*) = nombre, sustantivo; (*pl*) = plural; (*s*) = singular; (*ue*) = "stem-change verb"

A

abarcar *to encompass, include*
a base de *on the basis of*
abastecedor/a *supplier*
abastecer *to supply*
abastecimiento *sourcing*
abogar (por) *to defend*
abonar *to pay*
abono *fertilizer*
a bordo *on board*
abrochador *stapler*
aburguesamiento *adoption of a bourgeois way of life*
aburguesar(se) *to become bourgeois*
acción *share, stock*
  común *common stock*
  cotizada en menos de un dólar *penny stock*
  ordinaria *common stock*
  preferente *preferred stock*
  preferida *preferred stock*
  prioritaria *preferred stock*
  privilegiada *preferred stock*
accionista (m/f) *shareholder, stockholder*
aceite (m) *oil*
  crudo *crude oil*
  de oliva *olive oil*
  liviano *light oil*
  pesado *heavy oil*
aceituna *olive*
acero *steel*
acertado (adj) *right, correct*
a ciencia cierta *for sure*

aclararse la garganta *to clear one's throat*
acomodar *to accommodate*
aconsejar *to advise*
acoplar *to fit, couple, connect*
acordar (ue) *to agree*
a corto (largo, medio) plazo *in the short (long, medium) term/run*
acoso sexual *sexual harassment*
acreedor/a *creditor*
activo *asset, assets*
  circulante *current asset(s)*
actualidad *present day*
acudir *to go, arrive*
Acuerdo General sobre Aranceles Aduaneros y Comercio *General Agreement on Tariffs and Trade*
adelantar *to pass (another car)*
adelanto *advance*
adepto/a *follower, supporter*
adiestramiento *training*
adiestrar *to train*
adjudicación de beneficios *awarding of percentage of investment earnings*
administración *administration, management*
  de bienes *asset management*
  del riesgo *risk management*
  por objetivos *Management by Objectives*
administrador/a *manager*
aduana *customs*
aduanero (adj) *customs*
aducir *to adduce, provide, furnish, put forward*
ad valorem *value-added*

aéreo *by air*
aeródromo *airfield*
aeroespacio *aerospace*
afán (m) *toil*
afanar(se) *to toil*
afín (adj) *related*
agencia *agency*
  de bolsa *brokerage*
  de publicidad (publicitaria) *advertising agency*
agente (m/f) *agent*
  de subasta *auction agent*
  de ventas *sales agent*
  expedidor *freight forwarder*
agitación política *political unrest*
agobiante (adj) *overwhelming*
agotamiento *depletion*
agotar *to deplete*
a granel *in large quantity or volume, bulk*
agravarse *to become serious*
agrícola (m/f) *agricultural*
agropecuario (adj) *related to farming and livestock raising*
agrupación *collating*
aguantar *to bear, put up with*
aguinaldo *Christmas bonus*
ahijado/a *godchild*
ahorrar *to save*
ahorrista (m/f) *saver*
ahorro-depósito *savings-deposit*
ahorros *savings*
ahuyentar *to chase away*
aislacionismo *isolationism*
aislamiento *isolation*
alabar *to praise*

a la par de   equal to, at the same time as, in lockstep with, at the same time as

al azar   random

alcance (m)   reach

alcancía   piggy bank

al contado   in cash

aldea   village

al detalle   retail

algodón (m)   cotton

alimentación   diet (nutrition), feeding, food, supply (machine)

alimentario (adj)   related to food

alimento   food, foodstuff
   enlatado   canned food

almacén (m)   store, warehouse
   de artículos de calidad   specialty shop
   general   general store, department store

almacenaje (m)   storage

almacenamiento   storage

almacenar   to store

al menudeo   retail

alojamiento   lodging

alojar   to house, store

al por mayor   wholesale

al por menor   retail

al portador   to the bearer

alquilar   to rent

alquiler (m)   rent

altavoz (f)   loudspeaker

altibajos   ups and downs (of fortune)

altiplanicie (f)   high plateau, plain

altiplano   high plateau, plain

alto mando   upper management

altoparlante (m)   loudspeaker

alza (f, pero «el alza»)   increase, rise

ambiente (m)   environment (surroundings)

ámbito   field, area

a menudo   often

amiguismo   old boys club

amortiguar   absorb, buffer, cushion

amortización   amortization, paying off

amparar   to protect, cover, shelter

ampliación   enlargement, expansion, extension

analfabetismo   illiteracy

análisis de costo-beneficio (m)   cost-benefit analysis

anfitrión (m)/anfitriona (f)   host/hostess

anticipado: por ___   in advance

anticipo   advance

anticuado   obsolete

antimonio   antimony (a metalloid element)

anulación   cancellation

anuncio   advertisement

apalancamiento   leverage

aparato electrodoméstico   household electrical appliance

apiñarse   to crowd together

aplazar   to postpone

a plazo fijo   fixed term

aportación   contribution

aportar   to contribute, furnish
   fondos   to finance

apoyar   to help, support

apreciación   appraisal (property); appreciation/increased value (economics); evaluation, judgment, assessment

aprendizaje de por (toda la) vida (m)   life-long learning

apresurarse   to hurry up, hasten

apretón (m)   grasp, squeeze

apunte (m)   note

apurado   hard-pressed, difficult

apuro   difficulty

arancel (m)   tariff, duty

arancelario   tariff-related

árbitro   arbiter, referee

archivar   to file

archivo   filing cabinet

arcilla   clay

arena   sand

armado de pedidos   order assembly, order assembler

arras (f/pl)   earnest money; pledge, deposit, security

arreglo   arrangement, agreement

arrendador/a   renter, lessor, landlord/lady

arrendamiento   lease, rent

arrendante (m/f)   renter, lessor, landlord/lady

arrendar   to lease, rent

arrendatario/a   lessee, tenant

arriendo   lease

arriesgar   to risk

artículos de primera necesidad   basic commodities or necessities

ascender   to promote

ascenso   promotion

asegurar   to insure

asentar (ie)   to note, enter

asequible   accesible

aserradero   sawmill

asesor/a   consultant, advisor
   financiero/a   financial planner

asesoramiento   advising

asesorar   to assess, advise

asesoría   advising (e.g., financial, etc.)

asiento   entry

asignar   to assign

asignatura   assignment, subject

asistente de práctica (m/f)   student intern

aspirante (m/f)   candidate (for a position)

asunto   theme, subject

atender (ie)   to wait on, help

atento (adj)   kind

aterrizaje (m)   landing (plane)

atuendo   attire, outfit, dress (style)

auditoría   auditing

auge (m): estar en ___   to be on the rise

aumentar   to increase

aumento   salary raise

auricular (m)   telephone receiver

ausentismo   absenteeism

autóctono (adj)   native

autofinanciación   self-financing

autómata (m)   robot

automatización   automation

automatizar   to automate

automotriz (adj)   automobile

autonomía   autonomy

autopista   highway, freeway, throughway
   de peaje   toll road, tollway
   de cuota   toll road, tollway

autoservicio   self-service

autosuficiencia (adj)   self-sufficiency

autosuficiente   self-sufficient

auxilio de cesantía   severance, indemnity

aval (m)   guarantee, collateral

avalúo   valuation

avería   damage, breakdown

averiado (adj)   damaged, broken down

averiguación   ascertainment, discovery

averiguar   to ascertain

aviso   ad, advertisement; warning; announcement

ayudante (m/f)   assistant

ayuntamiento   town council, town hall

azotado (adj) *lashed, whipped, flogged*
azúcar (m/f) *sugar*
   crudo/a *raw sugar*
azufre (m) *sulfur*

B

bache (m) *hole, pothole*
bajar *to download*
bajo mando *first-line management*
balance (m) *balance*
   de comprobación *trial balance*
   de situación *balance sheet*
   general *balance sheet*
balanza *balance*
   comercial *balance of trade*
   de pagos *balance of payments*
balsa *raft*
balsero/a *boat person (refugee)*
banca *banking (the banking industry)*
   de inversión *investment banking*
   de negocios *investment banking*
   en línea *online banking*
   en línea de punta *cutting-edge online banking*
bancario/a *bank employee;* **(adj)** *banking*
banco *bank*
   avisador *advising or notifying bank*
   emisor *issuing bank, bank of issue*
   hipotecario *mortgage bank*
banda ancha *broadband*
banquero/a *banker*
barbarie (f) *barbarism*
barcaza *barge*
barniz (m) *varnish*
barrera *barrier*
barril (m) *barrel*
base *base*
   imponible o **impositiva** *tax base*
batería *battery*
   recargable *rechargeable battery*
   removible *removable battery*
bebida *beverage*
beca de matrícula *tuition scholarship*
beneficiario/a *beneficiary*
beneficio *profit, benefit*
benéfico (adj) *charitable*
bienes (m/pl) *goods, assets*
   acabados *finished goods*

de abastecimiento *supplies*
de capital *capital goods*
de clientela *customer assets*
de consumo *consumer goods*
de equipo *capital goods*
de lujo *luxury goods*
duraderos *durable goods*
especiales *specialty goods*
industriales *industrial goods*
inmuebles *real estate*
muebles *goods*
raíces *real estate*
semiacabados *unfinished goods*
tóxicos *toxic (risky) assets*
bienestar (m) *well-being*
billete de banco (m) *bank note*
billón (m) *normally trillion in U.S. system*
bíper (m) *beeper, pager*
blanqueo de capitales *money laundering*
bocina *speaker (on a computer); horn (on a car)*
boicot (m) *boycott*
bodega *warehouse; wine cellar*
boleta *slip*
   de depósito *deposit slip*
   de retiro *withdrawal slip*
boletín informativo *newsletter*
bolsa *exchange (stock, commodities, futures)*
   alcista *bull market, rising market*
   bajista *bear market, falling market*
   de comercio *stock exchange, stock market*
   de empleo *employment agency*
   de valores *stock exchange, securities exchange*
bolsista (m/f) *stockbroker*
bomba *pump (e.g., for pumping oil through a pipeline)*
bombero/a *firefighter*
bonaerense (n, adj) *resident or native of Buenos Aires* **(m/f); (adj)** *pertaining to Buenos Aires*
bonificación *bonus (reward, retention, etc.)*
bono *bond*
   Brady *Brady bonds, pertains to restructuring Latin American debt*
   de ahorro *savings bond*

del estado *government bond, treasury bond*
del Tesoro *treasury bond*
de sociedad anónima (de corporación) *corporate bond*
borda *rail (of ship)*
bosque (m) *forest*
bostezar *to yawn*
brazos en jarras *with arms akimbo*
brecha *gap*
bregar *to struggle*
brindar *to offer (a toast, etc.)*
bromear *to joke*
bruto *gross*
buenos modales *good manners, courtesy, politeness*
buey (m) *ox*
bufé de ensaladas (m) *salad bar*
bufete (m) *lawyer's office, law firm*
buque de transporte (m) *transport ship*
burbuja inmobiliaria *housing (real estate) bubble*
bursátil (adj) *relating to stock exchange or securities market*
buscador (m) *search engine*
buscapersonas (m/s/pl) *beeper, pager*
búsqueda *search*
buzón de voz (m) *voice mailbox*

C

cabildero (m) *lobbyist*
cabildo *town council*
cabotaje (m) *coastal traffic, cabotage*
   de petroleros *oil cabotage*
cabra *goat*
cacahuete (m) *peanut*
cacao *cocoa, chocolate*
caciquismo *political bossism, tyranny*
cadena *chain*
   de suministros *supply-chaining*
cafetera *coffee machine*
caja *cash register, box*
   de ahorros *savings bank, savings and loan*
   de seguridad *safety deposit box*
   fuerte *safe*

cajero/a *cashier*
cajón (m) *drawer*
calculadora *calculator*
caléndula *pot marigold*
calidad *quality*
caliza *limestone*
calzada *road*
calzado *footwear*
cámara de comercio *chamber of commerce*
camarón (m) *shrimp*
cambio *exchange*
  de divisas *exchange rate*
  negro *black market exchange*
camión (m) *truck, bus (Mex.)*
camioneta *van, pickup truck*
camiseta *shirt, T-shirt, team shirt*
camorra *fight*
campaña *campaign*
canal de distribución (m)
  distribution channel
cancelarse *to pay, settle*
canjear *to redeem (a coupon)*
cantidad *quantity*
caña de azúcar *sugar cane*
caoba *mahogany*
caolín (m) *kaolin (a type of fine clay)*
canon (m) *tax, levy, fee; rule, norm*
capacidad para
  competir *competitiveness*
capacitación *training*
capacitar *to train*
capataz (m/f) *foreman, foreperson*
capital (m) *capital (finance);*
  (f) *capital (city)*
  pagado *owner's equity*
  social *capital stock*
  y reservas (o patrimonio) *owner's equity*
capitalización *capitalization*
  de deuda *debt-equity swap*
carbón (m) *coal*
cardamomo *cardamom plant*
carecer *to lack*
carga *cargo, load, tax*
  social *social burden*
cargador/a *loader, electronics charger* **(m)**
cargar *to upload*
cargo *job, post, position*
carne (f) *meat*
  de res *beef*

cárnico (adj) *related to meat*
carpeta *folder*
carrera *career*
carretera *highway*
carretilla *handcart (used by street vendors)*
carril (m) *lane (traffic)*
carta *letter*
  de motivación *cover letter*
  de presentación *cover letter*
  introductoria *cover letter*
carta de crédito *letter of credit*
  irrevocable *irrevocable letter of credit*
  irrevocable y confirmada *confirmed, irrevocable letter of credit*
  revocable *revocable letter of credit*
carta de pedido *order*
carta de porte (terrestre) *freight bill, railway bill, bill of lading*
cartel (m) *sign, traffic or road sign*
cartelera *billboard*
cartera *portfolio; wallet*
  de acciones *stock portfolio*
  de inversión *investment portfolio*
  morosa *default*
cartucho *cartridge*
casa matriz *home or main office*
casero (adj) *home (of the home)*
caso omiso: hacer ___ *to ignore*
catálogo *catalog*
caucho *rubber*
caudal (m) *wealth*
caudillismo *bossism, tyranny, despotism, autocratic government*
caudillo *absolute leader*
causal (f) *causation, causal reason (e.g., for terminating a lease, etc.)*
cava *sparkling wine produced in Spain*
Cayo Hueso *Key West (Florida)*
cazacerebros (m/f/s/pl) *headhunter, recruiter*
cazador/a *hunter*
  de cabezas *headhunter*
  de cerebros *headhunter*
  de talentos *headhunter*
cazatalentos (m/f/s/pl) *headhunter*
cazuela de ave *soup made with chicken and vegetables*
cebolla *onion*
celular (m) *cell phone (Latin America)*

cemento *cement*
censo *census*
centavo *cent*
centro *center, downtown, middle*
  comercial *mall, shopping center*
  de asistencia *help center*
  de ayuda *help center*
cera *wax*
cerdo *pig, pork*
certificado *certificate*
  de depósito *certificate of deposit (CD)*
  de origen *proof of origin*
  de sanidad *health certificate*
  sanitario/fitosanitario *sanitary certificate, health certificate*
cesión registrada *recorded transfer of securities*
CFR (costo y flete) *CFR (cost and freight)*
chalana *barge*
chanchito *piggy bank*
chantaje (m) *blackmail*
chaqueta vaquero *cowboy jacket, denim jacket*
chascar la lengua *to click one's tongue*
cheque (m) *check*
  al portador *check to the bearer*
  bancario *bank check, cashier's check*
  de caja *cashier's check*
  de administración *cashier's check*
  en descubierto (sin fondos) *overdrawn check (NSF: insufficient funds)*
  nominativo *check made out to a designated payee*
chisme (m) *gossip*
chismear *to gossip*
chocar *to crash, clash*
cianuro *cyanide*
cibernauta (m/f) *Internet user (cyberspace, «cybernaut»)*
cierre (m) *shutdown*
  de la casa *closing on a house*
CIF (costo, seguro y flete) *CIF (cost, insurance and freight)*
cifra *number, figure, code*
cigarrillo *cigarette*
cinc (m) *zinc*
cinética (n) *kinesics (body language),* **(adj)** *kinetic*

cinta *ribbon*
circulante (adj) *current*
circular (f) *form letter*
cita *appointment*
ciudadano/a *citizen*
clave (f) *key, important element*
claxon (m) *horn (on a car)*
clic (m) *click (computer mouse)*
cliquear *to click (computer mouse)*
cobertura *coverage*
cobranza *collection*
cobrar *to charge, collect, cash*
cobre (m) *copper*
cobro *collection of money*
   revertido *reverse charges*
código *code (e.g. of laws)*
   postal *zip code*
colgar (ue) *to hang up*
colocación *placement*
comarca *region, area*
comercialización *marketing, selling*
comercializar *to commercialize, market, sell*
comerciante (m/f) *merchant*
   al por mayor *wholesaler*
   al por menor *retailer*
comerciar *to trade*
comercio *business, commerce, trade*
comestible (m) *food*
comisaría *police station*
comisión *commission*
comisionista (m/f) *commission merchant or agent*
compadrazgo *relationship of being a godparent*
compañerismo *companionship*
comparecer *to appear, make an appearance (e.g., in court)*
competencia *competition*
   encarnizada *cut-throat competition*
competidor/a *competitor*
competir (i) *to compete*
compra *buying, purchasing*
   de inventario *purchase of inventory*
   especulativa *speculative buying*
   futura *forward buying*
   inmediata *hand-to-hand buying*
   por contrato *contract buying*

   por cotización sellada *auction buying (sealed bid)*
   recíproca *reciprocal buying*
comprador/a *buyer*
compraventa *buying and selling*
comprometerse *to get involved, to be committed*
compromiso *commitment, involvement, obligation; engagement (marriage); predicament*
computador/a *computer*
   de sobremesa *desktop computer*
   portátil *laptop computer*
comunero *co-owner, demonstrator, protester*
comunicación sumergida *gossip*
comunitario (adj) *community, communal*
conceder *to grant*
concertación *agreement, conciliation, pact, negotiation*
concertar (ie) una cita *to make an appointment*
concesión *franchise*
concesionario/a *dealer*
conciencia transcultural *cross-cultural awareness*
conciliador *conciliator*
conciliar *to reconcile*
conducción *driving*
conducta en la compra *buying behavior*
con esmero *carefully*
confección *garment industry, clothing industry*
   de trajes *tailoring*
   de vestidos *dressmaking*
conferencia *lecture, conference*
confiable *trustworthy*
confiar (en) *to trust*
configurar *to set up, configure (e.g., a device or program)*
confluencia *confluence, merging*
conjunto (adj) *joint*
conllevar *to entail, involve*
conocidos *acquaintances*
conocimiento de embarque *bill of lading*
Cono Sur *Southern Cone (region that comprises Chile, Argentina, Uruguay, Paraguay, and the southern part of Brazil)*

con qué vivir *wherewithal*
consejero/a *adviser*
consentimiento *consent*
conserje (m) *janitor, caretaker (apartment, business); (m/f) porter, doorkeeper (hotel)*
consigna *order, instruction, watchword; slogan; luggage checkroom*
consorcio *consortium*
constar de *to be composed of, consist of*
consuelo *consolation*
consulado *consulate*
consultor/a *consultant*
consumidor/a *consumer*
   presunto/a *potential customer*
consumo *consumption*
contabilidad *accounting*
   de costos *cost accounting*
   de gestión *managerial accounting*
   de impuestos *tax accounting*
   de presupuestos *budget accounting*
   de sistemas *systems accounting*
   financiera *financial accounting*
   fiscal *tax accounting*
   general *general accounting*
contable (m/f) *accountant; (adj) accounting*
   fiscal *tax accountant, government accountant*
   público titulado *certified public accountant*
contador/a (adj/n) *accountant*
contaduría (n) *accounting*
contenedor (m) *container (usually metallic)*
contestador automático *answering machine*
contingente (m) *import quota*
contraer *to incur, contract, enter into an obligation*
contralor/a *comptroller*
contramano a/de *wrong way (against oncoming traffic)*
contrapeso *counterweight, counterbalance*
contraponerse *to oppose, go against*
contraseña *password*
contratación *hiring*

contratante (m/f) *party entering into a contract*
contratar *to hire*
contratiempo *setback, difficulty*
contrato *contract*
  de arras *earnest money contract*
  de paga y señal *earnest money contract*
  de señal *earnest money contract*
contribuyente (m/f) *tax-payer*
control (m) *control*
  de calidad *quality control (QC)*
  de equipo *equipment control*
  de fabricación *production control*
  de flujo *flow control*
  de inventario *inventory control*
  de materiales *materials control*
  de orden *order control*
  de riesgo *risk management*
  remoto *remote control*
controlar *to monitor, control*
convenio *agreement*
convenir (ie) *to enter into an agreement; to suit*
conversión de deuda *debt-equity swap*
copia de reserva *back-up copy*
copiadora *copier, photocopy machine*
coque (m) *coke (a form of coal)*
corredor/a *broker*
  de acciones (de bolsa) *stockbroker*
  de bienes raíces *real-estate broker*
correduría *brokerage*
correo *mail*
  auditivo *voice mail*
  de mensajes hablados *voice mail*
  de voz *voice mail*
  electrónico *e-mail, email*
  vocal *voice mail*
corretaje (m) *broker's commission*
corsario corporativo *corporate raider*
cortafuegos (m/s/pl) *firewall*
corto plazo *short term*
cosechar *to harvest*
costo *cost*
  -beneficio *cost-benefit*
  de ventas *cost of goods sold*
  fijo *fixed cost*
  seguro y flete *cost, insurance, and freight (CIF)*
  variable *variable cost*
  y flete *cost and freight (CFR)*

cotidiano (adj) *daily*
cotización de precios *price quote*
cotizar *to quote (a price)*
  en la bolsa *to list (be listed) on the stock exchange*
coyuntura *path, trajectory, situation*
creciente (adj) *increasing, growing*
crecimiento *growth*
crediticio (adj) *credit*
crédito comercial *commercial credit*
criar *to raise (e.g., livestock)*
crisol (m) *melting pot*
cristiano convertido *born-again Christian*
cruce de ferrocarril (m) *railroad crossing*
Cuenca del Caribe *Caribbean Basin*
cuenta *account, bill*
  conjunta *joint account*
  corriente *checking account*
  de ahorros *savings account*
  de anticipos *advance account*
  de luz *electric bill*
  de teléfono *telephone bill*
  mancomunada *joint account*
  por cobrar *account receivable*
  por pagar *account payable*
cuentacorrentista (m/f) *current account holder*
cuentahabiente, cuenta habiente (m/f) *current account holder*
cuero *leather*
cultivable *cultivatable, arable*
cultivo *crop*
cumplidor (adj) *dependable, reliable*
cumplimiento *fulfillment*
  del potencial *fulfillment of potential*
cuna *cradle*
cuñado/a *brother/sister-in-law*
cuota *quota, premium*
  de participación *(en el mercado) (market) share*
cupo *quota, capacity*
currículo *résumé*
currículum vitae (m) *résumé, CV*
custodia *safekeeping, preservation*
custodiar *to keep, take care of (e.g., a deposit)*

D

dañino *harmful*
daños *damages*
datáfono inalámbrico *wireless dataphone or point-of-sale terminal*
dato *fact, piece of information, datum*
DDP (mercancía/s entregada/s, derechos pagados, lugar de destino convenido) *DDP delivered duty paid*
de antemano *beforehand*
debe (m) *debt, debit, liability*
debidamente *duly, properly*
débito *debit*
de categoría (adj) *quality, luxury*
decenio *decade, ten-year period*
decisión obligatoria *binding decision*
declaración *declaration*
  de aduana *customs declaration*
  de exportación *export declaration*
  de importación *import declaration*
  de impuestos *income tax return*
declararse en huelga *to (go on) strike*
de costado *on one's side, sideways*
dedazo *selection of family members (nepotism) or personal friends for a position (figuratively by pointing them out with a finger and selecting them)*
de entrada *from the outset, from the beginning*
defectuoso (adj) *defective*
déficit (m) *deficit*
de gran volumen *bulky, bulk*
dejarse vencer *to give up*
dejo / deje *accent (speaking)*
deletrear *to spell*
delimitación *border, boundary, delimitation, demarcation*
delito *crime*
demandar *to sue*
demodado (adj) *outdated*
demografía *demography, demographics*
demógrafo/a *demographer*
demora *delay*
denominación *guarantee of origin or quality of wine; denomination (money)*
depositante (m/f) *depositor*
depositar *to deposit*

depósito *deposit*
  a la demanda *demand deposit*
  a la vista *demand deposit, sight deposit*
  a plazo fijo *time deposit*
depreciación *depreciation*
  lineal *straight-line depreciation*
derechista (m/f) *political rightist*
derecho *right (to something, ownership), law*
  ad valorem sobre importaciones *tax on value of imports*
  arancelario *customs duty*
  de autor *author royalties, copyright*
  de opción *rent-to-own option*
  de patente *patent royalty*
  mercantil *business law*
deregulación *deregulation*
derrame de aceite/petróleo (m) *oil spill*
derribar *to overthrow*
derrocar *to overthrow*
derrumbar *to tear down, demolish*
desaceleración *slowdown, downturn*
desafío *challenge*
desamortización *disentailment, seizure (land)*
desarrollado (adj) *developed*
desarrollar *to develop*
desarrollo *development*
descarga *unloading (e.g., of merchandise)*
descargar *to download*
descenso *decline*
descuento *discount*
  por la compra en efectivo *discount for cash payment*
  por promoción *promotion allowance*
  por pronto pago (presto pago) *discount for prompt payment*
  sobre cantidad *volume discount*
desecho tóxico *toxic waste*
desembolsar *to disburse, expend*
desempeñar *to perform, carry out*
desempeño *performance, fulfillment, carrying out of (duties)*
desempleo *unemployment*
desequilibrio *imbalance*
desfalcar *to embezzle*
desfalco *embezzlement*
desgastar(se) *to wear out, deplete*

desgaste (m) *deterioration, damage, depletion*
desigualdad *inequity*
desocupación *unemployment*
despachar *to finish, send*
despedir (i) *to fire, dismiss*
despegue (m) *takeoff (plane)*
despenalización *legalization, decriminalization*
desperdicio *waste*
despistado (adj) *confused, disoriented, clueless*
desplazar *displace, supersede, supplant; scroll up and down (on computer screen)*
despoblación forestal *deforestation*
desregulación *deregulation*
destacar *to stand out, highlight, emphasize*
desterrar (ie) *to exile, banish*
destreza *skill*
desventaja *disadvantage*
desviación *detour*
desviar *to divert*
detallista (m/f) *retailer*
  sin almacén *non-store retailer*
detenimiento *stopping (e.g., of a car in motion)*
deuda *debt*
deudas gemelas *twin deficits*
deudor/a (n) *debtor,* **(adj)** *debit (account);* **(adj/n)** *debit-related, debtor*
devaluación *devaluation*
devengar *to yield, earn (interest)*
devenir *to become*
  «el devenir» *the future*
devolución *repayment, refund, allowance*
diamante (m) *diamond*
diario (n) *book of original entry, general journal, daily (newspaper)*
dicho *saying, proverb, adage*
diferido *deferred*
dimisión *resignation*
dinero *money*
dirección *management, board of directors, direction*
directiva *guideline*
directivo/a (n) *director, board member;* **(adj)** *managerial*

director/a de personal *personnel director*
directriz (f) *directive, guideline, instruction, direction*
discado activado por voz *voice-activated dialing*
discapacidad *disability*
discapacitado/a *disabled*
disco *disc*
  compacto *compact disc*
  duro *hard drive*
  duro externo *external hard drive*
  flash *flash drive, thumb drive*
  zip *zip drive*
diseño *design*
disponible *available*
disponibilidad *availability*
dispositivo *device, mechanism*
distribuidor/a *distributor*
  automático *vending machime*
dividendo *dividend*
diferido *deferred dividend*
divisa *foreign currency*
divulgar *to spread, disseminate, circulate, announce*
documentación *documentation, papers*
documento *document, note*
  de embarque *shipping document*
  por pagar *note payable*
dolarización *adoption of the dollar as national currency*
domiciliar la nómina *direct deposit of paycheck*
donativo *donation*
don de gentes (m) *people skills*
dos tercios *two-thirds*
dotes (f/pl) *talents, qualities (e.g., leadership)*
drenaje (m) *drainage*
dueño/a *owner*
duplicado/a *counterpart*
durazno *peach*

E

economía *economy, economics*
  informal *underground economy*
  política *political economy*
economías de escala *economies of scale*

ecuación *equation*

edificio *building*

educación *manners, upbringing, schooling, education (in Latin America)*

efectivo *cash*

efecto *document, note, paper*

efectos

  comerciales *commercial papers, documents*

  a cobrar *notes receivable*

  a pagar *notes payable*

  de escritorio *desk set, stationery*

efectuar *to bring about*

eficacia *effectiveness*

egreso *expenditure, outlay, disbursement*

eje (m) *axis*

ejecución *execution, conduct of (duties, etc.)*

  del trabajo *performance*

  hipotecaria *foreclosure*

ejercer (una profesión) *to practice (a profession)*

ejercicio *accounting period*

elaboración *manufacturing, processing*

elaborar *to manufacture, process*

emanación *source, point of origin*

  natural *natural source or point of origin (e.g., of oil, of natural gas)*

embajada *embassy*

embalaje (m) *packing, packaging*

embarazo *pregnancy*

embarcación *boarding, embarkation; boat, craft*

embarcar *to ship*

embargo (hipotecario) *embargo; home foreclosure*

embarque (m) *shipment*

emigración *emigration, migration*

emisión de acciones (de valores) *issue of a security, stock, or bond; equity financing*

emisor (adj) *sender*

emisora *(stock) issuing company*

emitir *to issue*

empacador/a de carne *meat packer*

empanadas al horno *meat pies*

empeñarse en *to persist in*

empleado/a *worker, employee*

emplear *to hire, employ*

emprender *to undertake, begin, do*

empresa *business, company, firm, going concern*

  colectiva *partnership*

  conjunta *joint venture*

  de colocación (de empleo) *job placement agency*

  de ladrillo *construction company*

  estatal *state-controlled company*

  individual *sole proprietorship*

  mediana *mid-size company*

  mercantil *commercial company*

  mixta *company controlled by government and private enterprise*

  naviera *shipping company*

  pequeña *small business*

  privada *private company*

  productora *manufacturer*

  pública *public company*

empresarial (adj) *managerial, business*

empresario/a *entrepreneur; business owner*

empréstito *loan*

enajenador (adj) *alienating*

encaminar *to lead to*

encargarse de *to take charge of*

encargo *order (commercial)*

encarte (m) *insert, inset*

  central *centerfold*

enchufe (m) *"pull," influence; plug, electrical outlet*

encoger *to shrink*

encogerse de hombros *to shrug one's shoulders*

encuesta *survey*

en descubierto *insufficient funds (checking account)*

endeudado (adj) *indebted*

endeudamiento *indebtedness*

endosante (m/f) *endorser*

endosar *to endorse*

endosatario/a *endorsee*

en efectivo *cash*

en existencia *in stock*

engrapador/a *stapler*

engrapamiento *stapling*

enjuiciar *to indict*

enlace (m) *connection, link*

  activo *hyperlink*

enlatado (adj) *canned*

en línea *online*

en líquido *in cash*

enmienda *amendment, correction; modification, improvement*

ensamblaje (m) *assembly*

ensamblar *to assemble*

ensamble (m) *assembly*

ensayar *to rehearse, try out*

ensayo *test, trial*

enseñanza multimedia *multimedia instruction*

enseres (m/pl) *tools, equipment*

entablar *to establish, begin, strike up (a conversation)*

enterarse de *to find out about*

entidad *entity, company*

en torno a *around which, about which*

entrada *input*

entrega *delivery*

  de bachillerato *high school graduation*

entrenar *to train*

entrevista *interview*

entrevistador/a *interviewer*

entrevistar *to interview*

en ultramar *abroad, overseas*

enumerar *to list*

envasado *packaging*

envase (m) *container, bottle, can, box, carton*

envejecer *to age, grow old*

en vías de desarrollo *developing (nation)*

envío *shipment*

equidad *equality, equity, fairness*

equilibrio *balance*

equipo *equipment, team*

  de almacén *equipment for the store*

equitativo (adj) *equitable*

escala *scale*

escalera automática *escalator*

escáner (m) *scanner (documents)*

escaparate (m) *showcase, display case*

escasez (f) *scarcity, shortage*

escritura pública *public record*

esmeralda *emerald*

espacial *spatial, space-related*

espato flúor (fluorita) *fluorite*

esquematización *diagram*

esquirol (m) *strikebreaker, scab*

estabilidad *stability*
estacionamiento *parking*
estacionar *to park*
estación de trabajo *work station*
estadista (m/f) *statesman or woman*
estadística *statistic(s)*
estadístico/a *statistician*
estado *statement, status*
   civil *marital status*
   contable *accounting statement*
   de condición financiera *balance sheet*
   de cuenta *statement of account*
   de flujo de caja *cash flow statement*
   de ganancias retenidas *statement of retained earnings*
   de pérdidas y ganancias *profit and loss statement*
   de posición financiera *balance sheet*
   de sitio *state of siege*
   financiero *financial statement*
   libre asociado *commonwealth*
   soberano *sovereign state*
estadounidense (adj) *American, from the United States;* **(n)** *United States citizen, American*
estancarse *to become stagnant*
estancia *stay, sojourn*
estándar (m) *standard*
estante (m) *bookshelf, rack*
estantería *shelving furniture (for storage)*
estaño *tin*
estar *to be*
   al tanto *to be up-to-date*
   de moda *to be in fashion*
estatal (adj) *government-run, state-owned*
estética laboral *work aesthetic, attractiveness of work environment*
estibador/a *stevedore*
estraperlo *black market*
estrategia *strategy*
estrecho (adj) *close, narrow*
estructuración de precios *pricing*
etapa *step, stage*
etario (adj) *age-related*
ética laboral *work ethic*
etiqueta *tag, label*
excedente (m) *surplus*
exención *exemption*

existencia *stock, inventory*
éxito *success*
expatriado/a *expatriate*
expectativa *expectation*
expedidor (adj) *issuing, expeditor*
expedidora (máquina) *vending machine*
expediente personal (m) *résumé*
expedir (i) *to send*
experimentar *to experience*
explorador *scanner*
exportación *export, exporting*
exportador *exporter*
exportar *to export*
exposición *exhibit*
extender (ie) *to expand*
extranjero/a (adj) *foreign;* **(n)** *foreigner*

F

fábrica *factory*
fabricación *manufacturing*
fabricante (m/f) *manufacturer*
fabricar *to make, manufacture, produce*
factible *feasible*
factura *invoice*
   consular *consular invoice*
   proforma *pro forma invoice*
facturación *billing*
faena *task, chore*
fallecer *to die*
falta *failure, error*
   garrafal *blunder, howler, horrendous mistake*
   de cumplimiento *failure to comply, noncompliance*
FAS (libre o franco a costado del buque) *FAS free alongside ship*
fastidiarse *to become annoyed, get fed up*
fax (m) *fax, facsimile machine*
fecha *date*
   de entrega *delivery date*
   de vencimiento *due or maturity date*
   límite *deadline*
   tope *deadline*
Fed (f) *Federal Reserve Bank (U.S.)*
feligrés/feligresa *parishioner, member of congregation*

feria comercial *trade fair*
ferretero/a *hardware dealer*
ferrocarril (m) *railroad*
ferroso (adj) *iron-related*
ferroviario (adj) *related to the railroad*
fiabilidad *reliability*
fiable *reliable*
fianza *downpayment, deposit*
fiarse *to trust*
fibra óptica *fiber optics*
ficha *index card*
fidelidad *faithfulness, loyalty*
fiduciario *fiduciary, credit-related*
fijar *to fix, set*
fijo *fixed*
filial (f) *subsidiary, branch*
financiación *financing*
   externa *external financing*
   por medio de obligaciones *debt financing*
financiamiento *financing*
financiar *to finance*
financiero *financial*
finanzas *finance, finances*
firma *firm, company, enterprise*
   bolsista *brokerage*
firmar *to sign*
fletador *freighter, charterer, shipper, transporter (one who hands over goods to be delivered)*
   aéreo *air shipper*
   fluvial *inland water shipper, by river*
   marítimo *maritime or sea shipper*
fletamento (fletamiento) *freight (cargo or price of shipment)*
fletante (m/f) *charterer, affreighter, owner of a transport*
fletar *to charter, hire*
flete (m) *freight, freightage, transportation charge, cargo*
   (pagado hasta el) punto de destino *FOB delivered*
flojo *weak*
flor (f) *flower*
florecer *to flourish, flower*
flujo *flow*
   de caja *cash flow*
   de efectivo *cash flow*
fluvial (adj) *fluvial, river-related*
FOB (libre o franco a borde) *free on board*

folleto   pamphlet

fomentar   to foster, encourage, promote

fomento   development, promotion

  de ventas   sales promotion

fondo   fund

Fondo Monetario Internacional (FMI)   International Monetary Fund (IMF)

formación   formation, education

formulario   printed form, slip (of paper)

formulismo   formulism, tokenism

fotocopiadora   photocopier, copy machine

fracaso   failure

franco a bordo   free on board (FOB)

franco al costado del buque   free alongside ship (FAS)

franquicia   franchise

frénetico   frantic, wild

frigorífico   meat-packing plant

frijol (m)   bean, kidney bean

fruncir   to contort

  el ceño   to frown

fruta   fruit

fuente (f)   source

fuerza laboral   workforce

funcionario/a   government official, staff member, employee, office worker, official

fundar   to found

fundición   smelting

fundir   to melt, smelt

fusión de empresas   merger

fusionar   to merge

G

gabarra   barge

gama   spectrum, range

ganadería   cattle raising

ganado   cattle

  mayor   cattle, horses, mules (large-hoof animals)

  menor   sheep, goats, pigs (small-hoof animals)

ganancias   earnings, income, profit

  retenidas   retained earnings

  y pérdidas   profit and loss

ganar   to earn

ganarse la vida   to earn a living

garantía   guarantee

garantía de calidad   quality assurance

  subsidiaria (prendaria/ de colateral)   collateral guarantee or security

gasoducto   gas line

gastar   to spend

gastos   expenses

  de administración   administrative expenses

  de operación   operating expenses

  de tramitación   handling charges

  pagados por anticipado   prepaid expenses

  prepagados   prepaid expenses

gauchesco (adj)   related to gauchos (Argentine and Uruguayan cowboys)

género   good, merchandise

gentilicio   population, name of inhabitants of a country

gerencia   management

gerencial   managerial

gerente (m/f)   manager

  de compras   purchasing manager or director

gestión   step, measure, management

  productora   production management

gesto   gesture

gestor/a   manager, business representative

girado/a   drawee (where the account is held, e.g., a bank)

girador/a   drawer of check or draft (account holder)

girar   to draw or issue; turn (in car)

giro   draft (payment instrument); phrasing (language), turn of word

  a la vista   sight draft

  a plazo   time draft

goma elástica   rubber band

gráfico (n)   graphic

gran almacén (m)   department store

granel: a ___   in large volume, quantity, bulk

granjero/a   farmer

grano   grain

grapa   staple

grapador/a   stapler

gratuito (adj)   free (of charge)

grava   gravel

grupo   group

  colectivo   bargaining group

  de enfoque   focus group

guardar   to save (a computer file, voice message, etc.)

guardia tumbado (m)   speed bump (Spain)

guía (m/f)   guide, guidebook

  aérea   air waybill

guiar   to guide

guiñar   to wink

guiño   wink (eye)

guisante (m)   pea

H

haber (m)   credit, assets

habilidad   skill, ability

  interpersonal   interpersonal skill, people skills

hablante (m/f)   speaker

hacendado/a   landowner

hacer   to make, do

  clic (en)   to click (on)

  constar   to point out, indicate

  cumplir   to enforce

  frente a   to face

  gestiones   to take steps or measures

  piratería   to hack into (computer)

  un trato   to make a deal

hacienda   property, fortune, possessions

hackear   to hack into (computer)

hacker (m/f)   hacker

halagar   to praise

hambruna   famine

harina   flour

  de pescado   fishmeal

herida   wound

herramienta   tool

hierro   iron

hilo   gist, thread

hiperinflación   hyperinflation

hipervínculo   hyperlink

hipotecario (adj)   mortgage-related

hispanohablante / hispanoparlante (adj)   Spanish-speaking

historial personal (m)   résumé

hogareño (adj)   home

hoja   sheet (paper)

  de cálculo   spreadsheet

  de ruta   route sheet, way bill

  de vida   résumé (Colombia)

homólogo/a *counterpart*
honorario *fee*
honrado/a *honest*
horario *schedule*
horas extra(s) (adicionales) *overtime*
hortaliza *vegetable*
hostelería *hotel business management*
hucha *money box, piggy bank*
huelga *strike*
    patronal *lockout*
huelguista (m/f) *striker*
huella digital *fingerprint*
huída *flight*
hundir *to sink*
hurto *theft, stolen goods, pilferage*

I

identificación *identification*
    de abonado llamante *caller I.D.*
    de llamadas *caller I.D.*
    de origen *caller I.D.*
idóneo (adj) *suitable, competent*
igualar *to equal*
ilimitado (adj) *unlimited*
impacientarse *to become impatient*
impago *nonpayment*
impedir (i) *to prevent, impede*
imponer *to impose*
imponible (adj) *tax-related*
importación *import, importing*
importador/a *importer*
importar *to import*
importe (m) *amount, price, cost*
impositivo (adj) *tax-related*
imprenta *printing job (output)*
imprescindible *indispensable*
impreso (n) *printed material;*
    (adj) *printed*
impresora *printer*
    de inyectador (chorro de tinta)
        ink-jet printer
    de láser *laser printer*
imprevisto (adj) *unforeseen*
impuesto *tax*
    sobre el valor añadido (IVA)
        value-added tax (VAT)
    sobre la renta personal *personal*
        income tax
impulsar *to encourage*
inalámbrico (adj) *wireless*

inasequible *inaccessible,*
    unaffordable, unobtainable
incambiable *unchangeable*
incendio *fire*
incentivo *incentive*
incrementar *to increase*
inculcar *to instill*
incumplimiento *noncompliance,*
    failure to comply
indebido *improper, illegal*
indemnización *compensation, pay*
    por antigüedad *indemnity for*
        years of service
    por despido *severance pay*
indemnizar *to compensate*
indicación *note, instruction*
índice (m) *rate, index*
    bursátil *stock market index*
    de crecimiento *growth rate*
    de natalidad *birthrate*
    de paro *unemployment rate*
Índice de Desarrollo Humano (IDH)
    (m) *Human Development Index (HDI)*
indistinto *immaterial (does not*
    matter)
indocumentado/a (n) *undocumented*
    immigrant
índole (f) *nature, character*
indumentaria *clothing, dress*
industria *industry*
    transformadora *conversion industry*
inflación *inflation*
información privilegiada *insider*
    trading
informática *computer science*
informático (adj) *computer-related*
informe (m) *report*
infotecnología *infotechnology*
infraestructura *infrastructure*
ingeniería *engineering*
ingeniero/a *engineer*
ingreso *income, revenue*
    neto *net income*
Iniciativa de la Cuenca del Caribe
    Caribbean Basin Initiative
iniciativa empresarial
    entrepreneurship
inmobiliaria (adj) *land, housing,*
    property, real estate **(n)** *real estate*
    agency or agent; property developer
inmueble (m) *real estate; a building*
inquilino/a *tenant*

inscribirse en *to register, to enroll in*
inscrito *inscribed, written*
Instituto de Fomento Industrial
    Institute for Industrial Development
insumos *supplies*
integrar *to integrate*
intento *attempt*
Internet (m/f) *Internet, information*
    superhighway
intereses periódicos acumulados
    periodic accrued interest
intermediario/a *intermediary, agent,*
    middleman
internauta (m/f) *Internet user*
    (internaut, as in astronaut)
intérprete (m/f) *interpreter*
interventor/a *comptroller, auditor*
inventario *inventory*
inversión *investment*
inversionista (m/f) *investor;* **(adj)**
    investment, investing
inversor/a *investor*
invertir (ie) *to invest*
investigación y desarrollo *research*
    and development
ir al grano *to get down to business*
irlandés/irlandesa (adj) *Irish,* **(n)** *Irish*
    man or woman, person
Islas Antillas *West Indies, Antilles*
IVA (Impuesto sobre el Valor Añadido
    [o Agregado]) *Value Added Tax*
    (VAT)
izquierdista (m/f) *political leftist*

J

jactarse *to boast*
jefe/a de mercado *market manager*
jerga *jargon*
jornada *a day's work*
jornal (m) *day's wages*
jornalero/a *day worker*
joyería *jewelry store*
jubilación *retirement*
jubilar *to retire*
juego de colores *color combination*
juicio por faltas *grievance procedure*
junta directiva (de directores/
    de consejo directivo) *board of*
    directors
jurídico (adj) *juridical, legal*

L

laboral (adj) *work-related*
labrador/a *farm worker, farmer*
lana *wool*
lanchón (m) *barge, lighter*
lanzamiento *launching*
lanzar *to launch*
largo plazo *long term*
lastimar *to injure, hurt*
latifundio *large landed estate*
laudo *decision, finding*
lavado *washing, laundering*
   de dinero *money laundering*
   de imagen *greenwashing*
lavadora *washing machine*
lazo *tie, bond*
lealtad *loyalty*
legislatura *legislature*
lejano (adj) *far, faraway*
lema (m) *slogan, motto*
lencerías *linens*
lenguaje (m) *language style or jargon*
lentitud (f) *slowness*
leña *wood*
letra *bill, note*
   de cambio *bill of exchange*
   por pagar *note payable*
letrero *sign*
   luminoso (de neón) *neon sign*
levantar el censo *to take the census*
Lexus *symbol for international free trade movement and the drive for prosperity and development, Japanese auto firm*
ley (f) *law*
   arancelaria *custom law*
   mercantil *business law*
librado *drawee*
librador/a *drawer*
librar *to draw or issue*
libre *free*
   a bordo *free on board (FOB)*
   al costado del buque *free alongside ship (FAS)*
   comercio *free trade*
librecambismo *free trade*
libro mayor *ledger*
licencia *license, licensing*
   de exportación *export permit*
   de importación *import permit*

licenciado (adj) *licensed*
licenciar *to license*
licitante (m/f) *bidder*
líder (m/f) *leader*
liderar *to lead, head up*
liderato *leadership*
liderazgo *leadership*
lidiar *to fight*
liga *rubber band*
lignito *lignite*
limitado (adj) *limited*
línea *line*
   de crédito *line of credit*
   de ensamble *assembly line*
   de montaje *assembly line*
   fija telefónica *ground-line phone*
liquidación *liquidation, dissolution*
liquidar *to settle, liquidate*
lista negra *black list*
llamada *telephone call*
   en espera *call waiting*
llanta *tire*
llanura (n) *plain (geographic)*
llegada tardía *lateness*
llevar a cabo *to carry out, conclude*
local (m) *locale, establishment, location*
localizador *beeper, pager*
logística *logistics*
logro *achievement, accomplishment*
lucir *to look, shine*
lucrativo *profitable*
lucro *gain, profit*
lugareño/a *local (resident)*
lujo *luxury*
lustro *five years, lustrum*

M

machacar *to crush, pound*
machaqueo *pounding*
madera *wood, lumber*
madrina *godmother*
maduración constante (perpetua) *constant growth*
magnesio *magnesium*
malentendido *misunderstanding*
maletín (m) *briefcase*

malogrado (adj) *ill-fated, failed*
manada *herd*
mancomunado (adj) *joint*
mandar un mensaje de texto *to text, send a text message*
mandato judicial *injunction*
mando *management*
   a distancia *remote control*
manejar *to manage; drive*
manejo *handling*
manganeso *manganese*
manglar (m) *mangrove swamp*
maní (m) *peanut*
manifestación *demonstration; appearance*
manjar (m) *delicacy*
mano de obra (f) *labor, workforce*
mantenimiento del equipo *equipment maintenance*
maquila *assembly*
maquiladora *assembly plant, in-bond plant*
máquina *machine*
   de coser *sewing machine*
   de escribir *typewriter*
   expendedora *vending machine*
maquinaria *machinery*
   liviana *light machinery*
   pesada *heavy machinery*
marca *brand*
   comercial *trademark*
   de fábrica *trademark*
   registrada *registered trademark*
margen de beneficio (m) *profit margin*
marisco *seafood, shellfish*
marítimo (adj) *maritime, sea*
mármol (m) *marble*
martillo *hammer*
más porciones de comida *second helpings*
matagalán (m) *lady-killer*
materia prima *raw material*
matricularse *to register, enroll*
mayorista (m/f) *wholesaler*
   de estanterías *rack jobber*
   sin almacén *truck wholesaler*
media *average*
mediador/a *mediator*
medida *measurement*
medio (n) *means, medium;* **medio/a (adj)** *half*

ambiente / medioambiente environment

de difusión / difusivo advertising medium

de distribución means of distribution

de transporte means of transportation

mando middle management

productivo means of production

publicitario advertising means

medioambiental environmental

medir (i) to measure

mejora improvement

mejorar to improve

melocotón (m) peach

membresía membership

memoria portátil flash or thumb drive

menospreciar to slight, scorn

mensaje (m) message

instantáneo instant message (messaging)

mensual monthly

mensualidad (f) monthly payment, rent

menudeo retail

mercadeo marketing

mercadería merchandise, good, product

mercado market

al contado cash market

ambulante traveling market

común common market

de descuentos discount store

negro (de contrabando) black market

señalado target market

mercadología marketing

mercadológico (adj) related to marketing

mercadotecnia marketing

mercancía article, good, merchandise

mercancías de gran volumen bulk material

mercantil (adj) commercial

mercurio mercury

meta goal, objective

metalistería metal work

método lineal straight-line method (depreciation)

mezcla de productos product mix

migración migration

mineral de hierro (m) iron ore

minería (n) mining

minero (adj) mining; **(n)** miner (occupation)

Ministro de Relaciones Exteriores Secretary of State (in Chile and certain other nations); director of foreign affairs

minorista (m/f) retailer

minuta summary, rough draft; menu

MIPYME (m) micro-, small-, and medium-sized companies

miseria misery, dire poverty

mobiliario furniture, furnishings

y equipo furniture and fixtures

moler (ue) to grind, crush, mash

molibdeno molybdenum (a type of metal)

molienda milling

mondadiente (m) toothpick

moneda coin, national currency

monetización monetization, process for conversion of something into money

montaña rusa roller coaster, roller coaster ride (up-and-down)

montar to set up

MOOC (m) (Curso en línea masivo y abierto) Massive Open On-line Course

mora: en _____ late, behind in payment (mortgage, rent, etc.); default

mordida bribe

moroso (adj) late, delinquent

mostrador (m) counter

móvil (m) cell phone (Spain)

mueble(s) (m) furniture

muelle (m) dock, pier, wharf

muerto dead man; speed bump (Costa Rica)

muestra sample

muestreo sampling

multinacional (adj) multinational

N

nacional de terceros países third-country national

Naciones Unidas United Nations

narcotráfico drug traffic, trade

náufrago/a castaway, shipwrecked individual

nave (f) ship

espacial (la Tierra) spaceship (Earth)

navegar to "surf" or search (the Internet)

naviero/a ship owner

negociante (m/f) businessperson

negociar to bargain, negotiate

negocio business

en participación joint venture

por Internet e-business

nevera refrigerator

níquel (m) nickel (a type of metal)

nivel (m) level

de vida standard of living

nombramiento appointment (to a position)

nómina payroll

nominativo (adj) bearing a person's name, registered (bond)

nuera daughter-in-law

O

obligación liability, debt, bond

contributaria tax liability

corporativa corporate bond, debt financing

obligatorio (adj) obligatory, binding

obrero/a worker, blue collar worker, laborer

obsoleto obsolete

ocioso (adj) leisurely, idle

oferta offer, supply

inmobiliaria housing supply

sellada sealed bid

y demanda supply and demand

oficina office

oficinista (m/f) office worker

ofimática office automation

oleada wave

oleoducto pipeline

olivo olive tree, symbol for cultural tradition

olor (m) smell, odor

OPEP (Organización de Países Exportadores de Petróleo) OPEC (Organization of Petroleum Exporting Countries)

oprimir   *to click, press (a computer mouse, button, key)*
orden (m)   *order, arrangement of things;* **(f)** *command, order for merchandise;* **(f) de pago** *order to pay*
ordenación   *ordering, arranging, collating*
ordenador (m)   *computer (Spain)*
organigrama (m)   *organizational chart, flowchart*
Organización Mundial del Comercio (OMC)   *World Trade Organization*
originario (adj)   *originating in, coming from*
oro   *gold*
otorgar   *to give, grant*
oyente (m/f)   *listener*

P

padrino(s)   *godfather (godparents)*
pagadero (adj)   *payable*
pagar   *to pay*
pagaré (m)   *promissory note (IOU)*
página web   *web page*
pago   *pay, payment*
  contra entrega   *cash on delivery (COD)*
  de transferencia   *transfer payment*
  inicial   *down payment, deposit*
  por anticipado   *payment in advance, down payment, pre-payment*
país (m)   *country*
  deudor   *debtor nation, country with a balance of debt problem*
  en vías de desarrollo   *developing country*
  hospedador   *host country*
palanca   *«pull,» influence*
palé (m), palet (m), paleta (f)   *pallet, a small, hard, or temporary flat transport structure designed to support a variety of goods while being lifted by a forklift*
palillo   *toothpick*
panel plano   *flat (panel) screen*
pantalla   *TV, computer, or movie screen*
  de panel plano   *flat screen*
  táctil   *touch screen*

pantalón vaquero   *blue jeans*
papel de cartón (m)   *cardboard*
papeleo   *paperwork, red tape*
paralenguaje (m)   *paralanguage (gestures, tone of voice, posture)*
parecer (m)   *opinion*
pared (f)   *wall*
  contra fuegos   *firewall*
  cortafuegos   *firewall*
parlante (m/f)   *speaker*
paro   *strike, work stoppage*
parte (f)   *party in a negotiation or contract*
  compradora   *buyer (real estate)*
  vendedora   *seller (real estate)*
participación   *share, investment (e.g., by stockholder)*
particular (adj)   *private, individual*
partida doble   *double-sided entry (accounting)*
partidario/a   *supporter*
pasarse de moda   *to go out of style or fashion*
pase (m)   *entry (ledger)*
pasivo   *liability, liabilities*
  circulante   *current liabilities*
  fijo   *fixed liabilities*
paso   *step*
pastel de choclo   *baked meal of beef, chicken, corn, eggs, and spices*
patata   *potato*
patria chica   *one's hometown, county, or state*
patrimonio   *wealth, estate, capital resources, net worth*
patrocinar   *to sponsor*
patrón (m), patrona (f)   *owner, boss, sponsor; pattern, guideline*
patrono/a   *employer*
pauta   *model, guideline*
pavimentado (adj)   *paved*
pavo   *turkey*
pedido   *order, purchase order*
pedir (i) prestado   *to borrow*
pena de muerte   *death penalty*
penetración del mercado   *market penetration*
percatarse   *to notice, heed*
pérdida   *loss*
pericia   *expertise*
periferia   *periphery*

periodo de entrega   *delivery time*
perito/a (n)   *expert;* **(adj)** *experienced*
perjudicado (adj)   *injured, damaged, jeopardized*
perjudicar   *to damage, injure, jeopardize*
perjudicial (adj)   *prejudicial, harmful, detrimental*
permutar   *to exchange, barter, swap*
persona interesada   *stakeholder*
personal (m)   *personnel*
personalismo   *personalism*
perspicacia   *vision, insight, forward thinking*
pesca   *fishing, fishery*
pesquero (adj)   *related to fishing*
petróleo   *petroleum*
petrolero (adj)   *oil-related*
pico   *mouth (beak)*
piedra caliza   *limestone*
piel (f)   *skin*
pienso (n)   *fodder, feed*
pieza de repuesto   *spare part*
pila   *battery*
piña   *pineapple*
piquete laboral (m)   *picket line*
piraña corporativa   *corporate raider*
pirata (m/f) informático/a   *hacker*
pirateo   *hacking (computer)*
piratería   *hacking, piracy, pirating*
pirita   *pyrite (a mineral)*
piropo   *flirtatious remark*
pista   *trail, track, way; court (e.g., tennis)*
planeación   *planning*
planificación   *planning*
  estratégica   *strategic or contingency planning*
plano   *city map*
planta   *floor; plant; factory*
  baja   *ground floor (at street level)*
  manufacturera   *manufacturing plant*
plantear   *to create, pose*
plantilla   *staff*
plata   *silver*
plátano   *plantain, large green banana*
plaza   *locale, location, place, town, city, market*

plazo *term (period of time), deadline*
    a corto _____ *(in the) short term*
    a largo _____ *(in the) long term*
    a medio _____ *(in the) mid term*
    de devolución *repayment or refund period*
    de entrega *deadline (delivery)*
plomo *lead*
plusvalía *gain in value, appreciation*
población *population*
polaco (adj) *Polish; (n) Pole (person from Poland)*
polémico *controversial, polemical*
policía acostado *speed bump (Colombia)*
política de compras *purchasing policy*
ponderado *weighted average*
poner *to put, place*
    a prueba *to test*
    a riesgo *to put at risk*
    en limpio *to type, to make a fair copy of a writing*
    en marcha *to begin*
    en peligro *to put at risk*
    en vigor *to put into effect*
    las manos en jarras *to put one's hands on one's hips (aggressive gesture)*
    trabas *to set up obstacles*
porcentaje (m) *percentage*
pormenor (m) *detail*
porrón *wine bottle with long spout (Spain)*
portador/a *bearer*
portátil (adj) *portable*
portavoz (m/f) *spokesperson*
porte (m) *price (freight, carriage price)*
postergar *to postpone*
postulante (m/f) *applicant, job candidate*
postura del cuerpo *body posture*
potasa *potash*
potente (adj) *powerful, potent*
pozo (n) *well*
práctica *internship, business practice*
    de tiro *target practice*
precio *price*
    de catálogo *list price*
    de mercado *market price*
    de saldo *rock-bottom price*

máximo *ceiling price*
mínimo *floor price*
precisar *to specify*
premiar *to award, reward*
prenda *security, pledge*
prendario *guaranteed*
prensa *the press*
preparativo *preparation, plan*
presa *dam*
prescindible (adj) *dispensable*
presilla *paper clip*
prestación *provision, rendering of*
    de servicios *provision of services, services rendered*
    social *social assistance benefit (e.g., social security, etc.)*
prestador/a *lender*
prestamista (m/f) *lender*
préstamo *loan*
    a sola firma *signature loan, unsecured loan*
    garantizado *secured loan*
    hipotecario *mortgage loan*
    no garantizado *unsecured loan*
    prendario *secured loan*
    sin caución *unsecured loan*
prestar *to lend*
    juramento *to be sworn in (e.g., as president)*
    servicios *to service, serve*
prestatario/a *borrower*
presunto *presumed, anticipated, expected*
presupuestario (adj) *budget, budgetary*
presupuesto *budget*
prever *to foresee*
preverse *to anticipate*
previsto *anticipated, planned*
prima *bonus, premium*
    por trabajo fuera de turno *shift premium*
principal (m) *principal, capital*
privatizar *to privatize*
procedimiento para tomar
    decisiones morales *moral decision-making*
procesador de textos (de palabras) (m) *word processor*
procesamiento de datos *data processing*

proceso analítico *analytic process*
    de ensamble (de ensamblaje) *assembly process*
    de fabricación *manufacturing process*
    extractivo *extractive process*
    sintético *synthetic process*
procurar *to try to*
producción *production*
    continua *continuous production*
    en masa (en serie) *mass production*
    estándar *standard production*
    intermitente *intermittent production*
    masiva *mass production*
    ordenada (en pequeños lotes) *small-batch production*
    por carácter *character of production*
    por duración *time of production*
    por naturaleza *nature of production*
productividad *productivity*
Producto Interno Bruto (PIB) *Gross Domestic Product (GDP)*
Producto Nacional Bruto (PNB) *Gross National Product (GNP)*
Producto Social Bruto (PSB) *Gross National Product as measured in socialist countries (e.g. Cuba)*
programación *scheduling*
progresismo *political correctness*
prójimo *fellow human being, neighbor*
promedio *average*
promesa *promise*
promoción de ventas *sales promotion*
promover (ue) *to promote (a product or service)*
pronosticar *to forecast*
propiedad intelectual *intellectual property*
propietario/a *owner*
propina *tip, gratuity*
proporcionar *to provide*
propósito *purpose, objective, goal*
propuesta *proposal*
prorrogar *to delay, postpone, defer (e.g., a payment), reschedule*
proseguir (i) *to continue*
próspero (adj) *prosperous*
proteccionismo *protectionism*

proveedor/a *financial backer, supplier*
   directo/a *drop shipper (desk jobber)*
proveer *to provide, supply*
proxémica *proxemics, spacing between people or things*
prueba *proof, test, trial*
psicográfico (adj) *psychographic (referring to individual characteristics)*
publicidad *publicity, advertising*
publicitario (adj) *advertising*
pueblo global *global village*
puerto *port*
puesto *job, position*
   de trabajo *workstation*
puna *altitude sickness*
punto *point*
   de partida *starting point*
   de embarque *loading point*
   de entrega *delivery point*
puntual *punctual*
puro *cigar*

Q

quehacer (m) *task, duty*
quejarse *to complain*
quemador de CD *CD burner*
quiebra *failure*

R

radiodifusión *broadcasting*
raíz (f) *root*
rama *branch*
rascacielos (s/pl) *skyscraper*
rastrear *to trace or track (a shipment)*
rastreo *tracking (process)*
   en línea *on-line tracking*
rastro *track, sign*
ratón (m) *mouse (computer mouse)*
raya *slash*
razón (f) *ratio, reason*
   social *company name*
realidad virtual *virtual reality*
realizar *to accomplish, carry out, perform*

reanudar *to renew, resume*
rebaja *discount*
   al comprador *rebate to consumer*
   al revendedor *trade discount*
rebajar *to lower, mark down*
rebasar *to pass (another car)*
recaudación *collection (tax)*
recaudo *collection (tax)*
recepcionista (m/f) *receptionist*
receptor *receiver, telephone receiver*
recesión *recession*
rechazo *rejection*
recibo *receipt (sales)*
reclutamiento *recruitment*
reclutar *to recruit*
recolección *gathering, collection*
recompensa *compensation*
recompensar *to reward (e.g., customer loyalty), compensate*
recopilación de datos *compilation of data, data summary*
recopilar *to compile*
recordatorio *reminder*
recortar *to cut*
recreo *recreation*
recuento *count*
recuperación *salvage (reference to salvage value)*
recurrir (a) *to resort to, rely on, have recourse to*
recurso *resource*
   humano *human resource*
   natural *natural resource*
red (f) *network*
   de comunicación *communications network*
   virtual *virtual network*
redactar *to edit, write*
rédito *return, yield*
reembolso *reimbursement, repayment*
reenvío de llamadas *call forwarding (phone)*
reexportación *re-export*
refinamiento de azúcar *sugar refining*
   de petróleo *oil refining*
reforma agraria *land reform*
refresco *soft drink, soda*
regatear *to haggle, bargain, barter*
regateo *bartering, bargaining*
regir (i) *to control, be in effect*
registrar *to record, search*

Registro Público de Comercio *Public Business Register*
reglamentar *to regulate*
reglamento *rule, regulation*
rehén (m) *hostage*
rehusar *to refuse*
reintegro *reimbursement, repayment*
relaciones públicas *public relations*
rellamada automática *redial, redialing*
rellenar *to fill out*
remarcación *redial, redialing*
remesa *remittance (of money); return (of goods or merchandise)*
remitir *to send, ship, consign*
remolacha *beet*
   azucarera *sugar beet*
remolcador *tugboat, towboat, tow truck*
remolcar *to tug, tow*
remontar *to date back to*
remuneración *remuneration, reimbursement, payment*
renacuajo *tadpole*
rendir *to render, yield*
renovar(se) (ue) *to renew*
renta *income, revenue, rent*
rentabilidad *profitability*
rentable (adj) *profitable*
renovación (de trabajadores o personal) *worker or employee turnover*
renuevo *renewal (e.g., of lease or rental contract)*
repagar *to repay*
repantigado (adj) *sprawled out, lounging posture*
reparación *repair*
reparar *to repair*
reparativo (adj) *reparable, repair-related*
repartir *to divide, share, distribute*
reparto *delivery*
representante (m/f) *representative*
   de fábrica *manufacturer's agent*
   sindical *union representative*
reprografía *photocopying, reproduction of documents*
repudio *rejection, repudiation*
repuesto *spare part*
requisito *requirement*
resbalar *to slip*

rescate bancario   *bank bailout*
Reserva Federal   *Federal Reserve Bank (U.S.)*
respaldado (adj)   *backed, supported, guaranteed*
respaldar   *to support, guarantee, back up*
responsabilidad   *responsibility; liability*
  del productor   *product liability*
  social   *company liability*
restringir   *to restrict*
retirar   *to withdraw (e.g., money from an account)*
reubicación   *relocation*
reunión   *meeting*
  en línea   *online meeting*
revendedor/a   *retailer; scalper*
reventa   *resale*
revisar   *to review, check*
revisión   *inspection, check*
riesgo   *risk*
  de impago   *risk of default, non-payment*
  y beneficios   *risk and reward*
riquísimo   *absolutely delicious*
robapáginas (m/s/pl)   *page or screen filler (a type and dimension of ad used in Spain and Latin America)*
robo de identidad   *identity theft*
robótica   *robotics*
rompehielos (m/s)   *icebreaker (to initiate communication)*
rompehuelgas (m/f/s/pl)   *strike breaker*
rotación (de trabajadores o personal)   *worker or employee turnover*
rozarse   *to touch, brush up against; wear out*
ruta   *routing*

S

sabor (m)   *taste*
sabotaje (m)   *sabotage*
sala de conversación   *chat room*
salario   *wage, salary*
saldar   *to settle, pay off the balance, liquidate*
saldo   *balance*
  acreedor   *credit balance*
  desfavorable   *trade deficit, unfavorable balance of trade*

deudor   *debt balance*
  de utilidad neta   *net profit*
  negativo   *negative balance, deficit*
salida   *output, departure*
salvaguardar   *to safeguard, protect*
sancionar   *to sanction, punish*
sangriento   *bloody*
sanidad pública   *public health*
santería   *mix of Catholic, African and indigenous religious practices*
secadora   *dryer*
secuestro   *kidnapping*
sede (f)   *home office, headquarters*
segmentar   *to segment*
seguidamente   *uninterruptedly*
seguimiento   *tracking, monitoring*
  de llamadas   *(call) tracking*
seguir el rastro   *to track (a shipment)*
seguridad   *safety*
seguro   *insurance*
  contra accidente   *accident insurance*
  contra incendio   *fire insurance*
  contra terceros   *liability insurance*
  contra todo riesgo   *comprehensive insurance*
  de automóvil   *car insurance*
  de falta de cumplimiento   *noncompliance insurance (surety)*
  de responsabilidad civil   *liability insurance*
  de salud   *health insurance*
  de vida   *life insurance*
selección y embalaje   *pick and pack (a storage service)*
sellado (adj)   *sealed; stamped*
semáforo   *stoplight*
sembrar (ie)   *to sow, plant*
semejanza   *similarity*
semilla   *seed*
  oleaginosa   *oilseed*
semiótica   *semiotics (ref. to signs as communication systems)*
sensibilidad   *sensitivity*
señal (f)   *traffic or road sign*
señalar   *to indicate, point out, target*
señalización   *sign posting*
  vial   *roadsigns*
señas (f/pl)   *address*
separación   *separating, sorting, collating*
sequía   *drought*
servicio   *service*
  de despertador   *wake-up call*
  de electricidad, gas, agua   *utilities*

servidor   *server*
siderurgia   *siderurgy, iron and steel industry*
sien (f)   *temple (head)*
sigla   *abbreviation by initials, acronym*
silla giratoria   *swivel chair*
sillería   *chairs (types of chairs)*
sillón (m)   *armchair*
sindical (adj)   *union-related*
sindicalismo   *labor movement*
sindicato   *labor union*
sin fisuras   *seamless*
siniestro   *accident, catastrophe*
sistema (m)   *system*
sitio   *site, location; web site*
soborno   *bribe*
sobre (m)   *envelope*
sobrecoste (m)   *cost overrun, extra charge, overcharge*
sobrepasar   *to surpass, exceed*
sobresueldo (n)   *bonus*
socavar   *to undermine*
sociedad   *business, company, firm*
  anónima   *corporation*
  colectiva (en nombre colectivo)   *(joint) partnership*
  comanditaria (en comandita)   *silent partnership*
  de capital   *capital company*
  de responsabilidad limitada   *limited liability company*
  mercantil   *commercial or trading company*
socio/a   *partner*
  activo (colectivo)   *active partner*
  comanditario   *silent partner*
soja   *soybean*
soler (ue)   *to be used to doing, do frequently*
solicitante (m/f)   *applicant*
solicitar   *to apply for*
solicitud (f)   *application*
solidario (adj)   *joint*
solvencia   *solvency*
solventar   *to settle (e.g., a debt)*
solvente   *solvent*
sonar la nariz   *to blow one's nose*
sondeo   *opinion poll*
sopaipillas   *pumpkin fritters*
so pena de   *under penalty of*
sorgo   *sorghum (a type of grain)*
sorna   *sarcasm*
soroche (m)   *altitude sickness*

soya   *soybean*
suavizar   *to tone down*
subarrendar   *to sublet*
subasta   *auction*
subcontratación   *outsourcing*
subcontratar   *outsource*
subdesarrollado (adj)   *underdeveloped*
subempleo   *underemployment*
subir   *to upload*
subsidio   *subsidy*
subvencionar   *to subsidize*
sucursal (f)   *branch, subsidiary*
   en ultramar   *overseas branch*
   fuera del país   *foreign branch*
   ultramarina   *overseas branch*
sueldo   *salary (weekly or monthly)*
suelo   *floor, rock bottom (price)*
sufrir del estrés   *to be under stress, be stressed out*
suma   *sum, total*
suministro   *supply*
superar   *to surpass, exceed; to overcome*
superávit (m)   *surplus*
superavitario/a   *surplus*
supervisor/a de compensaciones   *payroll supervisor*
suprimir   *to suppress*
supuesto   *hypothesis, hypothetical situation*
surtido   *assortment, selection*
   de productos   *product line*
sustraer   *to subtract*

T

tablero de anuncios   *bulletin board*
tablet (f), tableta   *tablet (computer)*
tablón (m)   *board, site*
   de anuncios   *bulletin board*
   de imágenes   *image board (in social media)*
tabú (m)   *taboo*
tacaño (adj)   *stingy*
taller (m)   *shop, workshop*
tardar en   *to be late in*
tarea   *task*
tarifa   *tariff, rate, fare*
   por menos de un vagón completo   *less than carload on train (l.c.l.)*
tarjeta   *card*
   de negocios   *business card*
   de red   *network card*

   de sonido   *sound card*
   de TV   *TV card*
   de video (o vídeo)   *video card*
   madre   *mother board*
tasa   *rate*
   de cambio   *rate of exchange*
   de crecimiento   *rate of increase*
   de inflación   *rate of inflation*
   de interés   *rate of interest*
   de rendimiento   *rate of return (on investment)*
   media de inflación   *average rate of inflation*
tasación   *valuation*
techo   *ceiling (price)*
teclado   *keyboard*
   deslizable   *sliding/slide-out keyboard*
teclear   *to type or key in*
técnica de caso   *case study technique*
   de discusión en grupos   *group discussion technique or method*
   de incidente   *situation technique*
   de simulación   *simulation technique*
tecnología   *technology*
   de flujo de pedidos   *package flow technology*
   de información (TI)   *information technology (IT)*
   de punta   *cutting edge technology*
tejer   *to weave*
tejido   *textile*
telecomunicativo (adj)   *telecommunication*
teleconmutador/a   *telecommuter*
telefax (m)   *fax, facsimile machine*
telemarketing (m)   *telemarketing, telesales*
telemática   *telematics, information technology*
telepeaje   *electronic toll booth payment (with credit card)*
teletrabajador/a   *telecommuter*
televentas   *telesales*
televisión por cable   *cable television*
tempestad   *storm*
tenaz   *stubborn, tenacious*
tenedor/a   *holder, bearer*
tentativa   *attempt*
terremoto   *earthquake*
terreno   *land, property*
tesorería   *treasury*
testamento   *will*

textear   *to text, send a text message*
texteo   *text message*
tiburón (corporativo)   *corporate raider*
tipo   *rate*
   de cambio   *exchange rate, rate of exchange*
   fijo de cambio   *fixed rate, pegged rate of exchange*
   flotante de cambio   *floating rate of exchange*
titularse   *to graduate with a degree, be called by a title*
título   *bond, security*
   de crédito   *negotiable security*
   de valores   *security*
toalla   *towel*
tomar   *to take*
   medidas   *to take steps*
   prestado   *to borrow*
tornillo   *screw*
torpe   *sluggish, clumsy*
Torres Gemelas   *Twin Towers (World Trade Center) in New York*
traba   *hindrance, obstacle, impediment*
trabajador/a (n)   *worker;* **(adj)**   *hardworking*
   a distancia   *telecommuter*
trabajo   *work*
   a destajo   *piecework, units produced*
   manual   *manual labor*
traductor/a   *translator*
tramitar   *to negotiate, transact*
trámite (m)   *step, procedure*
transacción   *transaction*
transbordador (m)   *ferry*
transbordo   *transfer*
transcendencia   *reach, of importance, of consequence*
transcultural (adj)   *cross-cultural*
transferencia: pago de ___   *transfer payment*
transferir (ie)   *to transfer*
transmisión   *transmission, transfer*
   de tecnología   *technology transfer*
   en tiempo real/en vivo y en directo   *online streaming*
transporte (m)   *transportation*
transportista (m/f)   *carrier*
   por contrato   *contract carrier*
   privado   *private carrier*
   público   *common carrier*

trasladarse   *to move, transfer*
traslado   *move (as in a job transfer)*
traspaso   *transfer (of title to property)*
tratado   *treaty*
Tratado de Libre Comercio de América del Norte (TLCAN)   *North American Free Trade Agreement (NAFTA)*
trato   *treatment, manner of dealing with*
trayecto   *journey*
   corto   *short haul or run*
   largo   *long haul or run*
trayectoria   *development*
trazar   *to outline*
tributario (adj)   *tax*
trigo   *wheat*
trucha   *trout*
trueque (m)   *exchange, barter*
trunco   *incomplete, unfinished*
tubería   *pipe, piping (e.g., for oil pipeline)*
tungsteno   *tungsten*
turismo   *tourism*
turno   *turn, shift (work)*
   de día   *day shift*
   de noche   *graveyard shift, night shift*
   diurno   *day shift*
   nocturno   *night shift*
tutearse   *to use the familiar (tú) form of address*
tuteo   *the familiar (tú) form of address, first name basis*

U

ubicación   *location*
ubicador   *beeper, pager*
ubicarse   *to be located*
últimamente   *recently, lately*
ultradelgado (adj)   *ultrathin*
ultraligero (adj)   *ultralight (weight)*
ultramar (m)   *overseas*
ultramarino (adj)   *overseas, offshore*
unidad flash   *flash drive, thumb drive*
uranio   *uranium*
usuario/a   *user*
usurpación de identidad   *identity theft*
utilidad   *profit, utility*
   bruta   *gross profit*
   de operación   *operating profit*
   neta   *net profit*
uva   *grape*

V

vacaciones retribuidas   *paid vacation*
vacante (f)   *job opening, vacancy*
vacilar   *to waiver, hesitate*
vagón (m)   *wagon, passenger or freight car (on a train), coach, carriage*
valer la pena   *to be worthwhile*
valerse (de)   *to avail oneself of, take advantage of*
valor (m)   *value, worth*
   de rescate   *salvage value*
   nominal   *face or nominal value*
valoración   *assessment (valuation)*
valores (m)   *securities, bonds, assets, valuables*
   de primera clase (de más alta categoría)   *blue-chip stocks*
   no vendidos en la bolsa   *over-the-counter market securities (OTC)*
valla anunciadora   *billboard*
valle (m)   *valley*
vanguardia (a la vanguardia)   *on the cutting edge*
vecino/a   *neighbor, resident, inhabitant*
vehículo todoterrestre   *all terrain vehicle (ATV)*
vencer   *to fall due, mature, be payable (on a certain date)*
vencimiento   *maturity (of a bond, note), expiration*
vendedor/a   *salesperson*
vendible   *salable*
venta   *sale*
   al por mayor   *wholesaling*
   al por menor   *retailing*
   domiciliaria (a domicilio)   *door-to-door sales*
   en masa   *mass selling*
   masiva   *mass selling*
   personal   *person-to-person sales, personal selling*
   por correo   *mail order sales*
   por Internet   *Internet sale*
   por máquina   *machine vending*
ventaja   *advantage*
   absoluta   *absolute advantage*

   comparativa   *comparative advantage*
   competitiva   *competitive advantage*
ventas de inventario   *inventory sales*
verdura   *vegetable*
vergüenza   *shame*
vía   *way, road*
vial (adj)   *road-related*
viáticos   *travel allowance, expenses*
vigente (adj)   *effective, in effect, in force*
vigilar   *to watch*
vinculación   *association, link*
vincular (a)   *to tie (to)*
vinícola (m/f)   *wine-related*
vinicultor/a   *wine-grower*
vinicultura   *winegrowing, wine production*
vislumbrar   *to catch a glimpse of, see a possibility*
víveres (m/pl)   *foodstuff, provisions*
vivienda   *housing*
voltaje (m)   *voltage*
vosear   *to use the familiar form of address (vos); deal with someone on a first-name basis (Central America and Southern Cone)*
voseo   *use of vos form of address (replaces tú form in some parts of Latin America, such as Costa Rica, Argentina, etc.)*

Y

yacimiento   *deposit (minerals)*
yema   *fingertip; egg yolk*
yerno   *son-in-law*
yeso   *gypsum*
yuca   *cassava root*

Z

zanja   *ditch*
zona de comercio libre   *free trade zone*

A

abbreviation *abreviatura, sigla*
abroad *en el extranjero, exterior*
absenteeism *ausentismo, absentismo*
accent *dejo/deje (hablado)*
accident insurance *seguro contra accidentes*
accomplish *realizar, lograr*
accomplishment *logro*
account *cuenta*
  payable *cuenta por pagar*
  receivable *cuenta por cobrar*
accountant *contable (m/f), contador/a*
accounting *(n) contabilidad, contaduría; (adj) contable*
  period *ejercicio*
  statement *estado contable*
accurate *preciso, acertado*
achieve *lograr*
achievement *logro*
active partner *socio activo (colectivo)*
ad (advertisement) *anuncio, aviso*
adding machine *sumadora*
address *dirigir*
administrative expenses *gastos de administración*
advance *avance (m), adelanto*
  account *cuenta de anticipos*
  in ___ *por adelantado*
advantage *ventaja*
advertisement *anuncio*
advertising *(n) publicidad; (adj) publicitario*
  agency *agencia de publicidad (publicitaria)*
  medium *medio de difusión (difusivo, publicitario)*
adviser *asesor/a, consejero/a*
advising *asesoramiento*
  or notifying bank *banco avisador*
agree *estar/ponerse de acuerdo con*
agreement *convenio, acuerdo*
agricultural *agrícola (m/f)*
airfield *aeródromo*
airport *aeropuerto*
air shipper *fletador aéreo*
  waybill *guía aérea*
altitude sickness *puna, soroche (m)*

amortize *amortizar*
amount *cantidad, importe (m)*
answering machine *contestador automático*
antimony *antimonio*
appeal *llamada*
applicant *solicitante (m/f), postulante (m/f), candidato/a*
application *solicitud (f)*
apply for *solicitar*
appointment *cita, nombramiento*
appropriate *adecuado*
arable *cultivable*
arbiter *árbitro/a*
assemble *ensamblar, montar, armar*
assembly *ensamblaje (m) ensamble (m), montaje (m), maquila (por cuenta ajena)*
  line *línea de ensamblaje (de ensamble, montaje)*
  plant (in-bond plant) *maquiladora*
assess *asesorar*
assessment *asesoramiento*
asset, assets *valor (m), valores, activo, haber (m), bienes*
  management *administración de bienes*
assign *asignar*
assignment *tarea, asignatura*
associate *socio*
assortment *surtido*
attractiveness of work environment *estética laboral*
auction *subasta, remate (m)*
  buying (sealed bid purchase) *compra por cotización sellada*
audit, auditing *auditoría*
auditor *interventor/a, contralor/a, revisor/a*
automatic redial *rellamada automática*
availability *disponibilidad*
average *(n) promedio; (adj) medio/a*
  rate of inflation *tasa media de inflación*
awarding of percentage of investment earnings *adjudicación de beneficios*

B

back *(v) respaldar, garantizar, avalar, apoyar*
backed *respaldado, garantizado, avalado, apoyado, asegurado*
back-up copy *copia de reserva, respaldo*
bail out *sacar de apuros*
balance (bank, accounting) *balance (m), balanza, saldo*
  of payments *balanza de pagos*
  of trade *balanza comercial*
  sheet *hoja de balance, balance de situación (m), estado de condición financiera*
ban *(n) prohibición; (v) prohibir*
bank (the building) *banco*
  bailout *rescate bancario*
  check *cheque bancario*
  employee *bancario/a*
  note *billete de banco (m), pagaré (m)*
banker *banquero/a*
banking (industry) *(n) banca; (adj) bancario*
  investment _____ *banca de negocios*
  online _____ *banca en línea*
bargain *(n) ganga; (v) negociar, regatear*
bargaining group *grupo colectivo*
barge *barcaza, chalana, gabarra*
barrel *barril (m)*
barter *(n) trueque (m), permuta, regateo; (v) trocar, cambiar, permutar, regatear*
basic commodities (necessities) *artículos de primera necesidad*
battery *pila, batería*
bear market *bolsa bajista*
bearer *portador/a, tenedor/a*
bearing a person's name, registered (bond) *nominativo*
beeper *bíper (m), ubicador, buscapersonas, localizador*
behind (in payment) *en mora*
be in fashion *estar de moda*
beneficiary *beneficiario/a*

benefit *beneficio*
  social assistance, social security, etc. *prestación social*
bestow *otorgar, conceder*
betrayal *traición; delación (de secretos)*
beverage *bebida*
bid *(n) licitación; (v) licitar, pujar*
bill *cuenta; billete, papel moneda*
  of exchange *letra de cambio*
  of lading *conocimiento de embarque*
billboard *cartelera, valla (anunciadora)*
billing *facturación*
binding decision *decisión obligatoria*
birthrate *índice (m) de natalidad*
blacklist *lista negra*
black market *estraperlo, mercado negro (de contrabando)*
  exchange *cambio negro (de estraperlo)*
blue-chip stocks *valores de primera clase (de más alta categoría)*
blue-collar worker *obrero/a*
blunder *falta garrafal*
board of directors *dirección, junta directiva (de directores), consejo directivo*
body language *lenguaje corporal, paralenguaje (m)*
bond *bono, título, obligación*
bonus *prima, bonificación, gratificatión, beneficio, aguinaldo*
book of original entry *diario*
bookshelf/bookcase *estante (m)*
borrow *pedir (tomar) prestado*
borrower *prestatario/a, mutuario/a, mutuatario/a*
boss *jefe/a, empresario/a, patrón/patrona*
bottle *botella, envase (m), frasco*
boycott *boicot (m)*
Brady bonds *bonos Brady (para la reestructuración de la deuda latinoamericana)*
branch *rama, sucursal (f), filial (f)*
brand *marca*
breakout *(adj) exitoso*
bribe *soborno, mordida*
briefcase *maletín (m), portafolio, cartapacio*
bring to a standstill *paralizar*
broadband *banda ancha*
broadcasting *radiodifusión*

broker *corredor/a*
brokerage *agencia de bolsa, firma bolsista, correduría*
brotherhood *hermandad*
budget *presupuesto*
budgetary *presupuestario*
building *edificio*
bulk, bulky *de gran volumen, a granel*
bulletin board *tablón (m) (tablero) de anuncios*
bull market *bolsa alcista*
bureaucracy *burocracia*
burner (CD or DVD) *quemador de CD o DVD*
business *empresa, negocio, compañía, sociedad, comercio, firma*
  law *ley (f), derecho mercantil*
businessman *hombre de negocios*
businessperson *negociante (m/f), comerciante (m/f), empresario/a*
businesswoman *mujer de negocios*
buyer *comprador/a*
buying *compra*
  and selling *compraventa*
behavior *conducta en la compra*
by air *aéreo, por avión*

C

cable television *televisión por cable, cablevisión*
calculator *calculadora*
caller I.D. *identificación de llamadas, identificación de abonado llamante, identificación de origen*
call forwarding *reenvío de llamadas (teléfono)*
campaign *campaña*
candidate *candidato/a, aspirante (m/f), postulante (m/f)*
canned *enlatado*
capacity *capacidad, cupo*
capital (city) *capital (f)*
capital (financial) *capital (m)*
  company *sociedad de capital*
  goods *bienes de capital (m/pl)*
  stock *capital social (m)*
car (train) *vagón (m)*
cardboard *papel de cartón (m)*
cargo, load *carga*
Caribbean Basin *Cuenca del Caribe*
  Initiative *Iniciativa de la Cuenca del Caribe*

car insurance *seguro de automóvil*
carrier *transportista (m)*
carry out *realizar*
case study *técnica de caso*
cash *(n) dinero metálico, dinero en efectivo, cambio, contado; (v) cobrar, cambiar, hacer efectivo*
  flow *flujo de caja (de efectivo)*
  market *mercado al contado*
  on delivery (COD) *pago contra entrega*
  register box *caja*
cashier's check *cheque bancario (de administration), de caja*
cassava root *yuca*
catalog *catálogo*
cattle (horses, mules) *ganado, (reses [f], caballos, mulas)*
  raising *ganadería*
causation, causal reason *causal (f)*
ceiling price *precio (límite) máximo*
cell phone *(teléfono) celular (Am. Lat.); móvil (Esp.)*
  user *móvilnauta (m/f)*
census *censo*
cent *centavo, céntimo*
centerfold *encarte (m) central*
certificate of deposit (CD) *certificado de depósito*
certified public accountant *contable público titulado*
chain *cadena*
chamber of commerce *cámara de comercio*
champagne *champán (m), cava (m)*
changing *cambiante*
charge *cobrar, cargar en cuenta*
  of, in *a cargo de*
charitable *benéfico*
charter, hire, ship *(v) fletar*
charterer, affreighter, owner of transport *fletante (m/f)*
chat room *sala de conversación*
check *cheque (m)*
  made out to a designated payee *cheque nominativo*
  made out to the bearer *cheque al portador*
checking account *cuenta corriente*
chemical (adj) *(producto) químico*
chemist *químico/a*
chief *(adj) principal*
cigar *puro, cigarro*

clarify *aclarar*

clay *arcilla*

click *(n) clic (m); (v) cliquear, hacer clic (computadora)*

client *cliente (m/f)*

close-knit *íntimo*

closing (on a house sale) *cierre (m) de la casa*

coal *carbón (m)*

coastal shipping, traffic, cabotage *cabotaje (m)*

cocoa (chocolate drink/powder) *cocoa (nf), chocolate/cacao (nm)*

code (e.g. of laws) *código*

coffee machine *cafetera*

coin *moneda, dinero metálico, numerario*

coke (form of coal) *coque (m)*

collateral guaranty or security *aval (m), garantía prendaria (subsidiaria, de colateral)*

collating *ordenación, agrupación*

collect *cobrar*

collection (tax) *recaudación*

color combination *juego de colores*

commerce *comercio*

commercial *(n) anuncio, comercial; (adj) comercial*
  loan *préstamo comercial*
  paper (document) *efecto comercial*

commission *comisión, corretaje (m)*
  merchant (agent) *comisionista (m/f)*

common *común*

carrier *transportista público*
  market *mercado común*
  stock *acción común (ordinaria)*

commonwealth *estado libre asociado*

communications network *red de comunicaciones (f)*

compact disc *disco compacto*

company *compañía, empresa, negocio, sociedad, corporación, firma*
  controlled by government and private enterprise *empresa mixta*
  liability *responsabilidad social*
  name *razón social (f)*

compensate *indemnizar, remunerar, compensar, recompensar*

compensation *indemnización, remuneración, recompensa*

competition *competencia*

competitiveness *capacidad para competir, competitividad*

competitor *competidor/a, opositor/a*

compilation of data, data summary *recopilación de datos*

comptroller *interventor/a, contralor/a*

computer *(n) computador/a, ordenador (m); (adj) informática*

concern *preocupación*

confidence *confianza*

configure *configurar*

confirmed irrevocable letter of credit *carta de crédito irrevocable y confirmada*

connect *acoplar*

consortium *consorcio*

constant growth *maduración constante (perpetua)*

construction company *constructora, empresa de ladrillo*

consular invoice *factura consular*

consulate *consulado*

consultant *consultor/a, asesor/a, consejero/a*

consumer *consumidor/a*
  goods *bienes de consumo (m)*

consumption *consumo*

contract *contrato*
  buying *compra por contrato*
  carrier *transportista por contrato (m)*

contribute *contribuir, aportar*

contribution *contribución, aportación*

conviction *convencimiento, creencia, certeza, convicción*

co-owner *consocio (m/f), copropietario*

copier *copiadora*

copper *cobre (m)*

copy machine *fotocopiadora, copiadora*

corporate *corporativo*
  bond *bono de sociedad anónima (de corporación), obligación*
  raider *corsario (tiburón) corporativo, piraña corporativa*

corporation *sociedad anónima, corporación*

cost *costo, coste (m)*
  and freight (CFR) *costo y flete*
  effective *rentable*
  efficient *costo eficiente, económico*
  insurance and freight (CIF) *costo, seguro y flete*

cost-benefit analysis *análisis de costo-beneficio (m)*

cotton *algodón (m)*

count *recuento*

counterpart *colega (m/f), homólogo/a*

counterproductive *contraproducente*

couple *acoplar*

courage *valor, valentía, coraje*

cover (protect) *proteger, amparar, cubrir*

coverage *seguro, cobertura*

credit *(n) crédito, haber (m); (adj) crediticio*

creditor *acreedor/a*

crop *cosecha, cultivo*

cross-cultural *transcultural*
  awareness *conciencia transcultural*

crude oil *aceite (m) (petróleo) crudo*

currency *divisa, moneda*

current *circulante, corriente; actual*
  account holder *cuentacorrentista, cuentahabiente (m/f)*
  assets *activo circulante (corriente)*
  liabilities *pasivo circulante (corriente)*

customer *cliente/a*
  assets *bienes de clientela*

customs *aduana, (habits) costumbres (f/pl)*
  duty *arancel aduanero, derecho arancelario*
  law *ley arancelaria*

cutting edge technology *tecnología de punta, de vanguardia*

cyanide *cianuro*

D

dam *presa, represa*

damaged *averiado*

damages *daños*

data processing *procesamiento de datos*

date *fecha de entrega*
  point *punto de entrega*
  time *tiempo (periodo) de entrega*

day shift *turno diurno, de día*

dayworker *jornalero/a*

day's work, labor *jornada*
  wages *jornal (m)*

deadline   *plazo final, fecha límite*
   delivery ____   *plazo de entrega*
debit   *débito, haber (m)*
debt   *deuda*
   equity swap   *conversión (capitalización) de deuda*
   financing   *financiación por medio de obligaciones*
debtor (debit-related)   *deudor/a*
debtor nation, country with a balance of debt problem   *país deudor (m)*
decision (finding)   *laudo*
decreased   *reducido (adj)*
dedication   *compromiso; dedicación (al servicio)*
deepen   *profundizar*
default   *en mora*
defective   *defectuoso*
deferred dividend   *dividendo diferido*
deficit   *déficit (m)*
delay   *(n) demora, retraso, tardanza; (v) demorar, retrasar, tardar*
deliver   *entregar*
delivered duty paid (DDP)   *entregada/s [mercancía/s], derechos pagados, lugar de destino convenido*
delivery   *entrega, reparto*
demand deposit   *depósito a la demanda (a la vista)*
demography, demographics   *demografía*
demolish   *derrumbar*
department store   *gran almacén, (m) almacén general, hipermercado*
deplete   *agotar, desgastar*
depletion   *agotamiento, desgaste (m)*
deposit   *(n) arras, depósito; yacimiento (minerals); (v) depositar*
deregulation   *desregulación*
design   *diseño*
desk jobber   *mayorista de estantes (m/f)*
desk set, stationery   *efectos de escritorio*
desktop computer   *computadora de sobremesa*
detail   *detalle, pormenor (m)*
develop   *desarrollar*
developed   *desarrollado (adj)*
developing   *en vías de desarrollo*

development   *desarrollo; acontecimiento (event)*
device   *dispositivo*
diagram   *diagrama (m), gráfico, esquema (m)*
diamond   *diamante (m)*
direct deposit of paycheck   *domiciliación de (domiciliar) la nómina*
director, board member   *directivo/a, vocal (m/f)*
disability   *discapacidad*
disabled (person)   *discapacitado*
disbursement   *desembolso*
discount   *descuento, rebaja*
   for cash payment   *por la compra en efectivo*
   store   *mercado (tienda) de descuentos*
disc   *disco*
dispense   *repartir*
disregard   *(n) descuido; (v) ignorar, desatender, hacer caso omiso, no respetar*
distributor   *distribuidor/a*
dock   *muelle (m)*
domestic (e.g., trade)   *nacional*
donation   *donativo*
door-to-door sales   *venta domiciliaria (a domicilio)*
dot matrix printer   *impresora de matriz de puntos (matricial)*
double-sided entry (accounting)   *partida doble*
download   *bajar, descargar*
down payment   *pago inicial, depósito, fianza*
draft   *giro*
drainage   *drenaje (m)*
draw   *girar, librar*
drawee   *girado, librado*
drawer   *cajón (m), gaveta*
   of check or draft   *girador/a, librador/a*
dress industry   *confección de vestidos*
driving   *conducción*
drop shipper (desk jobber)   *proveedor directo*
drought   *sequía*
due date   *fecha de vencimiento*
duly   *debidamente*

durable goods   *bienes duraderos*
duty   *derecho, arancel (m), obligación*

E

earn (interest)   *devengar, ganar*
   (money)   *ganar (dinero)*
earnest money   *arras*
   contract   *contrato de arras, de paga y señal, de señal*
earning   *ganancia, ingreso, rendimiento, utilidad, beneficio*
earthquake   *terremoto*
e-commerce   *comercio electrónico*
economics   *economía*
economies of scale   *economías de escala*
edit   *redactar*
education   *formación o preparación académica, educación*
effective, in effect, in force   *vigente*
efficient   *eficiente*
electric bill   *cuenta de luz*
electronic   *electrónico (adj)*
   mail (e-mail)   *correo electrónico*
   toll booth payment (with credit card)   *telepeaje (m)*
embassy   *embajada*
embezzle   *desfalcar*
embezzlement   *desfalco*
emerald   *esmeralda*
employee   *empleado/a (company), funcionario/a (government)*
employer   *empleador/a, empresario/a, patrón/patrona, patrono*
employment   *empleo*
   agency   *agencia de empleo, bolsa de empleo*
empower   *capacitar, facilitar, fortalecer*
enable   *capacitar, permitir*
endeavor   *(n) esfuerzos, plan (m)*
endorse   *endosar*
endorsee   *endosatario/a*
endorser   *endosante (m/f)*
enforce   *hacer cumplir*
engineer   *ingeniero/a*
engineering   *ingeniería*
enhance   *realzar, elevar*
enter (into a ledger, etc.)   *asentar (ie)*

enter into an agreement, suit *convenir (ie)*

entrepreneurship *iniciativa empresarial*

entrust *confiar*

entry (accounting) *asiento, anotación*

envelope *sobre (m)*

environment *ambiente (m), medio ambiente, medioambiente*

equal *igual*

say *tener voz y voto*

equipment *equipo*

maintenance *mantenimiento del equipo*

equity (owner's) *capital y reservas, patrimonio*

ergonomics *ergonomía*

exceed *superar*

exchange *(n) cambio, permuta, trueque (m); (v) cambiar, intercambiar, permutar, trocar*

rate *cambio de divisas, tasa (tipo) de cambio*

execute *realizar, ejecutar*

exemption *exención*

exhibit *exposición*

expand *extender, expandir*

expenditure *egreso, gasto*

expense *gasto*

expert *perito/a, experto/a*

expertise *pericia*

expiration *vencimiento*

export *exportación, exportar*

permit *licencia de exportación*

exporter *exportador/a*

external *externo*

financing *financiación externa*

hard drive *disco duro externo*

extractive process *proceso extractivo*

F

face or nominal value *valor nominal (m)*

fact, piece of information, datum *dato*

factor *factor (m)*

factory *fábrica, factoría*

failure *fracaso, falta*

to comply *falta de cumplimiento, incumplimiento*

faithfulness *fidelidad*

fall due, mature, be payable (on a certain date) *vencerse*

familiar form of address, first-name basis *(n) tuteo, voseo; (v) tutear(se)*

fare *tarifa*

farm *(n) granja, finca; (v) labrar, cultivar*

farmer *granjero/a*

farming *agrícola (adj/invariable form), agropecuario (adj)*

farmworker *labrador/a, campesino/a*

fax, facsimile machine *fax, telefax (m)*

feasibility *viabilidad*

fee *derecho, canon (m)*

feed *(n) pienso*

ferry *transbordador (m)*

fiber optics *fibra óptica*

fiduciary (credit-related) *fiduciario*

file *(n) archivo; (v) archivar*

filing cabinet *archivo*

fill out *rellenar, completar, llenar*

finance *(n) finanzas; (v) financiar, aportar fondos*

financial *(adj) financiero*

accounting *contabilidad financiera*

statement *estado financiero*

financing *financiación, financiamiento*

fingerprint *huella digital, huella dactilar*

finished goods *bienes acabados (m/pl)*

fire *(n) incendio; (v) (to dismiss somebody) despedir(i)*

insurance *seguro contra incendio*

firewall *pared cortafuegos, pared contra fuegos*

firm *(n) firma, empresa, casa, razón social (f); (adj) en firme*

first-line management *bajo mando*

fiscal year *año fiscal*

fishing, fishery *(n) pesca; (adj) pesquero*

fishmeal *harina de pescado*

five-year period *lustro*

fixed *(adj) fijo*

cost *costo fijo*

liabilities *pasivo fijo*

rate, pegged rate of exchange *tipo fijo de cambio*

flat screen *pantalla de panel plano*

flash drive *disco flash*

floating rate of exchange *tipo flotante de cambio*

floor price *precio mínimo*

flour *harina*

flow *flujo*

control *control de flujo (m)*

flowchart *organigrama (m)*

flower *flor (f)*

fluorite *espato flúor, fluorita*

fluvial (river-related) *fluvial*

focus group *grupo de enfoque*

fodder *(n) pienso*

folder *carpeta, cartapacio*

follower *seguidor, adepto*

food *comida, comestible (m), alimento*

foodstuffs *provisiones, víveres (m/pl)*

footwear *calzado*

forecast *(n) pronóstico; (v) pronosticar*

foreclosure *ejecución hipotecaria, embargo (de la/una casa)*

foreign *(adj) extranjero*

currency *divisa*

foreigner *extranjero*

foreman, foreperson *capataz (m/f)*

forest *bosque (m)*

form, slip (of paper) *formulario, ficha*

letter *circular (f)*

forward buying *compra futura*

foster *(v) fomentar*

found *fundar*

franchise *concesión, franquicia, licencia*

free *(adj) gratuito, gratis, libre*

alongside ship (FAS) *libre (franco) al costado del buque*

delivered *flete pagado hasta el punto de destino*

on board (FOB) *franco (libre) a bordo (FAB o LAB)*

trade *libre comercio, librecambismo*

trade zone *zona de libre comercio*

freight (cargo or price of shipment) *flete (m), fletamento, fletamiento*

bill, railway bill, bill of lading *carta de porte (terrestre)*

car *vagón (m)*

forwarder *agente expedidor (m)*

freighter, charterer, shipper
  fletador/a, embarcador/a,
  transportista (m)
fruit *fruta*
fulfillment *cumplimiento, satisfacción*
full *completo, lleno*
fund *(n) fondo*
furnish *amueblar, aportar*
furniture *mueble (m), mobiliario*
  and fixtures *mobiliario y equipo*

G

gain *(n) ganancia, beneficio, plusvalía,*
  lucro; (v) aumentar, incrementar
gap *brecha*
garment industry *confección de trajes*
gas line *gasoducto*
General Agreement on Tariffs and
  Trade (GATT) *Acuerdo General*
  sobre Aranceles Aduaneros y
  Comercio (AGAAC)
general journal *diario*
general store *almacén general (m)*
get *buscar, conseguir*
  down to business *ir al grano*
  into trouble *meterse en líos*
global village *pueblo global*
go out of fashion or style *pasar(se)*
  de moda
goal *meta, objetivo, fin (m)*
goat *cabra*
going concern *empresa (firma,*
  negocio) en funcionamiento
gold *oro*
goods *géneros, mercancías,*
  bienes (m)
goodwill *buena voluntad*
govern *gobernar, regir (i)*
government *(n) gobierno; (adj)*
  gubernamental
  bond *bono del estado*
  official *funcionario/a*
  run *estatal*
grain *grano*
grant *(n) beca de estudios; (v)*
  otorgar
grape *uva*
graphic *(n/adj) gráfico*
gravel *grava*
graveyard shift *turno nocturno o de*
  noche

greenwashing *lavado de imagen*
greeting *saludo*
grievance procedure *juicio por*
  faltas
gross *bruto*
Gross Domestic Product (GDP)
  Producto Interno Bruto (PIB)
Gross National Product (GNP)
  Producto Nacional Bruto (PNB),
  Producto Social Bruto (PSB) (en
  países socialistas)
gross profit *utilidad bruta*
ground floor (at street level)
  planta baja
group discussion technique or
  method *técnica de discusión en*
  grupos
growing *creciente (adj)*
grudge *resentimiento, rencor (m)*
guarantee *aval (m)*
guaranteed *garantizado,*
  prendario
guide *(n) guía (m/f); (v) guiar*
guideline *directiva, pauta, minuta*
gypsum *yeso*

H

hack (to hack into a computer)
  hacer o cometer piratería,
  hackear
hacker *hacker, pirata (m/f)*
  informático/a
hacking *pirateo, piratería*
haggle *regatear*
hallmark *sello, distintivo (adj.)*
handling *manejo*
  charges *gastos de tramitación*
hand out *(v) distribuir*
hand-to-hand buying *compra*
  inmediata
hard *duro*
  drive *disco duro*
  sell *venta dura, agresiva*
hardware dealer *ferretero/a*
harvest *(n) cosecha; (v) cosechar,*
  recoger
hassle *lío*
headhunter (employment) *cazador/a*
  de cerebros (de cabezas, de
  talentos), cazacerebros (m/f/s/pl),
  cazatalentos (m/f/s/pl)

health *salud (f)*
  certificate *certificado de sanidad,*
  sanitario, fitosanitario (para
  plantas)
  insurance *seguro de salud*
heavy *pesado*
  machinery *maquinaria pesada*
  oil *aceite pesado (denso,*
  espeso)
help: How may we ___ you? *¿En qué*
  podemos servirle?
high *alto*
  technology (high tech) *alta*
  tecnología
highway *carretera*
hindrance *traba*
hire *(v) contratar, emplear*
holder, bearer *portador/a , tenedor/a*
holdings *activos*
hole *bache (en la carretera)*
home or main office *casa matriz,*
  sede (f)
horn *bocina, claxon (m)*
host country *país hospedador (m)*
hotel business
  management *hostelería*
household electrical
  appliance *aparato*
  electrodoméstico
housing *vivienda*
  bubble *burbuja inmobiliaria*
  supply *oferta inmobiliaria*
hyperinflation *hiperinflación*
hyperlink *hipervínculo, enlace activo*

I

icebreaker *rompehielos (m/s/pl)*
identity theft *robo de identidad,*
  usurpación de identidad
image *imagen (f)*
  board *tablón de imágenes*
implement *implementar, poner en*
  marcha
import *(n) importación; (v) importar*
  permit *licencia (permiso) de*
  importación
  quota *contingente (m) (cuota) de*
  importación
importer *importador/a*
improper *indebido*
improve *mejorar*

income   *ingreso, renta, lucro, ganancia*
   tax return   *declaración de impuestos*
increase   *(v) aumentar, crecer*
incur, enter into (an obligation)   *contraer*
indebted   *(adj) endeudado*
indemnity for years of service   *indemnización por antigüedad*
index   *índice (m)*
   stock market index   *índice bursátil*
industrial goods   *bienes industriales (m/pl)*
industry   *industria*
inflation rate   *tasa de inflación*
influence   *(n) enchufe (m), palanca*
inform   *informar*
information   *información*
   processing   *elaboración o procesamiento de información*
   technology (IT)   *tecnología de información (TI), telemática*
infotechnology   *infotecnología*
infuse   *infundir, llenar, inculcar*
injunction   *mandato judicial*
injure   *lastimar, prejudicar, hacer(se) daño*
injury   *lesión, daño*
ink-jet printer   *impresora de inyectador o chorro de tinta*
inland water shipper   *fletador/a fluvial*
in large quantity   *a granel*
input (ideas)   *información, contribución, aportación*
   data   *entrada*
inquiry   *pregunta*
inscribed   *inscrito*
insider trading   *información privilegiada*
insightful   *(concepto o idea) revelador, profundo, (persona) perspicaz*
inspire   *inspirar, incentivar, motivar*
instant message (messaging)   *mensaje instantáneo*
insurance   *seguro*
interest   *interés (m)*
intermediary   *intermediario/a*
intermittent production   *producción intermitente*
International Monetary Fund (IMF)   *Fondo Monetario Internacional (FMI)*

Internet   *Internet (m/f)*
   business   *negocio por Internet*
   user   *internauta (m/f), cibernauta (m/f)*
internship   *práctica, pasantía*
interview   *(n) entrevista; (v) entrevistar*
inventory   *inventario, existencia*
   control   *control de inventario (m)*
invest   *invertir (ie)*
investment   *inversión*
   banking   *banca de negocios, de inversión*
   portfolio   *cartera de inversión*
investor   *inversionista (m/f), inversor/a*
invoice   *factura*
involvement   *participación*
iron   *(n) hierro; (adj) ferroso*
   ore   *mineral de hierro (m)*
irrevocable letter of credit   *carta de crédito irrevocable*
isolationism   *aislacionismo*
issue   *(n) emisión, asunto; (v) emitir of a security, stock, or bond;*
   equity financing   *emisión de acciones*
issuing bank, bank of issue   *banco emisor*

J

jargon   *jerga*
jewelry store   *joyería*
job   *cargo, trabajo, empleo*
   opening (vacancy)   *vacante (f)*
joint   *(adj) conjunto, mancomunado, solidario*
   account   *cuenta conjunta (mancomunada)*
   partnership   *sociedad en nombre colectivo*
   venture   *negocio en participación, empresa conjunta*
journal   *diario*

K

keep   *guardar, mantener*
   the books   *llevar las cuentas*
keyboard   *teclado*
   sliding keyboard   *teclado deslizable*
key (element)   *clave (f)*

L

labor force   *mano de obra (f), fuerza laboral, fuerza de trabajo*
lack   *(n) falta; (v) faltar*
land   *terreno*
   reform   *reforma agraria*
landlord/lady   *arrendante (m/f)*
landowner   *hacendado, propietario*
lane (traffic)   *carril (m)*
laptop   *computadora portátil, laptop*
laser printer   *impresora de láser*
late   *moroso, tardío*
   in payment   *en mora*
lateness   *tardanza, llegada tardía, demora, atraso*
launching   *lanzamiento*
law   *ley (f), derecho*
lead   *(n) plomo*
leader   *(n) líder (m); (v) liderar*
leadership   *liderazgo, liderato*
lease   *(n) arrendamiento; (v) arrendar (ie)*
leather   *cuero*
ledger   *libro mayor*
leery   *desconfiado, receloso*
lend   *prestar*
lender   *prestador/a, prestamista (m/f)*
lessee (tenant)   *arrendatario/a*
lessor   *arrendante (m/f)*
less than carload on train (l.c.l.)   *tarifa por menos de un vagón completo*
letter   *carta*
   cover ___   *carta de motivación, de presentación, introductoria*
   of credit   *carta de crédito*
leverage   *apalancamiento*
liabilities   *pasivo, obligaciones*
liability   *obligación, responsabilidad*
   insurance   *seguro de responsabilidad civil*
license   *(n) licencia, permiso; (v) licenciar, permitir*
licensing agency   *agencia autorizadora*
life insurance   *seguro de vida*
life-long learning   *aprendizaje de toda la vida (m)*
lighter (type of boat)   *chalana (barco)*
lighting   *alumbramiento*
light machinery   *maquinaria liviana*
   oil   *aceite liviano (ligero)*

limestone *caliza*

limited liability company *sociedad de responsabilidad limitada*

linens *lencerías*

line of products *surtido, línea*

link *enlace (m), vincular*

liquidation, dissolution *liquidación, saldo, disolución*

list *lista*

    on the stock exchange *cotizar (en la bolsa)*

    price *precio de catálogo*

litigious *litigioso, contencioso*

loader *cargador, carguero*

loading point *punto de embarque*

loan *préstamo, empréstito*

lobbyist *cabildero/a*

local (resident) *lugareño/a*

locale (establishment, location) *local (m), plaza*

locate *ubicar(se), situar(se)*

location *ubicación*

lockout *cierre patronal (m)*

long *largo*

    haul or run *trayecto largo*

    standing *viejo, antiguo*

    term *a largo plazo*

loss *pérdida*

loudspeaker *portavoz (m), altoparlante (m)*

lower management *bajo mando*

loyalty *lealtad*

lumber *madera*

luxury *lujo*

    goods *bienes de lujo (m/pl)*

M

machinery *maquinaria*

magnesium *magnesio*

mail order sales *venta por correo*

main office *casa matriz, sede (f)*

maintenance *mantenimiento*

manage *administrar, dirigir*

management *administración, gerencia, gestión, dirección, mando*

Management by Objectives (MBO) *Administración por Objetivos*

manager *administrador/a, gerente (m/f), gestor/a, director/a*

managerial *administrativo, gerencial, directivo, empresarial*

    accounting *contabilidad de gestión*

mankind *humanidad*

manners, upbringing; schooling, education (in Latin America) *educación*

    good ___ *buenos modales*

manual laborer *obrero/a*

manufacture *elaborar, fabricar*

manufacturer *fabricante, empresa productora*

manufacturer's agent *representante de fábrica (m/f)*

manufacturing *fabricación, manufactura, elaboración*

    plant *planta manufacturera*

marble *mármol (m)*

marital status *estado civil*

maritime, sea *marítimo*

    shipper *fletador marítimo*

mark down *(v) rebajar, reducir*

market *(n) mercado; (v) comercializar*

    entry *entrada al (en el) mercado*

    forces *fuerzas de mercado*

    manager *jefe/a de mercado*

    penetration *penetración del mercado*

    price *precio de mercado*

    segmentation *segmentación del mercado*

marketing *marketing, mercadeo, mercadología, mercadotecnia, comercialización*

mass production *producción en masa (en serie), producción masiva*

    selling *venta en masa*

materials control *control de materiales (m)*

maturity *vencimiento*

    date *fecha de vencimiento*

means *medio*

    of distribution *medio de distribución*

    of transportation *medio de transporte*

measure *(n) medida, gestión; (v) medir (i)*

measurement *medida*

meat-packing plant *frigorífico (de tratamiento de carnes)*

mechanism *mecanismo*

media *medios de comunicación*

mediator *mediador/a*

meet *reunirse*

merchandise *(n) mercancía, mercadería, géneros, efectos; (v) comerciar*

merchant *mercader (m), comerciante (m/f), negociante (m/f)*

mercury *mercurio*

merger *fusión de empresas*

metallurgy *siderurgia*

middleman *intermediario/a, revendedor/a, comerciante (m/f)*

middle management *medio mando, mando intermedio*

middle person *intermediario/a, revendedor/a, comerciante (m/f)*

midsize company *empresa mediana*

midterm *a medio plazo*

mining *(n) minería; (adj) minero*

minor *de poca importancia, menor*

misunderstanding *malentendido*

molybdenum (metal) *molibdeno*

money *dinero, plata*

    laundering *lavado de dinero, blanqueo de capitales*

    box, piggy bank *hucha, alcancía, chanchito*

monitor *controlar, observar, seguir*

monitoring *seguimiento*

monthly *mensual*

    payment, rent *mensualidad*

mortgage *(n) hipoteca; (v) hipotecar, gravar; (adj) hipotecario*

    bank *banco hipotecario*

    loan *préstamo hipotecario*

motherboard *tarjeta madre*

motor vehicle *vehículo de motor, automóvil*

motto *lema (m), divisa*

mouse *ratón (de computadora)*

move *(n) mudanza, traslado; (v) mudar(se), trasladarse*

multimedia instruction *enseñanza multimedia*

N

national currency *moneda nacional, divisa*

natural resource *recurso natural*

natural source *emanación natural (de petróleo o de gas natural)*

negotiable securities *títulos de crédito*

negotiate *negociar, tramitar*

neon sign   *letrero luminoso (de neón)*

nepotism   *nepotismo*

selection of family members (nepotism) or personal friends for a position (figuratively by pointing them out with a finger and thereby choosing them) *dedocracia, dedazo*

net income   *ingreso neto*

profit   *utilidad neta*

network   *red (f)*

newsletter   *boletín informativo*

nickel (metal)   *níquel (m)*

night shift   *turno nocturno o de noche*

noncompliance insurance (surety)   *seguro de falta de cumplimiento*

nonpayment   *impago; incumplimiento*

non-store retailer   *detallista sin almacén*

note   *(n) pagaré (m); (v) anotar, asentar (ie)*

payable   *nota (documento) por pagar*

receivable   *nota (documento) por cobrar*

number (figure, code)   *cifra, clave (f)*

nurture   *nutrir, alimentar, criar, apoyar*

O

obsolete   *anticuado, obsoleto*

office   *oficina*

automation   *ofimática*

worker   *oficinista (m/f), funcionario/a*

official   *oficial (m), funcionario/a*

off-shore branch   *sucursal fuera del país (f), sucursal ultramarina*

oil   *(n) aceite (m), petróleo; (adj) petrolero*

refining   *refinamiento de petróleo*

spill   *derrame de aceite (de petróleo) (m)*

oilseed   *semilla oleaginosa*

olive   *aceituna*

oil   *aceite de oliva (m)*

on behalf of   *de parte de*

on board   *a bordo*

online   *en línea (computadoras o Internet)*

banking   *banca en línea*

meeting   *reunión en línea*

streaming   *transmisión en tiempo real/en vivo y en directo*

operating cost   *gasto de operación*

profit   *utilidad de operación*

opinion poll   *sondeo, encuesta*

option   *opción*

order   *orden (m: arrangement; f: command, purchase order), pedido, carta de pedido*

assembly, assembler   *armado de pedidos*

to pay   *orden de pago (f)*

organizational chart   *organigrama (m)*

originating in   *originario de*

outlay (of cash)   *egreso, gasto*

output   *producción, salida*

outright   *totalmente, completamente; en dinero efectivo*

outskirts   *afueras (f/pl)*

outsource   *subcontratar*

outsourcing   *subcontratación*

overdrawn check (NSF: insufficient funds)   *cheque en descubierto (sin fondos)*

overlook   *ignorar, pasar por alto, omitir*

overseas   *(n) ultramar; (adj) ultramarino*

branch   *sucursal ultramarina, sucursal en ultramar*

oversee   *supervisar, controlar, monitorear*

over-the-counter market securities (OTC)   *valores no vendidos en la bolsa, mercado fuera de la cotización oficial*

overtime   *horas extra(s) (adicionales)*

owner   *dueño/a, propietario/a, patrón/patrona*

owner's capital   *capital y reservas*

equity   *capital y reservas, patrimonio*

ox   *buey (m)*

P

packing, packaging   *embalaje (m), envasado*

pager   *bíper (m), ubicador, buscapersonas (m/f/s/pl), localizador*

paid vacation   *vacaciones retribuidas*

pamphlet   *folleto, panfleto, volante (m)*

panel   *panel*

flat panel (TV)   *panel plano*

paper clip   *presilla, clip (m)*

paperwork   *papeleo*

paralanguage   *paralenguaje (m)*

parent bank   *banco central (matriz)*

parish   *parroquia*

parking   *estacionamiento*

partial   *parcial*

partner   *socio/a*

partnership   *sociedad colectiva (en nombre colectivo), empresa colectiva*

party entering into a contract   *contratante (m/f), parte (f)*

buying party (real estate)   *parte compradora*

selling (real estate)   *parte vendedora*

pass   *(v) rebasar, adelantar (otro carro en la carretera)*

password   *contraseña*

patent royalty   *derecho de patente*

pattern   *patrón (m), pauta*

paved   *pavimentado (adj)*

pay   *(n) pago, pagamento; (v) pagar*

payable   *pagadero*

payment in advance   *pago por anticipado*

payroll   *nómina*

pea   *guisante (m), chícharo*

peach   *melocotón (m), durazno*

peanut   *cacahuete (m), maní (m)*

penny stock   *acción cotizada en menos de un dólar*

percentage   *porcentaje (m)*

perform (carry out)   *desempeñar, ejecutar*

performance   *desempeño, ejecución del trabajo*

control   *control de ejecución (m)*

periodic accrued interest   *intereses periódicos acumulados*

perishable   *perecedero*

personal income tax   *impuesto sobre la renta personal*

person in charge   *encargado/a*

personnel   *personal (m)*

person-to-person sales, personal selling   *venta personal*

petroleum   *petróleo*

photocopier   *copiadora, fotocopiadora*

pick and pack (a storage service)   *selección y embalaje*

picket line   *piquete laboral (m)*

pickup truck   *camioneta*
piecework   *trabajo a destajo*
pig (pork)   *cerdo*
pineapple   *piña*
pipeline   *oleoducto*
place   *lugar, plaza, colocar*
   an order   *hacer un pedido, solicitar*
placement   *colocación*
   agency   *agencia (empresa) de colocación (de empleo)*
plan   *(n) plan (m), preparativo; (v) planificar, planear*
planning   *planificación, planeación*
plantain   *plátano*
pleased: to be ___ to   *tener el gusto de*
pledge, security   *arras, prenda*
point   *punto, punta (tip)*
   point-of-sale terminal (or wireless dataphone)   *datáfono inalámbrico*
   of view   *punto de vista, opinión*
policy   *política, póliza (de seguro)*
political   *político*
   bossism   *caciquismo*
   correctness   *progresismo*
   unrest   *agitación política*
poll (opinion)   *sondeo, encuesta*
population   *población*
port   *puerto*
portable   *portátil*
portfolio   *carpeta*
post (position)   *puesto, cargo*
postpone   *aplazar, postergar*
pot of gold   *olla de oro (al extremo del arcoiris)*
potash   *potasa*
potential customer   *consumidor presunto*
pothole   *bache (en la carretera)*
poverty   *pobreza, miseria*
practice   *costumbre (f), práctica*
predict   *pronosticar, prever*
preferential   *preferente*
preferred stock   *acción preferida (preferente, prioritaria, privilegiada)*
premium   *prima*
preparation   *preparativo*
press   *prensa*
presumed   *presunto (adj)*
price   *precio, importe (m), canon (m)*
   quote   *cotización (de precios)*
pricing   *estructuración de precios*

principal, capital   *principal (m)*
print   *(n) impresión; (v) imprimir, emitir (dinero)*
printed matter   *impreso*
printer   *impresora*
printing job (output)   *imprenta*
private   *privado, particular*
   carrier   *transportista privado*
   individual   *particular (m)*
privatize   *privatizar*
procedure   *procedimiento*
processing   *procesamiento, elaboración*
produce   *producir*
product   *producto*
   control   *control de fabricación (m)*
   liability   *responsabilidad del productor*
   management   *gestión manufacturera*
   mix   *mezcla de productos*
production manager   *gerente de producción (m/f)*
productivity   *productividad*
professional   *(n) profesional (m/f); (adj) profesional*
profit   *(n) beneficio, ganancia, utilidad, renta, lucro; (v) beneficiar*
   and loss statement   *estado de ganancias y pérdidas*
   margin   *margen de beneficio (m)*
   motive   *motivación con fines de lucro*
profitability   *rentabilidad*
profitable   *beneficioso, rentable, lucrativo*
promissory note (IOU)   *pagaré (m)*
promote   *promover (ue), patrocinar, fomentar, auspiciar, ascender (ie)*
promotion   *promoción, fomento, ascenso (job)*
   allowance   *descuento por promoción*
proof of origin   *certificado de origen*
property   *propiedad, terreno, hacienda, patrimonio, caudal (m)*
propose   *proponer*
pros and cons   *los pros y las contras*
prosperous   *próspero (adj)*
protect   *proteger, amparar, salvaguardar*
provide   *proveer, proporcionar*

proxemics   *proxémica*
public   *(n) público; (adj) público*
   health   *sanidad pública*
   relations   *relaciones públicas*
Public Business Register   *Registro Público de Comercio*
publicity   *publicidad*
pull (influence)   *enchufe (m), palanca*
pump   *bomba (para petróleo por un oleoducto)*
purchase (purchasing)   *compra*
   order   *pedido, orden (f)*
purchasing   *compra*
   manager or director   *gerente (m/f) de compras, jefe/a de compras*
   policy   *política de compras*
purpose   *propósito*
put at risk   *poner a riesgo, poner en peligro*
pyrite   *pirita*

Q

quality   *calidad, cualidad*
   assurance   *garantía de calidad*
   control   *control de calidad (m)*
quota   *cuota, cupo, contingente (m)*
quote (a price)   *cotizar*

R

rack   *estante (m)*
   jobber   *mayorista de estanterías (m/f)*
ragged   *harapiento, andrajoso (adj)*
railroad   *(n) ferrocarril (m); (adj) ferroviario*
   crossing   *cruce de ferrocarril (m)*
raise   *(n) aumento; (v) criar*
random   *al azar*
range   *variedad, gama*
rate   *tasa o tipo (de interés, de cambio de divisa), índice (m), tarifa*
   of exchange   *tasa de cambio*
   of growth   *índice de crecimiento*
   of increase   *tasa de crecimiento*
   of interest   *tasa de interés*
   of return (on investment)   *tasa de rendimiento*
ratio   *proporción, razón (f)*
raw material   *materia prima*

recruiter *cazacerebros, cazatalentos, reclutador/a, captador/a*

real estate *inmuebles, bienes raíces, bienes inmuebles*

   broker *corredor/a de bienes raíces (inmuebles)*

   bubble *burbuja inmobiliaria*

rebate to consumer *rebaja al comprador*

receipt *recibo*

receiver, telephone receiver *receptor (m), auricular (m)*

receivership *ser declarado en suspensión o en cesación de pagos, entrar en liquidación*

receptionist *recepcionista (m/f)*

reciprocal buying *compra recíproca*

reconstitute *reconstituir*

record *(v) registrar*

recorded transfer of securities *cesión registrada*

recreation *recreo*

recruit *reclutar*

recruitment *reclutamiento*

redeem (a coupon) *canjear*

redial *remarcación*

redialing *remarcación*

red tape *papeleo, balduque (m)*

re-export *reexportación*

refund *(n) devolución*

   period *plazo de devolución*

registered trademark *marca registrada*

regret *sentir (i), lamentar*

regulation *reglamento*

reimbursement *reembolso, reintegro, repago*

reliability *fiabilidad*

reliable *fiable, formal (adj)*

relocation *reubicación, mudanza, traslado (by moving company)*

remittance (of money) *remesa*

remote control *control remoto*

render *proveer (servicio)*

renew *renovar(se) (ue)*

renewal *renuevo*

rent *(n) alquiler (m), arrendamiento; (v) alquilar, arrendar*

   rent-to-own option *derecho de opción*

renter *arrendante (m/f)*

repair *(n) reparación; (v) reparar*

repayment *reembolso, liquidación, reintegro, pago*

report *(n) informe (m); (v) informar*

requirement *requisito*

resale *reventa*

reschedule *prorrogar, renegociar una deuda*

research and development *investigación y desarrollo*

resent *resentirse, ofenderse*

resident *residente, vecino*

resource *recurso*

résumé *currículum vitae (m), currículo, expediente personal (m), hoja de vida*

retail *al detalle, al por menor, al menudeo*

retailer *detallista (m/f), minorista (m/f), comerciante al por menor (m/f)*

retailing *venta al detalle (al por menor)*

retain *retener*

retirement *jubilación*

return (of goods or merchandise) *devolución*

revenue *ingreso, renta, ganancia*

review *(n) revisión; (v) revisar*

revocable letter of credit *carta de crédito revocable*

reward *(n) premio; (v) premiar, recompensar*

risk *riesgo*

   and reward *riesgos y beneficios*

   factor *factor riesgo*

   management *control (administración) de riesgo*

   of default *riesgo de impago*

   of non-payment *riesgo de impago*

road *calle (en la ciudad), carretera (fuera de la ciudad), calzada, camino; (adj) vial*

   sign *cartel de carretera (m), señal de carretera (f), señalización vial*

robot *autómata (m)*

robotics *robótica*

rock-bottom price *precio mínimo*

rough draft *borrador (m)*

route sheet (way bill) *hoja de ruta*

routing *planificación de ruta, recorrido*

rubber *caucho, goma*

   band *goma elástica, liga*

rule *regla*

S

sabotage *(n) sabotaje (m)*

safe *(n) caja fuerte; (adj) seguro*

safeguard *salvaguardar*

safety deposit box *caja de seguridad*

salary (weekly, monthly, or annual) *sueldo*

sale(s) *venta(s)*

   agent *agente de ventas (m/f)*

   pitch *discursito del vendedor, tener buena labia para vender, saber convencer con argumentos, hacer un rollo publicitario*

   promotion *fomento (promoción) de ventas*

salt *sal (f)*

salvage *recuperación (m)*

   value *valor de recuperación (m)*

sample *muestra*

sanction *(n) sanción; (v) sancionar*

sand *arena*

save *ahorrar, guardar*

saver *ahorrista*

savings *ahorros*

   account *cuenta de ahorros*

   bank, savings and loan *caja de ahorros*

   bond *bono de ahorro*

sawmill *aserradero*

scarcity (shortage) *escasez (f)*

schedule *(n) horario; (v) programar, fijar la hora de, estar citado*

scheduling *programación*

score: keep _____ *llevar la cuenta/el puntaje/la puntuación/el tanteo, contar/marcar los tantos/el registro*

screen (television, movie, computer) *pantalla*

   flat screen (TV) *pantalla plana*

   touch screen *pantalla táctil*

scroll *(v) desplazar arriba y abajo*

seafood, shellfish *marisco*

seamless *sin fisuras, continuo, constante*

secured loan *préstamo garantizado (prendario)*

securities *valores (m/pl), títulos de valores*

   exchange *bolsa de valores*

security *arras*

seed *semilla*
selection *surtido*
self-financing *autofinanciación*
self-sufficiency *autosuficiencia*
sell *vender, comercializar*
seller *vendedor/a*
selling *venta, comercialización*
send *mandar, enviar, remitir, despachar, expedir (i)*
sender *remitente (m/f), emisor/a*
seniority *antigüedad, años de servicio*
set *fijar*
    forth *exponer*
    up *montar, configurar*
    up obstacles *poner trabas*
settle (a debt or account) *solventar, liquidar, saldar*
severance *cesantía*
    indemnity *auxilio de cesantía, indemnización por despido, sueldo de despedida*
sewing machine *máquina de coser*
sexual harassment *acoso sexual*
share *acción, participación*
shareholder *accionista (m/f)*
shelter *(n) amparo; (v) amparar*
shelving furniture (for storage) *estanterías*
shift premium *prima por trabajo fuera de turno*
ship *buque (m), barco, nave (f), vapor (m)*
shipment *embarque (m), envío*
shipowner *fletante (m/f)*
shipper *fletador*
shipping
    company *empresa naviera*
    document *documento de embarque*
shop *tienda, almacén (m), taller (m)*
shopping center *centro comercial*
short *corto*
    haul or run *trayecto corto*
    term *a corto plazo*
showcase *vitrina, escaparate (m)*
shrimp *camarón (m), gamba*
shutdown *cierre (m)*
siderurgy *siderurgia*
sight draft *giro a la vista*
sign *(n) letrero, rótulo, cartel, señal; (v) firmar*
    posting *señalización*
signature loan *préstamo a sola firma*

silent partner *socio comanditario*
    partnership *sociedad comanditaria (en comandita)*
silver *plata*
simulation technique *técnica de simulación o de incidente*
situation *supuesto*
skill *habilidad, destreza, pericia*
skin *piel (f)*
slogan *lema (m), mote (m)*
small *pequeño*
    batch production *producción ordenada (en pequeños lotes)*
    business *pequeña empresa*
snack *merienda*
soft *blando*
    drink (soda) *refresco*
sell *venta por persuasión*
software *software*
sole proprietorship *empresa individual o simple, propiedad de una sola persona*
solvency *solvencia*
sorghum *sorgo*
source *emanación (origen), fuente, nacimiento*
sourcing *abastecimiento*
sovereign state *estado soberano*
soybean *soja, soya*
Spaceship Earth *nave espacial: la Tierra (f)*
spare part *pieza de repuesto*
specialize *especializar*
specialty *especialidad*
    goods *bienes especiales*
shop *almacén de artículos de calidad*
specify *precisar, especificar*
speculate *especular*
speculative buying *compra especulativa*
speedbump *tope (México), guardia tumbada (España), policía acostado (Colombia), muerto (Costa Rica)*
spill *(n) derrame (m); (v) derramar*
spokesperson *portavoz (m/f)*
sponsor *patrocinar*
spreadsheet *hoja de cálculo*
staff *personal (m), plantilla*
    member *funcionario/a*
stakeholder *persona interesada*
standard of living *nivel de vida (m)*

standard production *producción estándar*
standstill *estancado, punto muerto, parada, alto*
staple *(n) grapa; (v) engrapar*
stapler *engrapador/a, abrochador (m)*
stapling *engrapamiento*
state-controlled company *empresa estatal*
statement of account *estado de cuenta*
state-run (government-run) *estatal*
statistics *estadística*
stay *estancia*
steel *acero*
step (procedure) *trámite (m), gestión*
stevedore *estibador*
stock *(n) acción, existencia (in stock: en existencia); (adj) bursátil; (v) abastecer, proveer*
    exchange *bolsa (de valores, de comercio)*
    issuing company *emisora*
    market *bolsa comercial (de valores)*
    portfolio *cartera de acciones*
stockbroker *corredor/a de acciones (de bolsa)*
stockholder *accionista (m/f)*
stoplight *semáforo*
stopping *detenimiento*
storage *almacenaje (m), almacenamiento*
straight-line *lineal*
    depreciation *depreciación lineal*
    method (depreciation) *método lineal*
strategic *estratégico*
    planning *planificación estratégica*
strategy *estrategia*
strike *(n) huelga, paro; (v) ir a la huelga, declararse en huelga*
strikebreaker (scab) *esquirol (m), rompehuelgas (m/f)*
striker *huelguista (m/f)*
strive for *esforzarse/luchar por, empeñarse en lograr, procurar conseguir*
student intern *asistente de práctica (m/f)*
sublet *subarrendar*
submit *someter*
subsidiary *sucursal (f), filial (f)*
subsidize *subvencionar*
subtract *sustraer*

success *éxito, triunfo*
successful *exitoso*
successfully *con éxito, exitosamente*
sue *demandar, procesar, pleitar*
sugar *azúcar (m/f)*
  beet *remolacha azucarera*
  cane *caña de azúcar*
  refining *refinamiento de azúcar*
suitable *idóneo*
sulfur *azufre (m)*
summary *minuta*
supplier *proveedor/a, abastecedor/a, suministrador/a*
supplies *bienes de abastecimiento (m/pl), suministros, abastos*
supply *(n) abastecimiento, suministro; (v) abastecer, suministrar, proveer*
  and demand *oferta y demanda*
  chaining *cadena de suministros*
supporter *partidario*
surf (the Internet) *navegar*
surplus *(n) excedente (m), superávit (m); (adj) superavitario*
survey *encuesta*
swivel chair *silla giratoria*
sworn in *prestar juramento (como presidente)*

T

tablet (computer) *tablet (f), tableta*
tactful *discreto, diplomático*
take *tomar*
  care of *encargarse de*
  steps or measures *hacer gestiones*
  the census *hacer o levantar el censo*
tariff *(n) tarifa, arancel (m); (adj) arancelario*
taste *(n) sabor (m)*
tax *(n) impuesto; (adj) impositivo*
  accountant *contable fiscal (m/f)*
  accounting *contabilidad fiscal*
  liability *obligación contributaria, (impositiva)*
taxpayer *contribuyente (m/f)*
team *equipo*
tear down, demolish *derrumbar*
technology *tecnología*
  package flow technology *tecnología de flujo de pedidos*

transfer *transmisión (transferencia) de tecnología*
telecommuter *teleconmutador/a, teletrabajador/a, trabajador/a a distancia*
telemarketing *telemarketing (m)*
telematics (information technology) *telemática*
telephone bill *cuenta de teléfono*
telesales *televentas*
tenant *inquilino*
test *(n) prueba; (v) probar (ue), poner a prueba*
text (send a text message) *mandar un mensaje de texto, textear*
  message *texteo*
textile *tejido, textil (m)*
theme, subject *tema (m), asunto*
third country national *nacional de terceros países*
time *tiempo, vez*
  deposit *depósito a plazo fijo*
  draft *giro a plazo*
  period *plazo*
tin *estaño*
to the bearer *al portador*
toll road *autopista (f) de peaje o de cuota*
ton *tonelada*
tool *herramienta*
tourism *turismo*
transform *transformar, convertir*
tow *(v) remolcar*
  boat *remolcador*
toxic waste *desecho tóxico*
trace (a shipment) *rastrear*
track (a shipment) *rastrear*
  online *rastrear/rastreo en línea*
trade *(n) comercio, negocio; (v) comerciar, negociar*
  deficit, unfavorable balance
    of trade *saldo negativo (desfavorable), balanza comercial negativa o deficitaria*
  discount *rebaja al revendedor*
  fair *feria comercial*
trademark *marca comercial (de fábrica), marca registrada*
train *(n) ferrocarril, tren; (v) adiestrar, capacitar, entrenar*
training *adiestramiento, capacitación, entrenamiento*

transact *negociar, tramitar*
transaction *transacción*
transfer *(n) traslado, traspaso (de título de propiedad), trasbordo; (v) trasladar, traspasar, trasbordar*
  of technology *transmisión de tecnología*
  payment *transferencia (pago de transferencia)*
translator *traductor/a*
transportation *transporte (m), acarreo*
transport ship *buque de transporte (m)*
travel allowance *viáticos (m/pl)*
traveling market *mercado ambulante*
treasury *tesorería*
  bond *bono del estado, bono del Tesoro (EUA)*
treatment, manner of dealing
  with *trato*
trial balance *balance de comprobación (m)*
truck *camión (m)*
  delivery _____ *camión de reparto*
trust *(n) confianza; (v) confiar en, fiarse de*
try *tratar de, probar (clothes, food, drink)*
tug *(n) remolcador; (v) remolcar*
tugboat *remolcador*
tuition scholarship *beca de matrícula*
tungsten *tungsteno*
turnover *(worker or employee) renovación o rotación (de trabajadores o personal)*
TV card *tarjeta de TV*
twin (n/adj) *gemelo*
  deficits *deudas gemelas*
  Towers *Torres Gemelas (Centro Comercial Mundial en NY); también conocidas por su nombre en inglés, World Trade Center*
type *escribir a máquina*

U

ultralight *ultraligero*
ultrathin *ultradelgado*
underdeveloped *subdesarrollado*

underemployment *subempleo*

undertake *emprender*

undocumented immigrant *indocumentado/a*

unemployment *desempleo, paro*
   rate *índice de desempleo (m)*

unfair *injusto*

unfinished goods *bienes semiacabados*

union *(n) sindicato; (adj) sindical*
   representative *representante sindical (m/f)*

unlimited *sin límites, ilimitado (adj)*

unloading *descarga (de mercancías)*

unsecured loan *préstamo no garantizado (sin caución)*

upgrade *actualizar, mejorar*

upload *cargar, subir*

upper management *alto mando*

up-to-date *al día, corriente*

uranium *uranio*

user *usuario/a*

utilities *luz, agua y gas*

utility *utilidad*

V

vacancy *(job opening) vacante (f)*

valuables *valores (m), artículos de valor*

valuation *tasación, avalúo*

value-added *ad valorem*
   tax *impuesto sobre el valor añadido (agregado) (IVA)*

van *camioneta*

varnish *(n) barniz*

vegetable *vegetal (m), legumbre (f), verdura*

vending machine *máquina expendedora, distribuidor automático*

video card *tarjeta de video*

virtual reality *realidad virtual*

vision *visión, revelación*

voice *voz*
   mail *correo auditivo*
   mailbox *buzón de voz (m)*

volume discount *descuento sobre cantidad*

W

wage (hourly) *jornal (m), salario*
   hike *aumento de salario*

warehouse *(n) almacén (m), bodega; (v) almacenar*

waste *(n) desperdicio; (v) desperdiciar*

wealth *riqueza, caudal (m), patrimonio*

wear out *desgastar(se), agotar(se)*

web page *página web*

web site *sitio web*

weighted (adj) (as in weighted average) *ponderado (e.g., la media ponderada)*

West Indies, Antilles *Islas Antillas*

wheat *trigo*

wholesale *al por mayor*

wholesaler *mayorista (m/f), comerciante al por mayor, mayorista sin almacén (m/f)*

wholesaling *venta al por mayor*

will *testamento*

winegrowing, wine production *vinicultura, viticultura*

wireless *inalámbrico*
   dataphone (or point of sale) *datáfono inalámbrico*

withdraw *retirar*

wood *madera, leña*

wool *lana*

word processor *procesador de textos (de palabras) (m)*

work *(adj) laboral*
   aesthetic, attractiveness of work environment *estética laboral*
   ethic *ética laboral*
   place *lugar de trabajo, oficina, fábrica*
   week *semana laboral*

worker *(n) trabajador/a, obrero/a, empleado/a, operario/a; (adj) laboral*

workshop *taller (m)*

workstation *estación de trabajo*

World Trade Organization *Organización Mundial del Comercio*

worldwide *mundial*

workplace *lugar de trabajo*

worship of saints *santería*

wrong way (in traffic) *a, de contramano*

Y

yield (interest) *devengar*

Z

zinc *cinc (m)*

zip drive *disco zip*

Índice temático

Páginas escritas con letra cursiva señalan términos que aparecen en los gráficos, las tablas, las secciones especiales como las lecturas, las notas al pie de la página, etc.